P.I.R.A.M

Contents

개념의 정의

일반적인 정의

1

이용의 자주성은 상황에 알맞게 디지털 매체를 적절히 활용하는 능력을 말한다. (2007학년도 9월 모의평가)

➔ '이용의 자주성'이라는 개념의 정의가 나오고 있습니다. '이용'의 '자주성'은 디지털 매체를 상황에 '알맞게', 그리고 '적절히' 활용하는 능력이라고 하는데, 이는 매체를 능동적으로, '자주적으로' 활용하는 능력이라는 말과 같습니다. 이렇게 단어의 의미를 살리면 특정 개념의 정의를 더욱 깊게 이해할 수 있습니다.

2

삽입 정렬은 정렬된 부분에 정렬할 원소의 위치를 찾아 삽입하는 방식이다. (2020학년도 10월 학력평가)

➔ '삽입 정렬'은 정렬된 부분에 정렬할 원소의 위치를 찾아서 '삽입'하는 방식입니다. 말 그대로 중간에 원소를 '삽입'해서 '정렬'하는 방식이 바로 '삽입 정렬'인 것이죠. 이렇게 단어의 의미를 살리면 어렵지 않게 정의를 체크할 수 있어요.

3

반론권은 언론의 보도로 피해를 입었다고 주장하는 당사자가 문제가 된 언론 보도 내용 중 순수한 의견이 아닌 사실적 주장(사실에 관한 보도 내용)에 대해 해당 언론사를 상대로 지면이나 방송으로 반박할 수 있는 권리이다. (2010학년도 6월 모의평가)

➔ 조금 길게 정의가 제시되고 있네요. 천천히 읽어보면서 아래와 같은 사고과정을 거치시면 됩니다

➔ '반론권'은 '반박할 수 있는 권리'네. → 누가 뭘 반박할 수 있는 거지? → '피해를 입은 당사자'가 언론 보도 중 '사실적 주장'에 대해 반박할 수 있는 것이구나.

➔ 이런 느낌으로 잡아주시면 됩니다. 혹은 처음부터 쭉 읽되 '키워드'를 잡으며 읽어주시면 돼요. "'반론권'은 '피해를 입었다고 주장하는 당사자'가 언론 보도 중 '사실적 주장'에 대해 '반박'할 수 있는 권리구나." 정도로 말이죠. 이처럼 '피해를 입었다고 주장하는 당사자', '사실적 주장'과 같은 '키워드'를 잡기 위해서는 경험을 통해 쌓은 일종의 '감'이 필요합니다.

➔ 나아가, '반론권' 자체가 '반/론/권'이니, '반박'을 '논'할 수 있는 '권리' 정도로 납득할 수도 있겠죠? 이렇게 단어의 의미를 그대로 살리며 이해하면 훨씬 깊게 납득하며 읽을 수 있습니다.

언어 지도는 일정 지역의 언어적인 차이를 한눈에 알아보도록 지도 형식을 빌려 표시한 것으로, 시간의 흐름에 따라 변화하는 언어를 공간적으로 투영한 것이다.　　　　　　　(2010학년도 6월 모의평가)

➜ '언어 지도'는 '지역'의 '언어적' 차이를 '지도 형식'으로 표시한 것이라고 합니다. 언어/지도라는 말 그대로 '지역' 별 '언어적 차이를 지도로 나타낸 것'이네요. 우리가 아는 '지도'도 지역에 대한 정보를 나타내는 역할을 하듯, 언어/지도 역시 '지역'에 대한 정보를 나타내는데, 그게 '언어적 차이'라는 정보인 것이에요.

➜ 마저 읽어보면, 언어 지도에 대한 정보가 이어서 서술되고 있습니다. 이 문장을 읽을 때 우리는 자연스럽게 '공간적'이라는 표현에 집중할 수 있어야 합니다. '언어 지도'는 일정 '지역'의 언어적 차이를 '지도' 형식으로 나타낸 것인데, 이 '지도'라는 건 원래부터 공간적 정보를 담고 있죠? 우리가 지도를 보면서 '현재 위치'가 어디고, '목적지'는 어디에, 얼마나 떨어져 있는지 등을 파악하는데 이런 정보들이 결국에는 '공간'에 대한 정보입니다. 그렇다면 '언어 지도' 역시 이러한 '지도'의 성격을 가지기에, 일정 '지역'의 언어 변화를 '공간적'으로 투영했다는 말은 너무나 당연한 내용이 되는 것입니다.

➜ 이때, 여기서 언어적 '차이'와 언어의 '변화'는 사실상 같은 말이라는 점은 어렵지 않게 파악할 수 있죠? 시간이 흐르면서 언어의 의미나 형식이 '변화'한다는 것은 곧, 과거와 현재의 언어적 '차이'가 생긴다는 말이니까요!

하나의 대상이 지속적으로 존재한다는 것은 그 대상이 동일성을 유지한다는 것을 의미한다.　　(2022학년도 7월 학력평가)

➜ '지속적으로 존재함 = 동일성 유지'라는 점을 설명하고 있습니다. 이처럼 단순하게 처리하고 넘어가는 게 아니라, 왜 '지속적으로 존재함 = 동일성 유지'인지 납득하고 넘어갈 수 있어야 합니다. 천천히 생각해봅시다.

➜ 하나의 대상이 '지속적으로' 존재한다는 것은, 그 대상이 한 달 전에도, 저번 주에도, 어제도, 오늘도 계속해서 존재한다는 뜻입니다. 이 책을 읽는 여러분들이나, 이 책을 쓰는 김민재나 박영호는 분명 한 달 전에도, 저번 주에도, 어제도, 오늘도 똑같이 존재할 것입니다. 이런 게 대상이 '지속적으로' 존재한다는 말이에요.

➜ 그런데 이 문장에 따르면 우리가 '지속적으로 존재한다'라고 말하려면, 우리가 '동일성'을 유지해야 한다는 말과 같습니다. 이 책을 쓰는 박영호는 남자입니다. 그런데 만약 어제까지는 박영호가 여자였다고 가정해봅시다. 그렇다면 어제와 오늘의 박영호는 동일하다고 볼 수 있을까요? 그렇지 않습니다. '여자'인 박영호와 '남자'인 박영호는 다르니까요!

➜ 그럼 '박영호'라는 하나의 대상은 '지속적으로 존재한다'고 말할 수 있을까요? 그렇지 않을 것입니다. '여자'인 박영호는 어제까지만 지속되었고, '남자'인 박영호는 오늘부터 존재합니다. 즉, '여자 박영호'와 '남자 박영호'는 '하나의 대상이 지속적으로 존재한다'고 볼 수 없는 것입니다. 즉, 박영호는 '동일성'을 유지하지 못한 것이죠.

➜ 여기까지 읽었다면 '지속적으로 존재함'과 '동일성 유지'가 같은 말이라는 것을 당연하게 납득할 수 있습니다.

→ '초음파'라는 개념의 정의가 등장하고 있습니다. 그런데 특이하게도, '일반적인 소리'라는 개념과 비교되어 제시되고 있네요. 이렇게 특정 개념을 다른 개념과 '비교'하며 정의하는 경우도 있습니다. 이때 두 개념 모두를 챙겨 가는 센스를 발휘할 수 있겠죠? 이번에도 단어 자체의 의미를 살리면서 문장을 이해해봅시다. 정리해봅시다.

→ 초음파는 일반적인 소리랑 다르게 사람의 귀로 들을 수 없는 소리입니다. 그리고 그 이유를 보니까 진동수가 20,000Hz가 넘기 때문이라고 해요. 즉, 진동수의 차이가 '가청 여부'를 나누고 있습니다. 이때 '초음파'의 단어를 잘 뜯어보면 초/음파라는 것을 알 수 있고, 초/음파는 일반적인 음파를 넘어서는(초) 음파라고 이해할 수 있겠네요. 즉, 일반적인 소리(음파)와는 다르게 진동수가 높아서 듣지 못하는 소리(음파)가 바로 '초/음파'입니다. 그렇다면 초음파와 대비되는 일반적인 소리(음파)는 '진동수가 20,000Hz보다 낮아서' 들을 수 있는 소리라는 점도 이해할 수 있어요.

→ 이처럼 지문에 제시되어 있지 않은 정보, '일반적인 소리'의 진동수에 대한 내용까지 추론할 수 있어야 합니다. '정의'를 정확하게 체크하는 습관이 들어 있다면 너무나 자연스럽게 이어질 수 있는 생각일 거예요. 그리고 이러한 생각을 거치면서 정의를 체크한다면, 굳이 억지로 기억하려고 하지 않아도 '초음파'라는 중요 정보의 정의를 머릿속에 가져갈 수 있을 겁니다.

→ 이번엔 '실체설'에 대해서 설명합니다. 하던 대로 천천히 읽어주시면 됩니다. 주어부터 천천히 볼까요? 일단 실체설은 공익을 바라보는 입장 중 하나입니다. 그리고 실체설에서는 공익을 '사회에서 합의된 절대적 가치'라고 말합니다. '사회에서 합의된 절대적 가치'라고만 말하면 두루뭉술한데, 친절하게 그 예시로는 인권이 있다는 점을 알려주네요.

→ 인권은 우리 사회에서 충분히 합의된 가치이죠? 그리고 인권은 어떤 경우에도 침해받아서는 안 되는 권리입니다. 즉, '인권'이라는 것은 '실체'가 있다고 볼 수 있습니다. 따라서 '실체/설'은 분명히 우리 사회에 실제로 존재하는, 즉, 인권과 같이 '실체'하는 가치가 바로 공익이라고 보는 입장인 것이죠.

→ '예술계'는 예술 작품을 판단하기 위해 선행적으로 필요한 것이라고 합니다. 일종의 판단 기준 정도로 생각해주면 되겠습니다. 그럼 선행적으로 필요하다는 것도 아주 쉽게 납득할 수 있습니다. '예술 작품'으로 식별하려면 일정한 기준이 '먼저' 있어야 하니까요.

→ 그리고 예술/계는 예술과 관련된 지식이나 이론, 태도 같은 것들을 포괄하는 체'계'라고 합니다. 이 내용을 앞의 정의와 엮어서 이해하셔야 합니다. 예술계는 예술 작품을 판단하기 위한 기준이라고 이해했습니다. 이번에는 어떻게 예술계를 기준으로 예술 작품을 판단하는지를 이해할 수 있어야 합니다. 예술계를 중심으로 예술을 식별한다는 건, 당대의 '지식, 이론, 태도' 등을 기준으로 결정한다는 뜻입니다. 예를 들어 어떤 시대에서는 예술이 '형식'이 중요하다고 보았고, 이것이 예술을 판단하는 기준이 됩니다. 이게 기준이 되려면 '형식'에 대한 '지식'이나 '이론', 그리고 '예술에서는 형식이 중요하다'는 '태도' 같은 것들이 또 마련되어 있어야 하겠죠.

➡ 즉, 예술 이론이나 지식 같은 일종의 '체계'가 먼저 존재하고, 동시에 이것들이 예술을 식별하는 기준으로 작용한다는 뜻입니다. 이것이 예술계입니다.

9

정의(正義)는 사회를 구성하고 유지하는 공정한 도리로 사회 구성원의 권리와 의무를 개개인에게 할당하고 이익과 부담을 분배하기 위한 기준이 된다.

(2017학년도 7월 학력평가)

➡ '정의'는 사회에 필요한 '공정한 도리'입니다. 말 그대로 '정의(justice)'입니다. 여기까지는 간단합니다. 이 다음을 '정의'의 정의를 바탕으로 당연하게 이해할 수 있어야 합니다. '정의'는 사회에 필요한 공정한 도리입니다. 그렇다면 당연하게도 이 '정의'를 기준으로 사회 구성원의 권리와 의무를 할당해야 할 것이고, 이를 중심으로 이익과 부담을 분배해야 하겠죠. 만약 권리나 의무를 배분할 때 정의를 고려하지 않는다면, 그것은 공정하지 못할 것이기 때문이에요. 그럼 사회의 구성과 유지에도 문제가 생기겠죠? '정의'가 무엇인지 잘 파악하고 뒷 내용을 읽는다면 자연스럽게 이해할 수 있습니다.

10

미적 무관심성이란 대상의 아름다움을 판정할 때 요구되는 순수하게 심미적인 심리 상태를 뜻한다.

(2008학년도 9월 모의평가)

➡ '미적 무관심성'의 정의가 등장합니다. 미적 무관심성은 아름다움을 판단할 때 필요한 '순수하게 심미적인' 심리적 상태입니다. 즉, 다른 것들에는 '무관심'한 채 오로지 대상의 '아름다움'에만 관심을 갖는다는 의미에서 '미적 무관심성'이라고 하나 봅니다. 이렇게 항상 단어의 의미를 살리면서 읽는 습관을 들이셔야 해요.

11

터널 절연체는 전류 흐름을 항상 차단하는 일반 절연체와는 다르게 일정 이상의 전압이 가해졌을 때는 전자를 통과시킨다.

(2014학년도 6월 모의평가 A형)

➡ 이번에도 '터널 절연체'라는 개념의 정의를 '일반 절연체'와의 비교를 통해 제시하고 있습니다. 그럼 우리는 '터널 절연체'를 이해하면서 동시에 '일반 절연체'가 무엇이고 두 절연체가 어떻게 다른지도 이해해야겠어요. 아래와 같은 사고과정을 거치면 되겠죠?

➡ 터널 절연체는 일정 이상의 전압이 가해졌을 때 전자를 통과시키는구나. → 그런데 '일반 절연체'는(S) 전류 흐름을 '항상' 차단하네? → 그럼 '일반 절연체'는 '어떤 상황에서도' 전자를 통과시키지 않겠구나. → 그럼 전압의 크기와 무관하게 항상 전류를 차단하는 게 일반 절연체이고, 전압의 크기가 일정 이상일 '때만', 조건부로 전류를 통과시키는 게 터널 절연체이네. '전압의 크기'가 두 절연체의 차이를 이해하는 데에 핵심이고, 터널 절연체는 일반 절연체와 달리 '일정 이상의 전압'이라는 조건을 만족할 때 전자를 통과시킨다는 게 핵심인 것 같아.

➡ 이렇게 '비교'를 통해 '전자 통과 가능'이라는 '터널 절연체'의 정의를 강조하는 것입니다. 여기서 '일반 절연체'의 특징과 함께, '전류 흐름=전자 통과'라는 '같은 말'까지 인식할 수 있습니다.

➡ 이 정도로만 이해해도 충분하지만, 지금은 공부하는 시간이니까 조금만 더 이해해 볼까요? 일반 '절연체'이든, 터널 '절연체'이든 결국 전류를 차단시킨다는 기능을 한다는 점에서는 공통적입니다. 여기서 '절연체'는 곧 '전류를 차단'하는 역할을 하는 물체라는 사실을 파악할 수 있어요. 그럼 절연체의 정의도 단어의 의미를 살려가면서 읽어봅시다. 우선 전류를 '차단'한다는 점에서 '절(끊다)'/연체라는 점을 이해할 수 있어요. 그리고 전류를 차단한다는 것은 앞서 설명했듯 전자를 통과시키지 않

는다는 말과 같으니 전자가 통과되는 그 '연결고리'를 '끊어낸다'는 점에서 '절(끊다)/연(연결을)/체(물체)'라고 이해할 수 있습니다.

➔ 즉, 절/연/체는 전자가 통과할 수 있는 '연'결고리를, '끊어내는 물체'라는 뜻을 내포하고 있는 단어이네요! 여기서 전류의 흐름(전자 통과)을 항상 차단하느냐, 조건부로 차단하느냐에서 차이를 보이는 것이고요.

12

조류와 포유동물들은 주로 내온성인데, 이는 체내의 물질대사 과정에서 생성된 열에 의해 체온을 유지한다는 것을 의미한다.

(2018학년도 사관학교)

➔ '내온성'의 정의를 제시하는 문장입니다. '내온성'은 '몸 안(체내)'의 대사 과정에서 생긴 '열'로 '체온'을 유지하는 성질입니다. 이번에도 단어의 의미를 살리면서 읽어주셔야 합니다. '내온성'은 말 그대로 체'내'에서 만든 '열'로 체'온'을 유지하는 것이에요.

➔ 이를 이해하면 조류와 포유동물이 주로 내온성이라는 말도 쉽게 받아들일 수 있습니다. 조류와 포유동물들은 대부분 몸 안에서 만든 열을 통해 체온을 유지하려는 성질을 가지고 있다는 뜻이에요. 이 문장을 읽으면 바로 앞에서 설명한 내용이 머릿속에 남아있어야 합니다.

13

통증을 유발하는 자극은 온몸에 퍼져 있는 감각 신경의 말단에서 받아들이는데, 이 신경 말단을 통각 수용기라 한다.

(2020학년도 3월 학력평가)

➔ '통각 수용기'는 자극을 받아들이는 감각 신경의 말단입니다. 그리고 이 자극이 곧 '통증'을 유발하는 자극이라고 합니다. 즉, '통각 수용기'는 '통증'을 '수용'하는 '감각' 신경의 말단입니다. 그러니까 '통각 수용기'인 것이에요. 이 역시 단어의 의미를 살리면서 읽는다면 아주 쉽게 받아들일 수 있는 문장입니다.

14

국가배상이란 위법한 국가 작용으로 인해 개인에게 발생한 손해를 국가가 배상하는 제도이다. (2022학년도 사관학교)

➔ 이번엔 '국가배상'에 대해 설명하고 있습니다. 정의를 이해하는 것이 어렵지는 않습니다. '국가/배상'은 말 그대로 '국가'가 개인에게 '손해'를 가했을 때, '국가'가 직접 '배상'하는 제도를 의미합니다. 이 또한 단어의 의미를 살려서 읽어주는 것이 좋아요. 그러면 '국가배상'이라는 단어만으로도 충분히 정의를 이해할 수 있습니다. '국가'가 손해를 '배상'하는 것이 '국가/배상' 제도입니다.

➔ 내용 자체도 어렵지는 않죠? 국가가 손해를 끼쳤으면 당연히 국가가 그 손해를 '배상'해야 할 것입니다. 이를 구현하는 제도가 바로 '국가배상'입니다.

15

금융의 사회적 역할, 나아가 금융의 공공성을 강조하는 새로운 관점에서 보자면, 금융은 인간다운 생활을 위해 최소한의 이용이 보장되어야 하는 보편적 권리의 대상이자, 우리 사회가 바람직한 방향으로 나아가도록 영향력을 발휘하는 수단이기도 하다.

(2008학년도 9월 모의평가)

→ '금융'이라는 개념에 대해 정의하고 있습니다. 그런데 그 정의가 너무 길게 제시되었을 뿐만 아니라, 어떠한 '관점'이라는 제한도 걸려 있습니다. 하나하나 꼼꼼하게 처리해야 해요. 어떻게 처리하는 게 효율적일지 '생각'하며 정리해 봅시다.

→ '금융'의 '사회적 역할', '공공성'을 강조하는 '새로운' 관점이구나. → '사회적 역할'에서 '나아가' '공공성'을 강조한다고 하니까, '사회적 역할'과 '공공성'은 맥락상 같은 말이겠구나. → 그럼 이 새로운 관점은 금융의 사회적 역할과 같은 '공공성'을 강조하는 관점이니까 '금융'을 조금 '공적인 차원'에서 바라보는 관점인가 보네. → 이 관점에 따르면 '금융'은 '보편적 권리의 대상'이자, '사회를 바람직한 방향으로 나아가도록 영향력을 발휘하는 수단'이구나. → 둘 다 '공적인 차원'에서 금융이 기능을 수행해야 한다고 보는 입장이야. → 결국 '금융'을 공적인 차원에서 바라보는 관점으로 정의하고 있는 것이구나.

→ 조금 복잡했죠? 핵심은 결국 '다 같은 말'임을 인지하며, '금융=공적인 차원'이라는 정의를 건져 내는 것이었습니다. 지금은 조금 왔다갔다 불편하겠지만, 나중에는 쭉 읽어도 너무나 당연하게 정리되는 내용들이 될 것이에요.

→ 이어서 금융의 공공성을 강조하는 견해가 '새로운 관점'이라는 점에서, 이전에는 금융의 역할이나 기능으로 사회적 역할이나 공공성까지는 고려되지 않았다는 사실 역시 함께 생각해볼 수 있습니다.

> **16**
> 컴퓨터 지도는 수치 지도(디지털 지도)라는 점에서 기존의 종이 지도와는 크게 다르다. 수치 지도는 기존의 지도에서 사용되던 기호 체계를 사용하되, 각종 지리 정보들을 표준 코드로 분류하여 저장한 지도이다.　　　　　　　　(2003학년도 수능)

→ 컴퓨터 지도의 정의가 제시되고 있습니다. 아무 생각 없이 읽으면 '컴퓨터 지도 = 수치 지도 ↔ 종이 지도'라고 생각하고, 컴퓨터 지도와 종이 지도가 '완전히 상반된 개념'이라고 지레짐작하고 넘어갈 위험이 있습니다. 하지만 그렇게 읽으시면 안 됩니다! 우리는 '수치 지도'가 정확히 무엇인지 모릅니다. 그렇기 때문에, 이것이 어떤 점에서 종이 지도와 다른지도 아직 알 수 없습니다.

→ 첫 번째 문장을 읽을 때, 자연스럽게 "수치 지도가 무엇이길래 종이 지도와 다른 걸까?"라는 생각이 들어야 합니다. 이 상태에서 넘어가면, 뒤에서 수치 지도의 정의를 확인하고 무엇이 종이 지도와 다른지 생각할 수 있게 됩니다. '수치' 지도는 기존의 지도에서 사용하던 기호 체계를 사용하지만, '표준 코드'로 그 정보들을 분류·저장한 지도입니다. 여기서 말하는 '기존의 지도'는 '종이 지도'를 가리킨다는 점 정도는 꼭 파악해야 합니다.

→ 그렇다면 수치/지도는 말 그대로 기존의 종이 지도에서 사용한 기호를 '표준 코드'로 '수치화'해서 저장한 지도임을 파악할 수 있습니다. '코드'라는 말이 곧 '수치'라는 것, 단어의 의미를 살리면서 자연스럽게 파악해야 합니다. 아무튼, 기존의 종이 지도에서 쓰던 기호 체계는 활용하되, 그것을 '수치화'해서 저장한다는 것이 핵심입니다. 수치 지도(컴퓨터 지도)는 종이 지도와 차이를 보이지만 그 속에는 공통점이 숨어있었던 것입니다. 이런 디테일한 포인트를 놓치지 않고 '정확히' 이해하고 넘어갈 수 있어야 합니다.

> **17**
> 먹으로 난초를 그린 묵란화는 사군자의 하나인 난초에 관념을 투영하여 형상화한 그림으로, 여느 사군자화와 마찬가지로 군자가 마땅히 지녀야 할 품성을 담고 있다.　　　　　(2015학년도 9월 모의평가 AB형 공통)

→ 여러분이 먼저 잡을 수 있는 정의를 모두 잡아보시고 아래 해설을 읽으시길 바랍니다.

→ 일단 먹으로 '난초'를 그린 것이 '묵란화'의 정의라는 것, 그리고 '묵란화'가 '난초'에 '관념'을 투영하여 형상화한 그림이라는 걸 잡아야겠네요. '묵란화'의 정의에서 '난초 그림'은 새로운 정보가 아니지만, '관념 투영'은 새로운 정보입니다. 따라서

'묵란화=관념 투영'이라는 새로운 정보에 더욱 주목할 수 있어야겠죠? 그렇다면 묵란화에는 어떤 '관념'이 투영되어 있는지 궁금해하면서 넘어가야 합니다.

➜ 그리고 '묵란화'에는 '군자가 가질 품성'이 투영되어 있다고 하는데, 이 '군자의 품성'이 바로 묵란화에 투영되어 있는 '관념'에 해당한다는 점을 파악할 수 있어야 합니다. 이어서 우리는 '묵란화' 뿐만 아니라 다른 '사군자화'에도 군자의 품성이 투영되어 있다는 사실을 체크할 수 있어야 합니다. 앞에서 봤던 '비교를 통한 정의'와 같은 맥락이네요.

➜ 문장을 피상적으로 읽는 게 아니라, 그 속에 담겨 있는 의미를 하나하나 곱씹으면서 생각하는 연습을 해야 합니다.

(18)

합리적 무지 모형이란 유권자가 정보를 습득하는 비용이 정보로부터 얻을 편익보다 클 경우 정보를 습득하지 않고 무지한 상태를 유지한다는 이론이다. (2022학년도 7월 학력평가)

➜ '합리적 무지 모형'의 정의를 설명합니다. 단어만 딱 보면 느낌이 이상합니다. "'합리적'인데 '무지'하다고...?" 여기서 헷갈리겠다 싶으면 반드시 뭐가 합리적이고, 뭐가 무지하다는 의미인지 확실하게 이해해야겠다는 생각이 들어야 해요!

➜ 게다가 정의가 한 문장임에도 꽤 깁니다. 천천히 읽으셔야 합니다. 합리적 무지 모형은 '자신의 효용 극대화를 추구하는 유권자'가 정보를 얻을 때 그 정보를 얻기 위해 필요한 비용이 크다면 정보를 얻기를 포기한다는 이론입니다.

➜ 여기서 '정보를 습득하지 않는다 = 무지한 상태'임을 파악하셔야 합니다. 정보를 얻지 않았으니까 당연히 무지한 상태이겠죠? 그리고 이때 유권자가 편익(이익)과 비용을 비교하여서 '무지한 상태'를 유지할지 말지 결정한다고 합니다. 여기서 '합리적 무지 모형'의 정의를 정확히 이해할 수 있어요! 편익(+)과 비용(−)을 비교하는 것은 '합리적'인 행동입니다. 하지만 이때 정보 습득을 포기하는 것은 '무지한 상태'를 선택하는 것이죠. 그래서 '합리적 무지 모형'이라는 것입니다.

➜ 유권자가 정보 습득에 대한 비용이 커서 정보 습득을 포기한다면 결과적으로 무지한 상태를 유지하게 됩니다. 하지만 무지한 상태를 유지하겠다고 판단하는 과정은 어떤가요? '합리적'입니다. 자신에게 이익이 큰지 손해가 큰지 잘 비교해서 결정했기 때문입니다. 그래서 '합리적 무지 모형'이네요! 비용을 '합리적'으로 따져서 '무지'한 상태를 결정하기 때문이에요. 이렇게 정의를 천천히 읽고 충분히 이해하고 넘어가셔야 합니다!

(19)

해시 함수란 입력 데이터 x에 대응하는 하나의 결과 값을 일정한 길이의 문자열로 표시하는 수학적 함수이다. 그리고 입력 데이터 x에 대하여 해시 함수 H를 적용한 수식을 $H(x)=k$라 할 때, k를 해시 값이라 한다. (2016학년도 9월 모의평가 A형)

➜ 수학에 대해 막연한 두려움을 가지신 분들에겐 공포스러울 수 있는 문장입니다. 하지만 다른 건 없어요. 우리는 '국어 영역' 공부를 하고 있습니다. '정의 체크'라는 목적만 가진 채로, 수식이 아닌 '글'을 읽어봅시다.

➜ '해시 함수'는 수학적 '함수'이구나.→ 그런데 어떤 함수지? → '입력 데이터' x에 대응하는 '결과 값'을 일정한 길이의 '문자열'로 표시하는 것이구나. →'데이터'가 들어오면 그로부터 어떤 '결과 값'을 나타내고, 이를 '문자열'로 표시하는 것이구나. → 아, 입력 데이터가 있고 출력 데이터가 문자열이라는 또 다른 형태로 표시되는 기능 자체가 수학에서 말하는 '함수'랑 똑같네! → 그래서 해시/함수인 거고 이 해시 함수도 '수학적 함수'인 것이구나. → 그리고 '결과 값'을 '문자열'이라는 형식으로 표시하는 것이니까, 실질적으로 '문자열'이 나타내는 정보는 '결과 값'과 같겠네.

→ 다음 문장에서는 '해시 값'이라는 개념을 정의하고 있구나. '입력 데이터' x에 대하여 '해시/함수'를 적용했을 때 나오는 값 k가 곧 '해시/값'이네 → 그럼 앞 문장에서 말한 '결과 값'이 '해시 값'과 같은 말이 되는 것이구나.

→ 꽤나 어렵죠? 연속되어 제시된 '정의'를 바탕으로 '같은 말'까지 잡아낼 것을 요구하는 문장이었습니다. 실제 시험장에서도 이런 문장들에 강해지셔야 합니다. 최근 시험들에서 강조되는 경향 중 하나예요!

20

위법수집증거배제법칙은 적법한 절차에 따르지 않고 수집한 증거의 증거능력을 부정하는 원칙으로, 형사사법기관의 위법한 증거수집을 억제하는 데에 그 목적이 있다.
(2021학년도 4월 학력평가)

→ 꽤나 어려운 말들이 마구잡이로 쏟아지고 있습니다. 하지만 우리는 충분히 이해할 수 있어요. 천천히 봅시다. '위법수집증거배제법칙'의 정의가 제시됩니다. 이 원칙은 제대로 된 절차(적법한 절차)를 따르지 않고 수집한 증거의 증거능력을 부정하는 것이라고 합니다. 이것만 잘 읽어도 충분히 이해할 수 있습니다. '위법'하게 수집된 증거는 증거로 인정하지 않는다(배제한다)고 해서 '위법/수집/증거/배제/법칙'입니다.

→ 그럼 문장의 뒷부분도 쉽게 이해할 수 있습니다. 위법하게 수집된 증거를 인정하게 되면, 형사사법기관이 위법한 증거를 마구잡이로 수집할 것이에요. 예를 들면 고문을 해서 자백을 받아내는 상황을 떠올릴 수 있습니다. 자백 진술은 충분히 증거로 인정될 수 있습니다. 하지만 이것을 고문으로 받아낸다면? 이것은 문제가 되죠. '적법한 절차에 따르지 않았기 때문'에 말이죠. 그래서 고문으로 자백을 받아내듯이 적법하지 못한 절차로 얻은 증거는 증거로 인정하지 않는다는 원칙이 바로 '위법수집증거배제법칙'입니다.

→ 이 원칙을 따르면 당연히 위법한 증거수집은 억제되겠죠? 애초에 제대로 절차를 밟지 않고 얻어낸 증거는 증거로 인정해주지 않으니까, 굳이 위법한 절차로 증거를 수집할 필요가 없게 됩니다. 고문으로 자백을 받아도 그것을 증거로 인정해주지 않으면, 굳이 고문시켜서 자백을 받아낼 필요가 없듯이요!

21

예란 인간의 도덕적 본성을 그 사회에 맞게 규범화한 것으로 단순히 신분적 차이를 드러내거나 행동을 타율적으로 규제하는 억압 장치는 아니었다. 예는 개인의 윤리 규범이면서 사회와 국가의 질서를 바로잡는 제도였으며, 인간관계를 올바르게 형성하는 사회적 장치였다.
(2013학년도 9월 모의평가)

→ 문장이 조금 깁니다. 당황하지 말고 하던 대로 문장을 읽어봅시다. 일단 '예'라는 개념은 '도덕적 본성'을 그 사회에 맞게 '규범화'한 것'입니다. 우리가 흔히 알고 있는 예절, '예'라는 어휘의 의미와 크게 다르지 않네요. '예'는 도덕적 규범이니까요.

→ 그런데 이는 단순히 '신분적 차이'를 드러내거나 '행동을 타율적으로 규제'하는 억압 장치가 아니었다고 합니다. '신분적 차이', '행동의 타율적 규제'는 모두 '도덕적 규범'이라는 '예'의 정의를 기반으로 했을 때 충분히 관련된다고 생각할 수 있는 내용들입니다. '도덕적 규범'에 따라 행동하게 되면 '신분적 차이'도 드러날 수 있고, 나의 행동도 '타율적으로 규제'될 수 있으니까요.

→ 여기서 신분적 차이가 드러난다는 말이 잘 이해되지 않을 수 있어요. 정말 직관적으로 생각해봅시다. 양반댁 선비와 옆집 돌쇠가 있다고 가정해보면, 겉으로 드러나는 둘의 행동은 당연히 다를 거예요. 양반댁 선비는 걸을 때도 도덕적 품위를 지키면서 걸을 텐데, 옆집 돌쇠는 대충 팔자 걸음으로 걸어다녀도 전혀 어색하지 않습니다. 즉 '예'라는 도덕적 규범이 있다면 신분적 차이 역시 드러날 수 있습니다. 그러나 '예'의 목적이 이런 '신분적 차이'를 드러내는 것에 있는 것은 아니라고 해요. 분명 '예'가 규범으로서 존재한다면 신분적 차이는 드러날 텐데, 이 차이를 드러내는 게 목적은 또 아니라고 하니 특이하다고 생각을 하면서 머릿속에 강하게 남길 수 있어야 합니다.

→ '예'는 '개인의 윤리 규범', '사회와 국가의 질서를 바로잡는 제도', '인간관계를 올바르게 형성하는 사회적 장치'였다고 합니다. 다 새로운 정보처럼 보이지만, '도덕적 본성의 규범화'라는 '예'의 정의를 생각하면 어렵지 않게 납득할 수 있는 내용들입니다. '예'라는 '규범화된 도덕 본성(도덕적 규범)'이 존재한다면 개인의 '윤리 규범'으로 작용할 거예요. 사실상 '윤리 규범 = 도덕적 규범'이니까요. 또한 사회나 국가의 질서도 '예'라는 '규범'에 따라 지켜질 것이고, 인간관계 역시 '예'라는 규범에 맞춰 '도덕적'으로 형성되겠죠?

→ 이 내용을 다 기억하지는 못해도, 이렇게 '도덕적 본성의 규범화'라는 정의를 중심으로 최대한 납득하고 넘어갈 수 있어야 합니다.

---

(22)

공자가 제시한 군자는 도덕적 인격을 완성하기 위해 애쓰는 사람이기도 하면서 자신의 도덕적 수양을 통해 예를 실현하는 사람이다.

(2013학년도 9월 모의평가)

→ 앞 문장에서 등장한 '예'의 정의를 통해 '공자가 제시한 군자'를 설명하고 있습니다. 우리가 제일 처음 연습했던 '텍스트'의 정의가 기억나시나요? 텍스트의 정의와 '공간 텍스트'를 엮어서 생각했던 것을 기억하실 겁니다. 이렇게 어떤 개념과 이어지는 개념이 나오면 점층적으로 이해하는 습관을 들여야 합니다. 따라서 우리는 공자가 제시한 '군자'를 다음과 같이 이해해야 합니다. 물론 과정이 엄청 길어 보이지만, 정확히 정의를 체크하고 생각하면서 읽는 습관이 생기면 한 번에 무의식적으로 해낼 수 있습니다.

→ 공자가 제시한 군자는(S) → 군자가 뭐지? → 예를 실현(V)하는 사람이구나! → 앞에서 읽었던 '예'의 의미를 끌어다 읽어야겠다. → 군자는 '규범화된 도덕적 본성'을 실현하려는 사람이구나!

→ 처음에는 이렇게 문장들을 억지로나마 엮어 주는 것을 의식하며 연습하셔야 합니다. 익숙해지면 나중엔 하고 싶지 않아도 저절로 하고 있을 거예요!

---

(23)

귀납은 현대 논리학에서 연역이 아닌 모든 추론, 즉 전제가 결론을 개연적으로 뒷받침하는 모든 추론을 가리킨다. 귀납은 기존의 정보나 관찰 증거 등을 근거로 새로운 사실을 추가하는 지식 확장적 특성을 지닌다.

(2016학년도 수능 A형)

→ '귀납'이라는 개념을 정의하고 있습니다. 두 번이나 다른 말을 통해 정의하고 있기도 하고, 어려운 말이 포함되어 있기도 하네요. 하나하나 확실하게 뜯어봅시다.

→ '귀납'은 현대 논리학에서 '연역이 아닌 모든 추론'을 가리킨다고 합니다. 그런데 이것은 '전제가 결론을 개연적으로 뒷받침하는 모든 추론'과 같은 말이라고 해요. 다시 말해서, '연역이 아니다=전제가 결론을 개연적으로 뒷받침한다.'가 되겠죠. 여기서 여러분은 '연역=전제가 결론을 개연적이지 않게 뒷받침하는 것'으로 '추론'할 수 있어야 합니다. 지문에 있는 내용만을 근거로 생각해낼 수 있잖아요!

→ 다음 문장에선 '귀납'이 '지식 확장적 특성을 지닌다.'라고 합니다. 왜 그런지 생각해 봤더니, '기존의 정보, 관찰 증거' 등을 근거로 해서 '새로운' 사실을 추가하기 때문이네요. '새로운' 사실을 추가하니, 지식이 '확장'된다고 이야기하는 것이죠. 조금 더 욕심을 내 보면, 이 문장에서 이야기하는 '기존의 정보나 관찰 증거'가 곧 앞 문장의 '전제'에, '새로운 사실'이 '결론'에 해당한다는 것도 잡아낼 수 있을 겁니다. '개연적'이지만 '기존의 정보나 관찰 증거'가 '새로운 사실'을 뒷받침하기 때문에, 지식이 확장된다는 이야기죠!

➜ 많이 어려울 수도 있어요. 하지만 그냥 넘어가시면 아무 것도 남지 않습니다. 여러 번 읽으면서 확실하게 본인 것으로 만드세요. 이 교재에 있는 문장들은 모두 엄선된 것이기에, 단 하나도 대충 넘기시면 안 됩니다. 그 문장에서 배울 수 있는 모든 내용을 배우셔야 해요!

➜ 나아가, '귀납'과 '연역'은 자주 등장하는 개념이니 어느 정도 정리를 해 두도록 합시다. 이 지문에서 이야기하는 것처럼, '귀납'은 전제가 결론을 '개연적'으로 뒷받침하는 추론이에요. '개연적'이라는 건 쉽게 말해서 '그럴 수도 있다.'라는 것인데, 귀납은 보통 아래와 같은 방식으로 이루어지기에 '개연적'이라고 하는 것입니다.

(전제)

내가 오늘 관찰한 까마귀는 모두 검다.

내가 어제 관찰한 까마귀는 모두 검다.

내가 그저께 관찰한 까마귀는 모두 검다.

⋮

―――――――――――――――――

(결론) 따라서 모든 까마귀는 검다.

보시는 것처럼, '그저께', '어제' 관찰한 내용인 '기존의 정보', 내가 보았다는 '관찰 증거' 등을 토대로 어떠한 결론, 즉 '새로운 사실'을 도출하는 것이 '귀납'입니다. 그런데 여기서 '전제'에 해당하는 '기존의 정보 및 관찰 증거'는 말 그대로 원래 있던 내용이기 때문에, 아직 밝혀지지 않은 전제가 있을 경우 결론을 뒷받침하지 못할 수 있다는 한계가 있습니다. 예를 들어 내일 관찰한 까마귀가 흰색이라면, 위의 결론은 거짓이 되어 버리니까요. 전제를 보아하니, 저런 결론이 '나올 수도 있다'라는 의미에서 전제가 결론을 '개연적'으로 뒷받침한다고 하는 것이에요. 감이 잡히시죠?

한편 '연역'의 경우, '전제가 결론을 필연적으로 뒷받침하는 추론'을 의미해요. 우리가 생각했던 '개연적이지 않은'이라는 말이 결국 '필연적인'과 같은 말이었던 것이죠. '필연적'이라는 것은 '반드시 그러하다' 정도로 바꿔 말할 수 있는데, '연역'은 아래와 같은 과정을 거치는 추론이기에 '필연적'이라는 말을 쓰는 것이에요.

(전제)

우리 반 친구들은 모두 P.I.R.A.M 국어로 공부한다.

민재는 우리 반 친구이다.

⋮

―――――――――――――――――

따라서 민재는 P.I.R.A.M 국어로 공부한다.

이처럼 '전제'가 참인 경우, 그 전제는 '필연적'으로 '결론'을 뒷받침합니다. 이러한 논증을 '연역'이라고 해요. '연역'과 '귀납'은 평가원이 정말 자주 출제하는 개념이니, 확실하게 알아두도록 합시다.

　　품질 특성값들이 그 평균에서 떨어져 흩어져 있는 정도를 산포도라고 하며, 산포도를 측정하는 척도로 표준 편차를 이용한다.

(2007학년도 6월 모의평가)

→ '산포도'의 정의가 두 개 나오고 있습니다. 지금까지 하던 대로 체크하면, '품질에 대한 특성을 가지는 값'(품질/특성/값으로 의미를 살려서 읽으면 확 이해가 되겠죠?)들이 평균에서 얼마나 분'산'되어 분'포'되어 있는지, 그 정'도'를 나타내는 게 '산/포/도'의 정의라고 할 수 있습니다.

→ 물론 이 정의도 매우 중요하지만, 우리는 '표준 편차'로 '산포도'를 측정한다는 것까지 짚고 넘어가야 합니다. 즉, '산포도'와 '표준 편차'는 사실상 같은 의미로 볼 수 있는 것이죠. 엄밀하게 말하면 '산포도'는 측정의 결괏값이고, '표준 편차'는 측정의 도구이기 때문에 다르다고 할 수 있지만, '평균에서 떨어져 흩어져 있는 정도'를 파악하는 것이라는 점에서는 '사실상 같은 말'이라는 것입니다. 이렇게 오히려 뒤에 나온 정의를 잡는 것이 실전에 더 중요한 경우가 많습니다. '표준 편차'라는 개념과 '산포도'를 엮어서 읽어야 하기 때문입니다.

→ 이렇게 어떤 개념을 설명하는 모든 서술이 '정의'가 될 수 있다는 걸 알아두셔야 합니다. 이런 식으로 다른 개념을 활용하여 어떤 개념의 정의를 설명해 주는 경우가 등장하면 집중해야 한다는 사실도 머리에 넣어둡시다.

　　정부는 정부 조직의 규모를 확대하지 않으면서 서비스의 전문성을 강화할 수 있는 민간 위탁 제도를 도입할 수 있다. 민간 위탁이란 공익성을 유지하기 위해 서비스의 대상이나 범위에 대한 결정권과 서비스 관리의 책임을 정부가 갖되, 서비스 생산은 민간 업체에게 맡기는 것이다.

(2015학년도 수능 A형)

→ 정부가 '민간 위탁 제도'를 도입할 수 있다고 하네요. '민간 위탁'이 도대체 무엇인가 하니, 다음 문장에서 정의해주고 있습니다. '민간/위탁'이란 '결정권과 관리 책임'은 정부가 갖고, '서비스 생산'은 '민간' 업체에 '맡기는 것'이네요. 서비스 생산을 '민간'에게 '위탁'했다는 점에서 '민간/위탁'이라는 이름이 붙었나 봅니다.

→ 또 '민간 위탁 제도'에 대한 내용이 하나 더 있어요. 바로 '정부 조직의 규모를 확대하지 않으면서 서비스의 전문성을 강화할 수 있는 제도'입니다. 첫 문장을 보면, 개념에 대한 설명이 앞에서 정의(민간 위탁 제도)를 꾸며주고 있음을 볼 수 있습니다. 이걸 살려서 한 번 더 읽어봅시다.

→ '민간 위탁 제도'는 정부 조직 규모의 확대 없이, 서비스의 전문성을 강화할 수 있다고 했습니다. 너무 당연합니다. '민간 위탁'은 '책임'은 정부가 갖고, '생산'은 민간 업체가 하는 것이라고 했습니다. 우리는 여기서 정부가 '책임'만 갖고 '서비스 생산은 하지 않는다'는 것을 통해 '조직 규모의 확대가 없다'라는 내용을 읽어낼 수 있어야 합니다. '생산'까지 정부가 해야 한다면, 이 서비스를 생산하기 위해 조직의 규모를 확대해야 할 것입니다. 그런데 '민간 위탁'의 경우, 정부가 서비스의 생산을 민간에 맡겨버렸으니, 정부 입장에서는 '생산을 위한' 규모 확대를 할 필요가 없어지는 것이지요.

→ 또한 서비스를 민간 업체가 생산한다는 점에서 '서비스의 전문성이 강화'될 것이라는 사실을 연결지어 읽을 수 있어야 해요. 정부는 '서비스의 생산'을 전담하는 주체가 아닙니다. 우리나라가 어떤 '서비스의 제공'을 위해 존재하는 게 아니듯이 말이죠. 그러나 서비스 생산을 위탁받은 민간 업체는 어떨까요? 당연히 '서비스의 생산'을 전담하는 업체일 것입니다. 그러므로 서비스의 전문성이 강화되는 것이에요.

26

아미노산이 분해될 때는 아미노기가 아미노산으로부터 분리되어 암모니아로 바뀐 다음, 요소(尿素)로 합성되어 체외로 배출된다.

(2015학년도 수능 A형)

→ 아미노산, 아미노기, 암모니아.. 비슷한 용어가 많이 등장하고 있습니다. 이럴 땐 정말 정신을 똑바로 차리고 읽어야 합니다. 그렇지 않으면 이해를 못하고 넘어갈 가능성이 정말 커요! 잡아낼 수 있는 정보를 스스로 모두 잡아내고 해설을 읽어봅시다.

→ 아미노산이 분해될 때에 대한 정보를 제시하려나 봅니다. 단어가 너무 비슷하고 문장이 어려우니 주어와 서술어부터 체크해봅시다. 아미노기가 분리되고, 바뀐 다음, 합성되고, 배출되네요. 일단, 무엇으로 합성되었는지 보니까 '요소'로 합성되었다는 걸 알 수 있습니다. 근데 이게 '암모니아'로 바뀌고 나서 '요소'로 합성된 것이네요. 그럼 우리는 '아미노기→암모니아→요소'라는 흐름을 잡을 수 있습니다. 그 '요소'가 체외로 배출되는 것까지 알 수 있구요. 마지막으로, '아미노기'가 '아미노산'으로부터 분리되었다는 사실까지 체크하면 완벽합니다.

→ 하지만 매번 저렇게 읽기는 너무 번거로울 거예요. 따라서 이렇게 한 번에 읽고 이해가 가지 않는 문장은 '의미 단위'로 끊어가며 연습하는 것이 좋습니다. 아래 해설을 따라가 봅시다.

→ 아미노산이 분해될 때네? → 아하 그때는 아미노기가 아미노산으로부터 분리되는구나. → 아미노산이 분해될 때니까 분리될 수 있지! → 아미노기가 분리되고 암모니아로 바뀌네. → 그 후 요소로 합성되어서 나가는 것이구나! → 우리 몸에서 무언가를 배출하려면 배설물의 형태로 바뀌어야 하는 게 일반적인데, 암모니아 역시 '요소'의 형태로 합성되어서 '배출'되는구나. 요(뇨)/소이니까 배설물의 형태로 배출될 수 있을 것 같아.

→ 이렇게 읽어내시면 됩니다. '분리', '바뀜', '합성'과 같은 '의미 단위'를 나누어서 정리했더니 조금은 쉽게 잡히죠? 어려워 보이지만 조금만 '생각'하면서 읽으면 쉽게 처리할 수 있습니다. 항상 문장을 한 번에 읽고 한 번에 처리하는 연습을 하시는 것이 좋습니다. 그래야 실전에서도 어려운 문장이 나오면, 침착하게 읽으면서 이해할 수 있으니까요. '의미 단위'로 끊어 읽는 연습! 어려운 문장을 읽을 때 꼭 해보시길 바랍니다.

27

기술 영향 평가는 전문가와 이해 당사자 및 일반 시민들이 특정한 기술의 사회적 영향을 평가한 다음, 긍정적 영향은 극대화하고 부정적 영향은 최소화할 수 있도록 기술 변화의 방향과 속도를 통제하는 것을 목표로 한다. 통제의 딜레마란, 비록 기술 영향 평가를 통해 어떤 기술이 문제가 많다고 판단될지라도, 그 기술의 개발이 이미 상당히 진행되어 있는 상태라면 그것을 중단시키는 일이 거의 불가능하게 되는 상황을 말한다.

(2008학년도 9월 모의평가)

→ 꽤 긴 문장들입니다. 그동안 배웠던 내용을 총동원해서, 잡을 수 있는 '정의'를 모두 잡은 뒤에 해설을 읽어보도록 합시다.

→ 먼저 '기술 영향 평가'라는 개념에 대한 정의가 제시되고 있습니다. 이는 기술의 '사회적 영향'을 '평가'하고, 기술 변화의 방향, 속도를 '통제'하는 것을 목표로 하는 것이라고 해요. '기술/영향/평가'이므로, 그 의미를 살리면 앞의 정의는 쉽게 납득할 수 있겠죠? '기술'의 '영향'을 '평가'하는 것이니까요.

→ 그리고 '영향'이라는 키워드를 잡고 있으니, 뒤쪽의 정의(통제에 대한 것) 역시 쉽게 납득할 수 있습니다. '통제'를 하는 이유가 긍정적인 '영향'은 극대화하고, 부정적인 '영향'은 최소화하기 위해서니까요. '평가'하고, '통제'하는 것. 이것이 '기술 영향 평가'였습니다.

➔ 다음 문장에선 '통제의 딜레마'라는 개념을 제시하고 있어요. 이는 어떤 '상황'을 의미합니다. 어떤 상황인가 했더니, '기술 영향 평가'에서 '부정적'인 평가를 받았음에도 기술 개발이 상당히 진행되어 있다면 그것을 중단, 즉 '통제'하는 일이 거의 불가능한 상황을 의미한다고 해요. 즉, '통제의 딜레마'는 '기술 영향 평가'의 목표가 제대로 달성되지 못하는 상황이라고 볼 수 있으므로 일종의 문제 상황이겠네요.

➔ 천천히 이해해 볼까요? 지문의 내용에 따르면, 특정 기술의 부정적 영향이 크다고 평가되는 경우 이는 통제되어야 합니다. 그러나 어떤 기술이 문제가 많다고 판단되었을 때, 즉 부정적 영향이 크다고 판단되었을 때에도 '중단'이 불가능한 상황이 바로 '통제의 딜레마'입니다. 기술 개발의 '중단'이 불가능하다는 것은 곧 기술 개발을 '통제'하는 것이 불가능하다는 뜻이죠. 이는 '기술 변화의 방향과 속도'가 제대로 '통제'되지 못하는 상황이므로, 일종의 문제 상황이 됩니다. 그렇다면 자연스럽게 뒤에서 '해결책'이 제시될 것이라는 생각도 당연하게 할 수 있겠죠? 이렇게 '해야 할 생각'을 자연스럽게 이어가는 과정이 '좋은 독해'의 과정이라는 걸 기억하세요.

28

미적 무구별이란 예술 작품을 현실로부터 분리하지 않는 것을 말한다. 이와 대비되는 개념으로서의 미적 구별은 예술 작품을 외부적 맥락으로부터 독립시켜 현실과 유리된 것으로 보게 만든다. (2025학년도 10월 학력평가)

➔ '미적 무구별'과 '미적 구별'의 정의가 제시됩니다. 두 개념이 완전히 상반되기 때문에, 둘 중 하나의 정의만 잘 파악해도 나머지 개념을 쉽게 이해할 수 있어요. '미적/무/구별'은, 예술과 현실을 '구별(분리)'하지 '않는' 것을 가리킵니다. 말 그대로 미적 대상(예술 작품)을 구별하지 않는다는 말이에요.

➔ 반대로 미적/구별은, 예술과 현실(외부적 맥락)을 '구별'하는 태도입니다. 미적 대상(예술 작품)을 현실로부터 '독립'시키는 것, 그래서 현실과 '유리된 것'으로 보게 만드는 것 모두 현실로부터 예술 작품을 떨어 뜨린다는 말이니까, 현실과 예술 작품을 '구별'하는 것으로 볼 수 있어요. 이렇게 단어의 의미를 살리면서 읽는다면, 정의 체크부터 개념을 이해하는 독해 모두 풍부해집니다!

29

일반적으로 사막은 연 강수량이 250mm 이하인 지역을 말하는데, 대부분 저위도와 중위도에 분포한다. (2011학년도 6월 모의평가)

➔ 사막에 대한 정의가 두 개 등장합니다. '연 강수량이 250mm 이하인 지역'과 '저위도와 중위도에 분포'라고 말이죠. 이때 우리는 맥락상 '연 강수량이 250mm 이하인 지역'과 '저위도와 중위도 지역'이 사실상 같은 말임을 알 수 있어야 해요. 어떤 점에서 같은 말일까요? 바로 '사막의 위치'를 가리킨다는 점에서 같은 말이에요. 그러니까 우리 머릿속에는 자연스럽게 '사막 = 연 강수량이 250mm 이하인 지역 = 저위도·중위도 지역'이라고 정리가 되어야 합니다. '저위도·중위도 지역'이라고 해서 무조건 '연 강수량이 250mm 이하인 지역'인지는 알 수 없지만, 최소한 '사막'의 정의가 '위치'를 기준으로 해서 두 가지 방식으로 제시되고 있다는 것 정도는 확실하게 체크할 수 있어야 해요.

30

프레임(frame)은 영화와 사진 등의 시각 매체에서 화면 영역과 화면 밖의 영역을 구분하는 경계로서의 틀을 말한다. 그런데 문, 창, 기둥, 거울 등 주로 사각형이나 원형의 형태를 갖는 물체들을 이용하여 프레임 안에 또 다른 프레임을 만드는 경우가 있다. 이런 기법을 '이중 프레이밍', 그리고 안에 있는 프레임을 '이차 프레임'이라 칭한다. (2013학년도 6월 모의평가)

➔ 이번에는 '프레임'의 정의가 서술되어 있습니다. 역시 스스로 생각해 보고 사고 과정을 비교해봅시다.

→ 프레임은 화면의 경계로서의 틀이라고 하네 → '프레임(frame)'이라는 단어의 의미 자체와도 관련된 정의기 때문에, 어렵지 않게 이해할 수 있네.

→ 그런데 이렇게 프레임을 이해했더니, 뒤에 '이중 프레이밍', '이차 프레임'의 정의가 나옵니다. 여러분이 '프레임'을 정확히 이해했다면 그와 관련된 '이차 프레임'도 쉽게 이해할 수 있는 것이죠. (문, 창, 기둥, 거울 등 주로 사각형이나 원형의 형태를 갖는 물체들을 이용하여) '프레임 안에 또 다른 프레임을 만드는 기법'을 '이중 프레이밍', 그렇게 해서 만들어진 안에 있는 프레임을 '이차 프레임'이라 하는군요.

→ 앞 문장의 괄호 안에 들어있는 서술은 상대적으로 중요하지 않기에 괄호 표시가 되어 있습니다. 우리가 원하는 건 '프레임'과 관련된 정의이지, 그것들을 구현하는 '수단'이 아니니까요. 위에서도 말씀드렸듯이 이러한 부가적인 서술은 여러분의 사고력이 상승하면 자연스럽게 머리에 남게 됩니다. 그 순간을 위해서 같이 달려봅시다!

(31)

동영상 압축은 막대한 크기의 동영상 데이터에서 필요한 정보만 남김으로써 화질의 차이는 거의 없이 데이터의 양을 수백 분의 일까지 줄이는 기술이다. 동영상 압축에서는 일반적으로 화면 간 중복, 화소 간 중복, 통계적 중복 등을 이용한다. 화면 간 중복은 물체가 출현, 소멸, 이동하는 영역을 제외하고는 현재 화면과 이전 화면이 비슷한 것을 말한다. 화소 간 중복은 한 화면 안에서 서로 가까이 있는 화소들끼리 화소 값의 차이가 별로 없거나 변화가 규칙적인 것을 말한다. 통계적 중복은 이들 데이터에서 몇몇 특정한 값이 나오는 빈도가 통계적으로 매우 높은 것을 말한다.

(2009학년도 수능)

→ 이제는 바로 가 보겠습니다. '동영상/압축'의 정의가 제시되어 있습니다. '필요한 정보'만 남겨서 '데이터의 양'을 줄이는 기술이네요. 데이터의 양을 줄이기 때문에 '압축'이라는 이름이 붙은 것으로 보입니다. 어렵지 않게 납득할 수 있네요.

→ 그런데 '동영상 압축'에서는 '화면 간 중복', '화소 간 중복', '통계적 중복'이 사용된다고 합니다. 이들은 단어의 의미 그대로, 각각 '같은 화면의 중복', '인접한 화소끼리의 값이 중복되는 것', '통계적으로 특정 값의 출현 빈도가 중복되는 것'을 의미합니다.

→ 여기서 여러분이 '동영상 압축'의 정의를 체크하고 있다면, 이때의 '중복'되는 부분들은 결국 '압축'의 대상이 된다는 것을 생각할 수 있겠네요. 이렇게 '정의'들을 엮어가면서, '동영상 압축'이라는 '화제' 중심으로 정보를 모아 주는 것이 지문 독해의 거의 전부입니다. 이러한 태도가 내면화될 때까지, 최선을 다해서 공부하도록 합시다.

(32)

우리 몸은 단백질의 합성과 분해를 끊임없이 반복한다. 단백질 합성은 아미노산을 연결하여 긴 사슬을 만드는 과정인데, 20여 가지의 아미노산이 체내 단백질 합성에 이용된다. 단백질 합성에서 아미노산들은 DNA 염기 서열에 담긴 정보에 따라 정해진 순서대로 결합된다. 단백질 분해는 아미노산 간의 결합을 끊어 개별 아미노산으로 분리하는 과정이다. 체내 단백질 분해를 통해 오래되거나 손상된 단백질이 축적되는 것을 막고, 우리 몸에 부족한 에너지 및 포도당을 보충할 수 있다.

(2015학년도 수능 A형)

→ 총 두 가지의 개념이 제시되고 있습니다. 하나는 '단백질/합성'이고, 하나는 '단백질/분해'입니다. 먼저 '합성'의 경우, 단어의 의미 그대로 '아미노산'이라고 하는 것을 '결합'하는 과정입니다. 아미노산이 20개가 이용된다는 것 같은 부수적인 정보에는 주목할 필요가 없습니다. 포인트는, '단백질 합성'은 곧 '아미노산 결합'을 의미한다는 것입니다. 그리고 우리는 여기서 '아미노산=단백질'이라는 숨겨진 정의까지 확인할 수 있겠네요. '단백질 합성(결합)=아미노산 결합'이니까요. 물론 엄밀하게 보면 아미노산은 단백질 그 자체가 아닌 단백질의 '구성 단위'라고 해야겠지만, 우리는 '국어' 지문을 읽고 있기에 과학적으로 엄밀할 필요는 없어 보입니다. 지문에 제시된 정보가 아니니까요!

→ 다음은 단백질 '분해'입니다. '아미노산'을 '결합'하는 것이 '합성'이라면, '분해'는 당연히 그 '결합'을 끊어내는 것이라고 할 수 있습니다. '합성'의 정의를 제대로 체크했더니, '분해'라는 개념도 자연스럽게 납득되는 모습이네요.

→ 나아가 '분해'를 하면 '오래되거나 손상된 단백질의 축적'을 막는다는 것 역시 가볍게 납득할 수 있는 정보입니다. '아미노산'들이 분해되지 않고 계속해서 뭉쳐 있으면 '오래되거나 손상된 단백질'이 될 수 있으니까요. 이렇게 '정의'를 제대로 체크하며 읽는 습관을 들이면, 많은 정보들을 '기억'하는 것이 아닌 '납득'하며 독해할 수 있습니다. 억지로 '기억'한 정보와 확실하게 '납득'한 정보 중, 선지 판단 시에 더 요긴하게 쓸 수 있는 정보가 무엇인지는 뻔하죠?

---

(33)

가스 센서란 특정 가스를 감지하여 그것을 적당한 전기 신호로 변환하는 장치의 총칭이다. 각종 가스 센서 가운데 산화물 반도체 물질을 이용한 저항형 센서는 감지 속도가 빠르고 안정성이 높으며 휴대용 장치에 적용할 수 있도록 소형화가 용이하기 때문에 널리 사용되고 있다.

(2011학년도 9월 모의평가)

→ 먼저 '가스 센서'의 정의가 나오고 있습니다. '가스/센서'이니, '가스'를 감지하는 '센서'겠죠? 실제로 지문에서도 '가스'를 감지하여 전기 신호로 변환하는 장치를 '가스 센서'로 정의하고 있습니다. 여기서 '가스를 감지하여 전기 신호로 변환=센서의 역할'임을 파악할 수 있어야 합니다! 단어의 의미를 통해 자연스럽게 정의를 납득하는 거예요. '가스 센서'의 '센서'는 가스를 '전기 신호'로 바꿔 주는 것이죠!

→ 그런데 다음 문장을 살펴보니, '가스 센서 가운데' '저항형 센서'라는 센서도 있다고 합니다. '저항형 센서'도 '가스 센서'이므로 '가스를 감지해서 전기 신호로 변환해주겠지!'라는 생각을 하셔야 하고, 그 후 추가적인 내용을 잡아줘야 합니다. 산화물 반도체 물질을 이용한다든지, 감지 속도가 빠르다든지, 안정성이 높다든지, 소형화가 용이하다든지 말이죠. 일단 '저항형 센서'도 '가스 센서'라는 점이 제일 중요합니다.

---

(34)

신규성은 선행 발명과의 동일성 여부를 판단하고, 진보성은 선행 발명으로부터 용이하게 발명할 수 있는지 여부를 판단하는 것이다.

(2023학년도 4월 학력평가)

→ '신규/성'은 선행 발명과의 동일성을 판단하는 것이라고 합니다. 즉, 어떤 발명품이 정말 '신규'가 맞는지, 이미 발명된 것이 있어서 신규가 아닌 것은 아닌지를 판단한다는 뜻이네요. 이어서 '진보성'의 정의가 나옵니다. '진보성'은 '선행 발명으로부터' '용이하게' 발명할 수 있는지가 핵심이라고 합니다. 왜 이게 '진보/성'일까요? '진보'라는 것은 한 걸음 더 나아간다는 것입니다. 즉, 새로 무언가를 시작하는 게 아니라 현재에서 +a로 추가한다는 의미라고 볼 수 있겠죠. 그러니까 '선행 발명' 즉, '기존의 발명을 토대로' 하여 '진보(발명)'할 수 있는지 따지는 것이 '진보/성'입니다.

→ 결과적으로 신규성과 진보성을 모두 만족시키는 발명은 기존의 발명과 다르긴 해야 합니다(신규성). 그러나 새로운 것이라고 해서 기존의 발명과 아주 동떨어진 기술이면 안 된다(진보성)는 뜻이네요. 기존의 발명을 토대로 발명할 수 있어야 하니까요! 이와 같이 이해한 내용을 바탕으로 문장을 확실하게 '납득'할 수 있어야 해요.

---

(35)

세포자멸사는 세포가 자기 내부에 있는 효소를 활용해 자신의 DNA와 핵 등을 파괴하는 것이다. 세포가 외부적 요인으로 인해 파열되는 것인 괴사와 달리, 세포자멸사는 능동적인 죽음이라고 할 수 있다.

(2024학년도 7월 학력평가)

→ 세포/자멸/사는 세포가 '자기 내부의 효소'를 이용해 자신의 DNA와 핵 등을 '파괴'하는 활동입니다. 즉, '세포'가 자기 자신의 효소를 이용해 자기 자신의 세포를 파괴하는 것이니까 '자멸'해서 '죽는(사)' 것이라고 볼 수 있겠네요. 이는 세포가 자

기 자신을 스스로 없애는 것이므로, '외부적 요인'으로 파괴되는 '괴사'와는 구분됩니다. 외부적 요인이 아니라 자기 자신의 효소를 이용한 '자멸'이니까 '능동적인 죽음'이라고 볼 수 있는 것이죠!

(36)

　　간접 광고에서는 광고 효과를 거두기 위해 주류적 배치와 주변적 배치를 활용한다. 주류적 배치는 출연자가 상품을 사용·착용하거나 대사를 통해 상품을 언급하는 것이고, 주변적 배치는 화면 속의 배경을 통해 상품을 노출하는 것인데, 시청자들은 주변적 배치보다 주류적 배치에 더 주목하게 된다. 또 간접 광고를 통해 배치되는 상품이 자연스럽게 활용되어 프로그램의 맥락에 잘 부합하면 해당 상품에 대한 광고 효과가 커지는데 이를 맥락 효과라 한다.

(2014학년도 수능 AB형 공통)

→ '간접/광고'(간접적으로 하는 광고라고 생각하면서 읽어야 합니다!)에서는 광고 효과를 위해 '주류적/배치'와 '주변적/배치'를 활용한다고 합니다. 단어의 의미부터 그 정의를 충분히 납득할 수 있게끔 제시되어 있네요. 먼저 '주류적/배치'의 경우, 말 그대로 상품을 '사용 · 착용'하거나 '대사'를 통해 언급하는 방식으로 상품이 '주류'가 되게끔 하는 것입니다. 단어의 의미를 바탕으로 지문에 제시된 내용을 받아들이면 그렇게 어렵지 않을 거예요.

→ 다음은 '주변적/배치'입니다. 역시 '주변'에 '배치'하는 것일 텐데, 화면 속의 '배경'을 통해 상품을 '주변'에 보이도록 하여 노출하는 것을 정의로 제시하고 있습니다. 이어서 시청자들은 주변적 배치보다는 주류적 배치에 더 주목한다고 합니다. 당연한 내용이에요. 어떤 상품을 '주변'에 배치하는 것보다는 출연자가 직접 활용하여 보여 줄 때, 그 상품이 훨씬 눈에 띌 것입니다. 상품이 '주류'가 되는 것이니까요! 이렇게 최대한 '납득'하면서 읽는 태도를 갖춰주셔야 합니다. '정의'를 제대로 체크하기만 했다면, 충분히 해낼 수 있어요!

→ 이런 '배치'를 잘 활용하면, 해당 상품에 대한 광고 효과가 커질 수 있고 이를 '맥락/효과'라고 부른다고 합니다. '맥락'에 잘 부합해서 나타나는 '효과'라는 생각을 가지며 읽어주시면 훨씬 깊게 납득할 수 있겠네요.

→ 그런데 이때 '맥락 효과'의 정의는, 지금까지 우리가 공부한 'A는 B이다.'의 형태가 아닌 'B를 A라 한다.'의 형태로 제시되어 있습니다. 이제부터 이러한 형태의 정의에 대비해 보도록 합시다.

수식된 정의

→ 〈산업화에 따라 ~ 현상을〉이 곧 '개체화'의 정의로 제시되고 있습니다. 이 문장은 워낙 짧고 내용이 어렵지 않아 쉽게 넘어갈 수 있겠지만, 문장이 길어지는 경우 이렇게 수식되어 제시된 정의를 놓치는 경우가 많습니다. 확실하게 인식하는 연습을 해봅시다.

→ 바로 잡히지 않는 경우, 다음과 같이 읽을 수 있습니다. 〈산업화에 따라 ~ 현상을〉 개체화라 한다. → 개체화가 뭐지? → 산업화에 따라 사회가 '분화'되고 개인이 공동체적 유대로부터 벗어나게 되는 현상이구나!

→ 나아가 '분화'라는 말, '유대로부터 벗어남'이라는 말을 바탕으로 하면 '개체'화라는 개념을 쉽게 납득할 수 있겠죠? 개인이 별개의 '개체'로 분화되면서 '공동체'로부터 멀어진다는 뜻이니까요.

→ 〈심해저의 ~ 생성된 것〉을 '생물기원퇴적물'의 정의로 제시하고 있습니다.

→ 〈심해저의 ~ 생성된 것〉을 '생물기원퇴적물'이라고 한다. → 생물기원퇴적물이 뭐지? → '생물'의 골격과 파편 등으로부터 '기원'한 '퇴적물'이 '생물/기원/퇴적물'이구나. → 단어 그 자체로 '생물/기원/퇴적물'이니, 당연하네.

→ 이렇게 한 번만 틀어서 읽어주시면 됩니다. 그리 어렵지 않게 이해할 수 있을 거예요. 나아가 '퇴적물'이라는 카테고리 속에 생물로부터 '기원'한 퇴적물을 '생물기원퇴적물'이라고 한다는 것까지 납득하면 가장 좋겠죠? 단순히 글자 그대로가 아니라, 그 문장이 내포하고 있는 의미까지 정확하게 잡아낼 수 있어야 해요!

→ 법인의 정의가 수식된 형태로 제시됩니다. 하던 대로 어휘의 의미를 살리면서 들어가 봅시다! 법/인은 권리와 의무를 부여받는 '법'적 '인'격체입니다. 즉, '사람(인)'처럼 권리와 의무를 지는 '법'적 존재가 바로 법/인입니다. 법인은 권리와 의무를 질 수 있으니, '자신의 이름'으로 '자산을 운용'할 수 있다고 해요.

→ 나아가 법인은 자산 운용과 관련된 권리와 의무를 지닐 수 있습니다. 법적 인격체로서 사람처럼 권리와 의무를 가질 수 있기 때문이에요! 그러니까 돈을 빌리거나 투자를 할 '권리'도, 그리고 빚을 갚는 '의무'도 모두 가질 수 있는 것입니다. 법인의 수식된 정의만 잘 파악했으면 나머지 내용은 당연한 말임을 쉽게 받아들일 수 있어요!

➡ 이제는 좀 빠르게 읽어볼까요? 먼저 '긴급 상황'부터 봅시다. '긴급 상황'은 여러 의무 중 '하나의 의무만 이행할 수밖에 없는' 상황입니다. 여러 의무 중 하나밖에 이행하지 못하는 상황이니, '긴급'하다고 할 수 있겠죠. 기본적으로 의무는 다 이행해야 하는 것이기 때문이에요.

➡ 이런 긴급 상황에서 하나의 의무를 이행하기로 결정했다고 가정합시다. 그런데 이때 하나를 이행하면 나머지 하나를 이행할 수 없는 관계가 바로 '의무 충돌'이라고 합니다. 둘 다 이행하는 것이 불가능하여 두 '의무'가 '충돌'하는 것이 '의무 충돌'이네요. A와 B라는 의무가 있는데, 이때 A를 이행하기로 결정하면 B를 이행하지 못하고, B를 이행하기로 결정하면 A를 이행하지 못하는 상황이 바로 '의무 충돌'인 것입니다.

➡ 아레니우스가 '포자설'을 주장했다고 해요. 그럼 '포자설'이 무엇인지 확인해야겠죠? 내용은 간단합니다. 지구 밖에 있는 생명의 씨앗이 지구로 '포자처럼' 날아와서 지구의 생명체가 생겼다는 주장이 바로 '포자설'입니다. 그렇다면 이게 왜 '대담한 가설'일까요?

➡ 포자설은 지구 밖에서 '생명의 씨앗'이 날아와서 지구에 존재하는 생명체가 생겼다고 주장하는 이론입니다. 이 말은 지구 밖에 생명체가 전제되어 있었다는 뜻입니다. 그렇기 때문에 '대담한 가설'이라고 표현하는 것이에요. 지구 밖의 생명체는 아직까지 관찰된 적이 없는데, 지구 밖에 생명체가 있다고 전제를 해버렸기 때문이죠. 그것도 1908년에요!

➡ '사시가'는 '사계절'의 순서에 따른 감상을 노래한 것입니다. '사시사철'이라는 말은 다들 아시죠? 그 '사시'라고 생각하시면 됩니다. 이렇게 '사계절'에 대한 노래를 한다면 당연히 '자연'을 노래할 것이고, 조선 시대에 자연을 노래한 시가에서 중요한 위치를 차지했을 것이라는 점도 어렵지 않게 납득할 수 있겠네요. '자연'에 대한 노래 그 자체였으니까요.

➡ 이 정도는 문장을 쭉 읽으면서 한 번에 이해하는 연습을 해 봅시다. 열에 저항성이 큰 종류의 미생물까지 제거하려면, '초고온처리법'을 사용한다고 합니다. 열에 대한 저항성이 강해도 견디지 못할 정도의 정말 높은 온도인 134℃의 온도로 열처리를 하는 것이겠죠? 이 정도는 쉽게 넘어갈 수 있으리라 생각합니다. 다음 문장으로 갑시다!

8

　　맹자는 인간이라면 누구나 도덕 행위를 할 수 있는 선한 마음이 선천적으로 내면에 갖춰져 있다는 일종의 도덕 내재주의를 주장하였다.

(2015학년도 9월 모의평가 B형)

➜ 이제 이 정도는 빠르게 전진 독해가 가능하겠죠? '맹자'의 주장인데, '선한 마음'이 선천적으로 '내면'에 있으니까 도덕/내재/주의라고 부르는 것이네요. '선한 마음'은 '도덕'으로, '내면에 갖춰짐'은 '내재'로 읽을 수 있어야 합니다. 이 정도는 쉬우니까 넘어갑시다.

9

　　주로 종교, 법률, 교육, 행정 등과 같은 '높은 차원'의 언어적 기능을 수행하기 위해 사용되는 '상층어'는 주로 학교에서 이루어지는 정식 교육을 통해 배우게 된다. 반면 가족 간의 비격식적인 대화, 친교를 위한 일상 담화 등 '낮은 차원'의 언어적 기능을 수행하기 위해 사용되든 '하층어'는, 가정에서 모어로 습득되는 경우가 많다.

(2017학년도 사관학교)

➜ 이번에는 '상층어'와 '하층어'가 수식된 정의의 형태로 등장합니다. '상층어'는 말 그대로 '높은 차원'의 언어적 기능을 담당하는 말입니다. 즉, '상층'의 기능을 담당하는 것이죠. 종교, 법률, 교육, 행정 같은 것들은 충분히 높은 차원이라고 볼 수 있겠죠? 이러한 상층어는 정식 교육으로 배우게 됩니다. 높은 차원의 언어이니까 자연스럽게 습득하는 것이 어려울 것이에요. 그렇기 때문에 '정식 교육'이 필요한 것입니다.

➜ 반면 '하층어'는 비격식적인 대화나 일상 담화처럼 '낮은 차원'의 언어적 기능을 담당하는 말입니다. 종교, 법률 같은 것들과 비교했을 때 일상적인 대화는 충분히 낮은 차원이라고 볼 수 있겠죠? 이러한 말들은 가정에서 '모어'로 자연스럽게 습득된다고 합니다. 아무래도 학교보다는 가정에서 비격식적인 대화나 일상적인 대화가 많이 일어나기 때문이겠습니다. 이렇게 '정의'를 중심으로 천천히 읽는다면 충분히 이해하고 납득할 수 있는 내용들입니다.

10

　　또한 가스 센서가 특정 가스를 얼마나 빨리 감지하고 반응하느냐의 척도인 응답 시간은 응답 감도 값의 50% 혹은 90% 값에 도달하는 데 걸리는 시간이다.

(2011학년도 9월 모의평가)

➜ 가스 센서의 응답 시간에 대한 설명을 하고 있습니다. 가스 센서가 얼마나 빠르게 '감지'하고 '반응'하는지 즉, 응답에 걸리는 시간이 응답/시간입니다. 그리고 응답 시간은 응답 감도의 50% 또는 90%가 되기까지 걸리는 시간입니다.

➜ 응답 시간에 대한 정의가 두 가지로 나뉘지만, 이것이 '가스를 얼마나 빨리 감지하고 반응하는지'를 측정하는 척도라는 것은 너무 당연히 '납득'하고 넘어가야 합니다. 응답 시간이 빠르면 가스 센서의 감지가 빠른 건 당연하니까요! 이렇게 상식적으로 납득하고 이해하여 넘어갈 수 있는 부분은 꼭 이해하고 넘어가야 합니다. 그에 반해 응답 감도 값의 50%, 90%에 이르는 시간이라는 정의는 이해하거나 기억하지 못해도 괜찮습니다. 그냥 '응답의 감도가 어느 정도 높아질 때까지 걸리는 시간을 응답 시간이라고 하는구나.' 정도만 생각하시면 됩니다. 어차피 구체적인 수치는 우리가 문제를 풀 때 기억하기도 어려울 뿐더러 중요한 변별 포인트로 출제되는 경우도 극히 적습니다.

11

　　그리고 어떤 문항이 피험자의 능력에 따라 피험자를 변별하는 정도를 나타내는 변별도는 해당 문항의 답을 맞혔는지의 여부와 총점의 관계를 의미하는 지수로 나타낸다.

(2021학년도 10월 학력평가)

➜ '변별도'를 설명하는 문장입니다. 변별/도는 말 그대로 피험자의 능력에 따라 피험자를 '변별하는 정도'입니다. 우리가 흔히 '변별력'이라고 말하는 것과 같은 개념이라고 생각해주시면 됩니다.

➜ 이러한 변별도는 답을 맞혔는지의 여부와 총점의 관계를 의미하는 지수로 나타낸다고 해요. 바로 이해하기는 힘들 것입니다. 아직 괜찮습니다. 천천히 생각해봅시다. '해당 문항의 답을 맞혔는지의 여부'는 쉽게 말해서 '정답률'이라고 볼 수 있습니다. 그렇다면 변별도를 나타내는 지수는 '정답률과 총점'의 관계를 의미하는 지수로 나타내는 것입니다.

➜ 점수가 낮은 학생은 틀리고, 높은 학생은 문제를 맞힌다고 가정합시다. 그렇다면 정답률을 따졌을 때 능력이 부족한 학생은 틀리고, 능력이 뛰어난 학생은 맞히는 것이 되므로 능력이 부족한 학생들은 정답률이 낮게, 능력이 좋은 학생들은 정답률이 높게 나올 것이에요. 이렇게 되면 변별을 잘한 문항이 되겠죠? 이런 것들을 고려해서 '변별도'를 지수로 나타낸다는 것으로 이해할 수 있겠네요.

12

사진이나 그림을 디지털 형태로 표현한 것인 디지털 이미지를 효율적으로 저장하고 전송하기 위해서는 데이터의 용량을 줄여 주는 디지털 이미지 압축 기술이 필요하다.　　　　　　　　(2021학년도 4월 학력평가)

➜ 디지털 이미지와 디지털 이미지 압축 기술의 정의가 등장합니다. '디지털 이미지'의 정의는 간단합니다. 사진이나 그림 같은 것들은 '이미지'이죠? 그런데 이것을 '디지털' 형태로 표현한다고 합니다. 그게 바로 '디지털/이미지'예요.

➜ 그리고 뒤에서는 이를 효율적으로 저장하고 전송하기 위한 방법을 소개합니다. 디지털 이미지를 효율적으로 저장 · 전송하려면 당연히 데이터의 용량을 줄여야겠죠? 데이터의 용량이 크면 전송 속도도 느리고 저장 용량도 많이 잡아먹을 테니까요. 그리고 이를 실현해주는 기술이 바로 '디지털 이미지 압축 기술'입니다. '디지털 압축 기술'은 말 그대로 '디지털' 이미지의 용량을 '압축'해주는 기술입니다. 이 기술을 활용하여 용량을 줄이면 당연히 디지털 이미지를 효율적으로 저장 · 전송할 수 있겠죠?

13

제어 대상의 현재 물리량의 크기를 잰 측정값을 원하는 목표인 설정값에 일치시키기 위해, 출력되는 조작량을 조절하는 제어 기술에는 여러 방식이 있다.　　　　　　　　(2017학년도 10월 학력평가)

➜ 우리가 파악해야 할 정보가 아주 많습니다. '측정값'과 '설정값', 나아가 '제어 기술'까지 파악해야 이 문장을 완전히 이해하는 것입니다. 하나라도 날려 읽으면 독해가 뭉개지기 쉽기 때문에, 꼭 각 개념을 잘 파악하고 넘어가셔야 해요. 하나씩 봅시다.

➜ '측정값'은 제어 대상의 물리량의 크기를 '잰 값'입니다. 말 그대로 물리량을 '측정한 값'이 바로 '측정/값'입니다. 온도를 예로 들면 현재 측정된 온도 그 자체를 가리키는 것입니다.

➜ 다음 '설정값'은 '측정값'의 목표가 되는 값입니다. 일종의 기준으로 설정된 값이 바로 설정/값인 것이죠. 이를 명확히 이해하려면 측정값을 잘 이해해야 해요. 예를 들어 현재 측정된 온도가 30도이고 목표 온도가 40도라면, 30도는 측정값, 40도는 설정값이 되는 것입니다.

➜ 그리고 측정값을 설정값에 일치시키기 위해 사용되는 기술이 바로 '제어 기술'입니다. '제어 기술'은 출력되는 조작량을 '조절'하는 기술입니다. 말 그대로 출력량을 '제어'해서 측정값과 설정값을 같게 만들어주는 기술인 것이에요. 앞의 예시로 생각하면, 온도를 더 높여서 설정값인 40도까지 만들어주는 것이 바로 제어 기술인 것이죠.

➜ 설정값과 조작량을 모두 이해하고 있어야 '제어 기술'의 정의를 정확하게 파악할 수 있습니다. 이처럼 수식된 정의를 활용하면 이렇게 한 문장 안에 들어가는 정보량이 많아집니다. 그렇기 때문에 하나라도 놓치면 문장을 이해하기 어려워집니다.

천천히 정의를 체크하면서 독해하는 습관을 기르셔야 합니다.

14

상상력을 철학에서 핵심적인 주제로 생각한 흄은 상상력을 신체적이며 선천적인 기능으로 바라본 기존의 관점과 달리 정신적이며 후천적인 기능으로 규정한 최초의 철학자로 평가된다.　　　　　　　　　　　　　　　　(2022학년도 7월 학력평가)

➔ 흄의 관점과 기존의 관점을 구분해서 이해해야 합니다. '흄'부터 봅시다. '흄'은 '상상력'을 중요하게 생각한 사람이라고 해요. 그럼 일단 '상상력'을 중심으로 문장을 읽어야겠다는 생각을 해야겠죠? 그리고 상상력에 대한 기존의 관점과 흄의 관점이 수식된 정의의 형태로 제시됩니다.

➔ 기존의 관점은 '상상력'을 '신체적 · 선천적' 기능으로 보았다고 해요. 반면 '흄'은 상상력을 '정신적 · 후천적' 기능으로 보았다고 합니다. 즉, 기존의 관점에 따르면 상상력은 몸과 관련되어 있는 반면, 흄에 따르면 정신과 관련된 것이네요. 또 기존의 관점에 따르면 상상력은 선천적으로 태어날 때부터 얻어지는 능력이지만 흄에 따르면 그 반대입니다. 태어날 때부터 얻어지는 것이 아니라 태어난 이후 얻어지는 것이에요.

➔ '상상력'과 관련된 두 가지 대비되는 입장이 제시됩니다. 각각의 입장이 수식된 정의의 형태로 제시되고 있어요. 그렇기 때문에 놓치기 쉽습니다. 우리는 '상상력'이 흄의 생각을 이해하는 출발점임을 인지하고 각 입장의 차이를 파악하며, '흄'이 생각한 상상력이 무엇인지를 이해할 수 있어야 해요!

15

하드 디스크에서 데이터 입출력 요청을 완료하는 데 걸리는 시간을 접근 시간이라고 하며, 이는 하드 디스크의 성능을 결정하는 기준 중 하나가 된다.　　　　　　　　　　　　　　　　(2013학년도 9월 모의평가)

➔ 데이터 입출력 요청이 무엇인지는 모르겠지만, 그걸 하는 데 걸리는 시간을 '접근 시간'이라고 하네요. 입출력 요청을 하는 게 '접근'인가 봅니다. 그러니까 입출력 요청을 끝내는데 걸리는 시간을 '접근/시간'이라고 하겠죠. 이렇게 어떻게든 단어의 의미와 정의를 엮어 최대한 납득할 수 있어야 합니다.

➔ 그런데, 접근 시간이 하드 디스크의 성능을 결정하는 '기준'이라고 하네요. 하드 디스크가 데이터를 입출력하는 데에 걸리는 시간이 짧으면 좋겠죠? 빠르게 처리한다는 뜻이니까요! 이런 사고를 바탕으로 '접근 시간이 짧으면 하드 디스크의 성능이 좋나 보다.'라고 생각할 수 있어야 합니다.

➔ 접근 시간의 정의가 두 개 나왔다는 것을 체크하고 최대한 엮어가며 읽었으면 아주 잘 하셨습니다! 사실 전체 지문이 없어서 하드 디스크가 정확히 무엇인지, 데이터 입출력이 정확히 무엇인지 이해하긴 어렵습니다. 그래도 '접근 시간이 짧으면 좋지 않을까? 데이터를 입출력하는 데 시간이 별로 안 걸리니까'와 같은 상식적인 생각을 바탕으로 문장을 이해해 보려 노력해야 해요.

16

대부분의 분자들은 짝수의 전자를 가지는데, 외부 에너지의 영향으로 홀수의 전자를 갖는 분자로 변화되기도 한다. 이 변화된 분자를 라디칼 분자라고 한다.　　　　　　　　　　　　　　　　(2016학년도 9월 모의평가 A형)

➔ 이번에도 전진독해하며 바로 이해해 봅시다. 조금씩 바로바로 잡히죠?

→ 대부분의 분자들은 짝수의 전자를 가지는데, 외부 에너지의 영향을 받아 홀수의 전자를 갖기도 한다고 합니다. 그리고 이렇게 변화된 분자를 '라디칼 분자'라고 하네요. 그럼 '라디칼 분자'는 곧 '홀수의 전자'를 가진 분자겠네요.

→ 이처럼 '라디칼 분자=홀수의 전자를 갖는 분자'로 잡을 수 있어야 합니다. 나아가 팁을 드리자면, '라디칼 분자'는 '대부분'의 분자와는 다른 '예외'입니다. 평가원은 항상 이런 '예외'에 주목하는 것을 좋아합니다. 이런 '예외'는 선지에 그대로 출제되기도 하고, 아예 화제 자체가 되기도 하죠. '정의'를 체크하는 과정에서 특이한 '예외'를 발견했다면, 그 정보에 주목하는 습관을 들여봅시다.

17

폐의 혈액으로 들어온 산소는 심장을 거쳐 신체의 각 조직으로 전달되어 에너지 생성에 이용되고, 물질대사 결과 생긴 노폐물인 이산화 탄소는 혈액을 통해 심장을 거쳐 폐로 전달되어 몸 밖으로 배출된다.   (2020학년도 10월 학력평가)

→ 산소와 이산화 탄소의 순환 과정을 설명합니다. 이게 왜 수식된 정의냐구요? '산소'가 폐의 혈액으로 '들어온다'는 것을 인지해야 하기 때문입니다! 이것도 수식된 형태로 제시되고 있는 정보이기 때문에 자칫 잘못하면 날려 읽기 쉽습니다. 산소가 들어온다는 것을 인지해야 그다음 과정들이 자연스럽게 머리에 들어옵니다.

→ 천천히 읽어 볼까요? 먼저 산소가 폐의 혈액으로 들어옵니다. 그렇게 들어온 산소가, 심장을 거쳐 다른 조직들로 이동해요. 우리 몸으로 산소가 들어오고 점점 퍼지고 있는 상황입니다. 이렇게 체내에 들어온 산소들은 '우리 몸 속에서' 에너지 생성에 이용됩니다.

→ 이후 '이산화 탄소'의 정의가 수식된 형태로 제시됩니다. 일단 우리 몸에 들어온 산소는 에너지를 생산하는 데 기여했어요. 이렇게 에너지를 생성했으니, 이를 이용한 물질대사 과정이 일어날 수 있겠죠? 이때 발생하는 '노폐물'이 바로 '이산화 탄소'였습니다. '노폐물'이라면 당연히 몸 밖으로 나가야 하기 때문에, 이제는 이러한 '노폐물'이 배출되는 과정이 제시되고 있습니다. '이산화 탄소'는 혈액을 통해 다시 심장을 거쳐 폐로 전달되어 나가게 된다고 하네요.

→ 결국에는 산소가 유입되는 것부터 시작해서 이산화 탄소가 배출되는 것까지 하나의 과정을 설명하는 문장이었습니다.

① '폐의 혈액'으로 산소가 유입 → ② 산소가 심장을 거쳐 온 몸으로 퍼짐 → ③ 에너지 생성에 이용됨
→ ④ 이 과정에서 노폐물인 이산화 탄소가 배출됨(노폐물이니까 당연히 몸 밖으로 나가야겠죠?)
→ ⑤ 이산화 탄소가 '혈액'을 통해 심장을 거쳐 폐로 이동한 후 배출됨 (①, ②번 과정과 같은 경로로 배출됩니다)

→ 이 과정이 머릿속에 잘 정리되기 위해서는 산소가 '폐의 혈액으로 유입'된다는 사실에 주목했어야 합니다. 물론 과정을 당연하게 이해하기 위해서는 '이산화 탄소'의 정의도 잘 읽었어야 했어요. 문장을 이해하기 위해 필요한 정보들이 '수식된 정의'의 형태로 제시되었습니다. 누누이 말하지만, 수식된 형태로 정보가 제시될 때는 우리가 그 정보를 놓치기 쉽습니다. 하지만 꼭 신경 써서 읽어야 문장을 이해할 수 있어요. 유의합시다.

18

결합이 성립된다면 정부는 그것이 영향을 줄 시장의 범위를 획정함으로써, 그 결합이 동일 시장 내 경쟁자 간에 이루어진 수평 결합인지, 거래 단계를 달리하는 기업 간의 수직 결합인지, 이 두 결합 형태가 아니면서 특별한 관련이 없는 기업 간의 혼합 결합인지를 규명하게 된다.   (2010학년도 수능)

→ 이번에도 정의가 굉장히 많습니다. 하나하나 정확하게 체크해 봅시다.

➜ '결합'에 대한 내용인데, 그것이 영향을 줄 '시장의 범위'에 따라 '수평 결합', '수직 결합', '혼합 결합'으로 나누고 있습니다. 각 개념의 정의를 잡기 전에, '시장의 범위'라는 공통 범주를 명확하게 인식하는 것이 중요합니다. 평가원은 어떠한 개념들을 나열하여 비교할 때 절대로 생각 없이 제시하지 않거든요. 평가원이 정보를 제시하기 전에 만들어 준 '공통 범주'를 확실하게 체크하고, 각 결합이 결국 '시장의 범위'에 따라 결정된다는 생각을 해 주셔야 합니다.

➜ '수평 결합'은 '동일 시장 내' 경쟁자 간에 이루어진 결합입니다. '경쟁자'는 비슷한 입장에서 비슷한 역할을 수행하는 주체이니까 수평/결합이라고 할 수 있겠습니다. 반면 '수직 결합'은 같은 '시장' 내에서 '거래 단계가 다른' 두 기업이 결합하는 것이네요. 즉, 거래 단계에서 위·아래의 차이가 있는 기업 간의 결합이니까 수직/결합입니다. 이처럼 각 키워드의 정의를 읽을 때 '시장'이라는 말을 넣어서 읽을 수 있어야 합니다.

➜ 마지막으로 '혼합 결합'의 경우, 이 두 결합 형태가 아니면서 특별한 관련이 없는, 즉 두 기업이 활동하는 '시장'이 전혀 무관한 경우를 의미하네요. '공통 범주'와 '수식된 정의' 모두를 챙겨야 완벽하게 독해할 수 있었습니다. 조금 헷갈리더라도 천천히 정리하며 확실하게 정리합시다.

19
> 경제학에서는 일할 의사와 능력이 모두 있는 사람이 일자리를 갖지 못한 상태인 실업이 증가하면 사회가 생산할 수 있는 재화나 서비스의 수량이 적어지는 등의 경제적 문제가 발생한다고 보았다.
> (2020학년도 4월 학력평가)

➜ '실업'의 정의가 제시되는데 우리가 아는 실업의 의미와 크게 다르지 않습니다. '일할 의사도 능력도 있는' 사람이 직장을 못 구했을 때가 바로 '실업'입니다. 여기까지는 간단해요. 이 정의를 토대로 뒤에 있는 내용을 이해하셔야 합니다. 실업이 증가하면, 경제적 문제가 발생한다고 해요. 문제가 발생하는 건 너무나 당연합니다. 그럼 무엇을 이해해야 하느냐? '사회가 생산할 수 있는 재화나 서비스의 수량이 적어지는' 문제를 이해하셔야 합니다.

➜ 일할 능력과 의사가 있는 사람이 자꾸 일자리를 찾지 못하게 된다면 당연히 전체 생산량 자체가 줄어들 것입니다. 그럼 실업 상태가 지속된다면 '사회가 생산할 수 있는 재화나 서비스의 수량이 적어지는' 문제가 발생하는 것이에요. 만약 '일할 능력이 없는' 사람이, 일자리를 못 구하는 상황이라면? '사회가 생산할 수 있는' 재화나 서비스의 양이 줄어드는 문제가 발생하지는 않겠죠. 어차피 재화나 서비스를 만들 능력이 없으니까요. 이렇게 '실업'의 정의를 정확하게 체크해야, 뒷부분에서 제시되는 내용(문제)를 정확히 이해하고 납득할 수 있습니다.

20
> 특히 벡은 현대인들이 과학 기술의 발전뿐 아니라 그 파괴적 결과까지 인식하여 대안을 모색하는 '성찰적 근대화'의 실천 주체로서 일상생활에서의 요구를 모아 정치적으로 표출(表出)하는 등 행동에 나서야 한다고 주장한다.
> (2016학년도 6월 모의평가 B형)

➜ 먼저 '성찰적 근대화'라는 개념의 수식된 정의를 잡을 수 있어야 합니다. 과학 기술의 발전뿐 아니라 '파괴적 결과'까지 '인식'하고, '대안'을 모색하는 태도예요. 과학에 대한 인식이니 '근대화'이고(여러 지문들에서 꽤 많이 나오는 내용이니 알아둡시다. '근대화'는 곧 '과학의 활용'이라고도 볼 수 있어요.), 그것을 '성찰적'으로 보는 태도이니 '성찰적/근대화'라는 말을 쉽게 납득할 수 있네요.

➜ 나아가 '성찰적 근대화'의 '주체'가 '현대인'이라는 것도 당연하게 여길 수 있어야 합니다. 여기에 '현대인'들은 일상생활에서의 요구를 모아 정치적으로 표출하는 등 '행동'에 나서야 한다는 것도 말이죠. 여기서 '일상생활에서의 요구'가 의미하는 것은 뭘까요? 그렇죠. 당연히 '과학 기술의 파괴적 결과에 대한 대안'이겠죠. 이렇게 문장 내에 있는 말들을 연결 지으면서 읽는 것까지 연습하시면 더 좋겠습니다.

21

과학자들은 단위 시간 동안 단위 면적에 입사하는 빛에너지의 총량을 '복사 플럭스'라고 정의하였는데 이 값이 클수록 별이 더 밝게 관측된다.
(2015학년도 6월 모의평가 B형)

→ 복사 플럭스는 단위 시간 동안 단위 면적에 입사하는 빛에너지 총량입니다. 이것만 봐서는 한 번에 이해하기가 어려운데, 뒤를 보니 정의 하나가 더 있습니다. 이 '복사 플럭스 값'이 클수록 별이 더 밝게 관측된다고 합니다. 다른 건 모르겠고, 이건 납득할 수 있습니다. '빛에너지'의 총량이 복사 플럭스니까 양이 많으면 많을수록 밝게 관측되는 건 당연하죠. 이렇게 모르는 내용이 많이 나와도, 이해할 수 있는 부분은 어떻게든 연결해서 이해하고 넘어가야 합니다. 그게 수능장에서의 태도고, 실력입니다. 다른 건 몰라도 빛에너지가 빛이라는 건 알 수 있고, 빛이 많을수록 별이 밝다는 건 이해할 수 있으니까요.

→ 그래도 지금은 공부하는 시간이니까 '단위 시간'과 '단위 면적'이 무엇인지를 알고, 문장의 내용을 완벽히 이해해봅시다. 단위 시간과 면적은 말 그대로 '단위'가 되는 시간이고, 면적입니다. 예를 들면 1cm, 1m처럼 단위가 되는 길이를 단위 길이라 하고, 1℃와 같이 단위가 되는 온도를 단위 온도라고 하겠죠. 단위 시간은 1초 혹은 더 작은 단위일 수도 있고, 1시간처럼 더 큰 시간일 수도 있습니다. 결론은 '단위'(기준)가 되는 무언가 앞에 '단위'라는 말을 붙이는 것이죠. 단위가 있어야 측정·관찰·실험이 쉬우니까요. 그러므로 단위 시간 동안 단위 면적에 입사하는 빛에너지는, 쉽게 해석하면 일정 시간 동안 정해진 면적에 입사되는 빛에너지를 말하는 것입니다. '단위 OO'은 독서 지문에서 자주 등장하니 배경지식으로 알아둡시다!

→ 그렇다면 '복사 플럭스'가 클수록 별이 더 밝게 관측된다는 말도 완벽히 이해할 수 있습니다. 복사 플럭스가 크다는 것은, 특정 시간 동안, 특정 면적에 들어오는 빛에너지의 총량이 크다는 말입니다. 즉, 입사하는 빛의 양이 많은 것이에요. '빛의 양'이 많으니까 별이 더 '밝게' 관측되는 것이겠네요.

22

피상속인이 사망했을 때 그의 재산 관계가 포괄적으로 상속인에게 승계되는 상속이 일어날 경우, 자산뿐 아니라 채무까지도 이전된다.
(2024학년도 3월 학력평가)

→ '상속'의 정의가 수식된 형태로 제시됩니다. 상속은 '피상속인의 재산 관계가 포괄적으로 승계'되는 것입니다. 쉽게 말해서 '재산 관계를 몽땅 물려받는 것'이 상속입니다. 이러한 상속이 일어나면, '자산'은 물론 '채무'까지도 이전된다고 해요. '재산 관계'가 승계되는 것이니까 '자산'을 물려받는다는 것은 쉽게 이해할 수 있어요. 그런데 상속이 일어나면 '채무까지도' 이전된다고 합니다. 왜 그럴까요? 그건 상속이 일어날 때 '재산 관계가 포괄적으로' 이전되기 때문이겠습니다. 재산 관계라는 것은 꼭 '자산'만을 의미하지는 않습니다. '빚'도 재산인 거예요. 그러니까 '자산+빚(채무)'까지 '포괄적으로' 승계가 일어나는 것이죠. 수식된 정의를 잡고, 이를 활용하면 보다 풍부하게 지문을 이해할 수 있습니다!

23

조선의 왕실 의례인 종묘 제례에서 공연된 종묘 제례악은 악인이 제례 절차에 따라 연주를 하면 이에 맞춰 무인들이 춤을 추는 종합 예술이다.
(2020학년도 3월 학력평가)

→ '종묘 제례악'은 '종묘 제례'에서 공연되는 것입니다. 그래서 '종묘 제례/악'인 것입니다. 공연되는 것이니까 어떤 음악을 곁들인 공연이라고 생각할 수 있겠죠? 그리고 '종묘 제례'는 다시 조선의 왕실 '의례'라고 합니다. 그렇다면 '종묘 제례악'은 '조선 왕실에서 이루어진 의례와 관련된 공연' 정도로 이해할 수 있습니다. 이와 같이, '종묘 제례악'의 정의를 파악하기 위해서는 '종묘 제례'의 정의까지 정확하게 이해해야 합니다. 이런 식으로 수식된 정의를 활용하여 문장의 밀도를 높이는 방식은 평가원이 학생들을 괴롭힐 때 자주 사용하는 방식이에요.

➔ 아무튼 '종묘 제례악'은 '악인'이 '제례' 절차에 맞게 연주를 하고 이에 맞게 무인들이 춤을 추는 '종합 예술'이라고 합니다. 종묘 제례'악'이니까, 당연히 음악을 연주하는 '악인'도 있을 것이고, 제례/악이니까, '제례' 절차를 따를 것입니다. 그리고 종묘 제례악의 정의는, 종묘 제례에서 '공연'되는 것이었어요. 그럼 당연히 '춤'도 있을 수 있겠죠. 여기서 '악인'은 음악을 연주하는 사람, '무인'은 춤을 추는 사람이라는 것 정도는 쉽게 파악할 수 있겠죠?

➔ 솔직하게 말해서 어려운 문장은 아닙니다. 하지만 대충 읽게 되면 '종묘 제례악'이 무엇인지 정확하게 이해하기가 어렵습니다. 이 문장은 쉬우니까 '종묘 제례악 = 종합 예술' 정도로 대충 읽고 넘어가도 문제는 없어요. 하지만 평가원은 저렇게 쉬운 내용을 주지 않습니다. 어려운 내용을 밀도를 높여 제시하기 때문에 꼭 수식된 정의를 파악하고, 그것을 바탕으로 내용을 이해하는 습관이 필요합니다.

(24)

행위의 위법성은 적극적인 행위뿐 아니라 공무원이 일정한 행위에 대한 법적 의무가 존재함에도 이를 행하지 않은 것인 부작위에 의한 것도 인정된다.

(2022학년도 사관학교)

➔ '행위의 위법성'은 '부작위'에 의한 것도 인정된다고 해요. 적극적인 행위뿐만 아니라요! 그렇다면 '부작위'가 무엇인지 이해해야겠죠? '부작위'가 바로 수식된 정의로 제시되어 있네요! 천천히 읽고 이해해야겠습니다.

➔ '부작위'는 공무원이 법적으로 해야 하는 행위를 하지 않은 것을 의미합니다. 어떤 행위를 해야 할 의무가 있음에도, 그 행위를 하지 않았다는 점에서 '부/작위'인 것입니다. 여기서 '작위'가 어떤 뜻인지 잘 모를 수 있어요. 그래도 '작위적이다'라는 말은 들어본 적이 있죠? 작위적이라는 건 쉽게 말해 '일부러 꾸며서 하는 것 같다'는 의미입니다. 즉, '작위'는 의식적으로 무언가를 행한다는 의미를 가져요. 그럼 부/작위는 어떤 뜻인가요? 작위가 아니다 즉, 의식적으로 무언가를 행하지 않았다는 의미입니다. 그러니까 '법적 의무가 존재함에도 이를 행하지 않았다'는 것이 바로 부/작위가 되는 것이죠.

➔ 부작위에 의한 행위의 위법성은 행위를 '하지 않아서' 발생하는 문제입니다. '행위의 위법성은 쉽게 이해할 수 있죠? 말 그대로 어떤 행위가 '위법한 것'을 가리키는 단어입니다.

➔ 아무튼, 여기까지 파악했다면 '적극적인 행위'로 인한 행위의 위법성과 '부작위'로 인한 행위의 위법성을 구분할 수 있습니다. 적극적인 행위로 인한 행위의 위법성은 말 그대로 어떤 행위를 적극적으로 했기 때문에 문제가 발생하는 것입니다. 반면 '부작위'로 인한 행위의 위법성은 조금 다릅니다. 행위를 '하지 않아서' 발생하는 위법성입니다.

➔ 설명이 조금 길어져서 정리하겠습니다. 결과적으로 이 문장을 읽을 때는 다음과 같은 사고 과정이 필요합니다. '행위의 위법성은 부작위로도 인정되는구나 → 부작위가 뭐지? → 해야 할 행위를 안 하는 게 부작위구나! 이것도 당연히 문제가 되겠지. 해야 할 것을 안 한 것이니까. → 그럼 행위를 하는 것도, 해야 할 것을 안 하는 것도 행위의 위법성이구나. 이 정도로 생각하고 이해하시면 충분합니다.

(25)

어떤 프로그램이 실행될 때 컴퓨터 운영 체제는 실행할 프로그램을 주기억 장치에 저장하고 실행 대기 프로그램의 목록인 '작업큐'에 등록한다. 하나의 프로그램이 작업큐에 등록될 때부터 종료될 때까지 걸리는 시간을 '총처리 시간'이라고 하는데 이 시간은 순수하게 프로그램의 실행에만 소요된 시간인 '총실행 시간'에 작업큐에서 실행을 기다리는 '대기 시간'을 합한 것이다.

(2015학년도 9월 모의평가 A형)

➔ 먼저 이해해 보도록 합시다. 어떻게 읽어야 가장 유기적으로 개념들을 엮어가며 읽는 것인지, 정의를 확실하게 잡아가며 읽어낸 것일지 생각하면서 공부합시다.

➔ 어떤 프로그램을 실행하는 상황이네요. 프로그램을 실행할 때, 그 실행할 프로그램을 주된 기억 장치 즉, '주/기억 장치'에 저장한다고 합니다. 저장하고 나서는 실행을 대기하는 프로그램의 목록을 나타내는 작업큐에 등록하는군요. '작업/큐'는 해야 할 작업의 목록 정도로 이해할 수 있겠습니다. 그렇게 '실행 대기 프로그램'을 '실행을 대기하고 있구나~'라는 식으로 단어의 의미를 살려 이해하셔야 합니다.

➔ 어쨌든 이렇게 프로그램이 작업큐에 등록될 때부터 종료될 때까지, 즉 '실행을 대기'하고 '실행'을 지나 '종료'할 때까지 걸리는 시간을 '총처리 시간'이라고 합니다. 대기부터 종료까지 전체 걸리는 시간을 나타내는 정의니까 총 작업(전체)을 처리하는 시간이겠죠. 어쨌든 이 '총처리 시간'의 정의가 또 나옵니다. 우리는 이미 '작업큐에 등록될 때부터 종료될 때까지의 시간'이라는 총 처리 시간의 정의를 아는데, 이 정의에 또 다른 설명이 나오는 것이죠.

➔ '총처리 시간'은 '총실행 시간'에 '대기 시간'을 합한 시간이라고 합니다. 그리고 각각은 또 수식된 정의로 정의되어 있습니다. '실행 시간만' 모두 더한 값인 '총/실행 시간', '작업큐'에서 실행을 기다리는 것이 '대기 시간'이네요. '작업큐' 자체가 '대기하는 목록'이니, 작업큐에서 기다리는 시간은 당연히 대기하는 시간이겠죠. 정리하면, 〈대기→실행→종료〉의 과정을 모두 합한 것이 '총처리 시간'이고, 실행 전까지 대기하는 시간이 '대기 시간', 실행 후 종료 직전까지 순수하게 실행되는 시간이 '총실행 시간'이므로, 〈총실행 시간+대기 시간=총처리 시간〉일 수밖에 없습니다.

➔ 텍스트로 설명하다보니 많이 길어졌지만 제가 요구하는 것은 딱 하나입니다. 단어의 의미를 살려 읽으면서 정의를 체크하고, 정의들 간의 관계를 '납득'할 수 있어야 한다는 것이죠. 이 문장에 적힌 말들이 '너무 당연한 거 아니야?'라고 느껴지신다면 아주 잘 하고 계신 겁니다. 다음 문장으로 넘어가 볼까요?

> **26**
> 지구에서 본 천체의 겉보기 지름을 각도로 나타낸 것을 각지름이라 하는데, 관측되는 천체까지의 거리가 가까워지면 각지름이 커진다. 예를 들어, 달과 태양의 경우 평균적인 각지름은 각각 0.5˚ 정도이다.　　　　(2015학년도 수능 B형)

➔ 겉보기 '지름'을 '각도'로 나타냈으니 '각/지름'이겠네요. 겉보기로 보이는 '지름'을 '각'도로 나타냈으니까요. 가까워지면 각지름이 커진다고 합니다. 가까워지면 우리 눈에 '지름'이 더 크게 보일 테니, 당연한 말이죠? 원근법 같은 것이죠.

➔ 그런데 갑자기 달과 태양의 각지름이 0.5˚라고 합니다. '각지름'이 같네요? 이 사실을 통해 이끌어 낼 수 있는 사실을 생각해 봅시다.

➔ '각지름'의 정의를 바탕으로 생각해야 합니다. 이렇게 깊은 생각을 할 때는 '정의'를 바탕으로 생각하는 습관을 들여야 합니다. '각지름'은 겉보기 지름을 각도로 나타낸 것이고, '거리'가 가까울수록 커지는 값이라 했습니다. 따라서 '각지름'이 같다는 것은 '겉보기'에 '지름'이 같다는 뜻입니다. 그런데 달과 태양의 각지름이 각각 0.5˚ 정도로 비슷하다고 합니다. 그러니까 '겉보기'에는 달과 태양의 크기(지름)가 비슷하다는 뜻이에요.

➔ 상식적으로 알고 있듯이, 태양은 달보다 훨씬 더 큽니다. 그런데 이 크기가 비슷해 보인다는 말은 곧, '지구 – 태양'의 거리가 '지구 – 달'의 거리보다 훨씬 더 멀다는 뜻으로 이해할 수 있습니다. 관측되는 천체까지의 거리가 가까울수록 겉으로 보이는 크기(각지름)가 커진다고 했어요. 이때 태양보다 '훨씬 작은 달'이, 태양과 '같은 크기로 보이려면' 어떻게 돼야 할까요? 태양보다 훨씬 더 지구에 가까이 위치해야 할 거예요. 그래야 '비슷한 크기로 보이는' 상황이 만들어질 수 있겠죠. 크기가 큰 태양은 멀리 있어서 상대적으로 작게 보이고, 크기가 작은 달은 가까이 있어서 상대적으로 크게 보여야 합니다. 그래야 '겉보기에는' 태양과 달이 비슷한 크기로 보일 수 있겠죠. 즉, 태양은 멀리, 달은 가까이 위치해야 태양과 달의 각지름이 0.5˚ 정도로 비슷하게 측정될 수 있는 것입니다.

➜ 각지름의 정의를 바탕으로 '지구 – 태양'의 거리와 '지구 – 달'의 거리 차이도 알아낼 수 있었네요! 이렇게 한 문장 내에서 할 수 있는 생각의 양이 많아지는 것, 여러분의 실력이 쑥쑥 늘고 있다는 의미입니다.

> **27**
> 광학 필터를 통과한 적외선은 센서 표면의 열 흡수막인 흑화막에 의해, 음전하와 양전하가 일정 거리를 유지하며 마주보고 있는 상태인 분극이 변하는 물질인 초전체의 온도를 상승시킨다.　　　　(2018학년도 7월 학력평가)

➜ 광학 필터라는 것을 통과한 적외선은 '열 흡수막'인 흑화막에 의해 '초전체'의 온도를 상승시킨다고 합니다. 여기서 '흑화막'의 정의를 먼저 체크해야 합니다. 적외선은 '열'을 발생시킵니다. 이 '열'을 '흑화막'이 '흡수'하는 것이죠. 이 '열'을 바탕으로 '초전체'라는 것의 온도를 상승시키는 메커니즘으로 보입니다.

➜ 이때 초전체는 '분극'이 변하는 물질이라고 하네요. '분극'이라는 말을 모르니 이해가 어렵습니다. 그러니 '분극'의 정의까지 체크해야겠죠. '분극'은 '음전하와 양전하가 마주 보고 있는 상태'인데, 이 상태가 변하는 물질이 바로 '초전체'입니다. 그렇다면 이 문장에서의 '초전체'는 음전하와 양전하의 마주보는 상태가 변해서 온도가 올라가는 물질이 됩니다. 정리하면, '적외선'이 만든 '열'이 '흑화막'에 의해 흡수되면, 이것이 '분극'이라는 상태가 변하는 물질인 '초전체'의 온도를 상승시키는 것입니다. 이렇게 여러분들의 머릿속에 각 개념들과 관련된 정보가 있어야 하고, 이를 바탕으로 초전체의 온도가 상승하는 상황을 이해하셔야 합니다.

> **28**
> 현미경의 성능을 결정하는 주요 기준인 '분해능'은 관찰이 가능한 두 점 사이의 최소 거리를 말한다.　　(2017학년도 사관학교)

➜ 이번엔 '분해능'의 정의입니다. 분해능은 관찰 가능한 두 점 사이의 최소 거리라고 해요. 이 내용과 수식된 정의로 제시된 내용을 잘 연결하셔야 합니다. 두 내용을 이어서 생각하면, '관찰 가능한 두 점 사이의 최소 거리'가 '현미경의 성능을 결정하는 주요 기준'입니다.

➜ 왜 분해능이 주요 기준이 되는지 이해하셔야 해요. 천천히 생각해 봅시다. 관찰 가능한 두 점 사이의 최소 거리가 짧으면 짧을수록 그만큼 더 작고 자세히 관찰할 수 있다는 의미가 됩니다. 더 가까이 있는 점들까지 관찰이 가능하다는 것은, 쉽게 말해서 줌을 더 많이 당길 수 있다는 것과 같은 말이니까요. 이에 '분해능'은 현미경의 성능을 결정하는 기준이 되는 것입니다. 이 두 가지를 엮어서 생각하지 못한다면, '분해능=현미경의 성능을 결정하는 주요 기준, 관찰이 가능한 두 점 사이의 최소 거리'라는 정보가 따로따로 놀게 됩니다.

➜ 여기까지 이해했다면, '분해능'과 '현미경의 성능' 간의 관계도 이해할 수 있겠죠? 분해능(최소 거리)이 짧을수록 현미경의 성능은 좋다고 볼 수 있습니다. 이렇게 문장을 꼼꼼히 읽으면 지문에서 명시적으로 서술해주지 않은 부분까지 추론해낼 수 있어요.

> **29**
> 이는 용기의 부피 증가는 기체의 압력을 감소시키는 반면 용기의 부피 감소는 기체의 압력을 증가시킨다는 보일의 법칙과 관련되어 있다.　　　　(2018학년도 4월 학력평가)

➜ 이번엔 간단한 문장입니다. 부피와 기체의 압력과 관련된 내용입니다. 보일의 법칙은 쉽게 말해서 '용기 부피 ↑ – 기체의 압력 ↓'입니다. 전혀 어렵지 않죠? 여기서 중요한 것은 정의를 읽을 때 모든 정보를 다 가져갈 필요가 없다는 점입니다. '반면'을 기준으로 사실 앞 구절과 뒤 구절은 같은 말을 하고 있기 때문이에요.

➜ 새로운 독해 태도는 아닙니다. 정의를 읽고 내용을 이해하는 것의 연장선이에요. 여기서 보일의 법칙의 정의를 체크할 때 '용기 부피 ↑ – 기체의 압력 ↓'이라는 사실에 주목했다면, 이 내용과 '용기 부피 ↓ – 기체의 압력 ↑'이 같다는 것은 자연스럽게 알 수 있기 때문이에요. 반비례 관계에 주목했다면 충분히 이해할 수 있는 내용입니다.

➜ 내용 자체도 충분히 납득할 수 있어요. 용기의 부피가 증가하면 용기 내 압력은 증가할 겁니다. 쉽게 말해 용기를 작게 '압축(부피 ↓)'하면 그 안의 압력은 자연스럽게 높아질 수 밖에 없겠죠. 마치 물이 담긴 페트병을 찌그러트리면, 높아진 압력으로 인해 안에 있던 물이 흐르는 것처럼요.

> **30**
>
> 디지털 매체의 도입 초기에는 매체 보급이 확대됨에 따라 정보격차가 곧 사라질 것으로 보는 낙관론이 우세하였다.
>
> (2007학년도 9월 모의평가)

➜ 〈디지털 매체 ~ 보는〉까지 '낙관론'을 설명하고 있습니다. 우리가 알고자 하는 개념은 '낙관론'이고 그에 대한 설명이 앞에 제시된 것이죠. '낙관론'을 읽는 순간 '낙관론'이 어떤 개념이었는지 바로 기억이 나지 않는 학생들은 위에서 설명한 대로 문장을 다시 읽어 봅시다.

➜ 〈디지털 매체 ~ 보는〉 낙관론이 우세하였다.→ 낙관론?→ 정보격차가 사라질 것으로 보는 게 낙관론이구나! → 매체 보급이 확대되니까! → 정보격차가 사라진다며 긍정적으로 보니까 '낙관'론이라고 하는 거네.

➜ 느리게 느껴지더라도, 실전에서 딱 5초만 더 사용해주면 정의를 정확하게 체크하고 넘어갈 수 있습니다. 나아가 나중엔 굳이 이런 비효율적인 방법을 동원하지 않아도, 자연스럽게 정의를 체크하고 있는 모습을 발견할 수 있을 것입니다. 이처럼 '수식된 정의'의 방식으로 정의가 되었다는 사실만 인식해도 정의를 챙겨가는 데 도움이 됩니다. 연습과 훈련을 거듭하면 긴 문장이 난무하는 킬러 지문이라도 물 흐르듯 지문을 읽어낼 수 있으니, 끝까지 따라가 봅시다!

> **31**
>
> 기술 수준을 측정하는 지표로는 기업의 총 매출액 대비 연구 개발 투자액의 비율로 정의되는 '연구 개발 집약도'를 사용하며, 그 평균이 4% 이상이면 그 산업을 첨단 기술 산업으로 분류한다.
>
> (2007학년도 수능)

➜ 〈기술 수준을 측정하는 지표 ~ 정의되는〉은 '연구 개발 집약도'라는 개념에 대한 설명입니다. 만약 '연구 개발 집약도'가 무엇인지 그 설명이 기억나지 않는다면 위에서 설명한 방식대로 다시 읽어 봅시다.

➜ 〈기술 수준을 측정하는 지표 ~ 정의되는〉은 '연구 개발 집약도'구나. → 연구 개발 집약도? → 총 매출액 대비 연구 개발 투자액의 비율이구나! (참고로 A 대비 B의 비율은 B/A입니다. 알아두셔야 해요! 아예 분수로 바꿀 수 있는 건 분수로 바꾼다는 태도를 잡아주시는 것도 좋습니다.) → 번 돈을 연구 개발에 얼마나 쓰는지, 그러니까 연구 개발에 얼만큼의 노력이 '집약'되어 있는지를 말하는 것이구나. → 이걸로 기술 수준을 측정하네.

➜ 우리가 어떤 제품을 판 것에 대비해서 투자액을 얼마나 지출했는가에 대한 정의가 '연구 개발 집약도'이고, 이것을 통해 기술 수준을 측정하네요. 이 비율이 4% 이상이면 첨단 기술 산업으로 분류한다고 합니다. 여기서 중요한 것은, '첨단 기술 산업으로 분류=기술 수준 측정'을 읽어내는 것입니다. 단순히 기계적으로 정의를 받아들이는 게 아니라, '연구/개발/집약도'라는 단어의 의미를 바탕으로 '연구 개발'이 얼마나 '집약적'으로 이루어지는지를 판단하는 개념임을 생각하셨다면 '기술 수준 측정'이라는 정의를 깊게 납득할 수 있었을 겁니다. 나아가 이를 바탕으로, '첨단 기술 산업으로 분류'한다는 것은 곧 '기술'의 '수준'을 '측정'한 것이니 같은 말이라는 것까지 잡아낼 수 있겠죠. 이때 '연구 개발'에 비용을 많이 쓸수록 아직 연구할 분야가 많은 '첨단 기술'이라는 의미이니, '연구 개발 집약도'가 일정 이상 높으면 '첨단 기술'로 분류한다는 것까지 납득할 수 있

을 것이구요. 고정 1등급들은 이러한 생각을 자연스럽게 하고 있습니다. 우리도 그 수준이 될 때까지, '생각'하고 또 '생각'합시다.

32

　　한국인의 전통적 명분관은 기본적으로 신분 질서나 상하의식에 따라 각각의 분수를 지키도록 규정하여 사회적 역할을 제한하는 계층적 명분론의 성격을 지니며, 동시에 개인이나 사회가 당면하는 문제에 대응하는 판단이나 행위에 대하여 그 정당성을 부여하는 도덕적 명분론의 성격을 지니고 있다.

(1997학년도 수능)

→ 이 문장에는 '한국인의 전통적 명분관'을 '계층적 명분론'과 '도덕적 명분론'의 성격으로 나누어 정의하고 있습니다. 먼저 〈기본적으로 신분 질서나 ~ 사회적 역할을 제한하는〉은 '계층적/명분론'이라는 개념에 대한 설명입니다. 만약 '계층적 명분론'이 무엇인지 그 설명이 바로 기억나지 않는다면 앞에서 설명한 방식대로 다시 읽어 봅시다.

→ 〈기본적으로 신분 질서나 ~ 사회적 역할을 제한하는〉은 '계층적 명분론'이구나. → 계층적 명분론? → 신분, 상하의식에 따라 분수를 지키게 하여 사회적 역할을 제한하는 게 '계층적 명분론'이구나! → 신분, 상하의식은 '계층'에 해당하고, 각 계층에 따라 '분수'를 지킨다는 '명분' 하에 역할을 제한시켜 버리니까 '계층적/명분론'이라고 부르는 거네.

→ 좀 감이 잡히시죠? 〈개인이나 사회가 ~ 정당성을 부여하는〉으로 정의된 '도덕적 명분론'도 같은 과정을 통해 이해해주시면 됩니다. 도덕적 명분론은 문제에 대한 판단·행위에 대해 '정당성'을 부여한다고 합니다. 즉, 도덕적인 명분을 제공하여 판단이나 행위에 대한 정당성을 마련하는 게 '도덕적/명분론'인 것이죠.

33

　　전통적인 조성 음악이 다장조나 가단조 같은 특정 조성을 바탕으로 화음을 전개하는 것과 달리, 쇤베르크의 음악은 특정 조성에 얽매이지 않는 범조성을 지향하였다.

(2025학년도 3월 학력평가)

→ 전통적인 조성 음악과는 다른 '쇤베르크' 음악의 특징을 제시합니다. 천천히 읽어봅시다. 전통적인 '조성/음악'은 특정 '조성'을 중시했습니다. 그러나 쇤베르크의 음악은 '조성'에 얽매이지 않았어요. 이 특징이 바로 '범조성'입니다. '범/조성'은 특정 조성에 얽매이지 않고 모든 조성을 '아우른다(범)'는 것이네요. '범조성' 자체가 사실상 쇤베르크 음악의 핵심이자, 전통적인 조성 음악과 완전히 대비되는 성질입니다. '특정 조성'을 바탕으로 화음을 전개하는 '전통적인 조성 음악'과 대비된다는 것과 단어의 의미를 바탕으로 '범조성'이라는 수식된 개념의 정의를 정확하게 납득할 수 있어야 해요.

34

　　자동차의 에너지 효율은 연료량 대비 운행 거리의 비율인 연비로 나타내며, 이는 자동차의 성능을 평가하는 중요한 잣대이다.

(2011학년도 6월 모의평가)

→ '연비'라는 개념을 설명하고 있습니다. 여기서 연비는 연료량 대비 운행 거리의 비율이자 자동차의 에너지 효율을 나타내고, 자동차의 성능을 평가하는 중요한 잣대입니다. 하나의 개념에 다양한 정의가 존재합니다. 이 중 〈연료량 대비 운행 거리의 비율〉이라는 연비에 대한 설명은 문장 가운데에 삽입되어 '수식된 정의'의 방식으로 서술되었네요. 안 그래도 '연비'라는 개념의 정의가 여러 가지 존재하는 데 이렇게 '수식된 정의' 방식의 서술까지 포함되면 쉽게 지나쳐 버리기 쉽습니다. 이런 경우에는 이와 같이 독해해 봅시다.

→ 〈자동차의 에너지 효율은 ~ 연비로 나타내며〉 → 연비? 연비가 뭐지? → 연료량 대비 운행 거리구나! → 연비를 통해 자동차의 성능을 평가하네. → 연비가 좋으면 자동차의 효율성이 좋은 것이니까, 자동차의 성능이 좋다고 볼 수 있겠구나!

➔ 이런 식으로 초반에는 개념에 대한 설명을 다시 한번 '의식적으로' 인지해주는 연습이 필요합니다. 이해를 위한 노력과 능동적인 생각이 함께 수반되어야 합니다. 예를 들자면, '연료량 대비 운행 거리니까 사용하는 연료에 비해 운행 거리가 길면 좋겠네! 연비로 자동차의 성능을 평가하는 거는 당연한 것이구나!' 이런 식으로 말이죠. 모든 정의의 개념과 설명 하나하나를 이해하고 기억할 수는 없습니다. 최대한 '생각'하고 '납득'해서 여러분의 것으로 만들려는 노력이 필요합니다!

35

평면도상 긴 직사각형 모양을 하고 있는 바실리카 형식은 고대 로마 제국 시대에서 비롯된 것으로 원래는 시장이나 재판소와 같은 공공 건축물에 쓰였던 것이다.

(2013학년도 9월 모의평가)

➔ 〈평면도상 ~ 바실리카 형식〉 → 바실리카 형식에 대한 설명이네? 평면도상 긴 직사각형 모양이었나 보다. → 이 형식이 '원래는' 시장이나 재판소와 같은 공공 건축물에 쓰였네. → 시장이랑 재판소가 공공 건축물이구나. → 이게 고대 로마 제국 시대에서 비롯되었네. → 근데 '원래는'이라는 건, 고대 이후에는 공공 건축물 이외에도 사용되었다는 말인가? 만약 그렇다면 뒤에서는 시간이 지나면서 바실리카 형식이 다른 건축물에 사용되는 상황에 대해서도 서술할 수 있겠다

➔ 한 문장을 보더라도 위와 같이 문장의 내용을 하나하나 눌러가면서 정확히 이해하려는 연습을 하셔야 합니다. 중요한 건 정의의 체크고, 그 후에 부가적인 정보까지 챙겨가는 것입니다. 공공 건축물이나, 고대 로마 제국 시대에서 비롯되었다는 내용 등이요. 이렇게 읽다 보면 또 '원래는'이라는 워딩에 주목하면서 문장에서 서술하지 않은 부분에 대해서 짐작하면서 읽을 수도 있습니다.

36

반론권 제도는 세계적으로 약 30개 국가에서 시행되고 있는데, 우리나라의 반론권 제도는 의견에도 반론권을 적용하는 프랑스식 모델이 아닌 사실적 주장에 대해서만 반론권을 부여하는 독일식 모델을 따르고 있다.

(2010학년도 6월 모의평가)

➔ 이 문장에는 총 두 가지의 정의가 제시되고 있습니다. 나아가 그 둘 사이의 '차이점'까지 제시하고 있죠. 이 모두를 아무렇지 않게 인식할 수 있어야 합니다.

➔ '반론권 제도'에 대한 글인데, 여기에는 의견에도 반론권을 적용하는(B) '프랑스식 모델'과 사실적 주장에만 반론권을 적용하는 '독일식 모델' 두 가지가 있습니다. 이런 '수식된 정의'를 체크하며, '프랑스식 모델'이 조금 더 반론권을 넓게 적용한다는 생각을 할 수 있어야 합니다. 프랑스식 모델은 '의견에도' 반론권을 적용하는 반면, 독일식 모델은 '사실적 주장에만' 반론권을 적용합니다. 즉, 전자는 '의견 + 사실적 주장' 모두에 반론권이 적용되는 반면, 후자는 '사실적 주장'만 반론권이 적용되므로, 프랑스식 모델이 반론권을 더 넓게 적용한다고 볼 수 있는 것이죠.

➔ 나아가 이 중 우리나라는 '독일식 모델'을 택하면서, '반론권 제도'를 조금 '좁게' 인정하고 있다는 생각을 해 주셔야 합니다. 앞서 이해했듯이, '사실'에 대해서만 반론할 수 있다면 '의견'에까지 할 수 있는 경우에 비해 범위가 한정적이니까요.

37

기업과 근로자 간의 이해가 상충되는 문제를 완화하기 위해 근로자가 받는 보상에 근로자의 노력이 반영되도록 하는 약속이 인센티브 계약이다.

(2015학년도 6월 모의평가 A형)

➔ 기업과 근로자 간에 이해관계가 상충되는 문제가 있는데, 그걸 완화해야 하나 봅니다. 완화하기 위한 방법이 나오네요. 완화하기 위해서는 근로자가 받는 보상, 즉 인센티브를 줍니다. 그리고 이 보상에는 근로자가 노력한 것이 반영되어야 합니다. 그럼 노력한 만큼 인센티브(보상)가 커지는 구조겠죠?

➜ 이렇게 되면 근로자는 일한 만큼 보상을 받을 수 있으니, 기업과 근로자 간의 이해가 합치될 수 있겠어요. 원래 기업은 근로자가 더 많은 일을 하기를 바라요. 그런데 근로자는 상대적으로 더 적게 일을 하기를 바라죠. 그런데 인센티브 계약을 도입한다면 어떨까요? 근로자가 인센티브를 위해 더 많이 일을 하게 될 것입니다. 일을 많이 한다는 것은 근로자의 노력이 커진다는 말이고, 이 노력이 인센티브에 반영되니까 근로자 입장에서는 불만이 줄어들겠어요. 그리고 기업 입장에서는 근로자가 일을 많이 해주니까 더 좋겠습니다.

➜ 그럼 근로자가 일을 많이 하길 바라는 기업의 이해와, 돈을 많이 벌고 싶은 근로자의 이해가 합치될 수 있겠네요. 이처럼 인센티브 계약은 기업과 근로자의 이해가 상충되는 문제를 완화하는 것입니다.

38

이 시기 미국과 소련은 각기 자국의 방어를 위한 조치를 취했다. 그러자 양국은 상대방의 조치를 위협적인 행동으로 받아들여 대응 조치를 더욱 강화함으로써 자국의 안보가 더 위태롭게 되는 이른바 안보 딜레마 상황에 빠져 있었던 것으로 보인다.

(2014학년도 6월 모의평가 A형)

➜ '미국'과 '소련'의 방어 조치에 대한 이야기네요. 이들은 서로 자국의 방어를 위한 조치를 취했는데, 이것이 '안보 딜레마 상황'이라는 것을 낳았다고 해요.

➜ 한 번에 이해하는 게 그리 쉽지는 않았네요. 하지만 침착하게 읽으면 충분히 이해할 수 있습니다. 예를 들어 미국은 소련에 대해 방어를 위한 조치를 취했는데, 소련은 이걸 위협적인 행동으로 받아들였다고 생각해 봅시다. 그러니까 소련도 미국의 위협(으로 인식한 행동)에 대응하기 위해 또 방어적인 조치를 늘렸어요. 무기를 더 사든지 병력을 늘리든지 하겠죠. 그럼 미국은 어떨까요? 이 소련의 행동을 또 위협으로 받아들이고 대응 조치를 또 강화해버립니다. 미국도 무기를 더 만들고 병력을 늘리겠죠. 이 구조가 반복되는 거예요.

➜ 그러다 결국 안보가 위태롭게 되는 상황이 '안보 딜레마'입니다. 방어를 위해 '안보' 관련 조치를 강화했는데, 상대방도 조치를 강화해버리니 서로의 입장에서는 '안보'가 더 위태롭게 되는 '딜레마' 상황인 것이죠. 적국의 군사력이 계속해서 증강되니까요.

39

혁신 발생원과 잠재적 수용자 간의 거리가 가까울수록 혁신 확산이 빠르게 이루어진다는 인접 효과에 의해 나타나는 것이 전염 확산이다. 한편 도시 규모가 클수록 혁신 확산이 잘 이루어진다는 계층 효과에 의해 나타나는 것이 계층 확산이다.

(2012학년도 6월 모의평가)

➜ 먼저 '인접 효과'라는 개념의 정의를 체크해야 합니다. '혁신 발생원', 즉 혁신이 발생한 곳과 잠재적인 수용자 간의 '거리'가 가까울수록 혁신의 확산이 빠르게 이루어진다는 것이 그 정의입니다. 너무나 당연한 말인 데다가, '거리'가 가깝다는 것이 곧 '인접'하다는 말이므로 단어 자체도 쉽게 이해할 수 있네요.

➜ 그런데 여기서 끝이 아닙니다. 이러한 '인접 효과'에 의해 일어나는 확산이 바로 '전염 확산'이에요. '거리'가 '인접'하니 '전염'이 되는 것처럼 확산이 일어난다는 뜻이겠네요.

➜ 이번엔 '계층 효과'입니다. 이는 '도시 규모'라는 '계층적' 요소에 의해 혁신 확산이 이루어지는 상황을 의미해요. 도시의 크고 작음은 '계층'적 요소라고 볼 수 있겠죠? 우리나라도 '특별시', '광역시', '일반 시(000도 00시)', '군 단위 지역'과 같은 식으로 규모에 따라 도시를 계층적으로 구분하고 있어요. 이런 도시 규모의 차이에 따라 나타나는 것이 곧 '계층 확산'이네요. 이 개념은 '효과'와 '확산'의 이름이 같아 이해하기 더 쉽네요.

→ 수식된 정의를 바탕으로 정의를 '납득'하며 읽는 것. 이제는 어느 정도 감이 잡히시죠? 아무것도 아닌 것 같은 이 태도가 최근 수능의 어려운 지문을 읽어내는 힘을 길러줄 것입니다. 귀찮다고 그냥 넘어가지 말고, 시키는 대로 해야 할 '생각'을 열심히 하면서 따라와 봅시다.

40

압전 변환기의 핵심 부품인 압전 소자는 압력을 받으면 전기를 발생시키는데 이것을 압전 효과라고 한다. 초음파를 압전 소자에 가해 주면 압전 소자에 미치는 공기의 압력이 변하면서 압전 효과로 인해 고주파 전류가 발생한다. 역으로 높은 진동수의 교류 전압을 압전 소자에 걸어 주면 압전 소자가 주기적으로 신축하면서 초음파를 발생시키는데, 이를 역압전 효과라고 한다.

(2008학년도 6월 모의평가)

→ 먼저 '압전 소자'가 무엇인지 체크해야 합니다. '압전 변환기'라는 것의 핵심 부품이 그 정의네요. '압전' 변환기의 핵심 부품이 '압전' 소자라니, 기억하기가 어렵지는 않겠습니다.

→ 이 '압전 소자'는 '압력'을 받으면 '전기'를 발생시킨다고 합니다. '압'력을 받으면 '전'기를 발생시키니 '압/전' 소자인 것이네요. 그리고 이를 '압전 효과'라고 합니다. 수식된 정의를 연달아 쓰면서, 정의 체크를 방해하고 있네요. 하지만 우리에겐 우습죠?

→ 다음 문장은 사실상 앞 문장과 같은 말입니다. 뒤에서 배울 '재진술'을 맛볼 수 있는 문장이에요. 초음파를 '압전 소자'에 가해 주면, 공기의 '압력'이 변하면서 '압전 효과'로 인해 고주파 '전류'가 발생한다고 합니다. 여기서 변하는 '압력'은 '압전 소자'에 가해지는 '압력'을 의미할 것이고, 압력에 따라 전기를 발생시킨다는 '압전 효과'의 정의에 따라 이 '압력'이 고주파 '전류'라는 전기를 발생시키는 것이네요. 이렇게 '같은 말'로 인식하면서 읽을 수 있어야 합니다. 모든 문장을 다른 정보로 처리하면, 그것을 전부 기억할 수도 없을 뿐 아니라 지문 내용 자체도 정리가 되지 않을 거예요. 개념 간 관계가 잡히지 않으니까요.

→ 이번엔 역으로 높은 진동수의 '교류 전압', 즉 '전기'를 압전 소자에 걸어 주면 압전 소자가 '초음파'를 발생시킨다고 합니다. 여기서 '초음파'는 곧 '압력'과 같은 말이겠죠? 앞 문장의 '압전 효과'를 정확히 이해했다면 손쉽게 잡아낼 수 있어야 합니다. 이렇게 초음파를 발생시키는 것은 '역압전 효과'라고 합니다. 즉, '압력→전기'가 '압전 효과'라면 '전기→압력'이 '역압전 효과'인 것이죠. 확실하게 납득할 수 있겠죠?

→ 꽤나 어려운 문장이지만, 다 읽고 나면 '압력→전기'가 '압전 효과'라면 '전기→압력'이 '역압전 효과'인 것이라는 내용만 남겨야 합니다. 이렇게 정보량을 줄이는 것이, 여러분이 '생각'을 하며 글을 읽었을 때 얻을 수 있는 가장 큰 효과예요. 계속해서 연습하고 또 연습합시다!

41

화학 반응을 통해 발생하는 전류를 이용해 특정 가스를 검지하기 위한 장치인 전기 화학식 가스 센서는 유입된 가스가 센서의 전극들과 작용하여 산화 환원 반응을 하는 과정에서 생성되는 전류의 양을 측정하여 가스 누출을 검지하고 농도를 측정한다.

(2023학년도 4월 학력평가)

→ 문장이 매우 깁니다. 천천히 읽어야 해요. '화학 반응'을 통해 발생하는 '전류'를 통해 가스를 '검지'하는 장치가 바로 '전기/화학식/센서'입니다. 이렇게 단어의 의미를 살려가면서 먼저 수식된 정의를 체크할 수 있어야 해요. 이렇게 하면 뒷 내용도 길지만 주목해야 할 부분들에 집중할 수 있습니다. 이 센서는 유입된 가스가 센서의 '전극'들과 작용하여 '산화 환원 반응'을 하는 과정에 주목합니다. '전기/화학식' 센서이니까 '전극'과 '산화 환원 반응(=화학 반응)'을 이용한다는 점, 확인할 수 있죠? 이어서 이 반응에서 나타나는 '전류'의 양을 측정해서 가스를 검지하고 농도를 측정한다고 해요. 즉, '전기/화학식/센서'는 '전극'과 관련된 '산화 환원 반응'을 이용하고, 이에 따라 형성되는 '전류'를 통해 '가스'를 검지하는 것입니다.

➜ 이처럼 문장이 길더라도, 수식된 정의를 똑바로 체크하면 이 정의를 토대로 주목해야 할 부분에 주목할 수 있게 됩니다! 이렇게 읽어야 글이 이해가 되고, 내가 체감하는 정보량이 줄어요.

42

전지를 충전할 때 리튬 금속 산화물에서 리튬 이온이 층 속에서 벗어나 따로 떨어지게 되는 탈리가 일어나고, 방전될 때는 리튬 이온이 층 속에 삽입된다.

(2024학년도 10월 학력평가)

➜ 한 문장인데 그 속에 이해해야 할 정보가 많습니다. 이제 다들 알겠지만 이럴 때는 급하게 읽지 말고 천천히 읽어야 해요! 전지를 충전할 때 '리튬 금속 산화물'에서 '리튬 이온'이 '층'에서 벗어나게 된다고 합니다. '리튬' 금속 산화물이니까, '리튬' 이온이 포함된 물질이겠죠? 그리고 충전할 때는 이 물질에서 '리튬 이온'이 벗어나게 됩니다. '층'이 정확히 무엇을 가리키는지는 모르겠으나, 리튬 이온이 포함된 '리튬 금속 산화물'의 '층'을 말하는 것 같습니다. 그리고 이렇게 리튬 이온이 층에서 벗어나는 게 '탈리'입니다. 리튬 이온이 층에서 '이(리)탈'한다고 해서 '탈/리'인가봅니다.(실제로 탈리와 이탈은 같은 한자를 씁니다.) 그리고 방전될 때에는 다시 탈리되었던 리튬이온이 '층 속'에 삽입된다고 합니다.

➜ 그럼 우리는 최종적으로 '충전 = 탈리(층에서 나감) vs 방전 = ~탈리(층으로 들어옴)'이라는 점을 이해할 수 있습니다. 문장에 포함된 내용은 많지만 머릿속에 남겨야할 정보는 딱 이 하나입니다!

43

상장 법인은 발행인 관련 사항 가운데 변동된 사항을 반영하여 기업의 현황을 일정 기간마다 공시하는 정기 공시를 해야 한다.

(2025학년도 3월 학력평가)

➜ '정기 공시'의 정의가 수식된 형태로 제시됩니다. 상장 법인은 '정기 공시'라는 것을 해야 한다고 합니다. 이 '정기 공시'는 무엇일까요? '변동된 사항'이 있으면 이를 반영해서 기업의 현황을 '일정 기간마다' 공시하는 것입니다. 즉, '정기적으로' 변동 사항을 공시하는 게 '정기/공시'이네요. 결과적으로 이 문장에서는, "상장 법인은 '정기적으로' 변동 사항을 공시해야 한다."는 사실을 말하고 있습니다.

44

혈압은 심장이 혈액을 밀어낼 때 혈관 내에 생기는 압력으로, 심장이 1분 동안 혈관으로 밀어내는 혈액의 양인 심장박출량과 말초 혈관을 순환하는 혈액의 흐름이 방해받는 정도인 말초 혈관 저항의 곱에 비례한다.

(2025학년도 3월 학력평가)

➜ 표면적으로 보면 '혈압'의 정의를 제시하는 것 같지만, 이를 온전히 이해하기 위해서는 '심장박출량'과 '말초 혈관 저항'까지 이해해야 합니다. 하나씩 볼게요. 혈압은 심장이 '혈'액을 밀어낼 때 생기는 '압'력입니다. 혈압이 높다는 건 피를 밀어내는 힘(압력)이 강하게 작용한다는 것이고, 혈압이 낮다는 건 피를 밀어내는 힘(압력)이 낮게 작용한다는 것입니다. 그리고 혈압은 '심장박출량X말초 혈관 저항'에 '비례'한다고 해요. 즉, 혈압은 심장박출량, 말초 혈관 저항과도 비례하는 것이죠. 왜 그럴까요?

➜ 이를 이해하고 싶으면 심장박출량과 말초 혈관 저항이 무엇인지부터 알아야 합니다. 먼저 심장박출량은 심장이 밀어내는 혈액의 양입니다. 즉, '심장'이 두근거리면서 내보내는(박출) 혈액의 '양'이 바로 '심장/박출/량'인 것이죠. 심장이 내보내는 혈액의 양이 많으면 많을수록 압력도 더 커지겠죠? 그러니까 심장박출량과 혈압은 비례하는 것입니다.

→ 말초 혈관 저항은 무엇인가요? '말초 혈관'을 순환하는 혈액이 '방해받는(저항) 힘'이 바로 '말초 혈관/저항'입니다. 그럼 이 저항이 강하면 강할수록 피가 흐르기 힘들 거예요. 그러니까 이 저항을 이겨낼 정도의 강한 혈압이 있어야 피가 무사히 순환하겠네요. 그래서 말초 혈관 저항과 혈압도 비례하는 것이죠.

→ 따라서 '심장박출량X말초 혈관 저항'이 혈압과 비례합니다. 두 변수 모두 혈압과 비례 관계를 보이기 때문이에요! 이와 같이 '심장박출량X말초 혈관 저항'이 혈압과 비례한다는 것을 그냥 받아들이는 게 아니라, 정의를 바탕으로 '생각'하며 '납득'할 수 있어야 한다는 것, 잊지 마세요!

재진술

　　예술은 인간 감정의 구현체로 간주되곤 한다. 그런데 예술과 감정의 연관은 예술이 지닌 부정적 측면을 드러내는 데 쓰이기도 했다. 즉, 예술은 이성적으로 통제되지 않는 비합리적 활동, 심지어는 광기 어린 활동으로 여겨지곤 했다.

(2008학년도 6월 모의평가)

➜ '예술'에 대한 문장입니다. 예술은 인간 '감정'의 구현체로 간주되고는 한다고 해요. 아무래도 '예술'은 예술가의 생각을 드러내는 장르이다 보니, '감정'의 구현체로 간주된다고 하나 봅니다. 하지만 '예술 = 감정의 구현체'라는 이 관련성이, 예술의 '부정적 측면'을 드러내는 데 쓰이기도 했다고 해요. '능동적 생각'이라는 걸 하면서 글을 읽고 있다면, '부정적 측면'이 무엇인지를 당연히 궁금해하면서 읽어주셔야겠죠?

➜ 그 다음 문장에서 '즉'이라는 표지를 통해 '부정적 측면'이 무엇인지 조금 더 구체적으로 서술해주고 있습니다. '이성적으로 통제되지 않는 비합리적 활동', '광기 어린 활동'으로 여겨진다는 것이 곧 예술의 '부정적 측면'에 대한 내용이겠죠?

➜ 여기까지 이해했다면, 예술의 '부정적 측면'은 모두 '감정'과 관련되어 있다는 점까지 이해할 수 있습니다. "감정에 휩쓸리지 말고 이성적으로 생각해"라는 말, 들어봤죠? 우리가 일상적으로 사용하는 이 말만 보더라도 '감정'과 '이성'은 서로 상반되는 의미를 가진다고 볼 수 있습니다. 그렇다면 '이성적으로 통제되지 않음'이라는 것은 이성과 대비되는 '감정'의 부정적 측면을 강하게 드러내는 표현이라고 볼 수 있습니다. 또한 '광기'라는 표현 역시 '감정'적 차원에서 사용되는 단어입니다. 감정이 과하게 심해지면 '광기가 어렸다'라는 말을 사용하잖아요.

➜ 이렇게 모든 문장의 내용이 찰싹 붙어야 완벽하게 재진술을 이용한 것이라 할 수 있습니다. 물론 완벽하게 일대일 대응이 되지 않는 문장도 존재하지만, 기본적으로 문장의 모든 표현을 살려서 읽고 정리하는 것이 중요합니다.

　　자기책임설은 국가가 공권력의 사용 권한을 공무원에게 맡긴 이상 공무원의 권력 남용에 대해서는 국가가 책임져야 한다고 본다. 즉 국가배상 책임은 공무원 개인의 책임이 아니라 국가 자신의 책임이라는 것이다.

(2022학년도 사관학교)

➜ '자기책임설'은 국가가 공무원에게 권한을 맡겼으면 '국가 자신'이 책임져야 한다는 것입니다. 그래서 '자기/책임설'이에요. 제가 설명한 내용을 그대로 뒤에서 반복하고 있습니다. 아주 친절한 재진술 문장이네요. 자기책임설에 따르면, 공무원의 권력 남용은 공무원 개인이 아니라 '국가 자신'의 책임입니다. 국가 '자신'이 권한을 맡겼기 때문이에요!

➜ '국가 책임'이라는 포인트에 집중했다면, 이것이 '개인의 책임'과 상반된 의미라는 점 역시 파악할 수 있습니다. '국가'는 하나의 '집단'이고, '체제'입니다. 이는 공무원과 같은 어떤 한 사람, 즉 '개인'과 대비된다는 점 이해되시죠? '개인 VS 국가', '개인 VS 집단'과 같은 이분법적 대비는 지문에서 꽤나 빈번하게 등장하니까 숙지해두는 것을 추천합니다.

> **3**
>
> 　노동자 측에서는 노동 시간의 양보다 질적 성과가 더 중요하다는 점을 들어 노동 시간의 단축을 강력히 주장하고 있다. 즉, 노동 시간을 단축하게 되면 늘어난 여가 시간을 통해 자기 계발의 기회를 확대할 수 있게 되고, 이를 통해 획득한 지식과 경험이 업무 수행 능력을 높임으로써 기업의 경쟁력이 제고된다는 것이다.
>
> (2003학년도 모의평가)

➡ 노동자 측은 노동 시간의 양보다 '질적 성과'를 강조합니다. 그래서 노동 시간을 줄이자고 주장하고 있어요. '질적 성과 〉 노동 시간'이 핵심입니다. 그럼 '즉'이라는 표지를 사용한 뒷 문장은 아주 간단하게 이해할 수 있습니다. 결국 노동 시간을 줄이면 질적 성과가 늘어난다는 말을 반복할 것이기 때문이에요. 노동 시간을 줄이면 자기 계발을 할 시간이 생기고, 이를 바탕으로 질적 성과를 높일 수 있다고 합니다. '질적 성과 〉 노동 시간'이니까 노동 시간을 줄이자는 주장을 하고 있는 것입니다. 앞 문장이 똑같이 반복되고 있다는 점이 느껴지시죠?

> **4**
>
> 　현대 사회가 다원화되고 복잡해지면서 중앙 정부는 물론, 지방 자치 단체 또한 정책 결정 과정에서 능률성과 효과성을 우선시하는 경향이 커져 왔다. 이로 인해 전문적인 행정 담당자를 중심으로 한 정책 결정이 빈번해지고 있다.
>
> (2015학년도 9월 모의평가 B형)

➡ 현대 사회가 복잡해지면서 〈중앙 정부, 지방 자치 단체〉와 같은 곳들이 정책을 결정하는 과정을 효율적으로 하길 원한다는 말을 하네요. 너무 당연하죠? 사회가 다원화되고 복잡해지면, 그만큼 처리해야 할 일들도 복잡하게 늘어날 거예요. 그럼 지방 자치 단체 역시 일이 많아질 테니 그 늘어난 일들을, '능률적'이고 '효과적'으로 처리하고 싶을 겁니다.

➡ 그래서 〈전문적인 행정 담당자〉를 중심으로 〈정책을 결정〉하고 있다 합니다. 〈전문적인 행정 담당자〉를 〈능률성과 효과성의 향상〉으로 읽을 수 있어야겠죠? 일의 능률과 효과를 높이기 위해 담당자를 고용한 것이니까요.

➡ 이렇게 '인과'도 '재진술'의 일종이라는 사실을 잊지 맙시다. 〈능률성과 효과성〉 그리고 〈전문적인 행정 담당자〉는 사전적 의미로만 따지면 아예 다른 말이지만, '전문적이니까 효율적이지~'하고 읽을 수 있다면 똑같은 하나의 정보가 됩니다.

> **5**
>
> 　광도는 별의 반지름의 제곱과 별의 표면 온도의 네제곱에 비례한다. 즉, 별의 실제 밝기는 별의 표면적이 클수록, 표면 온도가 높을수록 밝다.
>
> (2015학년도 6월 모의평가 B형)

➡ 광도가 별의 반지름, 별의 표면 온도와 비례한다고 합니다. 제가 '제곱'이나 '네제곱'과 비례한다고 쓰지 않은 이유는 무엇일까요? 평가원은 그런 지점까지 디테일하게 계산시키는 문제를 내지 않기 때문입니다. 어쨌든 '즉'이라는 표지를 보아 하니 앞 문장의 재진술이라는 것을 알 수 있습니다. 별의 실제 밝기가 '별의 표면적'이 클수록, '표면 온도'가 높을수록 밝다고 하네요.

➡ 반지름이 크면 표면적도 크겠죠? 따라서 우리는 〈별의 반지름〉을 〈별의 표면적〉으로, 〈표면 온도〉는 그대로 표면 온도로 읽어주면 되겠네요. 그렇다면 '광도'는 뭘까요? 배경지식이 있는 친구들이나 눈치 빠른 친구들은 이미 알아챘겠지만, 〈광도〉와 〈별의 실제 밝기〉는 같은 말입니다. 일단 '즉'으로 연결되기도 했고, 광도를 설명해주는 요소와 별의 실제 밝기를 설명해주는 요소가 같기 때문이죠. 평가원은 이런 식으로 빙~ 둘러서 정의를 제시해주기도 합니다. 재진술을 통해 정의를 알려주는 것이죠.

➡ 만약 '광도'를 배경지식으로 갖고 있지 않은 학생이라면, 이런 모든 요소를 고려하여 문장의 정의를 잡아내야 합니다. 계속 연습해 봅시다.

자본주의 경제 체제는 이익을 추구하려는 인간의 욕구를 최대한 보장해 주고 있다. 기업 또한 이익 추구라는 목적에서 탄생하여, 생산의 주체로서 자본주의 체제의 핵심적 역할을 수행하고 있다. 곧 이익은 기업가로 하여금 사업을 시작하게 하는 동기가 된다.

(2002학년도 수능)

→ 자본주의 경제 체제의 정의를 제시합니다. 자본주의 체제는 '이익 추구'라는 인간의 욕구를 최대한 보장한다고 합니다. 자본주의의 특징은 '생산 수단의 사유화'를 인정한다는 점입니다. 즉, 자기가 돈을 벌고 싶으면 열심히 일을 해서 자산을 늘려 갈 수 있는 체제라는 거예요. 그러니까 '이익을 추구'하려는 '욕구'를 '최대한 보장'한다고 볼 수 있는 것이죠.

→ 기업 역시 이런 자본주의 체제에 맞게 '이익 추구' 때문에 생겼는데, 기업이 생산 주체로 자본주의 체제의 핵심적인 역할을 담당하고 있다고 해요. 자본주의 체제가 '이익 추구'를 최대한 보장해 주니까, 기업도 '이익 추구'라는 목적에서 탄생한 것입니다. 그리고 기업은 실제로 생산 주체가 되죠. 다양한 기업에서 만든 물건들을 우리가 사용하니까요. 이 정도는 가볍게 납득할 수 있어야 합니다.'생산'과 '소비'는 자본주의의 기본적인 구성입니다. 그중 기업은 '생산'을 담당하면서 '핵심적 역할'을 수행하고 있어요.

→ 그리고 마지막 문장을 보면, 바로 앞 문장을 재진술하고 있습니다. 이익은 기업의 사업 동기가 된다고 해요. 기업이 어떤 목적에서 탄생했나요? 네, '이익 추구'라는 목적에서 기업이 생겼습니다. 그러니까 '이익'은 당연히 기업의 사업 동기가 되겠죠. 이런 식으로 당연하게 '납득'하면서 읽어주시면 되는 거예요.

자동분류기는 환경과의 상호 작용에 기반한 경험적인 데이터로부터 스스로 성능을 향상시킬 수 있는 학습 능력을 갖춰야 한다. 학습은 상호 작용의 정도에 따라 경험하는 데이터가 달라지고, 이러한 학습 데이터에 따라 자동분류기의 성능이 달라지게 된다. 즉, 자동분류기는 단순히 데이터를 기억하는 것이 아니라, 다양한 경험에서 새로운 정보를 추론하여 스스로 분류할 수 있는 능력을 갖춰야 한다.

(2010학년도 9월 모의평가)

→ 문장이 깁니다. 그래도 다른 건 없겠죠? 먼저 스스로 재진술을 인식하며 정보량을 줄여 보고, 그 다음 아래의 설명을 읽어 봅시다.

→ '자동분류기'에 대한 설명이 나오고 있습니다. 자동분류기는 환경과의 상호 작용에 기반한 경험적 데이터로부터 '스스로' 성능을 향상시킬 수 있는 '학습 능력'을 갖춰야 한다고 해요. 여러분들은 정의를 읽을 때 자연스럽게 '스스로'라는 워딩에 집중할 수 있어야 합니다. 왜 그럴까요? 먼저 자동분류기가 정확히 무엇인지는 모르겠으나 단어의 의미를 살리면서 읽어 보면, 자동/분류기는 무언가를 '자동'으로 '분류'하는 '기'계임을 짐작할 수 있습니다. 즉, '분류'라는 작업을 '자동'으로 수행한다는 것은, '스스로' 한다는 말과 같고, 분류를 '스스로' 하는 자동 장치이니까 '분류'의 성능을 '스스로' 향상시킬 수 있는 능력도 필요하겠네요. 자동/분류기이니까요!

→ 다음 문장에서도 똑같은 말을 하고 있습니다. '상호 작용'에 따라 '경험하는 데이터'가 달라진다고 해요. 자동분류기의 학습 능력은 '환경과의 상호 작용'에 기반한 '경험적인 데이터'를 이용하는 것이니, 너무나 당연한 말이죠? 나아가 이 데이터를 '학습 데이터'라고 부른다는 것까지 잡아 주셔야 합니다. 일종의 '수식된 정의'로 제시되고 있는 개념이니까요. 그리고 이 '학습 데이터'를 통해 자동분류기가 '스스로 성능을 향상'시키는 것이니, 성능은 당연히 달라지게 되겠죠. 이렇게 '당연하게' 읽을 수 있어야 합니다!

→ '즉'이라는 표지와 함께 앞서 보았던 포인트를 반복하고 있습니다. '다양한 경험에서 새로운 정보를 추론하여 스스로 분류할 수 있는 능력'은 곧 '스스로 성능을 향상시킬 수 있는 학습 능력'과 같은 말입니다. '다양한 경험에서 새로운 정보를 추론'

하는 것은 곧, '경험적인 데이터'로부터 정보를 획득하는 것입니다. 그리고 이 정보를 기반으로 '스스로 분류'한다는 것은 새롭게 얻은 '경험적인 데이터'를 바탕으로 분류를 자동으로 수행한다는 말이죠. 새로운 정보를 받아들이면서 분류 성능을 높이고, 스스로 분류를 행한다! 이게 우리가 앞선 두 문장에서 파악했던 자동분류기의 정의였어요.

➜ 그런데 여기서 '단순히 데이터를 기억하는 것이 아니라'라는 표현이 보입니다. 이걸 새로운 정보로 받아들이는 게 아니라, 데이터를 바탕으로 '스스로 성능을 향상'시킨다는 것과 반대되는 말임을 생각할 수 있어야 해요. 다시 말해서, '단순한 기억'은 '학습'의 반대말이라는 식으로 정리할 수 있어야 한다는 것이죠. 이처럼 재진술은 단순히 '같은 말'을 잡는 것에서 그치는 게 아니라, 새로운 정보를 바탕으로 더 '풍부한 이해'를 도와 준다는 것까지 생각하도록 합시다.

> **8**
> 후설은 현재 순간의 지속에 대한 미시적 직관을 강조한다. 이는 역사적 시간의 일부로서 현재를 인식하는 것이 아니라 과거와 미래를 통합하는 지금 이 순간을 직관해야 한다는 것이다. (2025학년도 3월 학력평가)

➜ 후설은 '현재 순간'에 대한 '미시적 직관'을 강조한다고 합니다. '순간'이라는 미시적인 포인트를 강조하니까, '미시적/직관'을 강조한다는 말 같아요. 100% 이해하긴 어렵지만 단어의 의미를 살리면서 최대한 납득하고 넘어가봅시다.

➜ 그렇게 넘어가 보니, '~것이다.'라는 표지를 통해 보다 친절하게 내용을 서술해주고 있습니다. '순간'을 강조(미시적 직관)하는 후설의 입장은 현재를 역사적 시간이라는 전체의 큰 틀의 '일부'로 보는 것이 아니라, 과거와 미래를 통합하는 '현재 순간'에 집중하는 관점이라고 해요. 현재를 '역사 전체의 일부'로 본다면 이는 거시적인 관점에 해당하겠습니다. '현재'라는 지금 이 '순간'을 중시하는 게 아니라 '과거-현재-미래'라는 전체적인 큰 틀 아래에서 '현재'를 인식하는 것이니까요.

➜ 그런데 후설은 '현재'가 그 자체로 과거와 미래를 '통합'하는 기능을 한다고 말합니다. 맥락상 이 말은 〈역사적 시간의~인식하는 것〉과 대비되는 견해일 것입니다. 〈역사적 시간의~인식하는 것〉이 '아니라'고 하니까요! 그렇다면 후설의 견해는 '과거와 미래를 통합하는 지금 이 순간을 직관'해야 한다는 건데, 이것 자체도 재진술이지만 말이 어렵습니다.

➜ 이를 이해하기 위해서, 후설과 대비되는 〈역사적 시간의~인식하는 것〉은 어떤 의미일까요? 이것부터 이해해봅시다. 이 문장을 이해하면 이와 대비되는 게 곧 후설의 입장이라는 것을 알 수 있을 테니까요! 이는 말 그대로 '현재'를 '현재 순간'이 아니라, 전체의 '일부'에 불과하다고 보는 입장입니다. 동시에 앞 문장을 함께 고려한다면 이 견해는 '현재 순간'을 강조하는 후설의 입장과 대비된다고 이해할 수 있겠죠? 그렇다면 현재는 부분에 불과하다고 보는 입장, 즉 현재를 경시하는 입장이라는 점을 파악할 수 있겠습니다.

➜ 그럼 자연스럽게 〈과거와 미래를 ~ 이 순간〉이라는 말도 쉽게 이해할 수 있습니다. 이는 현재를 전체의 일부로 보는 것이 아닙니다. 즉, 현재는 현재만의 중요한 역할이 있다고 보는 거예요. 그 역할이 바로 '과거와 미래를 통합'하는 것입니다. '현재 순간'이 있어야 과거와 미래가 통합됩니다. 그렇다면 이 '현재 순간'이 멈춰서는 안 되겠죠? 그 순간 과거와 미래는 분절될 테니까요! 즉, '현재 순간'은 시간의 흐름에 있어서 아주 중요한 역할을 합니다. 그래서 후설의 견해는 현재를 강조한다는 점에서 〈역사적 시간의~인식하는 것〉이라는 관점과 대비되고, 현재 순간이 없으면 시간이 성립하지 않으니까, '현재 순간의 지속'에 대한 '미시적 직관'을 강조하는 것입니다.

➜ 후설의 논리를 정리하면 다음과 같습니다. "전체 흐름의 시간보다 '현재 순간의 지속'이 중요하다 → 왜? → 현재가 과거와 미래를 통합하니까! → 즉, 현재 순간이 없으면 시간의 흐름이 성립할 수 없다! → 그러니까 '현재 순간'이 '지속'되는 게 아주 중요하고, 이 중요한 것을 한 시점이라는 작은 관점에서 살펴보는 '미시적 직관'이 강조되어야 한다."

➔ 문장 자체는 아주 짧지만, 이를 완벽히 이해하기 위해 거쳐야 할 사고과정은 아주 깊습니다. 계속해서 우리는 '생각의 힘'을 기르는 연습을 하고 있다는 점을 잊지 맙시다! 최선을 다해서 문장 하나를 읽더라도 그 속에서 해볼 수 있는 생각은 몽땅 꺼내봐야 합니다!

법 규칙은 구성 요건과 그에 따른 법률 효과의 발생이 확정적으로 규정된 법 규범이다. 즉 법 규칙은 법 규범이 정하는 요건이 사실로 발생하면 그에 대응하는 법률 효과가 반드시 발생한다.　　　　　　　　　　　　　　　(2021학년도 10월 모의평가)

➔ '법 규칙'에 대해서 설명합니다. '법 규칙'은 '법률 효과'의 발생이 '확정적으로 규정'된 법 규범이라고 해요. 말 그대로 '확정된' '법적인 규칙'이 바로 법/규칙이라고 생각하시면 됩니다. 이 정의를 바탕으로 다음 문장을 읽으면, 똑같은 말을 반복하고 있다는 것을 느낄 수 있어요. '즉'이라는 표지가 쓰이기도 했구요. '법 규칙'은 법률 효과의 발생이 '확정적으로 규정'된, 법적인 규칙 자체입니다. 그러니까 법 규범의 요건이 발생하면, 법률 효과가 '확정적으로', '반드시' 발생할 것입니다. 법률 효과의 발생이 '확정'된 법 규범이 '법 규칙'이니까요!

그런데 조선 시대 형법은 구체적이고 개별적인 사안을 하나 하나 열거하는 형식이었기 때문에 어떤 사안에 각 조항을 곧바로 적용하기에는 용이했지만 실제 발생하는 모든 사안을 열거할 수는 없었다.　　　　　　　　　(2021학년도 10월 모의평가)

➔ 조선 시대 형법의 특징을 설명합니다. 이 문장을 잘 읽었다면, '때문에' 이후로는 같은 말을 반복하고 있다는 느낌을 받으셨을 것입니다. 조선 시대 형법의 특징은 개별 사안을 모두 열거하는 형식이었습니다. 그렇기 때문에 당연히 각 조항을 바로 적용하기에는 편했을 것입니다. 개별 사안을 열거해두니, 어떤 사건이 발생했을 때, 그 사건을 다루는 사안을 찾아서, 조항을 바로 적용할 수 있겠죠. 예를 들어 '쌀을 훔쳐가는 사건'이 발생했다면 '쌀 도둑질'이라는 사안을 찾아서 조항을 적용시켜 버리면 되는 것이에요.

➔ 하지만 너무 당연하게도 실제 발생하는 사안을 '모두' 열거할 수는 없었을 것입니다. 어떻게 이때까지 일어난 사안들을 하나도 빠짐없이 전부 열거하겠어요. '도둑질'만 해도 '쌀 도둑질', '소 도둑질', '수박 도둑질' 등 너무나 많을 텐데, 이걸 다 열거하기에는 불가능하겠죠. 이 문장은 '때문에' 앞 구절의 내용을 바탕으로, 뒷 구절을 자연스럽게 납득하면서 읽는 것이 핵심입니다.

콜링우드는 예술가가 느끼는 감정들은 분화되지 않은 상태이기 때문에 표현하기 전에는 스스로도 알 수가 없다고 보았다. 마치 시인이 현실에서의 경험을 통해 느낀 모호한 감정들을 '시'라는 예술 작품을 통해 형상화함으로써 자신의 감정들이 무엇이었는지를 알게 되는 것처럼 예술가는 자신이 가진 고유한 감정이 작품에 반영되어 표현된 후에야 비로소 그 감정이 무엇인지 인식하게 된다는 것이다.　　　　　　　　　　　　　　　(2022학년도 사관학교)

➔ 콜링우드는 예술가의 감정을 표현하기 전에는 알 수 없다고 주장합니다. 분화되지 않았기 때문이에요. 여기서 우리는 '분화 x = 표현하기 전에는 알 수 없는 상태'라는 점을 파악할 수 있어요. 사실상 두 말이 같은 뜻인 것이죠. 이어서 '표현하기 전에는 감정을 알 수 없다'라는 콜링우드의 주장까지 파악할 수 있습니다. 아직 감정이 '분화'되어 그 형태를 드러내지 않았기 때문에, 예술가 스스로도 자신의 감정을 알 수 없다는 것이죠.

➔ 그렇게 다음 문장으로 넘어가니 문장의 길이가 굉장히 깁니다. 하지만 똑같은 말을 반복하고 있기 때문에 전혀 부담없이 이해할 수 있습니다. 시인은 자신의 감정을 시로 '표현'하면서 알게 됩니다. 예술가도 마찬가지라고 해요. 자신의 고유한 감정을 작품으로 '표현'해야 그 감정을 인식할 수 있다고 합니다. 감정은 '분화되지 않았기 때문'이에요. 핵심이 완전히 반복되고

있다는 점을 느낄 수 있겠나요? '표현하기 전에는 감정을 알 수 없다.' 이 말을 그대로 반복하고 있습니다.

12

목적격 나란 한 개인이 자신에 대한 타인들의 생각과 기대를 일반화하여 형성한 자아상을 말한다. 즉 목적격 나는 사회적으로 개인에게 요구되는 자아상이다.

(2020학년도 4월 모의평가)

→ '목적격 나'는 '타인'의 생각이나 기대를 일반화하여 만든 자아입니다. '나'를 '대상(목적격)'으로 인지하는 타인들의 시선을 바탕으로 형성된 자아가 '목적격/나'입니다. 말이 조금 어렵습니다. 그래서 다음 문장에서는 '즉'이라는 표지와 함께 이를 쉬운 말로 풀어서 설명하고 있어요. '목적격 나'는 '사회적으로' 개인에게 요구되는 자아상입니다. 이 문장을 바탕으로 생각하면 앞의 정의를 이해할 수 있죠. 타인이 나에게 기대하는 즉, '사회적으로 요구되는' 자아상이 바로 '목적격 나'입니다. 이렇게 어려운 정의가 나왔으면 십중팔구 이를 쉽게 풀어서 설명해주는 예시나 재진술 문장이 등장합니다. 그런 문장들을 바탕으로 확실히 이해하면 돼요.

13

실용주의자 로티는 언어란 역사적 우연성의 산물로, 거기에는 어떤 고정적 의미나 초월적 진리가 담겨있을 수 없다는 다원주의적 관점을 보여 준다. 언어의 의미는 대상에 의해서 정해지는 것이 아니라 언어를 사용하는 사람들에 의해 우연하게 정해지는 것으로 시대와 환경에 따라서 얼마든지 달라질 수 있다고 본 것이다.

(2020학년도 7월 모의평가)

→ 로티의 다원주의적 관점의 정의가 제시됩니다. 수식된 형태로 제시되고 있으니 천천히 읽어야겠죠? 의미는 간단합니다. 언어는 '우연'성의 산물이니 '고정적인' 의미나 진리를 발견할 수 없다는 것이 다원주의적 관점입니다. 우연적으로 의미가 정해지니까 당연히 의미 또한 고정되어 있지 않고, 그 속에 초월적 진리도 없을 것이에요. 언어의 의미는 '우연'일 뿐이니까요! 그리고 언어의 의미를 하나로 고정하지 않으니 '다원/주의'적 관점입니다. 이번에도 단어의 의미를 살리면서 읽으니 어렵지 않게 이해할 수 있네요.

→ 이 핵심을 잘 이해했다면 뒷 문장은 가볍게 읽을 수 있습니다. 언어의 의미는 고정되어 있지 않습니다. 초월적 진리 따위도 없어요. 그래서 언어의 의미는 '정해지지 않았다', 즉 변할 수 있는 것이라고 말하고 있습니다. 우연성의 산물이니 고정된 의미는 없다! 이 포인트를 반복하고 있다는 것이 느껴지시죠?

→ 여기까지 읽었다면 조금 더 생각해 봅시다. 로티는 왜 '실용주의자'일까요? 네, 언어의 의미를 시대와 환경에 따라 변화한다고 주장하기 때문이에요. 왜 그런지 잘 모르시겠나요? 쉽게 생각해 봅시다. 어떤 단어(언어)의 의미를 고정해버리면 시대나 환경이 변할 때 그 언어는 버려지게 됩니다. 하지만 단어의 의미가 고정되지 않는다고 생각하면, 시대나 환경의 변화에 따라 의미를 바꾸어가면서 언어를 사용할 수 있는 것이죠. 상황에 따라 언어를 유연하게 사용하면서 '실용'적으로 이용할 수 있게 됩니다. 그래서 '로티의 다원주의적 관점 = 실용주의자'로 이어서 생각할 수 있는 것입니다.

14

거센 바람이 불고 화재가 잇따르자 정(鄭)나라의 재상 자산(子産)에게 측근 인사가 하늘에 제사를 지내라고 요청했지만, 자산은 "천도(天道)는 멀고, 인도(人道)는 가깝다."라며 거절했다. 그가 보기에 인간에게 일어나는 일은 더이상 하늘의 뜻이 아니었고, 자연 변화 또한 인간의 화복(禍福)과는 거리가 멀었다. 인간이 자연 변화를 파악하면 얼마든지 재난을 대비할 수 있고, 인간사는 인간 스스로 해결할 문제라 생각한 것이다.

(2011학년도 수능)

→ 세 개의 문장으로 이루어져 있지만, 모두 같은 말을 하고 있음을 알아야 합니다. 첫 문장의 '거센 바람'과 '화재'는 두 번째 문장의 '인간에게 일어나는 일'이자 '자연 변화'와 같은 말입니다. 거센 바람이나 화재가 인간에게 좋은 일은 아니니까요. 또한 '정나라의 ~ 거절했다.'라는 말은 인간에게 일어나는 일은 더 이상 하늘의 뜻이 아니라는 말과 같습니다. 천도(하늘)와 멀

고 인도(인간)와 같다는 것이 결국 인간사는 더 이상 하늘의 뜻이 아니라는 의미이니까요.

→ 마지막 문장도 볼까요? 인간이 자연을 파악하면 알아서 재난을 대비할 수 있고 인간사를 인간이 스스로 해결해야 한다는 서술은 앞 문장에 서술된 것처럼 인간에게 일어나는 일이 더 이상 하늘의 뜻이 아니라는 것과 같은 말입니다. 첫 문장의 〈천 도는 멀고 인도는 가깝다.〉라는 내용과도 같고요.

→ 사실 인문 지문은 이렇게 같은 말의 반복인 경우가 상당히 많습니다. 따라서 재진술만 잘 처리하시면 인문 지문의 정보 처 리가 쉬워지고, 그만큼 문제를 빠르게 풀 수 있습니다. 계속 연습해 봅시다.

(15)

    수정주의는 기본적으로 냉전의 책임이 미국 쪽에 있고, 미국의 정책은 경제적 동기에서 비롯했다고 주장했다. 즉, 미국은 전 후 세계를 자신들이 주도해 나가야 한다고 생각했고, 전쟁 중에 급증한 생산력을 유지할 수 있는 시장을 얻기 위해 세계를 개방 경제 체제로 만들고자 했다. 그러므로 미국 정책 수립의 기저에 깔린 것은 이념이 아니라는 것이다.

(2014학년도 6월 모의평가 A형)

→ '수정주의'에 대해 설명하고 있습니다. 냉전의 책임이 미국 쪽에 있다는 것, 그리고 미국의 정책은 '경제적 동기'에서 비롯 되었다는 것이 핵심이네요. 아직까지는 무슨 말인지 잘 모르겠는데, '즉'이 보입니다. 바로 같은 말로 연결 지어야겠죠? 미국 이 전후 세계를 자신들이 주도해 나가야 한다고 생각했기에 냉전의 '책임'은 미국에게 있다는 뜻입니다. 또한 미국은 급증한 생산력 유지를 위해 세계를 개방 경제 체제로 만들고자 하는 식의 '경제적 동기'에 의해 이런 정책을 펼쳤다는 뜻이네요. '생 산력', '개방 경제 체제'는 모두 '경제적 이익'과 관련되어 있으니 '경제적 동기'와 같은 말로 이해할 수 있겠죠? '수정주의'의 주장이 완벽하게 이해되어야 합니다.

→ 마지막 문장에선 '그러므로'라는 접속사와 함께 앞서 설명한 포인트를 반복하고 있습니다. 미국 정책은 '경제적 동기'에 의 해 이루어졌기 때문에, 미국 정책 수립의 기저에 깔린 것은 '이념'이 아니라는 것까지 손쉽게 납득할 수 있네요. 조금 더 욕심 을 내 보면, 이념과 경제적 동기가 대비된다는 점, 그리고 '수정주의' 전에는 미국의 정책이 '이념'에 따라 수행되었다는 생각 이 지배적이었다는 점까지 생각할 수 있겠어요. 어렵지 않죠?

→ 추가로, 보통 '이념'과 '경제적 동기'는 상반된 의미로 많이 사용된다는 사실은 알아두도록 합시다. 이걸 조금 더 직관적인 단어로 바꾸자면 바로 '명분 vs 실리'입니다. 이념은 '사상'으로 옳고 그름이나 지향하는 이상에 대해 다뤄요. 즉, 무언가에 대 한 '명분'을 제공하는 경우가 많죠. 예컨대, '신분제 폐지'라는 정책에는 '평등'의 이념이 내재해있고, 이 이념은 '신분제는 불 평등하니 옳지 않다. 그러므로 철폐해야 한다'는 명분을 제공하는 것이죠.

→ 반면 경제적 동기는 말 그대로 '이익'을 따지는 것입니다. 즉, '나한테 얼마나 이익이 되는가?'라는 '실리'를 따지는 것이죠. '실리'는 말 그대로 나에게 실질적으로 떨어지는 이익입니다. 그러므로 '실리'를 추구하는 것은 '옳고 그름' 따위의 '명분'이 아니라 계산적으로 접근해서 이익을 따지는 태도에 가깝습니다.

→ 이를 알고 있다면, 미국의 정책 수립의 기저에는 '경제적 동기가 있다'는 주장이, 미국의 정책 수립의 기저에는 '이념이 없 다'는 말과 같은 의미라는 것을 보다 직관적으로 받아들일 수 있습니다. 경제적 동기(실리)와 '이념(명분)'은 서로 대비되기 때문이에요.

→ 고통이나 쾌락에 예민한 '감수성'을 가지면 자기 자신의 '개별성'에 함몰되기 쉽다고 해요. '개별성'이 정확히 무엇인지는 모르겠으나 문장의 의미를 최대한 이해해봅시다. 먼저 '개별성'은 다른 대상과 구분되는 특정 개인이나 개체의 특징을 가리킵니다. 이때 '감수성'은 개인의 감정과 관련되는데요. 그러니까 자신의 감각에 지나치게 예민한 '감수성'을 가지고 있다면 '나만의 감정'에 매몰되고, 이로 인해 '나만의 개별성(개인적 특질)'에 매몰되기 쉽다고 납득할 수 있겠네요.

→ 첫 번째 문장을 보고 이렇게까지 이해하는 건 어려울 수 있어요. 하지만 뒷 문장을 보고 나서는 정확한 의미를 이해할 수 있어야 합니다. 쾌락이나 고통에 지나치게 예민하면 '자기 중심적이고 이기적으로' 변할 수 있다고 해요. 그렇다면 '개별성'이라는 것은 결국 '자기 중심적인 특징'이라고 생각할 수 있겠습니다. 자신의 쾌락이나 고통은 자기 자신만이 알 수 있습니다. 그렇다면 나만이 느낄 수 있는 쾌락과 고통에 지나치게 예민하면 '나' 자신만 생각하게 될 확률이 높겠군요.

→ 이해가 되지 않는다면 쉽게 생각해 봅시다. 예를 들어, 급식을 먹을 때는 줄을 서야 합니다. 하지만 나는 너무 배가 고파요. 즉, 나는 '배고픔'이라는 고통의 상태에 놓여있습니다. 그런데 여기에 너무 민감하게 반응하면 줄 서기 싫다고 짜증을 내거나 줄을 서지 않을 수도 있겠죠. 하지만 다른 학생들도 배가 고픈 것은 마찬가지일 것입니다. 그럼에도 배고픔(고통)을 참는 것이에요. 하지만 내가 예민하게 반응하면? 다른 사람을 생각하지 않고 짜증을 내거나 새치기를 하면서 '자기 중심적이고 이기적인' 행위를 하게 되는 것이에요. 이렇게 자기 중심적인 특징(개별성)에 매몰된다는 말이에요.

→ 기존 컴퓨터는 비트 값이 0 or 1로 확정적이라고 해요. 그런데 양자 컴퓨터는 다릅니다. 그냥 비트가 아니라 '큐비트'를 사용한다고 해요. 큐비트는 '0일 확률'과 '1일 확률' 모두를 갖는 '중첩된 상태'라고 합니다. 쉽게 말해 0과 1로 확정된 것이 아니라 '확률적'인 비트인 것이죠.

→ 이 포인트가 기존 컴퓨터와 양자 컴퓨터의 차이점이에요. 하지만 양자 컴퓨터의 정의만 봤을 땐 일단 큐비트가 무슨 말인지 단번에 이해하기가 힘듭니다. 그래서 이 포인트를 쉽게 재진술하는 문장이 바로 다음 문장이에요. 기존 컴퓨터는 0 or 1이라는 '확정된 값'을 가졌습니다. 그래서 계산도 한 번에 하나씩하고 출력값도 '확정된 값'입니다. 반면 양자 컴퓨터는 '0일 확률'과 '1일 확률'이 '중첩'된 상태를 이용합니다. 즉, 큐비트 값은 0 혹은 1로 확정된 값이 아니라 0과 1일 확률을 동시에 갖는 '중첩된 값'입니다. 양자 컴퓨터는 이 중첩된 값인 큐비트 값을 한 번만 입력하면 가능한 모든 경우를 '한 번에' 연산한다고 해요.

→ 요약하자면. '확정된 값'으로 '하나씩' 계산하는 것이 기존 컴퓨터, '중첩된 값'으로 모든 경우를 '한 번에' 계산하는 것이 양자 컴퓨터입니다. 두 컴퓨터의 차이를 알기 쉽게 설명해주고 있네요.

18

　　관심의 양식이 양방향적 시선에 기반을 둔 염려나 기쁨이라면, 관음의 양식은 일방향적 시선에 기반을 둔 욕망의 표출에 가깝다. 즉 전자는 타인이 처한 상황과 타인의 감정에 주의를 기울이면서 상대방에게 공감하는 정신의 과정을 말하는 반면, 후자는 오로지 자신의 만족을 위해 타인의 상황과 마음에 주의를 기울이는 정신의 과정을 말한다.　　　　　　　　　(2020학년도 사관학교)

➔ 관심과 관음의 양식을 구분하고 있습니다. 관심은 '양방향적 시선'을 바탕으로 한 염려나 기쁨, 관음은 '일방향적 시선'에 기반을 둔 욕망의 표출이라고 합니다. 일단 시선의 방향에서 차이가 있다는 것은 알겠습니다. 하지만 구체적으로 더 무엇이 다른지 이해하기는 힘들어요. 기껏해야 좋은 것 VS 나쁜 것 차이 정도..?

➔ 그래서 뒷 문장이 두 양식을 구체적으로 설명하고 있습니다. 관심의 양식은 타인에게 주의를 기울이면서 '공감'하는 정신적 과정입니다. 공감한다는 건 충분히 '양방향적 시선'을 기반으로 한다고 볼 수 있겠죠? '나'의 시선뿐만 아니라 '타인'의 시선으로도 보는 것이니까요. 말 그대로 대상 자체에 '관심'을 가진다는 말이네요. 반면 관음의 양식은 '자신의 만족'을 위해 타인에게 주의를 기울인다고 합니다. '대상 자체'가 중심이 되는 관심의 양식과 달리, 관음의 양식은 '나의 만족(욕망)'이 중심이 되어 대상을 바라본다는 것이 특징이네요. '공감'과 같은 양방향적 시선이 아니라 오로지 '나'의 만족(욕망)만 중시되는 '일방향적 시선'이라고 볼 수 있겠습니다. 앞 문장의 핵심을 바탕으로 뒷 문장을 읽어야 이해가 됩니다! 항상 무엇에 대한 재진술인지 생각하고 문장을 연결하면서 읽고 이해하셔야 합니다.

19

　　장자는 사람들이 어떤 대상에 이름을 붙이고 이를 통해 대상을 구분할 때, 대상을 구분하는 이름은 대상이 본래부터 가지고 있던 속성에 따라 명명되는 것이 아니라 자의적으로 연결된 것에 불과하다고 보았다. 즉, 대상과 이름 사이의 관계는 특정 공동체의 관습적인 언어 사용에 의해 사람들에게 각인되고, 그 결과 대상들이 마치 실제로 구분되어있는 것처럼 여겨졌을 뿐이라고 본 것이다　　　　　　　　　(2023학년도 7월 학력평가)

➔ '이름'에 대한 장자의 생각이 제시됩니다. 장자는 대상에 이름을 붙일 때, 그 이름은 원래부터 대상에 있던 속성과 무관하게 그냥 '자의적으로' 붙여진 것이라고 봅니다. 즉, '이름 = 자의적으로 부여, 대상과 무관'하다는 것이 장자의 생각이에요.

➔ 다음 문장에서는 '즉'이라는 재진술 표지와 함께 앞서 체크했던 포인트를 반복하고 있습니다. 대상과 이름의 관계는 자의적이다! 이걸 기억하면서 읽어야 해요. 이 관계는 특정 공동체의 '관습적인 언어 사용'에 의해 각인되었다고 합니다. 즉, 자의적으로 붙인 이름이 그냥 '관습'처럼 이어지면서 각인되었다고 해요. 여기서 이름이 자의적으로 붙었다는 내용은 명시되어 있지 않지만, 앞 문장의 내용을 떠올리면서 이렇게 연결하며 읽어줘야 합니다!

➔ 나머지 부분도 읽어봅시다. 그렇게 관습처럼 만들어진 이름이 사람들에게 각인되어서, '마치 실제로 구분되어있는 것처럼' 여겨졌을 뿐이라고 해요. 즉, 대상을 구분하는 '이름'이라는 것은 사실 '자의적'인 것에 불과하며, 실제로 원래부터 대상들이 이름으로써 구분되어 있는 것이 아니라고 말합니다. 대상은 이름과 무관하게 그냥 존재할 뿐이에요. 그러나 우리가 이름을 자의적으로 붙이면서 그 이름을 통해 대상들을 구분할 뿐입니다. 우리가 이름을 붙이기 전부터 그 대상들이 이름으로 구분되어 있는 것은 아니에요!

20

　　이렇게 압전 소자는 압전 변환기에서 초음파를 발생시키고, 반사되어 돌아오는 초음파를 감지하는 중요한 역할을 담당한다. 즉, 압전 변환기는 마이크와 스피커의 역할을 모두 하는 셈이다.　　　　　　　　　(2008학년도 6월 모의평가)

➔ 앞에서 봤던 '압전 소자'에 대한 내용이네요. '압전 소자'는 압전 변환기에서 '초음파를 발생'시키고, 반사되어 돌아오는 초음파는 '감지'한다고 합니다. 앞에서 봤던 '압전 효과'와 '역압전 효과'가 떠올랐다면 훌륭합니다. (여러분이 복습을 잘 하고

있는지 확인하기 위해 일부러 그 문장은 앞쪽에 배치했습니다.)

→ 이어서 '즉'이라는 표지가 보입니다. 앞 문장과 뒷 문장은 같은 말이에요! 여기서 말하는 '마이크'는 '초음파 감지'에, '스피커'는 '초음파 발생'에 대응시킬 수 있겠죠? '마이크'는 우리의 목소리를 '감지'하는 장치이고, '스피커'는 그 목소리를 '발생' 시키는 장치이니까요. 필자는 이처럼 재진술을 통해 '초음파'를 '발생'시키기도 하고 '감지'하기도 하는 '압전 소자'의 역할을 강조하고 있네요. 이 정도면 머릿속에 확실하게 넣고 갈 수 있겠죠?

21

우리가 냄새를 맡으려면 공기 중에 취기재의 분자가 충분히 많아야 한다. 다시 말해, 취기재의 농도가 어느 정도에 이르러야 냄새를 탐지할 수 있다. 이처럼 냄새를 탐지할 수 있는 최저 농도를 '탐지 역치'라 한다. (2015학년도 9월 모의평가 A형)

→ 냄새를 맡으려면 공기 중에 '취기재'의 분자가 많아야 한다고 합니다. 이 문장을 통해 '취기재'가 '냄새를 맡기 위해 필요한 것' 정도로 정의되고 있다는 걸 인지할 수 있어야 해요! 그런데 다음 문장이 '다시 말해'로 시작하는 것으로 보아 재진술을 해 주고 있네요. 앞 문장과 뒷 문장이 같은 말임을 인지하고 이해하려 노력해봅시다.

→ '취기재의 농도가 어느 정도에 이르는 것'은 '공기 중에 취기재의 분자가 충분히 많은 것'과 같은 말이겠네요. '농도가 어느 정도에 이른다=취기재 분자가 충분히 많다'로 재진술하면서 '냄새'를 맡기 위한 조건을 강조한 것입니다.

→ 그런데 이때 냄새를 탐지할 수 있는 최저 농도를 '탐지/역치'라고 한다네요. '역치'(자극에 대해 어떤 반응을 일으키는 데 필요한 최소한의 자극의 세기)라는 단어를 알고 있다면 '탐지'하기 위한 '역치'라는 식으로 단어의 의미를 살리며 깊게 납득할 수 있었겠네요. 어휘력의 중요성이 느껴지시죠? 이는 우리가 냄새를 맡기 위해 필요한 공기 중 '취기재 분자의 최저 개수'와 같은 말일 것입니다. '농도=분자 개수'라는 내용은 앞에서 잡아 둔 내용이니까요. 그냥 읽을 때에 비해서 '탐지 역치'라는 개념의 정의를 훨씬 압도적으로 이해하고 있다는 생각이 드시죠? 이게 바로 '재진술'의 위력입니다.

22

그레이트솔트레이크 사막은 시에라네바다 산맥이 해양에서 유입되는 습윤한 공기의 수분 이동을 차단하여 형성되었다. 이는 수분을 함유한 공기가 높은 산맥을 넘어 반대쪽에 도달할 때 수분을 잃게 되어 건조해지기 때문이다. (2011학년도 6월 모의평가)

→ 앞 문장과 뒷 문장이 어떻게 '같은 말'이 되는지 생각해 봅시다. 그레이트솔트레이크 사막은 시에라네바다라는 산맥이 습윤한 공기를 차단해서 형성됐다고 하네요. 그렇다면 우리는 '사막은 산맥이 습윤한 공기를 차단해서 형성되었다.'라는 정보를 받아들인 채로 다음 문장과 연결 지으면 되겠습니다.

→ 다음 문장을 봅시다. '수분을 함유한 공기'를 '습윤한 공기의 수분'으로 읽어줄 수 있겠네요. '높은 산맥'은 '시에라네바다 산맥'일 것이고요. '수분을 잃게 되어 건조해진다.'라는 정보는 '사막'의 형성 원인을 설명하는 것이네요. 따라서 앞 문장과 뒷 문장이 완벽히 같은 말임을 알 수 있습니다. 산맥이 '수분을 막아서 건조'해진다는 것은 산맥이 '습윤한 공기의 이동을 막아서' 사막을 형성한다는 말과 완전히 같은 말이니까요.

→ 추가로 문장의 마지막이 '때문이다'로 끝나고 있습니다. '때문이다'는 앞에서 배운 '인과'의 표지였어요. 이렇게 '인과'는 사실상 같은 말을 되풀이해 주는 것에 불과하다는 걸 알 수 있겠습니다. 이해하려고 조금만 더 노력하고, 같은 말을 찾으려고, 인식하려고 '생각'만 하면 여러분도 충분히 할 수 있습니다. 여러분이 앞으로 볼 모든 지문에 적용하고 생각해 보세요. 생각의 깊이, 즉 사고력이 나날이 성장하는 기분을 느끼실 겁니다. 그럼 국어 영역 공부가 더욱 즐겁게 느껴질 것이구요. 다음 문장도 살펴봅시다.

그러나 고객 관련 정보 부족으로 인해 은행의 역할이 크게 약화될 수 있다. 고객의 상환 능력에 대한 충분한 정보를 확보하지 못한 상태에서 대출금을 회수하지 못할 위험에 늘 노출되는 것이다.

(2008학년도 9월 모의평가)

→ 이번엔 '~하다는 것이다.'라는 표지를 이용한 재진술입니다. 일단 첫 문장을 읽어보니, 고객 관련 정보가 부족하면 은행의 역할이 크게 약화된다고 합니다. 어떻게 약화되는지 당연히 궁금해져야 합니다. '생각'하면서 따라오고 있죠?

→ 다음 문장을 보니, 고객의 상환 능력(돈을 갚을 수 있는 능력이에요. '상환' 정도의 어휘는 알고 계셔야 합니다. 몰랐다면 알아두세요.)에 대한 '정보'가 없으면, '대출금 회수'를 하지 못하는 위험에 노출된다고 하네요. 여기서 '~하다는 것이다'가 보였다면, 두 문장이 '같은 말'이라는 걸 생각할 수 있겠죠. 결국 앞 문장에서 이야기한 '은행의 역할'은 '대출금 회수'와 같은 말이 되는 것이죠.

→ 참고로, '것이다'와 같은 표지만 찾는 건 전혀 중요하지 않습니다. '것이다'를 보지 못하더라도 문맥상 같은 말을 하고 있다는 걸 인식할 수 있어야 해요. 잘할 수 있죠?

우선 공공 부문의 수익률이 민간 부문만큼 높다면, 민간 투자가 가능한 부문에 굳이 정부가 투자할 필요가 있는가 하는 문제가 제기될 수 있다. 정부는 민간 기업이 낮은 수익률로 인해 투자하기 어려운 공공 부문을 보완해야 한다는 것이다.

(2008학년도 수능)

→ '공공 부문의 수익률'에 대해 이야기하고 있습니다. 이것이 민간 부문만큼 높다면, 민간 투자가 가능한데 굳이 정부가 투자할 필요가 있는가 하는 문제가 있다고 합니다. 조금만 이해해 볼까요? '수익률'이 높다는 건 곧 돈을 잘 벌 수 있다는 걸 의미합니다. 그런데 '공공 부문', 이를테면 수도나 전기 같은 것들의 수익률이 민간 부문만큼 높다면, 정부가 굳이 투자할 필요가 없겠죠? 많은 돈을 벌고 싶은 민간 기업이 알아서 투자할 테니까요.

→ 다음 문장을 읽어봤더니, '정부'는 수익률이 낮은 공공 부문에 투자해야 한다고 합니다. 수익률이 낮으면 민간 기업이 투자하기가 어렵다고 해요. 민간 기업은 기본적으로 돈을 벌고 싶어 합니다. 이건 상식이에요. 그러니까 수익률이 낮은 사업에는 민간 기업이 투자를 안 하려고 하겠죠. 돈을 못 버니까요! 그러니까 정부는 수익률이 낮아서 민간 기업이 투자를 못하는 (안 하는) 공공 부문을 보완해야 한다고 말합니다.

→ 추가로 '~하다는 것이다'로 끝난 것으로 보아, 두 문장은 같은 말이네요. 앞 문장에선 '수익률이 높다면 정부가 투자할 필요가 없다.'라고 했고, 뒷 문장에선 '정부가 투자하는 곳은 수익률이 낮은 곳이어야 한다.'라고 했네요. 명제의 '대우' 같은 느낌이죠? 이런 식으로도 재진술이 가능하다는 걸 배워갑시다. 결국 다 같은 말이네요!

많은 성인들은 청소년 문화가 하위 문화의 특성을 띠고 있으며, 성인 문화에 비해 미숙하다고 생각하는 경향이 있다. 성인 문화가 생산적 노동 관습에 순응하고 책임감을 갖는 데 비해, 청소년 문화는 소비에 열중하고 쾌락 추구적이며 기존 가치를 거부하려는 무책임한 양상을 보인다는 것이다.

(2006학년도 6월 모의평가)

→ 앞 문장에서는 많은 성인들이 '성인 문화'에 비해 '청소년 문화'가 더 미숙하다고 생각하는 경향이 있음을 말해주고 있습니다. 그리고 다음 문장에서는 '성인 문화'와 '청소년 문화'를 정의하면서 비교하고 있네요. 이러한 과정은 결국 '미숙함'이라는 말이 무엇을 뜻하는지 재진술하는 과정이라고 할 수 있겠습니다.

→ '성인 문화'는 생산적 노동 관습에 '순응'하고 '책임감'을 갖는데, '청소년 문화'는 '소비에 열중'하고, '쾌락 추구적'이며, '기존 가치 거부'라는 '무책임'한 양상을 보인다고 하네요. 이때 '청소년 문화'의 정의로 제시된 저 모든 말들은 결국 '미숙하다'라는 한 단어와 똑같은 말임을 인지할 수 있을 것 같습니다. 쉽게 말해 청소년 문화는 책임감 없이 '돈은 돈대로 쓰고, 쾌락만 쫓는' 문화이니까요.

→ 또 문장을 좀 더 깊게 읽어보면, 여기서 말하는 '기존 가치'는 '생산적 노동 관습'이라고 볼 수 있겠습니다. 지금 이 글의 맥락은 '성인 문화와 청소년 문화'를 비교하면서 둘의 차이를 설명하는 것이에요. 그렇게 읽어 보면 성인 문화는 '순응'하고, 청소년 문화는 '거부'한다는 내용이 보입니다. 즉, 무언가에 '순응'하고 '거부'한다는 점에서 차이점이 잡히네요.

→ 성인 문화는 'A에 순응' VS 청소년 문화는 'A를 거부'한다는 말로 정리할 수 있고 이때 A에 들어가는 말이 '생산적 노동 관습'과 '기존 가치'입니다. 이런 방식으로, '생산적 노동 관습 = 기존 가치'라는 점을 맥락상 추론할 수 있어요.

→ 혹은 '관습'이라는 단어에 주목해도 좋습니다. '관습'이라는 말 자체가 예전부터 이어져 오던 질서나 풍습이라는 뜻이니 사전적 정의만 보더라도 '생산적 노동 관습'은 '기존 가치'라는 의미로 치환될 수 있겠습니다.

→ 이렇게 정리하는 순간, 무언가 많아 보였던 '청소년 문화'의 정의가 '미숙하다'라는 한 단어로 정리됩니다. '소비 열중', '쾌락 추구', '기존 가치(관습) 거부', '무책임' 등은 모두 '미숙하다'와 연결되는 내용으로 '납득'할 수 있으니까요. 나아가 이 지문은 '사실 청소년 문화는 그렇게 미숙하지만은 않다.'라는 내용으로 이어질 것이라는 점도 예측할 수 있겠죠? 이런 감도 같이 길러지면 좋을 것 같습니다!

---

(26)

생명은 수많은 무생물 분자가 집합된 조직에서 나타나는 창발적 행동(emergent behavior)이라 할 수 있다. 생체 분자들이 생명을 갖기 위해서 생명력이 따로 있을 필요가 없으며 단지 생체 분자들을 정확한 방식으로 결합시키기만 하면 된다는 것이다.

(2004학년도 6월 모의평가)

→ '생명'이라는 것은 '무생물 분자'가 집합된 조직에서 나타나는 '창발적 행동'이라고 합니다. '창발적 행동'이 무엇인지 정의해주지를 않는데, 무생물 분자가 접합되는 것과 같은 개념이라고 볼 수 있겠네요. 일단은 '생명 = 창발적 행동'이라는 점만이라도 확실히 잡고 넘어갑시다.

→ 그럼 다음 문장을 정리해서 '생명=창발적 행동'과 같은 말로 붙여야겠죠? 다음 문장에선 '생명'을 위해선 단지 생체 분자들을 잘 '결합'시키기만 하면 된다고 합니다. 생체 분자들이 '결합'되면 알아서 '생명'이라는 게 생긴다는 이야기겠죠. 여기서의 '알아서'가 바로 '창발적 행동'의 정의라고 할 수 있겠습니다. '생명'은 '분자들이 결합'하기만 하면 '알아서' 만들어지는 것이고, 이를 '창발적 행동'이라고 부르는 거예요!

→ 그리고 창발적 행동은 '생명력'과 대비된다고 볼 수 있어요. '생명 = 창발적 행동'이라고 본다면, '생명력'이 따로 필요 없다고 말하니까요. 그렇다면 '생명력'은 무엇일까요? 창발적 행동과 반대되는 개념이니까, '분자들이 알아서 결합하는 것과는 구분되는 생명 자체의 힘'이라고 볼 수 있겠습니다. 창발적 행동은 '무생물 분자'가 접합된 조직에서 나타나는 현상이었고, '생명 = 창발적 행동'이라고 보는 관점에 따르면 생명은 곧 '생체 분자의 결합'에 불과했습니다. 그러니까 '생명/력'은 곧 '생체 분자의 결합 이상의 무언가' 즉, '생명' 자체의 '힘(력)'이라고 이해할 수 있겠습니다.

→ 조금 어렵죠? 이처럼 평가원은 '재진술'을 이용해서 '정의'를 하기도 합니다. 무언가 중요해 보이는 개념, 내가 잘 모르는 단어로 이루어진 개념이 정의되지 않는다면, 재진술을 통해 정의하지는 않았는지 생각해 보도록 하세요.

　　강대국은 국가 전체의 경제력이 개발도상국보다 월등할지 모르나 특정 산업에 있어서는 그렇지 않을 수 있다는 것이다. 예컨 대, 미국은 쿠바보다 힘센 나라이지만 궐련의 생산에 있어서는 쿠바보다는 떨어지고, 마찬가지로 고무의 생산에 있어서는 말레 이시아에 떨어진다.

(2004학년도 6월 모의평가)

➔ 이번엔 '예컨대'라는 표지를 이용한 재진술입니다. '사례' 역시 '재진술'의 일종으로 처리할 수 있다고 했어요! 앞 문장에서는 '강대국'과 '개발도상국'에 대한 이야기를 하고 있습니다. '경제력'과 '특정 산업에서의 경쟁력'은 다를 수 있다는 게 포인트예요.

➔ 그리고 제시한 사례는 '미국', '쿠바', '말레이시아'입니다. '미국'은 앞에서 이야기한 '강대국'에, '쿠바', '말레이시아'는 '개 발도상국'에 해당한다고 볼 수 있겠죠. 나아가 '궐련', '고무' 등이 앞에서 말한 '특정 산업'에 해당한다는 것도 쉽게 파악할 수 있습니다.

➔ 이렇게 사례를 원리와 연결지어 주면, '강대국'이 '특정 산업'에서는 '개발도상국'에 밀릴 수 있다는 이야기를 확실하게 이 해할 수 있게 됩니다. 굳이 억지로 기억하지 않아도, 자연스럽게 머릿속에 남는 '납득 가능한 정보'가 된다는 거죠.

　　양자화 구간의 개수는 부호에 사용되는 이진수의 자릿수에 의해 결정된다. 가령, 하나의 부호를 3자리의 이진수로 나타낸다 면 양자화 구간의 개수는 000~111까지의 부호가 할당된 8개가 된다. 즉 가장 작은 소리부터 가장 큰 소리까지 8단계로 구분하 여 나타낼 수 있다.

(2012학년도 9월 모의평가)

➔ '양자화 구간의 개수'는 부호에 사용되는 '이진수의 자릿수'에 의해 결정된다고 합니다. 무슨 소리인지 전혀 모르겠죠? 그 때 한 줄기 빛 같은 '가령'이 나타났네요. 일종의 사례입니다. 하나의 부호를 '3자리의 이진수'(이진수의 자릿수)로 나타내면, '양자화 구간의 개수'는 000~111까지 총 8개가 된다고 합니다. '이진수'는 0과 1로만 나타내는 수를 의미하는데, (이 정도는 알고 있어야 해요!) 세 자릿수로 나타내면 000, 100, 010, 001, 110, 101, 011, 111의 총 8개의 부호를 할당 받을 수 있는 것이 네요. '이진수'와 '경우의 수'에 대한 감이 조금 필요해서 어려울 수 있지만, '이진수의 자릿수'에 따라 '양자화 구간의 개수'가 정해진다는 원리는 확실히 이해할 수 있겠죠?

➔ 그런데 여기서 '즉'까지 보입니다. 같은 말이네요! 가장 작은 소리부터 가장 큰 소리까지 8단계로 구분하여 나타낼 수 있다 고 합니다. 000이 가장 작은 소리인지 111이 가장 작은 소리인지는 정확히 알 수 없지만, 세 자리 이진수로 나타낸 하나의 부 호가 '소리 크기'를 나타내는 것임은 알 수 있겠네요. 이렇게 재진술을 통해, '부호의 개수 = 소리 크기의 단계'와 같은 방식으 로 정보량을 줄여냈습니다. 재진술의 위력이 느껴지시죠?

　　일반적으로 영화는 구체적인 대상을 재현하는 데에는 그 어떤 예술보다 강하지만, 대사나 자막을 이용하지 않고서는 정신적 인 의미를 표현하는 데 약하다. 그런데 영화의 출발이 시각 예술이라는 것을 감안하면, 언어적 요소에 의존하는 것은 영화 본연 의 방식이라고 보기 어렵다. 따라서 영화가 독자적인 예술이 되기 위해서는 기본적으로 순수하게 시각적인 방식으로 추상적인 의미 표현에 이를 수 있어야 한다.

(2010학년도 6월 모의평가)

➔ '영화'에 대한 문장입니다. '영화'는 '구체적인 대상을 재현'하는 것에는 강점을 지니지만, 대사나 자막 없이 '정신적인 의 미'를 표현하는 데 약하다고 해요. 이때 '구체적인 대상의 재현'은 말 그대로 대상을 물리적 · 객관적으로 보여 주는 것입니다. 예컨대, 영화에서 '사과'를 보여 준다고 하면 사과의 모습을 촬영해서 보여 주면 끝입니다. 영상 화면을 통해서 '사과'라는 구 체적인 대상의 모습을 보여 줄 수 있습니다. 이런 측면에는 영화가 강해요. 그렇다면 영화가 잘 보여 주지 못하는 '정신적인 의미'는 무엇일까요? 아마 '물리적 · 객관적 재현'과 대비되는 것이라고 볼 수 있겠습니다. 즉, 우리가 직접적으로 보지 못하

는 '추상적'인 무언가라고 이해할 수 있겠습니다. 사람의 마음(감정) 같은 것들이 해당하겠네요.

→ 조금 더 구체적으로 이해해 볼까요? 정확히는 영화는 '대사'나 '자막'을 이용하지 않고서는 '정신적인 의미'를 표현하기 어렵다고 합니다. 이 말은 곧 '대사'나 '자막'을 이용한다면, 영화'도' 충분히 마음 같은 정신적인 의미를 전달할 수 있다는 뜻이에요. 우리의 감정은 말로 표현됩니다. 즉, 영화의 주인공이 말하는 대사나 그 대사가 적힌 자막을 보여 준다면 영화 역시 충분히 마음을 전달할 수 있습니다. '난 네가 싫어', '난 사과가 좋아'와 같은 대사 · 혹은 자막이 있다면 충분히 마음을 전달할 수 있는 거예요.

→ 여기까지만 해도 충분하지만 지금은 '생각의 힘'을 기르는 과정이니까 조금만 더 힘써봅시다. 사실 '대사'나 '자막' 역시 우리가 보고 들을 수 있는 요소입니다. 즉, 우리가 '물리적으로 감각할 수 있는' 요소인 것이죠. 영화는 기본적으로 '구체적' 대상을 '재현'에 강점을 가진다는 점에서, '물리적'인 성질이 강한 매체라고 볼 수 있어요. 그러니까 '마음(정신적인 의미)'과 같은 추상적인 요소도 '대사'나 '자막'이라는 물리적인 장치를 통해서 표현한다고 볼 수 있겠네요.

→ 다만 영화는 '시각 매체'라고 합니다. 영화는 대상을 재현하는 것처럼 무언가를 '보여 준다'는 점에서 '물리적인 성질'이 강한 매체였네요. 그래서 '언어적 요소'(대사 · 자막)에 의존하는 것은 영화 본연의 방식이 아니라고 해요. '언어적 요소=대사 · 자막'과 같은 재진술은 자연스럽게 잡아주시면서, 어려운 내용이 아니니 가볍게 납득해 주시면 되겠습니다. '영화'는 '시각 예술'로 출발했기에, 치사하게 '언어'에 의존하면 안 된다는 것입니다.

→ 그런데 다음 문장에 '따라서'라는, '인과'의 표지가 보입니다. 앞 문장과 똑같은 말을 할 거예요. 읽어 보니, '영화'가 독자적인 예술이 되려면 '순수하게 시각적인 방식'으로 '추상적인 의미 표현', 즉 '정신적인 의미 표현'에 이를 수 있어야 한다고 합니다. 결국 '시각적인 방식 = 언어적 요소에 의존하지 않음', '정신적인 의미 표현 = 추상적인 의미 표현'으로 재진술된 것입니다. 결국 다 같은 말이네요.

(30)

사진은 하나의 고립된 이미지이다. 시간적으로 한순간이 잡히고 공간적으로 일부분이 찍힐 뿐, 연속된 시간과 이어진 공간이 그대로 찍히지 않는다. 현실이 현실 그대로 나타나지 않는 한, 사진은 결국 한 개의 이미지, 즉 영상일 뿐이다. 따라서 사진에 대한 이해는 사진이 시간적으로 분리되고 공간적으로 고립되어 현실과 따로 떨어진 곳에서 홀로 저를 주장하는 독자적 영상이라는 인식에서부터 출발해야 한다.

(2004학년도 6월 모의평가)

→ 이번엔 '사진'에 대한 문장이네요. 사진은 '고립된 이미지'라고 해요. 이게 무슨 말인가 했더니, '연속된 시간과 이어진 공간이 그대로 찍히지 않는다.'라는 내용으로 재진술되고 있네요. 사진은 움직이지 않고 정지해 있습니다. 시간의 흐름도, 공간의 변화도 없죠. 그러니까 '고립된 이미지'라고 볼 수 있어요.

→ 다음 문장도 이해해 볼까요? 현실이 현실 그대로 나타나지 않는 한, 사진은 '한 개의 이미지 = 영상'일 뿐이라고 해요. '현실이 현실 그대로 나타나지 않는다.'라는 것은 앞 문장에서 이야기한 '연속된 시간과 이어진 공간이 그대로 찍히지 않는다.'의 재진술이라고 할 수 있겠습니다. 현실의 시 · 공간이 그대로 재현되지 않으므로, 사진은 '고립된 이미지'라는 것이죠.

→ 이 맥락에 따르면, '사진'이 현실과 따로 떨어진 '독자적 영상'이라는 인식에서 '사진에 대한 이해'가 출발해야 한다고 합니다. 사실상 앞 문장들의 요약과 다름없죠? 시 · 공간의 변화를 담지 못하는 고립된 이미지라는 말이에요. 어렵지 않게 이해할 수 있네요.

  17세기 중반 이후 조총의 신뢰성과 위력이 높아지면서 삼수 내의 무기 체계의 분포에도 변화가 시작되었다. 상대적으로 사격 기술을 익히기 어렵고 주요 재료를 구하기 어려웠던 활 대신, 조총이 차지하는 비중이 점점 증가했다.

(2010학년도 6월 모의평가)

→ 17세기 중반 이후 '조총'의 신뢰성과 위력이 높아졌고, 이에 따라 삼수(조선시대 부대 이름을 말해요!) 내의 무기 체계 분포에 변화가 생겼다고 합니다. '능동적인 생각'을 하면서 따라오고 있다면, 이 '변화'가 곧 '조총의 비중 증가'임을 예측할 수 있겠죠? 신뢰성과 위력이 높은 걸 더 많이 사용하는 게 자연스러우니까요.

→ 우리가 예상한 바와 같이 사격 기술을 익히기 어렵고 재료를 구하기 어려웠던 활 대신, '조총'이 차지하는 비중이 증가했다고 합니다. 그럼 반대로 '조총'은 사격 기술을 익히기도 상대적으로 쉽고, 재료를 구하는 것도 수월하다는 것까지 잡을 수 있겠죠? 이처럼 아무런 표지가 없는 경우에도 '재진술'을 인식하면 엄청난 깊이의 독해를 해 낼 수 있습니다. 최근 나오는 어려운 기출문제들도 이런 식으로 읽을 수 있어요. 그날만을 기다리며, 연습하고 또 연습합시다.

  헤르더는 민족의 개체성을 이해하기 위해서는 민족에 대한 선입관을 버리고 민족의 시대와 역사, 민족이 처한 환경적 조건 속으로 침투해서 이것에 동화되어야 한다고 보았다. 개체성에 대한 그의 관점과 이를 이해하기 위한 그의 방법에 따르면, 보편주의적인 관점으로는 역사를 설명할 수 없게 된다.

(2024학년도 10월 학력평가)

→ '민족의 개체성'에 대한 헤르더의 견해가 제시됩니다. 민족의 개체성을 이해하려면 '선입관'을 버리고, 그들의 환경에 들어가서 그들에게 '동화'되어야 한다고 합니다. 민족의 개체성을 이해하기 위해서는 먼저 그 민족의 입장에 서서 바라보아야 한다는 것입니다.

→ 이러한 헤르더의 입장은 '보편주의적 관점'과 대비된다고 합니다. 그렇다면 보편주의적 관점은 무엇일까요? 헤르더와 정반대되는 입장일 것입니다. 그 민족의 입장에서 생각하지 않는 것, 민족과 동화되지 않는 관점이라고 볼 수 있습니다. 앞 문장의 표현을 빌리면 '민족에 대한 선입관'을 유지한 채 보는 입장이 바로 '보편주의적 관점'이 되겠습니다. '보편주의적인 관점'이라는 새로운 개념이 나왔지만 사실상 헤르더의 입장만 잘 파악하면 충분히 파악할 수 있었네요. 두 문장을 엮어서 재진술로 처리했다면 체감하는 정보량이 훨씬 적었을 거예요.

  아우라는 비인간화되고 사물화된 의식과 태도를 버리고, 영혼의 시선으로 대상과 교감할 때 경험할 수 있는 아름다운 향기 내지 살아 숨쉬는 듯한 생명력과 같은 것이다. 그런데 사진이나 카메라 등과 같은 기계적, 기술적 장치들이 예술의 영역에 침투하면서 예술 작품의 아우라는 파괴된다.

(2005학년도 6월 모의평가)

→ 먼저 '아우라'를 정의하고 있습니다. 우리가 흔히 아는 '아우라'(Aura)의 정의와 비슷한 것 같아요. 핵심은 '영혼의 시선'으로 대상과 교감할 때 얻을 수 있는 것입니다. 또 '영혼의 시선'이라는 건 '비인간화, 사물화된 의식과 태도'와 반대되는 개념입니다. '비인간화 = 사물화'라는 말은 사실상 같은 의미라는 점 파악할 수 있겠죠? '비/인간(인간 X) = 사물'이니까요. 즉, 인간 자체의 마음으로 바라보는 게 바로 '영혼의 시선'이겠네요.

→ 그런데 사진·카메라 같은 '기계적, 기술적 장치'들이 예술의 영역에 침투할 때, 예술 작품의 '아우라'는 파괴된다고 합니다. 우리는 이 내용들이 결국 다 '같은 말'임을 인지할 수 있어야 합니다. '영혼의 시선'은 '인간의 마음'이었습니다. 그러니까 이는 '기계적, 기술적 장치'들과 대비되는 것으로 볼 수 있겠네요. 기계 장치와 인간은 다르니까요! 즉, '인간의 마음(영혼의 시선)'으로 봐야만 보이는 '아우라'가 '기계적, 기술적 장치'들 때문에 보이지 않는다는 내용인 것입니다. 결국 '아우라'의 정

의를 이용해서, '기술적 장치'들 때문에 '아우라'가 파괴되는 최근의 양상을 재진술하는 문장이었네요.

(34)

　　헬레니즘과 로마 시대의 역사가들 중 상당수는 수사학적인 표현으로 독자의 마음을 움직이는 것을 목표로 하는 역사 서술에 몰두하였고, 이런 경향은 중세 시대에도 어느 정도 지속되었다. 이들은 이야기를 감동적이고 설득력 있게 쓰는 것이 사실을 객관적으로 기록하는 것보다 더 중요하다고 보았다.　　　　　　　　　　　　　　　　　(2013학년도 6월 모의평가)

→ 헬레니즘과 로마 시대의 역사가들이 역사 서술에 있어서 '수사학적인 표현'으로 독자의 마음을 움직였다고 합니다. 그리고 다음 문장을 보니, '감동적이고 설득력 있게 쓰는 것'을 '객관적인 서술'보다 더 중요하게 생각했다고 하네요. 그렇다면 우리는 '감동적이고 설득력 있게 쓰는 것'을 '수사학적인 표현'을 사용하는 것이라고 생각할 수 있어야 합니다. 역사가들이 중요하게 여기는 것이니까요. 독자의 마음을 움직이는 수사학적인 역사 서술이 결국 감동적이고 설득력 있게 역사를 서술하는 것과 같은 내용이라는 것이죠.

→ 여기에 '객관적으로 기록'하는 것이 '수사학적인 표현'과 정확히 반대되는 말이라는 것까지 파악한다면 금상첨화겠죠? 앞 문장처럼 '완전히 반대되는 말'을 이용한 재진술이 쓰였습니다!

→ 이렇게 따로 표지가 없더라도 내용만으로 앞 문장과 뒷 문장이 재진술되는 경우가 많습니다. 내용 이해를 기반으로, 혹은 문장의 구조를 기반으로 정보를 조직화할 수 있어야 합니다.

(35)

　　인간은 감각과 더불어 사고를 통해 세계를 인식한다. 사고는 감각적으로 받아들인 특수한 것들을 일반화하고 그것들의 본질적인 연관과 구조를 해명함으로써 사물이나 사태에 관한 지식을 얻고자 한다.　　　　　　　　(2008학년도 9월 모의평가)

→ 계속해서 표지가 없는 재진술입니다. 실제 시험장에선 이렇게 '재진술' 관련 문장이라고 써 주지 않아요. 여러분 스스로 인지할 수 있어야 합니다.

→ 인간이 '세계를 인식'하는 방법에 대해 이야기하고 있습니다. '감각+사고'가 그 방법이네요. 그런데 다음 문장을 보니, '사고'에 대해서 이야기하고 있습니다. '감각+사고'에서 '사고'에 더 주목하려나 봐요. 이처럼 문장 간의 연결 관계를 생각하면 지문의 전체적인 흐름이 잡히는 경우도 많습니다. 남들은 '감각+사고' 모두를 가지고 갈 때, 우리는 과감하게 '사고'에만 주목하며 읽을 수 있는 거예요. 이런 것까지도 연습해 둡시다.

→ '사고'는 감각적으로 받아들인 특수한 것들을 '일반화'하고, 그것들의 '본질적인 연관과 구조를 해명'함으로써 '사물이나 사태에 대한 지식'을 얻고자 한다고 합니다. 일종의 '정의'죠? 나아가 따옴표 친 '일반화', 본질적인 연관과 구조 해명', '사물이나 사태에 대한 지식' 모두 앞 문장의 '세계 인식'과 같은 말임을 볼 수 있었으면 좋겠습니다. 인간은 '사고'를 통해 본질적으로 '세계'를 '인식'하며 세계에 대한 지식을 얻는다는 말이에요. 이렇게 문장을 연결 지어 읽으니, 훨씬 쉽게 납득하고 기억할 수 있죠? 이것이 바로 '재진술'의 힘이에요!

(36)

　　고려 말에 이르기까지는 국가에서 도자의 생산과 유통을 관장하였다. 서남해안 일부 지역에 설치되었던 관요(官窯)에서는 국가의 강력한 보호와 규제 속에 상감청자 등이 만들어지고 있었다. 이 도자들은 왕실과 사원, 귀족층을 위한 제품으로 만들어졌기 때문에 그 품질이 일정했다.　　　　　　　　　　　　　(2006학년도 6월 모의평가)

→ 이번에도 한 문장씩 천천히 읽어봅시다. 고려 말에 이르기까지는 '국가'에서 '도자'의 생산 · 유통을 관장했다고 합니다. 뭐

어렵지 않게 납득할 수 있는데, 다음 문장에서는 '관요'라는, '국가'의 강력한 보호와 규제를 통해 '상감청자' 등을 만드는 기관에 대해 소개하고 있습니다. '국가의 강력한 보호와 규제=국가에서 생산과 유통 관장', '도자=상감청자'와 같은 방식으로 재진술되고 있음을 파악할 수 있어야 합니다. 사실상 똑같은 말을 하고 있는 거죠.

→ 여기서 만든 도자들은 높으신 분들을 위한 제품이었기 '때문에', 그 품질이 일정했다고 합니다. 높으신 분들이 사용하는 중요한 물건이니까 '품질이 일정'하게 나와야 했던 것이죠. 그럼 근본적으로 높으신 분들을 위해 만들어진 이 도자기의 품질이 일정할 수 있었던 이유는 무엇일까요? 아마 '국가'가 생산·유통을 관장했기 때문이겠죠. 높으신 분들을 위해 '국가'가 나섰고, 그 덕에 품질이 좋았다는 이야기로 이어지는 것입니다. 이렇게 '국가'의 역할을 재진술하면서 납득한다면 지문 내용을 지배할 수 있겠죠?

---

(37)

　　나아가 시간이 관리의 대상으로 부각되면서 시간-동작 연구를 통해 가장 효율적인 작업 동선(動線)을 모색했던 테일러의 과학적 관리론은 20세기 초부터 생산 활동을 합리적으로 조직하는 중요한 원리로 자리 잡았다. 이로써 두뇌에 의한 노동과 근육에 의한 노동이 분리되어 인간의 육체노동이 기계화되는 결과가 초래되었다.

(2016학년도 9월 모의평가 B형)

→ 한 문장씩 정리해봅시다. 〈시간이 관리의 ~ 모색했던〉이 '과학적 관리론'의 정의임을 인식할 수 있어야 합니다. '수식된 정의', 이제 놓치지 않고 있죠? 다시 읽어 보면, '과학적 관리론'은 시간을 '과학적'으로(시간-동작 연구) '관리'하여 효율적인 작업 동선을 만드는 것이네요. 정해진 '시간' 안에 어떻게, 어떤 '동작'을 해야 효율적으로 수행할 수 있는가에 대해 '과학적으로' 연구하는 게 '시간-동작 연구'인 것이죠. 단어의 의미까지 살려서 확실하게 이해할 수 있겠네요.

→ 이는 생산 활동('시간-동작'과 관련된 활동이죠?)을 합리적으로 '조직', 즉 '관리'하는 원리로 자리 잡았다고 합니다. '수식된 정의'를 납득했다면, 뒤의 내용도 그냥 똑같은 말이네요. 이렇게 한 문장 안에서도 재진술이 되는 경우가 있어요. 특히 문장이 길어질수록 이러한 경향은 짙게 나타나곤 합니다.

→ 이로써 '두뇌에 의한 노동'과 '근육에 의한 노동'이 분리되었다고 합니다. 앞에서 이야기한 '합리적 조직'에 따라 노동이 두 가지로 나뉜 모습이네요. 그리고 이에 따라 인간의 육체노동이 '기계화'되었다고 해요. 여기서의 육체노동=〈근육에 의한 노동〉일 것이고, 이것이 '과학적 관리론'에 따라 '기계화'된 것이네요.

→ 이렇게 한 문장 안에서 이루어지는 '재진술'까지도 확실하게 인식할 수 있어야 합니다. '생각'을 하면서 글을 읽으면, 충분히 보일 거예요. 아직까지 어색하다구요? 걱정마세요. 우리에겐 아직 수많은 예시 역할을 할 '기출문제'가 있으니까요. 기출문제를 풀 때도 이런 포인트에 맞춰서 공부하는 습관, 꼭 들여 주세요.

---

(38)

　　볼테르는 이성과 자연, 이성과 종교·정치·사회 등의 제도가 상호 작용하면서 역사가 끊임없이 발전한다고 보았다. 이러한 관점에 따르면 역사의 발전은 이성 그 자체가 발전하면서 문화를 발전시키는 이성의 발전사인 것이었다. 그에게 있어 문화는 예술, 법, 정치, 지식, 과학, 풍속, 습관, 음식, 기술, 오락 등 인간 생활과 관련된 것들로 이성의 활동에 따라 만들어진 것이었다.

(2024학년도 10월 학력평가)

→ 볼테르의 역사관에 대한 설명이 등장합니다. 볼테르는 이성과 자연, 이성과 제도가 상호 작용하면서 역사가 발전한다고 보았다고 합니다. 이 문장을 읽고 '이성'이 반복해서 등장한다는 점에 주목해야 합니다. 역사가 발전하기 위해 필요한 상호작용에 항상 '이성'이 껴있네요. 이 점에서 볼테르는 인간의 이성이 역사 발전에 중요하다고 보는 입장임을 짐작할 수 있어요!

→ 사실 첫 문장만 보고 이를 파악하는 게 가장 좋지만, 그렇지 않아도 괜찮습니다. 다음 문장에서 '인간 이성이 중요하다'는

점을 재진술하고 있습니다. '역사의 발전 = 이성의 발전'이라고 대놓고 언급하고 있기 때문이에요. 즉, 볼테르는 역사에서 '이성'이 가장 중요하다고 본 것입니다.

→ 마지막 문장도 '이성'이 중요하다는 말을 반복합니다. 역사에는 인간의 '문화'도 포함됩니다. 청동기 시대의 문화, 조선시대의 문화 등을 생각해 보면 더 빠르게 납득될 거예요. 이런 문화조차도 볼테르는 바로 '이성의 활동'에 따라 만들어진 것이라고 합니다. 그만큼 '이성'이 역사에 큰 기여를 한다는 뜻이에요!

(39)
회화나 사진이 하나의 프레임만을 가지는 것과는 달리, 영화는 연속적으로 교체되는 많은 수의 프레임들을 가진다. 그리고 이 프레임들은 통합의 과정을 거치면서 한 편의 영화로 만들어진다. 어떤 프레임일지라도 그 시간과 동작의 원래 맥락에서 분리되지 않으며, 그 자체가 독립적으로 완결된 의미를 지니는 경우도 거의 없다. 관객은 눈앞에서 계속해서 이것에서 저것으로 바뀌며 재구성되는 프레임들을 그것의 극적이고 시간적인 맥락을 참작하여 이해하게 된다. (2001학년도 수능)

→ '영화'를 '회화·사진'과 비교하면서 정의하고 있습니다. '연속적으로 교체되는 많은 수의 프레임'을 가진다는 것이 그 정의예요. 나아가 이 많은 프레임들이 '통합'되면 영화가 된다고 합니다. 우리가 상식적으로 알고 있는 내용과 크게 다르지 않네요.

→ 그런데 어떤 프레임도 '원래 맥락'에서 분리되지 않으며, 그 자체가 '독립적으로 완결된 의미'를 지니는 경우도 거의 없다고 합니다. 뜬금없이 무슨 말인가 싶다가도, 이것이 '연속적으로 교체되는 많은 수의 프레임이 통합되는 것'의 재진술임을 생각할 수 있어야 합니다. 하나의 프레임 자체에는 의미가 없지만, 이들이 어떤 '맥락' 속에서 '통합'되면 '완결된 의미'를 가진다는 거예요!

→ 관객은 결국 하나의 프레임을 독립적으로 이해하는 게 아니라, 극적이고 시간적인 '맥락'을 참작하여 이해하게 된다고 합니다. 앞의 문장과 또 똑같은 말이네요. 결국 '영화의 프레임은 독립적으로는 의미가 없고, 통합되어야 의미가 생긴다'라는 한 가지 이야기만 하는 문장이었습니다.

(40)
이 과정에서 '귀의 소리'가 발생하는데 이는 청세포가 능동적으로 내는 소리이다. 과거에는 '귀의 소리'를 외부 소리에 대한 '달팽이관의 메아리'로 여겼다. 하지만 주어진 외부 자극 소리로 발생하는 메아리보다 음압이 더 큰 경우가 있기 때문에, '귀의 소리'를 단순한 메아리로 설명하기는 어렵다. 오른쪽 귀에만 외부 소리 자극을 가했는데 왼쪽 귀에서도 '귀의 소리'가 발생한다는 점 역시 마찬가지이다. (2010학년도 6월 모의평가)

→ '귀의 소리'라는 것에 대해 소개하며 시작하고 있습니다. '청세포가 능동적으로 내는 소리'가 그 정의네요. '청세포'라는 '귀'가 내는 '소리'라는 뜻이겠죠? 이렇게 단어의 의미를 살리며 정의 확실하게 잡은 채로 다음 문장을 읽었더니, 과거에는 이를 '달팽이관의 메아리'로 여겼다는 내용이 나오고 있어요. 과거에 그랬다는 건 지금은 아니라는 뜻이겠죠? 그럼 '달팽이관의 메아리'는 무슨 뜻인지, 그리고 지금은 왜 이렇게 보지 않는지에 대한 이야기가 나올 것입니다. 기대하면서 읽어봅시다.

→ 외부 자극 소리로 발생하는 '메아리'보다 '귀의 소리'의 음압이 더 큰 경우가 있기 때문에 단순한 메아리라고 하기는 어렵다고 해요. 단순한 메아리라면 '귀의 소리'의 음압이 더 큰 경우가 있으면 안 되겠죠? '메아리'는 발생한 소리가 동일하게 울리는 현상이니까, 음압이 더 크면 안 될 것이라고 납득할 수 있어요. 나아가 오른쪽 귀에만 외부 소리 자극을 가했는데, 왼쪽 귀에서도 '귀의 소리'가 발생한다는 점에서도요. '메아리'라면 오른쪽 귀에서만 '귀의 소리'가 발생해야겠죠.

→ 종합하자면, '귀의 소리'는 단순한 '메아리'가 아니라는 내용밖에 없네요. 이번에도 '재진술'을 통해 정보량을 확 줄이는 데 성공했습니다.

　　연주 시간이 한 시간 가까이 되는 제3번 교향곡 '영웅'에서 베토벤은 으뜸 화음을 펼친 하나의 평범한 소재를 모티브로 취하여 다양한 변주와 변형 기법을 통해 통일성을 유지하면서도 가락을 다채롭게 들리게 했다. 이처럼 단순한 소재에서 착상하여 이를 다양한 방식으로 가공함으로써 성취해 낸 복잡성은 후대 작곡가들이 본받을 창작 방식의 전형이 되었으며, 유례없이 늘어난 교향곡의 길이는 그들이 넘어서야 할 산이었다.

(2014학년도 수능 B형)

→ 문장이 기네요. 그래도 이제 대충 감이 오죠? 결국 다 같은 말일 거예요.

→ 베토벤의 제3번 교향곡 '영웅'은 연주 시간이 무려 한 시간 가까이 된다고 합니다. 베토벤은 이를 연주할 때 '하나의 평범한 소재'를 모티브로 하고, 다양한 '변주'와 '변형' 기법을 이용했다고 해요. 그런데 이를 통해 '통일성'을 유지하면서도 가락을 '다채롭게' 들리게 했다고 합니다. 〈하나의 평범한 소재〉=〈통일성 유지〉, 〈변주와 변형 기법〉=〈다채롭게 들리는 가락〉으로 읽히죠? 한 문장 안에서의 재진술도 이렇게 자유자재로 활용할 수 있어야 해요.

→ 다음 문장의 〈단순한 소재에서 착상=평범한 소재〉, 〈다양한 방식으로 가공=복잡성=늘어난 교향곡의 길이=변주 · 변형〉이라는 점에서 모두 앞에서 했던 말과 같은 말입니다. 이렇게 긴 세 문장이 '베토벤은 통일된 소재에서 다양한 방식으로 연주하여 교향곡을 복잡하고 길게 만들었구나.'와 같은 한 마디로 모이고 있네요.

　　음악의 아름다움이란 음악의 형식을 통해 드러나는 아름다움이다. 외부에서 주어진 어떤 내용도 필요치 않고, 오직 독립적인 음들 및 그것들의 형식적 연관으로만 존재하는 그러한 아름다움이 곧 음악적 아름다움이다. 매력 넘치는 소리들의 연관, 그 연관의 조화와 대립, 이탈과 도달, 상승과 소멸 등이야말로 우리 앞에 자유로운 형식으로 나타나 만족을 주는 것들이다.

(2008학년도 6월 모의평가)

→ 이번에도 어렵지 않습니다. 이 긴 문장들을 다 같은 말로 이해해 봅시다. '음악의 아름다움'에 대해 소개하고 있습니다. 처음부터 '음악의 형식'을 통해 드러나는 아름다움이라고 못 박아 주고 있네요. 그럼 '음악의 형식'에 대한 이야기가 다음 문장부터 쭉 이어지겠죠?

→ 〈외부에서 주어진 내용〉, 즉 '형식'이 아닌 것은 필요치 않고, 〈독립적인 음들〉, 〈음들의 형식적 연관으로만 존재하는 것〉만이 음악적 아름다움이라고 하네요. 우리의 예상에서 하나도 벗어나지 않네요. '형식'이 중요하다는 이야기만 남기면 되겠습니다.

→ 〈매력 넘치는 ~ 상승과 소멸〉 역시 모두 '음악의 형식'에 해당하는 정보들이죠? 남들은 뭐가 이렇게 정보가 많냐며 불평할 때, 우리는 '음악적 아름다움은 곧 형식을 통해 드러나는 아름다움이다.'라는 한 마디만 남기고 넘어가는 겁니다.

　　배타적, 독점적 권리라는 말은 재산을 자기 뜻대로 사용, 수익, 처분할 수 있다는 뜻이다. 이는 재산권자가 아닌 사람이 재산을 사용, 수익, 처분하려면 반드시 재산권자의 허락을 받아야 함을 말한다.

(2020학년도 사관학교)

→ 배타적, 독점적 권리의 정의를 제시합니다. 특정 재산을 자기 마음대로 할 수 있다는 것이 '배타적, 독점적 권리'의 핵심입니다. 단어의 의미를 살리면서 충분히 납득할 수 있는 내용입니다. 말 그대로 특정 재산에 대한 '배타적이고 독점적인 권리'입니다. 그리고 이 정의를 뒤에서 재진술하고 있네요. 특정 재산에 대한 '배타적이고 독점적인 권리'이기 때문에, 재산권자가 아닌 사람이 재산을 사용, 수익, 처분하려면 재산권자의 허락을 받아야 한다고 합니다. 너무나 당연한 말이죠?

→ '배타적, 독점적 권리'는 그 권리를 가진 사람이 배타적이고 독점적인 권리를 가진다는 의미였습니다. 그래서 권리를 가진 사람 마음대로 사용, 수익, 처분할 수 있었죠. 그렇기 때문에 권리를 가진 사람의 허락 없이는 마음대로 물건을 '사용, 수익, 처분'할 수 없는 것입니다. 결국 이번에도 정의를 반복하고 있는 것이에요.

44

산점 투시는 구도의 배치에 있어서도 더욱 많은 변화의 여지를 제공하였다. 구도의 필요에 따라 좌우와 상하의 거리 조정, 허와 실의 보완, 성김과 빽빽함의 변화 표현 등이 자유로워졌다.

(1999학년도 수능)

→ 먼저 '산점 투시'에 대한 설명이 등장합니다. 산점 투시는 구도의 배치에 큰 변화의 여지를 남겼대요. 그럼 산점 투시가 무엇이고, 어떤 변화를 일으켰는지 이해하는 게 중요하겠네요. 이를 생각하고 다음 문장으로 넘어가면, 역시나 '어떤 변화'를 일으켰는지 제시하고 있습니다. 이번에도 일종의 '재진술'이 나타난 것이니, 가볍게 이해해주시면 됩니다.

→ 산점 투시는 '구도의 배치'가 자유로워진 것입니다. 그래서 많은 변화의 여지를 제공한 것이에요. 구도 표현이 자유로워졌으니까, 구도의 배치 또한 다양하게 변화할 수 있겠죠. 좌우와 상하의 거리 조정, 허와 실의 보완, 성김과 빽빽함의 변화 표현 등은 자유로워진 구도의 표현의 예시로 볼 수 있겠습니다. 이런 식의 구도 변화가 자유로워졌구나! 이 점을 이해하는 것이 핵심입니다.

45

기록 강박은 노출 심리로 이어지기도 한다. 무언가 써야 한다는 압박은 손쉽게 쓸거리를 취할 수 있는 대상으로 '나'에 주목할 가능성을 높이기 때문이다.

(2020학년도 사관학교)

→ 기록 강박이 노출 심리로 이어집니다. 어떻게 이어지는지 이해해야겠죠? 이를 바로 다음 문장에서 설명합니다. 무언가 써야 한다는 '압박'은 '기록 강박'으로 볼 수 있습니다. 무언가를 기록해야 한다는 강박이니까요. 그런데 이 기록 강박(압박)이 '나'에 주목할 가능성을 높인다고 해요. '나' 자신은 손쉽게 쓸거리를 취할 수 있는 대상이 됩니다. 말 그대로 자기 자신이니까, 무언가를 기록할 소재로도 쉽게 사용할 수 있는 것이죠. 그렇기 때문에 노출 심리로 이어지는 것입니다. '나'를 기록할 소재로 사용한다면, 그 기록은 곧 '나'를 노출시키는 것이기 때문이에요. 생각하지 않고 이 문장을 읽었다면 두 문장이 쉽게 엮이지 않았을 것입니다. 계속해서 생각하고 능동적으로 글을 읽는 연습을 하셔야 해요.

46

한 가지 분명한 사실은 그들에게 음악은 기예 영역이라기보다 학문적 영역이었다는 점인데, 이는 고대 그리스 음악 이론에 내재한 수학적인 사고에서 쉽게 찾아볼 수 있다.

(2011학년도 9월 모의평가)

→ 이번에는 하나의 문장에서 재진술이 등장하고 있습니다. 따로 표지는 없지만 여러분이 문장을 이해하려고 노력한다면 재진술을 인식할 수 있습니다.

→ 문장을 먼저 이해해 봅시다. '그들'이 누군지는 모르겠지만 그들에게는 음악이 '기예'보다는 '학문적 영역'이었다고 합니다. 뒷부분을 보니 '이는' 수학적 사고에서 찾아볼 수 있다네요. 여기서 '이는'은 무엇을 뜻할까요? 바로 앞 문장을 뜻합니다. 이렇게 문장 내에 존재하는 지시어를 읽을 때는 그것이 가리키는 본체를 찾아 줘야 합니다.

→ 그렇다면 우리는 '학문적 영역'과 '수학적인 사고'가 같은 말이라고 생각할 수 있어야 합니다. 음악이 학문적 영역이었다는 점을 수학적인 사고에서 찾을 수 있다고 서술되어 있으니까요. '학문 = 수학'이라고 생각하며 정보를 처리해야 최대한 정보를 줄여가며 지문을 독해할 수 있는 것입니다. 수학은 당연히 기예보다는 학문일 것이구요. 이렇게 문장을 이해해 가며 스스

로 '생각'하면 정보를 줄여나갈 수 있습니다. 만약 '기예'라는 단어가 어려워서 문장이 납득이 안 된다면, 스스로 사전을 찾아보며 어휘력을 기르시길 바랍니다. 앞에서부터 계속 강조하지만, 어려운 단어는 그때그때 바로 찾아줘야 해요.

열역학 제2법칙에 따르면 자연 현상은 에너지가 무산(霧散)되어 엔트로피가 증가하는 방향으로 진행된다. 도자기가 바닥에 떨어져 깨지는 것처럼, 또는 방 안에서 피어오르던 연기가 서서히 흩어지다가 창문을 열면 밖으로 더욱 퍼져 나가는 것처럼, 자연은 최대 무질서 상태를 향해서 나아간다.

(1998학년도 수능)

→ 이번엔 꽤나 어려운 문장입니다. 먼저 열역학 제2법칙에 대해 설명합니다. 자연 현상은 에너지가 무산되어 엔트로피가 증가하는 방향으로 진행된다는 것이 열역학 제2법칙입니다. 그런데 우리는 '엔트로피'가 무엇인지도 모르고, '엔트로피가 증가하는 방향'이 무엇인지 몰라요. 여기에 의문을 갖고 다음 문장을 읽으셔야 합니다. 그렇게 넘어가니, 자연 현상이 '최대 무질서 상태'를 향해 나아간다고 하네요. 예시까지 친절하게 들고 있어요. 도자기가 깨지는 것, 연기가 퍼지는 것은 무질서한 상태입니다.

→ 그렇다면 우리는 이 재진술 문장을 읽고 '엔트로피가 증가하는 방향'이 '최대 무질서 상태를 향한' 변화라는 것을 알 수 있습니다. 그럼 '엔트로피'는 '무질서 상태'이겠네요. 이 무질서 상태가 '최대'가 되는 방향이 바로 엔트로피가 '증가'하는 방향일 것이고요. (실제로 엔트로피는 '무질서도'를 가리키는 용어입니다. 가끔 출제되는 개념이니 알아두도록 합시다.) 어디에서도 엔트로피를 직접적으로 정의해주지 않지만, 재진술 문장을 통해 우리가 능동적으로 이해해야 하는 내용입니다. 이해할 수 없는 내용이 나올 땐 항상 핵심을 기억하고 뒤에 나오는 재진술이나 예시를 바탕으로 이해할 수 있어야 합니다!

벽면에는 스테인드글라스로 구성된 커다란 창을 사람의 키보다 높게 설치하여 창을 통과한 빛이 다양한 색채로 건물 내부 공간에 풍부하게 퍼지도록 하였다. 이는 서양의 중세인들이 모든 미의 원천을 신이라고 보고 빛은 신의 속성을 상징한다고 보았던 것과 관련되어 있다.

(2013학년도 9월 모의평가)

→ '스테인드글라스'라는 커다란 창을 높게 설치해서 빛이 다양한 색으로 건물 내부 공간에 퍼진다고 하네요. 무슨 말인지는 잘 모르겠지만, 다음 문장을 읽어보니 이것이 '미의 원천은 신, 빛은 신의 속성을 상징'한다고 보았던 것과 관련되어 있다고 합니다.

→ 따라서 우리는 〈창을 통과한 빛〉을 '신의 속성'으로, 〈다양한 색채〉를 '신'으로 독해할 수 있어야 합니다. '다양한 색채'가 왜 '신'이 되는 것일까요? 지문의 맥락상 '미의 원천'이라고 할 만한 것은 '다양한 색채'일 것이고, 이러한 '미의 원천'은 곧 '신'이라고 했기 때문에, '다양한 색채=신'이라는 재진술이 가능한 것입니다. 이렇게 '색채'와 '미'처럼 의미상 비슷한 단어들을 사실상 '같은 말'로 읽는 능력이 필요합니다. 이에 따르면, '빛'이 건물 내부에 풍부하게 퍼지게 한 것은 '신의 속성'이 건물 내부에 풍부하게 퍼지길 바랐기 때문이겠죠?

→ '이는'과 같은 표지를 보고 능동적으로 재진술을 해준다면, 정보량을 크게 줄이는 것은 물론이고 머릿속에 확실하게 '납득'시킨 상태로 넘어갈 수 있습니다. 이렇게 되면 선지 판단도 더 쉬워지겠죠?

우리 민법은 유언의 자유를 보장한다. 사람은 언제든지 자유롭게 유언할 수 있고 철회도 할 수 있다. 혹시 유언의 내용을 변경할 때 자녀의 동의가 있어야 한다는 문구가 유언에 들어 있다면 그 부분은 무효가 된다.

→ '유언의 자유'에 대해 설명합니다. 유언은 자유롭게 할 수 있다는 게 핵심이겠죠? 이걸 정확하게 체크했다면, 다음 두 문장

도 똑같은 말처럼 읽혀야 합니다. 사람은 '언제든지 자유롭게' 유언을 남길 수 있고, '철회'도 가능합니다. 유언에 대한 '자유'가 보장되어 있다는 내용이, '언제든지 자유롭게', '철회도 할 수 있다'는 말로 반복되고 있습니다.

→ 마지막 문장도 마찬가지입니다. 유언에, 유언의 내용을 변경할 때 '자녀의 동의'가 필요하다는 말이 있다면, 그 부분은 '무효'가 된다고 합니다. '자녀의 동의'가 필요하다는 건 곧 유언의 자유가 제한된다는 말과 같습니다. 내가 하고 싶은 대로 유언을 남기는 게 아니라, 자녀의 의사가 반영되어야 하기 때문이에요. 즉, '자녀의 동의 = 부자유'로 읽을 수 있어야 합니다. 그래서 '부자유'한 내용이 유언에 들어가면 '무효' 처리함으로써, 철저하게 '유언의 자유'를 보장한다는 것이네요!

50

고대 그리스 철학자들은 음악이 주는 감정적 흥분이 인간의 도덕적 성향인 에토스(ethos)에 영향을 미쳐 인간의 영혼을 변화시킬 수 있다고 믿었기에 음악을 교육을 위한 도구로 활용하였다.

(2024학년도 7월 학력평가)

→ 한 문장이지만 그 안에 재진술이 포함되어 있습니다. '믿었기에'를 기준으로 앞 구절과 뒷 구절이 사실상 같은 말임을 파악할 수 있어야 해요. 고대 그리스 철학자들은 음악의 감정적 흥분이 '도덕적 성향'인 에토스와 관련된다고 믿었습니다. 그래서 영혼까지 변화할 수 있다고 보았다고 해요. 음악이 도덕성에 영향을 미친다고 믿었다는 것이죠.

→ '그렇기 때문에' 음악을 '교육'을 위한 도구로 썼다고 합니다. 음악이 도덕성에 영향을 미치니까, 음악을 교육에 써서 인간을 교화시키려고 했다는 말이네요! 즉, '음악 = 도덕성에 영향 = 교육에 활용'이 모두 같은 말임을 알 수 있습니다. 이렇게 문장의 내용을 한 호흡에 같은 말로 인식하면서 읽을 수 있어야 합니다.

51

상장 법인은 자본시장법에 따라 합리적인 투자 판단과 상장 법인의 가치에 중대한 영향을 미칠 수 있는 정보인 '중요사항'을 시장에 공개할 공시 의무를 지닌다. 상장 법인이 중요사항을 공시하지 않으면 시장 참여자 간의 정보 불균형이 발생하며, 이는 증권 시장에 대한 투자자들의 신뢰를 떨어뜨리고 시장의 효율성을 저해하게 된다.

(2025학년도 3월 학력평가)

→ 첫 문장을 잘 읽어야 합니다. 수식된 정의가 두 번이나 나오고 있어요! 일단 큰 줄기부터 읽어봅시다. 상장 법인은 '중요사항'을 공개해야 한다고 해요. 이 의무가 바로 '공시 의무'입니다. 중요사항을 시장에 '공'개적으로 게'시'해야 한다고 해서 '공/시/의무'인가봅니다. 자연스럽게 단어의 의미를 살리면서 읽어줘야 해요. 또, '중요사항'의 정의도 놓치지 말아야겠죠? 어렵지 않으니 잘 체크했을 거라 믿습니다. '중요/사항'은 말 그대로 중요한 사항이에요. 투자의 판단과 법인의 가치에 '중대한' 영향을 미칠 수 있는 정보, 아주 아주 중요한 정보가 바로 '중요사항'입니다.

→ 이 부분만 잘 견디면 뒤에는 같은 말을 반복하고 있음을 알 수 있습니다. 중요사항을 공시하지 않는다는 것은 곧 시장에 중요사항을 공개하지 않는다는 말과 같습니다. 그러니까 시장 참여자들은 중요사항을 알기가 어려울 것이에요. 알음알음 정보를 얻는 게 아니라면 말이죠! 그러니까, 중요사항을 공시하지 않는다면 '정보 불균형'이 생길 수밖에 없습니다. 공개를 하지 않은 정보이니까, 알 사람만 알고 일반적인 사람들은 모르게 된다는 것입니다. 쉽게 말해 '그들만의 리그'가 되는 것입니다. 공개되지 않은 중요사항을 알고 있는 내부자 같은 인맥이 중요해지겠네요. 안 그러면 중요사항을 시장에 공개를 안 하니까 알 도리가 없는 거예요!

→ 그런데 중요사항은 '투자'에도 중대한 영향을 줄 수 있는 아주 중요한 정보였습니다. 그러니까 중요사항을 공개하지 않으면, 그 중요사항을 모르는 사람들은 투자에 큰 허점이 생기겠죠? 이런 상황이 빈번하게 일어나면 투자를 하기가 어려울 것입니다. 공개된 중요사항을 보면서 투자를 해야, 투자가 원활히 될 텐데 그렇지 않으니까요. 그러니까 증권 시장에 대한 '투자자들의 신뢰'가 떨어집니다. 그리고 시장을 불신하는 투자자들로 인해서 투자가 원활히 이루어지지 않으니 시장의 효율성 역시 떨어지겠네요.

한편 허가는 원칙적으로 행정청의 재량권이 인정되지 않아, 법률요건을 충족했다면 행정청은 법에 정해진 대로 시행해야 할 의무가 있다.
(2025학년도 7월 학력평가)

➜ 한 문장임에도 앞뒤 구절이 같은 말을 반복하고 있다는 점을 파악해야 합니다. 하나씩 볼까요? '허가'는 행정청의 재량이 인정되지 않습니다. 그러니까 '법에 정해진 대로' 따라야 할 '의무'가 있다고 합니다. 이것 자체도 같은 말이라는 점, 이제는 파악할 수 있죠? '재량 없음 = 법에 따라야 함'이라고 읽혀야 해요! 행정청의 재량권이 인정되지 않는다는 것은, 행정청이 스스로 허가를 결정할 수 없다는 말이에요. 즉, 허가는 행정청의 판단이 아니라, 법에 '정해진 대로' 결정되는 것이고, 행정청은 법에 따라야 할 '의무'가 있습니다. '무조건 법에 따라야 한다'는 것이에요.

연소 과정에서 생성된 자유 라디칼은 주변의 다른 분자와 연쇄적으로 반응하면서 그 수가 기하급수적으로 증가하고, 이로 인해 연소 반응의 속도가 폭발적으로 올라가 화재의 규모가 커진다. 따라서 자유 라디칼의 수를 통제하는 것은 연소를 억제하는 소화 과정의 핵심이라 할 수 있다.
(2025학년도 10월 학력평가)

➜ 자유 라디칼은 '연소 과정'에서 생성되는 물질입니다. 일종의 수식된 정의이니까 놓치지 말고 넘어갑시다. 이 자유 라디칼이, 다른 분자와 반응하면서 수가 급격히 증가한다고 해요. 이는 곧 '연소 반응'의 속도를 높여 '화재 규모'를 키운다고 합니다. 연소 과정에서 수가 늘어난 자유 라디칼이, 화재를 키우는 원인이네요!

➜ 이것만 잘 파악하면 '따라서~' 이후에 제시되는 말들은 모두 재진술임을 파악할 수 있습니다. '따라서'가 일종의 재진술 표지이기도 했죠? 읽어봅시다. 자유 라디칼의 수가 증가함으로써 화재가 발생했습니다. 그러니까 화재를 진압하려면 당연히 이 자유 라디칼의 수를 억제해야겠죠? 자유 라디칼이 늘어나면서 화재의 규모가 커졌으니까요. 아주 단순하게 같은 내용을 반복하고 있습니다. 단지 표현이 '소화 과정'이냐 '연소 과정'이냐만 다를 뿐이네요!

사례-원리 연결

1

> 기술이 진보한 결과 새로운 기술 영역이 출현하는 경우도 있다. 이렇게 등장한 기술 영역은 신속한 실용화의 요구 때문에 그대로 새로운 산업으로 형성되는 모습을 보이기도 한다. 예를 들어 정보 기술에서 비롯된 정보 기술 산업은 이미 핵심적인 산업으로 자리 잡았고, 바이오 기술, 나노 기술, 환경 기술 등도 미래의 유망 산업으로 부각되고 있다. (2007학년도 수능)

→ 먼저 원리를 잡고 사례에 적용시켜 봅시다.

→ 기술이 진보해서 새로운 기술 영역이 나왔다고 하네요. 당연한 말이죠? '진보=새로운 것'이니까요. 그렇게 기술 영역이 나왔고, 빠른 '실용화'가 필요한 나머지 '새로운 산업'이 되기도 했다고 합니다. 충분히 이해 가능하죠?

→ 뒤에서는 사례가 나오고 있네요. 연결해 봅시다. 정보 기술에서 비롯된 정보 기술 산업이 핵심 산업으로 자리 잡았다고 합니다. '정보 기술 산업'은 정보 기술이 진보해서 '새롭게' 나온 기술 영역이고, 빠르게 '실용화'가 필요한 나머지 새로운 '산업'이 된 것이겠군요. 그리고 뒤에 나오는 바이오, 나노, 환경도 마찬가지일 겁니다. 그래서 평가원은 〈미래의 유망 '기술'〉이 아니라 〈미래의 유망 '산업'〉으로 서술한 것입니다. 이해할 만하죠? 계속 연습해 봅시다.

2

> 많은 경제학자들은 제도의 발달이 경제 성장의 중요한 원인이라고 생각해 왔다. 예를 들어 재산권 제도가 발달하면 투자나 혁신에 대한 보상이 잘 이루어져 경제 성장에 도움이 된다는 것이다. (2010학년도 9월 모의평가)

→ 제도의 발달이 경제 성장의 원인이라는 입장과 그 예시가 제시됩니다. 재산권 '제도'가 발달하면, 투자나 혁신에 대한 보상이 잘 이루어진다고 해요. 당연히 투자나 혁신에 대한 '보상'은 '재산 증가'에 해당하니까 그렇겠죠? 그렇게 보상이 잘 이루어지면 경제 성장에 도움이 될 것입니다. 투자나 혁신에 보상을 제대로 해 주면, 경제 성장을 이끄는 투자나 혁신이 계속해서 이루어질 것이니까요. 제도의 발달이 경제 성장의 중요한 원인이라는 내용에 대한 예시네요.

3

> '재정위'는 방향 기억이 헝클어진 상황에서도 장소의 기하학적 특징을 활용하여 방향을 다시 찾는 방법이다. 예를 들어, 직사각형 방에 갇힌 배고픈 흰쥐에게 특정 장소에만 먹이를 두고 찾게 하면, 긴 벽이 오른쪽에 있었는지와 같은 공간적 정보만을 활용하여 먹이를 찾는다. (2014학년도 9월 모의평가 A형)

→ 이번에도 '예를 들어'가 있습니다. 사례와 원리를 제대로 연결해 봅시다.

→ '재정위'라는 개념을 정의해주고 있습니다. 정의 체크는 이제 기본이죠? 방향 기억이 헝클어져도 장소의 '기하학적 특징'을 활용하여 '방향을 다시 찾는 방법'이에요. 즉, '위'치를 '재''정'립하는 게 '재/정/위'입니다. '기하학적 특징 활용', '헝클어진 방향 다시 찾음' 정도가 포인트가 되겠네요.

→ 명확하게 이해하기는 어려운데, 바로 '예를 들어'라는 말을 통해 사례를 들어주고 있습니다. 직사각형 방에 '갇힌' 흰쥐는 방향 기억이 헝클어진 상태겠죠? 난생 처음 와 보는 곳일 테니까요. 그런데 이 흰쥐에게 특정 장소(먹이)를 찾게 하면, '긴 벽이 오른쪽'에 있었는지와 같은 '공간적 정보'만을 활용합니다. 여기서 '긴 벽이 오른쪽', '공간적 정보'라는 말들이 모두 '기하학적 특징'과 같은 말임을 쉽게 파악할 수 있겠죠? 이렇게 사례를 활용하니 추상적으로만 다가왔던 '기하학적 특징'이 구체화됩니다.

→ 여기까지 읽었다면 '방향 다시 찾기'라는 정의를 완벽하게 납득할 수 있겠죠? '재(다시)/정(정하다)/위(위치)'니까요. 이처

럼 그 개념을 구성하고 있는 단어들의 의미를 살려서 읽으면 훨씬 풍부한 이해가 가능하다는 점! 확실하게 정리해둡시다.

　　영국의 역사가 아놀드 토인비는 「역사의 연구」를 펴내며 역사 연구의 기본 단위를 국가가 아닌 문명으로 설정했다. 그는 예를 들어 영국이 대륙과 떨어져 있을지라도 유럽의 다른 나라들과 서로 영향을 미치며 발전해 왔으므로, 영국의 역사는 그 자체만으로는 제대로 이해할 수 없고 서유럽 문명이라는 틀 안에서 바라보아야 한다고 하였다.

(2014학년도 수능 A형)

➔ '토인비'라는 사람의 주장을 소개하고 있습니다. 역사 연구의 기본 단위를 '국가'가 아닌 '문명'으로 설정했다고 해요. 이 문장을 보자마자 무슨 말인지 알아차리는 건 상당히 어려울 것 같습니다. '문명' 중심의 역사 연구는 도대체 무슨 말일까요?

➔ 바로 '예를 들어'가 제시되고 있네요. '영국'의 사례를 들고 있습니다. '영국'은 대륙과 떨어진 섬나라지만, (이 정도는 상식으로 알고 있으면 좋겠어요.) 영국 자체가 아닌 '서유럽 문명'이라는 틀 안에서 연구를 해야 한다는 것이죠. 그 '문명 내'의 다른 나라들과 영향을 미치며 발전해 왔으니까요! 그리 어려운 내용이 아니었지만, '사례'를 바탕으로 완벽하게 이해하고 가는 태도를 잡아 주시기 바랍니다. 최근 기출들은 이 '사례'와의 연결을 제대로 시키지 못하면 이해가 불가능한 지문들을 자주 출제하고 있거든요.

　　보수란 보충을 해 주는 수를 의미하는 것으로, 어떤 수 a에 대한 n의 보수는 a와의 합이 n이 되는 수이다. 예를 들어 1에 대한 1의 보수는 0이고, 0에 대한 1의 보수는 1이다.

(2020학년도 3월 학력평가)

➔ 이번엔 '보수'의 정의와 함께 예시가 드러납니다. 보/수는 '보충'을 해주는 '수'입니다. 이게 정의입니다. 간단하네요. a에 대한 n의 '보수' = 'a+보수=n'이라고 합니다. 이것을 좀 더 쉽게 예시로 풀어서 설명해주고 있어요. 1에 대한 1의 보수는 0입니다. '1+보수=1'이 되어야 하니까 당연히 보수는 0이겠죠? 0에 대한 1의 보수도 마찬가지입니다. '0+보수=1'이 되어야 하니까 보수는 1이 되는 것이죠. 이런 사례를 통해 '보수'라는 개념을 자유자재로 활용할 수 있을 정도로 확실하게 이해해야 합니다.

　　장자는 합일의 경지를 만물의 상호 의존성으로 설명한다. 자아와 타자는 서로의 존재를 온전히 전제할 때 자신들의 존재가 드러날 수 있다고 그는 말한다. 예컨대, 내가 편견 없는 눈의 감각으로 꽃을 응시하면 그 꽃으로 인해 나의 존재가 성립되고 나로 인해 그 꽃 또한 존재의 의미를 획득하게 된다는 것이다.

(2016학년도 6월 모의평가 B형)

➔ 이번엔 '장자'의 주장입니다. '합일의 경지'를 '만물의 상호 의존성'으로 설명한다고 해요. 이번에도 한 번에 확 와닿지는 않습니다. (물론 이 문장만 보고도 무슨 말인지 알아 내는 경지가 되어야 해요. '상호/의존성'이라는 단어는 어려운 단어가 아니니까요.) 그럼 뒤에 나온 문장들을 바탕으로 이해해 볼까요?

➔ 먼저 자아와 타자는 '서로의 존재를 온전히 전제'할 때 '자신들의 존재'가 드러날 수 있다고 합니다. 그 어떤 표지도 없지만, 여러분은 이 문장이 앞 문장과 똑같은 말임을 인지할 수 있어야 합니다. '서로의 존재를 온전히 전제'해야만 '자신들의 존재'가 드러난다는 건, 자신의 '존재'를 위해 서로 '의존'한다는 것이니까요. 즉, 만물의 '상호 의존성'을 설명하고 있는 것이네요. 이렇게 '문맥상 동의어'를 정확하게 잡아낼 수 있어야, 정보량을 줄이면서 읽을 수 있습니다. 첫 문장과 두 번째 문장은 '장자는 상호 의존성을 중시한다'는 똑같은 말을 하고 있을 뿐이에요.

➔ 이러한 생각들에 쐐기를 박는 '예를 들어'입니다. '나'와 '꽃'이 '서로'에게 '의존'하여 '존재'의 의미를 획득하게 된다는 것. '상호 의존성'입니다. 어렵지 않죠? 김춘수 시인의 '꽃'이라는 시의 내용과 비슷하네요.

→ 그런데 여기서 더 중요한 것이 있습니다. 이렇게 '상호 의존'하여 '존재'하는 걸 장자는 뭐라고 부르나요? 스스로 대답해 보세요! 그렇죠! '합일의 경지'입니다. 서로의 존재 의미가 서로에 의해 생겨난다면, '나'와 '대상'은 '하나'라고 봐도 무방합니다.

→ 이처럼 사례가 설명하고자 하는 '원리'가 무엇인지를 계속 생각하면서, 그 원리를 확실하게 이해할 수 있어야 해요. 단순히 문장 하나하나 이해하는 시험이 아닙니다! 문장들을 끊임없이 엮으면서 '독해'할 수 있어야 해요.

7

> 내재주의의 기본 입장은 믿음의 정당화가 믿음들 간의 관계에 있다는 것이다. 가령 내가 '지구는 둥글다'라고 믿을 때, 이 믿음이 정당화되기 위해서는 과학적 사실들에 대한 내 믿음과 우주에서 찍은 지구 사진에 관한 내 믿음이 바로 지구는 둥글다는 내 믿음의 이유가 되는 것이다.
>
> (2021학년도 3월 학력평가)

→ '믿음의 정당화'와 관련된 '내재주의'의 입장이 등장합니다. 내재주의의 핵심은 '믿음들 간의 관계'입니다. 믿음에 대한 '내재'주의의 입장이니까 '믿음들 간의 관계' 즉, 내재적 관계(믿음들끼리의 관계)가 중요한 것이에요. 이번에도 단어의 의미를 살리면서 읽어 줍시다.

→ 아무튼 '믿음들 간의 관계'라는 포인트를 갖고 넘어가면 뒤에 '가령'이라는 표지와 함께 사례가 등장합니다. '지구가 둥글다'라는 믿음이 정당화되기 위해서는 과학적 사실에 대한 믿음, 지구 사진에 대한 믿음이 중요합니다. 다른 사실들에 대한 믿음이, '지구는 둥글다'라는 것에 대한 믿음의 이유(근거)가 됩니다. 어떤 믿음이 '지구가 둥글다'라는 또 다른 믿음의 근거가 되는 식으로 믿음들 간의 관계가 형성됩니다. 이와 같은 믿음들 간의 관계를 바탕으로 '지구는 둥글다'라는 사실에 대한 믿음을 '정당화'하고 있는 것이에요! 이렇게 '내재적'으로 믿음이 정당화된다는 것이 '내재주의'의 입장이었네요.

8

> 의사설은 타인의 의무 이행 여부와 관련된 권능, 곧 합리적 이성을 가진 자가 아니면 권리자가 되지 못하는 난점이 있다. 가령 사람이 동물 보호 의무를 갖는다고 하더라도 동물이 권리를 갖는다고 보기는 어렵다. 왜냐하면 동물은 이성적 존재가 아니기 때문이다.
>
> (2020학년도 10월 학력평가)

→ 이번엔 '의사설'과 관련된 내용이 등장합니다. 의사설의 정의에 따르면, 의무 이행에 대한 권능(= 합리적 이성)이 중요하다고 해요. 이게 없으면 '권리자'가 되지 못한다고 합니다. 의사설의 핵심은 의무 이행 여부와 관련된 '합리적 이성'입니다. 그런데 아직까지는 왜 '합리적 이성'이 의무 이행 여부와 관련된 '권능'인지는 잘 모르겠어요. 일단은 정의를 제시했으니 체크만 해둔 후에 넘어가봅시다. 중요한 내용이면 반드시 추가로 설명을 해줄 거예요.

→ 다음으로 넘어가면 이번에도 '가령'이라는 예시가 등장하고 있습니다. 예시가 나오자마자 앞에서 체크한 의사설의 정의를 떠올리면서 읽어야 합니다. 사람은 '동물 보호'라는 의무를 이행할 능력(권능)이 있어요. 즉, '합리적 이성'을 가지고 있다고 볼 수 있고, 그러므로 권리자가 될 수 있습니다. 합리적 이성은 결국 '의무 이행 여부를 결정할 능력'을 가리키는 것이네요.

→ 그럼 이성이 없는 동물은 어떨까요? 동물은 '의무 이행 여부'를 판단할 능력이 없습니다. 그러니까 '합리적 이성'을 가지지 못하는 것이죠. 그래서 의사설에 따르면 동물은 '권리자'가 될 수 없습니다.

진화고고학에서는 인간의 삶은 자연환경에 더욱 잘 적응하기 위한 선택이라고 보는 진화론에 초점을 맞추어 과거를 설명한다. 진화론이 적용된 사례를 토기의 변화에 대한 연구를 통해 구체적으로 살펴보자. 이 연구에서는 서기 1세기부터 약 1천 년 동안 어느 한 지역에서 출토된 조리용 토기들의 두께와, 토기에 탄화된 채로 남아있던 식재료에 사용된 곡물의 전분 함량을 조사했다. 그 결과 후대로 갈수록 토기 두께가 상당히 얇아지고 곡물의 전분 함량은 증가한다는 사실을 발견했다. 진화고고학은 이렇게 토기 두께가 얇아진 이유를 전분이 좀 더 많은 씨앗의 출현이라는 외부 환경의 변화에 적응하였기 때문이라고 설명한다.

(2015학년도 6월 모의평가 A형)

→ 이번에도, '능동적인 생각'을 바탕으로 완벽하게 이해해 볼까요?

→ 진화고고학은 '진화론'에 초점을 맞추어 과거를 설명하네요. 진화론에 초점을 맞추니까 '진화/고고학'인가 보다~ 라는 식으로 정의를 한 번 체크해주시고, 사례에 원리를 적용해 봅시다. 다음 문장에 대놓고 '진화론이 적용된 사례'에 대해 '토기의 변화에 대한 연구'로 살펴보자고 나와 있으니까요. 그럼 진화고고학이 진화론을 토대로 토기의 변화를 어떻게 설명할지 궁금해 해야겠죠? 진화론은 인간의 삶이 '자연환경에 대한 적응'으로 변화한다고 설명하는 입장이니, 진화고고학도 토기의 변화를 '자연환경'과 관련지어서 설명하겠다는 점을 미리 짐작할 수 있겠습니다.

→ 다른 잡다한 것들은 건너뛰고 '토기의 변화'에 집중합시다. 토기의 '두께'와 곡물의 '전분 함량'을 조사했더니 두께가 '얇아지고' 전분 함량이 '증가'했다는 사실을 발견했네요. 즉, '토기의 변화'가 일어난 것입니다. 이제 이 변화와 진화고고학이 어떻게 연결되는지 파악해야겠네요. 진화고고학은 이에 대해 '외부 환경의 변화에 적응'했기 때문이라고 설명합니다. '진화'론을 중심으로 과거를 설명하는 '진화'고고학의 특성상 '토기의 변화'를 '외부 환경의 변화에 적응'했다, 즉 '진화'했다고 설명하는 것입니다.

→ 어렵지 않죠? '정의'의 납득, '재진술과 사례'를 통한 내용의 이해. 이것이 수능 국어 독서에서 필요로 하는 '생각'의 거의 전부입니다. 연습하고 또 연습합시다.

어떤 모델이든지 상품의 특성에 적합한 이미지를 갖는 인물이어야 광고 효과가 제대로 나타날 수 있다. 예를 들어, 자동차, 카메라, 공기 청정기, 치약과 같은 상품의 경우에는 자체의 성능이나 효능이 중요하므로 대체로 전문성과 신뢰성을 갖춘 모델이 적합하다.

(2011학년도 6월 모의평가)

→ 상품의 특성에 적합한 이미지의 인물을 광고에 써야 효과가 좋다고 합니다. 그런데 뒤에 예시가 있네요? 그렇다면 우리는 앞의 원리를 연결해 줘야겠다는 생각을 할 수 있겠네요. 성능이나 효능이 중요한 상품은 전문성과 신뢰성을 갖춘 모델이 적합하다는 예시가 있군요. 그렇다면 '성능이나 효능이 중요하다는 것'은 원리의 '상품의 특성'과 같은 말이겠네요. '전문성과 신뢰성을 갖춘 모델'은 '적합한 이미지를 갖는 인물'과 같은 말일 것이고요. 일대일로 대응시켰더니, 앞에서 이야기했던 원리가 확실하게 이해되죠?

→ 사례는 하나하나 외우는 것이 아닙니다. 원리를 이해하는 도구 정도로 생각하시면 됩니다. 모든 문장을 정보라고 생각하면 안 됩니다.

논리학에서는 어떤 추론의 전제가 참일 때 결론이 거짓일 가능성이 없으면 그 추론은 '타당하다'고 말한다. "서울은 강원도에 있다. 따라서 당신이 서울에 가면 강원도에 간 것이다."[추론 1]라는 추론은, 전제가 참이라고 할 때 결론이 거짓이 되는 경우는 전혀 생각할 수 없으므로 타당하다. 반면에 "비가 오면 길이 젖는다. 길이 젖어 있다. 따라서 비가 왔다."[추론 2]라는 추론은 전제들이 참이라고 해도 결론이 반드시 참이 되지는 않으므로 타당하지 않은 추론이다. (2011학년도 6월 모의평가)

→ 논리학에서 다루는 '타당하다'라는 개념이 무엇인지 설명합니다. 이는 '전제가 참일 때 결론이 거짓일 가능성이 없는' 추론을 설명하는 말입니다. 그리고 뒤에 나오는 예시들은 각각 타당한 논증과 그렇지 못한 논증입니다. 두 예시를 읽으면서 무엇이 '타당하다'라고 할 수 있는 추론인지 이해하면 완벽하겠네요!

→ [추론 1]부터 봅시다. 여기서는 '서울 ⊂ 강원도'인 경우를 설명합니다. 이게 '전제'입니다. 실제로는 아니지만, 이 전제가 참이라면 뒤에 나오는 결론도 참일 수밖에 없습니다. '서울 ⊂ 강원도'이니까, 서울에 가면 강원도에 간 것이 됩니다. 혹시 이해되지 않는다면 이렇게 이해해 봅시다. '강남'은 '서울'에 있죠? 그럼 내가 '강남'을 가면, '서울'에 갔다고 말할 수 있습니다.

→ 반면 뒤에 나오는 [추론 2]는 이와 다릅니다. '비가 오면 길이 젖는다'가 '전제'에 해당합니다. 하지만 이것이 참이라고 해서, '길이 젖었으니 비가 왔다'는 결론을 도출하지는 않습니다. 즉, 전제가 참이라 하더라도, 결론이 반드시 참이 아니므로 이건 타당하지 않다는 말이에요. 누군가 물을 뿌려서 땅이 젖은 것일 수도 있으니까요.

실제 소리와 언어 표현은 차이가 있다. 예를 들어 소의 울음을 국어에서는 '음매'라고 발음하지만, 소는 그 소리대로 울지 않는다. '음매'라는 발음으로 우는 소가 있다면 그 소는 한국어를 구사하는 소라고 하겠다. (2000학년도 수능)

→ '실제 소리'와 '언어 표현'에는 차이가 있다는 '원리'를 제시했습니다. 그리고 그 사례로 '소의 실제 울음'과 '한국어 표현'이 제시되었네요. 일대일로 대응시켰더니 어렵지 않게 원리를 이해할 수 있었습니다.

→ 나아가 '그 소는 한국어를 구사하는 소라고 하겠다.'라는 재밌는 문장의 의미도 확실하게 이해할 수 있겠죠? 소는 한국어를 구사하지 않기에, 그저 어떠한 '실제 울음'으로 울었을 뿐 '음매'라는 발음을 하지는 않을 것이라는 뜻이죠.

바로크 초반의 음악 이론가 부어마이스터는 마치 웅변에서 말의 고저나 완급, 장단 등이 호소력을 이끌어 내듯 음악에서 이에 상응하는 효과를 낳는 장치들에 주목하였다. 예를 들어, 가사의 뜻에 맞춰 가락이 올라가거나, 한동안 쉬거나, 음들이 딱딱 끊어지게 연주하는 방식 등이 이에 해당한다. (2012학년도 수능)

→ '부어마이스터'라는 음악 이론가의 주장이 나오고 있습니다. 사람이 나오면 그 사람의 이름이 아니라 '주장'에 주목해야 해요! 어떤 주장을 했는지 봤더니, 웅변에서 말의 '고저'나 '완급', '장단'과 비슷한 효과(호소력 정도라고 생각할 수 있겠죠?)를 낳는 음악적 장치들에 주목했다고 합니다. 쉽게 말해, 부어마이스터는 음악에서 '호소력'을 이끌어내는 장치에 대해 설명하겠다는 거예요.

→ 다음 문장에서는 이러한 주장을 뒷받침하는 사례가 제시됩니다. 가사의 뜻에 맞춰 가락이 올라가거나(고저), 한동안 쉬거나(완급), 음들이 딱딱 끊어지게 연주하는(장단) 방식 등을 확인할 수 있습니다. 이렇게 '고저', '완급', '장단'이라는 포인트와 대응시켜 이해했더니 앞의 원리가 훨씬 더 구체적으로 와닿네요. 이러한 방식들이 바로 음악에서 '호소력'을 이끌어 내는 장치가 되는 것입니다.

　　상형 문자는 사물의 형태를 본뜬 문자다. 그러나 눈으로 볼 수 있는 것은 형태를 본떠서 재현할 수 있지만, 눈으로 볼 수 없는 것은 재현하기 어렵다. 예를 들어 '휴식'과 같이 추상적인 개념은 상형 문자로 표현할 수 없다. 　　　　　　　　　　(2010학년도 6월 모의평가)

→ 상형 문자의 정의와 그것의 한계를 제시합니다. 하나씩 볼게요. '상/형' 문자는 말 그대로 사물의 '형태'를 본뜬 문자입니다. 상형 문자는 '형태'를 바탕으로 만들어지기 때문에 눈으로 '볼 수 있는', 즉 형태를 갖는 것은 문자로 만들 수 있습니다. 하지만 눈으로 볼 수 없는 것은 본뜰 형태 자체가 없습니다. 그럼 재현하기 힘들 것이에요.

→ 이 내용을 보충 설명해주는 예시가 바로 '휴식'입니다. '휴식'은 눈으로 볼 수 없는 대상이죠? 추상적인 개념입니다. 본뜰 형태가 없다 보니 상형 문자로 표현하기가 힘들 것입니다.

→ 나아가 뒤에서는 '상형 문자'가 이러한 것들을 어떻게 문자화하는지에 대해 설명하겠죠? 이런 예상까지 자연스럽게 하면서 글을 읽고 있다면 너무나 훌륭합니다.

　　가족 유사성은 가족 구성원들 간의 닮음을 언어에 적용한 개념으로 '서로 겹치고 교차하는 유사성들의 복잡한 그물'을 의미한다. 예컨대 '놀이'라는 말은 카드놀이, 숨바꼭질, 끝말잇기, 축구, 야구 등 다양한 대상을 지칭할 수 있는데, 이것들 전부에 공통적으로 나타나는 성질은 없고 부분들 간에 겹치고 교차하는 성질들이 있을 뿐이다. 　　　　　　　　　　(2018학년도 3월 학력평가)

→ 가족 유사성의 정의와 그 예시가 제시되고 있네요. 이번에도 정의를 바탕으로 예시까지 이해하면 됩니다. 가족/유사성은 가족끼리 닮은 성질을 바로 '언어'에 적용한 개념이라고 합니다. 즉, 가족끼리 생김새나 성향 등이 유사한 것처럼, 언어도 '서로 겹치고 교차하는 유사성'을 가지는데, 이를 가리키는 개념이 바로 '가족/유사성'입니다.

→ 이어서 '가족 유사성'을 쉽게 설명할 수 있는 사례가 등장합니다. '놀이'에 해당하는 말들끼리는 공통적인 성질이 없습니다. 다만 부분들끼리만 겹친다고 해요. '카드놀이'와 '야구' 사이에는 특별한 공통점이 없습니다. 하지만 '축구'와 '야구' 사이에는 '공'을 사용한다는 점에서 교차하는 성질이 있죠. 이렇게 놀이를 지칭하는 다양한 단어들을 모두 포괄하는 공통점은 없지만, 놀이에 해당하는 단어의 '일부끼리'는 교차하는 속성이 있습니다. 이렇게 단어들끼리 '비슷한 성질'을 띠는 것을 보고 '가족 유사성'이라고 지칭하나 봅니다. 가족들도 모두 공통적으로 가지고 있는 하나의 속성 같은 것을 찾기는 어렵지만, 부분들 간에 겹치고 교차하는 성질들(아들은 엄마와 외모가 비슷하고, 딸은 아빠와 식성이 비슷하고 등등)이 존재하죠? 이런 내용을 담고 있는 것이라고 이해할 수 있겠습니다.

　　원인과 결과의 필연성은 개별적인 사례들을 통해 일반화될 수 있다. 가령, A라는 사람이 스트레스로 병에 걸렸고, B도 스트레스로 병에 걸렸다면 이런 개별적인 사례들로부터 '스트레스가 병의 원인이다.'라는 일반적인 인과가 도출된다. 　　　　　　　　　　(2009학년도 수능)

→ 인과 관계의 필연성은 '개별적인 사례'를 통해 일반화할 수 있다고 설명합니다. 이 말만 들었을 땐 한 번에 와닿지 않아요. 대신 '인과 관계의 필연성'을 '개별적인 사례'로 설명한다는 것 정도는 잡고 넘어갑시다. 그렇게 넘어갔더니 사례가 제시되고 있네요. 이를 바탕으로 '개별적인 사례'를 통해 '인과 관계의 필연성'을 일반화한다는 사실을 쉽게 풀어서 써줄 거예요. 이처럼 '사례'가 제시되면 반드시 그 사례와 대응되는 '개념'을 떠올리면서 읽어야 합니다.

→ A와 B가 모두 스트레스 때문에 병에 걸렸습니다. 이때 스트레스는 원인, 병에 걸리는 것은 결과가 됩니다. 그리고 A와 B의 사례는 '개별적인 사례'입니다. 이렇게 개별적인 사례를 바탕으로 '스트레스가 병의 원인이다'라는 '일반적인 인과'를 도

출하고 있습니다. 즉, '스트레스'가 원인, '병'이 결과가 되는 인과 관계를 제시하는 것이죠. A와 B라는 '개별적인 사례'로부터 '스트레스→병'이라는 '원인과 결과의 필연성'을 일반화하는 모습이네요!

17

하지만 어떤 설명 이론이라도 인과 개념을 도입하는 순간 원인과 결과 사이의 관계가 분명하지 않다는 철학적 문제를 해결해야 한다. 결과를 일으키는 원인은 무수히 많고 연쇄적으로 서로 얽혀 있기 때문이다. 예를 들어 소크라테스가 죽게 된 원인은 독을 마신 것이지만, 독을 마시게 된 원인은 사형 선고를 받은 것이고, 사형 선고를 받게 된 원인도 여러 가지를 떠올릴 수 있다.

(2016학년도 9월 모의평가 B형)

→ 문장이 기네요. 다른 건 없습니다. 이번에도 사례를 통해 하고자 하는 말(개념)을 완벽하게 이해해 봅시다.

→ '설명 이론'이 '인과 개념'을 도입하는 순간 '원인과 결과 사이의 관계'가 분명하지 않다는 문제가 발생한다고 합니다. 도대체 무슨 말인지 이해할 수가 없어요. 그래도 바로 다음 문장에서 친절하게 설명해주고 있어요. '결과'를 일으키는 '원인'은 무수히 많고 서로 얽혀 있다고 해요. '인과 개념'을 도입하게 되면 '결과'에 대응되는 '원인'을 상정해야 하는데, 무엇이 정확한 '원인'인지 모른다는 말이죠. 예컨대, 내 성적이 떨어진 이유가 평소에 유튜브를 많이 봐서일 수도 있고, 전날 잠을 제대로 못 자서일 수도 있고, 시험 당일에 배탈이 났기 때문일 수도 있어요. 즉, 어떤 결과에 대응되는 원인은 '무수히 많고 얽혀 있기' 때문에 '인과 관계가 불명확하다'는 문제가 발생합니다.

→ 만약 위에서 설명한 것처럼 바로 이해가 되지 않았더라도 괜찮습니다. 친절하게 또 '사례'를 제시해주고 있어요. '예를 들어'까지 제시하고 있습니다. 소크라테스가 죽게 된 '원인'은 독을 마신 것이라고 해요. 여기서 '소크라테스가 죽은 것=결과'로 대응시키면서 읽어야겠죠? 그런데 독을 마신 것의 '원인'은 사형 선고를 받은 것이고, 사형 선고를 받은 '원인'도 여러 가지를 떠올릴 수 있다고 합니다. 소크라테스의 죽음이라는 '결과'를 '설명'하기 위해서 어떤 '원인'을 제시하기가 상당히 어렵다는 뜻이네요. 원인이 무수히 많고 서로 얽혀 있기 때문이에요! 확실하게 이해할 수 있죠?

18

산업의 변화는 기술 이외에 시장 수요의 측면에서도 그 원인을 찾을 수 있다. 가령, 인구 구성과 소비 가치가 변화함에 따라서 과거의 고정 관념에 얽매이지 않는 수많은 새로운 산업이 나타나고 있다. 패션 산업, 실버산업, 레저 산업 등은 표준산업분류에 나오지 않지만 현실적으로 이미 중요한 산업으로 인식되고 있다.

(2007학년도 수능)

→ '산업의 변화'에 대한 내용입니다. 그런데 '기술'이 아닌 '시장 수요의 측면'에서 그 원인을 찾고 있네요. 확실하게 이해되지는 않지만, '기술'과 '시장 수요'는 구분되고, 여기서는 산업의 변화를 '시장 수요의 측면'이라는 원리로 설명하겠다는 점을 확실하게 잡아야 합니다.

→ 바로 뒤에 '가령'이 보입니다! '시장 수요'와 '산업의 변화'를 연결 지어서 쉽게 설명해주겠네요. 사례가 나오면 뭘 떠올리라구요? 이 사례에 대응되는 '개념'을 생각해야 합니다. 무엇에 대한 사례인지를 항상 생각해야 해요.

→ '인구 구성'과 '소비 가치'에 따라 '패션 산업', '실버산업', '레저 산업' 등과 같은 새로운 산업들이 나타난다고 해요. 즉, '산업의 변화'가 나타난다는 것입니다. 무엇 때문에? '인구 구성'과 '소비 가치'의 변화 때문에! 그렇다면 '인구 구성과 소비 가치의 변화'가 곧 '시장 수요의 변화'라는 점을 이해해야 합니다. 인구 구성이 달라진다는 것은 곧 나이대별 인구가 달라진다는 말입니다. 예컨대 노년층이 줄고 청년층이 늘어난다면 '패션 산업'에 대한 수요가 늘어날 수 있겠죠? 청년층이 상대적으로 꾸미는 것에 관심이 많으니까요. 반대로 노년층이 늘고 청년층이 줄어든다면 실버 산업에 대한 수요가 늘어날 수 있겠네요. 실버 산업 자체가 어르신들을 대상으로 하는 산업이니까요. 이처럼 인구 구성의 변화는 곧 '시장 수요의 변화'라고 볼 수 있습니다.

→ 소비 가치의 변화도 마찬가지입니다. 예전에는 명품 소비에 대해 부정적이었다면 현대에는 과거에 비해서는 명품 소비에 대해 긍정적이라고 볼 수 있어요. 즉, 소비 가치가 변화한 것입니다. 이러한 변화가 나타난다면 과거에 비해 현대에는 명품에 대한 수요가 늘어날 것이므로 명품 산업이 활성화되겠네요. 즉, 소비 가치의 변화도 '시장 수요'라고 볼 수 있습니다.

→ 이러한 사고 과정을 통해 패션 산업 등 새로운 산업들이 결국 '인구 구성'과 '소비 가치'의 변화에 따른 '시장 수요' 변화로 인해 만들어진 산업이라는 점을 이해해야 해요. 우리가 일대일로 대응시킨 원리는 '시장 수요의 측면'에 따른 새로운 산업 변화니까요. '패션', '노인', '레저'에 대한 수요가 발생했고, 이에 부응하여 위와 같은 '새로운 산업'이 발생했다는 것이 핵심입니다. 어떤 원리와 사례가 대응되는지를 정확하게 체크하는 것이 정말로 중요했습니다.

> 수직적 인수합병은 동일한 분야에 있으나 생산 활동 단계가 다른 업종 간에 이루어지는 인수합병이다. 예를 들어 자동차의 원자재를 공급하는 기업과 자동차를 생산하는 기업이 인수합병하는 경우가 있다.
>
> (2016학년도 7월 학력평가)

→ 수직적 인수합병의 정의가 제시됩니다. 같은 분야이지만 생산 활동 '단계'가 다른 업종끼리 이루어지는 '인수합병'이 수직적 인수합병이군요. 생산 '단계'가 다른 기업끼리 합병한다는 점에서 '수직적'인 것이네요.

→ 이어서 수직적 인수합병의 사례가 등장합니다. 만약 정의가 잘 납득되지 않았다면 이 사례로 이해하시면 됩니다. 자동차를 만드는 분야라는 점에서는 같고, 자동차를 만드는 '단계'에서 차이가 있는 업종의 기업이 제시됩니다. 원자재를 공급하는 것은 자동차를 만들기 위한 기초 단계이고, 자동차를 생산하는 것은 자동차 생산과정에서 마지막 단계에 해당합니다. 즉, '자동차'라는 같은 분야이지만 서로 다른 단계의 업종이 인수합병을 하는 사례가 제시되어 있네요. 이런 것이 바로 수직적 인수합병입니다. 이와 같이 사례와 원리를 연결하면서 이해해야 합니다.

> 대부분의 민주주의 국가에서 국민은 자신의 대표자를 뽑아 국정의 운영을 맡기는 제도를 채택하고 있다. 그런데 여기에는 국민과 대표자 사이의 관계와 관련하여 근대 정치의 고전적인 딜레마가 내포되어 있다. 가령 입법안을 둘러싸고 국회의원과 소속 지역구 주민들의 생각이 다르다고 가정해 보자. 누구의 의사를 우선하는 것이 옳을까?
>
> (2013학년도 6월 모의평가)

→ 대부분의 민주주의 국가에서 운영되고 있는 '대의제'에 대한 설명으로 시작하고 있습니다. 우리나라도 국민이 국회의원이나 대통령을 '투표'로 뽑죠? 그리고 이 사람들이 법을 만들거나 정책 안건을 결정하는 등 국정 운영을 국민 대신 해 줍니다. 이게 대의제입니다. 국정 운영과 관련된 '의사결정'을 '대신해줄 대표자'를 뽑는 제도가 대/의/제인 것이죠.

→ 어려운 내용은 아닌데, 여기에는 근대 정치의 '고전적인 딜레마'가 내포되어 있다고 해요. 이 딜레마는 '국민과 대표자 사이의 관계'에 대한 것입니다. 이게 어떤 딜레마일지 궁금해하면서 넘어가 보면, '가령'이라는 표지와 함께 '사례'가 등장합니다.

→ 입법안을 둘러싸고 '국회의원'과 '소속 지역구 주민들'의 생각이 다를 때 누구의 의사를 우선해야 하는지에 대한 질문이 제시되어 있어요. 하던 대로 '국회의원=대표자', '소속 지역구 주민들=국민'으로 대응시키면서, 이 중 누구의 의사를 우선해야 하는지가 '딜레마'에 해당한다는 것을 이해해주시면 되겠습니다. 즉, 대리자의 의사가 먼저냐, 국민의 의사가 먼저이냐'가 딜레마의 핵심입니다. 고전적인 딜레마'라는 추상적인 내용이 구체적인 사례를 통해 좀 더 쉽게 서술되고 있네요!

21

　　기술적 모순이란 두 개의 기술적 변수의 값이 서로 충돌하는 것이다. 가령 비행기의 속도를 높이려면 출력이 높은 엔진을 장착해야 한다. 그런데 출력을 높이려면 엔진이 커져야 하고, 그에 따라 엔진은 무거워진다. 결국 출력이 높은 엔진을 장착하면 비행기의 무게가 증가하여 속도는 떨어지게 된다. 그렇다고 가벼운 엔진을 장착하면 출력의 한계 때문에 속도를 증가시키기 어렵다.

(2006학년도 6월 모의평가)

➜ '기술적 모순'이라는 개념의 정의가 제시되고 있습니다. 단어 의미 그대로, '기술적'인 '모순'을 말하는 것으로 보이네요. 정의 역시 '기술적 변수'의 값이 '충돌'(모순)하는 것을 말하고 있습니다.

➜ 그런데 정말 중요한 정보인가 봅니다. '가령'을 통해 확실하게 이해시키려는 모습을 보이고 있습니다. 천천히 이해해 볼까요? 일대일 대응시키려면, '두 개의 기술적 변수의 값'을 찾아야 합니다. 제시된 사례를 정리하면, '속도 높이려면→엔진 출력 높아야 함→그러면 엔진 커야 함→그러면 엔진 무거워짐→그러면 속도 떨어짐→ 그렇다고 엔진 무게 줄이면→ 속도 증가 어려움'의 구조입니다. 이 사례에 따르면, '비행기의 속도'와 '엔진의 무게'라는 두 개의 기술적 변수가 '충돌'하는 모습을 보이고 있다는 걸 알 수 있네요. 비행기의 속도를 빠르게 하기 위해 무거운 엔진을 쓰면 다시 비행기가 느려지는 모순이 생기는 것이죠.

➜ 이처럼 사례는 어떠한 정의(특히 화제와 직결되는 아주 중요한 정의)를 확실하게 이해시키기 위해 사용되기도 합니다. 사례를 이용해서 이해시킨 개념이라면, 그 정의는 정말 외울 듯이 확실하게 정리할 필요가 있겠죠?

22

　　어떤 경제 주체의 행위가 자신과 거래하지 않는 제3자에게 의도하지 않게 이익이나 손해를 주는 것을 '외부성'이라 한다. 과수원의 과일 생산이 인접한 양봉업자에게 벌꿀 생산과 관련한 이익을 준다든지, 공장의 제품 생산이 강물을 오염시켜 주민들에게 피해를 주는 것 등이 대표적인 사례이다.

(2012학년도 수능)

➜ '외부성'이라는 개념의 정의부터 확실하게 잡아야겠네요. 수식되어 제시되고 있으니, 민감하게 반응할 수 있죠? 어떤 사람의 행위가 의도치 않게 다른 사람에게 이익이나 손해를 주는 것이네요. '의도치 않게', '이익이나 손해' 정도가 키워드가 되겠습니다.

➜ 그런데 다음 문장에선 갑자기 '과수원', '양봉업자', '공장', '주민들' 이야기가 나옵니다. 왜 나오는 것인가 했더니, 대표적인 '사례'라고 해요. 다른 건 없습니다. '외부성'의 정의와 대응시키면 됩니다. 과수원이 과일을 생산했더니 양봉업자가 '이익'을 보고 있네요. 아마 이 이익은 '의도치 않은' 이익일 것입니다. 지문에는 '의도치 않게'라는 말이 없지만, 우리는 지금 '외부성'의 사례에 대해 읽고 있으니 이를 추론하면서 읽을 수 있어야 합니다.

➜ 한편 '외부성'은 의도치 않은 '이익'뿐만 아니라 '손해'까지도 포함하는 개념이었습니다. 공장의 제품 생산이 '의도치 않게' 주민들에게 피해를 주는 것이 그 사례네요. 이렇게 '의도치 않게', '이익, 손해'라는 '외부성'의 정의를 완벽하게 이해하고 가시면 됩니다.

23

　　SNS에서 이루어지는 다양한 활동은 계량적 지표로 활용되어 이용자를 서열화할 수 있기 때문에 이용자는 이 서열을 자신의 정체성과 결부시켜 받아들일 수 있다. 가령 더 자주 접속하여, 더 많은 게시물과 반응을 남기는 이용자는 자기 스스로 SNS 공간에서 유명 인사가 될 수 있다고 생각한다.

(2020학년도 사관학교)

➜ SNS의 활동은 '계량적 지표'로 활용되어 '서열화'할 수 있다고 해요. 계량적 지표니까 당연히 서열화할 수 있겠죠? 계량적 지표는 수치로 나타낼 수 있으니까요. 혹시나 계량적 지표가 어떤 의미인지 모른다면 꼭 사전을 찾아보세요! 아무튼 서열

화할 수 있다는 특징 때문에, 이 서열을 자신의 정체성으로 엮을 수 있다고 합니다. 내용 자체는 어렵지 않지만 정확히 와닿지는 않아요.

➔ 이에 사례가 등장합니다. 여기서 중요한 건 '서열화 → 정체성과 결부'한다는 점입니다. 접속 횟수가 많을수록, 많은 게시물을 남길수록 자신이 유명 인사가 될 수 있다고 생각한다고 해요. 여기서 접속 횟수나 게시물의 수는 '계량적 지표'입니다. 숫자로 나타낼 수 있으니까요! 그리고 이것을 SNS 내의 '유명 인사'가 되는 것, 즉 '자기 정체성'과 결부해서 받아들이는 모습이네요.

(24)

　　양층 언어(상층어*, 하층어*) 사용 상황에 있는 구성원은 특정 상황에서 사용되는 언어를 모를 경우 불이익을 받을 수 있다. 예를 들어 정치 분야에서 사용되는 언어를 모른다면 일상생활에는 지장이 없겠지만, 투표와 같은 참정권을 행사하는 과정에서 불편을 겪게 될 가능성이 크다.

(2017학년도 사관학교)

* 상층어: 종교, 법률, 교육, 행정 등과 같은 '높은 차원'의 언어적 기능을 수행하기 위해 사용되는 언어어지는 정식 교육
* 하층어: 가족 간의 비격식적인 대화, 친교를 위한 일상 담화 등 '낮은 차원'의 언어적 기능을 수행하기 위한 언어

➔ 이번에는 '양층 언어 사용'과 관련된 문제 상황을 제시하고 있습니다. '정치 분야'에서 사용되는 언어와 일상생활에서 사용하는 언어는 다릅니다. 하지만 이 두 언어를 모두 사용해야 하는 상황에 있는 사람들은, 둘 중 하나를 모를 때 불이익을 받을 수 있다고 해요. 그 예시가 바로 정치 분야의 언어입니다.

➔ 정치 분야의 언어는 당연히 '상층어'에 해당하겠죠? 하지만 상층어를 모르더라도 '일상생활'에는 지장이 없습니다. 일상생활에서 사용하는 언어는 '하층어'이니까요. 하지만 하층어(일상생활의 언어)만 알고 있다면, 당연하게도 상층어를 사용해야 할 때 불이익을 받을 수 있겠죠? 그 예시가 '투표'입니다. 투표는 정치적 행위입니다. 즉, 상층어를 사용해야 하는 상황이에요. 그렇다면 상층어를 잘 모르고 하층어만 알고 있다면 투표를 할 때 불편함을 느낄 것입니다. 투표 상황에 맞는 언어를 제대로 구사하지 못해서 불편함을 감수해야 한다는 손해를 보는 것이네요. 이렇게 하면 '불이익'이라는 원리를 정확하게 이해할 수 있겠죠?

(25)

　　국가가 개인의 재산권을 보호하고, 재산권이 배타적 권리라도 이는 절대적이고 무제한적일 수 없다. 예를 들어, 어떤 철도 회사가 자기의 철도에 대하여 가지는 재산권이 절대적이고 무제한적인 권리라면 철도 운영 과정에서 발생하는 오염 물질도 마음대로 배출할 수 있다. 이 경우 그 오염 물질로 인하여 철도 인근의 농민들이 소유한 경작지의 가치는 그만큼 감소하므로 농민들의 재산권이 침해당한 것이다.

(2020학년도 사관학교)

➔ 국가가 재산권을 보호하고, 그 권리가 '배타적 권리'라는 것은 재산권이 반드시 보호받는 권리라는 의미입니다. 하지만 이것이 '절대적이고 무제한적일 수 없다'는 것은, 재산권 보호가 다른 요인에 의해 제한될 수도 있다는 의미이겠죠? 이렇게 제한이 가능한 상황과 그 이유에 대해서 이야기하겠네요.

➔ 이에 대한 사례가 제시되고 있네요. 이 사례를 보고 구체적으로 이해해주시면 됩니다. 철도 회사의 재산권은 국가로부터 보호 받는 배타적 권리라고 해요. 그렇다고 해서 이것이 절대적이고 무제한적이진 않다는 것을 보여주고 있습니다. 철도 회사의 재산권이 '절대적이고 무제한적'인 반대 상황을 가정해서 말이에요. 내용은 쉽게 이해할 수 있네요. 회사의 재산권이 절대적이고 무제한적이라면 당연히 오염 물질을 마음대로 배출해도 될 것입니다. 남에게 피해를 끼치든 말든 그 권리는 '절대적이고 무제한적'인 것일 테니까요.

➔ 하지만 이렇게 되면 농민들의 '재산권'이 침해받는 문제가 생긴다고 합니다. 농민들의 재산권 역시 '국가로부터 보장받아

야 할 배타적 권리'이기 때문에 위와 같은 침해 상황이 발생해서는 안 됩니다. 이런 경우가 있기 때문에 재산권은 배타적 권리이긴 하지만, '절대적이고 무제한적'이지는 않다는 내용이 이어집니다. 결국 다른 이의 재산권을 침해하는 경우에는 재산권 보호가 제한될 수도 있다는 원리를 자세하게 설명하고 있는 것이네요!

26

　　이 심사는 기업 결합의 성립 여부를 확인하는 것부터 시작한다. 여기서는 해당 기업 간에 단일 지배 관계가 형성되었는지가 관건이다. 예컨대 주식 취득을 통한 결합의 경우, 취득 기업이 피취득 기업을 경제적으로 지배할 정도의 지분을 확보하지 못하면, 결합의 성립이 인정되지 않고 심사도 종료된다.　　　　　　　　　　　　　　　　　　　　　(2010학년도 수능)

→ 심사는 '기업 결합의 성립 여부 확인'부터 시작한다고 합니다. '기업 결합의 성립 여부 확인'이라는 말부터 어려운데, 바로 뒷문장에서 '단일 지배 관계 형성'이라는 말로 재진술해주고 있네요. 설마 또 재진술의 표지가 없다고, 어떻게 재진술인 걸 아냐고 물어보는 학생들은 없겠죠? 표지를 찾는 게 아니라, 내용상 같은 의미임을 '생각'해내는 것이 중요한 거예요!

→ 그런데 아직까지도 무슨 말인지 확 이해하기가 어렵습니다. 그 순간 바로 뒤에 있는 '예컨대'가 눈에 들어오네요. '주식 취득을 통한 결합'의 경우에 대해 소개하고 있습니다. 취득 기업이 피취득 기업을 '경제적으로 지배할 정도'의 지분을 확보하지 못하면 결합의 성립, 심사 등이 모두 종료된다고 해요. 여기서 '경제적으로 지배 정도의 지분'이 곧 '단일 지배 관계 형성'이자, '기업 결합의 성립 여부'에 해당하는 것이겠죠?

→ 이처럼 사례와 원리를 연결짓는 것 뿐만 아니라, '표지 없는 재진술'에 대해서도 확실하게 정리하도록 합시다. 그리고 '능동적인 생각'이라는 걸 하면서 따라오고 있다면, '표지 없는 사례'라는 것도 존재할 수 있다는 생각을 할 수 있겠죠? 뒤에서 만나보게 될 것이니 기대해보도록 합시다.

27

　　'물질의 성질'은 물질을 구성하는 분자나 이온의 구조에 의해 나타나는 성질을 의미한다. 따라서 분자나 이온의 구조가 달라지면 물질의 성질은 변하게 된다. 예를 들어, 이산화탄소(CO_2)는 물과 결합해 탄산 이온(CO_3^{2-})을 형성하여 탄산수가 된다. 이것은 이산화탄소와 물과는 전혀 다른 성질을 가지기 때문에 이산화탄소가 물에 녹는 현상은 화학 변화라고 말할 수 있다. 반면에 설탕이 물에 녹는 경우는 설탕의 색과 모양만 변하므로 이러한 용해 현상은 물리 변화에 해당한다.　　　(2003학년도 모의평가)

→ 먼저 '물질의 성질'의 정의를 설명합니다. '물질'의 '성질'은 '분자나 이온의 구조'에 의해 나타나는 '성질'이라고 해요. 즉, '물질의 성질=분자, 이온 구조'임을 잡고 넘어가 줍시다. 이를 잘 파악했다면 다음 문장은 재진술이 됩니다. '물질의 성질=분자, 이온 구조'이니까, 당연히 분자나 이온 구조가 달라지면, 물질의 성질이 변하게 되겠죠? 정의를 바탕으로 재진술을 납득하고 넘어가셔야 합니다.

→ 그 다음부터는 본격적으로 '사례'가 등장합니다. 이는 '물질의 성질'에 대한 예시이죠? 항상 사례를 읽을 땐 어떤 원리와 연결되는 내용인지 생각하셔야 합니다. 그렇게 보면, 이산화탄소의 구조에 대해서 설명하고 있음을 확인할 수 있어요. 이산화탄소가 물과 결합해 '탄산 이온'이 되면, '탄산수'가 됩니다. 분자와 이온의 구조가 바뀌면서 다른 물질이 된 것이에요!

→ 이 내용을 다시 한번 더 재진술해 줍니다. '이산화탄소+물'이 '탄산 이온'이라는 구조를 갖게 되면, 이산화탄소나 물과는 '전혀 다른 성질'을 갖게 된다고 해요. 즉, 분자나 이온의 구조가 달라져, '물질의 성질'이 바뀌는 것에 대한 예시였습니다. 이 점을 자연스레 이해하고 넘어가셔야 합니다. 그리고 이런 현상(이산화탄소가 물에 녹음 = 탄산수가 되는 것)이 곧 '화학 변화'라고 합니다. 화학 변화의 정의도 가볍게 체크할 수 있겠죠? 분자나 이온 구조가 달라져 '물질의 성질'이 바뀌는 것! 이게 곧 화학 변화입니다.

➜ 그리고 나서는 반례를 제시합니다. 설탕은 물에 녹았을 때 '색과 모양'만 변한다고 해요. 그래서 이는 단순한 '용해 현상', 즉 '화학 변화'가 아닌 '물리 변화'라고 합니다. '분자나 이온의 구조가 바뀌지 않는다=물질의 성질이 변하지 않는다'라는 식으로 앞의 내용을 재진술하고 있을 뿐이죠?

28

우선, 언어 표현과 그것이 지시하는 내용 사이의 결합이 자의적이라는 점을 들 수 있다. 이는 같은 의미를 가진 말을 언어마다 달리 발음하는 사실만으로도 쉽게 확인된다. 간혹 의성어의 경우는 이 관계가 필연적이라는 이의가 제기되기도 하지만, 여기에도 필연성은 없다. 예를 들어 국어로는 개가 짖는 소리를 '멍멍'이라고 하지만 러시아어로는 '가브가브'라고 한다. 이는 우리가 지각한 소리에 대한 언어 표현이 꼭 그래야 할 필연성이 없음을 보여 준다. (2000학년도 수능)

➜ 언어 '표현'과 '내용'의 결합에 대해서 설명하고 있습니다. 이것이 '자의적'이라고 해요. 두 결합이 필연적이지 않다는 의미입니다. 이 점을 기억하면서 다음 문장으로 넘어가면, 같은 말을 반복하고 있다는 것을 쉽게 파악할 수 있습니다. 다른 언어들을 비교할 때, '의미'는 같지만 모두 발음 양상은 다릅니다. 내용(가리키는 대상)은 동일한데, 표현(각기 다른 언어의 발음들)은 나라마다 다르다는 것을 말하고 있어요. 사실상 재진술 문장입니다.

➜ 그리고 '의성어'의 사례가 등장하는데, 이때도 역시나 '자의적'이라는 포인트를 살려서 읽어주셔야 합니다. 항상 사례가 등장할 때에는 그에 대응되는 개념을 떠올려야 해요! 그러면 아주 쉽게 납득할 수 있어요. '개가 짖는 소리'라는 내용은 같지만, 러시아어와 한국어에서 이 내용(개가 짖는 소리)은 각기 다른 표현으로 등장합니다. 결국에는 언어 표현과 그것이 지시하는 내용 사이의 결합이 '필연적'이지 않고 '자의적'이라는 게 핵심이죠. 마지막 문장은 이 포인트를 재진술하고 있습니다. '자의적이다 = 필연성이 없음'만 체크해주시면 쉽게 읽을 수 있습니다.

29

기업 결합이 이루어지는 경우 기업이 속한 사회에는 간혹 역기능이 나타나기도 하는데, 시장의 경쟁을 제한하거나 소비자의 이익을 침해하는 경우가 그러하다. 가령, 시장 점유율이 각각 30%와 40%인 경쟁 기업들이 결합하여 70%의 점유율을 갖게 될 경우, 경쟁이 제한되어 지위를 남용하거나 부당하게 가격을 인상할 수 있는 것이다. (2010학년도 수능)

➜ 기업/결합은 이름에서부터 알 수 있듯, 서로 다른 기업들이 하나가 되는(결합) 인수합병을 가리킬 것입니다. 이렇게 기업 결합이 이루어질 때, 사회에는 '역기능'이 나타나기도 한다고 합니다. 어떤 역기능일까요? 기대하면서 읽어봅시다.

➜ '시장 경쟁 제한', '소비자 이익 침해'가 바로 그 '역기능'이네요. 그렇다면 왜 이런 문제가 발생하는 것일까요? 바로 뒤에 나온 '가령'이라는 표지로 제시된 사례를 바탕으로 이해해 보도록 합시다.

➜ 시장 점유율이 30%, 40%였던 기업들이 결합하여 70%의 점유율을 가지면, 압도적인 점유율을 가지게 되죠? 이렇게 되면 '경쟁은 제한'되고, '지위 남용, 부당한 가격 인상'과 같은 '소비자 이익 침해'가 발생하게 되는 것이네요. 한 기업이 70%의 점유율을 보인다면 이 기업이 그 시장을 크게 지배하며 여러 부작용을 낳겠죠.

➜ 예를 들어 스마트폰 산업에 삼성이 70%의 점유율을 보인다면 어떨까요? 애플, 샤오미 등의 기업들이 삼성과 제대로 경쟁할 수 있을까요? 당연히 어려울 거예요. 삼성의 매출이 압도적으로 높으니까 기술 격차도 엄청날 거고, 점유율 자체가 높으니 시장 지배력도 엄청 강하겠죠. 그럼 경쟁은 제한될 수밖에 없겠습니다. 또, 점유율이 높다 보니 시장에서의 입지도 강할 거고, 이 지위를 남용해서 원가 절감을 많이 하거나, 가격을 확 올려버릴 수도 있겠습니다. 그럼 제품 가격은 높아졌는데, 퀄리티는 떨어지니까 소비자의 이익은 제한되겠죠?

➜ 만약 선지가 '부당하게 가격이 인상되는 경우 소비자의 이익은 침해된다.'라고 물어본다면, 이렇게 사례와 원리를 연결 짓지 못한 학생들은 판단이 까다로워지겠죠? 하지만 앞에서 설명한 대로 '사례 – 원리'를 잘 연결하면서 읽었다면 '당연한 말'처럼 들릴 거예요. 꼭 이런 문제 풀이를 위해서만이 아니라도, 지문을 자체를 이해하는 데 있어 '사례'와 '원리'를 연결 짓는 것은 매우 중요하니 확실하게 정리하도록 합시다!

---

(30)

아리스토제누스는 '감각적 지각'이 수적 비율보다 음악을 판단하는 데에 더 근본적이라 주장하며, 이를 미적 체험의 바탕으로 삼았다. 5도를 아름답다고 들었을 때, 그것이 왜 아름답게 들리는지를 수리적 추리를 통해 이해하려고 했던 피타고라스와는 달리, 아리스토제누스는 귀로 지각된 소리를 근거로 음악의 아름다움을 판단한다.　　　　　　　　　　(2011학년도 9월 모의평가)

➜ 사례와 원리를 연결하는 데에 집중하면서 읽어 봅시다.

➜ 아리스토제누스의 '주장'이 나오고 있습니다. '감각적 지각'이 '수적 비율'보다 음악을 판단하는 데 더 중요하다고 합니다. 그런데 바로 뒤에 '5도를 아름답다고 들었을 때'로 시작하는 문장이 나옵니다. 따로 '예를 들어' 표시가 없더라도 사례임을 알 수 있어야 합니다. 보다 직관적이고 구체적인 내용이 나오고 있기 때문이에요! '음악 판단'에 대해 읽고 있는데, '5도'를 '아름답게' 들었다고 하니까요. '5도'는 음악의 구체적인 사례이고, '아름답다'는 것은 음악을 '판단'한 것이므로 앞 문장의 사례라는 것입니다.

➜ 이를 바탕으로 하면, '수리적 추리'라는 '수적 비율'보다는 '귀로 지각된 소리'라는 '감각적 지각'을 근거로 음악의 아름다움을 판단한다는 '아리스토제누스'의 주장을 반복하고 있다는 것을 알 수 있겠죠? 어렵지 않게 납득할 수 있겠네요.

➜ 앞에서도 언급을 했지만, 최근 평가원은 이런 식으로 '예를 들어'라는 표지 없이 사례를 들어주는 경우가 많습니다. 그냥 상황을 구체화함으로써 우리가 스스로 사례임을 잡아내야 하는 것이죠. 여기서는 '예를 들어'를 생략했다고 볼 수 있는데, 이런 경우뿐만 아니라 각종 접속사를 생략하여 지문을 어렵게 만드는 경우도 늘어나고 있습니다. 여러분은 꼭 스스로, '능동적'으로 사고하며 글을 읽는 습관을 들이셔야 합니다. 접속사가 없더라도 생략된 접속사를 스스로 넣어 읽을 수 있어야 하고, 표지가 없더라도 내용을 바탕으로 재진술을 잡아낼 수 있어야 하니까요.

---

(31)

절차적 측면에서 보면 그린이 스키아파렐리보다 우위를 점하고 있었다. 우선 스키아파렐리는 전문 천문학자였지만 화성 관측은 이때가 처음이었다. 게다가 그는 마데이라 섬보다 대기의 청명도가 떨어지는 자신의 천문대에서 관측을 했고, 배율이 상대적으로 낮은 8인치 반사 망원경을 사용했다. 또한 그는 짧은 시간에 특징만을 스케치하고 나중에 기억에 의존해 그것을 정교화했으며, 자신만의 관측을 토대로 지도를 제작했던 것이다.　　　　　　　　　　(2007학년도 수능)

➜ 뒷 부분이 사례인 듯이 보이지만, 명시적으로 사례라고 드러내 주지는 않습니다. 내용이 '구체화'되고 있다는 것을 깨닫고 원리와 연결할 생각을 해야 합니다. 앞 부분이 어떤 내용인지 먼저 살펴봅시다. 그린이 스키아파렐리보다 '절차적으로' 낫다는 내용이네요. 절차적으로 낫다는 게 정확히 어떤 말인지 이해가 되지 않지만, 중요한 내용이면 사례나 재진술을 통해서 뒤에서 설명해줄 것이라는 마음으로 넘어가 봅시다.

➜ 그런데 갑자기 스키아파렐리의 화성 관측 얘기가 나옵니다. 화성 관측이 처음이었다는 것을 보는 순간 그린보다 '절차적'으로 뒤떨어진다는 생각이 들어야 합니다. 뒤에 나오는 청명도가 떨어지는 자신의 천문대에서 관측을 한 것, 배율이 낮은 망원경을 사용한 것, 특징만 스케치하고 기억에 의존해 정교화한 것은 모두 스키아파렐리가 '절차적' 측면에서 그린보다 떨어진다는 것을 의미합니다. 청명도가 떨어지는 곳에서 관측을 한다면, 이는 관측의 절차(관측지의 차원에서)상 부족한 부분이 있다는 말로 이해할 수 있어요. 배율이 낮은 망원경을 사용한 것, 짧은 시간에 스케치하고 기억에 의존한 것 역시 '관측을 얼

마나 정확히 했는가'라는 '관측의 절차적 측면'에서 부족하다는 의미로 받아들일 수 있습니다. 후술되는 모든 사례를 관측의 절차상 '그린 〉 스키아파렐리'라는 원리와 연결지은 것이죠. 상황을 구체화시켜줬으니 '사례'이자 재진술인 거예요. 결국 하나의 포인트가 반복되고 있다는 점을 인지해야 합니다.

(32)

　　배추를 경작하는 농민이 주변 여건에 따라 가격이 크게 변동하는 데서 오는 위험에 대비해 3개월 후 수확하는 배추를 채소 중개상에게 1포기당 8백 원에 팔기로 미리 계약을 맺었다고 할 때, 이와 같은 계약을 선물 계약, 8백 원을 선물 가격이라고 한다.

(2018학년도 사관학교)

→ 이번 문장은 조금 특이합니다. 사례가 먼저 등장하고 있어요. 이럴 땐 사례를 기준으로 뒤에 나오는 개념을 이해해주셔야 합니다. 순서만 바뀐 것이에요. 배추를 경작할 때 위험에 대비하기 위해 배추 거래 계약을 미리 맺고 있습니다. 여기서 포인트는 '위험에 대비'하여 '미리 계약을 맺는 것'입니다. 이 포인트를 잘 파악했다면 뒤에서 나오는 '선물 계약'과 '선물 가격'이 무엇인지도 쉽게 이해할 수 있습니다.

→ 선/물/계약은 거래 '이전(선)'에 '물'건에 대해 이루어지는 '계약'입니다. 그리고 선물 가격도 마찬가지로 '선물' 계약에서 결정한 '가격'이라는 의미입니다. 농민은 배추 값이 크게 떨어질 '위험'에 대비해서, 채소 중개상은 배추 값이 크게 오를 '위험'에 대비해서 미리 특정한 가격으로 계약을 하는 것이죠? 이처럼 사례를 바탕으로 '위험'과 같은 핵심 포인트를 잘 파악하고, 나아가 뒤에 나오는 단어들의 정의까지 그 의미를 살리면서 읽어 주셨어야 해요.

(33)

　　즉, 법률 조문의 공백으로 인해 포섭할 수 없는 사안이 있을 때에는 유사한 다른 사안을 규율하는 법률을 찾아 이를 해당 사안에 적용하는 것이다. 예를 들어 법률 조문에 이자를 지급하라는 규정은 있으나 입법 과정에서 실수로 이자율을 명시하지 않았다면, 이자율을 규정하고 있는 다른 법률의 조항을 참조해 적정한 이자를 지급하라고 판단을 내릴 수 있다.

(2021학년도 사관학교)

→ 이 문장은 사용되는 어휘 자체가 꽤나 어렵습니다. 천천히 볼게요. 법률 조문의 공백으로 포섭할 수 없는 사안이 있을 때에 대해 설명합니다. 법률 조문에 '공백'이 있다는 것은 말 그대로 허점이 있다는 의미입니다. 이것으로 인해 '포섭'이라는 것을 할 수 없을 때를 이야기하고 있는 것이에요. 이때는 법률에 허점이 있으므로 유사한 사안을 다루는 법률을 활용한다고 합니다. 딱 맞는 게 없으면 비슷한 것으로 때운다는 정도로 이해하시면 됩니다. 즉, '법률 조문의 공백(허점 O) = 비슷한 법률 이용'이라는 포인트를 잘 잡으셔야 합니다.

→ 이를 파악한 후에 뒤의 예시를 읽어 봅시다. 법률 조문에 '이자를 지급하라'는 말은 있는데 정작 '얼마를 지급해야 하는지'는 빠져 있는 상황입니다. 법률 조문에 '공백'이 생긴 상황이네요. 이때는 이자율을 구체적으로 명시한 다른 법률 조항을 참고한다고 합니다. 내가 참고해야 할 법률에 '얼마를 지급해야 하는지' 명시되어 있지 않기 때문에 이자율이 명시된 '비슷한 다른 법률'을 참고하는 상황이에요. 즉, 유사한 사안을 다루는 다른 법률을 통해 '공백'을 해결하고, 정상적으로 판단을 내리고 있습니다.

→ 여기까지 이해했다면 이 지문에서 말하는 '포섭'이 어떤 의미인지도 이해할 수 있습니다. '법률적 공백'으로 인해 사안을 '포섭'할 수 없는 상황이 초래됩니다. 이 말을 반대로 생각해보면, '법률적 공백'으로 인한 문제가 사라지면 '포섭'이 가능하다는 말이겠죠? 평가원은 종종 이렇게 상황을 반대로 뒤집어서 생각해서 특정 단어의 뜻을 추론하게끔 유도하기도 하니까 이렇게 반대로 생각하는 훈련도 틈틈이 해두면 좋습니다.

➡️ 아무튼 여기까지 생각했다면 '법률적 공백'으로 인한 문제가 없는 상황에 집중해 봅시다. 그럼 '유사한 다른 사안'을 찾아서 그 법률을 적용하는 상황으로 이해할 수 있겠네요. 이렇게 되면 법률적 공백이 발생하더라도 무사히 판결을 내릴 수 있습니다. 그럼 '포섭'이라는 것은 곧 사안에 대한 '판결'을 무사히 내리는 것을 의미한다고 볼 수 있겠네요!

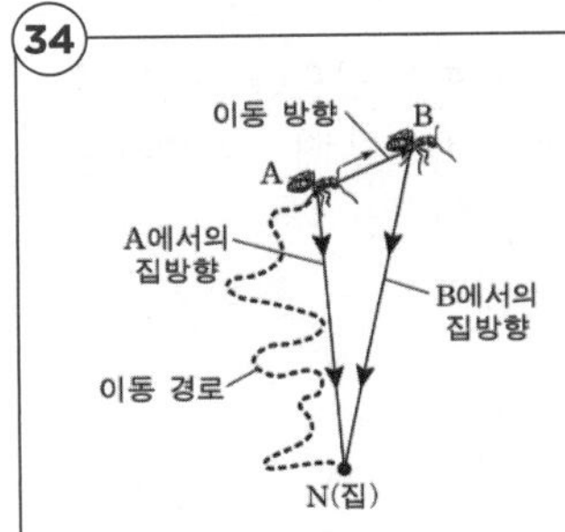

(34) 사막개미의 이러한 놀라운 집찾기는 집을 출발하여 먹이를 찾아 이동하면서 자신의 위치에서 집 방향을 계속하여 다시 계산함으로써 가능하다. 가령, 그림에서 이동 경로를 따라 A에 도달한 사막개미가 먹이를 찾았다면 그때 파악한 집 방향 $\overrightarrow{AN}$으로 집을 향해 갈 것이다. 만약 A에서 먹이를 찾지 못해 B로 한 걸음 이동했다고 가정하자. 이때 사막개미는 A에서 B로의 이동 방향과 거리에 근거하여 새로운 집 방향 $\overrightarrow{BN}$을 계산한다. 사막개미는 먹이를 찾을 때까지 이러한 과정을 반복하여 매 위치에서의 집 방향을 파악한다.

(2014학년도 9월 모의평가 A형)

⑤ 사막개미는 한 걸음씩 이동하면서 그때마다 집까지의 직선 거리를 다시 계산하겠군.

➡️ 그림까지 제시되었네요. 그림 역시 일종의 '사례'에 해당하므로, 설명하고자 하는 원리를 이해하는 데 적극적으로 사용해 주셔야 합니다. 일단 원리가 무엇인지 확인했더니, '사막개미의 길찾기'네요. 사막개미는 자신의 위치에서 '집 방향'을 계속하여 다시 계산함으로써 길을 찾는다고 합니다. '집 방향 계산'이라는 것이 확 와닿지는 않는데, 조금 더 읽어볼까요?

➡️ '가령'이라는 말이 제시되고 있습니다. 사례를 통해 '집 방향 계산'이라는 원리를 확실하게 이해시켜 주려나 봐요. 그런데 '그림'을 활용하라고 합니다. 그림으로 손이 가면서, 천천히 이해해 봅시다. 먼저 이동 경로를 따라 A에 도달한 사막개미는 어떻게 집을 찾을까요? 그림을 보니 A까지 가는 이동 경로가 아주 복잡합니다. 그런데 사막개미는 '집 방향' $\overrightarrow{AN}$을 파악하고, 이 '방향'을 따라 바로 집으로 찾아가는 것이네요. 왔던 길을 돌아가지 않고, 그 자리에서 집까지의 '방향'을 계산한다! 신기하네요. 어렵지 않죠?

➡️ 또 다른 상황까지 제시하고 있습니다. A에서 먹이를 찾지 못해 B로 한 걸음 이동한 사막개미는, 이번에도 왔던 길을 돌아가지 않고 새로 계산한 '집 방향' $\overrightarrow{BN}$을 따라 집으로 찾아갑니다. '집 방향 계산'이라는 원리를 계속해서 이해시키는 모습이죠?

⑤ 사막개미는 한 걸음씩 이동하면서 그때마다 집까지의 직선 거리를 다시 계산하겠군.

➡️ 그럼 이 선지가 틀렸다는 건 너무 간단하게 알 수 있겠네요. 사막개미는 집까지의 '방향'을 계산하는 것이지, '직선 거리'를 계산하는 게 아니에요! 그림을 보면 사막개미가 '집 방향'을 파악하고 직선으로 움직이는 모습을 확인할 수 있습니다. 이걸 본 학생들은 '직선 거리'라는 말에 별 위화감을 못 느끼고 이 선지를 맞는 선지로 파악했던 비극을 담고 있는 선지입니다. 실제 정답률이 40%대에 머물렀던 어려운 선지였어요.

➡️ 하지만 우리는 이 선지가 틀렸다는 걸 너무나 잘 알고 있습니다. 왜? '집 방향 계산'이라는 원리를 사례를 바탕으로 완벽하게 이해하고 있으니까요! 이처럼 사례를 제시하며 확실하게 이해시켰다고 생각하는 원리는 평가원 입장에선 문제로 어렵게 출제할 수 있는 요소가 됩니다. 평가원이 할 일, 즉 이해시키는 것은 다 했으니까요!

> [청구항 1] 금속, 플라스틱으로 구성된 의자
> [청구항 2] 제1항에 있어서, 상기 금속은 철인 의자
> [청구항 3] 제2항에 있어서, 목재를 포함하여 구성된 의자

위 예시의 [청구항 1]은 발명의 범위를 단독으로 나타내는 독립항이고, [청구항 2]와 [청구항 3]은 다른 항을 인용한 종속항이다. [청구항 2]는 다른 항에 기재된 발명의 구성 일부를 한정한 경우이고, [청구항 3]은 다른 항에 기재된 발명에 새로운 특징을 추가한 경우이다. 종속항은 독립항은 물론 또 다른 종속항을 인용할 수 있으며, 여러 가지 기술적 특징과 한정 사항 등의 구성 요소를 제시하기 때문에 독립항보다 좁은 보호 범위를 갖는다는 특징이 있다.

(2023학년도 4월 학력평가)

→ 사례로 시작하는 문단입니다. 그렇다면 각 [청구항]들이 무엇이고, 어떤 특징을 갖는지 궁금해하면서 읽어야 합니다. 먼저 각 청구항에 대한 대략적인 설명으로 시작합니다. [청구항 1]은 발명의 범위를 '단독'으로 나타내는 '독립/항'이라고 합니다. 발명의 범위에 대해서 다른 항과 상관없이 단독으로 무언가를 진술하고 있는, '독립적'인 청구'항'이니까 '독립/항'이라고 이해할 수 있겠습니다. 반면 [청구항 2]와 [청구항 3]은 각각 [청구항 1]과 [청구항 2]를 인용하고 있습니다. [청구항 2]는 "제1항에 있어서~", [청구항 3]은 "제2항에 있어서~"라는 말을 사용하고 있다는 점에서, 다른 항에 대해 부가적으로 서술하는 항이라는 점을 알 수 있어요. 그렇기 때문에 이는 다른 항에 '종속'되어 있다고 볼 수 있겠죠? 그래서 '종속/항'인 것입니다. 이렇게 각 항의 사례를 토대로 [청구항 1~3]이 각각 어떤 항인지 이해하면서 읽는 것이 중요합니다.

→ 종속항에 대한 설명이 이어집니다. [청구항 2]는 [청구항 1]에 기재된 발명의 구성 일부를 한정하고 있습니다. [청구항 1]에서 언급한 '금속'을 '철'로 한정하고 있네요. 그리고 [청구항 3]은 [청구항 2]의 '의자'에 대해 '목재를 포함하여 구성'된다는 특징을 추가하고 있습니다. 이렇게 종속항인 [청구항 2]와 [청구항 3]은 각각 다른 항의 의미를 한정·추가한다는 점에서, 다른 항에 '종속'되어 있다고 볼 수 있습니다.

→ 마지막 문장은 사실상 재진술처럼 느껴져야 해요. 〈종속항은 독립항은 물론 ~ 인용할 수 있으며〉라는 문장은 사실상 [청구항 2]와 [청구항 3]을 가리키는 내용입니다. [청구항 2]는 독립항인 [청구항 1]을 인용하고 있고, [청구항 3]은 또 다른 종속항인 [청구항 2]를 인용합니다. 즉, '종속항'은 독립항이나 또 다른 종속항을 모두 인용할 수 있는 것이에요. 이어서 '기술적 특징과 한정 사항 등의 구성 요소를 제시'하는 것 역시 앞서 살펴본 [청구항 2]와 [청구항 3]의 특징입니다. [청구항 2]는 [청구항 1]의 의미를 '한정'했고, [청구항 3]은 [청구항 2]의 발명에 대한 '특징'을 추가했기 때문입니다.

→ 여기까지 이해했다면 '독립항보다 좁은 보호 범위를 갖는다'는 것 역시 당연하게 납득할 수 있습니다. 기본적으로 '종속항'은 다른 항을 인용하여 그 의미를 '한정'하거나 '특징'을 추가한다는 특징이 있었어요. 그렇다면 종속항은 독립항에 비해 의미가 구체적일 것입니다. 포괄적인 의미를 '한정'하거나 의미(특징)를 '추가'하니까요. 마치, '금속'이 그냥 금속이 아니라 '철'이라는 의미만 가지는 것처럼요! '금속 vs 철' 중 무엇이 더 좁은 의미를 가지나요? 당연히 후자입니다. 이처럼 의미가 구체적인 종속항은, 독립항에 비해 '좁은 보호 범위'를 가집니다. 독립항에 비해 보호 대상이 '구체적'이기 때문이에요!

→ 한 단계만 더 나아가 보겠습니다. 여기서 '보호 범위'라는 말이 좀 생뚱맞게 느껴질 수도 있습니다. 갑자기 뭘 보호한다는 건지 감이 오지 않을 수도 있다는 것이죠. 이때, 첫 번째 문장에서 [청구항 1]을 '발명의 범위'를 단독으로 나타내는 독립항이라고 표현했다는 점에 주목할 수 있습니다. 결국 이 문장들은 모두 '발명의 범위'와 관련된 것이었다는 것도 추론할 수 있겠죠? 즉, [청구항 1]은 '금속, 플라스틱으로 구성된 의자'를 모두 '발명의 범위'로 '보호'하지만, [청구항 2]는 금속이 철인 경우에만, [청구항 3]은 금속이 철인데 목재가 포함된 경우에만 그것을 '발명의 범위'로 '보호'한다는 것입니다.

→ 이와 같이 첫 문장에서 제시한 내용은 마지막까지 큰 영향을 끼치는 경우가 많아요. 첫 문장부터 꼼꼼하게 읽으면서 내용을 받아들이는 습관을 들여 주셔야 합니다.

풀러는 하트의 법 해석에 대한 접근이 개별 단어들에 지나치게 집중한다고 비판하면서 법을 해석할 때는 기본적으로 법 규칙의 맥락과 법 규칙으로 실현하고자 하는 목적이 중요하다고 주장하였다. 풀러는 아이들에게 놀이를 가르치라고 어떤 사람이 다른 사람에게 말했는데, 아이들에게 돈을 걸고 내기를 하는 주사위 노름을 가르친 상황을 예로 들어 이를 설명한다. 아이들에게 놀이를 가르치라는 발화자의 당초 목적이 구체적으로 확정되지 않더라도, 놀이가 가리키는 대상에 주사위 노름이 포함되지 않는다고 해석할 수 있는 것은 인류가 가진 보편적인 목적들을 구현하는 방향으로 해석해야 하기 때문이라는 것이다.

(2023학년도 10월 학력평가)

→ 법 해석에 대한 '풀러'의 주장이 등장합니다. 풀러는 법 해석에 있어서 '개별 단어'들에 지나치게 집중하지 않고 법의 '맥락'과 '목적'에 주목해야 한다고 말합니다. 이 주장에 대한 사례가 등장해요. 그렇다면 이 사례가 말하고자 하는 바는 '맥락과 목적이 중요하다'는 것입니다. 이 점을 생각하면서 읽어봅시다.

→ 사례로는 어떤 사람(A)이 다른 사람(B)에게 아이들에게 놀이를 가르치는 경우가 제시되고 있습니다. 그런데 B가 놀이가 아니라 '노름(도박)'을 가르쳤다고 해요. 직관적으로 봐도 무언가가 잘못되었다는 점이 느껴지죠? 이게 '맥락'과 '목적'이라는 풀러의 핵심과 어떻게 연결될까요?

→ 풀러는 '놀이를 가르치라는 목적'이 정확히 무엇인지는 모르더라도, 상식적으로 그 목적이 '아이들에게 노름(도박)을 가르치라는 것'은 아니라는 점을 확실히 알 수 있음을 강조합니다. 즉, A의 말을 해석할 때 '놀이'라는 개별 단어에 지나치게 집중하기보다는 A의 발화 목적을 고려해서 '놀이'의 의미를 해석하라는 것입니다. 법을 해석할 때에도 마찬가지라는 거예요. 맥락과 목적이 중요하다! 설령 그 목적이 무엇인지 구체적으로 알지 못하더라도, 아이들에게 가르칠 '놀이'가 '노름'은 아니라는 것이 확실하듯 그 목적을 벗어나는 해석을 해서는 안 된다는 뜻이겠습니다.

현대 철학자 메야수는 사유 의존적인 대상뿐만 아니라 인간의 사유와 독립한 존재가 실재한다고 주장한다. 가령 방사성 동위원소의 측정으로 '46억 년 전에 최초의 지구가 존재했다.'라는 것이 입증되었다. 메야수에 따르면, 이는 인간의 사유와 독립한 존재가 실재한다는 증거이다.

(2024학년도 3월 학력평가)

→ '인간의 사유와 독립적인 존재가 있다'는 메야수의 주장과, 그에 대한 사례가 등장합니다. 그렇다면 '가령'이라는 표지와 함께 등장하는 예시는 당연히 메야수의 생각을 쉽게 설명하기 위한 장치이겠죠? 읽어보더라도 새로운 정보가 등장하지는 않습니다. '46억년 전에 최초의 지구가 존재했다'는 말은 곧 '인간의 사유와 독립적인 존재가 있다'는 말입니다. 46억 년 전이면 인간이 등장하기 한참 전의 먼 과거입니다. 이때는 인간이 없으니, 인간의 사유도 없겠죠? 그럼에도 '지구'라는 존재는 있었다고 합니다. 그렇다면 '지구'는 인간이 존재하기 훨씬 이전부터 있었으니, '인간의 사유와 독립적인 존재'라고 볼 수 있겠네요. 마지막 문장에서는 이 포인트를 다시 한번 더 친절하게 언급해주고 있습니다. '지구 = 인간의 사유와 독립적인 존재'인 것이에요.

낭만주의로의 이행이 진행되면서, 작곡가 자신이 느낀 주관적 감정이 음악을 통해 표현될 수 있다는 사고의 전환이 이루어졌다. 감정의 의미가 작곡가의 주관적인 감정으로 바뀌면서, 작곡가는 자신의 개성이나 독창성에 기초한 창작 활동을 할 수 있게 되었다. 또한 청자에게도 작곡가의 감정을 이해하기 위해 자신의 감정에 따라 음악을 능동적으로 수용하는 태도가 중요해졌다.

(2025학년도 7월 학력평가)

→ 낭만주의로 넘어오면서 이전과 달라진 점을 설명합니다. 그 핵심이 바로 '주관적 감정'을 음악으로 표현할 수 있다는 것이에요. 그럼 이전에는 음악으로는 주관적 감정을 드러낼 수 없다는 생각이 지배적이었다는 생각을 할 수 있겠네요. 이런 차이점도 머릿속으로 생각하면서 넘어갑시다. 어쨌든 '음악=주관적 감정 표현'이라는 점이 바로 낭만주의의 핵심이에요.

➜ 이렇게 낭만주의가 들어서면서 작곡가는 개성이나 독창성에 기초한 창작 활동을 할 수 있게 되었다고 해요. 음악을 통해 작곡가 '자신만의 감정'을 표현하게 되니까 자신만의 '개성'이나 '독창성'을 기반으로 음악을 만들게 되겠죠? 똑같은 말을 반복하고 있다고 느껴져야 합니다!

➜ 이번에는 청자의 역할이 제시되는데 그 속에 담겨 있는 내용은 똑같습니다. '음악=작곡가의 주관적 감정 표현'입니다. 그러니까 그 음악을 듣는 청자는 어떻게 해야 할까요? 당연히 '작곡가의 감정'을 이해해야겠습니다. 그리고 청자는 이를 위해 '자신의 감정'에 따라 음악을 능동적으로 듣는다고 해요. 내 생각을 토대로 타인(작곡가)의 감정을 이해하려면 당연히 그 감정을 살펴보기 위해 능동적인 태도를 취해야 할 것입니다. 친구의 말에 공감하려면 그냥 수동적으로 듣기만 해서는 안 되는 것처럼요! 친구의 생각을 이해하고 내 생각도 말하면서 우리는 친구의 심정에 공감합니다. 음악도 마찬가지예요. '음악=작곡가의 주관적 감정 표현'이니까 음악에서 느껴지는 작곡가의 감정에 공감하려면 우리의 감정을 바탕으로 능동적으로 이해해야 한다는 것이죠.

(39)

상계란 채권자와 채무자가 서로 같은 종류의 채권·채무를 가지고 있는 경우에 상계하려는 자의 일방적인 의사 표시만으로 그 채무들을 대등액에서 소멸하게 하는 것을 말한다. 가령 A는 B에 대하여 200만 원의 금전 채권을 가지고 있고 B는 A에 대하여 100만 원의 금전 채권을 가지고 있는 경우에, A 또는 B는 상대방에 대한 일방적인 의사 표시로 100만 원에 관해서 그들의 채권을 소멸시킬 수 있다.

(2024학년도 10월 학력평가)

➜ '상계'의 정의가 등장합니다. 상계는 서로 같은 종류의 채권·채무를 갖고 있을 때 '일방적인 의사 표시만'으로 채무들을 '대등액'에서 소멸하게 하는 것이라고 해요. '같은 종류의 채권·채무', '대등액 소멸' 등 어려운 내용이 마구잡이로 등장합니다. 그럼 이 어려운 내용을 쉽게 설명해주는 장치가 있을 것이라는 마음으로, 핵심만 체크한 뒤에 넘어갈 수 있어야 해요.

➜ 그렇게 다음 문장으로 넘어가면 '가령'이라는 표지와 함께 사례가 등장합니다. 당연히도 이는 '상계'를 설명하기 위한 장치라는 점을 생각하면서 읽어야 합니다! 앞에서 체크한 '상계'의 정의를 연결하면서 읽어봅시다. A는 B에게 200만 원의 금전 채권을 가지고, B는 A에게 100만 원의 금전 채권을 가지고 있다고 해요. 즉, A는 B에게 200만 원을 빌린 상태이고, B는 A에게 100만 원을 빌린 상태라는 것입니다. 서로에게 돈을 빌린 상태입니다. 그리고 똑같은 금전 채권이라는 점에서 이것이 '같은 종류의 채권·채무'라는 점을 파악할 수 있어요. 이때 A 또는 B는 '상대방에 대한 일방적인 의사 표시'로 '100만 원에 관해' 그들의 채권을 소멸시킬 수 있다고 합니다. 어떻게 이게 가능할까요?

➜ 먼저 100만 원이라는 숫자에 집중해봅시다. 100만 원은 A가 빌려 간 돈의 절반, 그리고 B가 빌려 간 돈의 전부입니다. 즉, 서로 빌린 돈의 교집합이 되는 숫자가 100만 원이라는 점 파악할 수 있겠죠? 동시에 A와 B는 서로에게 각각 200만 원, 100만 원을 요구할 수 있습니다. 즉, A와 B는 서로에게 100만 원까지는 서로에게 요구할 수 있다는 점에서 공통적이에요. A는 200만 원을 B에게 빌려줬으니 그 돈의 절반인 100만 원을 충분히 요구할 수 있습니다. A에게 100만 원을 빌려준 B 역시 A에게 100만 원을 요구할 수 있구요! 즉, '100만 원'까지는 A와 B가 서로에게 갚아야 할 채무이자, 서로에게 요구할 수 있는 채권을 가지는 액수입니다. 물론 A는 총 200만 원을 B에게 빌려줬기 때문에 더 요구할 수 있긴 합니다. 여기까지 파악했다면 이제 절반은 온 것입니다.

➜ 이럴 때에는 서로 갚아야 하는 돈인 100만 원에 한해서는 '일방적인 의사 표시'로 그 돈을 없앨 수 있다고 합니다. A는 "내(A)가 너(B)한테 100만 원 빌려갔고 너는 200만 원을 나한테 빌려 갔어. 그럼 네가 빌려 간 200만 원에서 100만 원은 빼줄 테니까 나한테 100만 원 요구하지 마!"라고 '일방적으로' 요구할 수 있습니다.

➜ 이는 B의 입장에서도 가능한 요구입니다. "내(B)가 너(A)한테 200만 원 빌렸는데, 너도 나한테 100만 원 빌려 갔잖아. 내가 너한테 빌려준 100만 원 안 받을 테니까, 너한테 100만 원만 갚는다?"라고 말할 수 있는 것이에요. 즉, A와 B는 서로에게

돈을 빌리고 갚아야 하는 처지라는 점에서 '동일한 채권 · 채무(금전 채권 · 채무)'를 가지고 있고, 이럴 때에는 상계가 가능하다는 것입니다. 이런 식으로 완벽하게 이해하고 넘어갈 수 있겠죠?

도로교통법이 아무나 운전하는 것을 금지하는 이유는 도로상에서의 위험을 방지하기 위함이다. 그래서 누구든 운전을 하려면 법으로 정한 요건을 충족하여 행정청으로부터 운전면허를 받아야 한다. 운전면허라는 행정행위를 통해 법적 금지를 해제할 수 있기 때문이다. 이처럼 행정청의 의사표시를 요소로 하여 법률효과가 발생하는 행정행위를 법률행위적 행정행위라고 한다.

(2025학년도 7월 학력평가)

➜ 이번에는 '도로교통법'과 '운전면허'라는 사례로 지문이 시작됩니다. 도로교통법에 의해 '운전'은 기본적으로 금지되어 있고, 금지된 사항을 넘어서 운전을 하려면 '행정청'으로부터 '운전면허'를 받아야 한다고 합니다. 즉, 면허를 따는 게 일종의 '허락'이라고 볼 수 있는 것이에요. 단순하게 읽고 넘어가는 게 아니라, '이 사례를 통해 설명하고자 하는 개념이 무엇일까?'를 반드시 생각해야 합니다!

➜ 이 사례와 관련된 개념이 '법률행위적 행정행위'라고 합니다. '운전면허'는 행정행위라고 하는데, 이는 '행정청으로부터' 받는 것입니다. 즉, '행정/청'에게 허락을 받는 행위가 바로 '행정/행위'라고 볼 수 있겠네요. 그리고 이를 통해 '법적 금지'를 해제할 수 있다고 해요. 원래 '운전'은 도로교통법에 의해 '금지'되어 있었죠? 이 금지사항을, 운전면허라는 '행정행위'를 통해 '해제'받는 것입니다. 그렇게 하면 우리는 운전을 할 수 있는 것이에요.

➜ 이게 바로 '법률행위적 행정행위'입니다. 정의가 제시되었지만 이걸 단순히 텍스트로 받아들이는 게 아니라, 앞서 읽었던 사례를 끌고 오면서 이 추상적인 정의를 직관적으로 납득할 수 있어야 합니다. '행정청의 의사 표시=운전면허 발급', '법률효과=법으로 금지된 운전을 할 수 있게 됨=해제'입니다. 이게 바로 '법률행위적 행정행위'인 것이죠. 행정/행위는 '행정'청의 허락을 받는 '행위'였고, 이 행위가 '법적 금지사항의 해제'라는 법률 효과로 이어지니까 법률/효과적/행정/행위가 되는 것입니다.

➜ 여기서는 사실상 마지막 문장이 핵심이에요. 앞서 제시된 사례를 통해 '법률효과적 행정행위'의 정의를 이해할 수 있는가? 자신이 해설처럼 읽었는지 스스로 점검해봅시다.

고정값

➜ '측정'이라는 것은 '항상' 오차가 있다고 합니다. 오차가 있으니 당연히 '표준'으로 정할 수 없겠죠. 우리는 이렇게 '항상'과 같은 단어로 상황을 특정 지어 주는 경우도 생각해야 합니다. '측정'은 변하는 것이지만 '측정에 오차가 있다'는 사실은 지문에 따르면 절대 어떤 상황에서도 변하지 않으니까요. 이렇게 고정된 '상황'도 일종의 '고정값'으로 주목하면서, 어떤 것의 '기준'으로 삼고 독해를 이어갈 수 있어야 합니다.

➜ 이 문장에는 재진술과 고정값이 모두 있습니다. 한 번 먼저 체크해 볼까요?

➜ 현대의 체계 이론 미학에 대해 얘기하고 있습니다. '내용적 구속성'에서 벗어난 예술이 진정한 예술이라고 주장하네요. 내용적/구속성은 아마 예술의 내용에 제한(구속)을 두는 성질을 말하겠죠? 그렇게 넘어가 보면, 이 말은 '예술이 모든 외적 연관에서 벗어나'야 한다는 뒷 문장의 내용과 같은 뜻이겠네요. 그렇다면 '미적 유희를 통제하는 모든 외적 연관'이 바로 '내용적 구속성'을 가진 요소라고 볼 수 있겠습니다. 예술은 '내용적 구속성'에서 벗어나야 하고, '외적 연관'에서도 벗어나야 한다고 하면 '내용적 구속성'과 '외적 연관'이 맥락상 같은 말임을 알 수 있어요.

➜ 눈치가 빠른 학생은 위 설명에서 고정값도 찾아냈을 거예요. 이 문장을 잘 보면 체계 이론 미학은 '모든' 외적 연관에서 벗어나야 한다고 주장한다는 내용이 있습니다. 하나도 아니고, 둘도 아니고 '모든' 외적 연관에서요. '모든'이라는 어휘는 절대 '예외'를 두지 않습니다. '모든' 외적 연관에서 벗어나야 한다면, 어떤 하나의 외적 연관도 끼어들 수 없으니까요. 이런 식으로 '모든'을 통해 고정값을 제시하는 경우도 있습니다. 확실하게 인식하도록 합시다.

➜ 분자들이 충돌을 할 때, 분자의 '운동 에너지'는 변해도 '기체 전체의 운동 에너지'는 변하지 않는다고 합니다. '각 분자의 운동 에너지'와 '기체 전체의 운동 에너지'처럼 미세하게 성질이 다른 개념은 주의하는 것이 좋습니다. 선지에 나올 때 정말 헷갈리기 때문이죠.

➜ 어쨌든 '각 분자의 운동 에너지'는 변하지만 '전체'의 운동 에너지는 변하지 않는 '고정값'이라는 사실을 '비교/대조'하며 체크해 봅시다.

어떤 단백질 합성에 필요한 각 아미노산의 비율은 정해져있다.　　　　　　　　　　　　　　　　　(2015학년도 수능 A형)

→ 단백질 합성에 필요한 게 필수아미노산인가 봅니다. 일단 이렇게 '수식된 정의' 잡아줘야 하는 거 아시죠? 정의를 체크하는 건 이 교재의 모든 파트에서, 아니 애초에 글을 읽는 모든 과정에서 수행되어야 합니다.

→ 어쨌든 그 필수아미노산의 비율이 '정해져 있다'고 합니다. 변하지 않는 것입니다. 어떤 상황이 생겨도 필수아미노산의 비율이 정해져있다는 사실을 체크하시면 됩니다.

5

과학자들은 지구 내부의 맨틀 깊숙이 위치한 마그마의 근원지인 열점이 거의 움직이지 않는다는 것을 알아내고, 그것을 판의 절대 속도를 구하는 기준점으로 사용하였다.　　　　　　　　　　　　　　(2007학년도 9월 모의평가)

→ 열점이 '거의 움직이지 않는다'고 서술해주고 있습니다. 완벽하지는 않지만 어느 정도 '고정'된 상황이라는 뜻이겠죠. 또한 그것을 '절대 속도 측정'이라는 행위의 '기준점'으로 사용하고 있네요. 이렇게 고정된 값들은 측정 및 비교의 '기준'으로 쓰이기도 합니다. 쉽게 변하지 않으므로 무언가와 비교하기 좋다는 것이죠. '고정값'임을 인지하는 순간 어느 정도는 필연적으로 해낼 수 있는 생각이라고 할 수 있겠죠?

6

고장 없이 영원히 작동하는 부품은 없기 때문에 직렬 구조의 신뢰도는 항상 가장 약한 부품의 신뢰도보다도 낮을 수밖에 없다.　　　　　　　　　　　　　　　　　　　　　　　　　　　　(2010학년도 수능)

→ 직렬 구조의 신뢰도가 '항상' 가장 약한 부품의 신뢰도보다 낮다고 하네요. 정확히 무슨 말인지는 몰라도 언제나 '직렬 구조의 신뢰도 〈 가장 약한 부품의 신뢰도'임은 파악해야겠죠? 역시 '직렬 구조의 신뢰도'는 무조건 낮다는 '기준'을 세울 수 있는 내용입니다.

7

정액 지원금은 지역 주민의 공공재 지출과 상관없이 일정 금액을 지원하는 것이다.　　　　　　(2022학년도 3월 모의평가)

→ 정액 지원금은 공공재 지출과 무관하게 '일정 금액'을 지원하는 것입니다. '정해진 금액'을 지원한다고 해서 '정액' 지원금이에요. 그리고 지역 주민의 공공재 지출과 '무관하게' 정해진 금액을 지원하니 '고정값'이네요.

8

컴퓨터는 0 또는 1로 표시되는 비트를 최소 단위로 삼아 내부적으로 데이터를 표시한다. 컴퓨터가 한 번에 처리하는 비트 수는 정해져 있는데, 이를 워드라고 한다. 예를 들어 64비트의 컴퓨터는 64개의 비트를 1워드로 처리한다.　　　　　　　　　　　　　　　　　　　　　　　　　　　　　　(2020학년도 3월 모의평가)

→ 컴퓨터가 처리하는 비트 수는 정해져 있습니다. 그리고 이 정해진 비트 수가 '워드'라고 하네요. '컴퓨터가 한 번에 처리하는 비트 수=워드'는 정해져 있으니 일종의 고정값으로 볼 수 있습니다.

⑨

> 이 과정에서 그들은 특정한 금속의 스펙트럼에서 띄엄띄엄 떨어진 밝은 선의 위치는 그 금속이 홑원소로 존재하든 다른 원소와 결합하여 존재하든 불꽃의 온도에 상관없이 항상 같다는 결론에 도달하였다.
> (2014학년도 수능 A형)

➜ 특정 금속의 스펙트럼에 존재하는 '밝은 선의 위치'는 금속의 존재 방식, 불꽃의 온도 등과 상관없이 '항상 같다'고 하네요. '항상'이라는 표현 역시 '고정값'의 중요한 표지로 쓰이니 확실하게 알아두도록 합시다.

⑩

> 홍채에는 불규칙한 무늬가 있는데, 두 사람의 홍채 무늬가 같을 확률은 대략 20억분의 1 정도로 알려져 있다.
> (2016학년도 6월 모의평가 A형)

➜ 고정값임을 대놓고 드러내는 표지는 없지만, '20억분의 1'을 보자마자 '홍채 무늬는 고정값이구나.'라는 생각을 할 수 있어야 합니다. 홍채 무늬가 같을 확률이 20억 분의 1이라는 건, 사실상 무늬가 같을 수 없다는 말과 같아요. 그러니까 홍채 무늬는 모든 사람이 자기만 가지고 있는 고유한 성질 즉, 고정값으로 볼 수 있습니다. 동시에 사람들을 구분할 수 있는 훌륭한 '기준'으로 삼을 수도 있겠죠?

⑪

> 청세포에서 발생하는 '귀의 소리'는 4kHz 이하의 주파수 대역에서 측정되는데, 그 소리는 개인마다 차이를 보이지만 개인별로는 일정한 패턴을 유지한다.
> (2010학년도 6월 모의평가)

➜ '일정한 패턴'을 보자마자 주목해주시면 됩니다. '귀의 소리'라는 것이 개인별로는 '일정한 패턴'으로 고정되어 있다고 하네요. 이렇게 고정되어 있으니 다른 사람들과의 '차이'를 드러내는 '기준'으로 작용할 수도 있겠죠?

⑫

> 해시 함수란 입력 데이터 x에 대응하는 하나의 결과 값을 일정한 길이의 문자열로 표시하는 수학적 함수이다. 그리고 입력 데이터 x에 대하여 해시 함수 H를 적용한 수식을 $H(x) = k$라 할 때, k를 해시 값이라 한다. 이때 해시 값은 입력 데이터의 내용에 미세한 변화만 있어도 크게 달라진다. 현재 여러 해시 함수가 이용되고 있는데, 해시 값을 표시하는 문자열의 길이는 각 해시 함수마다 다를 수 있지만 특정 해시 함수에서의 그 길이는 고정되어 있다.
> (2016학년도 9월 모의평가 A형)

➜ 해시 값을 표시하는 문자열의 길이가 특정 해시 함수에서 '고정'되어 있다고 합니다. 변하지 않는다는 것이죠. 따라서 해시 함수를 적용한 해시 값의 문자열 길이는 언제나 동일할 것입니다. 그렇다면 이런 고정값이 문제로 어떻게 구현되는지 알아볼까요?

④ 입력 데이터 x, y에 대해 특정한 해시 함수 H를 적용한 H(x)와 H(y)가 도출한 해시 값의 문자열의 길이는 언제나 동일하다.

특정 함수 H를 적용한 해시 값의 '문자열의 길이'가 동일하냐고 묻고 있네요. 위에서 읽은 바에 근거해서 당연히 맞는 선지겠죠?

ADC는 입력 전압의 값을 데이터로 변환하여 출력할 때는 일정한 수의 비트로 표현한다.　　(2024학년도 3월 학력평가)

→ ADC가 출력하는 데이터는 '일정한 수'의 비트로 표현된다고 합니다. 즉, 데이터를 표시하는 비트의 수는 변하지 않는다는 점에서 '고정값'으로 볼 수 있겠네요!

한계 산소 농도란 연소가 지속적으로 유지되기 위해 필요한 최소한의 산소 농도를 의미하며, 가연물마다 고유의 값을 가진다.　　(2025학년도 10월 학력평가)

→ 한계 산소 농도의 정의와 함께, 이 농도가 고정값임을 알려줍니다. 한계 산소 농도는 가연물마다 '고유의 값'을 지닙니다. 가연물 A, B, C가 있으면 각각의 한계 산소 농도 값은 다 다르고, 이것이 물질의 '고유한 값'이라고 하니, 물질마다 그 값이 고정되어 있다고 볼 수 있겠네요!

1

①별의 밝기는 등급으로 나타내며, 지구에서 관측되는 별의 밝기를 '겉보기 등급'이라고 한다. ②절대 등급은 별이 지구로부터 10파섹(약 32.6광년)의 거리에 있다고 가정했을 때 그 별의 겉보기 등급으로 정의한다. ③학자들은 별의 겉보기 등급에서 절대 등급을 뺀 값인 거리지수를 이용하여 별까지의 거리를 판단하며, 이 값이 큰 별일수록 지구에서 별까지의 거리가 멀다.

(2015학년도 6월 모의평가 B형)

---

① 별의 밝기를 '등급'으로 나타낸다고 합니다. 그런데 지구에서 관측되는 별의 밝기를 '겉보기 등급'이라고 하네요. 앞에서 연습했던 그대로 하시면 됩니다. 우리가 아는 '등급'은 1등급, 2등급 할 때 그 등급이 아니라, '별의 밝기'입니다. 따라서 '겉보기 등급'은 '겉보기 밝기'이고, 우리는 이를 "지구에서 겉으로 봤을 때의 밝기라서 '겉/보기' 등급이구나!"라고 생각할 수 있어야 합니다.

② 그런데 갑자기 '절대 등급'에 대한 정의가 나옵니다. 마찬가지로 앞에서 연습한 것처럼 '등급=밝기'라는 정보를 가져오시면 됩니다. 절대 등급의 정의를 보니 별이 10파섹만큼 떨어졌다고 가정했을 때의 '겉보기 등급'이라고 합니다. '절대 등급' 역시 '겉보기 등급'인데, 10파섹 거리에서의 '겉보기 등급'인 것입니다. '절대'적으로 위치가 정해진 지점에서의 겉보기 '등급'이니까 '절대/등급'인가 봅니다. 이렇게 단어의 의미를 살려가며 정의를 체크할 수 있어야 해요!

③ 다음 문장을 보니 '수식된 정의'로 '거리지수'를 설명해주고 있습니다. '겉보기 등급−절대 등급=거리지수'네요. 겉보기 등급과 절대 등급은 우리가 알고 있는 정보이니, 다시 체크하지는 않겠습니다. 거리지수의 값이 클수록 별까지의 거리가 멀다고 판단하는군요. 앞에서 연습했던 것과 같이, '겉보기 등급−절대 등급=거리지수' 이런 단순한 정의를 넘어서서 '거리지수가 크면 지구와 별 사이의 거리가 멀다.'라는 정보까지 납득할 수 있어야 합니다. '거리지수'가 크다는 것은 곧 '겉보기 등급'과 '절대 등급' 사이의 차이가 크다는 것이고, 이는 해당 별이 '10파섹'이라는 절대적 거리보다 훨씬 더 멀리 있다는 것을 의미하니까요.

사실 이 문단은 여러 군데 있는 문장을 하나로 합친 문단입니다. 원래 '겉보기 등급'의 정의는 1문단에, '절대 등급'의 정의는 3문단에, '거리지수'의 정의는 4문단에 등장했어요. 만약 여러분이 지문을 읽어내려 갈 때, 앞에서 읽은 정의를 붙여가며 읽지 않으면 모든 정의가 하나하나 모두 파편화된 정보로 남는 것입니다. 이렇게 붙여놓으니 어렵지 않아 보이지만, 막상 실전에서는 잡아내는 게 쉽지 않다는 거예요. 앞에서 봤던 정보는 끊임없이 연결하며 읽어주는 태도! 수능의 그날까지 최선을 다해서 연습하도록 합시다.

2

①정부는 공공의 이익을 위해 정책을 기획, 수행하여 유형 또는 무형의 생산물인 공공 서비스를 공급한다. ②공공 서비스의 특성은 배제성과 경합성의 개념으로 설명할 수 있다. ③배제성은 대가를 지불하여야 사용이 가능한 성질을 말하며, 경합성은 한 사람이 서비스를 사용하면 다른 사람은 사용할 수 없는 성질을 말한다. ④이러한 배제성과 경합성의 정도에 따라 공공 서비스의 특성이 결정된다. ⑤예를 들어 국방이나 치안은 사용자가 비용을 직접 지불하지 않고 여러 사람이 한꺼번에 사용할 수 있으므로 배제성과 경합성이 모두 없다. ⑥이에 비해 배제성은 없지만, 많은 사람이 한꺼번에 사용하는 것이 불편하여 경합성이 나타나는 경우도 있다. ⑦무료로 이용하는 공공 도서관에서 이용자가 많아 도서 열람이나 대출이 제한될 경우가 이에 해당한다.

(2015학년도 수능 A형)

---

①~② 정부가 '공공'의 이익을 위해 공급하는 생산물이 '공공' 서비스네요. 항상 하던 것처럼 단어의 의미를 살려서 읽어주면 됩니다. 이 특성을 '배제성'과 '경합성'으로 설명한다고 해요. 배제성과 경합성에 대한 설명이 순서대로 제시될 텐데, 각각 '배제'와 '경합'이라는 어휘의 의미를 바탕으로 이해해 보도록 합시다.

❸ 각각의 정의를 제시합니다. 배제성은 대가를 지불해야 사용할 수 있는 '공공 서비스의 특성'을 말합니다. '공공 서비스의 특성'을 설명하고 있다는 사실을 잊지 말아야 합니다. 또한 대가를 지불해야만 사용할 수 있으므로, 대가를 지불하지 않은 사람은 '배제'됩니다. 그러니까 '배제'성이겠네요. 경합성도 마찬가지입니다. 한 사람이 사용하면 다른 사람은 사용할 수 없으니 서로 '경합'하고 있다고 볼 수 있겠네요. 그러니까 '경합'성인가 봅니다. 경합이 무슨 뜻인지 모르면 꼭 사전을 찾아보세요!

❹~❺ 이와 관련된 내용을 예시로 설명해주고 있습니다. '사례'가 나왔으니 배제성과 경합성이라는 '원리'를 적용할 생각을 해야겠죠? 국방이나 치안은 '비용도 지불하지 않고', '여러 사람'이 동시에 사용할 수 있어요. 그러니까 배제성과 경합성 모두 없습니다. 국방이나 치안은 사실 제도적 시스템에 가깝죠. 우리 집과 옆집, 뒷집, 앞집 나아가 우리나라 국민 전체가 어떻게 보면 모두 '순찰'이라는 치안의 혜택을 보고 있습니다. 즉, 여러 사람이 동시에 누릴 수 있는 것이죠. 우리 집이 이 혜택을 본다고 해서 다른 집에서 혜택을 못 보는 게 아니에요. 그리고 '순찰'의 혜택을 누리기 위해서 우리가 경찰관 분들게 따로 돈을 지불해야 하는 것도 아니에요. "이 집 쪽 순찰도는 데에는 1만원이니까 돈 내세요."라고 안 하잖아요. 그런 것처럼 국방이나 치안과 같은 공공 서비스는 배제성과 경합성이 모두 없습니다. 정의를 정확히 사례에 적용하면서 읽어주시면 됩니다.

❻~❼ 이번에는 '배제성 X, 경합성 O'의 사례를 제시합니다. 공공 도서관은 '무료'로 이용한다는 점에서 '비용을 지불하지 않아도' 사용 가능하니까 배제성이 없을 것이고, 이용자가 많으면 도서 열람이나 대출이 '제한'되어 '다른 사람이 사용할 수 없으니까' 경합성은 있겠네요. 앞 예시처럼 계속 '정의'를 바탕으로 읽어나가시면 됩니다.

---

❸

① NMR 분광계는 당시에 유일하게 배리언 사에서 제작하고 있었는데, 로버츠는 이것의 가치를 남들보다 일찍이 인식하고 1950년대부터 이 기구로 미지의 분자 구조를 밝혀내기 시작했다. ② 로버츠는 '선도 사용자'로서 유기 화학계에 이 기구의 유용성을 열심히 알렸다. ③ 그는 NMR를 이용한 연구를 수행하는 한편 학생들에게 이 기구를 사용하여 연구하는 방법을 가르쳤고 그 내용을 정리하여 교재로 출판했다. ④ 로버츠의 노력에 힘입어 이 기구를 사용하는 연구자의 수가 빠르게 늘어났다.

(2008학년도 9월 모의평가)

---

① 'NMR 분광계'에 대해 소개하면서 시작합니다. '로버츠'라는 사람은 이 기구를 바탕으로 미지의 분자 구조를 밝혀내기 시작했다고 해요. ⟨이것의 가치를 남들보다 일찍이 인식하고⟩를 통해 '로버츠'라는 사람이 'NMR 분광계'를 사용했다는 것이 왜 중요한지 알 수 있겠죠? 누구보다 먼저 사용을 했기에 '로버츠의 사용'이 중요합니다.

② 로버츠는 '선도 사용자'로서 이 기구의 유용성을 알렸다고 합니다. 이 '선도 사용자'라는 말은 ①번 문장의 ⟨이것의 가치를 남들보다 일찍이 인식하고⟩라는 말과 사실상 같습니다. 남들보다 분광계의 가치를 '일찍' 인식했으니까 '선도 사용자'가 되었겠죠?

③~④ 로버츠는 이 기구를 통한 연구를 수행하고, 학생들에게 연구 방법을 가르쳤으며, 그 내용을 정리하여 교재로 출판까지 했다고 합니다. 이러한 노력에 힘입어 NMR 분광계를 사용하는 연구자의 수가 빠르게 늘어났다고 해요. 또한 ⟨연구하고, 가르치고, 출판하고...⟩ 이 모든 것들은 로버츠가 '선도 사용자'라는 것에 대한 재진술에 해당합니다. 가치를 일찍이 인식했기 때문에, 이에 대한 연구, 교육, 출판 등을 주도할 수 있었던 것이겠죠. 이러한 생각을 하게 되면 이 단문이 처음부터 끝까지 같은 말, 즉 '로버츠는 NMR 분광계의 선도 사용자이다.'라는 말만 하고 있음을 알 수 있습니다.

Q. 로버츠가 수행한 '선도 사용자'로서의 역할에 대한 설명으로 가장 적절한 것은?

① NMR 분광계의 작동 원리를 파악하여 그것의 개선에 기여했다.

② NMR 분광계의 사용자를 늘리기 위해 관련 학술지를 만들었다.

③ NMR 분광계를 일찍부터 사용하고 그것의 문제점을 지적했다.

④ NMR 분광계의 장점을 관련 과학 분야에 널리 알려 그것의 보급에 기여했다.

⑤ NMR 분광계의 제작사가 원하는 것을 이해하고 그에 맞는 이론을 제공했다.

➡ 이를 바탕으로 하면 답이 4번임을 쉽게 알 수 있습니다. '교육, 출판'이라는 것은 기구의 '장점을 알리는 것'에 해당한다고 할 수 있고, 이를 바탕으로 이 기구를 사용하는 연구자의 수가 빠르게 늘어났다고 했으니 '보급에 기여'라는 것도 맞는 말이 되겠죠. '선도 사용자'라는 말과 '연구, 교육, 출판'이라는 말을 같은 말로 인식할 수 있는지를 물어보는 문제였습니다.

---

④

① 최근 들어 도시의 경쟁력 향상을 위한 새로운 전략의 하나로 창조적 인재들이 창의성을 발휘할 수 있는 환경을 갖춘 도시인 창조 도시에 대한 논의가 활발하게 진행되고 있다. ② 즉 창조 도시는 인재들을 위한 문화 및 거주 환경의 창조성이 풍부하며, 혁신적이고도 유연한 경제 시스템을 구비하고 있는 도시인 것이다.

(2009학년도 수능)

---

① '창조 도시'에 대한 수식된 정의가 등장합니다. '창조'적 인재들의 '창의성'을 발휘할 수 있는 조건을 갖추고 있으니까 '창조/도시'이겠네요. 단어의 의미를 살려서 정의를 이해하는 것, 이제는 익숙하시죠?

② 창조 도시에 대한 정의 이후에 '즉'이라는 표지와 함께 '재진술'이 등장합니다. 앞에서 읽었던 창조 도시에 대한 개념을 대응해 가며 읽어줘야겠네요. 인재들이 '창의성을 발휘할 수 있는 환경'을 갖췄다는 것이 결국 '인재들을 위한 문화 및 거주 환경의 창조성이 풍부'한 것과 '혁신적이고도 유연한 경제 시스템을 구비'하고 있다는 것이 같은 말이란 것을 인지해야 합니다. 어려워 보이지만, '즉' 이후의 설명이 모두 '창의성을 발휘할 수 있는 환경'과 같은 말인 걸 인지하는 순간, 우리가 부담스럽게 여겼던 상당한 양의 정보가 하나의 카테고리에 묶이게 됩니다. 여러분도 계속 연습하시면서 '어? 다 같은 말인데?'라는 생각이 드는 경험을 하셨으면 좋겠습니다!

---

⑤

① 단백질 합성에 필요한 아미노산 중 체내에서 합성할 수 없어 필요량을 <u>스스로 충족할 수 없는 것</u>을 필수아미노산이라고 한다. ② 제한아미노산은 단백질 합성에 필요한 각각의 필수아미노산의 양에 비해 공급된 어떤 식품에 포함된 해당 필수아미노산의 양의 비율이 가장 낮은 필수아미노산을 말한다. ③ 가령, 가상의 P 단백질 1몰을 합성하기 위해서는 필수아미노산 A와 B가 각각 2몰과 1몰이 필요하다고 하자. ④ P를 2몰 합성하려고 할 때, A와 B가 각각 2몰씩 공급되었다면 A는 필요량에 비해 2몰이 부족하게 되어 P는 결국 1몰만 합성된다. ⑤ 이때 A가 부족하여 합성할 수 있는 단백질의 양이 제한되기 때문에 A가 제한아미노산이 된다.

(2015학년도 수능 A형)

---

①~② 아미노산의 정의가 수식된 형태로 제시된 후, 필수아미노산과 제한아미노산의 정의가 등장하고 있습니다. 일단 아미노산의 정의를 먼저 체크해야겠네요. '단백질 합성에 필요한 것'이 아미노산이고, 체내에서 합성할 수 없어서 스스로 충족할 수 없는 것을 필수아미노산이라고 하네요. '필수'적으로 필요한데, 스스로 합성할 수 없으니 '필수/아미노산'인가 봅니다. 이렇게 단어의 의미를 살려서 정의를 이해하는 것, 잊지 않았죠? 그런데 제한아미노산의 정의를 이해하는 데 또 필수아미노산의 개념이 필요하네요. 평가원 지문답게, 개념의 정의가 꼬리에 꼬리를 물고 제시되는 모습입니다. 제한아미노산은 한 번에 이해하기가 어렵네요. '필수아미노산 어쩌고 저쩌고...' 너무 어렵습니다. 일단 '비율이 가장 낮은 필수아미노산'이 '제한/아미노산'인 것 정도만 체크합시다.

③~⑤ 본격적으로 예시가 나옵니다. 이 예시를 통해 '필수아미노산'과 '제한아미노산'을 이해하는 게 목적입니다. 단백질 하나를 합성하는 경우에 대해 설명하네요. 단백질 합성에 필수적으로 필요한 아미노산인 A와 B가 각각 2몰, 1몰이 필요하다고 합니다. 단백질 P를 2몰 합성하려면 A는 4몰, B는 2몰이 필요하겠네요. 그런데 지금 A와 B가 2몰씩 공급되었으면 A 2몰이 부족합니다. P 2몰을 합성하고 싶은데, A가 부족해서 P 1몰만 합성되는 상황입니다. 따라서 A가 부족해서 합성될 수 있는 P의 양이 '제한'됩니다. 그래서 '제한/아미노산'인가 보네요. 정의에 따르면 P의 합성에 필요한 필수아미노산 중에 A의 비율이 가장 낮으니 제한아미노산이 되겠네요. 조금 어렵지만 이렇게 천천히 이해해 보면 됩니다.

평가원은 이처럼 우리가 이해하기 어려울 것 같다는 생각이 드는 정보들은 예시, 재진술을 통해 꼭 이해시켜 줍니다. 우리는 그 배려를 잘 받아먹기만 하면 되겠죠? 이를 위해 '생각'하고 '적용'하는 연습을 많이 해주셔야 합니다. 잘하고 있을 것이라고 믿어요.

6

①현행법상 불법 행위에 대한 금전적 제재 수단에는 민사적 수단인 손해 배상, 형사적 수단인 벌금, 행정적 수단인 과징금이 있으며, 이들은 각각 피해자의 구제, 가해자의 징벌, 법 위반 상태의 시정을 목적으로 한다. ②예를 들어 기업들이 담합하여 제품 가격을 인상했다가 적발된 경우, 그 기업들은 피해자에게 손해 배상 소송을 제기당하거나 법원으로부터 벌금형을 선고받을 수 있고 행정 기관으로부터 과징금도 부과 받을 수 있다. ③이처럼 하나의 불법 행위에 대해 세 가지 금전적 제재가 내려질 수 있지만 제재의 목적이 서로 다르므로 중복 제재는 아니라는 것이 법원의 판단이다. (2016학년도 6월 모의평가 AB형 공통)

① 첫 문장부터 정의가 쏟아지고 있습니다. 이들의 정의를 체크하기 전에, '현행법상 불법 행위에 대한 금전적 제재 수단'이라는 공통 범주를 정확히 잡아두고 읽어봅시다. 내가 뭘 읽어야 할지는 알아야 하니까요! 여기에는 '손해 배상', '벌금', '과징금'이 있는데, 이들은 각각 '민사적', '형사적', '행정적' 수단입니다. 여기서 정의 제시가 끝나지 않아요. '피해자의 구제', '가해자의 징벌', '법 위반 상태의 시정'이라는 목적까지 머릿속에 넣어 주셔야 합니다. 손해/배상은 말 그대로 피해자의 손해를 배상해주는 것이니까, 피해자의 구제를 목적으로 합니다. 벌/금도 말 그대로 잘못에 대한 '벌'을 내리는 차원에서 돈을 내라고 하는 것이므로 '가해자의 징벌'을 목적으로 한다고 볼 수 있어요. 마지막으로 '과징금'도 최대한 이해해 보면, 이는 '행정적 차원'에서 이루어지는 '현행법상 불법 행위'에 대한 제재입니다. 그러니까 '행정적 차원'에서 '불법 상태'를 고치라(시정하라)는 목적을 지닌다고 볼 수 있겠습니다.

사실 이 목적들은 각각 '민사', '형사', '행정'의 기본 목적에 해당하기 때문에 알아두시는 것이 좋습니다. '민사'는 사람들 사이의 관계를 다루는 것으로, 권리를 보장받지 못한 피해자를 구제하는 것이 목적이에요. '형사'는 범법 행위를 저지른 사람을 처벌하는 것으로, 가해자를 징벌하는 것이 목적이구요. 이렇게 법을 위반한 경우 '처벌'을 논하는 것이 '형사'의 영역이라면, '행정'에서는 이러한 상태를 법의 테두리 안에 돌려 놓는 것을 목적으로 합니다. 이 정도는 기본적인 어휘로 알아두도록 합시다.

② 말이 너무 어렵다고 생각했는지, '예를 들어'를 바탕으로 사례를 제시하고 있습니다. 기업들이 '담합'을 했다가 적발된 경우에 대해 다루고 있어요. 이는 앞에서 이야기한 '불법 행위'에 해당하겠죠? 사례와 끈질기게 연결해야 해요. 이 기업들의 경우, 피해자에게 '손해 배상' 소송을 제기당할 수도 있고, 법원으로부터 '벌금'형을 선고받을 수도 있으며, '행정 기관'으로부터 과징금을 부과 받을 수도 있다고 합니다. 이들이 각각 '민사', '형사', '행정'적 수단의 금전적 제재 수단임을 이해할 수 있어야겠죠? 사례와 원리의 연결!

③ 이렇게 하나 잘못했다고 금전적 제재가 세 가지나 내려질 수 있지만, 이들의 '목적'이 다르므로(그 목적이 무엇인지는 머릿속에 들어와 있어야 해요.) 중복 제재는 아니라는 것이 법원의 판단이라고 합니다. 재진술입니다. 결국 세 가지 처벌을 모두 받을 수 있다는 점을 반복하고 있습니다.

그런데 여기서 한 단계만 더 가봅시다. '중복 제재는 아니라는 것'이 법원의 판단이라고 해요. 이 말은 어떤 의미를 내포하고 있나요? 조금만 생각해 보세요. 그렇죠. '중복 제재'라면 문제가 된다는 것이죠! 하지만 이렇게 다른 '목적'의 금전적 제재 수단이 내려지는 경우에는 문제가 되지 않는다는 말이에요. 여기까지 읽어낼 수 있으면 좋겠습니다. 나아가 '중복 제재', 즉 하나의 잘못에 여러 가지의 벌이 부과되는 건 원래 허용되지 않는다는 것을 알아두도록 합시다. 도둑질을 했고 그에 따라 벌금형을 받았으면 그것으로 된 것이지, 추가적으로 징역까지 살게 할 수는 없습니다.

7

①디지털 영상은 2차원 평면에 격자 모양으로 화소를 배열하고 각 화소의 밝기인 화솟값을 데이터로 저장한 것이다. ②화솟값은 0에서 255 사이의 값으로 나타내는데 0일 때 검은색으로 가장 어둡고 255일 때 흰색으로 가장 밝다. ③화소들 사이의 밝기 차이를 명암 대비라 하며 명암 대비가 강할수록 영상은 선명하게 보인다. ④해상도란 디지털 영상을 구성하는 화소수를 말하며 '가로×세로'의 화소수로 나타낸다.

(2015학년도 수능 A형)

---

① 디지털 영상의 '정의'가 나오고 있습니다. 2차원 평면에 격자 모양으로 '화소'라는 것을 배열한 후, 화솟값을 데이터로 저장한 것이라네요. 근데 이 화솟값은 '화소의 밝기'라고 합니다. 화소의 밝기 값이 '화솟/값'입니다. 이 정의가 뒤에서 어떻게 활용될지 모르니 처음 제시될 때는 정확하게, 자세하게 파악해줘야 합니다.

②~③ 화솟값은 0일 때 가장 어둡고 255일 때 가장 밝다고 하는데, 화솟값이 '화소의 밝기'를 나타내므로 밝기와 관련된 설명이 나오는 것은 당연합니다. 그 후 '화소의 밝기 차이'에 대한 설명이 나옵니다. 우리는 '화소의 밝기 차이'를 글자 그대로 읽으면 안 됩니다. '화솟값의 차이'로 읽어줘야 하는 것이죠. 앞에서 제시된 화솟값의 정의를 연결해서 화솟값의 숫자 차이가 클수록 명암 대비가 강하다고 이해해야 합니다.

④ 또한 '해상도'에 대한 설명이 나오는데, '디지털 영상을 구성하는 화소수'라고 하네요. 디지털 영상을 '화소'가 구성하고 있다는 것은 첫 문장을 통해 알고 있을 것입니다. 이 개념을 '해상도'의 정의와 엮어서 이해할 수 있어야 합니다. '디지털 영상을 화소가 구성하고 있는데, 그 숫자가 해상도를 나타내는구나!' 이렇게 말이죠. 지문에 제시되는 개념, 정의 등을 계속 유기적으로 엮어서 다음에 나오는 개념과 정의를 이해할 수 있어야 합니다. 우리가 지금 문장을 읽고, 단문을 읽으며 하고 있는 궁극적인 목적이 개념의 유기적 연결, 재진술을 통한 정보 줄이기라는 것을 잊으면 안 됩니다!

8

①민간 위탁은 주로 다음과 같은 몇 가지 방식으로 운용되고 있다. ②가장 일반적인 것은 '경쟁 입찰 방식'이다. ③이는 일정한 기준을 충족하는 민간 업체 간 경쟁 입찰을 거쳐 서비스 생산자를 선정, 계약하는 방식이다. ④공원과 같은 공공 시설물 관리서비스가 이에 해당한다. ⑤이 경우 정부가 직접 공공 서비스를 제공할 때보다 서비스의 생산 비용이 절감될 수 있고 정부의 재정 부담도 경감될 수 있다. ⑥다음으로는 '면허 발급 방식'이 있다. ⑦이는 서비스 제공을 위한 기술과 시설이 기준을 충족하는 민간 업체에게 정부가 면허를 발급하는 방식이다. ⑧자동차 운전면허 시험, 산업 폐기물 처리 서비스 등이 이에 해당한다. ⑨이 경우 공공 서비스가 갖춰야 할 최소한의 수준은 유지하면서도 공급을 민간의 자율에 맡겨 공공 서비스의 수요와 공급이 탄력적으로 조절되는 효과를 얻을 수 있다. ⑩또한 '보조금 지급 방식'이 있는데, 이는 민간이 운영하는 종합 복지관과 같이 안정적인 공공 서비스 제공이 필요한 기관에 보조금을 주어 재정적으로 지원하는 것이다.

(2015학년도 수능 A형)

---

①~⑤ 민간 위탁의 운용 방식이 제시됩니다. '경쟁 입찰 방식'은 민간 업체 간 '경쟁 입찰'을 시키니까 경쟁 입찰 방식인가 봅니다. 공원과 같은 게 '예시'네요. 민간 업체에게 경쟁을 시켜 공원을 관리하는 역할을 맡기는 것이죠. 이렇게 민간 업체에게 맡기면 '서비스의 생산 비용이 절감'될 수 있고 '정부의 재정 부담도 경감'될 수 있다네요. 경쟁을 통해 가격이 저렴하고 일을 잘하는 업체를 선정하면 당연히 효율적이겠죠? 항상 이렇게 문장을 연결하면서 납득하려는 습관이 필요합니다. 그래야 지문의 내용이 '당연한 것'이 되고 내가 체감하는 정보량이 줄어요.

⑥~⑨ '면허 발급 방식' 역시 같은 방식으로 이해하면 됩니다. 민간 업체에게 정부가 '면허를 발급'하니까 '면허/발급/방식'인가 보네요. 마찬가지로 예시가 나오고, 이 방식의 장점이 나옵니다. 정부가 직접 검증해서 '면허를 발급'하니까 공공 서비스의 '최소 수준은 유지'할 수 있겠네요. 또한 공급을 민간 업체의 '자율'에 맡기니까 수요와 공급이 '탄력'적일 수 있겠고요. 수요가 없으면 공급을 줄이고, 수요가 많으면 공급을 늘리는 식으로 민간 업체가 자율적으로 공급을 결정할 수 있다는 말이에요.

⑩ '보조금 지급 방식'은 필요 기관에 '보조금'을 주니까 '보조금 지급' 방식이겠네요. 세 방식 다 이해가 어렵지 않죠? 단어의 의미를 살려서 '정의'를 정확히 이해할 수 있는지 묻기 위해 가져온 단문입니다. 자신이 잘 했는지 스스로 잘 체크해 보시길 바랍니다.

9

①논증은 크게 연역과 귀납으로 나뉜다. ②전제가 참이면 결론이 확실히 참인 연역 논증은 결론에서 지식이 확장되는 것처럼 보이지만, 실제로는 전제에 이미 포함된 결론을 다른 방식으로 확인하는 것일 뿐이다. ③반면 귀납 논증은 전제들이 모두 참이라고 해도 결론이 확실히 참이 되는 것은 아니지만 우리의 지식을 확장해 준다는 장점이 있다. ④여러 귀납 논증 중에서 가장 널리 쓰이는 것은 수많은 사례들을 관찰한 다음에 그것을 일반화하는 것이다. ⑤우리는 수많은 까마귀를 관찰한 후에 우리가 관찰하지 않은 까마귀까지 포함하는 '모든 까마귀는 검다.'라는 새로운 지식을 얻게 되는 것이다.　　　　(2013학년도 수능)

---

① 논증을 두 가지로 나눠주고 있습니다. 연역과 귀납이 어떤 공통점/차이점이 있을지 잡아내겠다는 마음가짐으로 다음 문장으로 넘어갑시다.

② 연역 논증의 정의가 등장합니다. 그런데 연역 논증은 지식이 확장되는 것이 아니라고 합니다. '실제로는 전제에 이미 포함된 결론을 다른 방식으로 확인'한다는 말은, 전제가 참일 경우 결론이 100% 참이니까 전제에 '결론이 참'이라는 것이 포함되어 있다는 말과 같습니다. 어차피 전제가 참이면 결론도 참이니까, 전제에 포함된 다른 결론(결론이 100% 참)이라는 것을 다른 방식으로 확인한다는 것이죠. 그래서 지식이 확장되는 것이 아니라는 겁니다. 자연스럽게 귀납 논증은 지식이 확장된다는 서술이 나오겠죠? 논증이라는 것이 '연역'과 '귀납'으로 나뉜다고 했으니까요!

③ 역시 우리가 예측했던 대로 귀납 논증의 정의가 등장합니다. 귀납 논증은 우리의 지식을 확장해 준다고 합니다. 하지만 전제가 참이라고 해서 결론이 항상 참이 되는 것은 아니죠. 정확히 연역과 반대입니다. 두 논증의 차이점을 정확히 체크해가며 연역과 귀납을 읽어줘야 해요.

④~⑤ 그 후 귀납의 '예시'가 나오고 있습니다. 이미 여러 번 말했지만 한 번만 더 강조하겠습니다. 사례가 나오면 원리를 떠올리고! 원리를 사례에 대응하며 적용한다. 기억하시죠? 따라서 우리는 '수많은 사례들을 관찰한 다음에 그것을 일반화'하는 것의 예시인 '까마귀'에 우리가 아는 귀납의 특성을 적용해야 합니다. 수많은 까마귀를 관찰해서 '모든 까마귀는 검다.'라는 결론을 냈으면, 그 결론이 항상 참이 되는 것은 아닙니다. '검지 않은 까마귀'가 존재할 수도 있잖아요. 하지만 이는 우리의 지식을 확장해 줍니다. 모든 까마귀를 관찰한 것이 아님에도 '모든 까마귀'에 대한 정보를 얻었기 때문이에요. 이렇게 잘 해냈을 거라 믿어요.

10

① 1950년 프랑스의 영화 비평계에는 작가주의라는 비평 이론이 새롭게 등장했다. ② 작가주의란 감독을 단순한 연출자가 아닌 '작가'로 간주하고, 작품과 감독을 동일시하는 관점을 말한다. ③ 이 이론이 대두될 당시, 프랑스에는 유명한 문학 작품을 별다른 손질 없이 영화화하거나 화려한 의상과 세트, 인기 연극배우에 의존하는 제작 관행이 팽배해 있었다. ④ 작가주의는 이렇듯 프랑스 영화에 만연했던 문학적, 연극적 색채에 대한 반발로 주창되었다.

(2015학년도 6월 모의평가 AB형 공통)

①~② '작가주의'라는 개념이 나오고, 일반적인 정의로 제시되고 있습니다. 일반적으로 감독은 '연출자'에 불과한 사람인데, 작가주의에서는 감독을 '작가'로 간주합니다. 감독을 '작가'로 간주하니까 '작가/주의'인가 보네요. 감독을 작가라고 생각하므로 당연히 작품과 감독은 같은 선상에 있겠습니다. 작가가 작품을 쓰는 것이니까요.

③ 작가주의가 나올 때 프랑스는 문학 '작품'을 '손질 없이' 영화화하고 '화려한' 의상과 세트와 '인기' 연극배우에 의존하는 관행이 있었다고 하네요. 당시 프랑스의 영화 제작 관행을 부정적으로 바라보고 있습니다. '팽배하다'라는 단어가 주는 뉘앙스를 바탕으로 이런 생각을 할 수 있어야 해요. 여기서 말하는 관행이 감독을 연출자로 간주하는 관점이라고 생각할 수 있으면 좋겠습니다. 문학 작품을 단순히 '영화화'하거나 '화려한 의상, 세트', '인기 연극배우'에 의존하는 것은 영화 작품만이 전달하는 특별한 메시지가 있는 게 아닙니다. 정말 눈으로 보이는 '연출'에만 집착하는 것이에요. 즉, 이때의 관행은 감독을 '단순한 연출자'로만 생각했던 것이라고 볼 수 있죠.

④ 이러한 점 때문에, 작가주의가 등장했다고 합니다. 감독이 작가가 되어서 작품을 수정하고 '영화적' 색채도 넣어야 '문학적', '연극적' 색채가 없어지는 것이죠. 여기서 말하는 문학적, 연극적 색채는 각각 앞 문장에서 이야기한 '문학 작품을 별다른 손질 없이 영화화', '화려한 의상과 세트, 인기 연극배우'와 같은 말이니까요. 즉, '연출자'로서의 감독이 만든 영화에 대한 반발로 작가주의가 주창된 것이라고 볼 수 있습니다.

11

① 청구권은 Y가 X에게 A라는 행위를 할 법적 의무가 있다면 X는 상대방 Y에 대하여 A라는 행위를 할 것을 법적으로 청구할 수 있다는 권리이다. ② 호펠드는 청구가 논리적으로 언제나 의무와 대응 관계를 이룬다고 보았다. ③ 가령 X는 폭행당하지 않을 권리를 가졌는데, Y에게 X를 폭행하지 않을 의무가 부과되지 않았다고 한다면 그 권리는 무의미하기 때문이다. ④ 따라서 청구로서의 권리는 단순히 무언가를 주장하는 것이 아니라 의무 이행 혹은 의무 불이행에 대한 일련의 법적 조치를 포함하고 있다. ⑤ 또한 의무의 내용이 달라지면 권리의 내용도 달라진다고 볼 수 있다.

(2020학년도 10월 학력평가)

① 청구권의 정의가 제시됩니다. Y가 X에 대해 의무를 갖는다면, X는 Y에게 그 의무를 이행할 요구할 권리가 있다고 해요. 말 그대로 A라는 의무를 '청구(요구)'할 수 있는 '권'리가 '청/구/권'입니다.

② 청구권에 대한 호펠드의 생각이 제시됩니다. 청구와 의무가 대응 관계를 이룬다고 해요. 사실 이 문장을 '청구'의 정의로 보아도 되지만 앞 문장에 대한 재진술로도 충분히 이해할 수 있습니다. A라는 행위에 대해 X와 Y가 각각 의무와 권리를 가졌잖아요. 그러니까 의무와 청구를 '대응' 관계로 볼 수 있는 것입니다.

③ 만약 ②번 문장을 재진술로 이해하지 못했더라도 괜찮습니다. 어차피 여기서 청구권을 설명하기 위한 예시를 제시해 주거든요! 이 예시를 읽을 때 청구권의 정의를 떠올리고 그것을 이해하시면 충분합니다. X는 폭행 당하지 않을 '권리'를 가집니다. 그런데 정작 Y한테 폭행하지 않을 '의무'가 없다면? Y는 X를 폭행해도 됩니다. X가 Y에게 백날 '폭행하지마!'라고 요구하더라도 Y가 그 의무가 없으므로 X의 청구권은 아무 소용이 없죠. 너무 당연합니다. 그래서 청구와 의무가 '대응 관계'를 이루는 것이에요. '의무' 없이 '청구'만 있으면 청구권이 아무 의미가 없기 때문이에요.

④ 앞의 두 문장을 재진술하고 있습니다. 단순히 행위를 주장할 수만 있는 것이 아니라, 의무의 이행이나 불이행에 대한 법적 조치를 포함하고 있다고 해요. 청구와 의무가 서로 대응 관계를 이룬다는 것과 같은 말입니다. 청구와 의무가 서로 관련되

어 있다는 생각으로 자연스럽게 납득하시면 됩니다.

⑤ 이 문장도 '대응 관계'라는 핵심을 재진술합니다. 청구와 의무는 대응 관계에 있으니까 의무가 달라지면 당연히 권리의 내용도 달라겠죠. 여기서 말하는 권리가 '청구권'이라는 점은 꼭 파악하셔야 합니다. 결국 ④, ⑤번 문장은 새로운 정보로 받아들이지 말고 '당연하게' 이해할 수 있어야 합니다.

12

① 바실리카식 성당의 평면을 살펴보면, 초기에는 동서 방향으로 긴 직사각형의 모습을 하고 있다. ② 서쪽 끝 부분에는 일반인 들의 출입구와 현관이 있는 나르텍스가 있다. ③ 나르텍스를 지나면 일반 신자들이 예배에 참여하는 네이브가 있고, 네이브의 양 옆에는 복도로 활용되는 아일이 붙어 있다. ④ 동쪽 끝 부분에는 신성한 제단이 자리한 앱스가 있는데, 이곳은 오직 성직자만이 들어갈 수 있다. ⑤ 이처럼 나르텍스로부터 네이브와 아일을 거쳐 앱스에 이르는 공간은 세속에서 신의 영역에 이르기까지의 위계를 보여 준다.
(2013학년도 9월 모의평가)

①~② 바실리카식 성당의 모습을 설명하고 있습니다. 동서 방향으로 긴 직사각형의 모습의 바실리카식 성당을 구체적으로 설명해주는 서술이 계속되고 있습니다. 서쪽 끝부분, 동쪽 끝부분에 존재하는 나르텍스와 아일을 '수식된 정의'를 통해 제시해주고 있으니 정확히 체크할 수 있어야 하고, 구조를 상상해가며 정의를 받아들일 수 있어야 합니다.

③~④ 또한 동쪽 끝부분의 '앱스'에는 성직자'만' 들어갈 수 있다는 점에서 일종의 고정값으로 체크할 수 있어야 합니다. 다른 누구도 안 되고 오직 성직자'만' 들어갈 수 있으니까요! 독해가 숙달되고, 이해력이 높아지면 높아지는 만큼 이런 디테일한 부분도 살려서 읽을 수 있게 됩니다. 이번 기회로 다음에 보조사 '만'이 보이면 그 뉘앙스를 살려서 읽어야겠다는 태도를 배우면 좋겠네요.

⑤ 그리고 마지막 문장에 나르텍스부터 앱스에 이르는 공간을 한 문장으로 설명하고 있습니다. 나르텍스부터 앱스에 이르는 공간이 '세속'에서 '신'의 영역으로 이르는 것을 보여준다고 하는데, 우리는 이를 '재진술'로 처리할 수 있어야 합니다. 나르텍스는 '일반인들의 출입구와 현관'이 있으므로 '세속'이라고 할 수 있겠고, 앱스는 '성직자만' 들어갈 수 있으므로 '신의 영역'이라고 할 수 있겠네요. 동시에 이는 '위계'로도 연결됩니다. 성당의 구조는 '일반인들의 출입구(나르텍스) → 일반 신자들의 예배 공간(네이브)과 복도(아일) → 성직자'만'의 공간(앱스)'으로 이루어집니다. 즉, '일반인(세속) → 일반 신자 → 성직자(신)'로 상향되는 위계 구조를 보이고 있는 것이에요.

13

① 디지털 이미지 압축 기술에는 무손실 압축과 손실 압축이 있다. ② 무손실 압축은 압축 과정에서 데이터를 손실시키는 방법을 사용하지 않고 압축이 진행되기 때문에 압축 효율은 떨어 지지만, 원본과 동일한 이미지로 복원이 가능하다. ③ 반면 손실 압축은 중복되거나 필요치 않은 데이터를 제거하여 원본과 동일한 이미지로 복원하기는 어렵지만, 무손실 압축에 비해 수 배에서 수천 배 이상의 높은 압축 효율을 얻을 수 있어 보편적인 압축 기술로 활용되고 있다.
(2021학년도 4월 모의평가)

① '디지털 이미지 압축 기술'의 두 가지 방식을 제시합니다. 뒤에서는 두 가지 방법을 중심으로 설명하겠죠? 일단 디지털 이미지/압축/기술은 말 그대로, 디지털 이미지를 '압축'해서 '용량을 줄이는' 기술일 것입니다. 정의가 따로 제시되지는 않았지만, 단어의 의미를 살리면서 충분히 정의를 이해할 수 있어야 합니다.

② 두 가지 방식 중 하나인 '무손실 압축'의 정의를 설명합니다. '무/손실 압축'은 단어처럼 이미지의 손실 없이(무손실) 압축을 진행합니다. 그럼 당연히 복원도 원본과 똑같이 이루어지겠죠. 말 그대로 손실이 없으니까요. 대신 효율은 떨어지겠죠? 손실이 아예 없는 상태로 진행되니 압축하기가 어려울 것이에요. 이 부분도 정의를 읽고 자연스럽게 이해해야 합니다. '때문에'라는 재진술의 표지를 확인하시고, 적극적으로 앞뒤 구절을 연결하며 이해하셔야 해요.

❸ 이번엔 '손실 압축'의 정의입니다. '손실/압축'은 이름부터 무손실 압축과 다른데, 정의도 이름처럼 이미지를 '손실'시켜 압축하는 방식입니다. 중복되거나 불필요한 데이터를 '제거'하니까 원본에서의 '손실'이 일어나겠죠? 또 이 때문에 원본과 동일한 이미지로 복원이 어렵다고 합니다. 인과 관계로 엮여 있으니 재진술로 이해할 수 있어야 해요. 내용은 쉽습니다. 손실이 일어나니까 원본 그대로 복원이 불가능하다! 이게 핵심입니다. 뒷부분도 당연하게 재진술로 이해할 수 있습니다. 손실 압축은 압축할 때 손실을 허용하니까 무손실 압축에 비해 효율은 훨씬 좋을 것입니다. 원본에서 일부를 삭제시키면 당연히 용량이 줄어들 테고, 이러면 압축하기가 훨씬 쉬워질 테니까요. 정의를 바탕으로 나머지 특징들을 재진술로 이해했다면 내가 체감해야 할 정보량도 줄어들고, 두 압축 기술의 차이점을 훨씬 잘 받아들일 수 있습니다.

⑭

① 이런 문제들 때문에 소비자의 지위를 기업과 대등하게 하고 기업으로부터 입은 피해를 구제하여 소비자를 보호할 수 있는 별도의 정책이 요구되었고, 이 요구에 따라 수립된 것이 소비자 정책이다. ② 소비자 정책은 주로 기업들이 지켜야 할 소비자 안전 기준의 마련, 상품 정보 공개의 의무화 등의 조치와 같이 소비자 보호와 직접 관련 있는 사안을 대상으로 한다. ③ 또한 충동구매나 유해 상품 구매 등으로 발생하는 소비자 피해를 구제하고, 소비자 교육을 실시하며, 기업과 소비자 간의 분쟁을 직접 해결해 준다는 점에서도 경쟁 정책이 갖는 한계를 보완할 수 있다.

(2016학년도 9월 모의평가 A형)

❶ '이런 문제들'이 정확히 무엇인지는 모르겠지만, '소비자의 지위'를 상승시키고 피해 구제를 통해 소비자를 보호할 수 있는 정책이 요구되었다고 합니다. 그리고 이에 따라 수립된 것이 '소비자 정책'이라고 해요. '소비자 정책'의 정의가 일종의 '수식된 정의'로 제시되고 있어요. '소비자 지위 상승', '소비자 피해 구제', '소비자 보호'라는 키워드 정확하게 잡고 가셔야 합니다. 그럼 '소비자/정책'이 '소비자를 위한 정책'이라는 것도 쉽게 파악할 수 있어요. 나아가 실제 이 지문을 읽는 상황에서는 '이런 문제들'까지 연결해서 생각했어야겠죠? '소비자 정책'이 정확히 어떤 문제를 해결하고자 하는 것인지 생각했어야 합니다.

❷ '소비자 정책'은 '소비자 안전 기준 마련', '상품 정보 공개 의무화'와 같은 '소비자 보호'와 직접 관련된 사안을 대상으로 한다고 합니다. '소비자 안전 기준 마련', '상품 정보 공개 의무화' 등은 너무나 당연한 말로 받아들이고 넘어갈 수 있겠죠? 저런 것들이 곧 '소비자 지위 상승', '소비자 보호'와 같은 키워드와 이어지니까요. 결과적으로 이런 정책들이 모두 '소비자를 위한 정책'이라는 것까지 납득하고 넘어가도록 합시다.

❸ 끝이 아닙니다. 직접적으로 소비자의 '피해'를 구제하고, '소비자 교육'을 실시하며, 기업과의 '분쟁'을 직접 해결해 주기도 한다고 하네요. 계속해서 이들을 모두 '소비자 지위 상승', '소비자 피해 구제', '소비자 보호'라는 키워드로 묶고, 이것들이 '소비자를 위한 정책'의 일환이라는 점을 이해할 수 있어야 합니다. 새로운 정보가 아니에요. 다 똑같은 말입니다! 이 단문만 가지고는 정확히 알 수 없지만, '소비자 정책'은 '경쟁 정책'이 갖는 한계를 보완할 수도 있다고 합니다. 어떤 한계인지는 정확히 모르겠지만, 앞에 제시되었을 '경쟁 정책'의 내용을 바탕으로 납득하고 넘어갔어야 할 정보였겠네요.

⑮

① 20세기 후반 이후의 '후근대 사회'를 '피로 사회'로 규정하는 견해가 있다. ② 이에 따르면 근대 사회가 '규율 사회'였음에 비해 후근대 사회는 '성과 사회'이다. ③ 규율 사회가 외적 강제에 따라 인간이 수동적으로 움직이는 사회라면, 성과 사회는 성공을 향한 내적 유혹에 따라 인간이 자발적으로 움직이는 사회이다. ④ 과학 기술의 발달에 따라 결핍이 해소되고 규율 사회의 강제가 약화된다고 해서 인간이 삶의 온전한 주체가 되는 사회가 도래하는 것은 아니다. ⑤ '더욱 생산적으로 되어야 한다.'는 자본주의 시스템의 근본적인 요구가 규율 사회에서 외적 강제에 의한 타자 착취를 통해 관철되었다면, 성과 사회에서 그 요구는 내적 유혹에 의한 자기 착취를 통해 관철된다. ⑥ 그 결과 피로는 현대인의 만성 질환이 되었다는 것이다.

(2016학년도 9월 모의평가 B형)

❶ 첫 문장부터 두 개념의 정의가 나오고 있습니다. 하나는 '후근대 사회'입니다. 이는 '20세기 후반 이후'를 지칭해요. 정확히 체크할 수 있죠? 그런데 이를 '피로 사회'로 규정하는 견해가 있다고 해요. '20세기 후반 이후'는 왜 '피로 사회'가 되었을

까요? 궁금해하면서 읽어봅시다.

②~③ 이 견해에 따르면, 근대(20세기 후반 이전이겠죠?)가 '규율 사회'였음에 비해 후근대 사회는 '성과 사회'라고 합니다. 이 견해는 '20세기 후반 이후=후근대 사회=피로 사회=성과 사회'로 보고 있습니다. '성과 사회'가 도대체 무엇인가 했더니, 외적 강제에 따라 인간이 움직이는 '규율 사회'와는 달리 내적 유혹에 따라 '자발적'으로 움직이는 사회라고 합니다. '자발적'으로 '성과'를 향해 움직이기 때문에 '성과/사회'라고 명명한 것이네요.

④ 과학 기술이 발달하여 많은 결핍들이 해소되고, 규율 사회의 강제가 약화되었지만 인간이 삶의 온전한 주체가 되지는 못한다고 합니다. 아마 '성과 사회'가 가진 문제점이 나타나는 것이겠죠? '자발적'으로 움직이는 사회가 되었음에도 인간이 '삶의 온전한 주체'가 되지 못한다고 해요. 숨은 문제점이 있다는 생각을 하면서 넘어가야 합니다.

⑤ '더욱 생산적으로 되어야 한다'는 것이 '자본주의 시스템의 근본적인 요구'인데, 이것이 '성과 사회'에서는 내적 유혹에 의한 '자기 착취'를 통해 관철된다고 합니다. 이것이 바로 앞에서 말한 '인간이 삶의 온전한 주체가 되지는 못함'과 연결되는 것이겠네요. 즉, 성과 사회에서는 내적 유혹에 따라 '자발적'으로 행동하지만 이것이 '자기 착취'가 될 정도로 과도해져서 문제가 된다고 볼 수 있습니다. 이때, '자본주의 시스템의 근본적인 요구'가 수식된 정의로 제시되었는데 다들 자연스럽게 체크했죠? 글을 읽는 방법은 항상 일관되어야 해요.

⑥ 그 결과 '피로'는 현대인의 만성 질환이 되었다고 합니다. 그래서 후근대 사회를 '피로' 사회라고 명명한 것이었네요. 처음부터 끝까지 모든 문장이 완벽하게 납득되어야 합니다. 그리고 '20세기 후반 이후=후근대 사회=피로 사회=성과 사회=자기 착취'와 같이 같은 말을 잡으면서 정보량을 줄일 수 있어야 해요!

16

①에너지가 가장 낮아 전자가 안정된 상태를 '바닥상태'라 한다. ②그리고 바닥상태에 일정 이상의 에너지가 가해져 전자가 원래의 자리에서 이동하며 높은 에너지를 지니게 된 상태를 '들뜬상태'라 한다. ③들뜬상태의 전자는 안정화되려는 속성이 있어 다시 바닥상태로 돌아가게 된다. ④이때 전자는 들뜬상태와 바닥상태의 에너지 차이, 즉 바닥상태에서 들뜬상태가 되도록 가해졌던 에너지만큼의 에너지를 방출한다.

(2020학년도 7월 모의평가)

---

① 바닥상태의 정의를 제시합니다. 바닥상태는 에너지가 '가장 낮은', 전자가 안정된 상태입니다. 에너지가 가장 낮은 상태이니까 '바닥/상태'인 것이죠. 단어의 의미를 살리면서 자연스럽게 이해할 수 있어야 해요.

② 이번엔 들뜬상태의 정의가 제시되네요. 바닥상태에서 에너지가 높아진 것이 들뜬상태입니다. 바닥에서 '올라와서' 들뜬/상태이네요! 이번에도 단어의 의미를 생각하면서 정의를 읽어주시면 됩니다. 그러면 자연스럽게 바닥상태와의 차이점도 알 수 있겠죠? 에너지가 낮은 게 바닥상태, 에너지가 높아진(바닥상태에서 벗어난) 상태가 '들뜬상태'입니다.

③ 들뜬상태의 특징인데, 재진술 문장처럼 자연스럽게 납득할 수 있습니다. '전자'는 안정화되려는 속성이 있어서 바닥상태로 돌아가려고 한대요. 당연합니다. 바닥상태의 정의가 무엇이었나요? 네, 에너지가 가장 낮은 상태였죠! 그래서 전자가 안정된 상태라고 했어요. 에너지가 낮아져 차분해진 상태라고 이해하면 좋을 것 같습니다. 반면 들뜬상태는 바닥상태에서 벗어나 에너지가 높은 상태입니다. 즉 불안정한 상태라는 것이죠. 그러니까 당연히 전자의 속성에 따라 안정적인 바닥상태로 돌아가려고 할 것입니다.

④ 재진술 그 자체입니다. 들뜬상태는 바닥상태에서 벗어나 에너지가 높아진 상태, 바닥상태는 에너지가 가장 낮은 상태입니다. 그러니까 '들뜬상태 → 바닥상태'로 돌아가려면 바닥상태와의 에너지 차이만큼의 에너지를 방출해야 합니다. 심지어 '들뜬상태와 바닥상태의 에너지 차이'를 '바닥상태에서 들뜬상태가 되도록 가해졌던 에너지'라고 재진술해주고도 있습니다. 아주 친절하네요.

①~② '타원'을 정의하고 있습니다. 두 개의 초점이 있고, 두 초점으로부터의 거리를 합한 값이 일정한 점들의 집합이라고 해요. '타원' 개념에 익숙한 학생이라면 어렵지 않게 납득할 수 있겠지만, 그렇지 않다면 굉장히 당황스러울 수 있는 정의입니다. 일단 '원'이라는 것은 한 점으로부터 일정한 거리에 있는 점들의 집합을 의미합니다. 이와 유사한 방식으로 생각하면, 두 개의 초점이 가운데에 있고 이 둘까지의 거리를 합한 값이 일정한 점들이 모여 형성한 타원 모양을 상상할 수 있겠죠? 나아가 이러한 두 초점이 가깝다면, 초점들로부터의 거리를 합한 점들이 더 촘촘하게 배치될 것입니다. 그렇다면 '타원'이 '원' 모양에 가까워진다는 것은 충분히 납득할 수 있겠네요. 아주 단순하게 그림으로 그려 보면 다음과 같습니다.

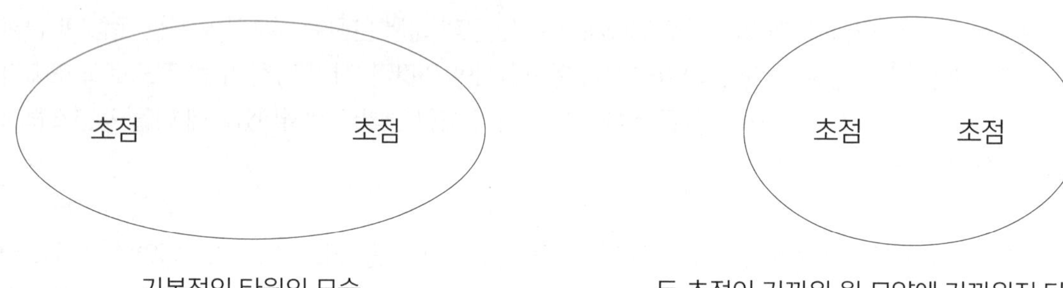

기본적인 타원의 모습 / 두 초점이 가까워 원 모양에 가까워진 타원의 모습

③ 여기서 두 초점을 지나는 긴지름은 '장축'이라고 부른다고 합니다. 나아가 두 초점 사이의 거리를 장축의 길이로 나눈 값을 '이심률'이라고 하네요. 정의가 정신없이 쏟아지고 있으니 열심히 체크해야 합니다. 앞의 그림과 같이 그림을 그려 보고, 장축을 표시해보고 하면서 말이죠. 나아가 두 초점이 가까워지면 '이심률'을 구하는 공식의 분자가 작아지는 것이니, '이심률'도 작아진다는 것은 충분히 납득할 수 있겠습니다.

④ 이때, '두 초점이 가까울수록'이라는 같은 말이 반복되고 있다는 것을 느껴야 합니다. 2번 문장에서 두 초점이 가까울수록 원 모양에 가까워진다고 했는데, 4번 문장에서는 '이심률'이 작아진다는 이야기를 하고 있어요. 그렇다면 자연스럽게 '두 초점이 가깝다=원 모양에 가깝다=이심률이 작다'라는 새로운 정보를 추론하면서 읽을 수 있겠죠? 나아가, 두 초점이 가까우면 원 모양에 가까워져 장축의 길이도 짧아질 것이기에 '이심률'을 구하는 공식의 분모도 작아지지만 그보다 두 초점 사이의 거리가 더 많이 짧아지기에 '이심률'이 작아지는 결과가 나타나는 것이라고까지도 이해할 수 있겠습니다.

이 해설의 내용은 정의가 불친절하고 낯설수록 더더욱 할 수 있는 생각을 최대한 하면서 주요 개념의 정의에 익숙해지려고 하는 사고의 과정을 보여 주는 것입니다. 정확하게 납득하지는 못하더라도 말이에요. 확실한 것은 '장축', '이심률'과 같은 주요 개념의 정의가 아마 뒤에서도 계속해서 쓰일 것이고, 그때 여기서 재진술을 인식하며 익숙해지려고 애쓴 노력이 결실을 맺을 것이라는 점입니다.

① 한편 근섬유들은 종류에 따라 수축력, 수축 속도, 피로에 대한 저항력이 다르게 나타난다. ② 지근섬유는 상대적으로 낮은 수축력과 느린 수축 속도, 높은 피로 저항력을 지니고 있다. ③ 속근섬유는 세부적인 생리적 특성에 따라 다시 a형과 b형으로 나뉜다. ④ b형 속근섬유는 지근섬유에 비해 빨리 피로해지는 속성을 가지고 있으나 신속하고 폭발적인 수축력을 발생시킨다. ⑤ 반면에 a형 속근섬유는 지근섬유와 b형 속근섬유의 중간 속성을 가지고 있어 지근섬유보다 수축 속도가 빠르며, 동시에 b형 속근섬유보다 높은 피로 저항력을 가진다. ⑥ 따라서 근육의 지근섬유 비율이 높은 사람은 지구력이 강해 마라톤과 같은 장거리 운동에 적합하다. ⑦ 반면에 속근섬유 비율이 높은 사람은 100m 달리기와 같은 단거리 운동에 적합하다.

(2012학년도 6월 모의평가)

❶ '근섬유'들의 종류에 따라 '수축력', '수축 속도', '피로에 대한 저항력'이 다르게 나타난다고 합니다. 어떤 종류가 있는지, 그리고 저 성질들이 어떻게 다른지 체크할 준비를 하면서 읽어야겠죠?

❷ 먼저 '지근섬유'의 정의가 제시됩니다. 이는 '수축력'과 '수축 속도'보다는 '피로 저항력'이 높은 근섬유네요. '지/근섬유'라고 했으니, 무언가 느린 느낌('지'연되다의 느낌)을 바탕으로 납득할 수 있으면 더 좋겠어요. 조금 느린 대신에 피로에 대한 저항력이 높은, 끈기 있는 녀석이네요.

❸~❹ 한편 '속/근섬유'는 이름부터 '속'이 들어가는 것으로 보아, 아주 빠를 것 같습니다. 그런데 이는 a형과 b형으로 나눌 수 있다고 해요. b형 속근섬유는 지근섬유와 딱 반대입니다. 피로에는 약한 대신, 신속하고 폭발적인 수축력을 발생시킨다고 해요. 여기서 '신속, 폭발적'을 보고 자연스레 '수축 속도도 빠르겠구나.'와 같은 생각을 해내는 것이 중요합니다.

❺ a형 속근섬유는 b형 속근섬유와 지근섬유의 중간쯤 된다고 합니다. '중간 속성'이라는 말을 보자마자 그 뒤의 〈지근섬유보다 ~ 저항력을 가진다〉는 안 읽어도 되는 정보라고 생각할 수 있어야 합니다. 너무 당연한 말이니까요. 단순히 '지근섬유는 어떠하다.', '속근섬유는 어떠하다.'와 같이 지문 내용을 그대로 받아들이면 그저 차곡차곡 쌓이는 정보량일 뿐입니다. '수축력, 수축 속도, 피로 저항력'이라는 '공통 범주'를 정확하게 잡고, 이를 바탕으로 정보량을 줄이면서 읽을 수 있어야 해요. 이 생각을 했다면 〈지근섬유보다 ~ 저항력을 가진다.〉를 읽지 않고도 지문 내용을 이해할 수 있었겠죠. 정보량을 줄이면서 읽는 것, 고난도 독서 독해의 기본입니다. 연습하고 또 연습합시다.

❻~❼ 마지막 두 문장에선 '마라톤'과 '100m 달리기' 예시를 제시하고 있습니다. 우리는 '생각'이라는 걸 하면서 글을 읽고 있기에, 여기서 말하는 '마라톤'과 '100m 달리기' 역시 '수축력, 수축 속도, 피로 저항력'이라는 공통 범주와 관련된 예시임을 알아차릴 수 있겠네요. '예를 들어'와 같은 표지가 없어도 자연스레 '예시'로 처리하고 갈 수 있어야 합니다. 지/근섬유는 조금 느린 대신 피로에 대한 저항력이 높은 근육이었어요. 그리고 마라톤 역시 장거리 운동이므로 속도보다는 피로에 견디는 게 중요하죠. 그러니까 지근섬유의 비율이 높으면 마라톤 같은 장거리 운동에 적합합니다. 반면 100m 달리기는 빠른 기록을 세워야 한다는 점에서 폭발적인 속도가 중요합니다. 그리고 오래 달리는 게 아니라 보통 10초 내외로 달린다는 점에서 빨리 피로해져도 상관이 없습니다. 그러니까 속근섬유의 비율이 높은 사람에게는 100m 달리기와 같은 단거리 운동이 적합한 것이죠.

① 하늘[天]과 인간 세계의 관계는 한나라 동중서(董仲舒)에 의해 체계적으로 정리되었다. ② 동중서는 하늘은 스스로 움직이고 만물을 주관하는 존재이며, 사람은 하늘에 근본을 두고 만들어졌다고 생각했다. ③ 또한 하늘은 선(善)의 의지로 인간을 이롭게 하는 존재로 보았다. ④ 천인감응설(天人感應說)은 이러한 생각을 바탕으로 한다. ⑤ 즉, 하늘을 닮은 인간이 기를 매개로 하늘과 서로 호응한다는 것이다.

(2021학년도 사관학교)

❶~❷ 하늘과 인간 세계 사이의 관계에 대한 동중서의 입장을 언급하고 있습니다. 이를 설명하기 위해 먼저 '하늘'과 '인간'의 정의를 제시하고 있네요. 하늘은 스스로 움직이고 만물을 주관하는 존재입니다. 그리고 사람은 하늘에 근본을 두고 만들

어졌다고 해요. 하늘의 정의를 읽고 나면 인간의 정의는 재진술처럼 자연스럽게 이해할 수 있어야 합니다. '하늘'은 '만물'을 주관하는 존재이기에, 하늘은 당연히 '인간'도 주관할 것입니다. 그러므로 '인간'은 만물을 주관하는 '하늘'에 근본을 두고 만들어진 존재인 것입니다.

여기까지 이해했다면 동중서가 어떻게 '하늘과 인간의 관계'를 정리했는지도 감이 잡혀야 합니다. 하늘은 '인간'을 비롯한 만물을 '주관'하고, 인간은 하늘로부터 만들어졌습니다. 그럼 인간은 '하늘'에 뿌리를 두고, '하늘'의 뜻에 따르는 존재겠네요. '하늘'이 인간의 뿌리이자 길잡이처럼 작용하는 것입니다.

③ 계속해서 화제와 관련된 내용을 제시하고 있습니다. ②번 문장을 잘 읽었다면 이 문장은 거의 재진술처럼 읽힙니다. 하늘은 스스로 움직이니까 선의 '의지'를 가진 존재이고, '선'의 의지를 가지니 인간을 '이롭게' 만들 것입니다. 즉, '하늘'은 선의 의지를 토대로 인간을 주관하는 존재입니다. 정의를 바탕으로 당연하게 납득할 수 있어야 해요.

④ '천인감응설'이라는 새로운 단어가 나왔습니다. 여기서 '이러한 생각'은 ②, ③번 문장에 제시된 하늘과 인간에 대한 생각을 가리킵니다. 그렇다면 '천인감응설'이 하늘과 인간 세계와 관련된 내용이라는 개념이라는 것 정도는 파악할 수 있겠습니다.

⑤ 천인감응설의 정의를 제시하는 문장입니다. 그런데 이것도 사실상 재진술이네요. 수식된 정의로 인간에 대해 다시 설명하는데, 이건 이미 앞에서 본 인간의 정의와 같습니다. '하늘을 닮은' 인간이라고 해요. 그런데 이미 ②번 문장에서 인간이 하늘에 근본을 두고 만들어진 존재라고 정의했죠? 그러니까 당연히 인간은 하늘을 닮을 것입니다. 또, 하늘과 인간이 '기'를 통해 매개한다고 해요. 네앞에서 하늘은 만물을 주관하고 선의 의지로 인간을 이롭게 한다고 했죠? 그러니까 하늘과 인간 세계는 당연히 서로 호응하겠네요.

또는 단어의 의미를 살려서 천인감응론을 납득하셔도 좋습니다. 하늘(천)과 인간(인)이 기를 통해 서로 호응(감응)한다, 이것이 '천인감응론' 그 자체이니까요. 재진술처럼 자연스럽게 이해해도 좋고, 단어의 의미를 살려서 있는 그대로 받아들이셔도 좋습니다.

20

① 성공적인 과학 이론은 '패러다임'이 되어 후속하는 과학 활동에 지대한 영향을 미친다. ② 과학자들은 패러다임에서 연구의 방법, 연구 주제 등을 발견한다. ③ 이러한 '정상 과학' 활동에서 때때로 기존의 패러다임과 조화를 이룰 수 없는 과학적 발견인 '변칙 사례'들이 나타나기도 한다. ④ 이러한 변칙 사례들이 패러다임을 당장에 '무효화'하지는 않는다. ⑤ 하지만 변칙 사례가 누적되면서 위기가 도래한다. ⑥ 이때 새로운 과학 이론이 등장하여 기존의 패러다임과 경쟁을 벌인다. 그러다가 어떤 이유로 새로운 이론이 과학자들에게 받아들여지면서 새로운 패러다임이 되는데, 이것이 '과학 혁명'이다.

(2008학년도 9월 모의평가)

① '패러다임'이라는 익숙한 개념을 '성공적인 과학 이론'으로 한정해서 설명하고 있습니다. 이렇게 정의된 개념을 정확히 인지할 수 있어야 합니다. 아무튼 이는 후속하는 과학 활동에 지대한 영향을 미친다고 합니다. 성공한 것이 후속 연구에 영향을 미친다는 건 너무 당연한 말이네요.

② 과학자들은 이러한 '패러다임'에서 연구 방법, 주제 등을 발견한다고 합니다. 이는 '후속하는 과학 활동에 영향 미친다'는 것과 같은 말이죠? 나아가 이런 과정은 '정상 과학' 활동이라고 합니다. '이러한'이라는 지시어가 받는 개념이 무엇인지 생각한다면 쉽게 파악할 수 있을 거예요.

③~④ 그런데 이런 '정상 과학' 활동에서 때때로 '변칙 사례'가 발견된다고 합니다. 수식되어 제시되고 있는 '변칙 사례'의

정의는 잘 체크하고 있을 거라고 믿습니다. 기존의 패러다임과 조화를 이룰 수 없으니 '변칙/사례'인 것이네요. 이렇게 때때로 발견되는 '변칙 사례'들이 패러다임을 당장에 무효화하지는 않는다고 해요. 당연하죠. '패러다임'이 될 만큼 권위 있는 이론이라면 쉽게 무너지는 것이 말이 안 됩니다.

⑤~⑥ 하지만 이런 '변칙 사례'들이 쌓이면? '패러다임'이라고 해도 당연히 무너질 수밖에 없습니다. 변칙 사례가 한두 번이면 그냥 우연이라고 무시해버릴 텐데, 여러 번 반복되면서 '쌓이면' 무시하지 못하게 될 겁니다. 그 뒷 문장들에선 이렇게 '패러다임'이 무너지는 경우를 설명하고 있는데, 변칙 사례들이 쌓이면서 '새로운 과학 이론'이 등장하여 기존의 패러다임과 경쟁을 벌인다고 하네요. 여기서 '새로운 과학 이론'은 '변칙 사례'들과 관련된 것이겠죠? 당연히 그러하다는 생각을 할 수 있으면 좋겠습니다.

⑦ 그러다 이 '새로운 과학 이론'이 경쟁에서 승리하면 새로운 '패러다임'이 되고, 이를 '과학 혁명'이라고 하네요. 기존에 권위 있게 받아들여지던 '패러다임'이 '변칙 사례'들을 바탕으로 한 '새로운 과학 이론'을 만나고, 이 이론에게 '패러다임'의 지위를 내주는 것, 즉 '과학'계에 패러다임의 변화가 일어나는 '혁명'이 바로 '과학/혁명'입니다.

이 단문은 수식된 정의들을 바탕으로 전반적인 흐름을 잡아내는 것이 중요했습니다. 그런데 더 중요한 게 있어요. 이러한 '과학 혁명'의 과정은 과학적 철학을 제재로 하는 지문에서 자주 제시됩니다. 기존에 있던 이론이 있고, 이에 대한 도전이 성공하며 '패러다임'이 변화하는 과정! 이 과정을 확실하게 알아두시면 과학 이론에 대한 학자들의 주장을 소개하는 과학적 철학 지문을 훨씬 쉽게 읽어낼 수 있어요. 기출이 알려 주는 소중한 '배경지식' 중의 하나이니 확실하게 알아둡시다.

21

① 취기재의 농도가 탐지 역치 정도의 수준에서는 냄새가 나는지 안 나는지 정도를 탐지할 수는 있지만 그 냄새가 무슨 냄새인지 인식하지 못한다. ② 즉 냄새의 존재 유무를 탐지할 수는 있어도 냄새를 풍기는 취기재의 정체를 인식하지는 못하는 상태가 된다. ③ 취기재의 정체를 인식하려면 취기재의 농도가 탐지 역치보다 3배가량은 높아야 한다. ④ 즉 취기재의 농도가 탐지 역치 수준으로 낮은 상태에서는 그 냄새가 꽃향기인지 비린내인지 알 수 없는 것이다.   (2015학년도 9월 모의평가 A형)

①~② 취기재가 무엇인지는 모르겠지만, 취기재의 농도가 '탐지 역치 정도 수준'이면 냄새의 여부 정도만 탐지 가능하고 냄새가 무엇인지는 알 수 없다고 합니다. 그런데 다음 문장을 보니 '즉'이라는 '재진술'의 표지가 보이네요. '냄새의 존재 유무를 탐지'는 '냄새가 나는지 안 나는지'를 탐지한다는 것과 같은 말이고, '냄새를 풍기는 취기재의 정체를 인식'하는 것은 '그 냄새가 무슨 냄새인지 인식'하는 것과 같은 말인 것이죠. 이와 같이 재진술을 인식할 수 있어야 해요.

나아가, 이러한 문장들을 바탕으로 '취기재'가 '냄새가 나는 대상'을 의미한다는 것을 생각할 수 있겠죠? 명시적이지 않은 개념의 정의도 이렇게 맥락을 바탕으로 확실하게 체크할 수 있어야 합니다.

③~④ 취기재의 정체를 인식하려면, 즉 취기재가 무슨 냄새를 풍기는지 알아채려면 취기재의 농도가 탐지 '역치'보다 3배는 높아야 한다고 합니다. 이 역시 재진술이네요. 탐지 역치 수준에서는 '취기재의 정체'를 알 수 없지만, 탐지 역치보다 3배나 높으면 알 수 있다는 말이니까요. 사실상 앞의 설명과 같은 내용입니다. 그런데 이를 또 '즉'과 함께 재진술 해주고 있습니다. 취기재의 농도가 탐지 역치 수준이면 '꽃향기인지 비린내인지' 알 수 없다고 하네요. 이는 취기재의 정체를 알 수 없다는 말과 같죠?

최근 수능이라면 이렇게 계속해서 재진술 해주지 않을 것입니다. 여러분 스스로 '즉'과 같은 표지 없이, 몇 번 나오지 않는 재진술을 한 번에 이해할 수 있는 독해력을 가져야 합니다. 그러기 위해서 이 정도 수준의 재진술은 쉽게 파악할 수 있어야 하구요. 다음 단문도 같이 연습해 봅시다!

> ²²
>
> ① 하먼은 어떤 점에서 모든 존재가 동등하다고 보았을까? ② 그는 이를 설명하기 위해 먼저 인간 중심주의 철학에서 바라보는 인간과 사물의 관계를 지적한다. ③ 하먼 이전 인간 중심주의 철학은 인간이 주체로서 사물의 모든 것을 파악할 수 있다고 여겼다. ④ 즉 인간이 사물을 어떤 기본적인 요소로 구성되어 있다고 분석하거나, 어떤 사물이 다른 사물이나 인간에게 어떤 영향을 미치는지 밝히면 그 사물의 본질을 모두 파악할 수 있다고 여겼다. ⑤ 하지만 하먼은 이러한 관점들은 인간이 사물을 인간에게 필요한 도구로 바라볼 뿐 객체 그 자체로 다루지 못한다고 비판한다.
>
> (2024학년도 5월 학력평가)

① 먼저 하먼이 '모든 존재가 동등하다'고 주장하고 있음을 파악해야 합니다. 그리고 이 문단에서는 하먼이 그렇게 생각하는 '이유'에 대해서 설명하려고 합니다. 그렇다면 우리는 하먼이 '모든 존재가 동등하다'고 생각하는 이유가 무엇인지를 궁금해하면서 넘어가야 합니다. 물음의 형태가 제시된다는 건, 정말로 그것이 궁금해서가 아니라 그 물음에 대한 답이 중요하다는 것을 강조한다는 거예요.

② 하먼의 입장을 본격적으로 설명하기 전에, 그의 '인간 중심주의 철학'에 대한 비판이 등장합니다. 하먼이 이를 지적하고 있으니까, 하먼과 인간 중심주의 철학은 서로 대비된다는 점을 생각하고 넘어갈 수 있어야겠네요. 인간 중심주의는 어떻게 사물과 인간의 관계를 정의했을까요? 사실 독해가 익숙해진 학생이라면 "'인간/중심/주의'이니까, 이들은 사물과의 관계를 '인간 중심'적으로 규정했겠구나!"라고 생각했을 수 있습니다. 여기에 한술 더 얹어서 생각해보자면 지문의 맥락상 '인간 중심주의 ↔ 하먼'이니까, 모든 존재를 '동등'하게 본 하먼과 달리, 인간 중심주의는 '인간 〉 사물'이라는 점을 미리 생각하고 들어갈 수 있습니다. 이 교재를 제대로 공부하는 학생들이라면 충분히 스스로 이 정도까지 생각할 수 있을 거예요!

③ 인간 중심주의에 대한 설명이 이어집니다. 앞에서 생각했던 내용이랑 크게 다르지 않죠? 사물에 대한 생각이 지극히 '인간 중심적'입니다. 인간이 '주체'가 되어 '사물의 모든 것'을 파악할 수 있다고 여겼대요. 즉, 인간과 사물의 관계에서 인간이 주도적이고 앞선다는 인식을 가지고 있습니다. 조금 더 정갈한 표현으로는, '인간과 사물의 관계'가 '일방(향)적'이라고 정리할 수 있겠네요!

④ '즉'이라는 표지를 활용하여 인간 중심주의의 핵심을 재진술하고 있습니다. 이들에 따르면 인간은 사물의 '모든 것'을 알 수 있습니다. 그러니까 인간이 사물의 구성 요소를 분석하거나, 사물의 영향력을 인간이 분석하면, '사물의 본질을 모두' 파악할 수 있다고 보는 것입니다. '사물의 모든 것'이라는 표현이 '요소 분석', '다른 사물이나 ~ 영향을 미치는지', '사물의 본질을 모두'라는 말로 재진술되고 있을 뿐이네요! 반복되는 핵심을 인지하면서 빠르게 넘어가도록 합시다.

⑤ 인간 중심주의를 비판하는 '하먼'의 입장이 등장합니다. 하먼은 인간과 사물이 모두 '동등하다'고 생각하는 사람이에요. 그러나 인간 중심주의는 인간을 중점적으로 생각하는 입장이었죠. 그러니까 '이러한 관점들', 즉 '인간 중심주의적 관점'들은 모두 사물을 '인간에게 필요한 도구'로만 파악한다고 합니다. 다시 말해, 사물의 본질을 제대로 이해하지 못한다는 것입니다! 사물과 인간은 동등한데, 그들은 '인간 중심적으로' 사물에 대해서 생각하기 때문이에요. 이 점을 지적하고 있는 것입니다. '객체 그 자체로 다루지 못한다'는 말 역시 같아요. 맥락상 '객체'는 '사물'이겠죠? 그러니까 인간 중심주의 철학의 관점을 따르면, 사물을 사물 그 자체로 바라보지 못하고, '인간을 위한 도구'로만 보게 된다는 것입니다. 이렇게 보면, 하먼은 사물을 '인간을 위한 도구'가 아니라 첫 문장에서 말한 것처럼 그 자체로 인간과 '동등하게' 보는 입장을 가지고 있다는 것까지 생각할 수 있겠죠?

① 정보 격차 문제는 다각도로 접근해야 한다. 디지털 장비와 서비스에 대한 단순한 물리적 접근의 격차는 감소하는 반면에 새로운 유형의 격차가 증가한다. ② 디지털 매체에 대한 접근 격차가 해소되면서 또 다른 정보화 불평등이 나타나는 것이다. ③ 정보 격차에 대한 현재의 논의들은 크게 이용의 자주성과 사용 여건의 공평성에 초점을 맞추고 있다.

(2007학년도 9월 모의평가)

①~② '정보 격차 문제'라는 화제를 제시해주는 문장으로 시작하네요. '정보 격차의 문제에 대해 설명하겠네!'라는 생각을 가지고 다음 문장으로 넘어가셔야 합니다. 정보 격차의 문제를 '다각도'로 접근해야 한다고 말하고 있으므로, 다음 문장부터 '정보 격차 문제'를 여러 관점으로 바라보는 서술이 나오겠습니다. 그리고 '물리적 접근의 격차'는 감소하고 '새로운 유형의 격차'가 증가한다고 하니, '새로운 유형의 격차'가 무엇인지 궁금해하면서 넘어갑시다. 단, 이 요인이 '물리적 접근'과 구분되는 또 다른 것이라는 점 정도는 미리 생각할 수 있어야 합니다.

③ 일단, '디지털 매체에 대한 접근 격차'는 '물리적 접근의 격차'를 말합니다. 이는 점차 해소되고 있다고 해요. 이미 앞에서 읽었던 내용이므로 자연스럽게 받아들이고 넘어갈 수 있어야 합니다. 그리고 '새로운 유형의 격차'와 같은 말이 재진술됩니다. '정보화 불평등'이 바로 그것이죠. '정보화 불평등'이 무엇일까요? 정의가 따로 제시되지 않았으니, 단어의 의미를 살리면서 이해해야 합니다. '정보화/불평등'은 아마 정보화에 의해서 발생하는 불평등일 거예요. 즉, 사회가 정보화되면서, 물리적 접근 자체는 쉬워지지만 이와 관련된 또 다른 불평등이 발생하는 것이죠. 그러나 아직까지 '정보화 불평등', '새로운 유형의 격차'가 구체적으로 무엇을 가리키는지는 이해하기가 어렵습니다.

④ 여기서 말하는 '정보 격차'는 앞에서 말한 '정보화 불평등 = 새로운 유형의 격차'라는 점을 이해해야 합니다. 그리고 이 문제를 해결하기 위해 현재는 '이용의 자주성'과 '사용 여건의 공평성'에 맞추어 논의가 진행된다고 합니다. 여기까지 읽어냈다면, '정보화 불평등 = 새로운 유형의 격차'가 무엇인지 생각해낼 수 있어요. 그게 무엇일까요? 만약 혼자 분석할 때 차마 떠올리지 못했다면 잠시 해설지 읽기를 멈추고 생각해봅시다.

충분히 생각해 보았나요? '정보화 불평등'을 해결하기 위한 논의의 초점을 '이용의 자주성', '사용 여건의 공평성'에 맞춘다는 것은 곧 '정보화 불평등'이 '이용의 자주성'과 '사용 여건의 공평성'의 격차라는 점을 의미합니다. 즉, 물리적 기기 자체는 보급이 다 되어 있는데, 이로 인해 이 기기를 "어떻게 사용할 것인가"에 대한 측면에서 다시 격차가 발생한다는 뜻이에요. 스마트폰이나 키오스크를 떠올려보면 쉽습니다. 이제 스마트폰은 아이부터 어르신들까지 모두가 사용하는 기기가 되었습니다. 키오스크도 대한민국 어딜 가든 손쉽게 찾아볼 수 있습니다. 즉, 물리적 기기의 보급 자체는 늘어나 '물리적 접근의 격차'는 감소한 것이죠.

그러나 이로 인한 문제가 '이용의 자주성'과 '사용 여건의 공평성'이라는 격차입니다. 어르신들은 스마트폰을 가지고 있지만, 그걸 젊은 세대만큼 자주적으로, 능동적으로 활용하지 못하십니다. 키오스크도 마찬가지로 어르신들은 이용에 어려움을 겪으시잖아요. 그런 것처럼 여기서 말하는 '정보의 불평등 = 새로운 유형의 격차'는 물리적 기기가 있다/없다에 대한 불평등(물리적 접근의 격차)이 아니라, 그걸 '어떻게 활용하는가?'에 대한 격차인 것이에요. 이 점에서 '새로운 유형'이라고 볼 수 있는 '정보의 불평등'입니다.

물론 이에 대한 내용이 지문 뒷부분에 나올 것입니다. 하지만 이런 생각을 미리 하느냐의 여부에 따라 성적이 크게 차이날 것입니다. 이런 생각을 미리 하고서 다음 문단을 맞이하며 당연하게 납득할 수 있을 때까지 계속 연습해 보도록 합시다.

①일정 질량의 연료를 완전 연소시키는데 필요한 산소의 질량은 일정하다. ②한편 실린더 안에서 피스톤의 이동으로 흡입될 수 있는 공기의 부피는 정해져 있으므로, 공기의 밀도가 변하지 않으면 한 주기 동안 완전 연소 가능한 연료량의 최대치는 일정하다. ③즉 최대 출력을 얻을 수 있는 공기와 연료의 적정한 혼합비는 이론적으로는 일정하다. ④혼합비가 적절하지 않으면 출력이 떨어지면서 유해 가스의 배출량이 늘어나는데, 적정 혼합비보다 혼합 기체에 포함된 연료의 비율이 높아지면 산소가 부족하여 일산화탄소, 탄화수소가 증가한다. ⑤반대로 연료의 비율이 낮아지면 공기 과잉으로 질소산화물이 늘어나고 배기가스에 산소가 잔류한다.

(2011학년도 6월 모의평가)

①~② 처음부터 '고정값'으로 시작하고 있습니다. '일정 질량의 연료'를 완전 연소시키는데 필요한 '산소'의 질량은 '일정'하다고 합니다. 산소의 질량이 일정하다는 서술을 간단히 고정값으로 체크해주면서, 이와 동시에 이 문단에서 '산소'의 정의가 곧 '연료를 연소시키는 것'임을 파악할 수 있어야 합니다. 이를 상식적으로 알고 있는 경우도 있겠지만, 몰랐다고 하더라도 저런 문장을 통해 자연스럽게 파악할 수 있어야 해요. 그 뒤에 '한편'과 함께 또 다른 개념이 등장합니다. 흡입 가능한 '공기의 부피'가 '정해져' 있으므로, 당연히 한 주기 동안 완전 연소 가능한 연료량의 최대치는 '일정'할 것입니다. 일정 질량의 연료를 완전 연소시키는데 필요한 산소의 질량이 일정하므로, 연소에 사용되는 공기(산소)의 부피가 정해져 있다면 당연히 연소 가능한 연료량 역시 일정하겠죠. 조금 어려워도 천천히 생각해보면 쉽게 이해될 것입니다.

③ 이해를 돕기 위해 뒤에 '즉'이라는 표지와 함께 '재진술'이 등장합니다. '일정' 공기를 통해 '일정량'의 연료만 연소 가능하므로, '최대 출력'을 얻을 수 있는 공기와 연료의 혼합비는 일정하겠군요. 각각 필요한 만큼만 혼합하는 것이죠. 역시 앞에 제시된 개념을 바탕으로 대응해가며 이해해주면 됩니다. 고정값이라는 점도 꼭 체크하시구요.

④ 혼합비가 적절하지 않을 경우에 대한 서술이 나오고 있습니다. 바로 앞 문장에서 이론상 혼합비가 '일정'하다고 나왔으므로, 실제 상황에서 오차가 생기는 경우를 제시하는 것입니다. 혼합비가 적절하지 않으면 '유해 가스'가 나온다고 한 후 바로 다음에 '사례'가 등장합니다. 혼합비가 적절하지 않은 경우를 구체화하여 제시해주고 있으므로 '사례'라고 볼 수 있는 것입니다. 혼합 기체에 '연료'의 비율이 높아진다는 것은 혼합비가 '적절하지 않다'는 말과 같은 것이고, 우리는 다음에 나올 정보가 '유해 가스'라는 것을 예측하며 읽어야 합니다. 따라서 '일산화탄소', '탄화수소'는 유해 가스입니다.

⑤ 마찬가지로 다음 문장에 '연료의 비율이 낮아진다'는 것 역시 혼합비가 '적절하지 않다'라는 말과 같은 말로 읽어야 하며, '질소산화물'과 '배기가스에 산소 잔류'를 '유해 가스'로 읽어야 합니다. 여기에서 질소'산화'물, 배기가스에 '산소' 잔류라는 포인트에도 주목할 수 있어야겠죠? 연료의 비율이 낮아진다는 건 상대적으로 공기, 즉 '산소'의 비율이 높아진다는 것이니, 이러한 유해 가스가 배출되는 것은 당연한 것입니다. '일산화탄소', '탄화수소' '질소산화물' 등의 정보를 재진술 없이 처리하려면 하나하나 외울 수밖에 없습니다. '재진술'이라는 강력한 도구를 계속 연습하셔서 이런 정보들을 쉽게 쉽게 처리하는 것을 목표로 하셨으면 좋겠습니다.

①히치콕은 관객을 오인에 빠뜨린 뒤 막바지에 진실을 규명하여 충격적인 반전을 이끌어 내는 그만의 이야기 도식을 활용하였다. ②또한 그는 관객의 오인을 부추기는 '맥거핀' 기법을 자신만의 이야기 법칙을 만들어 가는 데 하나의 극적 장치로 종종 활용하였다. ③즉 특정 소품을 맥거핀으로 활용하여 확실한 단서처럼 보이게 한 다음 일순간 허망한 것으로 만들어 관객을 당혹스럽게 한 것이다.

(2015학년도 6월 모의평가 AB형 공통)

①~② 히치콕이 사용한 기법이 제시됩니다. 그는 관객을 속인 후 마지막에 진실을 알려 주는 기법을 사용했다고 해요. 그 기법이 바로 '맥거핀 기법'입니다. 이 기법을 '자신만의 이야기 법칙'을 만드는 데에 이용했다고 합니다. 맥거핀 기법의 정의를 참고해 보아도 여기서 말하는 '자신만의 이야기 법칙'은 마지막에 반전을 주는 그 방식을 가리킵니다. 관객이 속도록 부추기고, 마지막에 진실을 알려 주면서 반전을 이끌어 낸다! 같은 말을 두 문장에 걸쳐서 반복하고 있다는 느낌을 받으셔야 합니다. '히치콕만의 도식 = 막바지에 진실을 규명하여 충격적인 반전 = 맥거핀 기법', 이 모든 것들이 같은 말이었습니다.

③ '즉'이라는 표지와 함께 쉬운 재진술이 등장합니다. 특정 소품을 '확실한 단서'처럼 보이게 한 다음에 '허망한 것'으로 만들어서 관객을 속이는 것이죠. 여기서 '관객을 당혹'스럽게 만든다는 것은 맥거핀의 정의 중 '충격적인 반전' 혹은 '극적 장치'로 받아들이면 되겠습니다. 사실상 여기 등장하는 모든 문장이 같은 말이네요!

① 집단 수준의 인과를 필연적인 것이 아니라, 개연적인 것으로 파악해야 한다는 내용이 제시되고 있습니다. 그 후 '가령'이 나오는데, 이렇게 사례를 나타내는 표지를 보자마자 앞에 나온 개념을 적용하겠다는 마음가짐을 가져야 합니다. 이젠 쉽게 하실 수 있으리라 생각합니다. 대체 '집단 수준의 인과'는 무엇이고, '필연적인 것'은 무엇이고, '개연적인 것'은 무엇일지 뒤에 서술된 예시를 통해 파악해 봅시다.

② 스트레스가 병의 필연적인 원인이 아니라는 것으로 보아, 여기서 '스트레스가 병의 원인'이라고 하는 진술이 '집단 수준의 인과'를 뜻하는 것이겠네요. 집단 수준의 인과가 필연적인 것이 아니라고 했으니까요! 마찬가지로 '병을 발생시킬 확률을 높인다.'라는 서술은 '개연적인 것'으로 파악해야 합니다. '확률을 높이는 것'이 '개연적인 것'으로 해석할 수 있어야 하는 것이죠. 사실 '개연성' 정도는 어휘력으로 뚫어낼 수 있어야 합니다. 몰랐다면 이번을 계기로 알아두시기 바랍니다!

③ A와 B를 통해 더 구체적인 얘기가 나오고 있습니다. A와 B라는 '개별적'인 사람들이 스트레스로 인해 특정한 병에 걸렸다 하더라도, '집단 수준'에서는 그 병의 원인을 스트레스로 단언할 수 없다, 즉 '필연적인 것'으로 볼 수 없다는 것이죠. 그렇기에 '스트레스가 병의 원인이다.'와 같은 진술은 그저 '개연적'인 것입니다. 그럴 확률이 높기는 하지만, '집단 수준'에서는 '반드시' 그렇지는 않다는 게 핵심이네요.

① 작품에 대한 '예술가의 주체적 선택'을 강조하는 관점이 제시됩니다. 이 관점에서 20세기 미술의 양상을 보면 '낯선 것은 아니라고' 하니까, 바로 뒤에 나오는 20세기 미술의 양상이 곧 '예술가의 주체적 선택'을 강조하는 양상임을 생각할 수 있겠습니다. '예술가의 주체적 선택'이라는 것이 어떻게 구현되었는지 궁금해하면서 읽어봅시다.

② 먼저 르네상스 때 시작된 '화가의 서명'에 대해서 설명하고 있습니다. 이 서명 행위는 작품에 대한 '정신적 저작권'이 예술가에게 있음을 알리는 행위라고 해요. 그것이 외부 주문이라 하더라도요. 이를 앞 문장과 연결하면서 읽어주셔야 합니다! 결국 예술가의 서명 행위, 정신적 저작권은 '예술가의 주체적 선택'을 반복하는 재진술입니다. 외부 주문에 따라 작품을 만들더라도 작품 그 자체의 형식과 그 내용은 '예술가'가 스스로 만든 것입니다. 이 점에서 '정신적 저작권'을 가진다고 하는 것이고, 이 권리를 드러내는 행위가 바로 '서명'인 것이죠. 이처럼 앞 문장의 핵심을 떠올리면서 읽어주셔야 합니다.

③ 이 또한 재진술처럼 읽을 수 있습니다. '창조의 자유'는 곧 예술가 스스로 선택해서 만들 자유라는 뜻이겠죠? 창조를 자유

롭게 한다는 말이니까요! 그러니까 '예술가의 주체적 선택'과 같은 말이라고 볼 수 있습니다. 이처럼 예술가의 주체성을 강조하니까, '화가의 서명' 덕에 예술가가 갖는 '창조의 자유'가 중시되는 시대 역시 앞당겨진 것이에요.

④ 이번에는 '즉'이라는 표지와 함께 문장이 제시됩니다. 대놓고 재진술이라고 알려 주고 있어요! 여기서 미켈란젤로가 예수를 그린 것처럼 르네상스 화가들은 주문된 내용도 '자신만의 방식'으로 이미지화했다고 합니다. 작품을 주체적으로 만들었다는 말이네요. '예술가의 주체적 선택'! 이쯤 되면 질리도록 이해해주셔야 합니다.

미켈란젤로 예시를 조금 더 봅시다. 미켈란젤로가 '예수'를 '건장한 이탈리아 남성의 모습'으로 그린 것은 왜 '주체적 선택', '창조의 자유'와 같은 맥락에서 볼 수 있을까요? '예수'의 생김새를 떠올려 봅시다. 어떤 모습이 떠오르나요? 머리가 길고 수염이 많고 십자가에 박힌 그런 모습이 떠오르지 않나요? 하지만 이것이 '진짜 예수'의 모습이라고 할 수 있을까요? 그렇지 않습니다. 사실 예수의 진짜 모습을 아는 사람은 아무도 없어요. 우리가 알고 있는 모습도 결국에는 예술가가 창조한 그림에서 형상화된 예수의 모습이에요. ④번 문장은 우리가 본 그 그림 자체가 예술가의 선택에 따라 만들어졌다고 설명하고 있습니다. 예수 그림을 그리라고 주문을 받았지만, 그 그림에 담긴 예수의 모습과 그리는 방식은 모두 미켈란젤로 스스로가 선택한 것입니다. 그래서 미켈란젤로 예시 또한 '예술가의 주체적 선택'과 같은 맥락에서 이해할 수 있는 것입니다.

(28)

① 사회 분화와 개체화는 자본주의적 산업화 이래로 지속된 현상이다. ② 그런데 20세기 중반 이후부터는 세계화를 계기로 개체화 현상이 과거와는 질적으로 달라진 양상을 보여 주고 있다. ③ 교통과 통신 수단의 발달에 따라 국경을 넘나드는 자본과 노동의 이동이 가속화되었고, 개인에 대한 국가의 통제력도 현저하게 약화되고 있다. ④ 또한 전 세계적인 노동 시장의 유연화 경향에 따라 정규직과 비정규직, 생산직과 사무직 등 다양한 형태로 분절화된 노동자들이 이제는 계급적 연대 속에서 이해관계를 공유하지 못하게 되었다. ⑤ 핵가족화 추세에 더하여 일인 가구가 급속도로 늘어나는 등 가족의 해체 현상도 많이 나타나고 있다.

(2016학년도 6월 모의평가 B형)

①~② '사회 분화'와 '개체화'가 정확히 무엇인지는 모르겠지만, 그 단어의 의미 자체로 대충 알 것 같습니다. '사회/분화', '개체/화'라는 것으로 보아 사회의 다양한 요소들이 개별적으로 나눠진 현상을 의미하겠죠? 이는 '자본주의적 산업화' 이래로 지속된 현상이라고 하는데, '세계화'를 계기로 차원이 다른 양상을 보여 주고 있다고 합니다. '세계화'가 어떻게 '개체화'에 영향을 주었는지 궁금해하면서 읽어볼까요?

③~⑤ '교통, 통신 수단 발달', '개인에 대한 국가의 통제력 약화', '노동 시장의 유연화 경향', '핵가족화와 일인 가구 증가' 등이 앞에서 말한 '세계화를 계기로 질적으로 달라진 양상'에 해당하네요. 일종의 '사례'로 제시되고 있는 것이죠. '예를 들어'와 같은 말은 없지만, 모두 '개체화'라는 하나의 원리에 집중시켜 이해하고 있죠? 이러한 사례들이 모두 '개체화'를 설명하기 위해 나왔다는 것만 확실하게 잡아주셔도 훌륭합니다!

물론, 우리는 조금 더 깊게 생각해볼 수 있습니다. 이들이 왜 '개체화'와 관련이 있을까요? 납득해 봅시다. 먼저 '교통과 통신 수단의 발달'입니다. 이에 따라 자본과 노동의 이동이 가속화되었다고 하는데, 자본과 노동이 마음대로 움직인다면 그 속에서 개인의 소외감은 더욱 커질 것입니다. 좀 적응하려 하면 회사나 자본의 흐름이 변하고, 나의 노동력도 그에 맞춰 변해야 하니까요.

'개인에 대한 국가의 통제력 약화'는 어떤가요? 원래는 국가가 개인들을 통제하여 하나로 결속시켜 두었는데, 그러한 통제력이 약화되면서 개인들의 개체화가 가속화된 것이겠죠. '노동 시장의 유연화'는 쉽게 말해 해고가 쉬워졌다는 의미입니다. 즉, 계급적 '연대' 속에서 이해관계를 '공유'하기도 전에 전부 해고되어 버리니 이것이 곧 '개체화'와 연결되는 현상이라 볼 수 있습니다. '핵가족화와 일인 가구 증가'는 어렵지 않게 받아들일 수 있죠? 그 자체가 '개체화'니까요. 이런 식으로 '납득'하는 연습을 해보시기 바랍니다. 여러분의 '사고력'을 향상시킬 수 있는 중요한 공부니까요.

　① A회사의 온라인 취업 사이트에 갑을 비롯한 수만 명의 가입자가 개인 정보를 제공하였다. ② 누군가 A회사의 시스템 관리가 허술한 것을 알고 링크 파일을 만들어 자신의 블로그에 올렸다. ③ 이를 통해 많은 이들이 가입자들의 정보를 자유롭게 열람하였다. ④ 이 사실을 알게 된 갑은 A회사에 사이트 운영의 중지와 배상을 요구하였지만, A회사는 거부하였다. ⑤ 갑은 소송을 검토하였는데, 받게 될 배상액에 비해 들어갈 비용이 적지 않다는 생각에 망설였다. ⑥ 갑은 온라인 카페를 통해 소송할 사람들을 모았고 마침내 100명이 넘는 가입자들이 동참하게 되었다. ⑦ 갑은 이들과 함께 공동 소송을 하여 A회사에 사이트 운영의 중지와 피해의 배상을 청구하였다.

(2014학년도 9월 모의평가 AB형 공통)

①~⑥ 특이하게도 '사례'로 지문이 시작하고 있습니다. 한 마디로 정리하면 A회사에 등록된 개인 정보들이 해킹당한 상황에서, 갑이 총대를 메고 A회사에 '공동 소송'을 청구하는 모습이네요. 이 내용은 해당 지문의 첫 문단이었습니다. 이처럼 첫 문단을 '사례'로 시작하는 경우가 있습니다. 이때 국어를 못하는 학생들은 그저 '재밌는 이야기'로 인식하고 넘어가는데, 우리는 '생각'이라는 걸 하면서 글을 읽고 있죠? '사례'라는 건 설명하고자 하는 '원리'가 있기 마련입니다. 그렇다면, 첫 문단에 제시된 '사례'는 그 사례에 대응하는 '원리'가 곧 해당 지문의 화제임을 알려 준다고 할 수 있겠네요. 여러분은 이 사례가 설명하고자 하는 원리인 '공동 소송'이 이 지문의 화제일 것이라는 생각을 할 수 있어야 합니다. 이번에도 정말 그러한지 확인해 볼까요?

　공동 소송은 소송 당사자의 수가 여럿이 되는 소송을 말한다. 이는 저마다 개별적으로 수행할 수 있는 소송들을 하나의 절차에서 한꺼번에 심리하고 진행할 수 있도록 배려하는 것으로서, 경제적이고 효율적으로 일괄 구제할 수 있다는 장점이 있다. 하지만 당사자의 수가 지나치게 많으면 한꺼번에 소송을 진행하기에 번거롭다. 그래서 실제로는 대개 공동으로 변호사를 선임하여 그가 소송을 수행하도록 한다. 또한 선정 당사자 제도를 이용할 수도 있는데, 이는 갑과 같은 이를 선정 당사자로 삼아 그에게 모두의 소송을 맡기는 것이다.

바로 '공동 소송'에 대한 이야기로 이어지죠? 여러분이 미리 생각한 내용이 쭉 제시되고 있다는 생각을 하셔야 합니다. 다른 건 없습니다. '사례'가 나오면 그 '원리'를 생각하는 건 기본 중의 기본이에요.

　① 미생물의 유전체는 DNA로 이루어진 많은 유전자로 구성되는데, 특정 유전자를 비교함으로써 미생물들 간의 유전적 관계를 알 수 있다. ② 종의 구분에는 서로 간의 차이를 잘 나타내 주는 유전자를 이용한다. ③ 유전자 비교를 통해 미생물들이 유전적으로 얼마나 가깝고 먼지를 확인할 수 있는데, 이를 '유전 거리'라 한다. ④ 유전 거리가 가까울수록 같은 종으로 묶일 가능성이 커진다. ⑤ 하지만 유전자 비교로 확인한 유전 거리만으로는 두 미생물이 같은 종에 속하는지를 명확히 판별하기 어렵다. ⑥ 특정 유전자가 해당 미생물의 전체적인 유전적 특성을 대변하지는 못하기 때문이다.

(2010학년도 수능)

① '미생물의 유전체'라는 개념의 정의를 제시하고 있습니다. '유전/체'이니까, DNA로 이루어진 '유전/자'로 구성되겠죠? 이번에도 역시나 단어의 의미를 살리면서 자연스럽게 이해할 수 있어야 합니다. 그리고 유전체를 구성하는 유전자를 비교하여 미생물들 간 유전적 관계를 알 수 있다고 해요. 유전자의 DNA를 이용하는 것이겠죠? 그렇다면 유전적 관계를 비교하는 원리와 같은 것들이 제시되겠습니다.

② 재진술입니다. 앞에서 말한 방법을 구체적으로 제시하고 있어요. '종의 구분'에는 '서로 간의 차이'를 잘 나타내 주는 유전자를 이용한다고 합니다. 여기서 '종의 구분'은 유전적 관계를 가리키고, '서로 간의 차이'를 이용하는 것이 곧 '유전자를 비교'하는 방법인 것입니다. 앞에서 언급한 원리를 구체적으로, 다른 표현을 통해 반복하고 있는 문장입니다.

③ '유전 거리'의 정의가 제시되고 있습니다. 유전적으로 얼마나 '가깝고 먼지' 파악하는 개념이 바로 '유전/거리'입니다. 가까운지 먼지를 따지는 것이니 유전 '거리'라는 점, 단어의 의미를 살리면서 자연스럽게 이해할 수 있어야 합니다!

④ 비례/증감 관계를 제시하는 문장처럼 보이지만 재진술입니다! '유전 거리'의 정의를 잘 이해했다면 쉽게 파악할 수 있는 정보입니다. 유전 거리는 유전적으로 얼마나 가깝고 먼지를 알려 주는 개념이었습니다. 그러니까 당연히 그 거리가 가까우면 '같은 종'으로 묶일 가능성이 높아지겠죠. 거리가 가깝다는 것은 유전적으로 차이가 적다는 뜻이니까요.

⑤ 이 문장을 이해하는 것이 조금 어렵습니다. 왜 유전 거리만으로 같은 종인 것을 알 수 없을까요? 이를 궁금해하면서 넘어가면 바로 다음 문장에서 그 이유를 설명해줍니다.

⑥ 앞 문장에 대한 재진술 문장입니다. 유전 거리는 유전자를 비교하는 개념 중 하나였고, 유전자 비교는 유전자 간 차이를 잘 드러내 주는 '특정 유전자'를 통해 이루어집니다. 그런데 우리 몸의 '유전체'는 유전자들의 집합이었어요. 그러니까 당연히 일부에 해당하는 '특정 유전자'는 '전체적인' 유전적 특성을 다 대변하지는 못하겠죠. 유전 거리를 파악하는 데 이용되는 유전자는 일부에 불과하니까요. 이와 같은 방식으로 의문을 가지고, 그것을 해결해나가는 과정을 여러 '생각'을 통해 거쳐 주셔야 합니다.

31

① 회화의 내용을 포기하지 않으면서도 대중 매체를 성공적으로 비판한 경우는 없었을까? ② 팝 아트는 대중문화의 산물들을 적극적으로 이용하면서 그 속에서 대중 매체에 대한 비판을 수행하고 있다는 점에서 흥미롭다. ③ 이는 특히 영국의 초기 팝 아트에서 두드러진다. ④ 그들은 대중문화의 이미지를 차용하여 그것을 맥락이 다른 이미지 속에 재배치함으로써 생겨나는 새로운 의미에 주목하였다. ⑤ 이를 통해 그들은 비판적 의도를 표출했는데 대중문화에 대한 비판도 같은 방식으로 이루어졌다. ⑥ 영국 미술가 해밀턴은 1964년 당시 영국의 정치가 휴 게이츠켈의 정책에 반대하는 입장을 드러내기 위해 「영화 속 괴물 휴 게이츠켈의 초상」을 제작하였다. ⑦ 그는 이 정치가의 확대된 얼굴 사진을 놓고 그 일부를 공포 영화 「오페라의 유령」에 등장하는 유령의 모습처럼 바꾸어 이 정치가가 비인간적 면모를 감추고 있다는 메시지를 전하려 하였다.　　　　(2007학년도 수능)

① 회화의 내용을 지키면서 '비판'에 성공한 경우를 묻고 있습니다. 이때 '회화'라는 단어는 말 그대로 어떤 대상에 대한 '그림'을 뜻합니다. 이러한 내용을 지키면서 '비판'에 성공한 경우를 묻고 있으니, 그 전에는 '회화'의 내용을 지키지 않은 채로 '비판'이라는 행위에 성공한 이야기가 나왔겠네요. 나아가 이 문단에서는 어떤 대상에 대한 그림과 같은 방식으로 '비판'을 한 경우에 대해 설명할 것이라는 점도 생각할 수 있겠죠?

② '팝 아트'는 대중문화의 산물들을 적극적으로 이용하면서 작가가 옳지 않다고 느끼는 것에 대해 '비판'했다고 합니다. 여기에 '대중문화의 산물들'은 아마 '회화의 내용을 포기하지 않은' 것들이라고 예상할 수 있겠죠? 그렇기에 흥미롭다는 표현을 한 것입니다.

③~⑤ 영국의 초기 팝 아트를 통해 이를 설명합니다. 영국의 초기 팝 아트가 일종의 사례인 것이죠. 초기 팝 아트가 주목한 것은 '대중문화의 이미지를 차용하여 맥락이 다른 이미지 속에 재배치하여 생겨나는 새로운 의미'라네요. 우리는 이를 그대로 받아들이는 것이 아니라, '회화의 내용'이라고 생각해야 합니다. '팝 아트'가 주목한 것이니까요. 이를 통해 여러 분야를 비판한 것입니다. 우리가 앞에서 화제로 잡았던 '회화의 내용을 지키면서 비판한 경우'에 대해 서술하고 있네요. 내용 자체에 주목해도 됩니다. '이미지를 차용·재배치'이니까 일종의 '회화'라고 볼 수 있는 것이죠.

⑥~⑦ '영국 미술가 해밀턴'이 나오고 있습니다. 사실, 이를 보자마자 '사례-원리 적용'이라는 생각이 들어야 합니다. 상황을 구체화시켜 주고 있으니까요. 따라서 우리는 '원리'를 먼저 떠올리고, 이를 사례에 적용할 생각을 해야 합니다. '팝 아트'의 내용을 통해 어떻게 '비판'을 수행했는지 생각해야 합니다. '영국의 정치가 휴 게이츠켈의 정책에 반대하는 입장'을 드러낸다는 것이 바로 '작가가 옳지 않다고 느끼는 것에 대한 비판'인 것이겠죠?

또 '정치가의 확대된 얼굴 사진'은 '대중문화의 이미지 차용'(=회화적 방식)으로 생각해야 합니다. 이를 '오페라의 유령에 등장하는 유령의 모습으로 바꾸었다'는 말은 '맥락이 다른 이미지 속에 재배치'했다고 읽혀야 하고요. 이를 통해 '이 정치가가 비인간적 면모를 감추고 있다는 메시지'를 전하는 것은 결국 '비판'으로 받아들일 수 있어야 합니다. 우리가 앞에서 배운 것과 같이, '사례-원리 적용'은 결국 '재진술'과 같습니다. 조금 더 구체적으로 쓰여 있는 서술들을 같은 말로 처리할 수 있어야 해요.

① 지역 주민의 요구를 수용하기 위해 도입한 '민간화'와 '경영화'가 대표적인 사례이다. ② 이 둘은 모두 행정 담당자주도의 정책 결정을 보완하기 위해 시장 경제의 원리를 부분적으로 받아들였다는 점에서는 공통되지만, 운영 방식에는 차이가 있다. ③ 민간화는 지방 자치 단체가 담당하는 특정 업무의 운영권을 민간 기업에 위탁하는 것으로, 기업 선정을 위한 공청회에 주민들이 참여하는 등의 방식으로 주민들의 요구를 반영하는 것이다. ④ 하지만 민간화를 통해 수용되는 주민들의 요구는 제한적이므로 전체 주민의 이익이 반영되지 못하는 경우가 많고, 민간 기업의 특성상 공익의 추구보다는 기업의 이익을 우선한다는 한계가 있다. ⑤ 경영화는 민간화와는 달리, 지방 자치 단체가 자체적으로 민간 기업의 운영 방식을 도입하는 것을 말한다. ⑥ 주민들을 고객으로 대하며 주민들의 요구를 충족하고자 하는 것이다. ⑦ 그러나 주민 감시나 주민자치위원회 등을 통한 외부의 적극적인 견제가 없으면 행정 담당자들이 기존의 관행에 따라 업무를 처리하는 경향이 나타나기도 한다.

(2015학년도 9월 모의평가 B형)

①~② '민간화'와 '경영화'에 대한 설명이 나오고 있습니다. 지역 주민의 요구를 수용하기 위해 도입했다고 해요. '민간화'와 '경영화'라고 나누어 제시되고 있으니, 앞에서 연습했던 것처럼 두 대상의 공통점과 차이점에 주목해서 읽어야 합니다. 둘 모두 '시장 경제의 원리'를 받아들였다는 점에서 같고, '운영 방식'에 차이가 있다는 점에서 다르네요.

③ 민간화의 정의가 제시됩니다. '민간/화'는 지방 자치 단체가 특정 업무의 운영권을 '민간' 기업에 위탁하는 것입니다. 그래서 '민간/화'인가 봅니다. 그리고 우리는 동시에 이를 '시장 경제의 원리'를 받아들였다고 생각해야 합니다. 일반 사기업에 운영을 위탁하는 것이니까요. 또한 그 뒤에 나오는 '공청회에 주민들이 참여'한다는 것은 '지역 주민의 요구를 수용'하기 위해 시행되었다는 시행 목적에 대한 재진술입니다. 같은 포인트를 반복하고 있어요.

④ 그런데 이는 '전체 주민의 이익이 반영되지 못한다'는 한계가 있네요. 애초에 수용되는 주민들의 요구가 제한적이기도 하고, 민간 기업의 특성상 '기업의 이익을 우선'할 수밖에 없으니까요. 이런 내용들이 모두 자연스럽게 받아들여질 수 있어야 합니다. 지역 주민의 요구를 수용하려고 시행한 정책인데, 전체 주민의 이익이 반영되지 못하면 당연히 한계이고, 민간 '기업'에게 위탁하는 정책이므로 당연히 기업의 이익이 우선시 되겠지요. 계속해서 '정의'를 바탕으로 납득할 수 있어야 합니다.

⑤ 이어서 '경영화'에 대한 설명이 나옵니다. 이는 지방 자치 단체가 민간 기업에게 '위탁'하는 것이 아니라, '운영 방식을 도입'하는 것입니다. '민간화'와의 차이점을 정확히 잡아내셔야 합니다. 민간화는 실제 민간 기업에게 맡기는 것, 경영/화는 '경영'이라는 '기업의 형식'을 받아들이는 것이니까요. 기업의 방식을 도입하니까 지방 자치 단체가 '경영/화' 되는 거라고 납득할 수 있겠네요. 경영의 방식을 들여오니까요.

⑥ 주민들을 '고객'으로 대하는 것은 마치 기업과 같은 방식입니다. 즉, 지방 자치 단체가 '기업이 경영하는 것처럼' 주민들을 '고객'으로 대하면서 업무를 처리합니다. 경영화의 정의를 반복하는 재진술 문장이네요.

⑦ 이번엔 경영화의 한계점입니다. 만약 견제가 없다면 행정 담당자들이 '기존의 관행'에 따라 업무를 처리하게 될 수도 있다고 해요. 실제로 민간 기업에게 '위탁'하는 게 아니라 지방 자치 단체가 업무의 수행 주체이니까, 지방 자치 단체에서는 '경영화된 방식'이 아니라 기존에 하던 대로 원래의 방식을 고수할 수 있겠죠. 익숙한 방식이 편하니까요!

33

①두께가 얇은 토기가 사용된 의미를 파악하기 위해서는 토기 두께의 변화를 초래한 원인을 찾는 것도 중요하지만 두께가 얇아진 토기가 장기간 사용된 이유에도 주목할 필요가 있다. ②예컨대 전분 함량이 높은 곡물을 아기들의 이유식으로 이용한다면 여성들의 수유기가 단축됨에 따라 출산율을 높이는 데 도움이 되었을 것이라고 볼 수도 있다. ③이러한 시각에서 본다면 두께가 얇은 토기가 오랫동안 사용된 원인을 자연환경에 잘 적응하기 위한 선택이 아니라 이유식을 만들기 위한 인간의 능동적 선택에서 찾는 생태학적 이론에 입각한 설명도 가능하다. ④생태학적 설명은 진화론적 관점에 근거하지만 인간의 이성적 사유 능력에 따른 선택 과정에 좀 더 주목한 것이다.

(2015학년도 6월 모의평가 A형)

① 두께가 얇은 토기가 사용된 의미를 파악하기 위해, 그 원인보다도 '장기간 사용된 이유'에 주목하고 있습니다. '토기 두께의 변화를 초래한 원인'이 아니라, '장기간 사용된 이유'에 주목해서 독해하셔야 합니다. '~원인을 찾는 것도 중요하지만 ~ 이유에도 주목할 필요가 있다'라는 식으로 직접 중요한 내용을 집어주고 있기 때문이에요.

②~③ '예컨대'라는 표지와 함께 사례가 제시되고 있으므로, '장기간 사용된 이유'라는 원리를 사례에 대응하며 읽어봅시다. 아이들의 이유식에 관한 설명이 나오는데, 당황하지 말고 '두께가 얇은 토기가 장시간 사용된 이유'라는 개념을 꽉 붙들고 있어야 합니다. 어쨌든, 이유식과 관련한 시각에서 바라보면, 토기가 오랫동안 사용된 원인을 '자연환경에 잘 적응'하기 위해서가 아니라, '인간의 능동적 선택'에서 찾을 수 있다고 합니다. '이유식'이라는 사례를 통해 '인간의 능동적 선택'이라는 원리를 설명했고, 우리는 그것을 '두께가 얇은 토기가 장시간 사용된 원인'에 붙여서 읽어줄 수 있어야 합니다. 그리고 이와 같이 '인간의 능동적 선택'을 강조하는 설명이 '생태학적 이론'이라고 합니다. 수식된 정의로 제시해주고 있네요. 놓치지 말고 체크합시다!

④ 생태학적 설명에 대한 재진술입니다. 이 설명은 '진화론'적 관점에 근거하긴 해도, '인간의 이성적 사유 능력'에 따른 과정에 주목한 것이라고 합니다. '인간의 이성적 사유 능력'은 결국 '인간의 능동적 선택'과 같은 말이네요!

34

①하나의 화면은 수많은 점들로 구성되는데, 이를 화소라 한다. ②각각의 화소는 밝기와 색상을 나타내는 화소 값을 가진다. ③화소 간 중복은 한 화면 안에서 서로 가까이 있는 화소들끼리 화소 값의 차이가 별로 없거나 변화가 규칙적인 것을 말한다. ④동영상 압축에서는 원래의 화소 값들을 여러 개의 성분들로 형태를 변환한 다음, 화질에 거의 영향을 미치지 않는 성분들을 제거하고 나머지 성분들만을 저장한다. ⑤이때 압축 전후의 화소들의 개수에는 변화가 없으나 변환된 성분들을 저장하는 개수가 줄어들기 때문에 화질의 차이가 별로 없이 데이터의 양을 크게 줄일 수 있다. ⑥그런데 화면이 단순할수록 또 규칙적일수록 화소 간 중복이 많아서, 제거 가능한 성분들이 많아진다. ⑦다만 이들 성분을 너무 많이 제거하면 화면이 흐려지거나 얼룩이 지는 등 동영상의 화질이 나빠진다. ⑧이러한 과정은, 우유에서 수분을 없애 전지분유를 만들면 부피는 크게 줄어들지만 원래 우유의 맛이 거의 보존되는 것과 비슷하다.

(2009학년도 수능)

① 화소의 정의가 등장합니다. '화'면을 구성하는 요'소'이니까 '화소'이네요. 어려운 말은 아니지만 항상 단어의 의미를 살리면서 읽는 습관을 들여 두는 것이 좋습니다.

② 화소에 부여되는 밝기나 색상이 '화소 값'이라고 해요. '화소'에 부여되는 밝기나 색상 '값이 바로 '화소/값'이겠군요. 역시나 단어의 의미를 살리면서 정의를 받아들여 줍시다.

③ 이번엔 '화소 간 중복'의 정의가 제시됩니다. 이를 이해하려면 '화소'와 '화소 값'의 정의를 잘 이해하고 있어야 해요. 화소 간 중복은 가까이 있는 화소들끼리 화소 값 '차이'가 작거나 화소 값의 변화가 규칙적인 것을 가리킵니다. 화소 값의 차이가 작다는 것은 화소의 밝기나 색상이 비슷하다는 뜻이에요. 중복으로 볼 수 있겠네요. 또 변화가 규칙적이라면 이 또한 중복되는 요소로 간주할 수 있겠죠? 변화가 규칙적이면 차이가 없다는 말일 테니까요. 이번에도 단어의 의미를 살리면서 정의를 체크하는 태도가 중요했습니다.

④ 또 정의입니다. 동영상 압축의 정의를 제시합니다. 동영상 압축은 화소 값의 형태를 변환한 후, 화질에 영향을 미치지 않는 부분을 제거하고 남은 성분만 저장하는 방법입니다. 동영상의 일부를 제거하니까 당연히 크기가 줄어들겠죠? 그래서 동영상 '압축'인가 봅니다. 이 또한 화소와 관련된 정보라는 점만 기억합시다.

⑤ 동영상 압축에 대한 재진술 문장입니다. 동영상 압축에서는 화소 값을 여러 '성분'으로 변환해서 그것을 제거한다고 했습니다. 그러니까 변환된 성분을 저장하는 개수가 줄어드는 것이에요. 그러면 당연히 화질 차이는 유지가 되고 데이터 양은 줄어들겠죠. 성분을 '제거'했으니까요. 동영상 압축의 정의를 능동적으로 잘 이해했다면 쉽게 납득할 수 있는 문장입니다. 결국에는 용량을 줄인다는 핵심을 반복하고 있어요.

그렇다면 '화소들의 개수'에는 왜 변화가 없고 화질은 왜 유지되는지 조금만 더 생각해 봅시다. 동영상 압축을 할 때는 화소 자체를 삭제하는 것이 아닙니다. 화소는 화면을 구성하는 요소인데, 이것을 없애지는 않으니까요. 대신 '화소 값'을 '여러 성분'으로 변환하고, 그 성분을 삭제하는 것이에요. 즉, 줄어드는 것은 '화소 값'을 변환시킨 성분입니다. 또 압축할 때도 화질에 거의 영향을 미치지 않는 성분만을 제거하기 때문에, 화질의 차이는 크지 않습니다. 그러니까 화질은 유지하고 용량만 크게 줄여버리는 '효율적'인 방법인 것이에요.

⑥ 굉장히 중요한 재진술 문장입니다. 우리가 앞에서 읽었던 화소 간 중복과 동영상 압축을 연결해서 압축 원리를 쉽게 설명해주고 있어요. 화면이 단순하고 규칙적이면 당연히 화소 간 중복이 많을 것입니다. 이 내용이 단번에 이해되지 않는다면 다시 정의를 확인하고 오세요! 아무튼, 그렇게 되면 제거 가능한 성분이 많아진다고 해요. 결국 동영상 압축에서 제거되는 요소는 '화소 간 중복'이었던 것입니다. 그러니까 화질의 차이가 거의 없었던 것입니다. 우리가 읽었던 개념들을 엮어가면서 이해를 도와주는 재진술 문장입니다.

⑦ 다음 문장은 아주 간단합니다. 아무리 '화소 간 중복'에 해당하는 성분들만 제거한다고 해도, 많이 지우다 보면 동영상 화질이 나빠지기야 하겠죠? 결국 영상의 일부를 없애는 것이니까요.

⑧ 동영상 압축의 원리를 사례에 빗대어 한 번 더 설명해주고 있습니다. 우유로 전지 분유를 만들 때 '수분'을 제거한다고 합니다. 그러면 부피는 줄어들지만 맛은 보존된다고 해요. 동영상 압축에서 '화소 간 중복'에 해당하는 성분을 제거하고, 화질을 거의 유지한 채로 용량만 줄이는 것과 유사합니다. 사례(전지분유)와 원리(동영상 압축)를 잘 연결하면서 읽을 수 있어야 해요.

(35)

①캄피돌리오 광장은 원이 갖는 고유의 특성이 구현된 공간이기도 하다. ②원은 중심과 둘레로 이루어져 있어 중심을 향하는 집중성과 둘레를 향하는 확산성이라는 두 가지 속성을 동시에 갖고 있다. ③그런데 이 광장은 확산성이 아닌 집중성을 강조한 공간이다. ④광장의 실제 경계는 타원이지만, 사람들이 광장의 어느 곳에 서 있든 시선은 가운데에 있는 기마상으로 집중하게 되므로 기마상을 광장의 중심으로 인식하게 된다. ⑤광장의 가운데에 배치된 기마상은 타원이 지닌 두 개의 초점을 사라지게 하는 효과를 나타내어 광장을 하나의 중심을 가진 원형 공간처럼 변모시킨 것이다. ⑥타원형의 광장이 집중성을 가진 공간으로 전환되면서 광장에는 중심과 주변이라는 위계가 생기게 된다. ⑦위계의 정점은 기마상이다. 주변을 압도하는 세계 지배자의 기마상을 올려다보는 순간 그 위계감은 한층 더 고조된다.

(2014학년도 6월 모의평가 AB형 공통)

① '캄피돌리오 광장'에 대한 설명이 제시되고 있습니다. 이 광장은 원이 갖는 특성이 구현되어 있다고 해요. '능동적으로' 글을 읽고 있다면, 여기서 '원이 갖는 특성'이 무엇인지 궁금하시겠죠? 뒤에서는 이에 대해 설명하는 내용이 등장할 것입니다.

② 그렇게 넘어오면 여기서 '집중성'과 '확산성'이라는 특징을 확인할 수 있습니다. '중심'으로 '집중'되는 성질(집중성)과 '둘레'로 '확산'되는 성질(확산성)을 가지고 있는 것이죠. 자연스럽게 단어의 의미를 살리면서 읽어 주셔야 합니다.

③ 그런데, '캄피돌리오 광장'은 그중에서도 '집중성'을 강조한 공간이라고 합니다. 이제부터 '캄피돌리오 광장'은 '중심으로 집중되는 공간'으로 읽어야 합니다. 계속 가봅시다.

④~⑤ 광장의 실제 경계는 '타원'이라고 합니다. 앞에서 '타원'에 대해 알아봤던 기억이 나죠? 이처럼 기출문제를 통해 얻은 배경지식이 다음 지문을 읽을 때 큰 도움이 된다는 것도 잊지 맙시다. 아무튼, 사람들이 광장의 어느 곳에 서 있든 시선은 '가운데'에 있는 기마상으로 '집중'된다고 합니다. 이에 타원이 가진 두 개의 초점을 사라지게 하는 효과를 나타내고, 마치 '중심'이 하나인 원처럼 기마상을 광장의 '중심'으로 인식한다고 해요. 이 해설에서 따옴표를 치는 것처럼, '가운데' 혹은 '중심', '집중'과 같은 말에 주목하며 읽을 수 있어야 합니다. 일종의 '사례'인 것이죠. 그 뒤로 계속해서 기마상이 광장의 '중심'임을 강조하고 있네요. 마치 재진술인 것처럼 읽어 주셔야 합니다. '집중성'이라는 포인트가 계속 반복되고 있으니까요!

⑥~⑧ 여기서도 마찬가지입니다. '집중성'으로 인해 광장에는 중심과 주변이라는 '위계'가 생긴다고 합니다. 기마상은 '중심'에서 그 위상을 뽐내는 것이죠. 그리고 '중심'인 기마상을 '올려본다면' 당연히 위계감은 더욱 고조되겠습니다. 이처럼 '캄피돌리오 광장 = 중심으로 집중되는 공간'으로 바꿔서 이해하는 순간 이 긴 단문이 하나의 정보로 모이게 됩니다. 이것이 '재진술'과 '사례'의 위력이에요.

---

① 사람들이 떠올리는 단어의 연결 관계를 설명해주고 있네요. 앞으로 설명될 단어들의 연결 관계가 '등위적', '배열적', '상위적', '동의적' 순서대로 설명될 것을 예측해야 합니다. 물론 그 전에 이 네 가지 연결 관계를 묶고 있는 '단어의 연결 관계'라는 큰 개념을 떠올리는 게 우선이겠죠?

② 그 다음 '사례'와 함께 정의가 제시되고 있습니다. 이 사례를 통해 원리를 이해해 봅시다. '등위적 연결'은 수준이 유사한 단어들을 말하는데, 그것의 예시로 '나비와 나방'이 나왔어요. 두 곤충의 수준이 비슷하니까 즉, '같은' '위치'를 가지니까 '등/위/적' 연결이구나! 하고 생각하셔야 합니다. 이렇게 항상 단어의 의미를 살려서 읽으셔야 합니다. 또 '왼쪽 – 오른쪽'과 같은 관계도 등위적 연결이라고 합니다. 둘이 반의 관계이긴 하지만, '같은 지위'를 가지고 있는 단어라는 것이죠.

③ '배열적 연결'은 함께 나열될 가능성이 높아 보이는 단어인데, 이것의 예시로 '소금 – 물'이 제시됩니다. 우리가 '소금물'이라는 단어를 많이 쓰고 있으므로, 함께 나열될 가능성이 높나 봅니다. 함께 '나열'되는 것이니까 '배열/적 연결'이겠네요.

'상위적 연결'은 하위어와 상위어의 연결을 뜻하는데, 이것의 사례로 '나비와 곤충'이 나옵니다. 곤충이 더 큰 범위를 가지고 있으므로 '상위어'인 것이네요. '상위'와 하위를 나누는 것이니 '상위적 연결'이라고 부르는 것이네요.

'동/의/적 연결'은 말 그대로 '유사'한 단어들, '의'미가 '동'일한 단어의 연결을 말합니다. '배고프다 – 굶주리다'가 비슷한 의미이므로 충분히 '동의적 연결'의 예시로 나올 수 있겠네요. 뭔가 주저리주저리 설명이 많지만, 하나만 잊지 맙시다. 사례가 나오면 원리를 떠올리고, 그 원리를 사례에 대응·적용시키면서 이해하면 됩니다. 이 과정에서 단어의 의미를 살리는 것은 기본이구요. 이런 원칙을 잊지 마세요!

①한 떨기 흰 장미가 우리 앞에 있다고 하자. ②하나의 동일한 대상이지만 그것을 받아들이는 방식은 다양하다. ③그것은 이윤을 창출하는 상품으로 보일 수도 있고, 식물학적 연구 대상으로 보일 수도 있다. ④또한 어떤 경우에는 나치에 항거하다 죽어 간, 저항 조직 '백장미'의 젊은이들을 떠올리게 할 수도 있다. ⑤그런데 이런 경우들과 달리 우리는 종종 그저 그 꽃잎의 모양과 순백의 색깔이 아름답다는 이유만으로 충분히 만족을 느끼기도 한다.

⑥가끔씩 우리는 이렇게 평소와는 매우 다른 특별한 순간들을 맛본다. ⑦평소에 중요하게 여겨지던 것들이 이때에는 철저히 관심 밖으로 밀려나고, 오직 대상의 내재적인 미적 형식만이 관심의 대상이 된다. ⑧이러한 마음의 작동 방식을 가리키는 개념어가 '미적 무관심성'이다. ⑨칸트가 이 개념의 대표적인 대변자인데, 그에 따르면 미적 무관심성이란 대상의 아름다움을 판정할 때 요구되는 순수하게 심미적인 심리 상태를 뜻한다. ⑩즉 'X는 아름답다.'라고 판단할 때 우리의 관심은 오로지 X의 형식적 측면이 우리의 감수성에 쾌·불쾌를 주는지를 가리는 데 있으므로 '무관심적 관심'이다. ⑪그리고 무언가를 실질적으로 얻거나 알고자 하는 모든 관심으로부터 자유로운 X의 존재 가치는 '목적 없는 합목적성'에 있다.

(2008학년도 9월 모의평가)

①~⑤ 이번에도 첫 문단이 '사례'로 시작하고 있습니다. 일단 이 사례를 이해하고, 설명하고자 하는 '원리'를 화제로 잡아주셔야겠습니다. 사례는 어렵지 않아요. '장미'라는 대상을 받아들이는 다양한 방식을 소개하고 있습니다. 모두 충분히 납득할 수 있는 내용이죠? 그런데 ⑤번 문장에서는, 무언가 '의미'를 부여하기보다는 그 자체의 '아름다움'으로 인해 만족을 느끼는 경우를 이야기하고 있습니다. 그렇다면 이 사례를 통해 설명하고자 하는 원리는 '아름다움만으로 만족을 느끼는 것'이 되겠네요! 여러분은 이것이 이 문단에서 하고자 하는 말일 것이라는 생각을 하면서 읽을 수 있어야 합니다.

⑥~⑦ 가끔씩 우리는 이런 '특별한 순간'들을 맛본다고 합니다. 그 대상의 아름다움만으로 만족을 느끼는 경우 말이에요! 글쓴이는 이를 '내재적인 미적 형식'에만 관심을 보이는 것으로 표현합니다. ⑦번 문장에 제시된 '평소에 중요하게 여겨지던 것들'이 곧 윗 문단의 사례에 제시되었던 '상품, 연구 대상, 백장미의 젊은이들'에 해당한다는 것도 쉽게 이해할 수 있겠죠?

⑧~⑨ 이렇게 '내재적인 미적 형식'에만 관심을 보이는 것이 '미적 무관심성'입니다. '미적'인 것을 제외하고는 모두 '무관심'해진다고 해서 미적/무관심/성인가 봅니다. 그리고 '칸트'는 이 개념을 '순수하게 심미적인 심리 상태'로 명명합니다. '미적'인 것에만 관심이 있고, 다른 것들에는 무관심하기 때문에 '순수하게 심미적인' 상태입니다. 계속해서 단어의 의미를 살리면서 읽어 주셔야 해요.

⑩ '즉'을 통해 재진술까지 제시하고 있네요. 이 문장이 조금 어려울 수 있는데, 결국 앞에서 말한 '미적 무관심성'과 같은 말이라는 것만 생각합시다. 어떤 대상이 아름답다고 판단할 때 우리는 오로지 그 대상의 '형식적 측면'이 우리의 감수성에 쾌·불쾌를 주는지를 가린다고 해요. '형식적 측면'은 곧 '내재적인 미적 형식'에 해당하겠죠? 그 대상으로부터 떠올릴 수 있는 어떤 '의미'가 아니라, 대상 그 자체로부터 느껴지는 '아름다움'이요! 이는 대상의 형식적인 태도 외에 다른 것에는 아예 관심을 주지 않는 '무관심'을 통해 보이는 '관심'이므로, '무관심적 관심'입니다. 그 대상의 '아름다움'에 관심을 보이는데, '형식적 측면' 외에 다른 것은 모두 '무관심'하다는 뜻이죠. 사실상 '무관심적 관심 = 미적 무관심성'이라는 점은 파악할 수 있겠죠? 같은 말로 두고 읽어야 합니다.

⑪ 생각 없이 읽으면 머릿속에 들어오지 않는 문장입니다. 천천히 봅시다. X라는 대상의 존재 가치는 '목적 없는 합목적성'에 있다고 해요. 일단 '합목적성'이라는 개념부터 이해하고 갑시다. '합/목적/성'이므로, 어떠한 '목적'에 '합치'되는 '성질'을 말하는 것 같아요. 이렇게 할 수 있죠? 그렇다면 '목적 없는 합목적성'이란 '특별한 목적 없이 목적에 합치됨'이라는 거네요. X라는 대상을 '미적 무관심성'의 태도로 이해하는 것은 '형식적 측면' 외에 그 어떤 '목적'도 생각하지 않는 것이죠? 그렇기에 X는 특정한 '목적' 없이도 존재할 수 있는 것입니다. '그 자체'로 말이죠. 그런데 여기서 '그 자체', 즉 '내재적인 미적 형식'은 '아름다움 느끼기'라는 '목적'을 이루기에 부족함이 없는 존재 방식이기에, '목적 없는 합목적성'에 의해 존재한다고 할 수 있습니다. 꽤 어렵죠? 계속 읽어보면서 확실하게 이해해 보세요. '내재적인 미적 형식에 주목', '무관심적 관심', '목적 없는 합목적성' 모두 첫 문단에 제시된 사례가 지시하는 '원리'에 해당하니까요.

① '사전' 하면 흔히 'ㄱ, ㄴ, ㄷ' 순으로 배열된 국어사전을 떠올리지만, 인간의 머릿속에도 사전이 있는 것으로 생각된다. ② 이를 '머릿속 사전'이라 부른다. ③ 그런데 책으로된 종이 사전과 머릿속 사전의 조직은 서로 다른 것으로 보인다. ④ 종이 사전은 한글 자모 순서로 단어들을 배열하는 것이 표준이다. ⑤ 머릿속 사전도 이와 동일한 방식으로 조직되어 있다면 말실수를 할 때 한글 자모 순서상 가장 근접해 있는 단어가 선택될 것이다. ⑥ 가장 가까이 있으므로 그 단어를 얼른 생각해 낼 것으로 예측되기 때문이다. ⑦ 예컨대 '청진기'라는 단어 대신에, 사전에서 그 다음에 배열될 것으로 예상되는 '청진선'이 선택되는 식이다.

(2007학년도 6월 모의평가)

①~② '사전'의 정의를 일반적인 사전과 다르게 내려 줄 조짐이 보입니다. 인간의 머릿속에도 사전이 있다고 하니까요. 머릿속에 있는 사전을 '머릿속 사전'이라고 하는데, 이걸 읽는 순간 '머릿속 사전이 뭐지?'하고 생각해야 합니다. '일반적인 정의'처럼 개념이 먼저 나왔으니까요.

③ 그러면서 '책으로 된 종이 사전'과 '머릿속 사전'이 다르다고 합니다. 그렇다면 두 사전이 어떤 차이점이 있는지 파악해야겠죠?

④~⑤ 먼저 '종이 사전'의 정의가 제시됩니다. 종이 사전은 한글의 자음과 모음 순서로 단어들을 배열한다고 합니다. 그런데, 머릿속 사전은 이와 동일하지 않다는 서술이 나오네요. 〈머릿속 사전도 이와 동일한 방식으로 조직되어 있다면 말실수를 할 때 한글 자모 순서상 가장 근접해 있는 단어가 선택될 것이다.〉라는 문장은 맥락을 고려하면 종이 사전과 머릿속 사전의 차이를 설명하는 문장일 것입니다. ③번 문장을 제대로 읽었다면 이 맥락을 쉽게 잡을 수 있어요. 그렇다면 이 문장의 뜻은 '종이 사전'과 '머릿속 사전'이 동일하지 않다는 것이 되어야겠습니다.

⑥~⑦ 그 후 사례를 통해 '종이 사전'이 단어를 배열하는 방식을 설명해주고 있습니다. 사례를 보고 우리는 그것이 설명하고자 하는 원리를 떠올려야 합니다. 한글의 자모 순서로 단어들이 배열되어 있다는 것을 설명해주겠네요. 읽어 보니, '청진기'라는 단어 다음에 나올 단어가 '청진선'이라고 합니다. 우리는 '청진선'을 '청진선'으로 읽으면 안 됩니다. 한글의 자음·모음 순으로 배열했을 때 '청진기' 다음에 배열되어 있는 단어라고 생각해야 합니다. 그게 이 예시에 해당하는 개념이니까요. 그렇다면 우리의 머릿속 사전은 자·모음 순으로 배열되지 않았다는 의미이겠죠? 둘의 차이점도 같이 생각하면서 읽어 주셔야 합니다!

나아가, 이를 통해 지문에 명확하게 정의되지 않은 '머릿속 사전'이 나름대로의 규칙을 가지고 정리되어 있고, 인간은 여기서 '가장 가까운 단어'를 선택하는 식으로 언어 활동을 할 것이라는 점까지 생각할 수 있겠죠? 이렇게 지문에 없는 내용까지 생각하면서 읽을 수 있어야 합니다.

① 혁신의 공간적 확산은 전염 확산과 계층 확산으로 설명된다. ② 혁신 발생원과 잠재적 수용자 간의 거리가 가까울수록 혁신 확산이 빠르게 이루어진다는 인접 효과에 의해 나타나는 것이 전염 확산이다. ③ 발생원과 수용자 간의 거리가 가까우면 대면 접촉의 기회가 많아지게 되어, 혁신의 확산이 대중 매체보다 주로 개인 간의 의사소통에 의해 이루어진다. ④ 한편 도시 규모가 클수록 혁신 확산이 잘 이루어진다는 계층 효과에 의해 나타나는 것이 계층 확산이다. ⑤ 계층 확산에 의해 규모가 큰 도시로부터 그보다 규모가 작은 도시로 혁신이 전파된다. ⑥ 그런데 실제 상황에서는 전염 확산과 계층 확산이 동시에 이루어질 수도 있다. ⑦ 가령 거대 도시에서 발생한 혁신은 먼 거리의 대도시로 전파되면서 동시에 거대 도시 주변의 중소 도시에도 전파될 수 있다.

(2012학년도 6월 모의평가)

① 혁신의 공간적 확산에 대해서 설명할 것인데, 이에 필요한 개념이 '전염 확산'과 '계층 확산'입니다. 이 두 개념을 중심으로 '혁신의 공간적 확산'에 대해 이해해야겠습니다.

② 꽤나 복잡합니다. 전염 확산의 정의를 설명하는데, 이를 정확히 알려면 '인접 효과'의 정의까지 잘 파악해야 해요. 여기서

인접 효과는 수식된 정의로 제시되고 있습니다. 이런 식으로 수식된 정의를 활용하면 여러분들이 인지해야 하는 정보의 양이 많아집니다. 그래서 문장의 밀도가 높아지는 것이에요. 그래서 천천히 정보를 이해하고 넘어가야 합니다.

전염 확산은 '인접 효과'에 의해 일어나는 확산입니다. 서로 인접할수록 혁신 확산이 잘 일어난다는 것이네요. 혁신이 '인접' 한 곳으로 '확산'된다는 것이 '인접/효과'입니다. 이번에도 단어의 의미를 잘 살리면서 읽어줍시다. 바로 옆 친구가 감기에 걸리면, 그 친구와 멀리 떨어진 친구보다는 내가 감기에 걸릴 확률이 높겠죠? '전염 확산'도 이런 의미입니다. 가까우면 전염이 잘 되는데, 혁신의 확산도 마찬가지라는 뜻이에요.

③ 전염 확산의 정의를 바탕으로 읽어야 합니다. 발생원과 수용자 간의 거리가 가까우면 대면 접촉이 많아지게 됩니다. 당연한 말이죠? 그럼 대면 접촉이 많으니, 대중 매체보다는 혁신의 확산이 대면 간 접촉으로 일어나는 개인 간 의사소통으로 더 많이 일어나겠죠. 결국 거리를 중시하는 인접 효과로 혁신 확산을 설명하는 '전염 확산'의 정의를 재진술해주는 문장이었습니다. 전염 확산의 정의를 구체적으로 한 번 더 설명해주는 것이에요.

④ 이번엔 '계층 확산'의 정의를 제시합니다. 그런데 이번에도 마찬가지로 이를 제대로 이해하려면 수식된 정의로 설명되는 '계층 효과'를 잘 읽어야 합니다. '계층/확산'은 도시 '규모(계층)'에 따라 혁신 확산을 설명하는 '계층/효과'를 근거로 합니다. '도시 규모'라는 '계층'을 제시하고 이것이 클수록 혁신 확산이 잘 일어난다는 의미입니다. 단어의 의미를 계속 살려주셔야 해요.

⑤ 계층 확산에 대한 재진술입니다. 계층 확산은 도시 규모가 클수록 확산이 잘 일어난다고 하는 입장입니다. 그러니까 당연히 규모가 큰 곳으로부터 작은 곳으로 확산이 일어나겠죠. 도시 규모가 큰 곳부터 차례대로 확산이 일어날 테니까요.

⑥ 그런데 실제로는 두 확산이 동시에 일어날 수도 있다고 해요. 바로 이해하기가 힘듭니다. 두 확산이 동시에 일어난다는 게 정확히 어떤 의미일까요?

⑦ 이해하기 어려울 것이라고 생각했는지, 바로 사례를 들어주고 있습니다. 거대 도시에서 거리가 '먼' '대도시'로 확산이 일어나는 것은 계층 확산입니다. 거리가 먼 곳으로 확산이 일어났기 때문에 전염 확산은 아니고, 규모가 큰 곳에서 작은 곳으로 확산이 일어났기 때문이에요. 그리고 동시에 거대 도시 '주변'의 중소 도시로 동시에 전파됩니다. 이것은 가까운 곳으로 혁신이 확산되는 것이니 '전염 확산'으로 이해할 수 있습니다.

만약 전염 확산만 있었으면 거리가 먼 대도시로는 혁신이 전파되지 않았을 것입니다. 또 계층 확산만 있었다면 거리가 먼 대도시로만 확산이 일어났겠죠. 하지만 현실에서는 이 문장에서 말한 것처럼 두 가지의 확산이 동시에 일어날 수 있는 것입니다. 사례를 통해 확실하게 이해할 수 있겠죠?

40

① 소송에서는 요건들을 입증해야 한다. ② 소송에서 입증은 주장하는 사실을 법관이 의심 없이 확신하도록 만드는 일이다. ③ 어떤 사실의 존재 여부에 대해 법관이 확신을 갖지 못하면 원고와 피고 가운데 누군가는 패소의 불이익을 당하게 된다. ④ 이런 불이익을 받게 될 당사자는 입증의 부담을 안을 수밖에 없고, 이를 입증 책임이라 부른다.

⑤ 대체로 어떤 사실이 존재함을 증명하는 것이 존재하지 않음을 증명하는 것보다 쉽다. ⑥ 이 둘 가운데 어느 한 쪽에 부담을 지워야 한다면, 쉬운 쪽에 지우는 것이 공평할 것이다. ⑦ 이런 형평성을 고려하여 특정한 사실의 발생을 주장하는 이에게 그 사실의 존재에 대한 입증 책임을 지도록 하였다. ⑧ 그리하여 상대방에게 불법 행위의 책임이 있다고 주장하는 피해자는 소송에서 원고가 되어, 앞의 민법 조문에서 규정하는 요건들이 이루어졌다고 입증해야 한다.

(2014학년도 6월 모의평가 A형)

①~② 소송에 대한 내용입니다. 소송에서는 어떤 요건들을 '입증'해야 한다고 해요. 그리고 뒤에서는 입증의 정의를 제시합

니다. 소송을 할 땐 요건들의 입증이 필요한데, 이때 필요한 입증의 정의를 설명하는 맥락입니다. 여기서의 '입증'이란 법관에게 믿음을 주는 것이라고 합니다. 사실을 제대로 '증'명하는 게 입/증인 것이죠. 일반적인 정의로 제시되고 있으니 확실하게 체크할 수 있겠죠? 조금 더 자세히 연결해보면, '이런 요건들'을 법관이 '믿도록' 해야 한다는 것이네요. 당연한 말입니다.

③ 그런데 어떤 사실의 존재 여부를 법관이 믿지 못하면, 즉 '입증되지 않으면' (이렇게 바꿔서 읽을 수 있어야 해요!) 원고나 피고 중 누군가는 패소의 불이익을 당한다고 합니다. 여기서 '원고', '피고', '패소'와 같은 단어는 설명도 하지 않죠? 당연히 알고 있어야 하는 단어입니다. 몰랐다면 알아서 찾아보도록 하세요. 모른 상태로 이 해설을 읽으면 이해가 되지 않을 것입니다. 꼭 찾아보셔야 해요! 아무튼 '입증'되지 않으면 '패소'할 수 있다고 합니다. 주장하는 사실을 법관이 믿지 않으니, 소송에서 질 수 있겠습니다. 또 이를 다르게 말하면, '입증'해야 '승소'한다는 것이겠죠?

④ 이렇게 '패소'의 불이익을 받게 될 당사자는 '입증 책임'이라는 것을 지게 된다고 해요. '입증'에 대한 '책임'을 묻는 것이 입증/책임입니다. 계속해서 단어의 의미를 생각하면서 정의를 체크해야 합니다! 그리고 이 뒷 문단에서는 여기서의 '당사자'가 누구인지에 대한 설명이 제시됩니다. 하지만 여러분이 '원고', '피고'라는 개념에 대해 알고 있다면, 이 '당사자'가 '원고'라는 걸 바로 생각할 수 있습니다. 이 경우 뒷 문단의 내용은 그냥 당연한 말이 됩니다. 이것이 '어휘력' 혹은 '배경지식'의 위력입니다. 사실 배경지식이라고 하기에도 민망한 내용이니 뒷 문단의 내용을 바탕으로 알아두도록 합시다.

⑤~⑥ 어떤 사실이 '존재함'을 증명하는 것이 '존재하지 않음'을 증명하는 것보다 쉽다고 합니다. 당연한 말이죠? 여기서 그치지 않고 이 문장에서 말하는 '증명'을 '입증'으로 바꾸어 읽을 수 있어야 합니다. 우리가 읽고 있는 '증명'은 곧 '입증'이니까요. 그래서 입증하기 쉬운 쪽, 있음을 증명해야 하는 쪽에 입증 책임이 부과된다고 합니다. 당연하게 납득하셔야 해요!

⑦ 재진술 문장입니다. '사실의 발생을 주장하는 이 = 어떤 사실이 존재함을 주장하는 이'이니까, 사실의 발생을 주장하는 사람이 사실의 발생 자체가 '있음'을 입증해야 하는 것이에요. 새로운 정보라고 생각하시면 안 됩니다. 그리고 앞에서 설명했듯, 이는 자연스럽게 '원고'라고 이해할 수 있습니다. 최근 평가원이 요구하는 어휘력의 문턱이 많이 높아졌습니다. 이 정도 어휘는 알고 계셔야 합니다.

⑧ 아주 친절한 재진술 문장이죠. 상대에게 불법 행위의 책임이 '있다'고 주장하는 사람이 원고입니다. 그래서 원고가 '입증 책임'을 진다고 합니다. '원고'는 소송을 제기하는 사람, '피고'는 소송을 당한 사람을 의미하기 때문에, 피고가 불법 행위를 바탕으로 자신에게 손해를 줬다고 생각하는 원고는 소송을 제기한 뒤 그런 일이 있었음을 '입증'하여 법관을 믿게 만들어야 하는 것이죠. 쉽게 납득할 수 있죠? 물론 '원고'와 '피고'가 무엇인지 몰라도 이 내용을 이해하는 데는 큰 무리가 없지만, 그 '속도'와 '깊이'에서 어마어마한 차이가 납니다. 모르는 단어가 나오면 찾아보는 '능동적인 학습 습관'을 들이도록 합시다.

---

(41)

① 수학은 본래 자연에 대한 관찰과 실생활의 경험을 통해 얻은 실용적인 사실들의 수집에서 출발했다. ② 그 후 고대 그리스 시대에 이르러 증명과 공리(公理)적 방법의 도입으로 확고한 체제를 갖추게 되었다. ③ 여기에서 증명은 다른 사람을 설득하기 위한 논리적 설명이고, 공리적 방법은 증대된 수학 지식의 체계적인 정리(整理)라고 할 수 있다. ④ 그러므로 증명이나 공리적 방법은 발견의 도구가 될 수는 없으며, 창의적 발상을 저해할 수도 있다.

(1999학년도 수능)

---

① 수학의 정의를 제시합니다. 수학은 자연에 대해 경험적으로 얻어진 실용적인 사실들의 수집에서 출발했다고 해요. 최초의 '수학'은 그저 실용적인 사실들을 수집하는 행위 자체를 의미했던 것입니다.

② 이후 고대 그리스 시대 때부터 증명이나 공리적 방법으로 체계를 갖추었다고 해요. 이 두 문장을 읽고 수학의 정의를 체크할 수 있어야 합니다. 수학은 경험적이고 실용적인 사실들을 수집한 학문으로, 현재는 증명과 공리적 방법까지 갖춘 학문입니다. '증명'은 우리에게 익숙한 단어일 수 있는데, '공리적 방법'은 무엇인지 잘 모르겠습니다. 수학의 체계와 관련된 정보

라는 점 정도만 체크하고 넘어갑시다.

❸ 그렇게 넘어오면 '증명'과 '공리적 방법'의 정의가 제시됩니다. 증명은 설득을 위한 '논리적 설명', 공리적 방법은 '체계적인 정리'라고 합니다. 그렇다면 수학은 결국 논리적이고 체계적인 학문이라고 할 수 있겠죠? 경험적이고 사실적인 수집에 그치지 않고, 논리적인 체계까지 갖춘 학문입니다.

❹ 다음 문장은 증명과 공리적 방법에 대한 재진술 문장입니다. 이 문장을 꼭 이해하셔야 합니다. 증명과 공리적 방법은 논리적 설명이고 체계적인 정리 방법에 불과합니다. 그렇기 때문에 당연하게도 이 두 가지 방법을 통해서는 '발견'을 할 수 없습니다. 증명은 있는 사실을 논리적으로 설명하는 것이고, 공리적 방법도 있는 사실을 체계적으로 정리하는 방법에 불과하기 때문이에요. 그러므로 새로운 것을 발견할 수는 없습니다. 창의적 발상을 저해한다는 것도 마찬가지입니다. 있는 사실만을 설명하고 정리하는 방법들이기 때문에, 창의적 발상은 당연히 저해될 것입니다. 새로운 무언가를 발견하거나 창조하는 게 아니기 때문이에요.

사실 이는 수학의 정의를 떠올리면 더 잘 이해할 수 있습니다. 수학은 어디서부터 출발했나요? 이 문단에 따르면, 수학은 '경험'을 통해 얻은 실용적 사실들의 '수집'으로부터 출발했습니다. 그러니까 수학은 본래 어떤 새로운 것을 발견하는 학문이었던 것이죠. 그런데 '증명'이나 '공리적 방법'은 수학의 체계를 정리하는 방법에 불과합니다. 즉, '증명'과 '공리적 방법'은 애초에 발견된 사실을 정리하는 도구에 불과하므로 '발견'의 도구가 될 수 없고 '창의적 발상'을 저해할 수 있는 것입니다.

마지막 문장처럼 다소 뜬금없는 말이 나오더라도, '결국 다 같은 말'일 것이라는 믿음을 가지고 억지로 연결 짓는 태도가 필요합니다. 그렇게 하면 뜬금없는 말도 결국 앞 문장과 같은 말로 연결된다는 것을 확인하며 정보량을 줄일 수 있을 거예요.

42

① 스톨니츠는 우리가 미적 태도로 지각하는 모든 대상은 미적 대상이 된다고 주장한다. ② 그가 말하는 미적 태도는 그것이 예술 작품이든 아니든, 감상자가 지각하는 대상 자체를 '무관심적'이면서 '공감적'으로 '관조'하는 태도이다. ③ 스톨니츠가 말하는 미적 태도에서의 '무관심적'이라는 것은 대상에 대해 관심이 없는 '비관심적'과는 다르다. ④ 무관심적이라는 것은 대상을 사용하거나 조작하여, 무엇을 취하려는 목적을 가지고 대상을 바라보지 않는다는 것이다. ⑤ 다시 말해 무관심이라는 것은 대상에 대해 어떤 이해관계를 떠나, 보이고 느껴지는 대로 관심을 가지고 본다는 것이다. ⑥ 예를 들어 누군가가 사과를 볼 때, 어떤 지식이나 수익을 얻으려는 관심을 가지고 보는 것이 아니라, 사과라는 대상 자체에 관심을 가지고 바라보는 것이다.

(2021학년도 4월 학력평가)

❶ 스톨니츠가 생각하는 미적 대상의 정의가 드러납니다. '미적/대상'은 '미적' 태도로 지각하는 모든 대상을 의미합니다. '미적 태도'가 정확히 무엇인지는 모르겠지만, 단어의 의미를 살리면서 최대한 읽어 줍시다.

❷ 그렇게 넘어오니까 앞에서 궁금해했던 '미적 태도'의 정의를 제시하고 있네요! 미적 태도는 대상을 '무관심적'이면서 '공감적'으로 '관조'하는 것입니다. 이게 어떤 태도인지 완벽하게 이해할 수는 없으니, 일단 정의만 잡고 넘어가봅시다. 이렇게 어려운 내용들은 반드시 뒤에서 재진술이든 사례든 풀어서 설명해 줄 테니까요!

❸ 다행히도 '무관심적'에 대해서 추가로 설명해 주고 있습니다. '비관심적'이라는 것과 비교하면서 '무관심적'을 설명하려고 해요. '비관심적'의 정의가 수식된 형태로 제시되고 있으니 놓치지 않고 체크합시다. 그런데 '비/관심적'의 정의가 대상에 대한 '관심이 없는 것'이라고 해요! 우리가 일상적으로 사용하는 '무관심하다'라는 의미가 '비관심적'의 정의입니다. 수식된 정의를 놓쳤다면 독해가 망가질 뻔 했네요. 우리는 항상 지문에서 주는 정보들을 중심으로 생각해야 해요. 아무튼 우리가 최종적으로 이해해야 할 것은 '무관심적'의 정의입니다. '비관심적'과 다른 '무관심적'의 정의는 대체 무엇일까요? 이 부분을 꼭 생각하셔야 해요.

❹ 바로 '무관심적'의 정의를 설명합니다. 이는 특정한 목적을 가지고 대상을 바라보지 않는 것이에요. 그러니까 내가 무언

가를 조작하거나 취하려는 '관심(목적)'을 갖지 않고 대상을 바라보지 않는다는 의미이네요. 있는 그대로 본다는 것입니다. 관심이 '없는' '비관심적'과의 차이를 아시겠죠?

⑤ 앞에서 설명한 '무관심적'의 정의를 재진술하고 있습니다. '무관심'은 관심이 없는 것이 아니라(≠ 비관심적), 이해관계를 떠나 있는 그대로 보는 태도입니다. 즉, 나의 이익에 대한 관심(이해관계)이 전혀 없는 상태(무)에서 바라보는 태도이므로 '무관심'적인 것입니다. 만약 ④번 문장을 보고 '무관심적'의 정의를 이해하지 못했다면, 이 문장을 보고서라도 바로 납득할 수 있어야 합니다!

⑥ 이번엔 '무관심적'의 사례를 들어주고 있습니다. 재진술에 이어서 사례까지 등장하니 꼭 이해해야겠죠? 그러므로 '무관심적'의 정의(원리)를 떠올리면서 읽어야 합니다. 사과라는 대상을 보는 상황이 제시됩니다. 그리고 이 사과(대상)를 볼 때 지식이나 수익을 얻으려는 '관심'에서 벗어난 채로 사과 그 자체를 있는 그대로 보는 것이 '무관심적' 태도입니다. 관심(이해관계)을 배제하고 보는 것이 '무관심적'이라는 것을 꼭 이해해주셔야 합니다. 몇 번이고 반복하면서 설명하고 있다는 건 반드시 이해하라는 신호니까요.

(43)

① 지식 경영론 중에는 마이클 폴라니의 '암묵지' 개념을 활용하는 경우가 많다. ② 폴라니는 명확하게 표현되지 않고 주체에게 체화된 암묵지 개념을 통해 모든 지식이 지적 활동의 주체인 인간과 분리될 수 없다는 것을 강조했다. ③ 그에 따르면 우리의 일상적 지각뿐만 아니라 고도의 과학적 지식도 지적 활동의 주체가 몸담고 있는 구체적인 현실로부터 유리된 것이 아니다. ④ 어떤 지각 활동이나 관찰, 추론 활동에도 우리의 몸이나 관찰도구, 지적 수단이 항상 수반되고 그에 의해 이러한 활동이 암묵적으로 영향을 받기 때문이다. ⑤ 요컨대 모든 지식에는 암묵적 요소들과 이들을 하나로 통합하는 '인간적 행위'가 전제되어 있다는 것이다. ⑥ "우리는 우리가 말할 수 있는 것보다 훨씬 더 많이 알고 있다."라는 폴라니의 말은 모든 지식이 암묵지에 기초하고 있음을 강조한다.

(2016학년도 수능 B형)

① 지식 경영론에서 중요한 '암묵지' 개념을 제시합니다. 그럼 이 개념이 무엇인지 이해하는 것이 중요하겠죠?

② 수식된 정의로 암묵지가 무엇인지 알려 줍니다. 명확하게 표현이 안 되고, 주체에게 '체화'된 것이 '암묵지' 개념입니다. 즉, 가시적이지 않고 체화되어 '암묵'적으로 있는 모든 '지식'이 '암묵/지'인가 봅니다. 이렇게 단어의 의미를 살리면서 정의를 이해해야 합니다. 그리고 이 암묵지 개념을 통해 모든 지식이 주체(인간)와 분리될 수 없음을 주장합니다. 암묵지의 정의 기억나시죠? 주체에게 체화된 지식이에요. 그러니까 주체와 분리될 수 없겠죠.

③ 재진술 문장입니다. 모든 지식이 주체와 분리될 수 없기 때문에, 일상적 지각뿐만 아니라 고도의 과학적 지식 같은 것들도 지적 활동의 주체가 몸담고 있는 '구체적인 현실'이랑 관련이 있다는 말이에요. 암묵지와 관련된 내용을 쉽게 풀어서 설명합니다. 지식이 주체와 분리되지 않는다는 말을 재진술하고 있어요. 참, '유리되다'가 무슨 뜻인지 모른다면 꼭 사전을 찾아보셔야 합니다!

④ 이번에도 재진술입니다. '지각 활동이나 관찰, 추론 활동'은 인간의 '지적 활동'을 가리킵니다. 여기에는 우리의 몸이나 관찰도구, 지적 수단 등이 필요합니다. 그리고 이런 것들에 우리의 활동이 '암묵적으로' 영향을 받는다고 해요. 즉, 우리의 지적 활동이 암묵지의 영향을 받을 수밖에 없다는 말을 하고 있습니다. 결국 지식이 주체와 분리될 수 없다는 핵심을 반복하고 네요.

⑤ 또 재진술입니다. 모든 지식이 암묵적 요소와 연결됩니다. '인간적 행위'를 통해서요. 결국엔 지식이 주체(인간)로부터 분리되어 있지 않다는 말이에요.

⑥ 사례까지 들어주고 있습니다. "우리는 우리가 말할 수 있는 것보다 훨씬 더 많이 알고 있다."는 말은 곧 명시적으로 보이지 않는 체화된 것이 있다는 의미입니다. 즉, '암묵지'가 있다는 뜻이에요. 이 문장에서 '암묵지'라는 단어까지 반복해서 설명

해주고 있으니 자연스럽게 받아들여 줍시다. 핵심을 잘 파악하면서 읽었다면 ③~⑥번 문장이 하나의 핵심을 반복하고 있다는 것을 파악할 수 있습니다. 만약 이 문장들이 같은 말을 반복한다는 것을 파악하지 못했다면, 최소한 마지막까지 읽고 '암묵지'가 주체와 분리되지 않는 개념이라는 사실 하나라도 명확하게 이해할 수 있어야 합니다.

44

① 17세기에 수립된 뉴턴의 역학 체계는 3차원 공간에서 일어나는 물체의 운동을 취급하였는데 공간 좌표인 x, y, z는 모두 시간에 따라 변하는 것으로 간주하였다. ② 뉴턴에게 시간은 공간과 무관한 독립적이고 절대적인 것이었다. ③ 즉, 시간은 시작도 끝도 없는 영원한 것으로, 우주가 생겨나고 사라지는 것과 아무 관계없이 항상 같은 방향으로 흘러간다. ④ 시간은 빨라지지도 느려지지도 않는 물리량이며 모든 우주에서 동일한 빠르기로 흐르는 실체인 것이다.

(2011학년도 9월 모의평가)

---

❶ 뉴턴 역학에 대해 설명합니다. 뉴턴은 3차원 공간에서의 운동을 설명하는데, 3차원 공간 좌표는 모두 '시간'에 따라 변하는 대상입니다. 여기서 '3차원 공간'에서 일어나는 물체의 운동을 시간에 따른 변화로 설명한다는 점을 잘 이해해야 합니다. x, y, z가 3차원 공간 좌표라는 사실은 다들 파악했죠? '3차원 공간'에 대해 설명하고 있으니 '공간 좌표인 x, y, z'는 맥락상 3차원 공간 좌표가 되겠습니다.

❷ 시간의 정의가 제시되는데, 이 개념은 공간과 무관한 독립적이고 절대적인 것입니다. 즉, 공간의 영향을 받지 않는 일종의 '고정값'인 것이죠. 앞 문장과 엮어서 읽어볼까요? 뉴턴 역학에서 운동은 절대적인 시간의 영향을 일방적으로 받는 것입니다.

❸ 시간에 대한 재진술 문장입니다. 이 문장을 읽고 나서는 무조건 시간이 '고정값'이라는 사실을 파악해야 합니다. 시간은 시작과 끝이 없는 '영원한 것'입니다. 즉, 절대적인 개념이고 고정값 그 자체인 것이죠. 뒷 내용도 마찬가지입니다. 우주의 생성·소멸과 무관하게 '항상' 같은 방향으로 흐릅니다. 과거에서 미래로, 변화 없이 흐른다는 뜻입니다. 흐르는 방향에도 변화가 없으니 고정값이네요.

❹ 이번에도 시간을 재진술하고 있습니다. 변화가 없고, 빠르기도 고정된 절대적인 값이 시간입니다. 정의를 중심으로 이해하고 고정값이라는 사실만 체크하면 충분합니다.

45

① 기계론적 관점은, 세계에는 어떤 궁극의 목적이란 존재하지 않고 오직 기계적인 법칙만이 존재한다고 보는 관점이다. ② 이 관점에 따르면 세계는 정교한 기계이기 때문에 이를 설명하는 데 필요한 질량, 속도 등의 역학적 개념들만으로 세계의 현상들을 설명해야 한다고 본다. ③ 따라서 세계가 오늘날과 같이 변화한 것에 어떤 궁극적인 목적은 없고 오직 인과관계의 법칙성만이 존재한다고 본다. ④ 이와 달리, 목적론적 관점은, 세계에는 어떤 궁극적인 목적이 전제되어 있고 세계는 이것을 향해 운동하고 있다고 보는 관점이다. ⑤ 그래서 세계가 오늘날과 같이 변화한 것은 이상적인 목적을 향해 가는 과정이기 때문에 지금의 세계는 완전하지 않다고 본다.

(2016학년도 4월 학력평가)

---

❶ 기계론적 관점의 정의가 제시됩니다. 세계를 볼 때 '기계적인/법칙'을 강조하는 입장이 바로 '기계론적/관점'입니다. 단어의 의미를 살리면서 정의를 이해해야 합니다. 또, '궁극적 목적'은 없고 '기계적인 법칙만' 존재한다고 하니까, '궁극적 목적'과 '기계적인 법칙'이 맥락상 서로 대비되는 개념이라는 점 역시 파악해야 합니다.

❷ 기계론적 관점을 재진술하고 있어요. 여기서 말하는 '이 관점'은 곧 기계론적 관점이겠죠? '기계'론적 관점답게 세계를 '기계'로 간주합니다. 그리고 이 관점은 세계를 '역학적 개념'들을 통해 설명합니다. '질량, 속도 등의 역학적 개념'은 '기계적인 법칙'이에요. 정의를 다른 말로 반복하고 있다는 느낌으로 읽어 주셔야 합니다.

③ 마찬가지로 기계론적 관점의 핵심을 반복합니다. 세계를 기계로 간주하고 이를 기계적 법칙(역학적 개념)으로만 설명하는 입장이 마로 기계론적 관점입니다. 그러니까 당연히 세계의 변화에는 궁극적인 목적 따위는 없는 것이에요. 세계에는 역학적 법칙만 있기 때문이죠. 그리고 '인과관계의 법칙성' 역시 마찬가지입니다. 세계에는 기계적인 법칙만 있다는 말을 반복하고 있습니다. 기계가 작동할 때 기계 스스로 목적은 갖지 않습니다. 다만 인과법칙은 기계도 받죠. 정말 단순하게 생각하면 '전등의 스위치를 킨다 → 전등이 켜진다'와 같이 원인과 결과는 반드시 존재하기 나름입니다.

④ 이번에는 기계론적 관점과 다른 '목적론적 관점'을 제시합니다. 목적론적 관점의 정의는 쉽습니다. 세계는 '궁극적인 목적'을 갖고 이 '목적'을 향해 운동한다는 것이 바로 '목적'론적 관점입니다. 기계론적 관점은 세계를 기계로 간주하고 그 목적이 없다고 보았어요. 앞에서 본 기계론적 관점의 정의를 떠올리면서, 두 관점의 차이점까지 잘 파악하고 넘어가야 합니다.

⑤ 목적론적 관점에 대한 재진술입니다. 세계는 목적을 향해 운동한다는 것이 핵심이었죠? 그래서 세계가 변화한 것은 이상적인 '목적'을 향하는 과정이라고 보는 것입니다. 결국엔 목적이 있다는 정의를 반복하고 있는 것입니다. 이 내용을 파악하면 뒷 내용은 쉽게 이해할 수 있습니다. 이상적인 목적을 향해 가는 '과정'이니까 당연히 목적에 아직 다다르지 않은 상황입니다. 따라서 지금 세계는 완전하지 않다고 보는 것이에요.

46

①특허권자는 특허권을 획득한 발명에 대해 독점적이고 배타적인 권리를 인정받는다. ②따라서 정당한 권한이 없는 자가 자신의 특허권을 침해했다고 판단할 경우, 특허 제도를 통해 그 권리를 보호받을 수 있다. ③특허권은 일반적인 사물과 달리 형체가 없어서 모방과 도용이 쉬운 반면, 침해 사실을 발견하기 어렵기 때문에 특허 제도에서는 직접 침해뿐만 아니라 앞으로의 직접 침해가 예상되는 행위 역시 간접 침해로 규정하여 특허권 침해로 보고 있다

❶ 특허권자의 정의를 제시합니다. 특허권/자는 쉽게 말해 '특허권'을 완전히 보장받는 사람입니다. 특허를 얻은 발명에 대해 '독점적이고 배타적인 권리'를 갖는다고 하니까요. 물론 예외는 있을 수 있겠지만 어쨌든 자신의 특허권을 온전히 보장받는 사람, 즉 특허권을 가지는 사람이 바로 특허권자입니다.

❷ 그렇게 다음 문장으로 넘어와 보면, 사실상 특허권자의 정의를 재진술하고 있습니다. 특허권자는 '정당한 권한이 없는 자'가 멋대로 자신의 특허권을 침해했다고 판단한다면 자신의 특허권을 보호받을 수 있다고 해요. 당연하죠! 특허권자는 자신의 특허권에 대해 '독점적이고 배타적인 권리'를 가지는 사람이기 때문이에요. 그러니까 타인이 그것도 '정당한 권한이 없는 자'가 특허권자의 권리를 침해할 수는 없는 것이죠.

❸ 특허권자가 갖는 '특허'에 대한 서술이 이어집니다. 특허권은 일반적인 사물과 다르게 '모방과 도용'이 쉽다고 합니다. 즉, 그만큼 침해받기가 쉽다는 말이에요. 심지어 침해받기도 쉬운데 그 침해 사실을 발견하기도 어렵다고 합니다. 여기까지 읽었다면 여러분들 머릿속에는 '특허권은 확실하게 보호해야겠다!'라는 생각이 들어야 합니다. 그럼 이어지는 문장을 아주 당연하게 읽을 수 있어요. 특허권 보호에는 '직접 침해+간접 침해'까지 모두 특허권 침해로 규정하면서 특허권을 보호하고 있다고 합니다. 여기서 간접/침해는 앞으로의 침해가 예상되는 행위가 포함되는 개념입니다. 즉, 대놓고 특허를 모방하는 등의 침해는 아니지만, 그 위험성까지 포함한다는 점에서 '간접적인 침해'를 가리키는 것이라고 볼 수 있겠습니다. 그렇다면 직접 침해는 무엇일까요? 당연히 특허를 대놓고 모방하는 등, 침해가 '직접적으로' 일어나는 것을 가리킨다고 볼 수 있겠네요.

이 내용을 정리하면 다음과 같습니다. 특허권은 '대놓고 모방하는 등의 직접적인 침해+침해 위험성 같은 간접적인 피해'까지 고려하면서 보호된다. 즉, '침해가 일어날 가능성이 높기 때문에 엄격하게 보호된다'고 이해할 수 있겠습니다. 위 세 문장을 읽고 나면 이 생각이 바로 여러분들 머릿속에 남아있어야 해요!

47

①우선 법조문의 해석은 법문에 사용되고 있는 문자의 의미와 문장의 구조에 대한 문법적 이해를 기초로 하여 이루어져야 한다. ②이러한 해석을 문리적 해석 방법이라고 한다. ③어떠한 법조문이든 1차적으로는 이러한 방법으로 해석되어야 한다. ③ 그런데 법문에 사용되고 있는 문자 또는 법률 용어의 의미는 일반적으로 사용되고 있는 의미와는 다른 경우가 많기 때문에 법을 해석할 때 주의해야 한다. ④그리고 법의 의미는 그 법이 적용되는 구체적 현실과의 관련 속에서 확정되어야 하므로, 법조문에 사용되고 있는 문자의 의미는 제정 당시의 의미가 아닌 법이 적용되는 시점에서의 의미로 해석하는 것이 타당하다.

(2023학년도 7월 학력평가)

①~② 법조문의 해석에 대해 설명하고 있습니다. 법조문을 해석할 때는 기본적으로는 '문자' 자체의 의미와 '문법적 이해'를 토대로 해석해야 한다고 해요. 당연한 말이죠? 법/조문도 결국 '조문'이니까 문장이잖아요. 그러니까 문장 자체부터 똑바로 해석해야 한다는 것이죠. 그리고 이 방법이 바로 문리적 해석 방법입니다. 문자 자체에 집중하는 해석이니까, '문리/적/해석 방법'인 것이죠.

③ '어떤 법조문이든' 법을 해석할 때에는 이 '문리적 해석'을 먼저 '거쳐야 한다'고 합니다. 여기서 문리적 해석 방법이 일종의 '고정값'임을 파악할 수 있어요. 법을 해석할 때, 예외 없이 항상 이 해석 방법을 먼저 적용해야 한다는 점에서 순서가 '고정'되어 있다고 볼 수 있으니까요!

④ 문리적 해석을 할 때의 주의사항을 제시하네요. 법을 해석하는 이유는 곧 법을 적용해야 하기 때문이겠죠. 그러면 법조문의 의미를 해석할 때에는 그 의미를 '법을 적용할 때'를 기점으로 해석해야 한다고 합니다. 법이 적용되는 '현실'을 파악해야 하기 때문이에요. 만약애 2025년에 통신 단말기에 관한 법을 해석하는데, 이 통신 단말기를 '삐삐'로 해석하면 곤란해지겠죠? 지금은 다 스마트폰을 쓰지 삐삐를 쓰는 사람이 없으니까요!

나아가, 이렇게 다양한 점들을 고려하면서도 '문리적 해석 방법'이 원칙이 되어야 한다는 것은 놓치면 안 됩니다. 이는 일종의 '고정값'으로 제시된 것이었으니까요.

단문 단위 독해 연습 – 심화

1

> ①D값은 어떤 미생물을 특정 온도에서 열처리할 때 그 개체 수를 1/10로 줄이는 데 걸리는 시간을 말한다. ②만약 같은 온도에서 개체 수를 1/100로 줄이고자 한다면 D값의 2배의 시간으로 처리하면 된다. ③Z값은 특정 D값의 1/10 만의 시간에 개체 수를 1/10로 줄이는 데 추가적으로 높여야 하는 온도를 말한다. ④그렇기 때문에 열에 대한 저항성이 큰 미생물일수록 특정 온도에서의 D값과 Z값이 크다. ⑤예를 들어, 어떤 미생물 100개를 63℃에서 열처리한다고 하자. 이때 360초 후에 남아 있는 개체 수가 10개라면 D값은 360초가 된다. ⑥만약 이 D값의 1/10인 36초 만에 미생물의 개체 수를 100개에서 10개로 줄이고자 할 때의 온도가 65℃라면 Z값은 2℃가 된다.
>
> (2015학년도 6월 모의평가 A형)

❶ 먼저 'D값'의 개념이 나옵니다. 어떤 미생물을 열처리해서 개체 수를 1/10로 줄이는 데 걸리는 시간이네요. 개념의 정의가 너무 어렵습니다.

❷ 그래서 그런지 예시를 제시해주네요. '만약'으로 시작하면서 어떤 상황을 가정해주고 있습니다. 일종의 예시라고 할 수 있죠. 개체 수를 1/100로 줄이려면 D값의 2배의 시간을 써야 한다고 한다. 앞에서 읽은 D값의 정의를 적용해야 합니다. 개체 수를 1/10로 줄이는 시간이 D값이므로, 1/10로 줄인 후 그걸 또 1/10로 줄이면 1/100이 줄어든 거겠네요. 1/10로 줄일 때마다 D값 만큼의 시간이 소요되니까 1/100로 줄이려면 D값 두 배의 시간이 걸리는 것이고요.

❸ 이제 또 Z값의 정의가 나옵니다. Z값의 정의를 이해하는 데 D값의 정의를 또 활용해야 합니다. Z값이 뭔가 했더니 'D값의 1/10 시간만에 미생물의 개체 수를 1/10로 줄이기 위해 높여야 하는 온도'를 말하네요. D값보다 1/10이나 빠르게 미생물 수를 1/10로 줄이기 위해 '온도'를 높여야 하는데, 그 온도를 기존 온도보다 얼마나 높여야 하는지가 Z값인 것입니다. 그럼 우선 D값은 '시간', Z값은 '온도'라는 점에서 두 개념의 범주가 다르다는 점도 함께 체크하고 넘어가야겠습니다.

❹ 재진술입니다. D값과 Z값의 정의 기억나시죠? 결국 핵심은 하나입니다. 특정 온도에서 '열처리'를 할 때 개체 수를 줄이기 위해 걸리는 시간, 온도입니다. 그렇다면 D값과 Z값이 높다는 말은 각각 그만큼 열처리를 하는 데에 시간이 오래 걸리고 온도를 많이 높여야 한다는 뜻이죠? 열처리 시간이 오래 걸린다는 것은 그만큼 미생물이 잘 죽지 않는다는 뜻이므로 열에 대한 저항성이 클수록 D값과 Z값이 큽니다. 이 내용을 정의를 바탕으로 당연하게 납득하셔야 해요!

❺ 이번에는 예시까지 등장하네요. 평가원은 항상 이렇게 이해가 어려운 지문에 대해 '예시'를 줍니다. 따라서 평가원이 '예시'를 준다면 꼭 이를 바탕으로 내용을 이해해야 합니다. 미생물 100개라는 수치를 구체적으로 제시하고 있습니다. 360초 만에 미생물이 1/10개인 10개로 줄어들면 D값은 360초가 되겠네요. 미생물의 개체 수가 처음보다 1/10개로 줄어드는 데 걸리는 시간이 D값이니까요. 이렇게 '정의'를 그대로 적용해주면 됩니다.

❻ 이번엔 Z값에 대한 예시네요. 기존 D값의 1/10인 36초만에 미생물의 개수를 1/10로 줄이기 위해 열처리 온도를 올린 경우, 기존의 온도보다 올라간 온도만큼이 Z값이 됩니다. 기억 나시죠? 따라서 36초만에 미생물의 개수를 1/10로 줄이기 위해 열처리 온도를 65℃로 설정한 경우, 기존 63℃보다 2℃만큼 올라갔으므로 Z값은 2℃가 되는 것이죠. 이렇게 예시를 들어 설명하니까 훨씬 쉽죠? 그래도 여러분은 일단 '정의' 혹은 '원리'를 텍스트 그 자체로 이해해보려고 노력해야 합니다. 그 과정에서 사고력이 상승하니까요! 그 후 예시와 함께 다시 이해해보고 연습합시다.

①루소에 의하면, 자연 상태에서 인간은 필요한 만큼의 욕구가 충족되면 그 이상 아무것도 취하지 않았으며, 타인에게 해악을 끼치지도 않았다. ②심지어 타인에게 도움을 주려는 본능적인 심성까지 지니고 있었다. ③그러나 인지(認知)가 깨어나면서 인간의 욕망은 필요로 하는 것 이상으로 확대되었다. ④이 이기적인 욕망 때문에 사유 재산 제도가 형성되고, 그 결과 불평등한 사회가 등장하게 되었다. ⑤즉 이기적 욕망으로 인해 인간은 타락하게 되었고, 사회는 인간 사이의 대립과 갈등으로 가득 차게 되었다. ⑥이러한 인간과 사회의 병폐에 대한 처방을 내리기 위해 쓰여진 것이 『에밀』로서, 그 처방은 한마디로 인간에게 잃어버린 자연을 되찾아 주는 것이다. ⑦즉 인간에게 자연 상태의 원초의 무구(無垢)함을 되돌려 주어, 선하고 자유롭고 행복하게 살 수 있는 사회를 만들게 하는 것이다.

(2000학년도 수능)

❶ 루소가 생각하는 '자연 상태'에서의 인간에 대해 설명합니다. 그게 '욕구'와 관련되어 있네요. '욕구'에 따라 행동한다는 것이 핵심입니다. 정의 체크하고 넘어갑시다.

❷ 심지어 나쁜 짓을 하지 않는 것은 물론 도움을 주려는 심성까지 갖고 있다고 합니다. 이게 전부 '자연 상태'에서 '욕구'가 충족된 인간의 모습입니다. '자연 상태의 인간'의 새로운 특징처럼 보이지만 정의를 바탕으로 충분히 이해할 수 있어요. 그러니까 새로운 정보가 아닌, 재진술로 받아들이셔야 합니다.

❸ 그런데 '인지'가 깨어나면 필요 이상의 욕망이 생겨난다고 합니다. '인지 상태의 인간'의 정의를 제시하고 있네요. 또, 이 문장을 읽자마자, '인지≠자연 상태'라는 것을 생각할 수 있어야 합니다. 자연 상태에서는 욕구가 충족되면 아무것도 취하지 않는다고 했어요. 그런데 '인지'가 깨어나는 순간 그 욕망이 확대됩니다. 다시 말하면 욕구가 충족되었어도 그 이상을 원하게 된다는 뜻입니다.

❹ 그리고 이러한 욕망 때문에 생겨난 게 '사유 재산 제도'이고, 이로 인해 '불평등한' 사회가 생겨나게 됩니다. 이 내용 또한 충분히 이해할 수 있어요. 사유 재산 제도가 있으면 개인이 원하는 만큼 재산을 쌓을 수 있습니다. 즉, 기본적인 욕구가 충족되더라도 그 이상의 재산을 축적할 수 있습니다. 그러니까 자연스럽게 사회도 불평등해지겠죠. 빈부 격차가 발생하니까요!

이 내용도 새로운 정보가 아니라, '인지 상태의 인간'과 관련된 사례입니다. 결국에는 '인지=사유 재산 제도=불평등한 사회'를 모두 같은 맥락에서 이해할 수 있어야 합니다. '자연 상태의 인간'과는 다르게 '인지가 깨어난 인간'은 욕구가 충족되더라도 추가적인 것들을 원하는 것입니다. 자연 상태의 인간은 욕구만 충족되면 아무것도 취하지 않았지만, 인지가 깨어난 인간은 욕구가 충족되더라도 계속해서 무언가를 취하기 시작합니다. 이게 사유 재산 제도, 나아가 불평등한 사회까지 이어지는 것이에요.

❺ 다음 문장에서는 이 내용을 반복하고 있습니다. 재진술 문장이에요. '이기적 욕망'은 곧 충족된 욕구 이상으로 무언가를 취하려는 인간의 '욕망'입니다. 타인을 생각하지 않고 '자기 것만 이기적으로' 계속 쌓아두려고 하니까 '이기적/욕망'입니다. 이로 인해 인간은 타락하고, 사회는 대립과 갈등으로 가득 차게 된다고 해요. 불평등한 사회가 만들어지고 그 사이에서 부를 쌓기 위해 싸운다는 말이네요.

조금 더 생각해 볼까요? 이를 왜 '타락'이라고 표현했을까요? 앞에서 잠깐 언급했는데, 자연 상태의 인간은 남을 도와주려는 마음을 '본성'으로 갖고 있습니다. 그런데 인지가 깨어나면서 이 본성이 망가지게 됩니다. 욕구 이상으로 타인보다 더 많은 것을 가지려고 하기 때문이에요. 충족된 욕구 이상으로 무언가를 취하려 하다 보니 불평등한 사회에 도달합니다. 그러니까 남을 도우려고 하지 않고 자기 것만 취하다 보니 불평등한 사회가 되는데, 이를 두고 '타락'했다고 표현하는 것입니다.

❻ 그 다음 문장에서 이러한 문제에 대한 루소의 해결책이 제시됩니다. 그런데 이 흐름을 이해하려면 '인간과 사회의 병폐'가 무엇인지 이해하셔야 해요. '인간과 사회의 병폐'는 결국 욕구 이상으로 무언가를 취하려는 '이기적 욕망'과 '불평등한 사회'를 가리킵니다. 일종의 재진술처럼 읽어주셔야 해요. 그리고 이 처방은 인간의 '잃어버린 자연'을 되찾아 주는 것이라고 합

니다. 여기서 '잃어버린 자연'은 '자연' 상태의 인간의 모습을 가리키는 것이겠죠?

⑦ 마지막 문장은 이 내용을 재진술하고 있습니다. '자연 상태'의 원초의 무구(無垢)함은 곧 자연 상태의 인간의 모습 그 자체입니다. 욕구가 충족될 만큼만 취하고, 나쁜 짓을 하지 않고, 남을 도와주는 것! '자연 상태의 인간'을 떠올리면서 읽어야 해요. 그러면 자연스럽게 재진술임을 이해할 수 있습니다. '자연 상태'의 인간은 남을 도와주는 본성을 갖고 있었으니 '선하고 자유롭고 행복하게' 살 수 있는 사회를 만들 수 있겠습니다. 자기 것만 그것도 필요 이상으로 추구하지 않을 테니, 불평등한 사회도 생기지 않겠죠. 즉, '타락'하지 않게 되니 '선하고 자유롭고 행복하게' 살 수 있게 되는 것입니다.

---

③

①정밀한 세부 묘사를 장점으로 하는 다게레오타입은 초상 사진 분야에서 큰 인기를 누렸다. ②여러 곳에 사진관이 들어서서 영구적인 초상을 금속판에 남기는 일로 많은 돈을 벌어들였다. ③반면에 명암의 차이가 심하고 중간색이 거의 없었던 칼로타입은 초상 사진보다는 풍경·정물 사진에 제한적으로 이용되었다. ④특허에 묶여 있었던 칼로타입이 그나마 퍼질 수 있었던 곳은 프랑스였다. ⑤프랑스의 화가와 판화가들은 칼로타입이 흑백의 대조가 두드러진다는 점에서 판화와 유사함을 발견하고 이 기법을 활용하여 작품을 만들었다.

(2007학년도 9월 모의평가)

---

①~② 처음부터 수식된 정의로 문장이 시작하네요. '다게레오타입'이라는 것을 설명해줍니다. 정밀한 세부 묘사를 장점으로 했기에, 초상 사진을 금속판에 남기는 것으로 인기를 끌었겠네요. 금속판에 초상을 남기는 거니까 '영구적'으로 남아 있을 것이구요. 이렇게 한 줄씩 납득하며 읽는 연습을 계속 해주셔야 합니다. 또 '영구적'이라는 점에서 '다게레오타입'은 일종의 고정값으로도 볼 수 있겠네요.

③ 이제 '칼로타입'이라는 것을 설명해줍니다. 명암의 차이가 심하고 중간색이 거의 없다는 것으로 보아, 다게레오타입과 반대되는 타입인가 봅니다. 다게레오타입과 비교/대조해가며 글을 파악해줘야 합니다. 다게레오타입이 정밀한 세부 묘사를 장점으로 하는 것과 달리, 칼로타입은 세부적인 묘사가 안 되었기 때문에 '초상 사진'에 이용할 수 없겠네요. 그래서 '풍경 · 정물 사진'에 이용했나 봅니다.

④~⑤ 칼로타입은 원래 특허에 묶여 있어서 다게레오타입에 비해 널리 퍼지기 힘들었을 텐데, '그나마' 프랑스에서 퍼졌다고 합니다. 칼로타입이 나타내는 '흑백의 대조'가 '판화'와 유사함을 발견하고 주목하여 작품을 만든 것이죠. 우리는 여기서 '흑백의 대조'가 칼로타입의 특징인 '명암의 차이'와 같은 말이라는 것을 알아야 합니다. '명암의 차이'가 '흑백의 대조'로 재진술된 것이죠. 지문에 등장하는 정보들을 모두 새로운 정보로 인식하는 것이 아니라, 다게레오타입과 칼로타입의 특징을 바탕으로 정보를 조직화, 재진술하여 기억해내는 연습을 하셔야 합니다!

한 단계만 더 나아가 보겠습니다. 그렇다면 프랑스에서는 어떻게 '다게레오타입'이 그나마 퍼질 수 있었던 것일까요? 다게레오타입은 원래 '특허'에 묶여 있던 것이었는데, 프랑스 화가와 판화가들은 '판화'의 특징이 '다게레오타입'과 유사하다고 봤습니다. 즉, 다게레오타입을 활용한 작품을 만들어 놓고, "이건 판화 작품이야. 그러니까 다게레오타입의 특허권을 침해한 게 아니지."라는 주장을 했을 것이라는 식으로 이해할 수 있습니다. 이와 같은 방식으로 다게레오타입을 퍼뜨린 것이죠. 이처럼 특허권을 침해하는 방법은 여러 가지가 있으니, 앞에서 봤던 것처럼 '특허권'은 강하게 보호받는 것입니다. 이런 식으로 다른 문단과도 연결지어 이해한다면 더 훌륭하겠죠?

4

①디지털 카메라에는 피사체를 선명하게 촬영하기 위해 초점을 자동으로 맞추는 자동 초점 방식이 활용되고 있다. ②자동 초점 방식은 일반적으로 피사체로부터 반사되는 빛을 활용하여 초점을 맞추는데, 자동 초점 방식에는 대표적으로 대비 검출 방식이 있다. ③대비 검출 방식은 촬영 렌즈를 통해 들어온 빛을 피사체의 상이 맺히는 이미지 센서로 바로 보내 이미지 센서에서 초점을 직접 검출한다. ④이 방식은 피사체로부터 반사되어 들어오는 빛들의 밝기 차이인 빛의 대비를 분석하는 원리를 이용한다. ⑤빛의 대비가 클수록 이미지 센서에 맺히는 상이 선명해져 초점이 정확하게 맞게 된다. ⑥이런 원리를 활용해 대비 검출 방식에서는 빛의 대비가 최대치가 되는 지점을 파악하기 위해 촬영 렌즈를 앞뒤로 반복적으로 움직이면서 이미지 센서에 맺힌 상을 분석한다. ⑦이 방식은 촬영 렌즈가 반복적으로 움직여야 하므로 초점을 맞추는 속도가 상대적으로 느려 빠르게 움직이는 피사체를 촬영할 때는 초점을 맞추기 힘들다.

(2022학년도 4월 학력평가)

❶ 디지털 카메라에 사용되는 원리가 제시됩니다. 그 방법이 '자동 초점 방식'이고 정의까지 알려주네요. '수식된 정의로 제시되고 있기 때문에 정보를 놓치지 않게 유의하면서 읽으셔야 합니다! 조금만 신경 쓰면 내용을 이해하기는 어렵지 않습니다. 단어 그대로 '초점'을 '자동'으로 맞추는 방식이 '자동 초점 방식'입니다. 간단하죠? 그럼 뒤에서는 디지털 카메라의 '자동 초점 방식' 원리를 설명하겠어요. 이게 이 문단에서 하고자 하는 말일 것입니다.

❷ 앞에서 생각한 대로 '자동 초점 방식'에 대한 정보가 계속 등장합니다. '자동 초점 방식'은 '빛'을 활용하여 자동으로 초점을 맞춘다고 해요. ①번 문장에서 읽었던 정의를 떠올리고 정보를 연결하면서 읽으셔야 합니다. 그리고 빛을 이용하는 자동 초점 방식의 대표적인 예시로 '대비 검출 방식'이 있다고 하네요. 자동 초점 방식과 같은 말로 잡고 넘어가 봅시다.

❸ '대비 검출 방식'의 정의가 제시됩니다. 그런데 이 내용을 어렵게 생각하시면 안 돼요. 우리는 이미 대비 검출 방식이, 자동 초점 방식 중 하나로 '빛'을 이용한다는 사실을 알고 있습니다. 그러니까 들어오는 '빛'을 이미지 센서에서 '검출'한다는 내용 또한 자연스럽게 이해할 수 있어야 해요. 이와 같은 방식으로 대비 검출 방식의 정의를 '이해'하는 것이 이 문장을 독해할 때 필요한 태도입니다. 또 초점을 '직접' 검출한다는데 이것이 곧 초점을 '자동'으로 맞추는 '자동 초점 방식'의 특징이라고 볼 수 있겠습니다.

❹ '이 방식'은 '대비 검출 방식'을 가리킵니다. '대비' 검출 방식은 '빛의 대비'를 이용한다고 하는데, 이 또한 자연스럽게 이해할 수 있어야 해요. 새롭게 등장하는 정의처럼 보이지만 사실상 재진술 문장입니다. 이때 '빛의 대비'의 정의가 수식된 정의로 제시되고 있으니 주의하셔야 합니다. 자칫 날려 읽으면 놓칠 수 있어요! 빛들의 밝기 차이가 '빛의 대비'입니다.

다시 돌아와서, 이미 우리는 대비 검출 방식이 '빛'을 이용한다는 사실을 알고 있어요. 그러니까 '빛'의 대비를 이용한다는 것도 자연스럽게 받아들일 수 있어야 합니다. 또 단어의 의미를 살리면서 읽으면 빛을 '검출하여' 그 '대비'를 이용하니까 '대비/검출/방식'이라고 생각할 수 있습니다. 설명이 길지만 하고자 하는 말은 딱 두 가지입니다. 단어의 의미를 살리면서 이해하자, 새로운 정보가 아니라 재진술로 받아들이자!

❺ 계속해서 대비 검출 방식의 원리를 설명합니다. '빛의 대비'를 이용하는 것이 핵심이었죠? 그래서 계속 '빛의 대비'와 관련된 내용을 제시하고 있습니다. 내용은 간단합니다. 빛의 대비가 크다는 말은 밝기 차이가 크다는 말입니다. 밝기 차이가 크면 당연히 알아보기가 쉽겠죠? 검은 바탕에 어두운 남색 무늬가 있는 것과, 검은 바탕에 흰색 무늬가 있는 것 중 당연히 후자가 더 잘 보입니다. 이것과 마찬가지입니다. 그럼 이미지 센서에 맺히는 상도 당연히 '선명'해지겠군요. 나아가 초점을 맞추기도 쉬울 것입니다. 상이 명확하니까요!

❻ 재진술입니다. 빛의 대비가 클수록 상이 선명해진다고 했으니 당연히 빛의 대비가 최대치가 되는 지점을 파악해야 할 것입니다. 이를 위해 렌즈를 앞뒤로 움직인다고 해요. '빛의 대비'가 최대치가 되는 지점을 찾기 위해서요! 왔다 갔다 하면서 그 지점을 찾는 것입니다. 당연하게 받아들일 수 있어야 해요.

❼ 역시나 재진술 문장입니다. 렌즈가 반복적으로 움직이는 이유가 무엇인지는 다들 아시죠? 빛의 대비가 최대치가 되는 지점을 찾기 위함입니다! 그런데 이 때문에 초점을 맞추는 속도가 느리다고 해요. 당연합니다. 렌즈가 계속 움직이니까, 초점을 빠르게 맞출 수가 없는 것이죠. 그러면 빠르게 움직이는 물체는? 초점을 맞추기 힘들 것입니다. 안 그래도 렌즈가 움직이면 초점 맞추는 속도가 느린데, 피사체마저 빠르게 움직이면 제대로 못 찍을 수밖에 없어요.

5

　①흔히 어떤 대상이 반드시 가져야만 하고 그것을 다른 대상과 구분해 주는 속성을 본질이라고 한다. ②X의 본질이 무엇인지 알고 싶으면 X에 대한 필요 충분한 속성을 찾으면 된다. ③다시 말해서 모든 X에 대해 그리고 오직 X에 대해서만 해당되는 것을 찾으면 된다. ④예컨대 모든 까투리가 그리고 오직 까투리만이 꿩이면서 동시에 암컷이므로, '암컷인 꿩'은 까투리의 본질이라고 생각된다. ⑤그러나 암컷인 꿩은 애초부터 까투리의 정의라고 우리가 규정한 것이므로 그것을 본질이라고 말하기에는 허망하다. ⑥다시 말해서 본질은 따로 존재하여 우리가 발견한 것이 아니라 까투리라는 낱말을 만들면서 사후적으로 구성된 것이다.

(2014학년도 6월 모의평가 B형)

❶ '본질'에 대해 정의하며 시작하고 있습니다. 우리가 알고 있는 내용과 크게 다르지 않아요. 지문에 정의된 말을 바탕으로 이해해봅시다. 어떤 대상이 '반드시' 가져야만 하는 속성, 그 대상을 다른 대상과 '구분'해 주는 속성. 이것을 '본질'이라고 하네요. '반드시', '구분'이라는 두 가지 키워드 생각하면서 읽어봅시다.

❷ X와 같은 어떤 대상의 '본질'을 알기 위해서는, X에 대한 '필요 충분한 속성'을 찾으면 된다고 합니다. 무슨 말인지 단번에 이해하기는 힘듭니다. '필요 충분'이라... 수학에서 본 것도 같고 당황스럽습니다. 하지만 우리는 최소한 '본질=필요 충분한 속성' 정도로 처리할 수는 있습니다. 그렇다면? '필요 충분한 속성=반드시 가져야 하고, 다른 대상과 구분해 주는 속성'이라고 할 수 있겠네요. 첫 두 문장이 '본질'이라는 개념을 중심으로 제시되고 있으니, 이렇게 엮어 내는 방식의 독해가 가능한 겁니다.

❸ 심지어 '다시 말해서'라는, 손쉬운 재진술의 표지까지 제시되고 있습니다. '모든' X에 대해, 그리고 '오직' X에 대해서만 해당되는 것을 찾으면 된다고 합니다. 당황하면 안 돼요. 재진술이니까 결국 같은 말입니다. 이 생각을 했더니, '모든'과 '오직'이 곧 '반드시'와 '구분'에 대응된다는 걸 파악할 수 있네요. 다 똑같은 말을 하고 있습니다.

❹ 이걸로도 부족한지 사례까지 들어 주고 있습니다. '까투리'의 본질은 '암컷인 꿩'이라고 합니다. '까투리'가 되기 위해선 '반드시' '암컷인 꿩'이어야 하고, 이는 '수컷인 꿩', '다른 새'와 같은 대상들과 '구분'되는 속성이니까요. 즉, 까투리에 대한 '필요 충분한 속성'이니까요!

❺~❻ 하지만 '암컷인 꿩'은 그냥 우리가 규정한 것이므로, 그것 자체가 본질은 아니라고 해요. ⑥번 문장에서 다시 한번 재진술을 하고 있는데, '암컷인 꿩'은 '본질'이 아니라 그냥 우리가 낱말을 만들면서 사후적으로 구성된 것이라는 거예요. 조금 어려울 수 있지만, 핵심은 하나입니다. '본질'이라는 것이 따로 존재하지 않는다! 여기까지 이해했다면, 여러분은 이 단문 뒤에서 이렇게 '본질'이라는 것이 존재하지 않는다는 주장이 제시될 것이라는 '예측'을 하면서 읽을 수 있어야 합니다. '생각'이라는 걸 하면서 글을 읽고 있으니까요! 정말 그런지 확인해 볼까요?

　서로 다른 개체를 동일한 종류의 것이라고 판단하고 의사소통에 성공하기 위해서는 개체들이 공유하는 무엇인가가 필요하다. 본질주의는 그것이 우리와 무관하게 개체 내에 본질로서 존재한다고 주장한다. 반면에 <u>반(反)본질주의는 그런 본질이란 없으며, 인간이 정한 언어 약정이 본질주의에서 말하는 본질의 역할을 충분히 달성할 수 있다고 주장한다.</u> 이른바 본질은 우리가 관습적으로 부여하는 의미를 표현한 것에 불과하다는 것이다.

위 단문의 바로 뒤에 제시된 문단입니다. 여기서 '반본질주의'가 바로 '본질은 따로 존재하지 않는다.'라는 주장을 하고 있다는 걸 파악할 수 있겠죠? 이렇게 지문의 흐름까지 예측하며 읽을 수 있어야 1등급이 나옵니다! 연습하고 또 연습합시다.

① 법률 행위의 정의가 제시됩니다. 이는 '의사 표시'를 필수적 요소로 '법률 효과'를 발생시키는 행위라고 해요. '의사/표시'는 말 그대로 어떤 '의사'를 '표현(표시)'하는 행위이고 '법률/효과'는 '법률'적인 '효과'를 말하는 것 같습니다. 이 정도는 단어의 의미를 살리면서 충분히 이해할 수 있겠죠? 대표적인 예시로는 유언이나 계약 같은 것들이 있다고 하네요. 이렇게 그냥 넘어가기보다, '유언'과 '계약' 모두 누군가의 '의사 표시'를 필수적 요소로 하여 권리, 의무와 같은 '법률 효과'를 발생시키는 행위라는 식으로 이해하고 넘어가야 합니다. 모든 사례와 원리는 일대일로 대응시켜 처리해야 해요.

② 이번엔 의사 표시의 정의를 제시하고 있습니다. 법률 행위의 정의를 파악하면서 봤던 단어죠? 단어의 의미를 살려서 읽은 것과 큰 차이는 없습니다. '법률 효과'의 발생을 목적으로 하는 '의사'를 '표시'하는 것이 '의사 표시'입니다. 그런데 이 의사 표시는 동작이나 침묵도 포함이 된다고 해요! 동작은 쉽게 납득할 수 있습니다. 누군가가 제안을 했을 때 고개를 끄덕이면 동의한다는 뜻이니까요. 그런데 '침묵'은 직관적으로 한번에 납득하기가 어렵습니다. 하지만 지문을 따라 이해해야 하니 최대한 납득하자면, '침묵'한다는 것은 곧 반대도 하지 않는다는 말이니 일종의 의사 표현이라고 볼 수 있겠습니다. 침묵도 법률 효과를 발생시키는 의사 표시 행위 중 하나라는 점을 꼭 체크하고 넘어갑시다.

③ 너무나 당연하지만 중간에 '표의자'의 정의가 수식된 형태로 제시되고 있으니, 정보를 체크할 때 놓치지 않도록 주의합시다. '표/의/자'는 '의사'를 '표'시한 사람입니다. 아무튼 이 표의자의 '진의'와 표시된 의사가 일치하면 문제가 없다고 합니다. 진/의는 진짜 의사를 말하는 것이겠죠? 즉, 진의와 표시된 의사가 일치한다면 표의자의 뜻대로 의사 표현이 된 것이니까 당연히 문제는 없겠죠?

④ 이번엔 의사 표시와 관련한 문제 상황이 제시됩니다. 이때도 '표시 수령자'를 수식된 정의로 설명하고 있네요. 표의자의 의사 '표시'를 '받는(수령)' 사람(자)이 '표시/수령자'입니다. 다시 돌아와서, 표의자의 의사와 다르게 표시 수령자가 받아들인다는 말은 곧 표의자의 진의와 표시된 의사가 불일치한 상황으로 볼 수 있습니다. 그러면 당연히 문제가 되겠죠. 이럴 때는 법률 행위를 '해석'해야 합니다. 당연히 표의자의 진의와 표시된 의사가 어떻게 같고 다른지, 표의자의 의사를 어떻게 이해해야 할지에 대한 해석이 필요할 것입니다. 여기서 말한 '법률 행위'는 의사 표시와 관련된 법률 행위이겠죠? 계약을 할 때처럼요!

⑤ 이번엔 '해석'의 정의를 제시하는데, 내용이 어렵지는 않습니다. 법률 행위의 내용을 '확정'하는 것이 '해석'입니다. 위의 상황처럼 의사 표시에 문제가 발생했을 때 의사 표시와 관련된 법률 행위를 해석해서 확정한다는 뜻이겠네요. 그리고 이것은 법률 행위의 성립과 유효성 여부를 판단할 때 중요하다고 해요. 앞에서처럼 의사 표시가 불확실하면 법률 행위도 제대로 이루어지지 못할 것이에요. 의사 표시 자체가 법률 효과의 발생을 목적으로 하는 것인데, 의사 표시가 제대로 이루어지지 않는다면 법률 효과 또한 제대로 발생하지 못할 테니까요. 그래서 이때 법률 행위를 확정하는 것, 즉 해석하는 것이 법률 행위의 확정과 유효성 판단에 중요한 역할을 하는 것입니다.

7

① 우리 몸은 단백질의 합성과 분해를 끊임없이 반복한다. ② 단백질 합성은 아미노산을 연결하여 긴 사슬을 만드는 과정인데, 20여 가지의 아미노산이 체내 단백질 합성에 이용된다. ③ 단백질 합성에서 아미노산들은 DNA 염기 서열에 담긴 정보에 따라 정해진 순서대로 결합된다. ④ 단백질 분해는 아미노산 간의 결합을 끊어 개별 아미노산으로 분리하는 과정이다. ⑤ 체내 단백질 분해를 통해 오래되거나 손상된 단백질이 축적되는 것을 막고, 우리 몸에 부족한 에너지 및 포도당을 보충할 수 있다.

(2015학년도 수능 A형)

① 우리 몸이 단백질의 '합성'과 '분해'를 반복한다고 합니다. 단백질이 어떻게 '합성'되는지, 또 어떻게 '분해'되는지에 대한 설명이 나올 테니 정확히 이해하겠다는 목표의식을 가지고 읽어나가면 됩니다.

②~③ 단백질 합성은 '아미노산'이라는 것을 연결하여 긴 사슬을 만드는 과정이라 합니다. 20여 가지의 아미노산이 이용된다는 것으로 보아, 20여 가지의 아미노산이 연결되어 단백질 합성에 연결된다는 뜻이네요. 그리고 여기서 아미노산이 이어질 때, 무작위로 이어지는 것이 아니라 'DNA 염기 서열에 담긴 정보에 따라 정해진 순서대로' 결합된다고 합니다. 즉, 결합 순서는 이미 정해져 있는 것이에요. 일종의 고정값으로 볼 수 있습니다.

④ 그 후 단백질 '분해'에 대한 설명이 나옵니다. 아미노산 간의 결합을 '끊으면' 단백질이 분해된다고 하네요. 아까 단백질을 합성하기 위해 아미노산들을 연결했던 것을 기억하시죠? 단백질 '합성'을 위해 아미노산을 '연결'했으니, 단백질을 '분해'하기 위해 아미노산 간의 '연결을 끊는' 것입니다. 이런 식으로 앞에서 제시된 개념을 연결해서 이해하고 납득해야 해요. 여기서 중요한 것은 단백질 '합성'에 대한 설명을 활용해서 단백질 '분해'를 이해하는 것입니다. 단순하게 '합성'과 '분해'가 나왔다는 사실에 초점을 맞추는 것이 아니라, '합성'이라는 것이 아미노산을 '연결'하는 것이고, 따라서 '분해'는 아미노산의 '결합을 끊는 것'이라고 납득해야 합니다. 개념의 정의를 계속 누적해서 읽어야 한다는 것을 잊지 맙시다.

⑤ 그 후 단백질 분해의 효과가 나오네요. 효과는 크게 어렵지 않습니다. 축적된 단백질을 다시 분해하니까 오래된 단백질이 축적되는 것을 막을 수 있겠습니다. 또 단백질을 분해해서 우리 몸의 부족한 에너지나 포도당을 보충한다는 점도, 단백질을 분해해서 에너지로 사용한다는 말 정도로 이해할 수 있어요.

8

① 20세기 들어 비트겐슈타인의 철학은 예술의 본질이 무엇인지에 대한 문제에 다른 방식으로 접근하는 계기를 마련해 주었다. ② 비트겐슈타인은 '게임'을 예로 든다. ③ 누군가가 게임의 본질적 속성을 '경쟁'으로 본다고 해 보자. ④ 곧 반례가 만들어질 것이다. ⑤ 예를 들어, 전쟁은 경쟁이라는 속성을 가졌지만 게임은 아니다. ⑥ 한편 게임 중에도 경쟁이 아닌 것이 있다. ⑦ 무료한 시간에 혼자 하는 카드놀이가 그 예가 될 수 있을 것이다. ⑧ 이런 식으로 따져 가다 보면 모든 게임에 공통적인 하나의 본질을 찾는 일은 불가능해 보인다. ⑨ 그런데 비트겐슈타인은 이것이 바로 게임이라는 개념에 대한 정확한 인식이라고 한다.

⑩ 비트겐슈타인에 따르면, 게임은 본질이 있어서가 아니라 게임이라 불리는 것들 사이의 유사성에 의해 성립되는 개념이다. ⑪ 이러한 경우 발견되는 유사성을 '가족 유사성'이라 부르기로 해 보자. ⑫ 가족의 구성원으로서 어머니와 나와 동생의 외양은 이런저런 면에서 서로 닮았다. ⑬ 하지만 그렇다고 해서 셋이 공통적으로 닮은 한 가지 특징이 있다는 말은 아니다. ⑭ 비슷한 예로 실을 꼬아 만든 밧줄은 그 밧줄의 처음부터 끝까지를 관통하는 하나의 실이 있어서 만들어지는 것이 아니라 짧은 실들의 연속된 연계를 통해 구성된다. ⑮ 그렇게 되면 심지어 전혀 만나지 않는 실들도 같은 밧줄 속의 실일 수 있다.

(2007학년도 9월 모의평가)

① 비트겐슈타인의 철학이 예술의 본질을 다루는 방법에 영향을 주었다고 합니다. 어떻게 영향을 줬는지 궁금해하며 다음 문장으로 넘어 가봅시다.

② '게임'을 예로 들고 있네요. 우리는 꼭 '게임'이라는 사례를 통해 '예술'을 이해해야 합니다. 게임 얘기가 나온다고 해서 '예술'을 잊으면 안 됩니다. 결국 사례는 그것과 연결되는 설명하기 위해 제시된 것이니까요.

③~④ 게임의 본질적 속성인 '경쟁'에 대한 설명을 우리는 '예술의 본질적 속성'과 연결되는 사례로 인식해야 합니다. 게임의 본질적 속성을 '경쟁'으로 보면 반례가 만들어진다고 하네요. 그 반례가 무엇인지, 그리고 이러한 내용들이 '예술의 본질'을 이해하는 데에 어떤 영향을 미쳤을지 계속 궁금해하면서 읽으셔야 합니다.

⑤~⑦ 전쟁은 경쟁이지만, 게임이 아니라고 합니다. 또 게임 중에 경쟁이 아닌 사례를 다시 듭니다. 앞에서는 '경쟁'의 속성을 가져도 '게임'이 아닌 경우를 설명하고, 이번에는 '게임'이 '경쟁'의 속성을 갖지 않는다고 설명하는 것이죠. 혼자 하는 카드놀이는 '게임'이지만 '경쟁'이 아니므로 충분히 이해 가능합니다. 계속해서 반례를 제시하고 있어요.

⑧~⑨ 이처럼 모든 '게임'에 공통적인 하나의 본질을 찾는 일은 불가능해 보입니다. 그리고 비트겐슈타인은 이것이 게임에 대한 정확한 인식이라고 해요. 즉, 본질을 찾을 수 없다는 것이 비트겐슈타인의 주장입니다. 여기서 멈추면 안 돼요! 비트겐슈타인은 '예술의 본질'을 설명하고 있다는 사실을 잊으면 안 됩니다. 게임의 본질이 없듯이, 예술의 본질도 없다는 말을 한다는 것입니다. '게임' 사례가 어떤 맥락에서 등장했는지 생각하며 읽었다면 이와 같은 생각을 충분히 할 수 있었을 거예요.

⑩ 게임의 본질이 없는 것이 왜 정확한 인식인지를 설명해줍니다. 그것은 바로 '게임'이 '유사성'에 의해 성립되는 개념이기 때문입니다. 공통적 본질이 아니라, '유사성'이 중요한 것이죠. 그렇다면 예술도 마찬가지로 '유사성'이 중요하겠군요.

⑪~⑬ 이런 유사성이 '가족 유사성'이라면서 새로운 정의를 던져주고 실제 '가족'의 예시를 듭니다. 이 사례를 통해 우리는 유사성에 의해 개념이 성립되는 것이 무엇인지, 가족 유사성이 무엇인지 이해해야 합니다. 가족의 구성원으로 나오는 어머니와 나와 동생이 닮았지만, 셋이 공통적으로 닮은 한 가지 특징은 없다는 것을, 우리는 '유사성은 있어도 공통적인 본질은 없음'이라는 말로 이해해야 합니다. 사례는 원리에 적용해야 하니까요.

⑭ 이번엔 '가족 유사성'의 예시로 '실과 밧줄'에 대한 이야기가 등장합니다. 처음부터 끝까지 관통하는 실이 없다는 것은 결국 공통적인 하나의 '본질'이 없다는 말과 같습니다. 그리고 이는 셋이 '공통적으로' 같은 한 가지 특징이 없다는 것을 뜻합니다. 이렇게 자연스럽게 연결될 수 있어야 해요. 또한 짧은 실들의 연속이라는 것은 '유사성'으로 생각할 수 있어야 합니다. 가족이 이런저런 면에서 닮았다는 말과 같은 것입니다.

⑮ 어쨌든 그렇게 되어 '전혀 만나지 않는 실들'도 '같은 밧줄 속의 실'이라고 합니다. 여기서' 전혀 만나지 않는 실들'이라는 것은 공통적으로 닮은 속성을 가지지 않는 대상들로 이해할 수 있겠습니다. 그리고 '같은 밧줄 속의 실'이라는 것은 '게임'처럼 하나의 범주를 가리킵니다. 즉, 비트겐슈타인에 따르면 '게임'이라는 공통 범주에 들어가는 요소들이더라도, 그 요소 간의 공통점은 없을 수 있음을 재진술해주고 있는 것이에요. 단지 이들은, 같은 범주 내의 또 다른 요소와 공통점만 가지고 있다면 '유사성'을 통해 하나의 범주로 묶일 수 있는 것입니다.

우리가 지금 무엇을 읽고 있었죠? '예술의 본질'에 대해 읽고 있었다는 사실을 잊으면 안 됩니다. 즉, 전혀 만나지 않지만 같은 밧줄에 있다는 말은 '예술'이라는 것도 '유사성'에 의해서 성립되는 개념이지, 공통적인 하나의 본질에 의해 성립되지 않는다는 의미입니다. 유사한 성질들의 실이 모여 '예술'이라는 밧줄을 이루는 것이죠. 앞서 게임과 밧줄의 사례로 이해했던 내용을, '예술'에 대한 비트겐슈타인의 입장과 엮어냈다면 충분히 이해할 수 있을 거예요.

9

① 소쉬르는 언어가 역사적인 산물이더라도 변화 이전과 변화 이후를 구별해서 보아야 한다고 주장하였다. ② 언어는 구성 요소의 순간 상태 이외에는 어떤 것에 의해서도 규정될 수 없는 가치 체계이므로, 그 자체로서의 가치 체계와 변화에 따른 가치를 구별하지 않고서는 언어를 정확하게 연구할 수 없다는 것이다. ③ 화자는 하나의 상태 앞에 있을 뿐이며, 화자에게는 시간 속에 위치한 현상의 연속성이 존재하지 않기 때문이다. ④ 그러므로 한 시기의 언어 상태를 기술하기 위해서는 그 상태에 이르기까지의 모든 과정을 무시해야 한다고 하였다.

(2008학년도 6월 모의평가)

① 생각보다 많이 어려운 단문입니다. 확실하게 이해해 봅시다. '소쉬르'라는 사람은 '언어'를 탐구할 때 '변화 이전'과 '변화 이후'를 구별해야 한다고 했습니다. 무슨 말인지 잘 모르겠죠? 조금만 더 읽어봅시다.

② '언어'는 '구성 요소의 순간 상태' 이외에는 어떤 것에 의해서도 규정될 수 없다고 해요. 나아가 '그 자체로서의 가치 체계' 와 '변화에 따른 가치'를 구별해야만 한다고 합니다. 무슨 말인지 잘 이해가 안 가는데, 이 두 번째 문장이 '-것이다'로 끝난 것이 보입니다! 아 지금 같은 말 하고 있습니다. 그럼 '구성 요소의 순간 상태', '그 자체로서의 가치 체계', '변화에 따른 가치' 라는 말들이 '변화 이전'과 '변화 이후'로 구별되어야 한다는 말과 같은 말을 하기 위해 제시된 것이라는 점을 생각할 수 있겠네요. 지금부터 조금 어렵습니다. 집중해 보세요.

먼저 '구성 요소의 순간 상태'입니다. '순간' 상태라는 점을 고려했을 때, 어떤 것이 흘러가다가 딱 멈춰 선 그 '순간'이 가장 중요하다는 말을 하고 있다고 할 수 있겠습니다. 첫 문장에서 언어는 '역사적인 산물'이라고 했으니, 언어가 역사적인 흐름 속에서 '변화'하다가 그 언어를 사용하는 사람들의 '순간'에 멈춰 선 것이라고 할 수 있겠죠. 이를 '변화 이전'과 '변화 이후'라 는 말에 욱여넣으면, '변화 이후'와 같은 말이라고 할 수 있을 겁니다. 변화가 일어나고 나서 멈춰 선 '순간'에 해당하는 것이 니까요. 물론 여기까지만 읽고 생각하기엔 매우 어려운 내용입니다. 뒷 문장들에서 확실하게 정리해 봅시다.

또한, 그 자체로서의 가치 체계와 변화에 따른 가치는 '구별'되어야 한다고 했습니다. 이는 첫 문장에서 말한 변화 이전과 변화 이후를 '구별'해야 한다는 것과 완전히 같은 형식을 띠고 있죠? '그 자체'로서의 가치는 언어가 가진 가치 그 자체를 의미 하니까, '변화 이전'부터 가지고 있던 가치라고 보는 것이 타당할 것입니다. '변화에 따른 가치'는 말 그대로 '변화 이후' 만들 어진 가치를 의미하겠죠? 상당히 어렵지만 결국 첫 문장과 똑같은 말이라는 점만 생각해주시면 됩니다.

③ 여기서도 '하나의 상태'를 강조합니다. 화자는 '역사적인 흐름' 속에서 어떤 '상태' 앞에 있을 뿐이라는 뜻입니다. 보자마 자 앞 문장의 '순간 상태'가 떠올랐으면 좋겠습니다. 화자에게는 자신이 처한 '순간 상태'가 중요할 뿐, '변화'라는 거대한 연 속성이 보이지 않으니까요. '~때문이다'로 마무리되는 '인과' 역시 '재진술'의 일종임을 배웠죠? 우리가 잘 생각하고 있는 것 처럼, 이 문장도 '변화 이전/변화 이후 구별해야 함'이라는 말과 똑같은 말을 하고 있습니다. '변화 이후'에 집중하라는 말이 에요.

④ '그러므로'가 보이네요. 마지막까지 재진술입니다. '한 시기의 언어 상태', 즉 특정한 '순간 상태', 혹은 '변화 이후'에서의 언어를 설명하기 위해서는 그 상태에 이르기까지의 모든 과정, 즉 '변화 이전'을 무시해야 한다고 하네요. 어렵고 긴 문장들 의 조합으로 이루어진 단문이었는데, 결국 한마디만 하고 있었습니다. '언어를 연구하기 위해서는 화자가 놓인 순간 상태, 즉 변화 이후에만 주목해야 한다!' 이걸 캐치한 학생과, 네 문장을 모두 별개의 문장으로 처리한 학생들 사이의 부담감과 이해의 깊이는 차원이 다를 것입니다. 여러분은 전자의 학생이었길 바랍니다. 아주 어려운 내용이지만, 그동안 배웠던 '재진술'만을 이용해서 뚫어낸 것이니까요. 앞으로도 이런 '생각'을 통해 정보량을 줄이는 태도를 갖추도록 합시다. 끊임없이 '생각'하고 또 '생각'하는 습관이 고득점으로 여러분을 이끌 것입니다!

① 명시적 계약의 정의를 제시합니다. 이 계약은 법원과 같은 '제3자'에 의해 '강제'되는 약속입니다. 그러니까 당연히 객관적인 조건이 필요하겠죠. 제3자가 강제해야 하니까, 제3자도 알아볼 수 있도록 '객관적으로 확인할 수 있는 조건'이 필요한 것입니다. 그래서 '명시적' 계약입니다. 제3자도 볼 수 있는, 객관적인 조건이 있어야 하니 계약 자체가 명시적인 것이에요. 단어의 의미를 살리면서 정의를 바로 이해합시다.

② 명시적인 인센티브 계약의 정의가 제시됩니다. 일단 이름부터 '명시적인'이라고 하니까, 누가 봐도 명시적 계약에 해당하겠죠? 그래도 하나씩 보면서 정의까지 이해하고 넘어갑시다. 근로자의 노력은 객관적으로 확인할 수 없다고 합니다. 당연한 말이죠? '노력'은 객관적으로 알 수가 없습니다. 그래서 명시적이지 않은 노력 대신 '노력의 결과'를 중시합니다. 그게 성과입니다. 수식된 정의로 제시되었으니 놓치지 말고 체크합시다! 물론 성과의 정의를 놓쳐도 독해하는 데에 어려움은 없지만, 최근 출제 기조에 따르면 이런 것 하나하나 선지로 출제하니, 독해 태도를 연습한다는 느낌으로 읽어주셔야 해요.

아무튼 성과는 눈에 보이는 것입니다. 그러니까 이를 바탕으로 '명시적인 인센티브 계약'이 성사되는 것입니다. 인센티브 계약 자체가 '객관적으로 확인할 수 있는 조건'이 필요한 명시적 계약이기 때문입니다! '노력은 보이지 않는다 = 명시적 계약에 부합하지 않음', '성과는 보인다 = 명시적 계약에 부합함.' 이 사실을 잘 이해하고 넘어가야 합니다.

③ 인센티브 계약은 근로자로 하여금 노력을 더 많이 하도록 하는 동기를 부여한다고 합니다. 성과를 기준으로 보상이 주어지기 때문이에요. 정의를 바탕으로 납득할 수 있어야 합니다. 성과에 따라 보상을 주면, 더 높은 성과를 내기 위해 노력하겠죠?

④ 인센티브 계약의 예시입니다. 수식이 나와서 어려워 보이지만 전혀 겁먹을 필요 없습니다. 결국 반복하는 핵심은 같습니다. 성과에 비례하는 인센티브에 따라 노력을 더 하게 된다는 것이에요. 인센티브 강도가 인데 이것이 성과에 비례하여 커지고 있습니다 ('×성과'이니까요). 그래서 이 에 해당하는 인센티브가 크면 거기에 성과를 곱한 성과급을 더 얻기 위해 노력을 하게 될 것이라는 말입니다. 앞에서 이해한 인센티브 계약의 핵심을 바탕으로 읽어주셔야 합니다.

⑤ '왜냐하면'을 보자마자 재진술이라는 것을 생각할 수 있어야겠죠? 앞에서 설명한 '×성과'의 관계에 대해서 설명하고 있습니다. 인센티브 강도가 높아지면 성과급이 더 많아질 것입니다. 그러면 앞에서 생각한 대로 근로자들은 더 많은 노력을 하겠죠. 성과급을 많이 얻기 위해서요!

⑥ 이번에도 재진술입니다. 인센티브 강도인 를 늘리면 성과급을 더 많이 얻기 위해 근로자들이 그만큼 더 노력을 한다고 했어요. 그러면 기업의 이윤은 당연히 늘어나겠죠. 근로자들이 열심히 일을 해서 성과를 올릴 테니까요! 성과가 곧 기업의 이윤으로 직결되는 것이기 때문이에요. 인센티브 계약의 핵심을 잘 읽었다면 사실상 ④~⑥은 정말 간단하게 이해할 수 있는 내용이 됩니다.

⑪

①시야란 시선을 한곳에 고정하고 한 번에 볼 수 있는 범위를 의미한다. ②한쪽 눈의 시야는 시선을 중심으로 코 쪽으로 60° 이고, 귀 쪽으로 100°이기 때문에 수평적으로 두 눈의 시야는 약 200°가 된다. ③그러나 물체가 두 눈의 시야에 있다고 해서 뚜 렷하게 볼 수 있는 것은 아니다. ④시선을 중심으로 오른쪽 눈과 왼쪽 눈의 시야가 겹치는 120° 범위 안에 있는 물체는 뚜렷하게 볼 수 있지만 두 눈의 시야가 겹치지 않는 양 귀 쪽 40° 범위 안에 있는 물체는 그렇지 않다. (2019학년도 10월 모의평가)

❶ 시야의 정의가 제시됩니다. 시선을 고정하고 한 번에 '볼 수 있는 범위'가 시야입니다. 우리가 알고 있는 시야와 다르지 않습니다.

❷ 한쪽 눈의 '시야'에 대해 구체적으로 설명하고 있습니다. 그런데 뭔가 이상하죠? 한쪽 눈의 시야는 코 쪽으로 60°, 귀 쪽으로 100°라고 해요. 그럼 두 눈의 시야는 320°가 되어야 하는데, 200°라고 합니다. 네, 120°는 중복되는 시야입니다. 그러니까 두 눈의 총 시야가 200°가 되는 것이에요. 즉, 두 눈이 시선을 한곳에 고정하고 한 번에 볼 수 있는 범위(시야)가 중복되는 것입니다!

❸ 그런데 두 눈의 시야에 있다고 해서 뚜렷하게 볼 수 있는 것은 아니라고 해요. 분명 시야의 정의는 한 번에 볼 수 있는 범위였는데, 왜 그런 것일까요? 시야의 정의를 떠올리면서 이를 궁금해해야 합니다.

❹ 앞에서 궁금해했던 내용을 재진술로 설명해주는 문장입니다. 여기서 직접적으로 두 눈의 시야가 120° 겹친다고도 설명해주고 있어요. ②번 문장을 보면서, 두 눈의 시야가 왜 200°인지 전혀 납득하지 못했다면 이 문장을 보고서 납득할 수 있어야 합니다. 아무튼 중복되는 시야에서만 뚜렷하게 볼 수 있고, 중복되지 않는 각 눈의 40° 범위의 물체는 '뚜렷하게' 보이지는 않는다고 합니다. 이제 ③번 문장에서 한 말을 충분히 이해할 수 있겠네요! 200° 안에서 다 잘 보이는 것이 아니라, '중복되는 시야' 내에서만 뚜렷하게 보이기 때문이었습니다.

⑫

①남극의 표층에 쌓인 눈은 계속 내리는 눈에 덮이면서 점점 깊이 매몰되고 그에 따라 눈의 밀도는 점차 증가한다. ②일정한 깊이에 이르면 상부에 쌓인 눈이 가하는 압력 때문에 하부의 눈은 얼음으로 변형된다. ③이때 눈 입자들 사이에 들어 있는 공기가 얼음 속에 갇히게 되고, 얼음이 두꺼워지면서 상부의 얼음이 가하는 압력이 증가하게 되면 클라트레이트 수화물*이 형성된다. ④이 속의 기포들은 당시 대기의 기체 성분을 그대로 가지게 된다. ⑤기포가 포함된 얼음을 시추하여 녹이면 원래의 상태로 바뀌고, 이때 기체 크로마토그래피 같은 정밀 기기를 사용하여 그 속의 기체 성분을 분석한다. ⑥이러한 과정을 통해 이산화탄소나 메탄 등 과거 지구의 대기 성분과 농도를 알아낼 수 있다. (2009학년도 9월 모의평가)

* 클라트레이트 수화물: 고압과 저온의 조건에서 물 분자가 결합하여 생성된 빈 공간에 메탄, 이산화탄소, 질소 등 분자량이 작은 기체가 들어 있는 결정체.

❶ 눈이 쌓이는 원리에 대해 설명하는 문장입니다. 그런데 이 내용 자체를 납득해야 해요. '그에 따라'를 중심으로 인과를 제시하는 재진술 문장이기 때문입니다. 남극의 '표층'에 눈이 쌓입니다. 그리고 남극에는 눈이 계속 내리니 그 표층의 눈도 결국 점점 더 덮이겠죠? 그럼 당연하게도 눈이 점점 매몰될 것입니다. 그렇게 눈이 계속 쌓이면? 쌓인 눈의 밀도는 당연하게도 증가하겠죠. 남극의 눈이 밀도가 높아진다는 사실 자체를 이해할 수 있어야 합니다.

❷ 눈이 얼음으로 변형되는 과정을 제시합니다. 이 내용을 읽고 얼음의 정의를 파악합시다. 얼음은 눈이 쌓이고 쌓여서 만들어지는 하부의 눈입니다. 그러니까 ①번 문장에서 말하는 '남극의 표층에 쌓인 눈'이 곧 얼음이 되는 것이죠. 압력으로 인해 변형된 아래층의 눈이 '얼음'입니다.

❸ 그렇게 얼음 속에 공기가 갇히게 되고, 얼음이 계속 두꺼워지고 압력이 증가하게 되면 '클라트레이트 수화물'이라는 것이

생기게 된다고 합니다. 천천히 이해해 봅시다. 얼음이 두꺼워지면 당연히 위에서 누르는 힘도 강해지겠죠? 그러면 '고압과 저온'에서 만들어지는 작은 기체 결정체(클라트레이트 수화물)가 만들어질 것입니다. 각주로 제시된 클라트레이트 수화물의 정의를 읽고 이 내용을 이해할 수 있어야 해요. ①~③번 문장에서 제시하는 원리들이 '정리해야 하는 정보'로 다가오면 안 됩니다!

④ 그렇게 만들어진 클라트레이트 수화물에는 당시 대기의 기체 성분이 그대로 있다고 해요. 기체 분자가 들어 있는 결정체에, 기체 성분이 그대로 있는 것은 납득하기 어렵지 않죠? 마치 냉동인간처럼, 기체가 갇힌 상태로 얼어버렸으니까 그 성분도 그대로 보존되는 것입니다.

⑤ 앞 문장을 잘 이해했다면 이 내용 또한 자연스럽게 납득할 수 있습니다. 여기서 말하는 '기포가 포함된 얼음'은 곧 '클라트레이트 수화물'을 가리키겠죠? 이 얼음을 녹이면 당연히 원래 상태로 돌아갈 것입니다. 기체 성분이 그대로 유지된 채로 녹았으니까요! 이때 '기체 크로마토그래피' 같은 기기를 통해 '기체 성분'을 분석한다고 합니다. 이 또한 클라트레이트 수화물의 정의를 파악하면서 잘 읽었다면 이해할 수 있습니다. 클라트레이트 수화물에는 기체 성분이 그대로 유지됩니다. 그러니까 이것을 녹이면 '원래 상태' 그대로 돌아갈 것이고, 그 기체 성분을 분석할 수 있는 것이죠. 그렇다면 이것을 왜 분석할까요?

⑥ 기체 성분을 분석하는 이유를 궁금해하면서 넘어 왔다면 이 문장은 아주 친절한 재진술이 됩니다. 과거 지구의 대기 성분을 분석하기 위함입니다. 클라트레이트 수화물에 갇힌 기체들은 그 성분을 그대로 유지하고 있으니, 클라트레이트 수화물이 만들어질 당시의 기체 성분을 그대로 보존하고 있을 것입니다. 그러니까 이를 분석하면 클라트레이트 수화물이 만들어졌을 때 즉, 과거 지구의 대기 성분을 분석할 수 있는 것입니다. 이 문장을 읽고, 기체를 분석하는 이유를 납득해주시면 됩니다.

(13)

①그는 '흰 말[白馬]은 말[馬]이 아니다.'라는 일반인의 상식으로는 이해하기 어려운 주장을 앞세워 논의를 폈다. ②그런 주장의 근거로, 우선 그는 '말[馬]'은 형체를 부르는 데 쓰는 단어이고 '희다[白]'는 색을 부르는 데 쓰는 단어인데, 흰 말은 말에 '희다'라는 속성이 함께하는 것이므로 말과 다르다고 하였다. ③또한 그는 말을 구할 때는 노란 말이든 검은 말이든 데리고 올 수 있지만 흰 말을 구할 때는 노란 말이나 검은 말을 데리고 올 수 없으니, 이를 통해 말과 흰 말이 다름을 알 수 있다고 하였다.

(2023학년도 4월 학력평가)

① '흰 말 ≠ 말'이라는 비상식적인 주장이 등장합니다. 대체 이게 무슨 말일까요? '흰 말'도 '말'인데 대체 무엇이 다르길래 '흰 말 ≠ 말'이라고 주장하는 것일까요? 이를 이해하는 것이 곧 이 문단의 핵심이 되겠습니다. 문단을 다 읽고 나면 '흰 말 ≠ 말'이라는 주장을 납득해야 해요.

② '흰 말 ≠ 말'이라는 주장의 근거가 제시됩니다. '말'은 '형체'를, '희다(흰)'은 색을 가리키는 단어입니다. 맞는 말입니다. '말'이라고 하면 우리는 말의 모습을 떠올리고, '희다'라고 하면 하얀색을 떠올리니까요. 이를 토대로 생각하면 '흰 말'은 단순히 형태를 가리키는 것이 아니라 '희다'라는 '색'의 의미가 추가됩니다. 그러니까 '흰 말 = 색+형태'를 모두 포함하는 단어인 것이네요! 그런데 그냥 '말'은 어떤가요? 단지 '형태'만 가리키는 단어입니다. 그러니까 결과적으로 '흰 말 ≠ 말'이라는 주장이 성립하는 것이네요. '흰 말 = 색+형태'인 반면 '말 = 형태'일 뿐이니까요. 이 점에서 두 단어가 차이를 보입니다.

③ 사실상 같은 논리를 반복하고 있습니다. '말'을 구할 때에는 '노란 말'이든, '검은 말'이든 상관이 없다고 합니다. 어떤 색을 가지든 '말'이기만 하면 되는 것이에요. '말'을 구한다는 것은 '말'이라는 '형태'를 지닌 대상이 필요하다는 뜻입니다. 그런데 '노란 말'도, '검은 말'도 '색+형태'를 가지는 대상이니까 '말'이라는 형태는 모두 동일하게 내포하고 있다는 것이죠. 그런데 '흰 말'을 구할 때에는 '노란 말'이나 '검은 말'을 데리고 오면 안 된다고 합니다. '흰 말', '노란 말', '검은 말'은 모두 '색+형태'를 가지는 대상을 가리키지만, '색'이 서로 다르기 때문에 각 대상은 동일하다고 볼 수가 없는 것입니다. 그래서 '흰 말'이 필요할 때에는 '노란 말'이나 '검은 말'을 데리고 오면 안 된다고 설명하는 것이에요.

이 점에서도 '흰 말 ≠ 말'이라는 점을 확인할 수 있습니다. '말'을 구할 때에는 '노란 말'도. '검은 말'도 오케이였습니다. 그런데 '흰 말'을 구할 때에는 '노란 말', '검은 말'로는 대체할 수가 없죠? '노란 말', '검은 말'을 구하는 것으로 충분하냐, 그렇지 못하냐에서 그냥 '말'과 '흰 말'은 차이를 보입니다. 그러니까 '흰 말 ≠ 말'인 것이에요.

직관적으로 확 납득되지 않기 때문에 어려웠을 수 있습니다. 하지만 ①번 문장에서 '흰 말 ≠ 말'이라는 점을 잡고, 뒤에서 부연되는 근거를 천천히 읽어나가다 보면 충분히 납득할 수 있습니다. 이렇게 천천히 생각하는 연습을 해야 '생각의 힘'을 기를 수 있다는 점, 꼭 기억합시다!

---

(14)

① 쇼펜하우어는 자신의 주장을 '세계는 나의 표상이다.'라는 선언으로 집약한다. ② 그가 말하는 표상이란 인간이 어떤 사물을 인식할 때, 그 사물을 오감으로 지각하여 두뇌 속에 떠올린 이미지이다. ③ 가령 '빨갛고 동그란 과일'을 보고 '사과'로 인식한 두뇌 작용이 표상이다. ④ 이러한 표상은 인간이 어떤 사물을 표상할 때, 다른 사물과 구분하게 하는 등 현실 세계를 이해하기 위해 두뇌에 작용하는 인간 개개인의 인식 원리인 충분 근거율에 따른다. ⑤ 쇼펜하우어는 이러한 충분 근거율에 입각한 표상이 현실 세계를 경험하게 하는 근거이기 때문에, 인간이 경험하는 세계는 충분 근거율에 한해서만 인식된 세계라고 말한다. ⑥ 즉 우리가 경험하는 세계는 실재 세계가 아니고 충분 근거율에 입각하여 표상된 것일 뿐이며, 우리가 표상하는 세계는 단순히 두뇌 작용으로 경험하는 환영에 불과한 것이다.

(2025학년도 5월 학력평가)

---

① 쇼펜하우어의 주장이 등장합니다. '세계는 나의 표상이다.'라는 말을 정확히 이해하는 것은 어렵습니다. '나의 표상'이 무슨 말인지 모르기 때문이에요! 최소한 우리는 '세계'에 대한 쇼펜하우어의 주장이 전개될 것 같다는 생각을 하면서 화제만 잘 잡아도 충분합니다. '세계는 나의 표상이다.'라는 쇼펜하우어의 주장이 무엇인가? 이걸 이해하는 게 이 문단의 핵심입니다.

② 우리가 궁금해했던 '표상'을 정의하고 있습니다. 화제를 이해하기 위해 필요한 정보인 만큼 제대로 이해하고 넘어가야 해요! '표상'은 인간이 대상을 인식할 때 감각을 통해 지각해서 머릿속으로 떠올린 '이미지'입니다. 우리 머리에 남아 있는 어떤 대상의 이미지가 바로 표상입니다. 그렇다면 '세계는 나의 표상이다.'이라는 쇼펜하우어의 견해를 조금 더 구체적으로 이해할 수 있어요. 쇼펜하우어는 '세계 = 내 머릿속의 이미지(표상)'이라고 주장합니다. 즉, 쇼펜하우어는 인간이 '표상'을 통해서 세계를 인식하게 된다고 주장하는 것 같아요!

③ 사례가 제시됩니다. 이 사례가 '표상'의 사례임을 인지하면서 읽어야 해요. '빨갛고 동그란 과일'이라는 대상을 '보고', 즉 시각을 통해 지각하고 우리는 머릿속으로 '사과'를 떠올립니다. 이 '사과'가 바로 표상이라고 해요. 그렇다는 말은, 우리가 어떤 대상을 감각을 통해 지각했을 때 '사과'라는 이미지를 떠올린다는 것이죠? 쇼펜하우어는 이렇게 우리가 세계를 인식할 때에도 머릿속으로 떠올린 '이미지'로 받아들인다고 주장하는 것이에요.

④ 표상을 일으키는 원리인 '충분 근거율'의 정의가 제시됩니다. 역시나 수식된 형태로 제시되니까 놓치지 않게 유의해야 해요! '충분 근거율'은 세계를 표상할 때 작용하는 개개인의 인식 원리입니다. 표상의 '근거'가 되는 법칙(율)이라고 해서 '충분/근거/율'인가봅니다.

⑤ 앞 문장을 읽고 충분 근거율이 무엇인지 100% 이해하지 못했더라도 괜찮습니다. 〈이러한 충분 근거율에 ~ 근거이기 때문에〉라는 문장에서 충분 근거율이 무엇인지 구체적으로 부연해줍니다. 재진술처럼 읽으시면 돼요. 인간은 충분 근거율에 입각한 표상을 근거로 세계를 경험한다고 합니다. 즉, 충분 근거율은 표상을 할 수 있도록 만들어주는 원리이네요! 그리고 인간은 이 표상에 따라 세계를 인식한다고 합니다. ②번 문장을 읽고 생각했던 내용이 여기서 명시적으로 제시되네요.

뒷 문장도 마저 읽어봅시다. 이게 좀 어렵습니다. 인간은 '충분 근거율'에 의거한 '표상'에 따라 세계를 인식합니다. 그러니까 우리가 인식하는 세계는 '충분 근거율'에 한정되어 있다고 볼 수 있겠네요. [충분 근거율 → 표상 → 세계 인식]의 흐름이니까, 우리가 '인식하는 세계'는 표상을 만드는 원리인 '충분 근거율'에 한정된다고 볼 수 있습니다.

조금만 더 미시적으로 접근한다면 '한해서만'이라는 표현에 주목할 수 있습니다. '충분 근거율에 한해서만' 인식된 세계라는 것은 '충분 근거율을 넘어서는 세계'가 있을 수 있다는 것을 전제합니다. 그리고 우리는 '충분 근거율을 넘어서는 세계'를 이해하지는 못합니다. 그럼 쇼펜하우어는, 우리가 세계를 '온전히' 인식하지는 못한다고 주장한다는 점을 미리 생각할 수 있어요! 그렇다면 '충분 근거율에 한정된 세계'는 무엇이고, '충분 근거율을 넘어서는 세계'는 무엇일까요? 이 내용을 궁금해하면서 뒤로 넘어가 봅시다.

⑥ 앞 문장에 대한 재진술입니다. '즉'이라는 재진술 표지도 있네요! '충분 근거율에 입각하여 표상된 세계 = 우리가 경험한 세계 ≠ 실재(실제로 존재하는) 세계'라는 점을 명시하고 있습니다. 그렇다면 앞에서 '충분 근거율을 넘어서는 세계 = 실재 세계'라는 점도 이해할 수 있겠죠?

그렇다면 쇼펜하우어의 입장은 다음과 같습니다. 우리는 개개인마다 부여된 '충분 근거율'에 입각한 '표상'에 따라서'만' 세계를 인식할 수 있습니다. 그런데 우리에게 인식된 세계는 '실재 세계'가 아니에요. 표상의 근거가 되는 충분 근거율은 보편적인 원리가 아니라, '개개인의 인식 원리'였기 때문이에요. 즉, 표상을 만드는 원리가 사람마다 다르다는 것입니다. 그렇다면 이로부터 만들어진 '표상'도 사람마다 다르겠죠? 그러니까 결과적으로 '표상에 따라 인식한 세계'도 사람마다 다르다는 것입니다. '실제 세계'가 아니라는 말이에요. [충분 근거율 = 사람마다 다름 → 표상 = 사람마다 다름 → 인식되는 세계도 사람마다 다르게 됨 ≠ 실제 세계]라는 논리가 성립하는 것이에요. 따라서 우리가 인식하는 세계는 단순히 우리 개인의 두뇌 작용으로 경험하는 '환영'에 불과하다고 주장하는 것이죠.

여기까지 이해했다면, ①번 문장에서 말했던 '세계는 나의 표상이다.'라는 쇼펜하우어의 말을 이해할 수 있습니다. 잠시 스스로 생각해보고 아래의 해설을 읽어봅시다.

사실 '세계는 나의 표상이다.'라는 말에서 중요했던 것은 '나'라는 말입니다. 우리는 세계를 '표상'을 통해 인식하는데, 이 '표상'은 사람마다 다 달랐어요. 즉, 이 책의 저자가 인식하는 세계와 여러분들이 인식하는 세계는 다르다는 것이죠. 표상의 근거인 '충분 근거율'이 사람마다 다르기 때문에 말이에요. 그러니까 우리가 인식하는 세계는 진짜 세계가 아니라, '나'가 인식하는 것, 즉 '나'의 세계가 되는 것이죠. 결과적으로 쇼펜하우어가 주장하는 바는, 우리는 '진짜 세계'를 이해할 수 없고, 세계는 개인마다 다르게 인식된다는 점입니다.

15

　① 데리다는 법질서의 해체와 재구축을 통해 법과 정의 사이의 간극을 좁혀 나가야 한다고 주장했다. ②법질서의 해체를 통해 법의 정당성에 끊임없이 의문을 제기함으로써 법적 권위에 대한 맹목적인 믿음을 해체하고 은폐된 폭력을 드러내야 하며, 이를 기반으로 법과 정치 질서를 재구축함으로써 새로운 미래를 창출해야 한다는 것이다. ③그에 의하면 정의는 언제나 불완전하기에 정의를 향한 해체는 종결되지 않는다. ④즉 데리다는 법의 정당성은 정의 실현을 위한 끊임없는 해체와 재구축의 반복을 통해 도출될 수 있다고 주장했다.

(2025학년도 5월 학력평가)

① 법과 정의의 관계에 대한 데리다의 생각이 제시됩니다. 데리다는 '법질서'를 '해체'하고 '재구축'을 함으로써 '법과 정의 사이의 간극'을 줄여야 한다고 해요. 이 말은 곧 현재의 법질서를 없애고 다시 만드는 과정을 통해 정의에 가까워져야 한다는 말이니까, 데리다는 현재의 법질서가 잘못되었다고 생각하는 사람이겠습니다. 현재의 법질서는 정의와 괴리되어 있으니까 기존의 법질서를 없애고 다시 만들어서, 정의에 가까워지도록 해야 한다는 것이에요! 그럼 '법'이 지향해야 할 목표이자 이상이 '정의'라는 점도 같이 알 수 있겠죠? 현재의 법은 이 목표이자 이상인 '정의'와 괴리된 상태이고, 데리다는 이 이상과의 괴리를 줄여나가야 한다는 말을 하고 있는 것입니다!

❷ 추상적인 문장이긴 하지만, 앞 문장에 대한 재진술임을 파악해야 합니다. '~것이다'리는 재진술 표지까지 있네요! 우리는 앞서 데리다가 현재의 법질서가 부정의하다고 생각한다는 점을 읽어냈어요. 그렇다면 이 문장에서 가장 먼저 눈에 들어와야 할 단어들은 '법의 정당성에 의문을 제기', '은폐된 폭력'입니다. 이게 결국은 현재의 법질서에 문제가 있다는 생각을 드러내는 표현이니까요! 즉, 데리다는 현재의 법질서를 없앰(해체)으로써, 문제가 있는 현재 법의 정당성에 의문을 제기해야 한다고 합니다. 그렇게 해서 현재 잘못된 법에 대한 '맹목적인 믿음'을 버려야 한다고 해요. 이렇게 부정의한 현재의 법질서에 은폐되어 있는 '폭력'을 드러내야 한다고 합니다. 즉, 현재 법의 부정의함(은폐된 폭력)을 들추어 내고, 이를 직시해야 한다는 것입니다.

이에 따라 법과 정치 질서를 '재구축'해서 '새로운 미래'를 창출해야 한다고 해요. 그렇다면 이를 통해 만들어지는 '새로운 미래는' 이전에 비해 '정의와 가까워진 법'을 가리키겠죠? ①번 문장에 따르면 데리다는 법질서를 '해체·재구축'하여 '법과 정의의 간극을 줄여야 한다'고 주장했으니까, 법질서를 해체·재구축함으로써 만들어지는 새로운 미래는 '정의와의 간극이 줄어든 법이 만들어진 세상'을 가리키겠네요. 즉, 이전의 법에 비해 정의로워진 법을 가리킵니다.

설명이 길었지만, 결국 데리다가 하고 싶은 말은 하나입니다. "현재의 법은 나빠! 그러니까 이걸 없애고 정의로운 법을 새로 만들자!"입니다. ①, ②번 문장을 읽고 나면 이 한 마디가 머릿속에 남아있어야 해요!

❸ 데리다는 법질서의 해체와 재구축을 통해 '정의와의 간극'을 줄이고자 했습니다. 그런데 정의는 법이 지향하는 하나의 목표이자 이상이었는데, 이 정의 자체가 '불완전'하다고 해요. 그래서 정의를 향한 해체는 끊임없이 이어진다고 합니다. 한 번에 이해하기는 좀 어렵습니다. 그럼 먼저 반대로 생각해볼까요? 이 문장에 따르면 정의가 완전하다면, 정의를 향한 해체가 언젠간 종결될 것임을 알 수 있어요. '정의'가 완전하다면, 법이 지향해야 할 목표가 완전히 고정되어 있으니까 언젠가는 그 목표에 도달할 수 있을 것입니다. 이를 통해 '정의가 완전함 = 목표가 변하지 않음'이라는 것이에요. 그럼 더 이상 법이 해체되고 재구축되어야 할 이유가 없겠죠? 정의와의 간극이 사라졌으니까요!

그럼 정의가 불완전하면 어떨까요? '정의가 불완전함 = 목표가 변함'이라는 뜻이겠습니다. 그러면 법이 지향해야 할 목표가 계속해서 변해 버리니까 결국 정의와의 간극은 계속해서 생길 수밖에 없겠습니다. '법이 A, 정의가 B'라면 법은 'B'를 향해 갑니다. 그런데 법이 'B'로 변하니까, 정의는 다시 'C'로 변해버렸어요. 간극이 생겨버렸죠? 그럼 법은 다시 'B에서 C로' 변화해야 합니다. 그렇게 법이 'C'가 되면 불완전한 정의는 또 'D'로 바뀌어 버립니다. 이 굴레가 무한반복되어 버리면 법은 계속해서 변해버린 정의와의 간극을 또 다시 줄이기 위해 '해체와 재구축'을 반복해야 합니다.

조금 어렵지만 이 내용을 정확하게 납득해야 해요. 어떤 문장을 단번에 이해하기 어렵다면 반대로 생각해서 역추론으로 접근하는 것도 좋은 방법입니다.

❹ '정의 실현을 위한 끊임없는 해체와 재구축의 반복'이 바로 우리가 앞에서 생각했던 그 과정입니다. 법이 목표하는 정의조차도 불완전하기 때문에 계속해서 변합니다. 그러니까 기존의 법(A)을 해체하고 재구축해서 정의(B)와의 간극을 줄이면, 정의는 또 다른 모습(C)으로 변화해 있기 때문에 다시 해체와 재구축을 거친 후 변화된 정의에 맞게 새로 창출되어야 합니다. 이게 계속해서 반복되는 것이에요. 하지만 정의가 변하더라도, 정의가 변하는 대로 계속해서 법을 다시 만든다면 법은 정의와 가까워지긴 할 것입니다. 그러니까 법의 정당성이 도출된다고 볼 수 있겠죠.

❶ 낭만주의 사조의 정의가 제시됩니다. 낭만주의에서는 '개인의 감정과 개성'을 강조했다고 해요. 그럼 당연히 '낭만적 천재상'도 '감정'과 '개성'을 잘 드러내는 인물상이겠죠? 이 정도는 가볍게 읽고 넘어가도록 합시다.

❷ '낭만주의 시대의 천재'는 곧 '낭만적 천재상'을 가리킵니다. 낭만적 천재상의 정의를 직접적으로 주고 있는데, 앞서 우리가 짐작했던 것과 크게 다르지 않습니다. 〈무의식적인 영감을 ~ 작품을 창작〉하는 것, 〈자신만의 감정을 자유롭게 드러내는〉 것 모두 예술가 개인의 '감정'과 '개성'을 가리킨다고 볼 수 있어요. 결국 자기 감정, 자기만의 색채를 뚜렷하게 가진 채 작품을 창작한다는 말이니까요. 낭만주의 사조에서 추구했던 바를 잘 구현하는 예술가들이 바로 '낭만주의 시대의 천재(낭만적 천재상)'에 해당합니다.

❸ '즉'이라는 재진술 표지와 함께 '낭만적 천재상'에 대한 내용을 재진술하고 있습니다. 뿐만 아니라, 이 문장을 읽고 나면 낭만적 천재상과 '종교의 예속', '모방의 의무'가 대비된다는 사실을 파악해야 합니다. 천천히 읽어 볼까요? 낭만주의 시대의 천재(낭만적 천재상)은 '자신의 독창성'을 극대화하는 존재입니다. 즉, 자신만의 감정과 개성을 통해 작품을 만드는 사람들인 것이죠. 그런데, 독창성의 극대화는 '종교의 예속과 모방의 의무'로부터 '벗어남'으로써 가능해집니다. 즉, '낭만적 천재성 = 감정, 개성 = 독창성 ↔ 종교의 예속, 모방의 의무'라는 점을 파악해야 해요.

그렇다면 종교의 예속과 모방의 의무는 왜 낭만적 천재성, 독창성과 대비될까요? 우선, 종교의 예속이 있으면 예술을 창작할 때에도 종교의 영향을 받을 수밖에 없을 것입니다. 작품 창작을 하는데, 종교에 구속(예속)되어 있으니까요! 그럼 예술가 본인만의 개성이나 감정, 즉 '독창성'을 드러내기 어려울 것입니다. '모방의 의무' 역시 마찬가지입니다. 예술을 창작할 때 무언가를 '모방'해야 할 의무가 있다면, 그 예술 작품은 '대상을 따라 만드는(모방) 것'에 치중될 수밖에 없습니다. 그럼 이때에도 당연히 예술가의 독창성은 구현되기 어렵겠습니다. 예술가 자신만의 색채가 들어가면 작품을 대상과 똑같이 만들어낼 수 없기 때문이에요.

❹ 이러한 천재상은 낭만적 천재상을 가리킵니다. 지시어가 나왔을 때에는 반드시 유의하면서 읽어야 해요. 또, 이 문장에서 말하는 '신이나 자연의 권위'는 곧 '종교의 예속, 모방의 의무'와 같은 말이자 독창성, 낭만적 천재상과 대비되는 말이라는 점을 파악할 수 있습니다. '신=종교'라는 점은 파악하기 어렵지 않죠? 그럼 '자연'은 무엇일까요? 맥락상 '모방의 대상=자연'이라고 볼 수 있겠네요. 앞서 제시된 '모방의 의무'는 '자연을 모방해야 할 의무'라고 볼 수 있겠습니다. 물론, 이렇게까지 디테일하게 잡지 못했더라도 '신이나 자연의 권위'가 독창성, 낭만적 천재상과 대비된다는 점까지만 파악해도 충분합니다. 이어서 독자적 지위를 확보한다는 것은 곧 낭만적 천재상, 독창성을 가리키는 말입니다. 이러한 경향은 후대에도 영향을 끼쳤다고 하니, 낭만주의 사조 이후에도 예술가의 독창성이나 개성, 감정을 중시하는 흐름이 이어졌겠다는 점을 추론할 수 있어요!

> ①
>
> 　　선거 기간 동안 여론 조사 결과의 공표를 금지하는 것이 사회적 쟁점이 되고 있다. 조사 결과의 공표가 유권자 투표 의사에 영향을 미쳐 선거의 공정성을 훼손한다는 주장과, 공표 금지가 선거 정보에 대한 언론의 접근을 제한하여 알 권리를 침해한다는 주장이 맞서고 있기 때문이다.
>
> (2009학년도 9월 모의평가)

→ 첫 문단을 읽고 '그래그래~' 하면서 넘어가는 게 아니라, 한 번 멈춰서 생각해 봅시다. 이 지문은 무슨 얘기를 하고 싶은 걸까요?

그렇죠. **'선거기간 동안 여론 조사 결과 공표에 대한 찬반양론'**을 이야기하고 싶은 거 같아요. 두 가지 주장이 있다고 하기도 하고, 첫 문장에서 아예 '이게 쟁점이야!'라고 하며 화제를 직접적으로 제시하고 있으니까요. 실제로 이 지문은 뒤에서 각 주장들의 자세한 내용을 살피며 마무리됩니다.

생각보다 쉽죠? 한 번만 생각해주면 됩니다. 이렇게 화제를 체크하고 나면, 문단 간의 유기적인 독해가 가능하게 됩니다. 화제를 생각하고 있으니 뒤에 나오는 문단들을 그 화제와 연관 지어 생각할 수 있을 것이고, 그것을 토대로 전체적인 지문의 유기성이 보일 테니까요. 정의를 정확하게 체크했을 때 유기적 독해를 할 수 있다는 점과 비슷합니다. 화제는 거시적이라면, 정의 체크는 미시적이라고 할 수 있겠죠.

> ②
>
> 　　① 우리나라의 남해안 일대에서는 중생대 백악기에 살았던 공룡의 발자국 화석이 1만 개 이상 발견되었다. ② 이 화석들은 당시 한반도에 서식했던 공룡들의 특성을 밝히는 실마리를 제공한다. ③ 공룡 발자국 연구에서는 발자국의 형태를 관찰하고, 발자국의 길이와 폭, 보폭 거리 등을 측정한다. ④ 이렇게 수집한 정보를 분석하여 공룡의 종류, 크기, 보행 상태 등을 알아낸다.
>
> (2009학년도 수능)

먼저 Part 1과 Part 2에서 배운 내용을 바탕으로 완벽하게 독해해 봅시다.

①~② 우리나라에서 공룡의 발자국 화석이 발견되었다고 하는데, 이 화석들은 '공룡들의 특성'을 밝히는 실마리를 제공한다고 합니다. 여기서 '공룡들의 특성'이 무엇일지 궁금해지는 게 당연하겠죠?

③~④ 공룡 발자국 연구에서는 발자국의 '형태'를 관찰한 다음, 발자국의 다양한 정보를 측정한다고 합니다. 측정하는 이유는 당연히 어떠한 '특성'을 알아내기 위해서겠죠? 그리고 그 특성은 '종류, 크기, 보행 상태' 등이었네요. 결국 공룡 발자국 화석을 바탕으로 저런 특성들을 알아낼 수 있다는 게 핵심이었습니다.

이제 한 번만 생각해보면, 이 지문의 화제가 **'공룡 발자국을 통해 공룡의 정보를 얻어내는 방법'**임을 쉽게 파악할 수 있을 것입니다. 알아낼 수 있다고 했으면, 어떻게 알아낼 수 있는지 설명해 주어야 논리적일 테니까요. 정말로 그러한지는 스스로 해당 지문을 찾아서 확인해 보도록 합시다. '능동적'으로 공부하세요!

> ① 서양 건축 예술의 역사는 성당 건축을 빼놓고는 이해할 수 없다. ② 여러 시대에 걸쳐 유럽의 성당은 다양한 양식으로 변화
> 해 왔다. ③ 하지만 그 기본은 바실리카 형식에서 크게 벗어나지 않았다. ④ 평면도상 긴 직사각형 모양을 하고 있는 이 형식은
> 고대 로마 제국 시대에서 비롯된 것으로 원래는 시장이나 재판소와 같은 공공 건축물에 쓰였던 것이다. ⑤ 4세기경부터 출현한
> 바실리카식 성당은 이후 평면 형태의 부분적 변화를 겪으면서 중세 시대에 절정을 이루었다.   (2013학년도 9월 모의평가)

①~② '서양 건축 예술'에서 '성당 건축'에 주목하는 글입니다. 유럽의 '성당'은 계속해서 다양한 양식으로 '변화'해 왔다고
해요. 그럼 어떤 '변화'가 있었는지 궁금해야겠죠?

③~④ 어떤 '변화'가 있는지를 설명하기 전에, '바실리카 형식'이 그 기준임을 말하고 있습니다. 이 형식은 일종의 '고정값'
입니다. 여기서 크게 벗어나지 않았다고 하니까요! 이렇게 중요한 '바실리카 형식'이 무엇인가 했더니, '평면도상 긴 직사각형
모양을 하고 있는 형식'이 그 정의로 제시되고 있습니다. '수식된 정의'가 보이죠? 이는 원래 '성당'이 아니라 '공공 건축물'에
쓰였던 것입니다.

⑤ 그런데 이 '바실리카식 성당'은 여러 '변화'를 겪으면서 발전했다고 합니다. 우리가 처음에 생각했던 대로 이 '변화'가 핵
심이 되겠네요. 이 지문의 화제는 당연히 **바실리카식 성당의 변화 과정**이 되겠습니다. 그리 어렵지 않죠?

> ① 소비자의 권익을 위하여 국가가 집행하는 정책으로 경쟁 정책과 소비자 정책을 들 수 있다. ② 경쟁 정책은 본래 독점이나
> 담합 등과 같은 반경쟁적 행위를 국가가 규제함으로써 시장에서 경쟁이 활발하게 이루어지도록 하는 데 중점을 둔다. ③ 이러
> 한 경쟁 정책은 결과적으로 소비자에게 이익이 되므로, 소비자 권익을 보호하는 데 유효한 정책으로 인정된다. ④ 경쟁 정책이
> 소비자 권익에 기여하는 모습은 생산적 효율과 배분적 효율의 두 측면에서 살펴볼 수 있다.   (2016학년도 9월 모의평가 A형)

① '경쟁 정책'과 '소비자 정책'을 소개하며 시작하고 있습니다. 이들을 비교할 것이 불 보듯 뻔한데, 이들의 공통 범주는 '소
비자의 권익을 위해 국가가 집행하는 정책'이라고 하네요. 이처럼 비교되는 대상이 나올 땐 그 비교의 시작 지점, 그러니까
두 대상이 묶이는 하나의 범주를 정확히 잡아주시는 것이 중요합니다. 이들의 정의는 이 범주로부터 파생될 것이니까요.

②~④ 그런 맥락에서 '경쟁 정책'의 정의를 쉽게 납득할 수 있습니다. 국가가 '반경쟁적 행위'를 규제하는 것은 결과적으로
소비자에게 이익이 된다고 합니다. 너무나 당연하죠? 기업들이 경쟁하면 더 좋은 제품을 싸게 살 수 있을 테니까요. 반/경쟁
적 행위를 막아서 경쟁을 유도하는 것이 경쟁/정책이고, 이것이 곧 '소비자'의 권익으로 연결됩니다. 따라서 '소비자의 권익
을 위하여'라는 공통 범주에 들어맞고, 우리는 쉽게 납득할 수 있는 것이죠. 이렇게 '경쟁 정책'이 소비자에게 이익이 되는 모
습은 '생산적 효율'과 '배분적 효율'의 두 측면에서 살펴볼 수 있다고 합니다.

이 지문의 화제는 기본적으로 **경쟁 정책이 소비자 권익에 기여하는 모습**이 되겠습니다. 그것도 '생산적 효율'과 '배분적 효
율'이라는 것으로 나눠서요! 그러면서도 우리는 첫 문장의 '소비자 정책'을 잊지 말아야 합니다. 나아가 '경쟁 정책'에 대한 설
명이 끝나면 '소비자 정책'에 대한 이야기가 나올 것이라는 생각을 하면서 말이죠.

① 견과류와 같이 지방질을 많이 함유하고 있는 식품을 장기간 저장하다 보면 불쾌한 냄새가 나기도 한다. ② 이는 대개 산패로 인해 발생한다. ③ 산패는 저장 중인 식품에서 비정상적인 맛과 냄새가 나는 현상을 말한다. ④ 지방질이 공기에 장시간 노출되어 열, 빛 등의 영향을 받으면 산화 작용이 일어나 산패에 이르게 된다. ⑤ 이러한 산패는 지방질을 구성하는 성분의 구조와 관련이 있다.

(2016학년도 9월 모의평가 A형)

①~③ 일종의 '사례'로 시작하는 지문입니다. '지방질'을 많이 함유하고 있는 식품을 장기간 저장하면 나는 냄새! 뭔가 글을 읽는데 썩은 내가 나는 것 같아요. 아무튼 이는 '산패'라는 것으로 인해 발생하는데, 그 정의는 〈저장 중인 ~ 나는 현상〉이라고 해요. 사례와 정확히 대응됩니다.

④~⑤ 이러한 '산패'는 '지방질'의 '산화 작용'으로 인해 일어나는데, 이는 '지방질'을 구성하는 성분의 구조와 관련이 있다고 합니다. 계속해서 '지방질'에 주목하고 있네요. 그럼 이 지문은 **'지방질의 구조'와 관련되어 '산패' 작용이 일어나는 과정**을 소개하는 걸 화제로 하는 지문이겠네요. 어렵지 않죠?

① 음악은 소리로 이루어진 예술이다. ② 예술이 아름다움을 추구한다면 음악 또한 아름다움을 추구해야 할 것이다. ③ 그렇다면 아름다운 음악 작품은 듣기 좋은 소리만으로 만들어질 수 있는 것일까? ④ 음악적 아름다움은 어떻게 구현되는 것일까?

(2017학년도 6월 모의평가)

①~② '음악'은 소리로 이루어진 '예술'이고 예술은 아름다움을 추구한다고 해요. 그렇다면 당연히 음악도 예술이니까 아름다움을 추구해야겠죠? 두 문장을 엮어서 당연하게 납득하곤 넘어가야 합니다.

③~④ 두 문장이 모두 질문입니다. 그런데 사실상 같은 물음이기는 하네요. '음악적 아름다움'이 구현되기 위해서는 '듣기 좋은 소리' 외에 다른 조건이 필요한지! 그렇다면 **어떤 조건이 필요한지 이해하는 것이 이 지문의 화제**이겠습니다. 질문을 던진다고 해서 이를 정말 모른다는 뜻은 아니겠죠? 이처럼 첫 문단에 물음이 제시되는 경우, 그 물음에 대한 답이 바로 그 지문의 화제가 됩니다. 우리는 이제부터 '음악적 아름다움이 어떻게 구현되는지'를 궁금해하면서 읽어야 해요!

① 전 세계 해양의 평균 수심은 4,000미터 가까이 되며, 심해저에는 태양 에너지가 도달할 수 없어서 광합성을 하는 일차 생산자가 생존할 수 없다. ② 심해저에 서식하는 동물은 결국 바다의 표면에서 해저로 떨어져 내리는 유기물에 의존할 수밖에 없다. ③ 그것들은 해양 생물들이 분해되고 남은 잔존물로서 '바다의 눈(marine snow)'이라 불린다. ④ 해양 생물이 죽게 되면 다른 생물의 먹이가 되거나 미생물에 의해 분해되어, 심해저에 도달할 때쯤이면 거의 남는 것이 없다. (2008학년도 6월 모의평가)

①~② 해양의 평균 수심 이야기를 하면서, 깊은 바다('심해'저)에는 '일차 생산자'가 생존할 수 없다고 합니다. 이게 무슨 말인가 했는데, 다음 문장에서 '심해저에 서식하는 동물'이 바다의 표면에서 해저로 떨어져 내리는 '유기물'에 의존할 수밖에 없다고 하네요. 자 그렇다면, '심해저'에 서식하지 않는 동물은 무엇에 의존할까요? 대답해보세요. 그렇죠! '일차 생산자!' 이렇게 문장들을 유기적으로 엮으며 읽는 태도는 잘 갖추었을 것이라 믿습니다.

③ 아무튼 심해저에 사는 동물들은 '일차 생산자'의 도움을 받을 수 없기에 바다의 표면에서 떨어져 내리는 유기물, '바다의 눈'에 의존할 수밖에 없다고 합니다. 그런데 '바다의 눈'은 '해양 생물들이 분해되고 남은 잔존물'로 정의되어 있어요. '수식된 정의', 잘 체크하고 있죠? 나아가 우리는 여기서 '잔존물'을 '유기물'로 바꿔 읽을 수 있어야 합니다. 앞 문장과 엮어서 말이죠.

④ 그런데 해양 생물이 죽게 되면 먹이가 되거나 분해되어 '심해저'에 도달할 때쯤이면 남는 것이 없다고 합니다. 여기서 여러분은 무언가 이상함을 느껴야 합니다. 반드시! 뭐가 이상한가요? 그렇죠! '바다의 눈'은 '해양 생물'들이 분해되고 남은 유기물인데, 심해저에는 이런 '바다의 눈'도 남는 게 없다고 해요. 그럼 도대체 '심해저에 서식하는 동물'은 뭘 먹고 사는 걸까요? 스스로 이런 물음을 던질 수 있어야 합니다. 지문에 없는 말이지만요! 결국 우리는 **'심해저에 서식하는 동물이 생존하는 방법'**이 이 지문의 화제임을 알 수 있습니다. '일차 생산자'도, '바다의 눈'도 없으면 도대체 뭘 먹고 살아야 할까요?

➜ 사실 이 지문의 뒷부분에는 아래 두 문장이 존재했었습니다.

> 그런 까닭에 심해저에 많은 수의 생물이 살기란 매우 어렵다. 하지만 생물은 항상 새로운 생존 방법을 찾아오지 않았던가?

우리가 생각한 내용을 쭉 서술해주고 있네요. 심지어 마지막 문장은 앞에서 강조했던 '물음'을 던지고 있습니다. 이 물음에 대한 답이 곧 화제가 되므로, '심해저에 서식하는 동물이 생존하는 방법'이 화제임을 확신할 수 있겠네요. 최근 평가원에서는 이렇게 화제를 제시하는 문장들을 의도적으로 삭제하는 식으로 출제하기도 합니다. 우리가 알아서 이 문장들과 관련된 내용을 떠올려야 하는 것이죠. 단순히 화제를 체크한다는 걸 떠나서, 이렇게 문장 간의 관계를 스스로 생각하며 읽을 수 있어야 해요. 해결책은 하나입니다. 끊임없는 '생각'!

> **⑧**
> ① 일반적으로 환율의 상승은 경상 수지를 개선하는 것으로 알려져 있다. ② 이를테면 국내 기업은 수출에서 벌어들인 외화를 국내로 들여와 원화로 바꾸기 때문에, 환율이 상승한 경우에는 외국에서 우리 상품의 외화 표시 가격을 다소 낮추어도 수출량이 늘어나면 수출액이 증가한다. ③ 동시에 수입 상품의 원화 표시 가격은 상승하여 수입품을 덜 소비하므로 수입액은 감소한다. ④ 그런데 이와 같이 환율 상승이 항상 경상 수지를 개선할 것 같지만 반드시 그런 것은 아니다.   (2011학년도 9월 모의평가)

① '환율'이 상승하면 '경상 수지'가 개선된다고 합니다. 실제 이 지문에선 이 개념들을 각주로 달아 설명해줬지만, 우리는 배경지식으로 알고 있도록 합시다. '환율'은 '외화 1단위와 교환되는 원화의 양'을 의미합니다. '외화'는 달러, 유로 등 외국의 화폐를 의미하고, '원화'는 우리나라의 '원'을 의미해요. 따라서 '원/달러 환율이 1,000원이다.'라고 하면 1달러가 1,000원과 교환되는 것이죠. 한편 '경상 수지'는 우리나라가 무역을 한 결과 벌어들인 수출액에서 수입액을 뺀 결과를 말합니다. 이 값이 양수면 흑자, 음수면 적자라고 해요. 즉 수출액이 수입액보다 많으면 흑자, 그 반대면 적자인 것이죠. 이 지문에 따르면, '환율'이 상승할 경우 '경상 수지'는 개선된다고 합니다. 다시 말해 '수출액'이 증가하고 '수입액'이 감소한다는 것이에요! 그리 어려운 내용이 아니니 미리 알고 있도록 합시다.

② 그런데 왜 이런 일이 일어날까요? 여기서 '이를테면'이라는 표지를 통해 관련된 내용을 재진술을 해 주고 있습니다. 차근차근 이해해 봅시다. 국내 기업은 수출에서 벌어들인 외화(달러라고 할까요?)를 국내에 들여와 원화로 바꿉니다. 그렇겠죠. 미국에서 물건을 팔아도 거기서 번 달러를 우리나라에서 쓰기 위해선 원화로 바꾸어야 하니까요.

이때 환율이 상승한 경우를 예시로 들고 있어요. 이를 이해하기 위해서, 원/달러 환율이 1,000원일 때 미국에서 1달러에 팔던 젤리가 있다고 해봅시다. 원래 젤리 10개를 팔아 우리나라로 가져올 경우 10,000원으로 바꿀 수 있었습니다. 이 경우 수출액은 10,000원이 되었겠죠. 그런데 원/달러 환율이 2,000원으로 올랐다고 가정해볼까요? 그럼 1달러에 팔던 젤리를 똑같이 10개 팔 경우, 우리나라로 20,000원을 가져올 수 있습니다. 외화 표시 가격과 판매량이 그대로인데도 수출액이 증가한 거예요! 이때 젤리 가격을 0.8달러 정도로 낮추어도 20개, 30개를 팔 수 있다면 수출액은 더더욱 늘어나겠죠?

❸ 동시에 수입 상품의 원화 표시 가격은 상승한다고 합니다. 1달러에 수입하여 우리나라에서 1,000원에 팔던 미국 젤리의 경우, 환율 상승으로 인해 2,000원에 판매될 것입니다. 그럼 우리는 옆에 있는 더 싼 국산 젤리를 사겠죠? 이러면 수입액은 자연스레 줄어들겠군요. 이와 같은 메커니즘으로 환율이 상승하는 경우 수출액은 늘고, 수입액은 줄어 '경상 수지'는 개선됩니다.

이렇게 이해해 보는 것도 중요하지만, 이 과정을 거친 뒤에는 이 내용을 배경지식으로 만드는 것이 더 중요합니다. 이제부터 우리는, '환율이 상승하면 수출액이 늘고 수입액이 준다.'라는 지식을 얻었습니다. 이런 식으로 여러분의 지식 체계를 확장해 나갑시다. 기본적인 지식이 많으면, 지문을 읽을 때 압도적으로 유리할 수밖에 없으니까요.

❹ 아무튼, 환율 상승이 경상 수지를 개선한다는 내용을 읽고 있는데 마지막 문장에서 갑자기 다른 소리를 합니다. 환율 상승이 경상 수지를 개선하지 않는 상황도 있는 것 같아요. 그럼 이 지문의 화제는 **'환율 상승이 경상 수지를 개선하지 않는 예외적인 경우'**가 되겠습니다. 이처럼 화제는 아주 구체적인 맥락까지 포함해서 생각하셔야 합니다. 이 지문의 화제는 '환율'이나 '경상 수지'와 같은 하나의 단어가 아니에요!

나아가 이 지문의 화제처럼 '예외'적인 경우는 항상 중요하게 다뤄진다는 것도 체크해줍시다. '예외'는 아주 '특이'한 상황에 해당합니다. 그래서 지문의 흐름 속에서도 중요하고, 글 자체에서 중요한 부분이기 때문에 문제로도 자주 출제됩니다.

그럼 이제 본격적으로 지문 단위 공부를 시작해 봅시다. Part 1~2에서 배웠던 내용은 물론이고, '화제 잡기'라는 새로운 포인트까지 이용하여 지문 내용을 완벽하게 이해해 봅시다. 우리의 목표는 배운 것을 '찾는' 게 아니라, 배운 내용을 바탕으로 '생각'하여 지문의 내용을 '이해'하는 거예요. 이 목적 잊지 않은 채로 공부 이어가봅시다!

2007학년도 6월 모의평가

> ① 도덕적 선택의 순간에 직면했을 때 상대방에게 개인적 선호(選好)를 드러내는 행동이 과연 도덕적으로 정당할까? ② 도덕 철학자들은 이 물음에 대해 대부분 부정적 반응을 보이며 도덕적 정당화의 조건으로 공평성(impartiality)을 제시한다. ③ 공평주의자들의 관점에서 볼 때 특권을 가진 사람은 아무도 없다. ④ 사람들은 인종, 성별, 연령에 관계없이 모두 신체와 생명, 복지와 행복에 있어서 동일한 가치를 지닌다. ⑤ 따라서 어떤 개인에 대해 행위자의 선호를 표현하는 도덕적 선택은 결코 정당화될 수 없다. ⑥ 공평주의자들은 사람들 간의 차별을 인정하지 않기 때문에 개인이 처해 있는 상황이 어떠한가에 따라 행동의 방향을 결정해야 한다고 말한다.

① 물음으로 시작하고 있습니다. 도덕적 선택의 순간에서, **'개인적 선호'가 행동에 영향을 미치는 것이 정당한지**가 물음의 핵심이군요. 그렇다면 당연히 이 핵심에 대한 답을 생각하며 읽어야겠죠? 특히 첫 문단에서 제시된 물음이라는 점에서, 이 물음에 대한 답은 이 지문의 화제가 되겠습니다. 도덕적 선택의 순간에 '개인적 선호'를 드러내는 것은 정당할까요?

② 이 문장에서 그 답을 제시하고 있습니다. 대부분의 도덕 철학자들은 이에 대해 부정적 반응을 보인다고 해요. 우리의 상식적으로도 당연한 내용입니다. '개인적 선호'가 개입된 선택이 정당화되기는 어려우니까요.

그런데 여기서 끝이 아니에요. 도덕 철학자들은 도덕적 선택의 상황에서 '공평성'이라는 것을 만족해야 정당화할 수 있다고 주장합니다. '공평'성이기 때문에, 아마 개인적 선호를 드러내지 말고 '공평'하게 따지라는 뜻이겠죠? 이처럼 단어의 의미를 살려 읽되, '개인적 선호'라는 화제와의 연관성을 끊임없이 생각해주셔야 합니다. 도덕적 정당화의 조건인 '공평성'은 도대체 무엇일까요?

③ '공평주의자'라는 사람들의 관점을 소개하고 있습니다. 아마 '공평성'을 중시하는 사람들의 입장이겠죠? 이들의 입장에서 특권을 가진 사람은 아무도 없다고 해요. '공평'하게 대하는 것이니 당연한 말이겠습니다. 단어의 의미를 살리면서 정의를 납득하고 넘어 갑시다.

④ 같은 말을 반복하고 있다는 느낌을 받으셔야 합니다. '인종, 성별, 연령'에 관계없이 '동일'한 가치를 지닌다는 것도 '공평'하게 대한다는 것과 같은 말이죠? 표지 없는 재진술이네요! 확실하게 인식할 수 있어야 합니다.

⑤ 또 재진술이 제시되고 있습니다. '따라서'라는 표지도 있으니 꼭 재진술로 읽어 주셔야 합니다. 행위자의 '선호'를 표현하는 도덕적 선택은 결코 정당화될 수 없다고 해요. 첫 문장에서부터 이야기하던 '개인적 선호'를 다시 한번 끌고 오고 있습니다. **모든 사람들을 '공평'하게 대해야 하니, '선호'를 드러내어 '불공평'하게 대하는 것은 정당화될 수 없겠어요.**

⑥ '공평주의자'들은 사람들 간의 '차별'을 인정하지 않는다고 합니다. 당연한 말입니다. '공평주의자들은 사람들 간의 차별을 인정하지 않기 때문에'까지는 재진술처럼 읽어 주셔야 해요. 아무튼 이러한 특징 때문에 이들은 개인이 처해 있는 '상황'에 주목합니다. **'인종, 성별, 연령'과 같은 개인적 요소가 아닌, 그 사람이 처한 '상황'이 핵심이라는 것**이죠! 첫 문단은 '공평주의자'들이 '상황'에 따라 도덕적 선택을 다르게 해야 정당화할 수 있다는 이야기를 하고 있었습니다.

첫 문단을 읽었으니, 화제가 무엇인지 생각해 봐야겠죠? 이 지문은 '공평주의자'가 제시하는 '도덕적 정당화'에 대한 내용을 다룰 것입니다. 이들에 따르면 어떤 도덕적 선택이 정당화될 수 있을까요? 일단 '개인적 선호'를 드러내지 말고, 개인이 처한 '상황'을 고려해야 한다는 것 정도는 알았는데 말이죠.

> ① 그런데 우리 모두는 특정 개인과 특별한 친분 관계를 유지하면서 살아간다. ② 상대가 가족인 경우는 개인적 인간관계의 친밀성과 중요성이 매우 강하다. ③ 가족 관계라 하여 상대에게 특별한 개인적 선호를 표현하는 행동이 과연 도덕적으로 정당화될 수 있을까? ④ 만약 허용된다면 어느 선까지 가능할까? ⑤ 다음 두 경우를 생각해 보자.

① 이렇게 '공평주의자'들은 사람에 대한 '선호'를 드러내지 말라고 하지만, (이렇게 앞 문단의 내용과 연결할 수 있어야 해요!) 우리는 다른 사람과 '친분 관계'를 유지하면서 살아간다고 합니다. '친분 관계'라는 말을 보자마자 '개인적 선호'가 떠올라야 합니다. 우리는 친한 사람을 더 좋아하니까 '친분 관계'에서는 '개인적 선호'가 드러날 수 있는 것이에요.

② 앞문장에 대한 예시입니다. '가족'인 경우는 친분 관계의 정도가 매우 강하기도 하네요. 따라서 우리는 다른 사람에게 '선호'라는 걸 표현할 수밖에 없을 것입니다. 그렇다면 우리는 항상 잘못된 도덕적 선택을 하는 것일까요?

③ 우리가 궁금해하던 내용을 질문의 형태로 제시하고 있습니다.

나아가 첫 문단에 제시되었던 물음과 똑같은 걸 물어보고 있네요. 그래서, 이렇게 '선호'를 표현하는 행동은 진짜 잘못되기만 한 것일까요? 아마 아니기 때문에 계속 이렇게 물어보는 것이겠죠?

④ 아니나 다를까 다음 물음에선 **'만약 허용된다면' 어느 선까지 가능한지** 묻고 있습니다. 허용되는 순간이 있을 것이고, 그게 어느 정도인지 묻고 있는 것입니다. 여기서 '허용된다면'에 주목해야 해요. 그럼 자연스럽게 개인적 선호가 허용되는 경우에 '어느 선까지' 허용할 것인지에 대해 설명하리라는 점을 미리 파악할 수 있습니다.

또 여러분이 앞 문단의 내용을 잊지 않고 있었다면, 앞 문단에 나왔던 공평주의자들의 주장, 즉 **개인이 처한 '상황'에 따라** 행동이 결정되어야 정당화된다는 내용을 떠올릴 수 있겠죠. 허용하는 선은 '상황'을 중심으로 결정되겠네요. 단어를 바탕으로 하나의 문장을 '이해'하고, 그 '이해'한 내용들을 유기적으로 엮어 '독해'하는 것. 수능 국어 영역 독서의 전부입니다.

⑤ 두 경우를 생각해 보자고 합니다. 예시가 등장하겠군요. 이 상황들이 모두 '선호'를 드러내는 것과 이것이 허용 가능한지의 여부와 관련될 것입니다. 항상 예시가 나올 땐 무엇에 대한 예시인지 생각하면서 읽어야 합니다.

3문단

> ① 철수는 근무 중 본부로부터 긴급한 연락을 받았다. 동해안 어떤 항구에서 혐의자 한 명이 일본으로 밀항을 기도한다는 첩보가 있으니 그를 체포하라는 것이었다. ② 철수가 잠복 끝에 혐의자를 체포했더니, 그는 하나밖에 없는 친형이었다. ③ 철수는 고민 끝에 형을 놓아주고 본부에는 혐의자를 놓쳤다고 보고했다.

①~③ 사례 자체는 어렵지 않습니다. 하지만 우리는 이 사례를 바탕으로 개인의 '선호'라는 원리를 생각할 수 있어야 해요. 철수가 체포한 혐의자는 철수의 형, 즉 '가족'이에요. 철수가 형이라는 '가족'을 놓아주었다는 것은 가족에 대한 '개인적 선호'를 드러낸 행동이라 할 수 있겠죠? 그럼 철수의 행동은 도덕적으로 정당화되지 않겠네요. 이렇게 읽을 수 있어야 해요! 뒤에서 우리가 생각한 내용을 그대로 읊어주고 있을 것입니다.

4문단

> ① 민수는 두 사람에게 각각 오천만 원의 빚을 지고 있었다. ② 한 명은 삼촌이고 다른 한 명은 사업상 알게 된 영수였다. ③ 공교롭게도 이 두 사람이 동시에 어려운 상황에 처해서 오천만 원이 급히 필요하게 되었고, 그보다 적은 돈은 그들에게 도움이 될 수 없는 상황이었다. ④ 이를 알게 된 민수는 노력한 끝에 오천만 원을 마련하였고, 둘 중 한 명에게 빚을 갚을 수 있게 되었다. ⑤ 민수는 삼촌의 빚을 갚았다.

①~⑤ 이번에도 그리 어렵지 않은 사례네요. 민수가 똑같이 어려움에 처한 삼촌과 영수 중 삼촌의 빚을 먼저 갚아 준 상황입니다. 이번에도 '개인적 선호'를 드러냈으니 정당화되기 어렵겠네요.

하지만 한 단계 더 갈 수 있으면 좋겠습니다. 이렇게 굳이 똑같은 상황을 두 가지나 줄 필요가 있을까요? 그렇다면 민수의 사례는 철수의 사례와 무엇이 다를까요? 다시 돌아와서, 우리가 읽고 있는 사례는 어떤 원리를 설명하기 위한 것인가요?

하나는 위에서 이야기한 대로 '개인적 선호'와 관련된 것입니다. 그런데 하나 더 있습니다. 우리는 2문단에 제시된 '만약 허용된다면 어느 선까지 가능할까?'라는 물음을 기억하고 있습니다. 그리고 그에 대한 답이 '개인의 상황에 따라'라는 것까지도요.

이에 의하면 철수와 민수의 사례에는 **'상대방의 상황'이라는 차이점이 있다는 것을 알 수 있습니다.** 철수의 사례는 그저 혐의자를 잡아보니 형이었던 것이고, 민수의 사례는 삼촌과 영수가 비슷하게 어려운 '상황'에 처해 있었으니까요.

물론 '개인의 상황'을 고려한다는 게 어떤 것인지 자세히 설명하지 않았기 때문에, 민수의 사례가 그래서 뭐 어떻다는 것인지 명확히 이해하기는 어렵습니다. 조금 더 읽어봅시다.

5문단

> ① 철수의 행동은 도덕적으로 정당화될 수 있는가? ② 혐의자가 자신의 형임을 알고 놓아주었으므로 그의 행동은 형에 대한 개인적 선호를 표현한 것이다. ③ 따라서 그는 모든 사람의 복지와 행복을 동일하게 간주해야 하는 공평성의 기준을 지키지 않았다. ④ 그의 행동은 도덕적으로 정당화되기 어려워 보인다.

① 첫 번째로 등장한 철수 예시에 대한 설명입니다. 화제 기억나시죠? 도덕적 정당화! 그래서 여기서도 도덕적으로 정당화될 수 있는지에 대한 물음이 등장합니다. 그리고 이 답을 이제 제시할 것입니다.

② 도덕적 정당화가 가능한지 묻고 있으니 그에 대한 답을 생각해야 할 텐데, 철수는 자신의 '개인적 선호'를 표현한 것이라고 합니다. 그렇다면 이 행동은 정당화되기 어렵겠죠?

❸ 이 포인트를 재진술하는 문장입니다. '따라서'라는 표지도 있으니 꼭 인지하셔야 해요. 개인적 선호를 표현함에 따라 '공평성'을 지키지 않았습니다. 결국 하고자 하는 말은 하나입니다. 정당화는 불가능하다! 이 점을 생각하면서 읽으셔야 해요.

❹ 아주 친절한 재진술 문장입니다. 도덕적으로 정당화되기 어렵다는 사실을 직접적으로 알려주고 있습니다. 왜? '개인적 선호'를 표현했기 때문이에요!

6문단

> ① 그렇다면 민수의 행동은 정당화될 수 있는가? ② 그는 분명히 삼촌에 대한 개인적 선호를 표현했다. ③ 민수가 공평주의자라면 삼촌과 영수의 행복이 동일하기 때문에 오직 상황을 기준으로 판단해야 한다. ④ 만약 영수가 더 어려운 상황에 빠져 있고 삼촌이 어려운 상황이 아니었다면, 선택의 여지가 없이 영수의 빚을 갚아야 한다. ⑤ 그러나 삼촌과 영수가 처한 상황이 정확하게 동일하기 때문에 민수에게는 개인적 선호가 허용된다.

❶ 이번엔 궁금했던 민수의 사례에 대한 분석입니다. 이번에도 물음으로 시작하고 있네요. 이번에는 친절하게 물음이 제시되어 있지만, 앞으로 이렇게 지문의 흐름을 잡아 주거나 어떤 내용이 전개될지 알려 주는 형태의 문장들이 없더라도 여러분은 끊임없이 '생각'하며 지문의 흐름을 스스로 만들어주셔야 합니다.

❷ 아무튼, 민수는 분명히 삼촌에 대한 '개인적 선호'를 드러냈습니다. 여기까진 어렵지 않아요. 가볍게 읽고 넘어갈 수 있어야 합니다.

❸ 이제 민수는 삼촌과 영수의 **'상황'을 기준으로** 판단했어야 한다는 이야기로 넘어갑니다. 우리가 생각한 대로, '공평주의자'는 개인들의 '상황'을 중시했으니 이에 대한 고려가 중요하다는 이야기를 하고 있습니다. 계속해서 앞에서 본 내용들을 떠올리면서 지문을 읽어 주셔야 합니다.

❹ 공평주의자답게, 만약 영수가 더 어려운 '상황'이었다면 반드시 영수의 빚을 갚아야 했다고 합니다. 삼촌이라는 '가족'에게 더 친밀감을 느낀다는 '선호'를 드러내지 않고 '상황'에 따라 행동해야 한다는 것이죠!

조금 더 깊게 들어가면, 여러 사람 중 한 사람에 대한 행위를 해야 할 때는 '상황'을 고려해야 하는 것이겠죠. 철수의 사례에선 형 한 사람에 대한 행위 선택이었지만, 민수는 두 사람 중 한 사람에게만 행위를 해야 하는 상황이었으니까요.

❺ 네, 삼촌과 영수의 '상황'은 정확하게 동일했습니다. 사례가 소개될 때 나와 있던 내용이에요. 그렇기에 민수에게는 '개인적 선호'가 허용된다고 합니다. 반대로 '추론'할 수 있어야 해요. 그렇다면, 둘의 상황이 달랐다면 '개인적 선호'가 허용되지 않아야 한다는 것까지 생각할 수 있겠네요. 정리하면, '공평주의자'가 고려라고 하는 '상황'은 '개인적 선호'보다 우선시되는 것이지만 **'상황'이 완전히 동일한 경우 '개인적 선호'를 드러내는 것이 허용되기도 합니다.**

여기서 문제를 조금 더 어렵게 낸다면,

> 만약 허용된다면 <u>어느 선</u>까지 가능할까?

2문단에 나온 '어느 선'에 밑줄을 치고 지문에서 같은 말을 찾으라고 하는 식의 출제도 가능하겠죠. 우리는 '상대방의 상황이 동일할 때'가 바로 그 '선'이라는 식으로 대답할 수 있어야 합니다! 이처럼 평가원은 자신의 물음을 반드시 회수하려는 모습을 보여요. 질문이 나오면 그에 대한 답을 생각해야 한다는 것. 왜 중요한지 알 수 있겠죠?

7문단

> ① 강경한 공평주의자들은 이런 순간에도 주사위를 던져서 누구의 빚을 갚을지 결정해야 한다고 주장한다. ② 이는 개인적 선호를 완전히 배제하기 위해서이다. ③ 반면 온건한 공평주의자들은 이러한 주장이 개인에 대한 우리의 자연스러운 선호를 반영하지 못하기 때문에 그것을 고려할 여지를 만들어 놓을 필요가 있다고 생각한다. ④ 이러한 여지가 개인적 선호의 허용 범위라는 것이다. ⑤ 그들은 상황적 조건이 동일한 경우에 한정하여 개인적 선호를 허용할 수 있다고 주장한다.

❶ 이번엔 '강경한 공평주의자'의 입장이 드러납니다. 이들은 '상황이 완전히 동일한 순간'에도 주사위를 던져야 한다고 합니다. **'개인적 선호'를 '완전히' 배제**하는 것이죠. 이들에겐 '개인적 선호'가 허용되는 '선' 같은 건 없습니다. 오로지 '상황'에 따른 판단만을 인정하고 있습니다.

❷ 방금 설명한 포인트를 반복하는 재진술 문장입니다. '이는'과 같은 재진술의 표지가 보였다면, 잘 읽은 것입니다.

❸ 이번엔 '온건한 공평주의자'의 입장이 제시됩니다. '온건'하다는 것부터 '강경'과는 다른 입장을 보이겠죠? '이러한 주장'은 '강경한 공평주의자'의 주장을 가리킵니다. 즉, '개인적 선호'를 완전히 배제하는 것은 우리의 자연스러운 선호를 반영하지 못하기 때문에 고려

할 필요가 있다고 합니다. 가족 등에게 '선호'를 표현하는 건 너무나 당연하다는 것이죠! 즉, **여기서는 '상황이 같을 때' 개인적 선호를 표현하는 것이 가능하다고 합니다.** 네, '허용 범위'가 '상황이 완전히 같을 때'입니다. 허용이 완전히 안 되느냐, 어느 정도 가능하냐에 따라 차이점을 보이고 있습니다.

④ 앞에서 설명한 부분을 재진술하고 있습니다. 우리는 이 범위가 '상대방의 상황이 완전히 동일할 때'라고 알고 있죠? 자연스럽게 이해할 수 있어야 합니다.

⑤ 마지막 문장에선 혹시나 이 포인트를 못 잡았을까봐 똑같은 이야기를 한 번 더 해 주고 있습니다. 아주 친절한 재진술 문장입니다. 여러분은 너무나 당연한 소리로 읽혀야 해요. 사례-원리 연결이라는 기본적인 태도를 연습하기에 좋은 지문이었습니다.

Q. 윗글을 읽은 학생이 〈보기〉의 대화를 접하고 보일 반응으로 가장 적절한 것은? ②

→ 항상 발문도 정확히 체크하셔야 합니다. 이 발문은 별 내용이 없지만, 발문에서 엄청난 힌트/함정을 제시하는 경우도 있거든요. 발문에서 시키는 대로 〈보기〉의 대화를 분석해봅시다.

［보기］

A : 효심이 지극한 왕이 있습니다. 왕의 아버지가 사람을 죽였다면, 법의 집행관은 어떻게 해야 합니까?

B : 당연히 왕의 아버지를 잡아들여야겠지.

A : 그러면 왕이 그것을 막지 않겠습니까?

B : 왕이 사사로이 막을 수는 없지. 왕의 직분으로 판단해야 하니까.

A : 이런 상황에서 왕은 어떻게 해야 합니까?

B : 내가 그 왕이라면 왕의 직분을 버리고 아버지와 도망가겠네.

– 〈보기〉 문제를 푸실 때는, 〈보기〉의 내용을 먼저 완벽하게 정리한 다음 선지로 들어가셔야 합니다. 지문의 내용과 대응시키거나, 새롭게 제시된 정보를 확실하게 체크하는 등이 〈보기〉를 '정리'하는 행위에 해당해요.

– 이 〈보기〉의 경우, 왕이 아버지라는 가족에게 '개인적 선호'를 드러내는 것이 허용되는지에 대한 이야기를 하고 있습니다. B는 왕의 직분을 버리고 아버지와 도망간다는, 다소 황당한 해결책을 제시하고 있어요. 왕이 아버지의 체포를 막으면 '개인적 선호'가 개입된 것이므로 도덕적 정당화가 불가능할 것이고, 아버지의 체포를 막지 않는 것이 '공평주의자'의 입장에서 정당한 행위일 것이라는 점을 생각하며 선지 판단해봅시다. 두 사람 중 한 사람을 택하는 상황도 아니므로 '상황'이 개입할 여지는 없어 보이네요.

① 왕이 아버지의 체포를 허락한다면 그것은 개인적 선호가 작용한 거야.

→ 허락하지 않아야 '개인적 선호'가 작용한 것이죠! 우리가 미리 정리한 정보입니다. 이처럼 〈보기〉를 정리하면 선지에서 우리가 생각한 내용을 그대로 읊어주는 것 같은 신기한 경험을 할 수 있습니다. 물론 모든 선지가 그런 것은 아니겠지만, 이러한 선지가 한두 개 보이는 것만으로도 큰 힘이 되겠죠?

② 집행관이 왕의 아버지를 잡아들인다면 강경한 공평주의자들의 지지를 받을 거야.

→ '강경한 공평주의주자들'의 입장에서는, 집행관이 '왕'이라는 신분에 상관없이 '공평'한 선택을 내려야 한다고 볼 것입니다. 즉, '개인적 선호'를 완전히 배제해야 한다고 볼 것입니다. 이 집행관이 평소 왕을 좋아했든 아니든, 집행관은 아버지를 잡아들여야 '강경한 공평주의자'의 지지를 받을 것입니다. 어렵지 않죠?

③ 왕이 사사로이 판단하더라도 지위를 버린다면 공평주의자들은 비난하지 않을 거야.

→ '사사로이' 판단하는 순간 왕의 지위를 버리든 말든 공평주의자들의 비난을 피할 수 없을 것입니다. '사사로이' 판단한다는 건 공평하지 못하게 판단한다는 뜻이니까, '개인적 선호'를 개입시켰다는 말과 같겠습니다. 이처럼 모든 선지의 내용은 결국 지문 내용의 재진술에 불과하다는 것도 배워 가도록 합시다.

④ 강경한 공평주의자들은 왕의 신분도 지키고 아버지도 구하는 길을 찾으려고 할 거야.

→ 신분 지키기, 아버지 구하기는 '강경한 공평주의자'들의 관심이 아닙니다. 이들은 그저 '개인적 선호'를 얼마나 잘 배제하고 도덕적으로 판단하느냐에만 관심이 있을 거예요.

⑤ 온건한 공평주의자들이 볼 때, 왕이 아버지의 체포를 금지하는 것은 '민수'의 행동과 차이가 없어.

→ 왕이 아버지의 체포를 금지하는 것은 '개인적 선호'를 드러냈기 때문에 정당화되지 않습니다. 하지만 민수의 행동은 '개인적 선호'를 드러냈어도 그것이 허용되는 선, 즉 '모두의 상황이 동일할 때' 표출한 것이므로 정당화가 된다고 했죠? 민수의 사례를 설명하고자 하는 원리(개인적 선호의 허용 범위)와 연결지어 완벽하게 이해했는지 물어보는 선지였습니다.

1문단

> ① 지식의 본성을 다루는 학문인 인식론은 흔히 지식의 유형을 나누는 데에서 이야기를 시작한다. ② 지식의 유형은 '안다'는 말의 다양한 용례들이 보여 주는 의미 차이를 통해서 드러나기도 한다. ③ 예컨대 '그는 자전거를 탈 줄 안다'와 '그는 이 사과가 둥글다는 것을 안다'에서 '안다'가 바로 그런 경우이다. ④ 전자의 '안다'는 능력의 소유를 의미하는 것으로 '절차적 지식'이라고 부르고, 후자의 '안다'는 정보의 소유를 의미하는 것으로 '표상적 지식'이라고 부른다.

① '인식론'에 대해 소개하면서 시작하고 있습니다. 정의는 자연스레 체크하고 있죠? 수식된 정의이니 놓치지 않도록 주의하셔야 합니다. 어쨌든 인식론은 '지식의 본성을 다루는 학문'입니다. 그리고 '인식론'은 '지식의 유형'을 나누는 데에서 이야기를 시작한다고 합니다. '지식의 본성'을 '지식의 유형'과 결부시켜서 이야기하는 이론인가 보네요. 그렇다면 **인식론이 어떻게 지식의 유형을 나누는지** 이해하는 것이 중요하겠습니다. 이게 곧 화제입니다.

② 인식론이 지식의 유형을 구분하는 방법을 제시합니다. 인식론은 '안다'는 말의 의미 차이를 통해 드러낼 수 있다고 해요. 여기까지만 읽고는 '안다'라는 말의 의미로 지식을 어떻게 구분하는지 알 수 없습니다. 이럴 땐 핵심만 파악하고 넘어가야 해요. 뒤에서 예시나 재진술로 설명해 줄 테니까요!

③ 그렇게 넘어오니 '예컨대'가 보입니다. 너무나 반가운 예시죠? 자전거를 탈 줄 '안다'고 하는 것과 사과가 둥글다는 것을 '안다'고 하는 것은 의미가 달라요. 정확히 어떻게 다른지는 모르지만 한국인이라면 언어적 감으로 다르다는 사실 자체는 충분히 인지할 수 있죠? 이 점을 파악하셔야 합니다.

④ '안다'의 의미가 어떻게 다른지 설명하고 있습니다. 계속해서 예시에 대한 내용이 이어지고 있어요. '인식론'에서는 이를 각각 '절차적 지식'과 '표상적 지식'으로 나눈다고 합니다. 자전거를 탈 줄 '안다'는 '능력의 소유'라는 점에서 '절차적 지식'이고 사과가 둥글다는 것을 '안다'는 '정보의 소유'라는 점에서 '표상적 지식'이라고 합니다. 정의까지 완벽하게 체크하고 넘어가야 해요. 지식의 유형이니까요. 화제와 관련된 정보입니다! 설마 수식된 정의라고 또 놓친 건 아니죠? 잘 따라오고 있을 것이라고 믿어요.

그리고 여기까지 읽으면 화제를 구체적으로 잡을 수 있습니다. 지식의 유형을 '절차적 지식'과 '표상적 지식'으로 나눈다는 것입니다! 그렇다면 뒤에서는 이들이 구체적으로 어떻게 다른지 설명하겠군요.

2문단

> ① 어떤 사람이 자전거에 대해서 많은 정보를 갖고 있다고 해서 자전거를 탈 수 있게 되는 것은 아니며, 자전거를 탈 줄 알기 위해서 반드시 자전거에 대해서 많은 정보를 갖고 있어야 하는 것도 아니다. ② 아무 정보 없이 그저 넘어지거나 다치거나 하는 과정을 거쳐 자전거를 탈 줄 알게 될 수도 있다. ③ '자전거가 왼쪽으로 기울면 핸들을 왼쪽으로 틀어라'와 같은 정보를 이용해서 자전거 타는 법을 배운 사람이라도 자전거를 익숙하게 타게 된 후에는 그러한 정보를 전혀 의식하지 않고서도 자전거를 잘 탈 수 있다. ④ 자전거 타기 같은 절차적 지식을 갖기 위해서는 훈련을 통하여 몸과 마음을 특정한 방식으로 조직화해야 한다. ⑤ 그러나 특정한 정보를 마음에 떠올릴 필요는 없다.

① 두 지식의 유형을 구분하는 내용입니다. 어떤 사람이 자전거에 대해 많은 '정보'를 갖고 있다고 해서 자전거를 탈 '능력'이 생기는 것도 아니고, 그 '능력'을 갖기 위해 반드시 많은 '정보'를 얻을 필요도 없다고 합니다. 지금 보여드린 것처럼 '정보'와 '능력'이라는 말에 집중하며 바꿔 읽을 수 있어야 해요. 조금 더 다르게 표현하면, '절차적 지식'과 '표상적 지식'은 구별된다는 것이죠. 이들을 서로 다른 유형으로 나눈 '인식론'의 주장을 다시 한번 재진술해 준 것입니다. 이 문장을 낯설게 받아들이면 안 됩니다!

② 앞 문장과 똑같은 말이죠? 표지 없는 재진술이지만, 굳이 이런 생각을 하지 않고도 당연하게 납득할 수 있어야 합니다. '절차적 지식(능력)'을 얻기 위해 '표상적 지식(정보)'이 반드시 필요하다는 것은 아니라는 말을 하고 있습니다.

③ 이 문장은 '표상적 지식'을 이용해서 '절차적 지식'을 얻게 되더라도 '절차적 지식'을 얻은 뒤에는 '표상적 지식'을 전혀 의식하지 않아도 된다는 이야기를 하고 있네요. 마치 자전거를 타는 방법을 체화하면 굳이 '페달 밟는 법, 핸들 조정하는 법, 벨 누르는 법' 등을 떠올릴 필요가 없듯이요. 결국 다시 한번 '절차적 지식'이 '표상적 지식'과 구별된다는 포인트를 반복하고 있는 것입니다. 제가 하는 것처럼 바꿔 읽을 수 있겠죠?

나아가, 이 문장의 내용은 여러분의 공부에도 큰 교훈을 주고 있어요. 지금 이 교재를 통해 배운 수많은 도구들은 일종의 '표상적 지식'에 해당합니다. 여러분이 글을 잘 읽게 되는 것은 수능 독서 지문을 읽기 위한 '절차적 지식'을 얻게 되는 것이라고 할 수 있고요. 만약 여러분이 교재에 명시된 독해 태도들을 완전히 체화하고 자신만의 '글 읽는 법'을 알게 된다면, '표상적 지식'을 통해 '절차적 지식'을 얻게 되는 것입니다. 그렇다면 이 교재에서 배운 '표상적 지식'은 모두 잊어버리셔도 됩니다. 독해 태도가 잡히면 굳이 '이건 재진술, 이건 수식된 정의' 이런 생각 없이 자연스럽게 이해할 수 있기 때문이에요. 결국 이런 도구 따위를 아는 것이 중요한 것이 아니라, 이를 바탕으로 '생각'하는 연습을 하고, 익숙해지는 것이 중요합니다. 우리는 그저 국어를 잘 하는 사람들의 머릿속을 들여다보고 있을 뿐이에요.

④ '절차적 지식'을 갖기 위해서는 훈련을 해야 합니다. 자전거를 타려면 열심히 연습해야 하듯이요! 당연하게 이해하셔야 합니다.

⑤ 하지만 특정한 정보, 즉 '표상적 지식'을 마음에 떠올릴 필요는 없다고 합니다. 앞서 말한 내용과 이어지는 내용이에요. 자전거를 탈 줄 알아서 자전거를 자연스럽게 탈 수 있다면, '페달 밟는 법, 핸들 조정하는 법, 벨 누르는 법' 따위를 굳이 의식할 필요는 없습니다.

3문단

> ①반면, '이 사과는 둥글다'는 것을 알기 위해서는 둥근 사과의 이미지가 되었건 '이 사과는 둥글다'는 명제가 되었건 어떤 정보를 마음속에 떠올려야 한다. ②'마음속에 떠올린 정보'를 표상이라고 할 수 있으므로, 이러한 지식을 표상적 지식이라고 부른다. ③그런데 어떤 표상적 지식을 새로 얻게 됨으로써 이전에 할 수 없었던 어떤 것을 하게 될지는 분명하지 않다. ④이런 점에서 표상적 지식은 절차적 지식과 달리 특정한 일을 수행하는 능력과 직접 연결되어 있지 않다.

① 이번엔 '이 사과는 둥글다'는 것을 알기 위한 방법에 대해서 이야기하고 있습니다. 이는 '표상적 지식'에 대한 내용이죠? 바보같이 '사과 이야기구나 헤헤' 이러고 있으면 안 돼요! '표상적 지식'이라는 말을 떠올리며 읽을 수 있어야 합니다. 아무튼, 이때는 '표상적 지식'이라는 것을 계속해서 떠올려야 한다고 합니다. 당연한 이야기만 하고 있네요.

② 물론 여기서 '이 사과는 둥글다'라는 내용이 '표상적 지식'에 대한 내용임을 알려주고 있어요. 아주 친절한 재진술 문장이죠. 다만 앞에서 미리 감을 잡을 수 있으면 좋겠습니다. ①번 문장 자체가 예시이니까요!

조금 정리해보면, '절차적 지식'과 '표상적 지식'은 서로 구별되며, '절차적 지식'을 알기 위해서 반드시 '표상적 지식'을 떠올릴 필요는 없다고 하네요. 다 똑같은 말만 하고 있다는 생각을 했으면 좋겠습니다.

③ '표상적 지식'을 새롭게 얻는다고 이전에 할 수 없었던 것을 '하게 될지'는 분명하지 않다고 합니다. 여기서 '하게 될지'가 곧 '절차적 지식'에 해당한다는 건 굳이 설명하지 않아도 되겠죠?

④ 다음 문장은 일종의 재진술이네요. '표상적 지식'은 '떠올린 정보'에 대한 것이므로, 특정한 일을 수행하는 '능력'과 연결되어 있지 않다고 합니다. **계속해서 '표상적 지식'과 '절차적 지식'이 구별된다고 하는 '인식론'의 주장을 소개하고 있네요.**

4문단

> ①표상적 지식은 다시 여러 가지 기준에 따라 나눌 수 있는데, 그중에서도 '경험적 지식'과 '선험적 지식'으로 나누는 방법이 대표적이다. ②경험적 지식이란 감각 경험에서 얻은 증거에 의존하는 지식으로, '그는 이 사과가 둥글다는 것을 안다'가 그 예이다. ③물리적 사물들의 특정한 상태, 즉 사과의 둥근 상태가 감각 경험을 통해서 우리에게 입력되고, 인지 과정을 거쳐 하나의 표상적 지식이 이루어진 것이다. ④우리는 감각 경험을 통해 직접 만나는 개별적인 대상들로부터 귀납추리를 통해 일반 법칙에 도달할 수 있다. ⑤따라서 자연 세계의 일반 법칙에 대한 지식도 경험적 지식이다.

① '표상적 지식'에 대해서 구체적으로 설명합니다. 표상적 지식은 '경험적 지식'과 '선험적 지식'으로 또 나눌 수 있다고 해요. 그렇다면 이 문단을 읽을 땐 **경험적 지식과 선험적 지식이 어떻게 다른지** 이해하는 것이 중요하겠죠?

② '경험적 지식'을 먼저 소개하고 있습니다. 여기서 중요한 건, 우리가 지금부터 읽을 '경험적 지식'은 결국 '표상적 지식'의 일부라는 걸 잊지 않는 겁니다. 아무튼 '경험적 지식'은 '감각 경험에서 얻은 증거에 의존하는 지식'으로 정의되고 있습니다. 정의 체크 잘하고 있죠? '경험'적 증거로 얻은 지식이라서 '경험적' 지식입니다. 단어의 의미를 살리면서 정의를 이해하셔야 해요.

③ 경험적 지식에 대한 예시입니다. '그는 이 사과가 둥글다는 것을 안다'는 것은 사과의 둥근 상태가 '감각 경험'(여기서는 시각이겠죠?)을 통해 입력되고, 그것을 '떠올리는' 인지 과정을 통해 '표상적 지식'이 된 것이죠. '표상적 지식'은 '떠올린 정보'에 해당하기 때문에, 여기서의 '인지'가 곧 '떠올리다'와 같은 말인 걸 알 수 있겠죠?

④ 우리는 '경험적 지식'에서 중시하는 '감각 경험'을 통해 개별적인 대상들로부터 '귀납추리'라는 것을 하고, 이로부터 '일반 법칙'에

도달할 수 있다고 합니다. 다른 말처럼 보이지만, 사실은 같은 말이에요. 감각 '경험'을 통해 얻은 대상들('증거들')로부터 일반 법칙('지식')에 도달한다는 의미이니까요, 정보량이 팍팍 줄어들죠? 그리고 이는 Part 1에서 설명했던 '귀납'에 대한 이야기이기도 합니다. 기억 안 나면 꼭 돌아가서 확인하세요!

⑤ '따라서'로 연결된 재진술이에요. '자연 세계의 일반 법칙에 대한 지식'이 '경험적 지식'이라면, '자연 세계의 일반 법칙에 대한 지식'은 곧 '귀납추리'를 통해 얻은 지식이라고 할 수 있겠네요. 이렇게 재진술을 자유자재로 활용하며 정보량을 줄여 주셔야 합니다!

5문단

> ① 한편, 같은 표상적 지식이라 할지라도 '2 + 3 = 5'를 아는 것은 '이 사과가 둥글다'를 아는 것과는 다르다. ② '2 + 3 = 5'라는 명제는 감각 경험의 사례들에 의해서 반박될 수 없는 진리이다. ③ 예컨대 물 2리터에 알코올 3리터를 합한 용액이 5리터가 안 되는 것을 발견했다고 해서 이 명제가 거짓이 되지는 않는다. ④ 이렇게 감각 경험의 증거에 의존하지 않는 지식이 선험적 지식이다. ⑤ 그래서 어떤 철학자들은 인간에게 경험 이외에 지식을 산출하는 다른 인식 능력이 있다고 생각하며, 수학적 지식이 그것을 보여 주는 좋은 예가 된다고 믿는다.

① '2 + 3 = 5'라는, 다소 뜬금없는 예시를 들고 있습니다. 여러분은 바로 '선험적 지식'을 떠올리셔야 합니다. 앞에서 표상적 지식을 두 가지로 구분했을 때 둘의 차이점을 이해하면서 읽기로 했잖아요! 심지어 '2 + 3 = 5'를 아는 것과 '이 사과는 둥글다'를 아는 것은 '다르다'고도 언급해줍니다. '이 사과는 둥글다'를 아는 것은 경험적 지식입니다. 그렇다면 글의 맥락상 '2 + 3 = 5'는 선험적 지식이 되어야겠네요!

② 이 생각을 가지고 다음 문장으로 넘어가면 '2 + 3 = 5'는 굉장히 친절한 예시가 됩니다. 이는 '이 사과가 둥글다'를 아는 것과 같은 '경험적 지식'과는 다르게, '감각 경험'으로 반박될 수 없는 '진리'에 해당하네요. 그럼 우리는 '선험적 지식'의 정의가 곧 '진리'임을 알 수 있습니다. 이렇게 같은 말을 정확히 인식하면서, 정보량을 줄이고 지문의 흐름을 잡을 수 있어야 해요.

③ 또 예시를 들어주고 있네요! '선험적 지식=진리'라는 원리에 붙여서 이해하면 되겠죠? 물 2리터와 알코올 3리터를 합했더니 5리터가 되지 않았다고 해서, '2 + 3 = 5'라는 진리가 거짓인 것은 아니죠. 여기서 물과 알코올을 합하는 건 '감각 경험'의 예시라는 것까지 정확하게 인식할 수 있으면 좋겠습니다. 이는 관찰을 통해 '발견'되

는 현상이니까요!

항상 예시를 읽을 땐 무엇에 대한 예시인지 생각하는 것이 중요합니다. 여기서는 선험적 지식과 경험적 지식이 다르다는 것을 설명하고 있으니까 둘을 구분할 수 있어야 해요. 예시를 읽을 때도 말이죠! '사례-원리 연결'은 아주 기본적인 태도입니다.

④ 아무튼 이런 것이 '선험적 지식'이라며, 우리가 했던 생각을 확인시켜주고 있네요. 재진술입니다. 나아가 '선험적 지식' 역시 '표상적 지식'의 일부임을 잊으시면 안 됩니다. 항상 '경험적 지식', '선험적 지식'처럼 비교되는 대상들의 공통 범주를 생각해주셔야 해요!

⑤ '경험 이외에 지식을 산출하는 다른 인식 능력'이 바로 '선험적 지식'에 해당하는 것이죠? '수학적 지식'을 그 예로 들면서 마무리하고 있습니다. '인식론'이 나누고 있는 '지식의 유형'을 소개하는 형태의 지문이었어요.

Q. 밑줄 친 말이 의미하는 바가 표상적 지식에 해당하지 <u>않는</u> 것은? ③

– '표상적 지식'이 아닌 것을 고르라고 합니다. '경험적 지식', '선험적 지식' 등 우리가 떠올릴 수 있는 '정보'가 아닌 것을 고르면 되겠죠? 보통 이렇게 두 개념이 대조되는 형태의 지문에서는, 대조되고 있던 다른 개념이 이런 문제의 답이 되는 경우가 많습니다. 이 지문에서는 '능력'을 다루는 '절차적 지식'이 답일 확률이 높을 것입니다.

– 이런 것을 알고 있는 것이 중요한 게 아니라, 왜 그러한지를 생각해 보는 것이 중요합니다. 기본적으로 두 대상을 대조시키는 지문에선 둘의 공통점과 차이점을 명확히 인식했는지 묻고 싶어하기 때문에 당연히 정답 선지를 다른 개념으로 설정합니다. 이처럼 해당 문제의 정답 선지가 왜 그것인지를 고민하는 과정은 우리가 '생각의 틀'을 만드는 데 큰 도움을 줍니다. 이 문제를 통해 우리는, 비교/대조되는 대상들의 '공통점'과 '차이점'을 인식하는 것이 중요하다는 '생각의 틀'을 정립하게 된 거예요.

① 나는 그 노래를 부른 가수의 이름을 <u>알아</u>.

➔ '이름'이라는 '정보'에 대한 내용이죠?

② 나는 세종대왕을 <u>알아</u>. 그분은 한글을 창제한 분이시지.

➔ '세종대왕의 업적'이라는 '정보'에 대한 내용이죠?

③ 우리 아저씨만큼 개를 잘 다룰 줄 <u>아는</u> 사람은 아직 못 봤어.

→ '개를 다루는 것'이라는 '능력'에 대한 내용이죠? 예상한 대로 '절차적 지식'이 정답이었네요.

④ 내 동생은 2를 네 번 더하면 8인 줄은 <u>아는데</u>, '2×4 = 8' 은 모른단다.

→ '2를 네 번 더하면 8이 된다'는 '선험적 지식'에 대한 내용이죠? '선험적 지식' 역시 '표상적 지식'의 일부라고 했어요.

⑤ 퀴즈의 답이 '피아노'인 줄 <u>알고</u> 있었는데, 너무 긴장 해서 아무 말도 못했어.

→ '퀴즈의 답'이라는 '정보'에 대한 내용이죠?

2008학년도 6월 모의평가

1문단

> ① 테니스 선수 그라프는 1992년에 우승을 통해 거액을 벌었지만, 유독 숙적인 셀레스에게는 계속해서 패하였다. ② 그러나 이듬해 셀레스가 사고를 당해 더 이상 경기에 참여할 수 없게 되자, 그라프는 경기 능력에 큰 변화가 없었음에도 불구하고 이후 승률이 거의 두 배 이상 상승했다. ③ 이에 따라 우승 상금은 물론 광고 출연 등의 부수적 이익 또한 전보다 크게 증가했다. ④ 이런 현상은 '위치적 외부성'의 개념으로 설명된다. ⑤ 한 사람의 보상이 다른 사람의 행동에 영향을 받음에도, 그에 대한 대가를 받지도 지불하지도 않는 현상을 외부성이라고 한다. ⑥ 특히 자신의 상대적 위치에 따른 보상이 다른 경쟁자의 상대적 성과에 부분적으로 의존하는 것을 위치적 외부성이라고 한다. ⑦ 위치적 외부성이 작용할 경우에 자신의 상대적 위치를 향상시키는 모든 수단은 반드시 다른 경쟁자의 상대적 위치를 하락시킨다. ⑧ 그라프의 사례는 경쟁자의 성과에 의해 자신의 위치적 보상이 크게 상승했음을 보여 주는 좋은 예이다.

①~③ 사례로 시작하고 있습니다. '그라프'라는 테니스 선수가 라이벌의 은퇴 이후 승률 및 부수적 이익이 크게 증가한 모습을 보이고 있네요. 어떻게 보면 당연한 상황이기 때문에, 이해하는 게 어렵지는 않습니다. 하지만 우리는 생각을 해야죠. 첫 문단이 사례로 시작하고 있다는 것은 **이 사례를 통해 설명하고자 하는 원리가 곧 화제가 된다는 것이겠죠? 이런 상황을 어떤 원리로 설명할까요?**

④~⑤ 사례와 관련된 원리가 등장합니다. '위치적 외부성'이 그라프 사례가 설명하고자 하는 원리입니다! 먼저 '외부성'의 정의를 수식된 정의로 제시하고 있습니다. 다른 사람의 행동으로 인해 보상을 얻어도 그에 대한 대가가 오지 않는 것이 그 정의네요. Part 1 '사례-원리 연결'에서 배웠던 개념이기도 합니다. 그때와 조금 다르게 정의되어 있긴 합니다. 지금은 이 지문에서 말해주는 정의에 따르는 것이 가장 좋겠죠? 항상 우리는 '지문'에 쓰인 대로 읽고 이해하는 연습을 해야하니까요.

아무튼, 사례와 연결되는 원리를 확인했으면 그냥 넘어가면 안 되겠죠? 사례의 내용과 대응시켜 완벽하게 이해해야 합니다. 셀레스라는 라이벌의 행동(은퇴)으로 인해 그라프라는 사람이 보상(승률, 부수적 이익)을 얻었음에도, 셀레스에게 보상(대가 지불)을 하지는 않았죠? 이러한 상황을 '외부성'이라고 하는 것이네요. 이렇게 사례와 원리를 정확하게 이해하면서 읽을 수 있어야 합니다. 잘 하고 있죠?

그런데 이 지문에서 제시한 개념은 단순한 '외부성'이 아닌, '위치적 외부성'입니다. '외부성'은 알겠는데, '위치적 외부성'은 도대체 뭘까요? 사례와 직결되는 개념이니까 계속 궁금해 하면서 읽어 봅시다.

❻ 바로 정의가 나오네요. 자신의 '상대적 위치'에 따른 보상이 다른 경쟁자의 상대적 성과에 의존하는 것이 '위치/적 외부성'입니다. '수식된 정의'지만 잘 체크하고 있을 거라 믿어요. 그래프의 '상대적 위치'(우승)가 셀레스라는 경쟁자의 성과(은퇴 여부)에 의존하는 모습을 보였는데, 이를 '위치적 외부성'이라고 하는 것이네요.

❼ 이런 '위치적 외부성'이 작용할 때 자신의 '상대적 위치'를 향상시키면 다른 경쟁자의 '상대적 위치'를 하락시킨다고 해요. 당연한 말이죠? 그래프의 예시에 대입하면, 그래프 본인의 상대적 위치를 향상시키기 위해서는 반드시 셀레스의 상대적 위치가 낮아져야 한다는 걸 알 수 있습니다. 사고를 당해 경기를 할 수 없는 위치가 되는 것처럼요! 역시나 하늘에 태양이 둘일 수는 없네요. 당연하게 납득해야 합니다.

❽ 우리가 알아서 사례와 원리를 연결 지으며 읽고 있었는데, 마지막 문장에서 그 내용을 확실하게 보여 주고 있네요. 그래프의 사례를 통해서는 경쟁자인 '셀레스'의 성과가 나빠짐으로써 그래프 자신의 위치적 보상이 크게 상승한 것을 확인할 수 있습니다. 아주 친절하네요. **다만, 이 문장이 없어도 여러분이 알아서, 그래프의 상황을 '위치적 외부성'과 연결해서 읽을 수 있으면 좋겠습니다.** 사례가 나오면, 설명하고자 하는 원리와 집요하게 대응시키는 건 기본이니까요.

것인데, 이런 찬스를 놓치고 싶어하지 않을 테니까요.

❷ 혹시나 이해하지 못했을까봐 예시를 들어주고 있습니다. 한 경쟁자가 지출을 늘리면 다른 경쟁자들도 함께 지출을 늘리게 되는 상황을 제시하고 있네요. 이처럼 경쟁의 당사자들은 '위치적 외부성'이라는 찬스를 잡기 위해 노력한다고 합니다. 어렵지 않네요.

❸ 그런데 이렇게 모두가 지출을 늘리면, 실질적인 위치는 변하지 않는다고 합니다. '위치적 외부성'의 혜택을 누리기 위한 노력이 무의미할 수 있다는 것입니다. 모두가 성과를 향상시키기 위해 지출을 늘리면 경쟁자도, 나도 성과가 이전에 비해 좋아질 거예요. 그렇다면 내 성과에 따른 상대방의 위치나, 상대방의 성과에 따른 내 위치나 크게 변화가 없을 것이에요. 즉, 위치를 상대적으로 높이기 어렵겠습니다.

❹ 이번에도 당연한 문장이네요. 다른 경쟁자의 상대적 성과에 따른 위치적 보상 정도가 클수록 투자의 유인이 커진다고 해요. '위치적 보상 정도가 크다'는 것은 나의 경쟁자가 지출을 늘려 성과를 높여서 내 위치가 떨어지는 폭이 커지고, 상대방은 그만큼 더 많이 올라갈 수 있다는 뜻입니다. 그렇다면 당연히 더 공격적으로 투자하고 싶겠죠.

하지만 **앞 문장과 엮어서 읽어보면,** 이렇게 투자를 공격적으로 해도 사실 상대적 위치가 변하지 않을 가능성이 크죠? 그럼 상당히 의미없는 투자가 될 가능성이 크지 않을까요? 어렵지만 이런 식으로 생각할 수 있으면 좋겠습니다. 문장 간의 유기성을 생각한다면 그리 어렵지 않은 내용이니까요.

> ① 위치적 외부성이 개입되어 있는 상황에서 사람들은 자신의 위치를 높이는 행동을 하려고 한다. ② 예컨대 한 경쟁자가 성과를 향상시키기 위해 지출을 늘리면, 이는 다른 경쟁자들의 위치에 영향을 미치게 되므로 다른 경쟁자들 또한 지출을 늘리게 된다. ③ 그러나 모든 경쟁자가 동시에 자신의 위치를 향상시키기 위해 지출을 반복적으로 늘린다면, 경쟁자 간의 실질적인 위치는 변하지 않을 가능성이 크다. ④ 그리고 다른 경쟁자의 상대적인 성과에 따른 각 경쟁자의 위치적 보상 정도가 클수록 이와 같은 투자의 유인은 커진다.

❶ 계속해서 '위치적 외부성'과 관련된 내용을 제시하고 있습니다. 내용 자체는 간단합니다. '위치적 외부성'이 개입되어 있으면 사람들이 자신의 '위치'를 높이려고 합니다. 당연하게 느껴져야 합니다. '위치적 외부성'이라는 건 '보상 없이' 자신의 위치를 높일 수 있는

> ① 위치적 외부성이 존재하면 사람들은 성과를 향상시키기 위하여 경쟁적으로 투자를 늘린다. ② 그러나 경쟁자의 위치에 따른 이익이 한정되어 있고 투자의 결과 각자의 위치에 별 효과가 없다면 소모적인 지출일 가능성이 크다. ③ 이와 같은 투자 행태를 군비 경쟁에 비유하여 '위치적 군비 경쟁'이라고 부른다. ④ 위치적 군비 경쟁은 사회 전체의 입장에서 볼 때 경제적 비효율성을 가져오는데, 이는 개인의 유인과 사회 전체의 유인이 다른 데서 비롯된 것이다.

❶~❷ 아까 했던 말을 또 하고 있습니다. 사실 윗 문장을 읽으면서 했어야 하는 생각인데, 여기서 친절하게 한 번 더 써 주고 있네요. 거듭 말씀드리지만 이런 문장은 과감하게 삭제하는 것이 최근의 트렌드입니다. 여러분이 알아서 생각할 수 있어야 합니다! 투자

를 늘리는데 별로 효과가 없다면, 당연히 의미 없는 것 아닌가요? 너무 당연한 생각이잖아요! 뒷북이라고 생각하지 않으셨으면 좋겠어요. 조금만 '생각'해 보면 충분히 파악할 수 있는 내용이에요.

❸ 이와 같은 투자 행태, 즉 '보상을 노리고 투자를 하는데 효과가 없는 경우'를 '위치적 군비 경쟁'이라고 부른다고 합니다. 여기까지 왔으면 반드시 '군비 경쟁'의 정의를 파악할 수 있어야 해요.

나아가 '군비 경쟁'이라는 것도 알아두도록 합시다. 세계 여러 나라가 가진 군사적 무기는 단순히 그 나라를 지키기 위한 것만이 아니라, 다른 나라와의 경쟁에서 지지 않기 위해 무리해서 늘리는 것이기도 하거든요. 군사력에서의 '상대적 위치'는 크게 변하지 않지만, 어쩔 수 없이 투자를 늘릴 수밖에 없는 상황인 것이죠. 이런 맥락을 이해하면 '위치적 군비 경쟁'이라는 말도 쉽게 이해할 수 있겠죠?

물론 이 개념을 모른다고 지문 독해에 실패하거나 하지는 않지만, 이런 자잘한 지식의 체계들을 많이 갖추고 있으면 지문 독해가 상당히 쉬워집니다. 조금의 의문이라도 남는 정보들은 최대한 찾아보면서 지식 체계를 단단히 만들도록 합시다.

❹ '위치적 군비 경쟁'은 '경제적 비효율성'이라는 걸 가져온다고 합니다. **투자는 많은데 성과는 나지 않으니, 당연히 비효율적이라는 식으로 '납득'할 수 있어야 합니다.** 충분히 해낼 수 있죠?

그런데 이런 비효율성은 '개인의 유인'과 '사회 전체의 유인'이 다른 데서 비롯된 것이라고 해요. 그럼 이제부터 이 '유인'들이 무엇인지 제시되겠죠? '개인'과 '사회 전체'는 어떤 유인을 가지고 있고, 이것이 어떻게 '경제적 비효율성'을 가져오는 것일까요? **개인과 사회의 유인의 차이점을 이해하면서 읽어야겠습니다.**

나아가 이 즈음에서 화제를 구체적으로 잡을 수 있습니다. 이 지문은 '위치적 군비 경쟁'이 야기하는 비효율성에 대한 이야기를 하는 지문이었어요. 조금 더 풀어 쓰면, '위치적 외부성이 야기하는 문제점' 정도가 되겠네요. 이처럼 첫 문단에서 화제를 마지지 못했더라도, 지문을 읽어가면서 그 지문의 화제가 무엇인지를 비로소 파악할 수 있습니다. 내가 뭘 읽고 있는지 끊임없이 '생각'하는 게 중요합니다!

　　①개인의 입장에서는 모든 의사 결정에 있어 자신의 이익을 사회 전체의 이익보다 우선시한다. ②자본주의 사회에서 경쟁의 결과가 사회 전체에 다소간 기여할 수 있다면 모든 구성원이 개인의 이익을 위해 경쟁하는 것은

바람직한 현상이다. ③하지만 경쟁이 과열되고 더 이상 사회 전체의 이익에 기여하지 못한다면, 개인의 이익만을 위한 과도한 투자는 자원 배분의 왜곡을 가져오는 비효율성을 야기한다. ④더구나 개인 간에 위치적 외부성이 강하게 작용하면, 사회적 관점에서는 불필요한 경쟁으로 인해 초래되는 비효율성의 문제가 더욱 심각해진다. ⑤사회가 이러한 심각성을 인식하는 단계에 이르면 경쟁을 자제시키는 사회적 규범이 생겨나거나 경쟁을 제약하기 위한 구속력 있는 사회적 협약이 마련되기도 한다.

① 먼저 '개인'의 입장을 소개하고 있습니다. '개인'은 사회 전체의 이익보다 자신을 이익을 우선시한다고 해요. '자신의 이익'이 바로 '개인의 유인'이 되는 것이겠죠? 너무나 당연한 말입니다. **그렇다면 '사회 전체의 유인'은 '사회 전체의 이익'에 해당하겠네요. 지문에 없는 말이지만, 충분히 생각해 낼 수 있어야 합니다.**

② 우리나라와 같은 자본주의 사회에서, 경쟁의 결과(서로의 이익을 위해 싸우는 것!)가 '사회 전체'에 기여할 수 있다면 바람직하다고 합니다. 그런데 '위치적 군비 경쟁'의 상황은 그러하지 못하다는 게 이 지문의 핵심이었죠?

③ 그 내용이 여기서 그대로 나타나고 있네요. 이 정도 했으면, 슬슬 지문의 내용이 너무 뻔하다는 생각이 들었으면 좋겠습니다. 다 똑같은 말 하고 있어요!

나아가, 앞에서 계속 이야기하던 '비효율성'을 수식된 정의로 제시하고 있습니다. '자원 배분의 왜곡을 가져오는 것'이 그 정의입니다. 이상적인 상황에서는 자원이 효율적으로 배분되어야 합니다. 그런데 이 배분이 '왜곡'된다면 당연히 비효율적이겠죠? 그래서 비효율성은 자원 배분의 '왜곡'입니다.

④ 계속 똑같은 말만 하고 있어요! 개인 간에 '위치적 외부성'이 강하게 작용하면, 그 개인들 사이의 위치적 군비 경쟁도 심화될 것입니다. (지문에 없는 말이지만, 알아서 생각할 수 있죠?) 그렇게 되면 자원 왜곡 문제, 즉 '비효율성'의 문제가 더욱 심각해진다네요. 너무나 쉽게 이해할 수 있습니다.

⑤ 그리고 사회가 이러한 심각성을 인식하면 '사회적 규범', '사회적 협약' 등이 마련되기도 한다고 합니다. **너무나 당연하게도 경쟁을 자제시키는 것이 목적입니다.** 경쟁하느라 쓸데없는 투자를 많이 늘리는 것이 문제였으니까요! '위치적 외부성'이 '위치적 군비 경쟁'이라는 것으로 인해 유발하는 '경제적 비효율성'에 대해 소개하는 글이었습니다. 이 해설과 비슷한 사고 흐름으로 읽었을 것이라 믿어요. 문제로 가볍게 확인해볼까요?

Q. 윗글의 내용으로 알 수 <u>없는</u> 것은? ③

→ '알 수 없는 것'을 고르라는 유형입니다. 정말로 지문에 없는 말을 찾으면 되지만, 그보다는 **'화제와 거리가 먼 정보'**를 고른다는 태도로 접근하시는 게 좋습니다. 화제와 상관없는 정보라면, 지문에 나왔을 리가 없고 그렇다면 우리가 알 수 있을 리가 없을 테니까요.

① 위치적 외부성은 비슷한 수준의 경쟁자 사이에서 크게 작용한다.

→ 지문에 명시적으로 드러나지 않은 말입니다. 하지만 맞는 말이에요. 비슷한 수준의 경쟁자 사이라면, 상대방이 조금만 못해도 자신의 상대적 위치가 바로 오를 수 있잖아요. 이들만큼 보상이 바로 나타나는 경우는 없겠죠. 그래프와 셀레스의 사례를 통해서도 알 수 있을 것이고요. 무엇보다 결정적으로 '화제'와 직결되는 정보이기에 안 나왔을 리가 없을 거예요.

② 위치적 외부성이 나타나면 경쟁자의 비용 지출이 수반될 수 있다.

→ 이 지문의 핵심이죠? 저 '비용 지출'이 무의미한 투자가 되는 게 문제였어요.

③ 위치적 보상은 개인의 유인과 사회 전체의 유인의 차이가 클수록 증가한다.

→ 개인의 유인과 사회 전체의 유인의 차이가 크다는 건, '경제적 비효율성'이 크다는 것과 같다는 말이죠? 두 유인의 차이가 '비효율성'을 낳는다고 했으니까요. 일단 이것이 '위치적 보상'을 증가시킨다는 것도 틀린 말이고, '위치적 보상의 정도'를 '유인'의 종류와 엮어서 설명하는 것은 지문의 화제와 거리가 멉니다. 실제로 이 지문은 '보상이 크다', '보상의 정도를 늘리는 방법'에 대해 이야기한 것이 아니라, 반대로 '위치적 외부성의 문제점'을 주로 다루고 있었어요.

④ 위치적 군비 경쟁의 비효율성을 인식하면 사회적 해결 방안을 모색하게 된다.

→ 경쟁을 제약하는 사회적 해결 방안을 모색한다는 이야기, 마지막에 나왔었죠? 확실하게 납득한 정보이기에 기억에 남을 것입니다.

⑤ 위치적 외부성으로 인한 경쟁의 결과가 경쟁자들 모두에게 이익이 되는 것은 아니다.

→ 일단 기본적으로 위치적 외부성으로 인한 경쟁은 한 사람의 상대적 위치는 올리고, 한 사람의 상대적 위치는 끌어내리는 결과를 낳습니다. 따라서 모두에게 이익이 되는 것도 아닐 뿐더러, 모두에게 손해가 되는 '무의미한 투자'가 이 지문의 핵심 화제였죠?

▍2008학년도 9월 모의평가

1문단

> ① 인간은 감각과 더불어 사고를 통해 세계를 인식한다. ② 사고는 감각적으로 받아들인 특수한 것들을 일반화하고 그것들의 본질적인 연관과 구조를 해명함으로써 사물이나 사태에 관한 지식을 얻고자 한다. ③ 그런데 이러한 사고 작용은 과연 사물이나 사태에 대한 총체적인 인식에 도달할 수 있는가?

❶ 인간은 '감각'과 더불어 '사고'를 바탕으로 세계를 인식한다고 합니다. 그렇다면 **어떻게 세계를 인식하는지**에 대한 내용이 등장하겠군요.

❷ 그리고 감각과 사고 중 **'사고'에 초점을 맞춰서** 설명하고 있습니다. '감각'을 통해 받아들인 **'특수'한 것들을 '일반화'**하는 것이 핵심이네요. '감각'을 통해 받아들인 것은 '특수'하다. 이러한 말들이 쉽게 납득되셔야 합니다. 우리가 어떤 물체를 보거나 만지면 그 물체라는 '특수'한 사례만을 인식한 것이니까요. '사고'는 이를 '일반화'시키는 역할을 하는 겁니다. '특수'한 물체를 하나 '감각'하면, '사고'를 통해 '이것은 책상이구나.'와 같은 '일반화'가 일어나는 것이죠. 납득하기 어렵지 않죠?

그리고 '일반화'에서 끝나지 않고 지식을 얻습니다. '특수'한 것들의 연관, 구조를 해명함으로써 사물, 사태에 관한 '지식'을 얻는대요. 말이 되게 어려워보이지만, **'특수'한 것을 '감각'하고 '사고'를 통해 '일반화'하여 '지식'을 얻는다**는 지극히 당연한 이야기였습니다. 흘려 읽으면 안 돼요! '감각 = 특수', '사고 = 일반화 = 지식', '지식 획득 = 세계 인식'과 같은 방식으로 같은 말의 쌍을 잡아 주셔야 합니다. 결국 다 재진술되고 있습니다.

❸ 물음이 제시되고 있습니다. '사고'라는 것이 사물이나 사태에 대한 총체적인 인식에 도달할 수 있는지를 묻고 있어요. 아니 방금은 사물이나 사태에 대한 '총체적인 인식', 즉 '지식'이라는 것을 얻을 수 있다고 하더니, 정말로 그러한지 묻고 있어요. 앞으로는 이 물음에 대한 답, **'사고'가 '총체적인 인식'에 도달하는 데 얼마나 큰 도움을 주는지**에 대한 내용이 나오겠죠? 이를 화제로 잡아두고 계속해서 읽어봅시다.

① 사물은 우리의 의식 밖에 독립적으로 존재하며, 그 것이 지닌 속성들은 시간의 흐름에 따라 끊임없이 변한다. ② 이러한 사물을 사고는 어떻게 관념적으로 모사(模寫)하는가? ③ 관찰 행위를 통해 경험적 지식을 획득하는 과정의 간단한 사례를 들어보자. ④ 철수가 어떤 사물을 이모저모 살펴본 후 그것이 육면체라 판단한다고 하자. 그는 특정 시점 t_1에서 그것의 특정 속성을 관찰한 자료 d_1을 획득하고, 특정 시점 t_2에서 그것의 또 다른 속성을 관찰한 자료 d_2를 더해 가는 방식으로 관찰을 계속 진행한다. ⑤ 그래서 그는 최종 판단 시점 t_N에서 그때까지 그 사물의 모든 속성을 관찰하여 얻은 자료들, 즉 d_1부터 d_N까지를 토대로 '이것은 육면체이다.'라고 판단한다. ⑥ 철수의 관찰 과정을 도식화하면 그림과 같다.

t_1	d_1
t_2	$d_1 + d_2$
$\vdots$	$\vdots$
t_N	$d_1 + d_2 + \cdots + d_N$

① '사고와 총체적인 인식 사이의 관계'라는 화제를 계속해서 생각하면서 읽어주셔야 합니다. 먼저 '사물'은 우리와 독립적으로 존재하며, 지닌 속성이 시간의 흐름에 따라 끊임없이 변한다는 이야기를 하고 있네요. '그렇구나~' 하고 넘어가기보다는, 완벽하게 '납득'하려고 해 보시는 게 중요합니다. 그리 어려운 내용이 아니죠? 세상에 변하지 않는 것은 없으니까요.

② 그리고 지문에서는 이렇게 독립적으로 존재하고 **끊임없이 변화하는 사물을 '사고'가 관념적으로 모사하는 방법**을 묻고 있습니다. 이제부터 이 방법을 소개해줄 것입니다. 이는 우리가 잡아놓은 화제, **'사고와 총체적인 인식 사이의 관계'**라는 말과 똑같은 말이죠? 사물을 인식한다는 것은 곧 세계를 인식해 가는 과정이라는 뜻으로 볼 수 있습니다. 사물은 우리가 살아가는 세계의 구성 요소이니까요. 그렇다면 사고가 사물을 '관념적으로 모사'한다는 것 역시 사고를 통해 세계를 인식하는 것과 관련된다고 볼 수 있겠죠?

③ 예시와 함께 설명하고 있네요. 여기서 **'관찰 행위'는 '감각'과, '경험적 지식 획득'은 '총체적인 인식'과 같은 말**이라는 점을 파악할 수 있겠죠? '감각'을 하고, '사고'를 이용해 '총체적인 인식'에 이르는 과정을 예로 들어주는 것입니다. 계속해서 화제와 연결되고 있어요.

④~⑥ 철수가 어떤 사물을 육면체라 '판단'하는 상황이 드러나고 있습니다. 이는 곧 철수가 육면체라는 사물에 대한 '총체적인 인식'에 도달한 모습이라고 할 수 있겠죠? 제대로 이해해봅시다. 특정 시

점에서 그 사물의 특정 속성을 '관찰'하여 자료를 획득합니다. 여기서의 '관찰'이 곧 '감각'에 해당하겠죠? 이렇게 '감각'하며 얻은 자료를 누적해가고 이로부터 '육면체'라는 '판단', 즉 '총체적인 인식'에 도달하는 것이네요.

핵심은 시점에 따라 '감각'한 내용이 누적된다는 것입니다. 여기서 '사고'의 역할이 어느 정도인가를 설명하는 게 이 지문의 화제라는 걸 잊으면 안 돼요. 아직까지는 '감각' 이야기밖에 없지만, '사고'가 육면체라는 '지식'을 얻는 데 얼마나 큰 역할을 하고 있는 것일까요?

나아가 이렇게 그림이 있는 경우, 일종의 '사례'로 생각하고 적극적으로 활용하시는 것이 좋습니다. 그림을 보면, '시점에 따라 얻은 자료를 누적해가며 총체적인 인식에 도달한다.'라는 원리를 제대로 설명하고 있음을 알 수 있죠? 그래서 '사고'가 이 과정에서 얼마나 대단한 역할을 하는 것일까요?

① 이 예에서 알 수 있듯이 우리가 관찰을 통해 어떤 사물에 대한 지식을 얻을 경우, 일반적으로 그러한 지식은 서로 다른 시점에서 획득한 자료들을 토대로 한다. ② 그러한 자료들은 관찰이 진행되면서 각각 특정 시점에서 사물의 속성들로부터 추상된 것들, 즉 의식 속에 기억으로 남아 있는 관념들에 불과한 것이다. ③ 이러한 관념들은 시간의 제약 속에 있지 않으므로 변하지 않는다. ④ 결과적으로 최종 판단 시점에서는 실제로 그 이전까지의 사물의 모든 속성들이 이미 변했음에도 불구하고 그 속성들의 관념은 그대로 보존되어 있으며, 우리의 사고는 바로 그러한 관념들을 종합하여 지식을 구성하게 된다.

① 첫 문장은 우리가 생각한 내용 그대로입니다. '서로 다른 시점'에서 획득한 자료들을 토대로 육면체라는 '지식'을 얻고 있었죠? 사실상 앞의 예시를 요약해주는 재진술 문장입니다.

② 그리고 이 자료들은 특정 시점에서 사물의 속성들로부터 '추상'된 것들, 의식 속에 기억으로 남아 있는 '관념'들에 불과하다고 합니다. 여기서 글을 잘 읽는 학생들은, '추상=관념'이 곧 '사고'와 같은 말임을 파악할 수 있습니다. '감각'과 같은 말로 쓰이고 있던 '특수'와 '추상'이 반대되는 개념이라는 점에서도 이런 생각을 쉽게 해낼 수 있겠죠? 또, 2문단에서 사고는 사물을 관념적으로 모사한다고도 했습니다! 우리는 사고를 통해 지식을 얻을 때 감각한 사물의 특성을 '관념화'하는 과정을 거쳐야 합니다. 2문단에서도 언급되었던 내용이니까 자연스럽게 받아들이고 넘어갑시다.

③ 이러한 '관념', 즉 '사고'의 결과물들은 변하지 않는다고 합니다. 여기서 '사물'과의 비교 포인트를 정확히 잡아내야 해요. '사물'은 끊임없이 변화하지만, 그것을 '감각'하고 '사고'해서 얻어 낸 '관념'들은 변화하지 않는다는 것입니다. 우리가 이미 이전의 상태로 기억하고 있으니까요! **또 관념이 변하지 않는다는 점에서 일종의 고정값으로도 볼 수 있겠죠?** 체크합시다.

④ 앞 문장에 대한 재진술입니다. 사물의 속성이 변해도 관념은 변하지 않는다는 말을 하고 있습니다. 그리고 여기서 비교 포인트를 명시적으로 드러내주면서, 우리의 '사고'가 이러한 '관념'들을 '종합'하는 역할을 한다는 것도 알려 주고 있습니다. 드디어 화제에 대한 궁금증이 풀렸어요! '감각'을 통해 얻은 자료들을 '사고'를 통해 '종합'하는 것이었습니다. 이 **'종합'이 곧 '총체적'인 인식에 해당하는 것**이구요. 이렇게 읽을 수 있겠죠?

> ① 이로부터 사고가 사물을 관념적으로 모사할 때 어떤 한계에 부딪히는지 알 수 있다. ② 최종 판단에 필요한 거의 모든 자료들은 어디까지나 최종 판단 시점 이전에 획득한 것들이다. ③ 그것들은 과거의 속성들로부터 얻은 것이기에 최종 판단 시점의 사물에 대해서는 어떠한 정보도 알려 주지 않는다. ④ 그것들이 최종 판단의 자료로 유효하려면 t_1에서 t_N까지 사물의 속성들에 아무런 변화가 없었다는 점이 전제되어야 한다. ⑤ 결국 우리의 사고는 시공 속에서 연속적으로 변화하는 현실을 추상 작용을 통해 변화하지 않는 것으로 고정시킴으로써 지식을 부분적이고 일면적인 것으로 만든다.

① 그런데 이로부터 '사고'의 한계를 알 수 있다고 해요. 상당히 중요한 문장입니다. '관념적 모사'는 변하지 않는 것, '사물의 속성'은 변하는 것입니다. 이것이 어떤 한계를 드러내는 것일까요? 끊임없이 궁금해하면서 읽어주셔야 합니다.

② 어떤 한계가 있을지 궁금해하고 있었는데, 먼저 자료들이 최종 판단 시점 이전에 획득한 것이라는 점을 제시하고 있습니다. 아까 예시를 통해서도 확실하게 이해한 내용들이죠? 여기까지는 어렵지 않습니다. 앞의 내용을 요약해주는 재진술이니까요!

③ 여기서부터 중요합니다. '최종 판단 시점'의 사물의 입장에선 '과거의 속성들'이기 때문에 그 속성들로부터 어떠한 정보도 얻을 수 없다고 합니다. 이 말의 의미를 이해해야 해요! 우리는 지금 '사고의 한계'가 무엇인지 알아내야 하니까요.

우리가 알고 있는 정보는 '관념적 모사'는 변하지 않는 것, '사물의 속성'은 변하는 것이라는 점입니다. 여기서 '최종 판단 시점의 사물'이 '관념적 모사'가 된 것이고, '사물의 속성'은 곧 '과거의 속성들'과 같은 말이죠?

다시 말해서, 시점에 따라 '변하는' 과거의 속성들은 그러한 변화를 반영하지 않기 때문에, 사실은 그 속성들로부터 '최종 판단 시점'의 사물에 대해서는 아무것도 알 수 없습니다. 그렇게 최종적인 판단을 내리는 시점에 그 판단의 근거가 되는 속성들은 모두 변해버린 상태입니다. 이 점이 바로 '사고'의 한계입니다. 어렵다고 넘어가지 마세요. 꼭 이해하고 가셔야 합니다.

④ 혹시나 이해하지 못했을까 봐, 사실상 같은 말을 통해 재진술하고 있습니다. '변화'하기 때문에 '최종 판단'이라는 '사고'의 자료로 유효하지 않았으니, **'변화하지 않는다'라는 점이 전제되어야 '최종 판단'이라는 '사고'의 자료로 유효하다는 것**이죠. 우리가 앞에서 생각한 내용과 똑같은 말이죠?

⑤ 마지막 문장 역시 똑같은 말입니다. '변화'하는 것을 '변화하지 않는' 것으로 만드는 것. 그래서 '사고'를 통해 얻는 '지식'을 부분적이고 일면적인 것으로 만드는 것.(변화를 반영하지 못한다는 소리겠죠?) 이것이 바로 '사고'가 가진 한계였습니다.

'사고'의 역할을 소개하고, 예시를 통해 '사고'가 가진 한계를 지적하는 방식으로 전개되는 지문입니다. '변화'를 반영할 수 없다는 '사고의 한계'. 이 화제를 잊지 않은 채로 읽어주셨어야 해요!

Q. 윗글의 주제를 함축한 말로 강의를 시작한다고 할 때, 가장 적절한 것은? ①

→ 독특한 형태의 문제입니다. 한 마디로 '화제'를 찾으라는 거예요. '변화를 반영하지 못하는 사고의 한계'. 이 말과 가장 가까운 말을 찾아 봅시다.

① 이 강의실이 어제의 이 강의실 맞나요?

→ '이 강의실'에는 분명 어떠한 속성의 변화가 발생했을 거예요. 그런데 오늘 '이 강의실'을 보고 '사고'하는 순간 그 변화를 반영하지 못했겠죠? '사고'가 가진 한계를 명확하게 드러내는 좋은 말이네요.

② 오늘은 도형의 종류에 대해 알아 보겠습니다.
③ 여러분은 평소에 자료 정리를 어떻게 하나요?
④ 우리는 곧잘 우리 자신이 한 약속조차 잊곤 합니다.
⑤ 오늘은 덧셈을 잘할 수 있는 비법을 알려 드리겠습니다.

→ 나머지는 모두 헛소리입니다. '변화를 반영하지 못하는 사고'라
는 포인트가 전혀 살아있지 않죠? 이 지문의 '화제'를 무수한 재진
술을 통해 완벽하게 인식했다면, 너무나 쉽게 해결할 수 있는 문제
였네요.

`1문단`

> ① 기차 안에서처럼 두 개의 의자가 서로 마주보고 있고, 그 옆에는 스크린이 창문처럼 설치되어 있다. ②관람객들이 이 의자에 앉아 대화를 나누면 대화 속의 단어들에 상응하는 이미지들이 화면 가득히 나타나 입체적 영상을 만들어 낸다. ③이는 소머러와 미그노뉴의 디지털 아트 작품인 『인터넷 타기』에 대한 설명이다. ④이와 같은 최근의 예술적 시도들은 작품과 수용자 사이의 경계를 넘어 작품의 생성과 전개에 수용자를 참여시킴으로써 작품과 수용자 사이의 상호 작용을 가능하게 한다.

① 지문 옆 그림에 대한 설명이 나오고 있습니다. 이렇게 그림에 대한 설명이 나올 때는 당황하지 않고 글의 설명을 그림에 대응해 가며 읽어주시면 됩니다. 쉽게 말해서 **그림을 '사례'로 생각**하고, 글을 '원리'로 생각해서 '사례-원리 연결'처럼 읽어주시면 되는 것입니다.

② 실제로 보니까 스크린 옆에서 관람객들이 '나비', '호랑나비' 등 대화를 나누니까 그에 상응하는 이미지인 '나비'가 실제로 스크린에 나타나는 것을 볼 수 있습니다. 아직은 무슨 소린지 잘 모르겠네요. 어떤 정의, 개념 등이 안 나왔으니 '대체 이게 뭘 설명하려고 서술된 것일까?'와 같이 '화제'에 대한 고민을 하면서 다음으로 넘어가시면 됩니다.

③ 그림에 대한 설명이 '인터넷 타기'라는 것에 대한 설명이었습니다. '스크린'에 사람의 대화가 '이미지'로 나타나니까 '디지털' '아트' 작품이라고 할 수 있겠네요. 앞에 나온 설명을 바탕으로 이와 같이 단어의 의미를 살려서 이해해주셔야 합니다!

④ 이러한 '인터넷 타기'와 같은 최근의 예술적인 시도들이 어떤 효과를 낳고 있는지 설명하고 있습니다. '최근의 예술적 시도에 관련된 설명이 화제인가?'와 같은 생각을 가진 채로 글을 계속 읽어주시면 됩니다. 대략적인 화제를 잡고 넘어갑시다.

아무튼 최근의 예술적 시도들은 '작품'과 '수용자' 사이의 경계를 넘어서 '작품의 생성과 전개'에 수용자를 '참여' 시킨다고 합니다. 앞에 나왔던 '인터넷 타기'의 재진술일 뿐입니다. 원래는 수용자가 작

품을 보고 감상하기만 했는데, 이제는 수용자가 직접 '스크린에 이미지를 만드는 것처럼' 작품의 생성과 전개에 참여하는 것입니다. '인터넷 타기'에서도 수용자가 말하는 내용이 스크린에 생성되니까요.

이 내용이 다시 한번 **작품과 수용자 사이의 상호 작용**'으로 재진술되고 있습니다. **수용자가 작품을 '감상'하고 동시에 '생성'**하니까 '상호 작용'이라고 할 수 있겠네요. 수용자가 작품에 영향을 주고, 작품이 수용자에게 영향을 주니까요. 만약 이 부분을 읽으면서 재진술을 잡아내지 못하면 지문의 내용이 모두 파편화된 정보로 인식될 것이고, 그러면 자연스레 이해도가 떨어집니다. 주의하셔야 해요.

2문단

①이는 분명 종래의 예술관에 대한 도전이다. ②종래의 예술관은 수용자의 참여를 허락하지 않았을 뿐만 아니라 예술 감상을 미적 관조로 한정하고 있었기 때문이다. ③즉 예술 작품에 대한 감상은 예술 이외의 모든 관심과 욕구로부터 초연한 상태에서 가능하다는 것이다. ④더구나 이러한 관조적 태도와 함께 예술 작품 자체도 모든 것에서 벗어난 순수한 객체가 됨으로써 이제 예술은 그 어떤 권위도 침해할 수 없는 자율적 영역이 된다. ⑤이 때문에 종종 예술은 쓸모없는 것으로 평가절하되기도 하지만, 현실의 모든 긴장과 갈등으로부터 벗어날 수 있는 해방 공간으로 승화되기도 한다.

① 앞에 나온 '최근의 예술적 시도'가 '종래의 예술관'에 대한 도전이라고 합니다. '최근'의 예술적 시도가 '지금까지의' 예술과 다르다는 것입니다. '최근의 예술적 시도'와 '종래의 예술관'에 관한 얘기를 하겠습니다.

② 어쨌든, 종래의 예술관에 대한 설명이 나오면서 왜 최근의 예술적 시도가 종래의 예술관에 도전한 것인지 이유가 나옵니다. 종래의 예술관은 '수용자의 참여'를 허락하지 않았다고 합니다. 반면, 최근의 예술적 시도는 '수용자의 참여'를 허락했죠? 작품과 수용자가 '상호 작용'을 하니까요. 또한 예술 작품에 대한 '감상'은 '미적 관조'로 한정하고 있었다고 합니다. 미적 관조가 정확히 어떤 의미인지 모르겠어요. 일단 '미적 관조'가 종래의 예술관의 특징이자, 최근의 예술적 시도와 상반된다는 점만 잡고 넘어갑시다.

③ 앞에서 '미적 관조'가 무슨 의미인지 파악하지 못해도 여기서 이해할 수 있습니다. '즉'이라는 표지와 함께 쉬운 재진술이 나오네요. 앞 문장까지의 설명이랑 어떤 점이 같은지 '대응'하며 읽어야겠

죠? 예술 '작품'에 대한 감상은 '예술 이외의 모든 관심과 욕구'로부터 초연해야 한다고 하네요. 이 재진술을 통해 '관조'의 정의를 잡을 수 있어야 합니다. 예술 이외의 것들에 초연한다는 것이 '미적 관조'의 정의가 되겠네요.

사실 '관조' 정도는 어휘력으로 알고 있어야 하는 단어입니다. 어떤 다른 생각이 개입되지 않고 무언가를 있는 그대로 바라보는 것이 관조의 뜻입니다. 관조의 뜻을 알고 나니까 '예술 이외의 것'이 개입되지 않고 예술을 '예술 그 자체'로 바라봐야 한다는 점이 '관조'랑 이어지죠? 그래서 '미적/관조'인 것입니다.

④ 이렇게 예술을 관조적으로 대하면, '예술 작품 자체'도 '순수한 객체'가 된다고 합니다. 우리가 예술을 예술 그 자체로 바라보니까 예술도 '예술 그 자체'가 되는 것이죠. 앞 문장을 계속 '재진술'하고 있는 것에 불과합니다. '미적 관조'의 내용을 그대로 엮어가며 읽어나가는 거죠.

그렇게 예술은 예술 그 자체로써 어떤 권위도 침해할 수 없다고 합니다. 여기서 말하는 '권위'는 '예술 이외의 모든 관심과 욕구' 혹은 '수용자의 참여'를 가리키겠죠? 같은 포인트를 다른 말로 바꾸어서 제시하는 것입니다! 지문에 제시된 개념을 계속 누적해서 읽어줘야 합니다.

⑤ 그리고 당연하게도, 이렇게 아무것도 개입하지 못하는 게 예술이라면, '쓸모없는 것'으로 보일 수도 있습니다. 하지만 어떤 '권위'도 침해하지 못하니까 현실의 모든 '긴장과 갈등' 역시 예술 작품을 침해하지 못하겠네요. 그런 면에서 '해방' 공간으로 승화될 수 있습니다. 현실의 긴장과 갈등으로부터 '벗어나니까' '해방' 공간이라고 할 수 있겠네요. 계속 단어의 의미를 살려서 이해해주셔야 합니다.

3문단

①그렇다면 최근의 예술적 시도들이 예술을 상호 작용 공간으로 만들 경우 미적 해방 공간마저 일상적 삶의 긴장과 갈등, 그리고 예술 이외의 관심과 욕구로 얼룩지고 마는 것인가? ②넓게 보자면 인간은 세상과의 상호 작용 속에서 살고 있기 때문에 인간의 경험이란 세상과의 부단한 상호 작용의 결과이다. ③상호 작용이 외적 내적 요인으로 인해 긴장과 갈등을 낳을 때, 인간의 경험은 대립과 분열 속에 빠지며, 이것이 지속될 때 삶은 위기를 맞는다. ④반면 각각의 상호 작용의 고유성이 보호되면서도 이것이 하나의 전체 속에서 통일될 때 인간의 삶은 극치를 이룬다. ⑤존 듀이는 이러한 통일성에

대한 체험을 미적 체험으로 간주한다. ⑥ 물론 이러한 미적 체험은 현실적 삶에서 실현되기 어렵다. ⑦ 오히려 이 것은 예술 작품 속에서 상이한 요소, 행동, 사건, 주체들이 고유성을 상실하지 않으면서도 하나의 통일성을 이룰 때 가능하다.

① 다시 '최근의 예술적 시도'에 대한 얘기가 나오고 있습니다. 이게 화제였으니 절대 까먹으면 안 됩니다. 최근의 예술적 시도는 '**작품과 수용자 사이의 상호 작용'을 가능케 한다는 점**에서 종래의 예술관과 달랐어요.

그런데 이렇게 '상호 작용'이 발생한다면, 앞에서 읽은 것처럼 '현실의 긴장과 갈등'이 예술을 침범하는 것일까요? 만약 그렇다면 예술 작품은 더 이상 '해방 공간'이 아니게 됩니다. '수용자의 참여'와 같은 '예술 이외의 관심과 욕구'가 작품을 침해하니까요.

그런데 이 문장은 '물음'을 던지고 있습니다. 우리 생각대로라면 '해방 공간'이 '수용자의 참여'에 '침해' 당하는 것이 맞는데, '그게 진짜로 그럴까?'하고 묻고 있는 것이죠. 물음은 일종의 '화제를 제시하는 문장'이라는 사실을 잊지 않으셨죠? 우리는 이제부터 '최근의 예술적 시도'가 '미적 해방 공간'을 침해하고 있는 것이 맞는지 궁금해 하면서 읽어야 합니다.

② 예술에 대한 이야기가 나오나 했더니 갑자기 '인간과 세상의 상호 작용'에 대한 설명이 나옵니다. 무슨 말인지 잘 모르겠어도 최대한 이해해 봅시다. **화제를 중심으로!** 어쨌든 인간이 세상과 상호 작용을 하고 있으니 우리의 경험은 당연히 세상과의 상호 작용으로 인해 생긴 결과겠네요. 있는 그대로 납득하시면 됩니다.

③ 이런 상호 작용이 '긴장과 갈등'을 낳는다고 합니다. 긴장과 갈등? 위에서 읽으셨죠? 최근의 예술적 시도가 미적 해방 공간에 '긴장과 갈등'을 부여하는지에 대해 읽고 있었다는 사실을 잊지 말아야 합니다. 계속 화제를 중심으로 읽어야 해요. '인간의 경험'이란 게 '예술'과 연결될 거라는 생각을 가진 채로 계속 읽어야 합니다.

상호 작용에서 긴장과 갈등이 생기니까 '상호 작용의 결과'인 '인간의 경험'도 문제가 생기겠네요. 당연히 문제가 지속되면 인간의 삶에 위기가 생길 것이고요. 조금 귀찮을지라도 지금은 이렇게 문장 하나하나를 납득하고 이해하면서 읽는 연습을 해야 합니다.

④ 그런데 인간과 세상이 상호 작용할 때, 각각의 '고유성'이 지켜지면서도 전체 속에서 '통일'되면 인간의 삶이 극치를 이룬다고 합니다. 우리가 세상과 상호 작용하는 것이 '고유성'을 가지고 다른 무엇에 침해받지 않는 상태이지만, 결국 전체적인 '통일성'을 가지고 조화를 이루면 좋다는 것이죠.

아직까지도 직접적으로 '예술'에 대해 설명하지는 않습니다. 이쯤 되면 '최근의 예술적 시도가 해방 공간에 미치는 영향'이라는 '화제'를 잊어 버릴 확률이 높아요. 그 순간부터 우리가 무엇을 읽는지 모르고 방황하게 됩니다. 자연스럽게 집중력은 떨어지고요. 그래서 '화제'와 '재진술'이 정말 중요한 태도입니다.

⑤ 드디어 다시 '**예술**'에 대한 이야기가 나옵니다. '**미적 체험**'이라는 워딩을 보고 화제를 다시 떠올릴 수 있어야 해요! 앞에서 제시된 '통일성'에 대한 체험이 '미적 체험'이라고 하네요. 일종의 '수식된 정의'입니다. **인간과 세상의 상호 작용에서 고유성이 유지되며 통일성을 이루는 경험이 '미적 체험'**입니다. 정의를 꼭 체크하고 넘어 갑시다.

⑥~⑦ 이는 당연히 '현실적 삶'에서 실현되기 어렵습니다. 그래서 지문은 이 '미적 체험'을 '예술 작품'을 통해 할 수 있다고 설명하네요. 현실의 삶에서 우리가 세상과 상호 작용할 때 이런 '미적 체험'을 느끼면 좋겠지만, 그게 안 되니까 '예술'에서 그것을 이룰 수 있다는 것입니다. 예술 작품 속에서 '상이한 요소, 행동, 사건, 주체'들이 '**고유성**'을 상실하지 않으면서 '**통일성**'을 이룰 때 가능하다고 하네요. 여기서 '상이한 요소 ~ 주체'까지 나열된 요소들을 '상호 작용'으로 읽어줄 수 있어야 합니다. '상호 작용'이 '고유성'을 가지고 '통일'을 이뤄야 하니까요. 결국 재진술인 것이죠!

① 이런 점에서 듀이는 예술의 신성화가 아니라, 예술의 세속화를 원한다. ② 대립되고 분열된 일상의 수많은 상호 관계와 경험들은 이 세상 속에서 미적 체험으로 통합되어야 한다. ③ 상호 작용을 강조하는 예술적 시도가 이러한 미적 체험을 실험하고 연습하는 장을 만든다면, 이는 예술 작품을 넘어 삶 속에서도 미적 체험을 성취하는 데 기여할 것이다.

① 갑자기 '듀이'가 '예술의 세속화'를 원한다고 합니다. 딱 보면 예술의 세속화가 안 좋은 것처럼 보일 수 있습니다. '세속'이라는 단어가 주는 뉘앙스가 부정적이라서 그래요. 하지만 이런 뉘앙스에'만' 집착하는 것이 아니라, 결국 지금 이야기하고 있는 '미적 체험'과 이어질 거라는 믿음을 가지고 글을 계속 읽어줘야 합니다. '예술의 세속화'가 무엇인지, 그리고 이를 왜 원하는지 '화제'를 떠올리면서 이해해보도록 합시다.

② 그렇게 이 문장을 읽으면 '예술의 세속화'를 이해할 수 있습니다. 재진술 문장이에요. 듀이가 '예술의 세속화'를 원하는 이유는 '일상'의 '대립되고 분열'된 상호 작용 즉, '**현실적 삶**'의 '**긴장과 갈**

등으로 얼룩'진 상호 작용이 '미적 체험'으로 통합되기를 바라기 때문입니다. 현실에서의 문제를 '예술'을 통해 해결하기를 원하는 것이죠.

③ 그래서 '상호 작용을 강조하는 예술적 시도'가 '미적 체험'을 할 수 있는 장을 만들어 '삶'에서도 '미적 체험'을 경험할 수 있게 기여해야 한다고 합니다. 여기서 말하는 '상호 작용을 강조하는 예술적 시도'는 '최근의 예술적 시도'일 것입니다. 계속해서 같은 내용을 재진술하고 있습니다.

예술로 먼저 '미적 체험'을 할 수 있게 만들고, 그것을 '현실적 삶'의 영역으로 확장시켜 나가는 것이죠. 미적 체험의 정의가 단순히 '예술'에만 머물렀던 게 아니라 '통일성에 대한 체험'이라는 점을 생각하면, '현실적 삶'으로의 확장에 대한 이야기가 왜 서술되었는지 납득하실 수 있을 것입니다. '미적 체험'은 '인간과 세상의 상호 작용'에서의 '통일성에 대한 체험'이니까요. 단순히 예술에 관련된 영역으로 한정 지으면 안 되겠죠?

결국 이 지문은 '최근의 예술적 시도'를 정당화하고 있습니다. **작품과 수용자가 '상호 작용'하면서 '예술에서의 미적 체험'을 만들면, 그 미적 체험이 '현실적 삶에서의 미적 체험'까지 이어질 수 있다**는 것이죠. 글의 처음부터 끝까지 하나의 이야기를 하고 있다는 느낌을 받으셔야 합니다. 만약 어려웠다면 천천히 한 줄 한 줄 읽으면서 깊이 생각해보시면 됩니다. 그러고 다시 해설을 읽어 보면서 '생각의 힘'을 기르시길 바랍니다.

Q. ㉠~㉤에 대한 이해로 적절하지 않는 것은? ②

→ 밑줄 친 부분의 '맥락상 의미'를 묻는 문제입니다. 글에 대한 '이해'가 수반되지 않으면 쉽게 풀 수 없어요. 단순한 어휘 문제처럼 보이게 나오는 경우도 있지만, 결국 지문의 이해를 묻는 '독해' 문제이므로 무시하면 안 됩니다! 우리가 이해한 내용을 바탕으로 같이 한 번 풀어봅시다.

   ① ㉠: 예술 작품을 창작하는 데 수용자의 참여를 배제함으로써 예술 작품을 예술가만의 창작 결과로 만드는 것을 말한다.

→ '작품과 수용자 사이의 경계'는 작품과 수용자를 막고 있는 벽입니다. 최근의 예술적 시도가 작품과 예술 사이의 '상호 작용'을 시도하는 것과 달리, 그 둘 사이를 가로막는 '종래의 예술관'과 같은 것이죠. 따라서 예술 작품을 창작하는 데 수용자의 참여를 '배제'하여 작품을 예술가'만'의 것으로 만든다는 선지의 내용은 적절합니다.

   ② ㉡: 수용자가 완결성을 갖는 작품을 변형하면서 이를 감상하는 것을 말한다.

→ '작품과 수용자 사이의 상호 작용'은 앞에서 말했던 것처럼 수용자가 작품의 생성과 전개에 참여하는 것입니다. 수용자가 작품을 만들어나가는 것이죠. 따라서 작품이 '완결성'을 갖고, 그것을 감상한다는 말은 적절하지 않습니다. 물론 수용자가 그것을 '변형'하긴 하지만, 작품의 '생성'부터 '전개'까지 수용자가 참여하는 것이 아니라 이미 '완결성'을 갖는 작품을 변형한다는 점에서 적절하지 않습니다.

→ 선지를 뭉개 읽었다면 헷갈릴 수 있어요. 선지를 읽을 때 "'수용자'가 '변형'하면서 '감상'하는 것이니, 수용자가 참여하는 것이네! 적절하겠다."라고 읽었다면 반성해야 합니다. 지문의 화제였던 '최근의 예술적 시도 = 상호 작용'의 의미를 제대로 파악하지 못했거나, 선지가 묻고자 하는 핵심을 제대로 파악하지 못했을 가능성이 높아요.

   ③ ㉢: 실용적, 윤리적, 정치적 목적을 달성하려는 욕구 혹은 과학적 호기심 등 예술 작품 자체를 향유하려는 것 이외의 관심과 욕구를 말한다.

→ '예술 이외의 모든 관심과 욕구'는 예술 자체에 관심을 가지는 것(미적 관조)이 아니라, 예술 이외의 관심들을 가리킵니다. 즉, 선지에서 말하고 있는 '예술 자체에 대한 관심 이외의 모든 욕구'를 가리켜요. 따라서 선지의 진술은 적절합니다!

   ④ ㉣: 사람들이 삶의 긴장과 갈등으로부터 벗어나 오직 예술 작품에만 관심을 집중하는 상태를 말한다.

→ '해방 공간'의 정의를 먼저 살펴볼까요? '현실의 모든 긴장과 갈등으로부터 벗어날 수 있는 공간'을 뜻합니다. 현실의 어떤 권위도 침해할 수 없는 공간입니다. 따라서 오직 '예술 작품에만' 관심을 집중하는 상태를 뜻한다는 선지의 내용은 적절하네요!

   ⑤ ㉤: 한 인간이 맺고 있는 수많은 관계가 서로 조화를 이루어 자신의 삶에 대해 아름다움을 느끼는 것을 말한다.

→ 선지에 쓰여있는 '한 인간이 맺고 있는 수많은 관계'는 '인간과 세상의 상호 작용'과 같은 말입니다. '미적 체험'은 그러한 상호 작용의 '통일성'을 체험하여 삶이 '극치'를 이루는 것을 뜻합니다. 또한 선지의 수많은 관계가 '조화'를 이룬다는 것은, '고유성'과 '통일성'을 동시에 느낀다는 것과 같은 말입니다. 따라서 자신의 삶에 대해 '아름다움'을 느낀다는 내용은 적절하겠네요. 삶이 '극치'를 이룬 것이니까요.

1문단

① 어떤 장비의 '신뢰도'란 주어진 운용 조건하에서 의도하는 사용 기간 중에 의도한 목적에 맞게 작동할 확률을 말한다. ② 복잡한 장비의 신뢰도는 한 번에 분석하기가 힘든 경우가 많으므로, 장비를 분해하여 몇 개의 하부 시스템으로 나누어서 생각하는 것이 합리적인 접근 방법이다. ③ 직렬과 병렬 구조는 하부 시스템에 자주 나타나는 구조로서, 그 결과를 통합한다면 복잡한 장비의 신뢰도를 구할 수 있다.

① '신뢰도'의 정의를 일반적인 형태로 제시하고 있습니다. '신뢰도'는 목적에 맞게 작동할 확률입니다. 즉, 신뢰/도는 이 기계의 작동을 얼마나 '신뢰할 수 있는지'를 나타내는 값인 것이죠. 단어의 의미를 살려주면 쉽게 납득할 수 있습니다. **신뢰도에 대한 내용을 설명**하는 것, 이게 곧 이 지문의 화제일 것 같습니다.

② '신뢰도'에 대해서 계속 이야기하고 있습니다. 신뢰도를 분석하려면 장비의 시스템을 구분해서 생각해야 한다고 해요. 그렇다면 **신뢰도를 파악하기 위해 필요한 '하부 시스템'이 무엇인지** 궁금해하면서 넘어갑시다. '신뢰도'는 우리가 앞에서 대략적인 화제로 잡았고, 하부 시스템은 화제와 직결되는 개념이기 때문입니다!

③ 여기서 '하부 시스템 = 직렬 구조, 병렬 구조'라는 것을 바로 체크하셔야 합니다. 이 두 가지 구조를 이용하면 복잡한 장비의 '신뢰도'를 구할 수 있다고 해요. 즉, 직렬과 병렬 구조가 신뢰도를 구하기 위해 필요한 하부 시스템의 구조인 것입니다! 그렇다면 **직렬, 병렬 구조를 중심으로 '신뢰도'를 구하는 방법을 알아보는 것이 곧 이 지문의 화제**가 되겠네요.

2문단

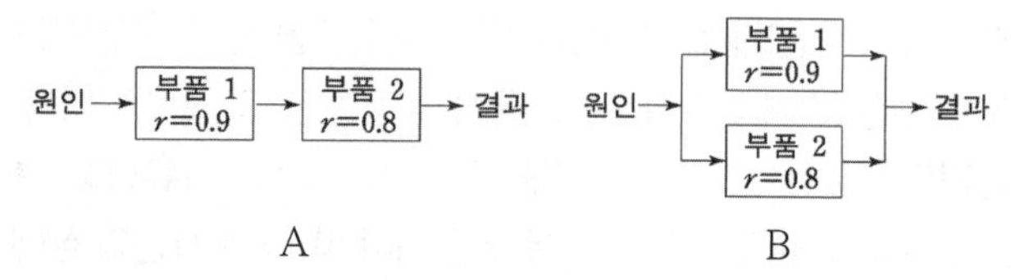

① A와 같은 직렬 구조는 원인에서 결과에 이르는 경로가 하나인 가장 간단한 신뢰도 구조이다. ② 직렬 구조에서 시스템이 정상 가동하기 위해서는 모든 부품이 다 정상 작동해야 한다. ③ 어떤 하나의 부품이 고장 나면 형성된 경로가 차단되므로 시스템이 고장 나게 된다. ④ 만약 어떤 부품의 고장이 다른 부품의 수명에 영향을

주지 않는다면 A의 신뢰도는 부품 1의 신뢰도(r=0.9)와 부품 2의 신뢰도 (r=0.8)를 곱한 0.72로 계산되며, 이것은 100번 가운데 72번은 고장 없이 작동한다는 것을 의미한다. ⑤ 고장 없이 영원히 작동하는 부품은 없기 때문에 직렬 구조의 신뢰도는 항상 가장 약한 부품의 신뢰도보다도 낮을 수밖에 없다.

① 앞에서 본 두 구조 중 '직렬 구조'에 대해 설명합니다. 정의를 제시하고 있으니 꼭 읽어줍시다. 그런데 어렵지는 않아요. 그림도 친절하게 제시하면서 설명해주고 있습니다. 직/렬 구조는 말 그대로 '직'선으로 연결되는 구조입니다. 그림도 원인과 결과 사이에 있는 부품 두 개가 일직선으로 연결된 것을 확인할 수 있어요. 사실 대부분 직렬, 병렬이 무엇인지는 아시겠지만, 그래도 앞에서 배운 독해 태도를 최대한 활용하면서 읽는 습관을 들이는 것이 좋겠죠?

② 정의를 이해했다면 충분히 이해할 수 있는 문장입니다. 그림에서 알 수 있듯 직렬 구조에서는 부품이 하나씩 차례대로 연결되어 있습니다. 그럼 당연히 두 부품 중 하나만 고장이 나더라도 제대로 작동하지 않겠죠.

③ 재진술 문장입니다. 직렬 구조에서는 모든 부품이 정상이어야 작동한다고 했어요. 이 포인트를 반복하고 있다는 점을 파악하셔야 합니다. '모든 부품이 정상이어야 작동한다 = 하나라도 고장 나면 작동하지 않는다', 두 문장은 같은 말이니까요.

④ 화제를 떠올리면서 읽어야 하는 문장입니다. 이 글의 화제가 무엇이었나요? 그렇죠. 하부 시스템을 이용하여 '신뢰도'를 구하는 방법이었습니다. 여기서도 **직렬 구조를 이용해서 '신뢰도'를 계산하는 방법**을 설명하고 있습니다. 내용도 충분히 이해할 수 있습니다. 숫자가 나온다고 겁먹지 않으셔도 됩니다! 그림과 함께 설명해주니 **그림을 일종의 사례로 활용하면서** 천천히 이해하시면 됩니다.

직렬 구조에서는 두 부품의 신뢰도를 곱해서, A의 신뢰도를 최종적으로 산출합니다. 그러면 0.72라는 값이 나오는데, 이게 '100번 중 72번 정상 작동할 확률'이라고 합니다. 즉, A는 100번 중 72번 작동할 것이라고 신뢰할 수 있죠.

그렇다면 직렬 구조는 왜 이렇게 계산할까요? 그렇죠. **'모든 부품'이 '정상 작동'해야 하기 때문**입니다. 하나라도 고장이 나면 작동하지 않는 것이 직렬 구조였어요. 즉, 두 부품이 모두 정상 작동할 때 A의 신뢰도가 나오기 때문에 부품 1과 부품 2의 신뢰도를 곱하는 것입니다. **대충 넘어가지 않고 반드시 이해해야 하는 포인트입니다. 화제 그 자체의 원리를 설명하기 때문이에요!**

⑤ 이것 또한 직렬 구조의 정의와 원리를 잘 이해했다면 쉽게 납득

할 수 있습니다. 직렬 구조는 '모든 부품'이 '정상 작동'해야합니다. 그래서 모든 부품의 신뢰도를 곱하는 방식으로 직렬 구조의 신뢰도를 구했죠. 부품 1과 부품 2의 신뢰도를 곱해주는 것처럼요. 그럼 당연히 최종적인 직렬 구조의 신뢰도는 가장 약한 부품의 신뢰도보다 낮을 것입니다. **가장 약한 부품 뿐만 아니라 다른 부품이 고장날 확률도 고려해야 하기 때문**이에요.

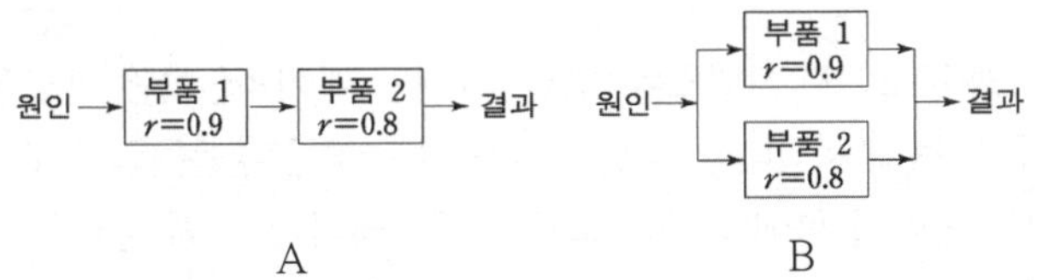

① 한편, B와 같은 병렬 구조는 원인에서 결과에 이르는 여러 개의 경로가 있고, 그중에 몇 개가 차단되어도 나머지 경로를 통해 결과에 이를 수 있는 구조이다. ② 병렬 구조에서는 부품이 모두 고장이어야 시스템이 고장이므로 시스템이 작동한다는 의미의 값인 1에서 두 개의 부품이 모두 고장 날 확률(0.1*×0.2=0.02)을 빼서 얻은 0.98이 B의 신뢰도가 된다. ③ 한 부품의 고장이 다른 부품의 신뢰도에 영향을 준다면 이 값 역시 달라진다.

* 어떤 부품이 고장 날 확률 = 1 - (그 부품의 신뢰도)

❶ 이번엔 '병렬 구조'에 대해 설명합니다. 그림과 함께 가볍게 이해해주시면 됩니다. 병/렬 구조는 말 그대로 부품들이 여러 방식으로 '병치'되어 있는 구조입니다. B의 그림을 보면 더 쉽게 이해할 수 있겠죠? 그러니까 몇 개가 차단되어도 다른 경로로 이동할 수 있는 것입니다. 부품 1이 막혀도 부품 2가 있으니까요. 직렬 구조와의 차이점도 생각하면서 넘어갑시다. 직렬 구조는 직선으로, 병렬 구조는 다양하게 병치되어 있는 구조입니다. 그래서 하나가 고장 나면 다 막혀버리는 직렬 구조와 다르게, 하나가 막혀도 다른 경로를 통해 결과에 이를 수 있는 것이에요.

❷ **화제와 관련된 정보**입니다. 왜 이렇게 병렬 구조의 신뢰도를 구하는지 이해하셔야 합니다. 병렬 구조에서는 '모든 부품이 고장'이어야 시스템이 작동하지 않습니다. 앞에서 직렬 구조와의 차이점으로도 설명했던 부분이죠? 이 때문에 병렬 구조는 직렬 구조와 다르게 신뢰도를 구할 때, **'모두 고장 날 확률'을 구한 후 1에서 이를 빼는 방식**을 이용합니다. 모두 고장 나지 않는 이상 정상 작동할 것이라고 신뢰할 수 있기 때문이에요. 그래서 부품 1이 작동하지 않을 확률인 0.1(1-0.9)과 부품 2가 작동하지 않을 확률인 0.2(1-0.8)를 곱한 후, 이 값을 1에서 빼서 0.98이라는 신뢰도를 구할 수 있습니다.

③ 재진술입니다. 병렬 구조는 '모든 부품'이 고장 나면 작동하지 않는 방식이었습니다. 그래서 B의 신뢰도를 구할 때 부품 1과 부품 2가 '모두' 작동하지 않을 확률을 1에서 빼는 방식으로 구했죠. 그런데 만약 일부 부품이 고장 날 때, 다른 부품의 신뢰도에 영향을 준다면 시스템의 신뢰도도 바뀔 것입니다. 예를 들어 부품 1이 손상됐을 때 부품 2의 신뢰도가 0.3으로 떨어진다면, B의 신뢰도는 당연히 달라지겠죠?

① 이러한 신뢰도 구조는 물리적 구조와 구분된다. ②자동차의 네 바퀴는 물리적 구조상 병렬로 설치되어 있지만, 그중 하나라도 고장 나면 자동차가 정상적으로 운행될 수 없으므로 신뢰도 구조상으로 직렬 구조인 것이다.

❶ 신뢰도 구조와 물리적 구조는 서로 다르다고 합니다. 그러니까 신뢰도 구조가 직렬인 것이랑, 물리적 구조가 직렬인 것이랑은 다르다는 의미입니다. 어떻게 다른지 이해해야겠죠?

② **사례와 함께 두 차이점을 설명**해주는 문장입니다. 자동차 바퀴 4개는 따로따로 병렬되어 있습니다. 직선으로 연결된 구조(직렬 구조)가 아니죠? 그럼에도 자동차 바퀴가 하나라도 없으면 자동차는 작동할 수 없습니다. 이런 게 바로 물리적 구조와 신뢰도 구조의 차이입니다. 자동차 바퀴는 물리적으로는 병렬 구조이지만, 신뢰도 구조는 직렬 구조인 것이죠. 바퀴 하나라도 고장 나면 시스템(자동차) 전체가 작동하지 않기 때문이에요. 이 문장을 보고, 두 개념을 구분하면 됩니다.

① 종종 장비의 신뢰도를 높이기 위해 중복 설계(重複設計)를 활용하기도 한다. ②가령, 순간적인 과전류로부터 섬세한 전자 기구를 보호하는 회로 차단기를 설치할 때에 그 안전도를 높이기 위해 2개를 물리적 구조상 직렬로 연결해야 하는데, 이때 차단기 2개 중 1개라도 정상 작동하면 전자 기구를 보호할 수 있다. ③이것은 물리적으로 직렬 구조이지만 신뢰도 구조상으로 병렬 구조인 것이다.

❶ 화제와 관련해서 '중복 설계'라는 개념이 등장합니다. 중복 설계의 정의가 명확히 제시되지는 않았지만 이게 신뢰도를 높이기 위한 방법 하나라는 점은 체크합시다. 이러나저러나 화제와 관련된 정보

이니까 중요하긴 할 것 같습니다!

② 중복 설계의 예시입니다. 회로 차단기(시스템)를 설계할 때 안전도를 높이기 위해 차단기 2개를 물리적 구조상 직렬로 연결해야 한다고 합니다. 차단기를 연달아서 2개 달아둔다는 말이겠죠? 그런데 이때 둘 중 하나만 정상 작동해도, 차단기는 정상 작동하므로 과전류를 보호할 수 있습니다. 이러면 차단기의 신뢰도는 높아지겠군요. 둘 중 하나만 작동해도 차단기는 본래 목적대로 정상 작동하는 것이니까요.

③ 위에서 이해한 포인트를 재진술하는 문장입니다. 차단기 2개를 연달아서 배치하는 것은 '<u>물리적 구조</u>'상 직렬입니다. 하지만 둘 중 하나만 정상 작동한다는 점에서 '<u>신뢰도 구조</u>'상 병렬인 것입니다. 앞의 자동차 사례와는 반대되는 것이죠?

6문단

> ① 신뢰도 문제에서 직렬이나 병렬의 구조로 분석할 수 없는 'n 중 k' 구조도 나타난다. ② 이 구조에서는 모두 n개의 부품 중에 k개만 작동하면 시스템이 정상 가동된다. ③ n겹의 쇠줄로 움직이는 승강기에서 최대 하중을 견디는 데 k겹이 필요한 경우가 그 예이다. ④ 이 구조에서도 부품 간의 상호 작용에 따라 신뢰도가 달라진다.

① 이번에는 직렬도, 병렬도 아닌 'n 중 k 구조'라는 개념이 등장합니다. 이 또한 화제와 관련된 정보라는 것만 기억하고, 무엇인지 이해하겠다는 마음으로 다음 문장을 봅시다.

② 'n 중 k 구조'의 정의입니다. 여기서 말하는 '이 구조'가 'n 중 k 구조'라는 점은 다들 파악할 수 있겠죠? 정의는 아주 간단하네요. 'n개 중' 최소한 'k개'만 정상이면 시스템이 정상 작동하는 구조입니다.

③ n 중 k 구조의 예시입니다. n겹의 쇠줄 중 최소 k겹이 필요하다고 해요. 총 10겹의 쇠줄 중 5겹만 있으면 엘리베이터가 작동하는 그런 구조를 가리키는 것입니다.

④ 단순히 n개 중 k개만 필요한 게 아니라, 그중에서도 부품 간 상호작용이 신뢰도에 영향을 줄 수 있다고 합니다. 당연히 부품 간 상호작용이 있으면 전체 시스템의 신뢰도에 영향을 주겠죠? 부품이 시스템의 신뢰도에 영향을 주니까요! 병렬 구조도 그랬습니다. 병렬 구조와의 공통점도 파악하고 넘어갑시다. 참고로 '도'와 같은 보조사가 붙으면 집중해줄 필요가 있어요. 여기서도 '이 구조에서도'라는 표현을 통해, 병렬 구조와의 공통점을 간접적으로 언급하고

있어요. "이 구조는 병렬 구조처럼~~" 이런 식으로 서술해주면 읽기가 편한데, 이 문장처럼 '도'라는 보조사를 통해 넌지시 알려주면 우리가 직접 생각해야 합니다. 우리는 앞에서부터 '생각의 힘'을 기르는 훈련을 했으니, 이제 보조사에 집중하면서 읽는 것도 욕심내 봅시다.

Q. '신뢰도 구조'에 대해 추론한 내용으로 적절한 것은? ③

　　① 직렬 구조에서는 부품 수가 많아질수록 신뢰도가 높아진다.

→ 직렬 구조에서 신뢰도를 어떻게 구했는지 기억한다면 쉽게 판단할 수 있는 선지입니다. 직렬 구조에서는 모든 부품들의 신뢰도를 곱하는 방식을 통해 전체 신뢰도를 구했습니다. 그럼 당연히 부품이 많아질수록 신뢰도가 낮아지겠죠. 부품이 많아지면 많아질수록 모든 부품이 정상 작동할 확률은 낮아집니다. 10개가 모두 정상 작동하는 것이 100개가 모두 정상 작동할 확률보다 높으니까요.

　　② 부품 간의 상호 작용 유무에 관계없이 신뢰도는 동일하다.

→ 부품 간 상호 작용은 신뢰도에 영향을 주는 요소였습니다. 특히 병렬 구조와 n 중 k 구조에서는 직접적으로 언급하기도 했던 부분입니다.

　　③ $k = n$일 때, 'n 중 k' 구조의 신뢰도는 직렬 구조의 경우와 같아진다.

→ n 중 k 구조는 n개 중 최소 k개가 정상 작동할 때 시스템이 작동하는 구조입니다. <u>그런데 최소한으로 작동해야 할 k가 전체인 n과 같다면, 이것은 직렬 구조와 다를 것이 없습니다. n개 중 n개 모두가 작동해야 하고, 하나라도 작동하지 않으면 안 되는 상황이기 때문이에요. 이 내용을 지문을 읽으면서부터 미리 생각할 수 있었어야 합니다.</u>

　　④ 2개의 부품이 만드는 경로의 수는 병렬 구조보다 직렬 구조에서 더 많다.

→ 직렬 구조는 말 그대로 부품을 일직선으로 만드는 구조였습니다. 즉, 경로가 하나뿐이죠. 반면 2개의 부품을 병렬 구조로 한다면 경로가 2개가 됩니다. 지문에 있는 A와 B의 그림을 비교해 봐도 쉽게 알 수 있습니다.

　　⑤ 신뢰도 0.98은 100번 작동에 98번 꼴로 고장 날 수 있음을 의미한다.

→ 신뢰도의 정의 그 자체를 물어보고 있습니다. 신뢰도가 0.98이라는 것은 100번 중 98번은 '정상 작동'할 것이라는 의미였죠. 절대 고르면 안 되는 선지입니다.

1문단

> ① 광고에서 소비자의 눈길을 확실하게 사로잡을 수 있는 요소는 유명인 모델이다. ② 일부 유명인들은 여러 상품의 광고에 중복하여 출연하고 있는데, 이는 광고계에서 관행으로 되어 있고, 소비자들도 이를 당연하게 여기고 있다. ③ 그러나 유명인의 중복 출연은 과연 높은 광고 효과를 보장할 수 있을까? ④ 유명인이 중복 출연하는 광고의 효과를 점검해 볼 필요가 있다.

① 광고에 등장하는 유명인 모델에 대해 이야기하고 있습니다. 내용 자체는 간단하죠? 우리도 광고에 유명 연예인이 나오면, 무명 모델이 나오는 광고에 비해서는 한 번이라도 더 보게 되니까요. 이 문장을 읽고는 '광고의 유명인 모델이랑 관련된 내용을 설명하겠구나' 정도로 생각하고 넘어가시면 됩니다. 대략적인 화제만 떠올리고 넘어가도 충분해요.

② 이번엔 유명 모델의 중복 출연에 대해 언급하고 있습니다. 많은 사람들이 이를 당연하게 여긴다고 해요. 약간의 팁을 드리자면, **일반적으로 통념이 제시될 때 이는 부정되는 경우가 많습니다.** 그럼 중복 출연을 부정하는 내용이 나올 확률이 높겠네요.

③ **여기서 구체적인 화제를 잡아야 합니다.** 글에서 어떤 **물음을 던질 때, 이 답을 찾아가는 과정이 곧 화제**입니다. 그럼 이 지문에서는 <u>유명인의 중복 출연이 효과가 있을지, 없을지</u>에 대해서 알아볼 것이에요.

④ 화제를 반복하고 있습니다. <u>유명인의 중복 출연의 효과에 대해서 알아보는 것이 이 지문의 화제</u>입니다. 또 앞에서 말했듯, 통념이 등장한다면 이는 **부정되는 경우가 많다**고 했죠? 이를 감안한다면 유명인의 중복 출연은 광고 효과가 덜할 것이라고 미리 생각할 수 있습니다.

2문단

> ① 어떤 모델이든지 상품의 특성에 적합한 이미지를 갖는 인물이어야 광고 효과가 제대로 나타날 수 있다. ② 예를 들어, 자동차, 카메라, 공기 청정기, 치약과 같은 상품의 경우에는 자체의 성능이나 효능이 중요하므로 대체로 전문성과 신뢰성을 갖춘 모델이 적합하다. ③ 이와 달리 상품이 주는 감성적인 느낌이 중요한 보석, 초콜릿, 여행 등과 같은 상품은 매력성과 친근성을 갖춘

> 모델이 잘 어울린다. ④ 그런데 유명인이 그들의 이미지에 상관없이 여러 유형의 상품 광고에 출연하면 모델의 이미지와 상품의 특성이 어울리지 않는 경우가 많아 광고 효과가 나타나지 않을 수 있다.

① 광고에 출연하는 모델과 광고 효과의 연관성을 언급하고 있습니다. 광고 효과를 높이기 위해서는 '상품에 적합한 이미지'를 가져야 한다고 하네요. 화제와 연결 지으면서 이해해봅시다. 광고 효과를 제대로 내기 위해서는 **중복 출연이 아니라, '적합한 이미지'를 갖는 모델을 선정하는 것이 중요**하다는 것이 핵심이겠네요.

② 사례입니다. **사례가 등장하면 어떤 원리와 연결되는지를 생각하셔야 해요.** 이번에는 모델의 이미지에 대한 사례가 등장하고 있습니다. 아주 친절하게 설명해주고 있기 때문에, 이해하는 것은 전혀 어렵지 않습니다. '자동차, 카메라, 공기 청정기, 치약'과 같은 상품은 우리가 단순히 디자인이나 가격만 보고 사진 않죠? '성능 및 효능'을 고려하는 것이 일반적입니다. 그러므로 '전문성과 신뢰성'을 갖춘 모델이 적합하다고 해요.

상품 자체가 성능이 중요하다 보니, 그 성능에 대해 정확하고 솔직하게 이야기할 것 같은 <u>'전문적이고 신뢰적인' 이미지</u>의 모델이 적합하다는 뜻입니다. 이런 것이 바로 <u>상품에 적합한 이미지를 가진 모델</u>이 광고에 출연하는 경우입니다.

③ 이번에도 같은사례가 이어지고 있습니다. '보석, 초콜릿, 여행'과 같은 상품에서는 성능이나 효능이 중요하지 않고 되려 감성적인 '느낌'이 중요합니다. 그렇다 보니 자동차 등과 달리 매력성과 친근성을 갖춘 모델이 더 잘 어울리는 것이에요. 같은 방식으로 충분히 이해할 수 있겠죠? <u>상품에 따라 적합한 모델이 광고에 등장해야 한다!</u> 이것이 핵심입니다.

④ 굉장히 중요한 문장입니다. **반드시 화제를 떠올리면서 읽어주셔야 해요.** 일단 '여러 유형의 상품 광고에 출연'한다는 말을 보고 '중복 출연'을 반드시 떠올릴 수 있어야 합니다. 또, '이미지에 상관없이'라는 말을 보고는 앞서 반복되던 핵심에 어긋나는 상황이라는 점을 파악해야 해요. 광고 효과에서 중요한 것은 '상품에 적합한 이미지를 갖는 모델'입니다. 그런데, 이 문장에서는 모델의 이미지와 무관하게 중복 출연하는 상황을 언급합니다. 이건 **상품의 이미지와 모델의 이미지가 부합하지 않는 광고에도 중복 출연하는 상황**입니다. 따라서 광고 효과가 제대로 일어나지 않는 것이죠. 화제 기억나시죠? 유명인의 중복 출연이 갖는 광고 효과를 검토하는 것이 이 글의 화제입니다. 2문단의 내용을 화제와 엮어서 생각할 수 있도록 도와주고 있으니, 꼭 화제를 떠올리셔야 합니다.

①유명인의 중복 출연이 소비자가 모델을 상품과 연결시켜 기억하기 어렵게 한다는 점도 광고 효과에 부정적인 영향을 미친다. ②유명인의 이미지가 여러 상품으로 분산되면 광고 모델과 상품 간의 결합력이 약해질 것이다. ③이는 유명인 광고 모델의 긍정적인 이미지를 광고 상품에 전이하여 얻을 수 있는 광고 효과를 기대하기 어렵게 만든다.

① 이번에는 바로 첫 문장부터 화제와 엮을 수 있도록 도와주고 있습니다. 역시나 중복 출연의 광고 효과에 대해 설명합니다. 중복 출연은 광고 효과가 없다는 것이 이 글의 주된 논지입니다. 이번에는 이를 **‘상품과의 연결성’이 부족하다는 점**을 통해 설명하려고 합니다.

② ‘상품과의 연결성’이 부족하므로 광고 효과가 부족하다는 말을 반복하고 있습니다. 재진술이에요. 유명인의 이미지가 여러 상품으로 분산되는 이유는 당연히 ‘중복 출연’ 때문일 것입니다. 즉, 유명인이 한두 개의 광고에만 출연하는 것이 아니라, 여러 광고에 출연하게 됩니다.

그럼 당연히 그 사람을 보았을 때, 떠오르는 상품이 뚜렷하지 않겠죠. 여러 상품의 광고에 출연하기 때문이에요. 즉, ‘상품과의 연결성’이 부족하다는 점을 근거로 중복 출연의 광고 효과를 부정적으로 보는 것입니다.

③ 이번에도 재진술 문장입니다. 유명인이 여러 광고에 중복 출연하게 되면 상품과의 연결성이 부족하다고 했어요. 그렇다면 당연히 모델의 긍정적인 이미지도 상품에 전이되지 않을 것입니다. 상품과의 연결성이 약해지니까요! 사실상 ①~③번 문장이 모두 같은 말을 하고 있는 것입니다.

①또한 유명인의 중복 출연 광고는 광고 메시지에 대한 신뢰를 얻기 힘들다. ②유명인 광고 모델이 여러 광고에 중복하여 출연하면, 그 모델이 경제적인 이익만을 추구한다는 이미지가 소비자에게 강하게 각인된다. ③그러면 소비자들은 유명인 광고 모델의 진실성을 의심하게 되어 광고 메시지가 객관성을 결여하고 있다고 생각하게 될 것이다.

① 계속해서 화제와 관련된 내용이 이어지고 있습니다. 이번에는 **‘광고 메시지에 대한 신뢰가 부족하다’는 점**에서 중복 출연의 효과를 부정적으로 보는 내용이 등장하겠습니다.

② 재진술 문장입니다. 유명인이 중복 출연하면, 그 모델이 ‘경제적 이익만 추구한다’는 생각이 박힌다고 해요. 그렇다면 당연히 광고의 신뢰성 또한 부족해지겠죠. 돈만 밝히는 이미지로 박힌 모델이 광고에 등장하는 것이니까요!

③ 마찬가지로 재진술입니다. 출연하는 유명인 모델의 이미지가 돈만 밝히는 것이라면, 당연히 모델의 진실성을 의심할 것입니다. ‘돈만 주면 다 하는 사람’이라는 이미지가 박혀있기 때문이에요. 그렇다면 그 모델이 등장하는 광고에 대한 신뢰성도 떨어지기 마련이겠습니다. 이를 ‘객관성을 결여’하고 있다고 다른 말로 바꾸어서 설명하고 있습니다. 쉽게 말해 ‘저 사람은 돈만 주면 다 하는 사람인데, 진짜 저 모델이 상품에 대해서 하는 말이 진실일까? 객관적이지 않고 편파적일 것 같은데?’라는 식으로 의심한다는 것이에요.

①유명인 모델의 광고 효과를 높이기 위해서는 유명인이 자신과 잘 어울리는 한 상품의 광고에만 지속적으로 나오는 것이 좋다. ②이렇게 할 경우 상품의 인지도가 높아지고, 상품을 기억하기 쉬워지며, 광고 메시지에 대한 신뢰도가 제고된다. ③유명인의 유명세가 상품에 전이되고 소비자가 유명인이 진실하다고 믿게 되기 때문이다.

① 이 문장을 어떻게 읽느냐가 중요합니다. 있는 그대로가 아니라, **‘중복 출연을 안 하는 것이 좋다’**로 이해해야 합니다. 이 지문의 화제는 유명인의 중복 출연 효과를 검토하는 것이었습니다. 그리고 지금까지 다양한 근거를 바탕으로 중복 출연은 효과가 없다는 것을 알았어요. 그러니까 이 문장 또한 화제와 연결지으면서 읽을 수 있어야 하는 것이죠.

② 재진술입니다. ‘상품의 인지도가 높아지고, 상품을 기억하기 쉬워지며, 광고 메시지에 대한 신뢰도가 제고된다’는 것은 모두 **광고 효과가 제대로 일어난다**는 의미입니다. ‘자신과 잘 어울리는 상품의 광고’에만 출연하면 광고 효과가 올라간다는 것이죠. 2문단에서 본 내용을 떠올리셔야 해요. 상품의 이미지에 적합한 모델이 출연해야 한다고 말했으니까요.

나머지도 좀 꼼꼼히 볼까요? 유명인 모델이 중복 출연을 하지 않고 자신과 어울리는 상품에만 등장한다면 소비자가 상품과 모델을 연결해서 잘 기억할 수 있습니다. 반면 중복 출연을 할 때는, 3문단에서 말한 것처럼 이 연결성이 부족하다고 했었죠.

신뢰성도 마찬가지입니다. 4문단에서 본 내용이 이어지고 있어요. 중복 출연을 하면 모델에게 돈만 밝히는 이미지가 박히고, 이 때문에 신뢰성이 떨어진다고 했죠. 그런데 중복 출연을 안 하고, 모델의 이미지와 적합한 광고에만 출연한다면? 이런 문제가 발생하지 않는 것입니다.

❸ 재진술입니다. 중복 출연을 하지 않으면 모델과 상품을 연결해서 잘 기억할 수 있고, 유명인 모델의 진실성이 의심 받지도 않겠죠.

Q. 윗글의 글쓴이의 입장에 따라 〈보기〉의 유명인 모델이 등장하는 광고의 효과를 예상해 본 것으로 적절하지 <u>않은</u> 것은? ③

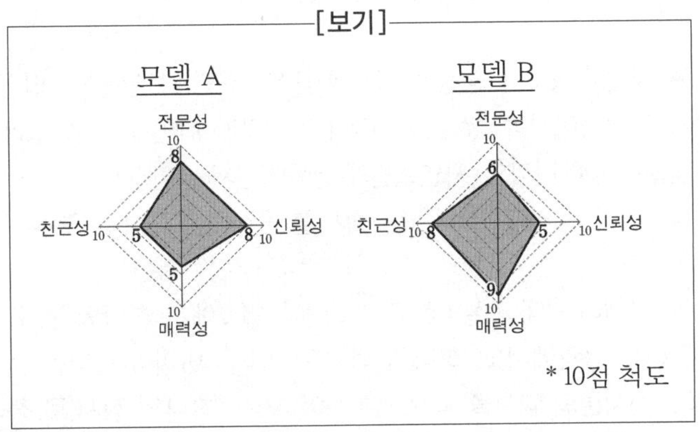

– 모델의 특징을 그래프로 보여주고 있습니다. 모델 A는 전문성과 신뢰성이 높고, 모델 B는 친근성과 매력성이 높네요. 그렇다면 모델 A는 성능이나 효능이 중요한 상품의 광고에, 모델 B는 감성적인 느낌이 중요한 상품의 광고에 출연하는 것이 적합하겠습니다.

① 모델 A가 특정 카메라 광고에 계속해서 등장할 때 긍정적인 광고 효과를 기대할 수 있다.

➜ 카메라는 성능이 중요한 상품입니다. 그럼 전문성과 신뢰성 점수가 높은 A가 출연하는 것이 적합하겠습니다. 또 중복 출연하지 않고 특정 카메라 광고에만 계속 등장하는 것이니 광고 효과는 당연히 보장됩니다.

② 모델 A가 자동차, 보석 광고 등에 중복 등장할 때 기대했던 만큼 광고 효과가 나타나지 않을 수 있다.

➜ 자동차는 성능이 중요하고, 보석 광고는 감성적인 느낌이 중요합니다. 자신의 이미지와 맞지 않는 상품에 '중복 출연'한다면 당연히 광고 효과는 떨어지겠죠. 화제 기억나시죠? 유명인 모델의 중복 출연은 광고 효과가 떨어집니다.

③ 모델 B가 치약 광고와 여행 광고에 등장할 때 두 광고 모두에서 긍정적인 광고 효과를 기대할 수 있다.

➜ ②번 선지와 같은 포인트를 묻고 있습니다. 모델 B는 감성적인 느낌이 중요한 상품에 등장하는 것이 좋습니다. 그런데 치약은 성능이나 효능이 중요한 상품입니다. 즉, 자신의 이미지와 맞지 않는 데다가 중복 출연까지 한다면? 광고 효과는 떨어질 것입니다. <u>적절하지 않은 선지입니다.</u>

④ 초콜릿 광고의 경우 모델 A보다 모델 B가 등장할 때 더 큰 광고 효과를 기대할 수 있다.

➜ 초콜릿은 성능이나 효능보다는 감성적인 느낌이 중요한 상품입니다. 그럼 친근성과 매력성이 높은 모델 B가 A보다 더 적합하겠죠.

⑤ 공기 청정기 광고의 경우 모델 B보다 모델 A가 등장할 때 더 큰 광고 효과를 기대할 수 있다.

➜ ④번 선지와 같은 포인트를 묻고 있습니다. 공기 청정기는 성능이 중요한 상품입니다. 그럼 이번엔 전문성과 신뢰성이 높은 모델 A가 적합할 것입니다.

1문단

> ① 서양 음악에서 기악은 르네상스 말기에 탄생하였지만 바로크 시대에 이르면 악기의 발달과 함께 다양한 장르를 형성하면서 비약적인 발전을 이루게 된다. ② 하지만 가사가 있는 성악에 익숙해져 있던 사람들에게 기악은 내용 없는 공허한 울림에 지나지 않았다. ③ 이러한 비난을 면하기 위해 기악은 일정한 의미를 가져야 하는 과제를 안게 되었다.

❶ 기악의 발전에 대해서 이야기하고 있습니다. 르네상스 말기에 시작되었지만 바로크 시대로 넘어가면서 기악이 크게 발전했다고 하네요. 그럼 '바로크 시대의 기악'에 대해 이해하는 것이 중요하겠습니다. 대략적으로라도 화제를 떠올리면서 넘어갑시다.

❷ 기악과 성악의 차이점을 설명하면서, 기악이 주목받지 못했다는 사실을 알려주고 있습니다. 성악은 가사가 있지만 기악은 없습니다. 그런데 사람들은 가사가 있는 성악에 익숙하다고 해요. 그래서 가사가 없는 기악에서는 큰 의미를 찾지 못합니다. 이를 '공허한 울림'으로 표현하고 있네요. 의미 없이 소리만 들리니 '공허한 울림'이라는 표현을 쓰는 것이겠죠? 그렇다면 바로크 시대에 기악은 어떻게 발전할 수 있었을까요?

❸ 여기서 발전의 방향성을 제시하고 있습니다. **기악이 어떤 식으로 '일정한 의미'를 갖게 되었는지 이해하는 것**이 핵심입니다. 그렇다면 화제는 '바로크 시대의 기악의 의미'가 되겠군요.

2문단

> ① 바로크 시대의 음악가들은 이러한 과제에 대한 해결의 실마리를 '정서론'과 '음형론'에서 찾으려 했다. ② 이 두 이론은 본래 성악 음악을 배경으로 태동하였으나 점차 기악 음악에도 적용되었다. ③ 정서론에서는 웅변가가 청중의 마음을 움직이듯 음악가도 청자들의 정서를 움직여야 한다고 본다. ④ 그렇게 하기 위해서는 한 곡에 하나의 정서만이 지배적이어야 한다. ⑤ 그것은 연설에서 한 가지 논지가 일관되게 견지되어야 설득력이 있는 것과 같은 이유에서였다.

❶ 기악의 의미와 관련해서 두 가지 이론이 등장합니다. '정서론'과 '음형론'이 바로 그것입니다. 이 이론들이 가사가 없는 기악이 의미

를 갖는 데에 어떻게 도움을 주는지 이해해야겠어요. 화제와 관련된 두 가지 개념을 이해한다는 생각으로 읽어 주시면 됩니다.

❷ 두 이론은 원래 의미가 있는 '성악'에서 비롯되었다고 합니다가 기악에도 적용되었다고 해요. 가볍게 읽어 주면 됩니다. 우리가 더 중요하게 이해해야 할 부분은 **두 이론이 어떻게 기악의 의미에 도움이 되는지**에 대한 내용입니다. 화제를 기억하고 넘어 가셔야 해요!

❸ 먼저 정서론의 정의가 제시됩니다. 웅변 예시도 같이 나오고 있어요. 정의는 간단합니다. 음악이 청중의 '정서'를 움직여야 한다는 것이 '정서/론'입니다. 마치 웅변가가 청중의 '정서'를 움직이듯 말이죠. 즉, '기악의 의미 = 정서'라고 보는 입장이 정서론인 것입니다. 화제와 연결 지으면서 읽어야 합니다!

❹ 재진술입니다. 청중의 정서를 움직이려면 당연히 하나의 '정서'가 지배적이어야겠죠? 슬펐다가 기뻤다가 하면 음악에 몰입하기 힘들어질 테니까요. 자연스럽게 납득하면서 넘어갑시다. 핵심은 하나입니다. 음악(기악)에서는 '정서'를 움직이는 것이 중요하다!

❺ 사례에 빗대어 설명하고 있습니다. 연설에서 '하나의 논지'가 중요하듯 음악에서도 '하나의 정서'가 지배적이어야 한다는 것입니다. 정서론의 핵심을 꼭 기억하셔야 해요. **'하나의 정서'로 청중의 '정서'를 움직이는 것!** 그것이 정서론의 핵심입니다.

3문단

> ① 한편 음형론에서는 가사의 의미에 따라 그에 적합한 음형을 표현 수단으로 삼는데, 르네상스 후기 마드리갈이나 바로크 초기 오페라 등에서 그 예를 찾을 수 있다. ② 바로크 초반의 음악 이론가 부어마이스터는 마치 웅변에서 말의 고저나 완급, 장단 등이 호소력을 이끌어내듯 음악에서 이에 상응하는 효과를 낳는 장치들에 주목하였다. ③ 예를 들어, 가사의 뜻에 맞춰 가락이 올라가거나, 한동안 쉬거나, 음들이 딱딱 끊어지게 연주하는 방식 등이 이에 해당한다.

❶ 이번에는 '음형론'에 대해서 설명하고 있습니다. 음형론은 가사의 의미에 따라 '음형'을 표현 수단으로 삼는 이론이라고 합니다. 그래서 '음형/론'인가 보네요. 르네상스 후기 마드리갈이나 바로크 초기 오페라가 음형론의 대표적인 사례라고 해요. 그렇다면 이 두 가지 음악에서는 '음형'이 중요하다는 점을 기억하셔야 합니다. 이러한 음형론이 어떤 방식으로 '기악'의 의미 부여에 도움을 줄까요?

그런데 여기서 이런 의문이 들 수 있습니다. 분명 화제를 '기악'으로 잡았는데 왜 '음형론'은 가사의 의미를 따지냐는 것이에요. 만약 이 부분이 헷갈렸다면 조금 더 생각해 봅시다. 정서론과 음형론은 기본적으로 어디에서 비롯된 이론인가요? 그렇죠. '성악'에서 비롯되었습니다. 다만 그 이론이 이제 '기악에도' 적용되는 흐름인 것이죠, 즉, 기본값 자체는 '성악'이니까 여기서도 '가사에 맞게'라는 표현이 등장하는 것입니다. 이 점을 잘 파악해야 합니다.

② '부어마이스터'의 입장이 등장합니다. 이번에도 웅변의 예시와 함께 설명하네요. 그는 말의 고저나 완급, 장단과 같이 호소력을 이끌어 내는 장치들에 주목했다고 해요. 기악에서 이런 역할을 하는 장치가 바로 '음형'인 것입니다. 부어마이스터의 입장이 '음형론'을 설명하는 맥락에서 등장했다는 점을 잘 파악하셔야 해요.

③ 아주 친절한 사례가 등장합니다. '가사의 뜻에 맞춰 가락이 올라가거나, 한동안 쉬거나, 음들이 딱딱 끊어지게 연주하는 방식 등'은 모두 '음형'을 가리킵니다. 앞에서 말했듯 기본적으로 음형론이 성악을 기반으로 등장했기 때문에 여기서도 '가사의 뜻에 맞춰'라는 표현이 등장합니다. 그럼에도 우리는 자연스럽게 '기악'에 맞춰서 읽어야 합니다. 그것이 화제이니까요! 그렇다면 '가락의 높낮이', '박자'와 같은 것들이 기악에 의미를 부여하는 '음형'이겠다는 점을 생각하고 넘어갑시다.

> ① 바로크 후반의 음악 이론가 마테존 역시 수사학 이론을 끌어들여 어느 정도 객관적으로 소통될 수 있는 음언어에 대해 설명하였다. ② 또한 기존의 정서론을 음악 구조에까지 확장하며 당시의 음조(音調)를 특정 정서와 연결하였다. ③ 마테존에 따르면 다장조는 기쁨을, 라단조는 경건하고 웅장함을 유발한다.

① 이번엔 '마테존'의 입장이 제시됩니다. 그런데 여기서 '객관적으로 소통될 수 있는 음언어'가 무엇인지 이해하셔야 해요. 화제가 무엇이었나요? 기악의 의미! 그렇다면 여기서 말하는 음언어는 기악의 의미와 관련된 내용임을 알 수 있습니다. 항상 화제를 끌고오면서 읽는 습관을 들이셔야 해요.

② 마테존이 '정서론'을 받아들였다고 합니다. '정서/론'을 받아들였으니 '정서'를 음조와 연결한 것입니다. 가볍게 납득하고 넘어갈 수 있겠죠?

③ 어떤 식으로 음조와 정서를 연결시켰는지 사례를 통해 제시하고 있습니다. 음조에 따라 '기쁨'이나 '경건함', '웅장함'과 같은 정서를 연결했네요!

> ① 그러나 마테존의 진정한 업적은 음악을 구성적 측면에서 논의한 데 있다. ② 그는 성악곡인 마르첼로의 아리아를 논의하면서 그것이 마치 기악곡인 양 가사는 전혀 언급하지 않은 채, 주제 가락의 착상과 치밀한 전개 방식 등에 집중하였다. ③ 이는 가락, 리듬, 화성과 같은 형식적 요소가 중시되는 순수 기악 음악의 도래가 멀지 않았음을 의미하는 것이었다. ④ 실제로 한 세기 후 음악 미학자 한슬리크는 음악이 사람의 감정을 묘사하거나 표현하는 것이 아니라, 음들의 순수한 결합 그 자체로 깊은 정신세계를 보여 주는 것이라 주장하기에 이른다.

① 마테존에 대해서 계속 설명합니다. 음악의 '구성적 측면'을 논의했다는 것이 무슨 뜻일까요? 이를 이해해야겠습니다.

② 여기서 반드시 화제를 떠올리면서 읽으셔야 합니다. 그는 **가사가 있는 성악곡을 기악곡처럼 분석합니다. 가사를 언급하지 않은 채요!** 그렇게 주제 '가락'을 연구했다는 점이 포인트입니다. '가락'은 가사와 무관합니다. 즉, 이를 분석하면 '기악'이 의미를 가질 수 있겠죠. 그리고 여기서 **'음형론'을 떠올릴 수 있다면 더욱 좋겠습니다.** 가사를 무시하고 가락과 같은 '음형'에 집중하고 있으니까요.

③ 재진술입니다. 가사를 빼고 음악을 논의하다 보니 자연스럽게 '순수'한 '기악' 음악의 도래까지 이끌어낼 수 있었던 것입니다. 또 여기서도 '형식적 요소'를 중시한다고 했으니 '음형론'을 자연스럽게 떠올릴 수 있겠죠? 음형론이 음악의 형식을 중시하는 이론이니까요!

④ '한슬리크'라는 새로운 사람에 대한 정보를 주는 것 같지만 일종의 사례이자 재진술처럼 읽어주셔야 합니다. 한슬리크도 결국 '음들의 결합'을 강조했다는 점에서 기악의 발전을 의미하기 때문이에요. 음형론과 관련되기도 합니다. 아무튼 가사로 특정 의미를 표현하던 성악에서 벗어나 기악이 발전한다는 맥락에서 읽어주시면 됩니다.

① 바로크 시대의 기악은 악기가 발달하고 다양한 장르가 형성되면서 발전하였다.

→ 1문단에서 화제를 대략적으로 떠올리면서 읽었던 부분입니다. 악기의 발달과 함께 기악이 발달했다고 했어요. 그래서 '기악의 발달'에 주목하면서 지문을 읽었습니다.

② 정서론과 음형론은 성악을 배경으로 출현하였으나 점차 기악으로 확대 적용되었다.

→ 지문에 그대로 나와 있는 내용입니다. 기본적으로는 성악에서 출발했지만, 이것이 기악에 확대 적용되면서 기악의 발전에 영향을 미쳤습니다.

③ 부어마이스터는 언어와 음악의 관련성을 강조하며 음형론의 실제적인 예들을 보여 주었다.

→ 음형론을 설명하는 맥락에서 등장했던 내용입니다. 부어마이스터는 가락이나 박자와 같은 음형에 주목했습니다.

④ 마테존은 아리아를 분석하면서 가사의 의미와 악곡의 전개 방식들의 관계에 대하여 논의하였다.

→ 마테존은 '가사의 의미'에 주목하지 않았습니다. 그래서 가사가 있는 성악을 기악처럼 논의했다고 했어요. 이 또한 기악이 발전한다는 화제를 중심으로 읽었던 내용입니다.

⑤ 한슬리크는 음들의 결합 그 자체가 만들어 내는 형식적 원리를 강조하였다.

→ 한슬리크의 내용을 사례나 재진술처럼 읽었다면 쉽게 파악할 수 있는 내용입니다. '음들의 결합'이 곧 음악의 형식이고 이를 기악의 발전이라는 화제 속에서 이해했습니다.

2013학년도 6월 모의평가

1문단

> ① 프레임(frame)은 영화와 사진 등의 시각 매체에서 화면 영역과 화면 밖의 영역을 구분하는 경계로서의 틀을 말한다. ② 카메라로 대상을 포착하는 행위는 현실의 특정한 부분만을 떼어 내 프레임에 담는 것으로, 찍는 사람의 의도와 메시지를 내포한다. ③ 그런데 문, 창, 기둥, 거울 등 주로 사각형이나 원형의 형태를 갖는 물체들을 이용하여 프레임 안에 또 다른 프레임을 만드는 경우가 있다. ④ 이런 기법을 '이중 프레이밍', 그리고 안에 있는 프레임을 '이차 프레임'이라 칭한다.

❶ '프레임'의 정의를 제시하고 있습니다. 정의 자체는 아주 간단하죠? 화면 안과 밖을 구분하는 '경계'나 '틀'을 가리킵니다. 액자의 네모난 테두리 같은 것들을 떠올리시면 됩니다.

❷ 일종의 사례를 제시하고 있습니다. 카메라로 사진을 찍으면 우리가 보는 시야가 전부 담기지는 않죠? 즉, 하나의 '경계'가 생깁니다. 이 말을 반복하고 있어요. 그리고 이러한 프레임에는 찍는 사람의 의도나 메시지가 들어간다고 합니다. 특정 부분만 잘라서 보여 주는 것이니, 내가 보여 주고 싶은 대로 보여 줄 수 있겠죠? 정의를 바탕으로 자연스럽게 납득하고 넘어 갑시다.

❸ 프레임과 관련된 내용을 계속 말하고 있는데, 뭔가 좀 특이한 프레임을 설명하고 있습니다. 내용이 구체화되고 있다는 느낌을 받으셔야 합니다. 프레임 중에서도 '프레임 안의 또 다른 프레임'을 만드는 상황입니다. 예를 들어 집 안을 찍는데, 문이 열려 있는 상태로 방 안이 다시 보이는 상황과 같은 것을 가리키고 있어요. '문, 창, 기둥, 거울 등'과 같은 사례도 함께 제시하고 있으니 이를 활용하며 납득하시면 됩니다.

❹ 아주 중요한 부분입니다. '이차 프레이밍', '이차 프레임'의 정의를 잘 파악하셔야 해요. 바로 앞에서 읽은 내용을 연결하면서 읽어야 합니다. 여기서 말하는 '이런 기법'은 프레임 안에 또 다른 프레임을 활용하는 것을 가리킵니다. 이게 '이차 프레이밍'이에요. 일단 사진을 찍음으로써 프레임을 씌우는데, 거기에 한 번 더 프레임을 활용하기 때문에 '이차' 프레이밍입니다. 그리고 이렇게 만들어진 '프레임 안의 또 다른 프레임'을 '이차' 프레임이라고 합니다. '이차' 프레이밍으로 만든 프레임이 '이차' 프레임입니다. 내용을 연결함과 동시에 단어의 의미도 살려주면서 읽어야 합니다. 그렇다면 이 지문에서는 '이차 프레임'과 관련된 내용이 전개되겠군요. '이차 프레임', 그리고 이 이차 프레임을 통해 찍는 사람의 의도나 메세지를 드러내는 방법이 곧 화제가 되겠습니다.

　　① 이차 프레임의 일반적인 기능은 크게 세 가지로 구분할 수 있다. ② 먼저, 화면 안의 인물이나 물체에 대한 시선 유도 기능이다. ③ 대상을 틀로 에워싸기 때문에 시각적으로 강조하는 효과가 있으며, 대상이 작거나 구도의 중심에서 벗어나 있을 때도 존재감을 부각하기가 용이하다. ④ 또한 프레임 내 프레임이 많을수록 화면이 다층적으로 되어, 자칫 밋밋해질 수 있는 화면에 깊이감과 입체감이 부여된다. ⑤ 광고의 경우, 설득력을 높이기 위해 이차 프레임 안에 상품을 위치시켜 주목을 받게 하는 사례들이 있다.

❶ 본격적으로 이차 프레임에 대해 설명하려고 합니다. 세 가지 기능이 무엇인지 궁금해하고, 이 세 가지 기능이 이차 프레임을 통해 찍는 사람의 의도와 메시지를 드러내는 방법일 것이라는 점도 함께 짐작하면서 넘어가도록 합시다.

❷ 첫 번째 기능이 등장합니다. 이차 프레임을 활용하면 그 대상에 시선을 유도할 수 있다고 해요. 아무래도 어떤 대상에 대해 다른 배경과 구분되는 '경계'를 두는 것이다 보니 그 테두리 안의 대상에게 눈길이 더 가겠죠?

❸ 방금 설명한 포인트를 그대로 알려주고 있습니다. 재진술이에요. ②번 문장을 읽고 이차 프레임의 '시선 유도 기능'을 납득하지 못했다면 이 문장을 읽고 이해하시면 됩니다. 이차 프레임을 씌운다는 것 자체가 대상을 '틀'로 에워싼다는 말과 같습니다. 프레임의 정의 기억나시죠? 그렇다면 당연히 시각적으로 두드러져 보일 테니까 강조하는 효과가 있을 것입니다. 그리고 대상이 작거나 주변부에 있을 때에도 그냥 있는 것보다는 테두리를 씌워두고 경계를 구분해 주면 더욱 눈에 잘 띄겠죠. 정말 단순히 생각해도 이해할 수 있습니다. 만약 어떤 사진의 구석에 동그라미를 쳐 두면, 동그라미가 없을 때보다 더 주목하게 될 것이니까요.

❹ 프레임이 많다는 말은 경계가 많아진다는 뜻입니다. 그렇다면 화면이 '다층적으로' 구성되겠군요. 경계가 많은 것이니까요. 그렇게 '다/층/적'으로 구성하게 되면 깊이감과 입체감 또한 부여할 수 있겠습니다. '층'이 여러 개이니까요!

❺ 이번엔 광고 이야기를 하는데 핵심은 같습니다. 상품을 이차 프레임 안에 두면 그 상품에 더욱 눈길이 갑니다. 이차 프레임의 효과가 '시선 유도 기능'이니까요. 그렇다면 광고의 효과가 더 좋겠죠. 그래서 이차 프레임을 활용하여 '설득력'을 높인다고 합니다. 이것도 결국에는 재진술 문장이네요.

　　① 다음으로, 이차 프레임은 작품의 주제나 내용을 암시하기도 한다. ② 이차 프레임은 시각적으로 내부의 대상을 외부와 분리하는데, 이는 곧잘 심리적 단절로 이어져 구속, 소외, 고립 따위를 환기한다. ③ 그리고 이차 프레임 내부의 대상과 외부의 대상 사이에는 정서적 거리감이 조성(造成)되기도 한다. ④ 어떤 영화들은 작중 인물을 문이나 창을 통해 반복적으로 보여 주면서, 그가 세상으로부터 격리된 상황을 암시하거나 불안감, 소외감 같은 인물의 내면을 시각화하기도 한다.

❶ 이차 프레임의 두 번째 기능입니다. 어떻게 작품의 주제나 내용을 암시하는지 이해하는 것이 핵심이겠습니다. 아무래도 시선 유도 기능과 핵심은 비슷하겠죠? 프레임 안에 경계를 두는 것이 핵심이겠습니다. 이차 프레임의 정의를 떠올리면 쉽게 파악할 수 있습니다.

❷ 아주 친절한 문장입니다. 앞에서 설명한 이차 프레임의 정의를 재진술하면서 쉽게 두 번째 기능을 납득할 수 있도록 도와주고 있어요. **여기서 〈이차 프레임은 ~ 분리하는데,〉라는 부분을 새로운 정보로 느끼면 안 됩니다.** 이차 프레임이 프레임 안에 새로운 경계를 둔다는 것은 앞에서부터 끊임없이 확인하던 내용이니까요. 이를 바탕으로 하면 뒷부분은 아주 쉽게 이해할 수 있습니다. 대상에게 경계를 두는 것이니까, 심리적 '단절'로도 이어질 수 있는 것입니다. 그렇게 구속, 소외, 고립 등의 감정을 환기합니다. 앞에서 생각한 대로 '경계'를 둔다는 것이 핵심이네요. 정의를 계속 기억하면서 읽을 수 있어야 합니다.

❸ 앞 문장을 납득했다면 이 문장은 바로 이해할 수 있습니다. 이차 프레임으로 대상 간 경계를 만들기 때문이겠죠? 경계가 있으면 정서적 '거리감' 또한 만들 수 있을 테니까요! '심리적 단절', '정서적 거리감' 모두 '경계'를 만드는 이차 프레임의 특징에서 비롯되는 효과라는 점만 파악하면서 읽는다면 충분합니다.

❹ 사례입니다. '문'이나 '창'과 같은 이차 프레임을 통해 정서적 거리감을 유도하는 상황을 설명하고 있어요. 문이나 창을 통해 대상을 보여 주면, 그 대상은 경계 안에 들어가게 됩니다. 그렇다면 이 대상은 외부와 분리되니까 '격리된 상황'을 암시할 수 있어요. 그리고 외부 대상과 분리되기 때문에 '불안감'이나 '소외감'과 같은 내면을 보여 줄 수도 있습니다. 이 내용들을 전부 납득할 수 있어야 합니다. 앞에서 했던 말과 똑같은 말이잖아요!

> ①마지막으로, 이차 프레임은 '이야기 속 이야기'인 액자형 서사 구조를 지시하는 기능을 하기도 한다. ②일례로, 어떤 영화는 작중 인물의 현실 이야기와 그의 상상에 따른 이야기로 구성되는데, 카메라는 이차 프레임으로 사용된 창을 비추어 한 이야기의 공간에서 다른 이야기의 공간으로 들어가거나 빠져나온다.

① 이차 프레임의 마지막 기능입니다. 문학에서 배우던 내용이 등장하네요. '액자식 구성'을 지시하기도 합니다. 역시나 이번에도 '경계'가 이해의 포인트가 되겠죠? 이야기 속 이야기도 결국 외부 이야기와 내부 이야기를 구분하는 것이 핵심이니까요.

② 사례와 함께 바로 설명하고 있습니다. '창'은 이차 프레임으로 사용되는 틀 중의 하나였습니다. 이에 이를 활용해서 '외부 이야기'와 '내부 이야기'의 전환을 지시하게끔 하는 영화도 있다고 합니다. 아주 간단하네요. 두 이야기를 경계 짓는 도구로 '이차 프레임'을 활용하고 있습니다. '경계'라는 포인트만 잘 잡으면 쉽게 이해할 수 있어요.

> ①그런데 현대에 이를수록 시각 매체의 작가들은 이차 프레임의 범례에서 벗어나는 시도들로 다양한 효과를 끌어내기도 한다. ②가령 이차 프레임 내부 이미지의 형체를 식별하기 어렵게 함으로써 관객의 지각 행위를 방해하여, 강조의 기능을 무력한 것으로 만들거나 서사적 긴장을 유발하기도 한다. ③또 문이나 창을 봉쇄함으로써 이차 프레임으로서의 기능을 상실시켜 공간이나 인물의 폐쇄성을 드러내기도 한다. ④혹은 이차 프레임 내의 대상이 그 경계를 넘거나 파괴하도록 하여 호기심을 자극하고 대상의 운동성을 강조하는 효과를 낳는 사례도 있다.

① 아주 중요한 대목입니다. 앞에서는 이차 프레임의 기능을 설명했는데, 이제는 작가들이 이차 프레임의 범례에서 '벗어나는' 시도를 한다고 해요. 즉, 앞에서 말한 기능들에서 벗어난다는 뜻이죠. 예외적인 상황입니다. 그럼 어떤 식으로 이차 프레임의 범례에서 벗어나는지 궁금해 하면서 넘어가 봅시다.

② 사례가 바로 등장합니다. 이차 프레임의 기능 중 하나가 '시선 유도 기능'이었습니다. 프레임 안의 대상에 집중하도록 하는 것이

었죠. 그런데 이제는 이차 프레임 내의 대상을 못 알아보도록 한다고 합니다. 원래는 경계를 통해 그 경계 내부의 대상에 집중하도록 했는데, 이제는 이차 프레임을 두고도 그 대상에 집중을 못 하도록 만든다는 것이에요. 이차 프레임의 범례에서 벗어나는 시도 그 자체라고 할 수 있겠네요.

③ 이번에는 똑같이 폐쇄성을 드러내긴 하는데 그것을 드러내는 방식이 반대입니다. '문'이나 '창'은 '이차 프레임'입니다. 기존에는 문이나 창 안의 대상을 시각적으로 분리해서 격리된 상황을 드러냈습니다. 그런데 '문'이나 '창'을 아예 봉쇄해서 내부의 대상을 '보이지 않도록'해서 폐쇄성을 드러내는 경우가 있다고 해요. 이차 프레임을 외부 대상과 내부 대상을 시각적으로 구분해 주는 경계로 사용하는 것이 아닙니다. 아예 그냥 안 보이도록 차단해 버리네요.

④ 이번엔 이차 프레임을 경계로 삼기는 하나, 그 경계 내의 대상이 경계를 넘거나 파괴하도록 만든다고 해요. 그렇게 호기심을 자극하고 운동성을 강조한다고 합니다. 아무래도 프레임이 무너져버리면 이를 무너뜨리는 대상이 대체 무엇인지 궁금하긴 하겠네요. 동시에 틀에서 벗어나는 것이니 '역동성' 또한 강조할 수 있겠습니다.

Q. 윗글의 내용과 일치하지 <u>않는</u> 것은? ④

① 작가의 의도는 현실을 화면에 담는 촬영 행위에서도 드러난다.

→ 이 지문의 화제 그 자체입니다. 프레임의 특징이기도 하구요. 프레임을 통해 찍는 사람의 의도와 메시지를 전한다고 했었죠? 그리고 이차 프레임 또한 다양한 기능을 통해 작가의 의도를 반영한다고 했구요. 특정 대상에게 시선을 유도하거나 폐쇄성을 드러내는 등의 효과 모두 의도를 드러내는 것이니까요.

② 이차 프레임 내에 또 다른 프레임을 만들 수도 있다.

→ 이와 같은 방식으로 깊이감과 입체감을 부여한다고 했죠. 시선 유도 기능을 잘 이해했다면 쉽게 판단할 수 있습니다.

③ 이차 프레임의 시각적 효과는 심리적 효과로 이어지기도 한다.

→ 이차 프레임의 두 번째 기능 그 자체를 물어보고 있네요. 불안감이나 소외감 등을 프레임 내의 다른 대상과 구분하면서 드러낸다고 했습니다.

④ 이차 프레임 내부의 인물과 외부의 인물 사이에는 일체감이 형성된다.

→ 일체감은 절대 아닙니다. 경계를 통해 다른 대상과 구분하는 것이 핵심이었는걸요. 그래서 심리적 단절이나 정서적 거리감을 형성한다고 했습니다.

⑤ 이차 프레임은 액자형 서사 구조의 영화에서 이야기 전환을 알리는 데 쓰이기도 한다.

→ 이차 프레임의 세 번째 기능입니다. 간단하네요.

2013학년도 9월 모의평가

1문단

①상온에서 대기압 상태에 있는 1리터의 공기 안에는 수없이 많은 질소, 산소 분자들을 비롯하여 다양한 기체 분자들이 있다. ②이들 중 어떤 산소 분자 하나는 짧은 시간에도 다른 분자들과 매우 많은 충돌을 하며, 충돌을 할 때마다 이 분자의 운동 방향과 속력이 변할 수 있기 때문에, 어떤 분자 하나의 정확한 운동 궤적을 아는 것은 불가능하다. ③우리는 다만 어떤 구간의 속력을 가진 분자 수 비율이 얼마나 되는지를 의미하는 분자들의 속력 분포를 알 수 있을 뿐이다.

❶ 기체 분자들에 대해서 설명하고 있습니다. 여기서는 크게 해야 할 생각이 없어요. 내용 자체도 간단하죠? 당연히 공기에는 많은 기체 분자들이 섞여 있을 것입니다.

❷ 공기 중에는 당연히 산소 분자도 존재합니다. 그리고 어떤 산소 분자는 다른 분자들과 엄청 많이 충돌한다고 해요. 분자들끼리 충돌한다면 당연히 운동 방향과 속력이 변하겠죠? 분자끼리 부딪쳐서 튕겨 나간다든지, 속도가 느려진다든지 하는 방식으로요. 이 때문에 정확한 운동 궤적을 알 수 없다고 합니다. 당연하게 납득할 수 있어야 해요. 어떤 산소 분자가 다른 분자들이랑 짧은 시간 안에 엄청 많이 충돌한다면, 그 짧은 시간 동안 부딪치는 분자들의 운동 궤적이 계속 바뀌겠죠? 그럼 측정하기 어려울 것입니다.

❸ 이렇게 ①, ②번 문장을 이해하면서 넘어왔다면 여기에 집중해야 합니다. 분자들이 계속 충돌하기 때문에 속력이나 운동 방향이 바뀌므로 운동 궤적을 정확히 알 수 없습니다. 이에 우리는 분자들의 '속력 분포'만을 알 수 있어요. 운동 궤적은 모르고, '이때 a만큼의 속력으로 운동하는 분자 수 비율이 n 정도구나' 정도로만 파악할 수 있다는 뜻입니다. 그렇다면 우리는 이 속력 분포와 관련된 내용을 화제로 잡을 수 있습니다.

그리고 여기서 '분자들의 속력 분포'의 정의는 자연스럽게 파악할 수 있어야 합니다. 수식된 정의는 놓치기 쉬우니까요! 단어의 의미를 살리면서 읽는다면 충분히 쉽게 받아들일 수 있습니다. '특정 구간의 속력을 가진 분자 수 비율'이니까 분자들의 '속력/분포'인 것입니다. 이 구간에는 몇 퍼센트(비율)가 있는지 이 분포를 알려준다는 뜻이에요.

①위에서 언급한 상태에 있는 산소처럼 분자들 사이의 평균 거리가 충분히 먼 경우에, 우리는 분자들 사이의 인력을 무시할 수 있고 분자의 운동 에너지만 고려하면 된다. ②이 경우에 분자들이 충돌을 하게 되면 각 분자의 운동 에너지는 변할 수 있지만, 분자들이 에너지를 서로 주고받기 때문에 기체 전체의 운동 에너지는 변하지 않게 된다.

① 속력 분포와 관련된 내용임을 파악하면 됩니다. 화제는 항상 떠올리면서 읽어야 합니다. 무엇을 위해서 '분자의 운동 에너지만 고려하면 되는지'를 생각해야 합니다. 당연히 **'속력 분포'를 알기 위함**이겠죠? 이것만 파악하면 쉽습니다. 분자들 간 거리가 충분히 멀다면, 당연히 인력(당기는 힘)은 무시할 수 있으므로 운동 에너지 자체만 고려하면 될 것입니다. 운동 에너지만 고려해서 속력 분포를 알 수 있다! 이게 핵심입니다.

② 각각의 운동 에너지는 변하지만 총량은 변하지 않는다고 합니다. 바로 납득할 수 있어야 합니다. 그리고 **기체 전체의 운동 에너지 총량은 고정값**이니 체크해두고 넘어갑시다.

만약 이 문장이 바로 이해되지 않는다면 이렇게 생각해봅시다. 예를 들어 A와 B라는 두 기체 분자가 운동 에너지를 각각 10, 20만큼 갖고 있다고 가정해 봅시다. 이때 A와 B가 충돌해서 A의 운동 에너지가 5만큼 감소했다면, 5만큼의 에너지가 B로 이동합니다. 그렇다면 A의 운동 에너지는 5, B의 운동 에너지는 25가 될 것입니다. 하지만 총량은 변하지 않죠? 총 30 그대로입니다. 이런 식으로 각각의 운동 에너지는 변하지만 총합은 변하지 않는 것입니다. 이와 같은 방식으로 스스로 사례를 들어보는 것도 이해를 위해 굉장히 좋은 방법임을 알아둡시다.

①기체 분자들의 속력 분포는 맥스웰의 이론으로 계산할 수 있는데, 가로축을 속력, 세로축을 분자 수 비율로 할 때 종(鐘) 모양의 그래프로 그려진다. ②이 속력 분포가 의미하는 것은 기체 분자들이 0에서 무한대까지 모든 속력을 가질 수 있지만 꼭짓점 부근에 해당하는 속력을 가진 분자들의 수가 가장 많다는 것이다. ③기체 분자들의 속력은 온도와 기체 분자의 질량에 의해서 결정된다. ④다른 조건은 그대로 두고 온도만 올리면 기체 분자의 평균 운동 에너지가 증가하므로, 그래프의 꼭짓점이 속력이 빠른 쪽으로 이동한다. ⑤이와 동시에 그

래프의 모양이 납작해지고 넓어지는데, 이는 전체 분자 수가 변하지 않았기 때문에 그래프 아래의 면적이 같아야만 하기 때문이다. ⑥전체 분자 수와 온도는 같은데 분자의 질량이 큰 경우에는, 평균 속력이 느려져서 분포 그래프의 꼭짓점이 속력이 느린 쪽으로 이동하며, 분자 수는 같기 때문에 그래프의 모양이 뾰족해지고 좁아진다.

① **속력 분포를 구하는 방법**으로 '맥스웰의 이론'이 등장합니다. 화제와 관련된 정보이니 꼭 이해해야겠죠? 이때 가로축은 속력, 세로축이 분자 수 비율로 잡을 때 '종' 모양으로 그려진다고 합니다. 우리가 알고 있는 그 벨(종)이 맞습니다. 그러니까 기울기가 음수인 이차함수를 떠올리면 됩니다. x축이 속력, y축이 분자 수 비율일 때 기울기가 음수인 이차함수로 표현됩니다. **그래프를 간단하게라도 머릿속으로 그리고 넘어가셔야 합니다. 직접 그림으로 그려봐도 좋고요.**

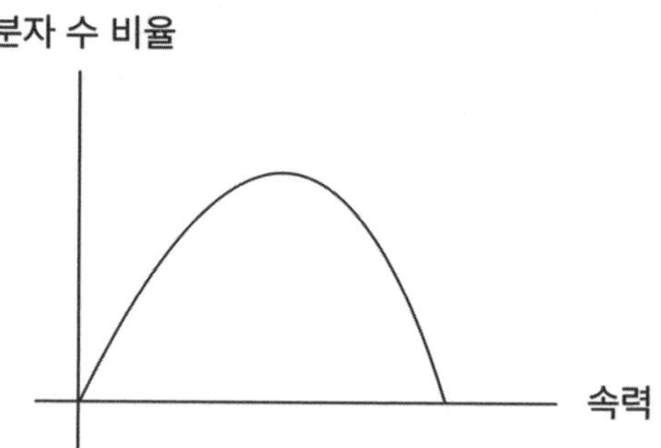

② 재진술 문장입니다. 앞에서 '종 모양'이라는 점을 바탕으로 위와 같은 그래프 형태를 떠올렸다면 쉽게 납득할 수 있습니다. 당연히 꼭짓점 부근의 속력을 가진 분자들이 가장 많겠죠. 비율이 가장 높은 부분이니까요.

③ 그리고 그 속력은 '온도'와 '질량'의 영향을 받는다고 해요. 역시나 상식적으로 납득할 수 있겠죠? 온도를 올리면 분자의 운동 속력이 빨라지고 질량이 크면 속력이 느릴 것입니다.

④ 재진술입니다. 온도와 속력의 관계를 설명하고 있습니다. 온도를 올리면 평균 운동 에너지가 증가한다고 해요. 그렇다면 당연히 평균적인 속력도 올라갈 것이고, **그래프의 꼭짓점은 속력이 빠른 쪽(오른쪽)으로 이동**하겠죠?

⑤ 마찬가지로 속력 분포가 바뀌는 상황에 대해 설명하고 있습니다. 이때 그래프가 납작해지고 넓어진다고 하는데, 그 이유를 설명하고 있습니다. 분자의 전체 수가 변하지 않았으므로 면적 자체가 같아야 하기 때문입니다. 그러니까 이 상황 자체가 **속력이 빠른 '분자 수 비율'이 늘어나는 것**임을 파악하셔야 합니다. 온도를 높이면 속력이 빠른 '분자 수의 분포'가 늘어나는 것이므로, 상대적으로 납작해지고 넓어지는 것이에요. 1문단에서 말한 것처럼 속력이

빠른 분자들이 정확히 얼마나 있는지를 알기는 어렵지만, 전체적인 '속력 분포'가 빠른 쪽으로 이동한다는 것이죠.

⑥ 이번엔 질량과 관련된 상황을 제시합니다. 질량이 크면 당연히 무거우니까 평균 속력이 느려질 것이고, **꼭짓점은 반대로 속력이 느린 쪽(왼쪽)으로 이동할 것**입니다. 그리고 여기서도 분자 수 자체는 변하지 않으므로 모양은 뾰족해지고요. 이번에도 역시나 **속력이 빠른 '분자 수 분포'가 줄어드는 것**으로 이해하시면 됩니다. 꼭짓점이 왼쪽으로 이동하면 속력이 느려지는데, 그 꼭짓점이 뾰족해지면 그 속력 구간에 해당하는 분자 수 비율이 높다는 의미이니까요.

> ①그림은 맥스웰 속력 분포를 알아보기 위해서 밀러와 쿠슈가 사용했던 실험 장치를 나타낸 것이다. ②가열기와 검출기 사이에 두 개의 회전 원판이 놓여 있다. ③각각의 원판에는 가는 틈이 있고 두 원판은 서로 연결되어 있다. ④두 원판은 일정한 속력으로 회전하면서 특정한 속력 구간을 가진 분자들을 선택적으로 통과시킬 수 있다.

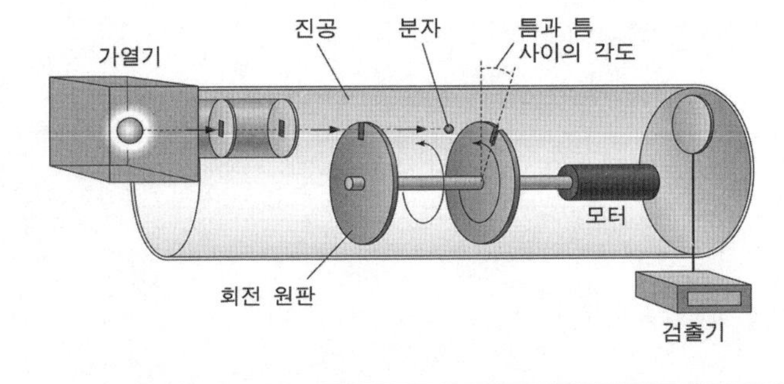

① 맥스웰 속력 분포는 당연히 기체 분자의 속력 분포이겠죠? 기체들의 속력 분포를 알아보기 위한 이론이 '맥스웰' 이론이었으니까요. 그럼 그림과 함께 실험 장치의 원리를 이해해 봅시다. 어떻게 속력 분포를 알 수 있을까요?

② 그림과 같이 원판 두 개가 연결되어 있음을 확인할 수 있습니다. 가열기는 열을 통해(온도를 높여) 분자의 속력을 변화시키기 위함이겠죠? 3문단에서도 온도와 속력의 관계를 설명해줬기 때문에 '가열기'라는 말을 보고 바로 '속력 변화'라는 포인트를 떠올릴 수 있어야 합니다! 검출기는 분자의 속력을 검출하기 위함일 것이구요.

③ 각각의 원판에 있는 틈도 확인할 수 있네요. 두 원판이 연결되어 있다는 것도 잘 보이죠?

④ 그리고 두 원판이 일정한 속력으로 돌면서 **특정 속력의 분자들**

을 통과시킨다고 합니다. 아마 기체 분자들은 원판들의 틈으로 들어가겠죠? 그럼 **원판이 도는 속도와 맞아 떨어져야 그 틈 사이로 기체 분자가 통과**할 수 있겠습니다. 이런 식으로 속력 분포를 알 수 있군요.

> ①가열기에서 나와 첫 번째 회전 원판의 가는 틈으로 입사한 기체 분자들 중 조건을 만족하는 분자들만 두 번째 회전 원판의 가는 틈을 지나 검출기에 도달할 수 있다. ②첫 번째 원판의 틈을 통과하는 분자들의 속력은 다양하지만, 회전 원판의 회전 속력에 의해 결정되는 특정한 속력 구간을 가진 분자들만 두 번째 원판의 틈을 통과한다. ③특정한 속력 구간보다 더 빠른 분자들은 두 번째 틈이 꼭대기에 오기 전에 원판과 부딪치며, 느린 분자들은 지나간 후에 부딪친다. ④만일 첫 번째와 두 번째 틈 사이의 각도를 더 크게 만들면, 같은 회전 속력에서도 더 속력이 느린 분자들이 검출될 것이다. ⑤이 각도를 고정하고 회전 원판의 회전 속력을 바꾸면, 새로운 조건에 대응되는 다른 속력을 가진 분자들을 검출할 수 있다. ⑥이 실험 장치를 이용하여 어떤 온도에서 특정한 기체의 속력 분포를 알아보았더니, 그 결과는 맥스웰의 이론에 부합하였다.

① 본격적으로 실험 장치를 통해 속력 분포를 구하는 원리에 대해 설명합니다. 아직까지는 간단합니다. 원판이 도는 속도에 맞춰서 그 틈을 통과할 수 있어야 해요. 즉, **그에 맞게 통과할 수 있는 속력을 가진 분자들만** 통과할 수 있는 것이죠.

② 두 번 필터링 된다고 생각하시면 됩니다. 첫 번째 원판을 통과하더라도, 두 번째 원판의 틈에 맞는 속력을 가진 분자들만 검출기에 도달할 수 있을 것입니다.

③ 어떤 식으로 분자들을 걸러내는지 구체적으로 설명해주는 문장입니다. 재진술 문장이니까, 앞에서 어떤 원리로 분자들을 검출하는지 이해하지 못했다면 이 문장을 보고서라도 납득하셔야 합니다. 결국 핵심은 같습니다. '특정한 속력 구간(원판의 틈)'에 맞는 속력을 가진 분자만 검출기에 도달할 수 있는 것이에요.

④ 계속해서 같은 말입니다. 첫 번째와 두 번째 틈 사이의 각도를 더 크게 만들면, 장치의 회전 속력이 그대로더라도 더 속력이 느린 분자들이 검출될 것입니다. 틈과 틈 사이의 각도가 크면, 두 번째 원판이 그 각도만큼 이동하는 동안 기체 분자는 더 느리게 이동해야 할 것이니까요. 결국 이 장치의 작동 원리를 한 번 더 설명해주

는 것에 불과합니다.

⑤ 이번에는 반대로 '각도'가 고정되어 있고 장치의 '회전 속력'이 바뀐 상황입니다. 이런 경우 새로운 상황, 즉 '회전 속력'이 달라진 상황에 대응되는 다른 속력을 가진 분자들을 검출할 수 있겠죠. 예를 들어, 장치의 회전 속력이 빨라진 경우 그걸 감당할 만큼 더 빠른 기체 분자들이 검출될 것입니다.

⑥ 이런 원리를 이용해, 기체 분자들의 속력 분포를 알아낼 수 있다고 해요. 그림까지 주면서 자세하게 설명했으니, 그 원리를 확실하게 이해해야 합니다.

Q. 윗글의 내용과 일치하지 <u>않는</u> 것은? ④

① 분자들의 충돌은 개별 분자의 속력을 변화시킬 수 있다.

→ 화제만 잘 잡았다면 쉽게 판단할 수 있습니다. 분자의 충돌이 짧은 시간 안에 너무 많이 일어나고, 그로 인해 분자의 속력이 계속 변한다고 했어요. 그래서 분자의 운동 궤적을 정확히 파악하는 것이 불가능하여 분자의 속력 분포를 파악한다고 했죠.

② 대기 중 산소 분자 하나의 운동 궤적을 정확히 구할 수 없다.

→ ①번 선지와 묻는 지점이 같습니다. 분자의 운동 궤적을 정확히 구할 수 없어서 속력 분포를 구한다고 했어요. 화제와 관련된 선지입니다.

③ 분자들 사이의 평균 거리가 충분히 멀다면 인력을 무시할 수 있다.

→ 네, 거리가 멀면 당기는 힘은 당연히 약해지고 이를 무시할 수 있다고 했습니다. 그래서 운동 에너지만 고려해서 속력 분포를 구했죠.

④ 분자의 충돌에 의해 기체 전체의 운동 에너지가 증가한다.

→ <u>고정값을 묻는 선지입니다. 분자가 충돌하면서 각각의 운동 에너지는 변하지만, 서로 에너지를 주고 받기 때문에 운동 에너지의 총량은 변하지 않는다고 했습니다. 고정값을 파악했다면 쉽게 답으로 고를 수 있는 선지입니다.</u>

⑤ 대기 중에서 개별 기체 분자의 속력은 다양한 값을 가진다.

→ 속력이 굉장히 다양하니까 속력 분포를 알아내는 장치에서 원판을 이용해 기체 분자를 걸러내는 방식을 채택했던 것이겠죠? 원판에 맞는 속력을 갖는 분자만 검출기에 도달할 수 있습니다. 그러니까 다양한 속력을 갖는 기체 분자를 걸러내고 특정 속력 구간의 기체 분자만 골라내는 것이죠.

1문단

> ①전통적 의미에서 영화적 재현과 만화적 재현의 큰 차이점 중 하나는 움직임의 유무일 것이다. ②영화는 사진에 결여되었던 사물의 운동, 즉 시간을 재현한 예술 장르이다. ③반면 만화는 공간이라는 차원만을 알고 있다. ④정지된 그림이 의도된 순서에 따라 공간적으로 나열된 것이 만화이기 때문이다. ⑤만일 만화에도 시간이 존재한다면 그것은 읽기의 과정에서 독자에 의해 사후에 생성된 것이다. ⑥독자는 정지된 이미지에서 상상을 통해 움직임을 끌어낸다. ⑦그리고 인물이나 물체의 주변에 그어져 속도감을 암시하는 효과선은 독자의 상상을 더욱 부추긴다.

① 화제를 제시하는 문장입니다. 영화적 재현과 만화적 재현의 차이를 설명하겠군요. 그리고 가장 먼저 나온 차이가 바로 '움직임의 유무'입니다. 하나는 움직임이 있고, 다른 하나는 움직임이 없다는 거예요.

② 영화적 재현의 정의를 제시합니다. 영화적 재현은 곧 시간을 재현한 것입니다. 시간을 재현한다는 것은 '사물의 운동'을 가리킵니다. 여기서 말하는 사물의 운동은 사물의 움직임 정도로 이해할 수 있습니다. 앞에서 보았던 핵심적인 차이점이 바로 '움직임의 유무'였으니까, 그 내용을 떠올리면서 읽어주셔야 해요.

③ 이번엔 만화적 재현의 정의를 제시합니다. 만화는 '공간'적 차원만 다룹니다. 이를 읽고 영화적 재현과의 차이점을 떠올리셔야 합니다. 영화적 재현은 사물의 움직임을 표현합니다. 이것이 '시간'이었죠. 그런데 만화적 재현은 어떤가요? 시간을 재현하지 못합니다. 다시 말하면 사물의 움직임을 담지 못한다는 말이에요. **①번 문장에서 보았던 핵심적 차이점, 화제를 중심으로 읽어야 합니다.**

④ 만화는 '공간'적 차원만 있다는 것에 대한 재진술입니다. '정지된 그림'이 '공간적으로' 나열된다는 말은, '시간'이라는 개념이 존재하지 않는다는 뜻입니다. '정지'이니까요. 같은 맥락에서 '움직임'이 없다는 것으로도 이해할 수 있습니다. '공간만 있다 = 움직임이 없다 = 시간이 없다'. 이 내용들이 같은 말이라는 점을 파악하셔야 합니다.

⑤ 만약 만화에 시간이 존재한다면, 만화 그 자체에 진짜 있는 것이 아니고 독자에 의해 사후적으로 생성된 것이라고 해요. 즉, 만화 자체에는 시간적 차원이 존재하지 않는다는 말입니다. 그럼 시간이 '독자에 의해 사후 생성된 것'이라는 말은 무슨 뜻일까요? 우리가 웹툰을 본다고 생각해 봅시다. 웹툰에서는 인물의 동작이나 말을 '정지'된 한 컷의 화면으로만 보여 줍니다. 정지된 컷들이 여러 개 이어지면서 '동작'을 설명합니다.

예를 들어 웹툰에서 '인물이 고개를 숙이고 있는 컷' 하나와 '인물이 위를 쳐다보는 컷'을 연달아 제시한다면 우리는 인물이 고개를 드는 동작을 했다고 이해하게 됩니다. 즉, 우리는 인물의 '움직임'을 떠올리게 되는 것이죠. 그러나 실제 웹툰에는 이 '움직임'이 그대로 녹아 있지는 않습니다. '고개를 숙인 장면'과 '위를 쳐다보는 장면' 두 개가 연달아 제시될 뿐이죠. 그럼에도 우리는 '고개를 든다'라는 움직임을 상상하면서 읽습니다. '읽기 과정에서 독자에 의해 사후적으로 생성된 것'이라는 말은 이러한 포인트를 가리킵니다.

⑥ '사후적으로 생성된 시간'에 대한 재진술입니다. 앞서 설명했던 내용을 언급하는 문장이네요. 독자가 만화를 보고 상상해서 '움직임'을 이끌어 낸다고 합니다. 분명 만화에는 '움직임'과 같은 시간이 없다고 했습니다. 하지만 독자는 만화에서 움직임을 이끌어 냅니다. 이것이 바로 앞 문장에서 언급했던 '사후적 생성'입니다. 만화 그 자체에는 없지만 독자는 만화에서 사후적으로 상상을 통해 움직임, 시간을 이끌어낸다는 것입니다.

⑦ 또 재진술입니다! 만화에는 시간이 없습니다. 즉, 사물의 움직임을 드러내지 못합니다. 그럼에도 속도감을 암시하는 '효과선'과 같은 표현을 통해 독자의 상상을 이끌어 낸다고 합니다. 고개를 드는 장면에서 '효과선'이 있다면 '빠르게 고개를 든다'와 같이 우리의 상상을 더 부추기는 것이죠. 만화적 재현에서는 움직임 그 자체를 담지는 못하지만 움직임을 상상할 수 있는 요소들을 사용할 수는 있네요!

2문단

> ①만화는 물리적 시간의 부재를 공간의 유연함으로 극복한다. ②영화 화면의 테두리인 프레임과 달리, 만화의 칸은 그 크기와 모양이 다양하다. ③또한 만화에는 한 칸 내부에 그림뿐 아니라, 말풍선과 인물의 심리나 작중 상황을 드러내는 언어적·비언어적 정보를 모두 담을 수 있는 자유로움이 있다. ④그리고 그것이 독자의 읽기 시간에 변화를 주게 된다. ⑤하지만 영화에서는 이미지를 영사하는 속도가 일정하여 감상의 속도가 강제된다.

① 만화적 재현에 대해서 계속 설명하고 있습니다. 여기서도 만화의 핵심을 재진술하고 있어요. '물리적 시간의 부재'를 새로운 정보로 받아들이면 안 됩니다. 자연스럽게 읽으셔야 해요. 만화에는 사물의 움직임, 시간이 존재하지 않습니다. 공간만 있는 것입니다. 그래서 시간의 부재를 <u>공간의 유연함</u>으로 극복한다고 하는 것입니다. 그렇다면 '공간의 유연함'은 무엇을 가리키는지 이해해야겠죠?

❷ 화제를 떠올리면서 두 재현 방식의 차이점에 주목하셔야 합니다. 동시에 사례이기도 해요. 우리는 '만화적 재현과 영화적 재현의 차이'를 화제로 잡고 왔어요. 이번에도 영화와 만화의 차이를 드러냅니다. 영화의 프레임은 고정되어 있습니다. 네모난 화면 그 자체이니까요. 반면 만화의 칸은 일정하지 않죠? 크기도 다르고 모양도 다양합니다. 이러한 것들이 바로 만화가 갖고 있는 '공간의 유연함'입니다. 이게 하나의 예시라는 점을 인지하면서 정확히 만화적 재현의 특징(공간의 유연함)까지 이해해야 해요.

❸ 계속해서 만화의 특징을 설명합니다. 만화의 한 칸 안에는 그림과 말풍선, 다양한 표현들이 드러날 수 있다고 해요. 이처럼 만화는 '공간의 유연함'을 갖고 있습니다. 이 또한 일종의 사례로 읽어 주셔야 합니다.

❹ 위와 같은 공간의 유연함을 통해 '읽기 시간'에 변화를 줍니다. 여기서 '그것이'는 말풍선, 만화 칸 등을 가리키는 것이겠죠? '공간의 유연함'에 대한 사례로 본 내용들입니다! 결국 만화는 **공간의 유연함으로 시간의 부재를 극복하고 있는 것**이에요. 이 문장이 말하고자 하는 바가 바로 이것입니다. 새로운 정보로 받아들이지 말고, 앞에서 읽은 내용을 바탕으로 이해하셔야 합니다.

조금 더 자세히 납득해 볼까요? '읽기 시간'을 조절하는 게 왜 '시간의 부재'를 극복하는 것일까요? 이를 이해하기 위해서는 '만화'의 특징부터 다시 생각해봐야 합니다. 만화 자체에는 '공간'만 있을 뿐, '시간'은 없습니다. 만화에서의 시간은 '독자의 읽기 과정'에 따라 사후적으로 생성될 뿐이이에요. 즉, **'만화'에서의 '시간'은 만화 자체에 내재해 있는 게 아니라 '독자의 읽기'에 달려있는 것**입니다. 그러니까 만화에서 '시간의 부재'를 극복하려면, '독자의 읽기 과정'에 영향을 주어야 하는 것입니다. 만화 자체에는 시간이 없으니까요! 그래서 만화에서 시간의 부재를 극복하는 방법은, 만화에 있는 '공간의 자율성'을 적극적으로 활용해서, 시간을 사후적으로 만들어 내는 독자가 읽기 시간을 조절하게끔 하는 것입니다.

'시간을 사후적으로 만들어낸다'라는 말 자체가 추상적이라 정확히 납득하는 게 어려울 수 있지만, 그럼에도 우리는 지문의 내용을 토대로 최대한 생각하며 쉽고 정확하게 이해하려는 노력이 필요합니다. 특히 최근 평가원 기출은 이것보다 훨씬 더 어렵고 추상적이기 때문에 힘들더라도 포기하면 안 됩니다. 꾸준히 '생각의 힘'을 길러 나가는 것만이 국어 고득점을 향한 가장 효과적이면서 유일한 길임을 명심합시다!

❺ 마지막으로 영화와의 차이를 제시합니다. 만화는 공간의 유연함을 활용하여 독자의 읽기 속도에 차이를 두었습니다. 하지만 영화는 감상 속도에 차이를 두지 못합니다. 이미지를 영사하는 속도가 일정하기 때문이에요! 내용은 간단하니 차이점만 잡고 넘어가면 충분하겠습니다. 다만, 영화의 속도가 일정하다는 점을 **'고정값'**으로 체크해 주면 더 좋겠네요.

> ① 영화와 만화는 그 이미지의 성격에서도 대조적이다. ② 영화가 촬영된 이미지라면 만화는 수작업으로 만들어진 이미지이다. ③ 빛이 렌즈를 통과하여 필름에 착상되는 사진적 원리에 따른 영화의 이미지 생산 과정은 기술적으로 자동화되어 있다. ④ 그렇기에 영화 이미지 내에서 감독의 체취를 발견하기란 쉽지 않다. ⑤ 그에 비해 만화는 수작업의 과정에서 자연스럽게 세계에 대한 작가의 개인적인 해석을 드러내게 된다. ⑥ 이것은 그림의 스타일과 터치 등으로 나타난다. ⑦ 그래서 만화 이미지는 '서명된 이미지'이다.

❶ 이번엔 영화와 만화를 '이미지의 성격'을 중심으로 구분하려나 봅니다. 화제 기억하시죠? 영화적 재현과 만화적 재현의 차이를 확인하는 것입니다. 이번엔 '이미지의 성격'이라는 차이점에 대해서 설명하려는 것이고요. 각각이 어떤 이미지의 성격을 갖는지 이해해야 합니다.

❷ 아주 친절하게 이미지의 성격을 제시합니다. '영화 = 촬영된 이미지', '만화 = 수작업의 이미지'를 같은 말로 잡고 넘어갑시다. 영화는 말 그대로 카메라로 '촬영'한 것이니까 촬영된/이미지이고, 만화는 사람이 직접 그리는 것이니까 '수작업'으로 만들어진 이미지라고 하나 봅니다. 이 정도로만 파악하고 넘어갑시다. 아마 뒤에서 더 정확하게 설명할 것입니다.

❸ 영화의 이미지에 대해 구체적으로 설명합니다. 이를 이해하려면 '사진적 원리'가 무엇인지 이해해야 하는데, 그 정의가 수식된 형태로 제시되고 있어요. 놓치지 않게 주의하셔야 합니다. 하나씩 봅시다. '사진/적 원리'는 '사진'을 찍듯이 이미지를 저장하는 원리입니다. 빛이 렌즈를 통과하고 '필름'에 착상되는 것, '사진'이 찍히는 원리 그 자체입니다. 여기까지 읽으면 왜 영화의 이미지가 '촬영된 이미지'인지 알 수 있습니다. 사진을 찍듯 대상을 촬영하는 것이기 때문이에요! 여기까지 이해했다면 뒤는 간단합니다. 이런 방식으로 영화의 이미지가 생산되고 이것이 자동화되어 있다고 해요. 그냥 촬영만 하는 것이고, 촬영이 자동적으로 되기 때문이겠죠?

❹ 반드시 이해해야 하는 문장입니다. 부가적인 정보로 받아들이면 안 돼요. 영화의 이미지는 촬영된 이미지고, 생산 과정이 자동화되어 있습니다. 즉, 대상을 있는 그대로 촬영하는 것에 더해 그 과정까지 '자동화'되어 있으니까 이미지 내에서 감독의 체취가 드러나기 힘든 것입니다. 여기서 말하는 '감독의 체취'는 감독의 예술적 취향이나 성격, 특징 정도로 이해하면 충분합니다.

❺ 이번엔 만화에 대해 설명합니다. 만화는 영화와 다르게 촬영하

는 것이 아닙니다. 처음부터 끝까지 다 작가가 그려야 합니다. 그래서 '수작업'인 것이에요. 앞에서 만화의 이미지를 '수작업으로 만들어진 이미지'라고 정의했었죠? 여기서 납득하시면 됩니다.

아무튼 그렇게 수작업으로 그리다 보니 작가의 그림에 작가의 생각이나 가치관이 들어갈 수밖에 없습니다. '세계에 대한 작가의 개인적인 해석'이 바로 이 말입니다. 이미지에 작가의 '체취'가 들어간다는 말을 하는 것입니다. 영화와의 차이점을 꼭 생각해주셔야 합니다.

⑥ 재진술 문장입니다. 수작업으로 그려서 작가의 체취가 드러나는데, 그것이 바로 그림의 스타일이나 터치입니다. 우리가 웹툰만 봐도 작가마다 그림체가 다른 것을 알 수 있죠? 이와 같은 맥락에서 이해하시면 됩니다.

⑦ 이번에도 재진술 문장입니다. 작가의 색깔이 정확하게 드러나기 때문에 '서명된 이미지'라고 표현합니다. '만화 = 수작업의 이미지 = 서명된 이미지'가 모두 같은 말이라는 점만 파악하시면 됩니다. 물론 왜 같은 말인지도 당연히 이해하셔야겠죠? '서명'이라는 것은 자기 이름을 써 넣는다는 뜻이에요. 즉, 만화에는 작가의 주관이 강하게 드러나기 때문에 마치 '서명'하는 것과 같다는 점에서 '서명된 이미지'라고 표현하는 것입니다.

① 촬영된 이미지와 수작업에 따른 이미지는 영화와 만화가 현실과 맺는 관계를 다르게 규정한다. ② 영화는 실제 대상과 이미지가 인과 관계로 맺어져 있어 본질적으로 사물에 대한 사실적인 기록이 된다. ③ 이 기록의 과정에는 촬영장의 상황이나 촬영 여건과 같은 제약이 따른다. ④ 그러나 최근에는 촬영된 이미지들을 컴퓨터상에서 합성하거나 그래픽 이미지를 활용하는 디지털 특수 효과의 도움을 받는 사례가 늘고 있는데, 이를 통해 만화에서와 마찬가지로 실재하지 않는 대상이나 장소도 만들어 낼 수 있게 되었다.

① 계속해서 영화와 만화의 차이를 설명합니다. 화제는 계속 기억하셔야 해요. 4문단에서는 이를 '현실과의 관계'를 중심으로 구분하는 것입니다. 영화와 만화는 어떻게 현실과 관계를 맺을지, 그 방식은 어떻게 다를지 생각하면서 넘어갑시다.

② 영화가 현실과 관계 맺는 방식을 설명합니다. 영화는 실제 대상을 '촬영'합니다. 그래서 촬영된 이미지였죠? 그렇다 보니 대상을 촬영하면 이미지가 결과로 나오는 것입니다. 그래서 영화와 현실은

'인과 관계'를 맺고 있습니다.

그렇다면 왜 영화는 '사실적인 기록'이 될까요? 마찬가지로 앞의 내용을 바탕으로 이해할 수 있어요. 대상을 그대로 촬영하다 보니 감독의 체취도 드러나지 않았고 이것이 곧 '사실적인 기록'이라는 특징으로 이어집니다.

③ 당연하게 납득하셔야 합니다. 영화는 대상을 있는 그대로 촬영하여 그것을 이미지로 합니다. 그렇다 보니 촬영장 상황이나 촬영 여건에 따른 제약을 받을 수밖에 없습니다. 화창한 자연을 촬영을 해야 하는데 날씨가 흐리다면, 촬영에 제약이 생길 수 있겠죠? 영화는 '사실적인 기록'이기 때문에, 이런 문제가 생길 수밖에 없습니다. 이렇게 앞에서 이해한 내용을 바탕으로 납득하셔야 합니다.

④ 합성이나 컴퓨터 그래픽에 대한 내용이 등장합니다. 이 정보는 약간 특이하게 받아들여져야 합니다. 이미지를 합성하거나 디지털 특수 효과를 이용한다면 영화와 현실은 더 이상 완전한 인과 관계로 엮이지 않으며 동시에 '만화'와 같은 특징을 갖기 때문이에요. 영화인데 만화인 그런 특이한 느낌입니다.

이 내용은 **영화의 예외**로 볼 수 있습니다. '예외'는 중요한 정보입니다. 생각의 전개에서 더욱 자세히 다룰 예정이지만, 간단하게 말씀드리고 넘어갈게요.

① 만화의 경우는 구상을 실행으로 옮기는 단계가 현실을 매개로 하지 않는다. ② 따라서 만화 이미지는 그 제작 단계가 작가의 통제에 포섭되어 있는 이미지이다. ③ 이 점은 만화적 상상력의 동력으로 작용한다. ④ 현실과 직접적으로 대면하지 않기에 작가의 상상력에 이끌려 만화적 현실로 향할 수 있는 것이다.

① 이번엔 만화에 대해 설명하는데, 바로 영화와 차이점을 잡아 주셔야 합니다. 영화는 기본적으로 현실을 매개로 합니다. 그래서 현실과 '인과 관계'로 맺어진다고 했어요. 반면 만화는 현실과의 매개가 없습니다. 여기서 말하는 '구상'은 만화적 재현, 만화 이미지를 구상하는 것을 가리키겠죠? 결국 만화는 현실과 인과 관계가 아닐 뿐더러 아예 현실을 매개로 하지 않는 것입니다.

② 재진술 문장입니다. 앞에서 만화 이미지는 현실을 매개로 하지 않는다고 했어요. 그러니까 이미지를 제작하는 단계가 '작가의 통제'에 포섭되어 있는 것입니다. 현실을 매개로 하지 않고 작가가 수작업으로 이루어내는 이미지이기 때문이에요. 같은 포인트를 반복하고 있다는 생각으로 읽어 주셔야 합니다.

❸ 여기서 '이 점'은 만화가 현실을 매개로 하지 않는다는 것이겠죠? 작가의 통제하에 이미지가 만들어지기 때문에 상상력을 이끌어낼 수 있다는 것입니다. 현실과의 인과성이 떨어지니 현실이 아닌 다른 무언가를 상상하여 만들어 내는 이미지라는 것 정도로 납득할 수 있습니다.

❹ 앞에서 전혀 납득하지 못했더라도 괜찮습니다. 여기서 재진술해 주고 있기 때문이에요. 만화는 현실과 떨어져 작가의 통제하에 생성되는 이미지입니다. 그러니까 현실과 직접적으로 '대면'하지 않아요. 따라서 '작가의 상상력'에 따라 만들어진 이미지를 독자가 읽게 됩니다. 즉, 작가의 통제하에 만들어진 이미지를 통해 만화를 보게 된다는 것이죠. 그래서 '작가의 상상력에 이끌려 만화적 현실로 향할 수 있는 것'이라는 말이 나오는 것입니다.

Q. 윗글의 내용과 일치하는 것은? ①

　① 영화는 사물의 움직임을 재현한 예술이다.

→ 화제를 기억하면서 영화와 만화의 차이를 잘 이해했다면 쉽게 고를 수 있는 선지입니다. 영화와 만화는 움직임 유무에서 차이가 있습니다. 그래서 영화는 사물의 운동(움직임, 시간)을 나타낼 수 있다고 했죠.

　② 만화는 물리적 시간 재현이 영화보다 충실하다.

→ 만화는 오로지 공간만 존재한다고 했습니다. 즉, 시간적 차원이 없어요. 그래서 이 한계를 공간의 유연성으로 극복한다고 했죠.

　③ 영화에서 이미지를 영사하는 속도는 일정하지 않다.

→ 고정값을 물어보는 선지입니다. 영화가 이미지를 영사하는 속도는 일정하다고 했습니다. 그래서 영화를 감상하는 속도도 강제된다고 했죠. 이를 만화와의 차이점으로 이해하기도 했어요. 만화는 읽기 시간이 장면별로 달랐으니까요.

　④ 만화 이미지는 사진적 원리에 따라 만들어진다.

→ 사진적 원리는 영화였죠! 수식된 정의로 제시된 개념이기도 했습니다. 그때 신경 써서 읽었다면 쉽게 판단할 수 있는 선지입니다.

　⑤ 만화는 사물을 영화보다 더 사실적으로 기록한다.

→ 사실적으로 기록하는 것 또한 영화입니다. 만화는 수작업의 이미지로, 수작업의 과정에서 작가의 해석이 드러난다고 했습니다. 상식적으로도 사물을 그대로 촬영하는 영화가 더 사실적으로 기록하는 방법이겠죠.

1문단

> ① 연금 제도의 목적은 나이가 많아 경제 활동을 못하게 되었을 때 일정 소득을 보장하여 경제적 안정을 도모하는 것이다. ② 이를 위해서는 보험 회사의 사적 연금이나 국가가 세금으로 운영하는 공공 부조*를 활용할 수 있다. ③ 그럼에도 국가가 이 제도들과 함께 공적 연금 제도를 실시하는 까닭은 무엇일까?
>
> * 공공 부조 : 생활 능력이 없는 국민에게 사회적 최저 수준의 생활이 가능하도록 국가가 현금 또는 물품을 지원하거나 무료 혜택을 주는 제도.

① '연금 제도'의 목적을 제시하고 있습니다. 정의를 체크한다는 마음으로 읽어 줍시다. 연금 제도의 목적(정의)은 우리가 일반적으로 아는 국민 연금과 크게 다르지 않습니다. 나이가 많아서 일을 못 하게 되면 일정 소득을 보장하기 위함입니다. 말 그대로 '연금'을 주는 목적을 드러내고 있습니다.

② 여기서 헷갈리지 않도록 주의해야 합니다. 앞에서 말한 '연금 제도' 외에도 같은 목적을 달성하기 위한 다른 수단이 제시되고 있습니다. 보험 회사가 운영하는 연금이 '사적' 연금입니다. 개별 회사가 운영하는 것이라 '사적/연금'이네요. 자연스럽게 단어의 의미를 살리면서 읽으셔야 합니다. 또 다른 개념으로는 세금으로 운영하는 '공공 부조'가 있습니다. 각주를 읽어 보니 최저 생계비 지급과 같이 국가가 '공공'을 위해 일종의 '부조'를 하는 제도가 바로 '공공/부조'입니다.

③ 물음과 함께 화제를 제시하는 문장입니다. 사적 연금이나 공공 부조가 있음에도 '공적' 연금 제도를 실시해야 한다고 해요. 그럼 연금 제도 중에서도 '공적 연금 제도'를 실시하는 이유를 중점으로 지문을 읽어야 합니다. 이것이 곧 화제입니다!

그리고 여기서 자연스럽게 '공적 연금 제도'가 무엇인지 파악할 수 있어야 해요. 우리는 이미 '사적' 연금 제도의 정의를 알고 있습니다. 보험사가 운영하는 연금이 '사적/연금'이었어요. 그렇다면 '공적/연금 제도'는 국가가 운영하는 연금이겠네요. 두 연금의 차이점을 파악하고, 나아가 왜 굳이 '공적' 연금 제도가 필요한지 생각합시다. '공적 연금 제도'도 '연금' 제도이니까 목적 자체는 사적 연금이나 공공 부조와 같다는 점도 생각해야 해요!

2문단

> ① 그것은 사적 연금이나 공공 부조가 낳는 부작용 때문이다. ② 사적 연금에는 역선택 현상이 발생한다. ③ 안정된 노후 생활을 기대하기 어려운 사람들이 주로 가입하고 그렇지 않은 사람들은 피하므로, 납입되는 보험료 총액에 비해 지급해야 할 연금 총액이 자꾸 커지는 것이다. ④ 이렇게 되면 보험 회사는 계속 보험료를 인상하지 않는 한 사적 연금을 유지할 수 없다. ⑤ 한편 공공 부조는 도덕적 해이를 야기할 수 있다. ⑥ 무상으로 부조가 이루어지므로, 젊은 시절에는 소득을 모두 써 버리고 노년에는 공공 부조에 의존하려는 경향이 생길 수 있기 때문이다. ⑦ 이와 같은 부작용에 대응하기 위해 공적 연금 제도는 소득이 있는 국민들을 강제 가입시켜 보험료를 징수한 뒤, 적립된 연금 기금을 국가의 책임으로 운용하다가, 가입자가 은퇴한 후 연금으로 지급하는 방식을 취하고 있다.

① 공적 연금 제도가 필요한 이유를 제시합니다. 이유 자체는 아주 단순해요. 사적 연금이나 공공 부조는 부작용이 있기 때문입니다. 부작용이 있으면 당연히 연금 제도의 목적을 정상적으로 달성할 수 없을 것입니다. 화제 기억나시죠? 연금 제도의 목적을 위해 '공적 연금 제도'가 필요해요! 이를 기억합시다. 여기까지 이해했다면 사적 연금과 공공 부조에는 어떤 부작용이 있는지 궁금해 하면서 다음 문장으로 넘어갑시다.

② 먼저 사적 연금의 부작용을 설명합니다. 사적 연금에는 '역선택 현상'이 있다고 합니다. 아직까지 정의가 등장하지 않았으니, 뒤에서 설명해주겠군요.

③ 역선택 현상의 정의가 제시됩니다. '역/선택' 현상은 사적 연금을 '선택'할 때 발생하는 문제입니다. 안정된 노후를 기대하기 어려운 사람들이 주로 사적 연금을 선택하고, 안정된 노후를 기대할 만한 사람들은 사적 연금을 택하지 않습니다. 그러면 '보험금 〉 보험료'가 된다고 해요.

이 부분은 이해하기가 매우 어렵습니다. 사실 이 문장만 가지고 이해하는 것이 거의 불가능에 가까운 내용이에요. 그리 중요한 내용이 아니니 재진술/사례 등을 활용하지 않고 대충 제시한 것이라고 할 수 있겠죠? 어쨌든, 그래도 스스로 이해해 보려고 노력해보도록 합시다. 힌트를 드리자면, 이 지문에서 '연금'을 어떻게 정의하고 있는지에 초점을 맞춰 보면 됩니다. 한 번 스스로 고민해본 다음 해설을 읽어 보도록 하세요.

이 지문에서는 '연금'을 '나이가 많아' 경제 활동을 못할 때 '일정 소득을 보장'하는 것을 목적으로 하는 제도로 정의하고 있습니다. 이를 바탕으로 여기서 말하는 '안정된 노후 생활을 기대하기 어려운 사람들'이 어떤 사람들일지 생각해 보면, '나이가 많은' 상태를 오래 지속할 것 같은 사람들, 즉 오래 살 것으로 생각하는 사람들이라고 할 수 있습니다. 반대로 '그렇지 않은 사람들'은 오래 살지 못할 것이라고 생각하는 사람들이라고 할 수 있을 것이구요. (사실 이렇게 생각하는 것 자체가 말이 되질 않는다는 거 인정합니다. 정확한 해설을 위해 뒷북치는 것이라고 생각해주세요.)

아무튼, 오래 살 것이라고 생각하는 사람들만 '사적 연금'에 가입하려고 하고 그렇지 않은 사람들은 피할 것입니다. 오래 살 것이라고 생각하면 사적 연금에 가입한 뒤 일정 나이가 되었을 때부터 죽을 때까지 오랜 시간 '일정 소득을 보장'받는 것이 이득이니까요. 반대로 빨리 죽어서 보험 회사의 연금 지출을 아껴줄 수 있는 이들은 가입을 피할 것입니다. 이에 납입되는 보험료 총액에 비해 지급해야 할 연금 총액이 자꾸 커지는 것이죠. 주 가입자들이 오래오래 살 사람들이니까요.

④ 재진술입니다. 들어오는 돈(보험료)보다 나가는 돈(보험금)이 더 많은데, 당연히 보험료를 인상하지 않고는 사적 연금을 유지할 수 없을 것입니다. 역선택 현상은 사적 연금의 부작용이 맞네요.

⑤ 이번엔 공공 부조의 문제점을 제시합니다. **지문의 흐름이 '사적 연금 → 공공 부조'로 전환되고 있다는 점을 인지하셔야 해요.** 공공 부조의 문제는 '도덕적 해이'입니다. 이 현상이 무엇인지 이해하고 왜 부작용이 되는지까지 이해합시다.

⑥ 공공 부조는 정부가 생활 능력이 없는 국민에게 최소한의 삶을 위해 **'무료로'** 혜택을 주는 제도입니다. 이 포인트를 한 번 더 언급하고 있습니다. '무상'으로 부조가 이루어진다는 점을 자연스럽게 받아들여야 합니다. 이것만 잘 잡으면 뒤에는 쉽게 이해할 수 있습니다.

나이가 들어 생활 능력이 없으면 국가가 알아서 돈이나 물품을 줍니다. 그럼 돈을 벌 수 있는 젊은 시절에는 돈을 다 써 버리고, 노후는 공공 부조에 의존하려 하겠죠? 굳이 내가 돈을 안 모아도 국가가 알아서 생활을 보장해 주니까요. 이것이 바로 '도덕적 해이'입니다. 사람이 '해이'해진다는 측면에서 '도덕적 해이'인가 봅니다.

⑦ 아주 중요한 문장입니다. 이 글의 화제는 공적 연금 제도가 필요한 이유입니다. 2문단에서는 그 이유를 다른 제도들의 '부작용'으로 잡았고요. 그래서 각 제도의 부작용을 모두 알아본 후 공적 연금에 대해 다시 설명하고 있습니다. 공적 연금이 다른 제도의 부작용에 대한 일종의 해결 방안이라는 점을 자연스럽게 이해하셔야 합니다.

공적 연금 제도는 소득이 있는 국민들을 '강제'로 가입시켜서 보험료를 '강제'로 징수합니다. 그럼 사적 연금이나 공공 부조의 부작용을 해결할 수 있겠네요. 모든 국민을 강제로 가입시켜서 돈을 거두면, 오래 살 것이라고 생각하는 사람들만 가입하는 역선택 현상 문제를 해결할 수 있습니다. **'모든'** 국민이 대상이니까요. 동시에 도덕적 해이 문제도 해결할 수 있습니다. 국가가 강제로 보험료를 징수하니까 **젊은 시절에 자기가 가진 돈을 '모두' 쓸 수가 없기 때문**이에요. 이런 점들에서 공적 연금 제도는 **일종의 '고정값'**이라고도 볼 수 있겠네요. '모든' 국민을 대상으로 하고, 예외 없이 '강제'로 가입시키니까요.

그리고 '공적/연금 제도'답게 '국가'의 책임으로 운영됩니다. 또 은퇴한 후 연금을 지급하니 본래 연금 제도의 목적도 달성될 수 있습니다. 우리가 아는 국민 연금을 떠올리면서 읽으면 쉽게 납득할 수 있습니다.

3문단

①우리나라에서 공적 연금 제도를 운영하는 과정에는 사회적 연대를 중시하는 입장과 경제적 성과를 중시하는 입장이 부딪치고 있다. ②구체적으로 전자는 이 제도를 계층 간, 세대 간 소득 재분배의 수단으로 이용해야 한다고 주장한다. ③소득이 적어 보험료를 적게 낸 사람에게 보험료를 많이 낸 사람과 비슷한 연금을 지급하고, 자녀 세대의 보험료로 부모 세대의 연금을 충당하는 것은 그러한 관점에서 이해될 수 있다. ④하지만 후자는 이처럼 사회 구성원 일부에게 희생을 강요하는 소득 재분배는 물가 상승을 반영하여 연금의 실질 가치를 보장할 수 있을 때만 허용되어야 한다고 비판한다. ⑤사회 내의 소득 격차가 커질수록, 자녀 세대의 보험료 부담이 커질수록, 이 비판은 더욱 강해질 수밖에 없다.

❶ 공적 연금 제도의 '운영 방식'에 대한 두 입장을 언급하고 있습니다. 하나는 '사회적 연대'를 중시하는 입장이고 하나는 '경제적 성과'를 중시하는 입장입니다. 계속해서 공적 연금 제도에 대해 설명한다는 전체적인 흐름을 파악하고, 각각의 입장을 이해하면 되겠습니다.

❷ '전자'는 '사회적 연대'를 중시하는 입장입니다. '사회적 연대'를 강조하는 만큼, 소득 '재분배'를 주장합니다. 자연스럽게 납득할 수 있겠죠?

❸ 만약 재분배 개념을 잘 몰랐다면 ②번 문장을 자연스럽게 납득하기 어려울 수 있습니다. 하지만 여기서 친절하게 재진술하고 있으니 충분히 이해할 수 있습니다.

쉽게 말해 소득이 적어서 보험료를 한 달에 1만원 내는 사람과 소득이 많아 보험료를 10만원 내는 사람이 연금을 똑같이 5만원씩 받는 것이라고 생각하면 됩니다. 그렇다면 1만원을 낸 사람은 4만원을 더 받게 되는 것인데, 이 4만원은 어디서 나온 돈일까요? 그렇죠. 10만원을 낸 사람의 돈에서 나옵니다. 그래서 소득이 '재분배'된다는 뜻입니다. 나아가 한창 돈을 벌고 있는 자녀 세대의 보험료로 부모 세대의 연금을 충당하는 것 역시 자녀 세대의 높은 소득이 '재분배'되는 것이라고 할 수 있겠네요. 만약 재분배 개념을 몰랐다면 간단하게라도 알고 있는 것이 좋습니다.

④ '후자'는 '경제적 성과'를 강조하는 입장입니다. 여기서는 재분배를 '경계'하고 있습니다. 재분배는 기본적으로 경제적 성과라고 보긴 어려우니까요. 재분배는 많은 사람에게 세금을 걷어 돈이 없는 사람에게 다시 나누어주는 것입니다. 그런데 이를 성과라고 보긴 어렵죠?

그래서 이들은 '연금의 실질 가치를 보장할 수 있을 때'만 허용한다고 합니다. 여기서 '연금의 실질 가치를 보장'한다는 말이 어렵게 다가올 수 있어요. 하지만 우리는 충분히 이해할 수 있습니다. 화제가 무엇이었나요? 그렇죠. "연금 제도의 목적을 달성하기 위해 공적 연금이 필요하다!" 이게 중요했습니다. 그렇다면 '연금의 실질 가치'를 보장한다는 말은 '연금 제도의 목적'을 정상적으로 달성할 수 있다는 말과 같겠습니다. 재분배를 통해 안정된 생활을 보장하는 것은 경제적 '성과'라고 볼 수 있으니까요. 후자의 입장은 재분배도 '경제적 성과'를 달성할 때만 허용할 수 있다고 본다는 것이 핵심입니다.

추가적으로 이 '연금의 실질 가치'는 '물가 상승'과 관련되는데, 이건 기본적인 화폐 가치에 대한 배경지식이 있어야 이해할 수 있습니다. 아주 간단하게만 설명하자면 다음과 같습니다. 자본주의 사회에서는 시간이 흐를수록 화폐의 가치가 떨어집니다. 한 번 발행된 돈은 사라지지 않고 계속 시장에 남습니다. 그런데 시간이 흐르면 흐를수록 우리는 계속 화폐를 발행하죠? 즉, 시장에는 '돈'이 쌓여만 갑니다. 이는 곧 '돈이 흔해진다'는 말이고, 흔해진다는 것은 곧 '가치가 떨어진다'는 것입니다. 이때 시장에 풀린 돈의 양을 '통화량'이라고 하고, 돈이 흔해지는 것은 곧 통화량이 늘어나는 상황입니다.

이렇게 시장에 통화량이 계속해서 늘어나면서 화폐의 가치가 떨어지는 것은 곧 '물가 상승'으로 이어집니다. 예컨대, 10년 전 라면 한 봉지의 가격이 1,000원이었는데, 지금은 거의 1,500원 가까이 하죠? 그 이유가 무엇일까요? 10년이 지나면서 그만큼 시장에 돈이 더 많이 발행되었기 때문이에요. 즉, 통화량이 늘어나 돈이 흔해진 것이죠. 그런데 라면 1개는 똑같습니다. 양도, 맛도 변하지 않았죠. 그 사이에 단지 시장에 풀린 '돈'만 늘어난 것입니다. 그러니까 예전에는 '1,000원 = 라면 1개'의 가치를 가졌다면 현재는 '1,000원 = 라면 개'의 가치를 가집니다. 그러니까 '라면 대비 화폐'의 가치가 떨어진 것이죠. 이런 메커니즘으로 인해 자본주의 사회에서 '물가 상승'은 불가피합니다.

공적 연금도 마찬가지입니다. 내가 현재 보험료로 '10,000원'을 내고 40년 뒤에 '10,000원'을 받는다면 이는 '물가 상승을 반영하여 연금의 실질적인 가치를 보장하지 **못하는** 상황'입니다. 앞서 라면 예시로 다시 살펴볼까요? 나는 현재 라면이 1,000원 할 때 '10,000원'을 보험료로 냅니다. 그리고 40년 뒤에 이 '10,000원'을 똑같이 받는다면 라면 10개를 살 수 있을까요? 그렇지 않습니다. 10년이 지난 지금 당장 라면 가격만 보더라도 1,500원인걸요. 40년 뒤이면 라면값은 5,000원이 되어 있을 수도 있어요. 통화량이 증가하면서 물가가 계속 오르기 때문이에요!

결국, 내가 지금 낸 10,000원을 40년 뒤에 똑같이 '10,000원'으로 돌려받는다면 이는 '실질적으로' 내 생활을 보장해주지 못할 것입니다. 그러니까 보험료를 내고 연금을 돌려받을 때는 '물가 상승'을 반영한 금액을 돌려줘야 해요. 라면 예시로 설명하자면 '라면이 1,000원일 때의 10,000원'은 '라면이 5,000원일 때의 10,000원'과는 다르다는 것이에요. 연금을 받을 때 라면이 5,000원이면 이 물가 상승을 고려해서 연금 수령액을 50,000원 정도로는 맞춰줘야 된다는 말이죠. 그래야 노후의 생활 안정이 될 것입니다.

⑤ 이 문장도 최대한 납득해야 합니다. 사회 내의 소득 격차가 커지면 고소득자들의 불만이 폭증할 것입니다. 고소득자들은 자신의 소득 중 지나치게 많은 부분이 저소득자들을 위한 연금 재원으로 쓰인다는 점에서 불만을 가질 수 있겠죠. 자녀 세대의 보험료 부담 역시 마찬가지죠? 이런 것들이 커질수록 '경제적 성과를 중시하는 입장'에서 말하는 비판은 더욱 강해질 수밖에 없을 것입니다.

4문단

> ①이 두 입장은 요사이 연금 기금의 투자 방향에 관해서도 대립하고 있다. ②이에 대해서는 원래 후자의 입장에서 연금 기금을 가입자들이 노후의 소득 보장을 위해 맡긴 신탁 기금으로 보고, 안정된 금융 시장을 통해 대기업에 투자함으로써 수익률을 극대화하려는 태도가 지배적이었다. ③그러나 최근에는 전자의 입장에서 연금 기금을 국민 전체가 사회 발전을 위해 조성한 투자 자금으로 보고, 이를 일자리 창출에 연계된 사회 경제적 분야에 투자해야 한다는 주장이 힘을 얻고 있다. ④이는 지금까지 연금 기금을 일종의 신탁 기금으로 규정해 온 관련 법률을 개정하여, 보험료를 낼 소득자 집단을 확충하는 데 이 막대한 돈을 직접 활용하자는 주장이기도 하다.

① 공적 연금 제도의 운영 방식에 대한 두 가지 입장에 대해 계속 이야기하고 있습니다. '운영 방식 = 투자 방향'이라는 점을 파악하셔야 해요.

❷ '후자'는 경제적 성과를 중시하는 입장입니다. 이들의 입장에서는 연금 기금을 신탁 기금으로 보았다고 해요. 그래서 대기업에 투자해서 수익률을 극대화하려는 태도가 지배적입니다. 신탁 기금이 무엇인지 몰라도 됩니다. '수익률'을 극대화하려는 태도가 지배적이었다는 말만 잘 납득하시면 돼요. 수익률을 극대화한다는 말은 경제적 성과를 극대화한다는 말입니다. 사실상 후자의 입장에 대한 재진술처럼 읽어주시면 됩니다.

조금 더 자세히 볼까요? 왜 후자의 관점에서 연금 기금을 투자해서 '수익률'을 극대화해야 한다는 견해가 나올까요? 후자는 경제적 성과를 중시하는 입장입니다. 즉, 물가 상승에 따라 화폐 가치가 점점 떨어지니까, 화폐 가치가 떨어지는 만큼 투자 수익률로 그 하락폭을 보완해야 한다는 말이에요.

'라면 가격 1,000원 → 라면 가격 3,000원'으로의 물가 상승이 일어났다고 가정해봅시다. 그리고 연금 기금 역시 1,000원이 있었어요. 그럼 물가 상승으로 인해 라면 가격이 3,000원으로 올랐다면, 연금 기금 역시 3,000원이 마련되어 있어야겠죠? 그래야 '연금의 실질적 가치'가 보장될 테니까요. 그렇기 때문에 '후자의 관점'에서는 연금 기금을 1,000원에서 3,000원으로 만들어 내도록 '수익률을 극대화'해야 한다고 말하는 것입니다.

❸ 그런데 이제는 사회적 연대를 강조하는 전자의 입장이 대두되기 시작합니다. 이 입장에서는 연금을 '사회 발전'을 위한 돈으로 간주합니다. 그러니까 일자리 창출에 연계된 '사회 경제적 분야'에 투자해야 한다고 봅니다. '사회적 연대'를 강조하는 입장을 바탕으로 하는 주장이 맞네요. 역시나 전자의 입장에 대한 재진술처럼 읽어주시면 됩니다.

❹ 운영 방식(투자 방향)이 후자에서 전자의 관점으로 변했다는 점을 재진술하는 문장입니다. 연금 기금을 신탁 기금으로 규정해 온 것은 후자(이전)의 입장입니다. 이 법률을 개정해서 보험료를 낼 '소득자 집단'을 확충하는 데에 사용하고자 합니다.

보험료를 낼 '소득자 집단'을 확충한다는 말은 보험료를 못 낼 정도로 어려운 사람들에게 **일자리를 만들어준다**는 의미입니다. 경제적 성과보다는 '일자리 창출'을 강조하는 입장은 '전자'의 입장이죠? 약자를 위한다는 점에서 사회적 연대를 강조하는 입장이니까요. 같은 포인트를 반복하고 있다는 것을 느껴주셔야 합니다.

Q. 윗글을 바탕으로 〈보기〉에 대해 분석한 내용으로 적절하지 <u>않은</u> 것은? ⑤

---[보기]---

(가) 공적 연금 보험료를 체납하는 사람들이 날로 늘어나는 가운데, 그중 상당수가 고용이 불안정한 30~40대인 것으로 밝혀졌다.

(나) 공적 연금 보험료를 체납한 고소득자도 상당히 많아 누적 체납액이 2,000억 원을 넘어섰다.

- (가)는 경제 활동이 가능한 나이임에도 고용이 불안정해서 공적 연금 보험료조차 내지 못하는 사람들이 있다는 사실을 제시합니다. 그렇다면 마지막 문단에서 본 것처럼 **일자리를 창출**할 필요가 있겠습니다.

- (나)는 고소득자들이 공적 연금 보험료를 내는 것을 거부하는 상황을 제시합니다. 공적 연금임에도 역선택 현상과 유사한 상황이 발생했습니다. 그렇다면 더더욱 강하게 세금을 거둘 필요가 있겠죠? 공적 연금 제도는 '**모든**' 국민이 '**강제로**' 가입해서 돈을 내야 하니까요.

① (가)를 보니, 공적 연금 기금을 일자리 창출에 연계된 사회 경제적 분야에 투자해야 한다는 주장이 제기될 수 있겠군.

➔ 〈보기〉에서 설명한 그대로입니다. 고용이 불안정해서 보험료를 내지 못하는 상황이니, 일자리 창출과 연계된 사회 경제적 분야에 투자해야 할 것입니다.

② (나)를 보니, 공적 연금 제도에서는 국가가 보험료를 징수하는 업무를 철저히 집행해야 하겠군.

➔ 이것도 〈보기〉에서 해설했습니다. 공적 연금 보험료는 모든 국민이 반드시 내야 합니다. 그러니까 보험료 징수를 더 철저히 해야겠죠.

③ (나)를 보니, 고의 체납으로 인해 공적 연금 제도에도 역선택과 유사한 현상이 발생할 수 있겠군.

➔ 이것도 마찬가지로 〈보기〉 해설에서 설명했죠? 고소득자는 보험료를 내기 싫어하는 상황은 사적 연금의 부작용과 유사합니다. 그게 역선택 현상입니다.

④ (가)와 (나)를 보니, 적립될 공적 연금 기금이 고갈되는 경우에 대비할 필요가 있겠군.

→ 둘 다 적절합니다. (가)에서는 공적 연금 보험료를 못 내는 상황이, (나)에서는 공적 연금 보험료를 내기 싫어하는 상황이 제시되었습니다. (가)와 (나) 모두 공적 연금 보험료가 부족한 상황과 관련이 있으니, 기금이 고갈되는 경우와 관련되어 있습니다. 그럼 당연히 이에 대비해야겠죠.

⑤ (가)와 (나)를 보니, 소득이 있는 국민들을 공적 연금에 강제 가입시키는 제도를 완화해야 하겠군.

→ (나)에는 전혀 적절하지 않습니다. 이미 강제 가입을 시키고 있음에도 고소득자가 연금을 내기 싫어하는데, 여기서 강제 가입 제도를 완화하면 더더욱 연금을 내지 않겠죠? 그럼 문제 상황이 오히려 심각해질 것입니다. 기금이 부족한 상황이 더 빨라지는 식으로요. 따라서 강제 가입을 완화해야 한다는 말은 적절하지 않습니다.

2014학년도 6월 모의평가 A형

1문단

> ① 태양빛은 흰색으로 보이지만 실제로는 다양한 파장의 가시광선이 혼합되어 나타난 것이다. ② 프리즘을 통과시키면 흰색의 가시광선은 파장에 따라 붉은빛부터 보랏빛까지의 무지갯빛으로 분해된다. ③ 가시광선의 파장의 범위는 390~780nm* 정도인데 보랏빛이 가장 짧고 붉은빛이 가장 길다. ④ 빛의 진동수는 파장과 반비례하므로 진동수는 보랏빛이 가장 크고 붉은빛이 가장 작다. ⑤ 태양빛이 대기층에 입사하여 산소나 질소 분자와 같은 공기 입자(직경 0.1~1nm 정도), 먼지 미립자, 에어로졸*(직경 1~100,000nm 정도) 등과 부딪치면 여러 방향으로 흩어지는데 이러한 현상을 산란이라 한다. ⑥ 산란은 입자의 직경과 빛의 파장에 따라 '레일리(Rayleigh) 산란'과 '미(Mie) 산란'으로 구분된다.
>
> * 나노미터 : 물리학적 계량 단위. 1nm = 10^{-9}m.
> * 에어로졸 : 대기에 분산되어 있는 고체 또는 액체 입자.

① 태양빛은 흰색이지만 실제로는 다양한 파장의 가시광선이 혼합되어 있다고 합니다. 이걸 통해서 어떤 이야기를 하고 싶은 것일까요? 이를 궁금해하면서 읽어봅시다.

② '프리즘'이 제시되고 있습니다. 프리즘은 흰색의 가시광선을 '파장'에 따라 여러 색으로 분해한다고 해요. 파장이 중요하겠다는 점 정도만 체크하고 넘어갑시다. 아직까지 크게 생각해야 할 내용은 등장하지 않습니다

③ 앞 문장에 대한 재진술입니다. 붉은색부터 보라색까지 파장을 기준으로 설명하고 있습니다. 파장이 가장 짧으면 보랏빛, 파장이 길면 붉은빛이라고 합니다. 파장에 따라 여러 가시광선을 나누고 있어요. 또 가시광선을 무지갯빛으로 나눈다고 했으니, **'빨주노초파남보'로 갈수록 파장이 짧아지는 것**이겠죠?

④ 여기서부터 직접 생각하고 이해해야 할 내용들이 등장합니다. 빛의 진동수는 파장과 '반비례'한다고 해요. 그렇다면 **파장이 가장 짧았던 보랏빛이 진동수는 가장 높겠습니다.** 붉은빛도 마찬가지입니다. 파장이 가장 길기 때문에 진동수는 가장 작습니다. 정확하게 납득하기는 어렵지만, 앞 문장과 연결지어 '빨주노초파남보'로 갈수록 진동수는 커진다는 생각 정도는 해야 하는 것이죠.

⑤ 다음으론 '산란'이 정의되고 있습니다. 태양빛이 들어올 때는 공기 입자나 먼지 미립자, 에어로졸과 같은 대상과 부딪힌다고 해요.

이렇게 되면 빛이 여러 방향으로 흩어진다고 합니다. 여기서 **공기 입자, 미립자, 에어로졸과 같은 대상들이 '프리즘'과 같다**는 것을 파악해야 합니다. 흰색 가시광선을 프리즘에 통과시키면 무지갯빛으로 분해된다고 했으니까요. 마찬가지로 태양빛이 지구로 들어올 때도 프리즘에 통과되는 것처럼 무지갯빛으로 분해되는데, 이 현상이 바로 '산란'입니다. 산란의 정의를 제대로 파악하고 넘어가셔야 합니다.

⑥ 산란의 종류를 나누고 있습니다. 입자의 직경과 빛의 파장에 따라 '레일리 산란'과 '미 산란'으로 나뉜다고 해요. 그렇다면 두 산란을 이해하고 구분하기 위해서는 '입자의 직경'과 '빛의 파장'을 중심으로 생각해야겠습니다. **이렇게 비교되는 두 대상이 나올 때는 그 비교의 기준까지 함께 생각할 수 있어야 한다는 것을 잊지 마세요.**

2문단

> ① 레일리 산란은 입자의 직경이 파장의 1/10보다 작을 경우에 일어나는 산란을 말하는데 그 세기는 파장의 네 제곱에 반비례한다. ② 대기의 공기 입자는 직경이 매우 작아 가시광선 중 파장이 짧은 빛을 주로 산란시키며, 파장이 짧을수록 산란의 세기가 강하다. ③ 따라서 맑은 날에는 주로 공기 입자에 의한 레일리 산란이 일어나서 보랏빛이나 파란빛이 강하게 산란되는 반면 붉은빛이나 노란빛은 약하게 산란된다. ④ 산란되는 세기로는 보랏빛이 가장 강하겠지만 우리 눈은 보랏빛보다 파란빛을 더 잘 감지하기 때문에 하늘은 파랗게 보이는 것이다. ⑤ 만약 태양빛이 공기 입자보다 큰 입자에 의해 레일리 산란이 일어나면 공기 입자만으로는 산란이 잘 되지 않던 긴 파장의 빛까지 산란되어 하늘의 파란빛은 상대적으로 엷어진다.

① 레일리 산란의 정의를 제시합니다. 여기서 '입자의 직경'에 대해서 언급한다는 점을 파악하셔야 합니다. 입자의 직경은 두 가지 산란을 구분하는 기준이라고 이야기했죠? 레일리 산란은 '입자의 직경'이 파장의 1/10보다 작을 때 발생합니다.

또, 산란의 세기는 파장(의 네제곱)에 반비례한다고 해요. '빛의 파장'에 대해서도 언급하고 있네요. 입자의 직경과 빛의 파장이 산란을 구분하는 데에 필요한 개념입니다. 이를 꼭 생각하셔야 해요. 그리고 파장과 산란의 세기가 반비례한다면 진동수와는 비례하겠죠? 앞에서 파장과 진동수의 관계를 이해했으니, 여기서도 활용해줍시다. 앞에서 봤던 말과 같은 말이 나오면 적극적으로 끌고 올 수 있어야 해요.

② 재진술입니다. 레일리 산란은 입자의 직경이 파장의 1/10보다 작을 때 일어나는 산란이라고 이해했어요. 그 부분을 '공기 입자'라는 사례를 통해 재진술하고 있습니다. 공기 입자의 직경은 1문단에서 '직경 0.1~1nm 정도'라고 이야기했죠? 또 가시광선의 파장이 390nm~780nm이니까 입자의 직경이 파장의 1/10보다 작은 것도 맞습니다. 사실 굳이 이렇게 계산해보지 않아도, '공기 입자'라는 사례가 '레일리 산란'이라는 원리를 설명하기 위해 나온 것임을 생각하면 당연히 입자의 직경이 파장의 1/10보다 작은 상황을 설정했으리라고 볼 수 있겠죠?

아무튼 레일리 산란에서 필요한 입자의 직경이 파장의 1/10보다 작다는 내용을 '대기의 공기 입자'로 바꾸어 표현하고 있다는 것을 파악하셔야 합니다. 더 쉽게 말하자면, 그냥 공기 입자가 빛을 산란시키니, 레일리 산란에서의 프리즘 역할을 한다는 정도만 파악해도 충분합니다.

이 공기 입자는 파장이 짧은 빛을 주로 산란시킨다고 해요. 그렇다면 '보랏빛'과 같은 빛을 산란시킨다는 의미겠네요. 또, 파장이 짧을수록 세기가 강해진다고 하는데, 이 내용은 방금 본 내용과 같은 말입니다. 파장의 길이와 세기는 반비례한다고 했으니까요! 이 문장에서 새로운 내용이 나왔다는 느낌을 받으시면 안 됩니다. 핵심을 바탕으로 이해해야 합니다.

③ 앞에서 생각한 포인트를 또 반복하고 있습니다. 아주 친절한 재진술 문장이에요. 이 내용은 꼭 이해하셔야 합니다. 레일리 산란의 세기는 파장과 반비례한다고 했어요. 그리고 보랏빛이나 파란빛은 파장이 짧은 빛입니다. 반면 붉은빛과 노란빛은 파장이 긴 빛이죠.

그러니까 당연히 파장이 짧은 보랏빛이나 파란빛을 강하게 산란시키고, 파장이 긴 붉은빛이나 노란빛은 약하게 산란될 것입니다. '빨주노초파남보'로 갈수록 파장이 짧아지니까요.

그리고 여기서 굳이 '**맑은 날**'이라고 짚어준 것은 **태양빛이 잘 들어오는 상황**을 나타내기 위함입니다. 우리가 읽고 있는 것이 바로 태양빛의 산란이잖아요?

④ 결국 재진술입니다. 파장이 짧은 보라색과 파란색을 산란한다는 말을 반복하고 있어요. 다만, 우리 눈에는 파란색이 더 잘 들어오기에 하늘이 파랗게 보이는 것이라고 합니다. 공기 입자가 태양빛 중 보라색과 파란색 등 파장이 짧은 빛을 주로 산란시켜 우리 눈에 하늘을 파랗게 보이는 것이었어요! 이 핵심만을 정확하게 파악하고 기억하시면 됩니다.

⑤ 또 재진술입니다. 긴 파장의 빛이 산란된다면 보랏빛이나 파란빛 이외의 빛도 산란될 것입니다. 그럼 산란되는 빛이 많아지니까 당연히 파란빛은 엷어지겠죠? 결국 파장이 짧은 빛을 산란시킨다

는 포인트를 반복하고 있는 문장입니다.

조금 더 자세히 이해해 봅시다. 레일리 산란은 공기 입자처럼 직경이 매우 작은 입자를 통과해서 일어나는 현상입니다. 그래서 주로 파장이 짧은 입자를 산란시킨다고 했죠. 그런데 **공기 입자보다 큰 입자라면** 어떨까요? 상대적으로 직경도 크니까 공기 입자에 비해 긴 파장의 빛도 산란시킬 수 있을 것입니다. 그렇다면 보랏빛이나 파란빛 이외의 빛도 산란되겠죠? 그렇기 때문에 파란빛이 상대적으로 옅어집니다. 다른 색깔의 빛도 산란되니까요!

3문단

> ① 미 산란은 입자의 직경이 파장의 1/10보다 큰 경우에 일어나는 산란을 말하는데 주로 에어로졸이나 구름 입자 등에 의해 일어난다. ② 이때 산란의 세기는 파장이나 입자 크기에 따른 차이가 거의 없다. ③ 구름이 흰색으로 보이는 것은 미 산란으로 설명된다. ④ 구름 입자(직경 20,000nm 정도)처럼 입자의 직경이 가시광선의 파장보다 매우 큰 경우에는 모든 파장의 빛이 고루 산란된다. ⑤ 이 산란된 빛이 동시에 우리 눈에 들어오면 모든 무지갯빛이 혼합되어 구름이 하얗게 보인다. ⑥ 이처럼 대기가 없는 달과 달리 지구는 산란 효과에 의해 파란 하늘과 흰 구름을 볼 수 있는 것이다.

① 이번엔 '미 산란'의 정의를 제시합니다. 이번에도 '입자의 직경'을 기준으로 설명합니다. 이를 파악했다면 바로 레일리 산란과의 차이점을 파악할 수 있습니다. 레일리 산란은 입자의 직경이 파장의 **'1/10보다 작을 때'** 일어나는 산란입니다. 반면 '미 산란'은 파장의 **'1/10보다 클 때'** 일어나는 산란이네요. 앞에서 **'입자의 직경'을 기준으로 두 가지 산란을 구분하겠다고 생각했죠?** 그 구분을 여기서 해주시면 되겠습니다. 그리고 이때는 공기 입자가 아니라 상대적으로 크기가 큰 '에어로졸이나 구름 입자 등'을 통해 산란된다고 합니다. 얘네가 프리즘의 역할을 하는 것입니다.

② 이번에도 레일리 산란과의 차이점이 드러납니다. 레일리 산란의 세기는 파장과 반비례했는데, 미 산란은 그렇지 않다고 해요. 또 입자 크기도 상관없다고 합니다. 레일리 산란은 공기 입자가 작아서 파장이 짧은 빛을 주로 산란시킨다고 했는데, 미 산란은 이러한 제약도 없습니다. **미 산란의 입자가 상대적으로 크기가 크기 때문**이겠죠?

③ 미 산란을 통해 어떻게 구름이 흰색으로 보이는 현상을 설명할 수 있는지, 그 원리를 이해하시면 됩니다. 앞에서 레일리 산란을 통해 하늘이 파란빛으로 보인다는 사실을 이해했듯이요!

④ 구름 입자는 입자의 직경이 매우 큽니다. 심지어 가시광선의 파장보다 더 크네요! 가시광선은 기껏해야 800nm가 안 되었으니까요. 이럴 때는 '모든 파장의 빛'이 고루 산란된다고 합니다. 여기서도 레일리 산란과의 차이점이 드러납니다. 레일리 산란은 짧은 파장의 빛만 산란시켜서, 하늘이 파란빛으로 보인다고 했으니까요.

⑤ 재진술 문장입니다. 모든 무지갯빛이 산란되고, 이 빛들이 섞이기 때문에 구름이 흰색으로 보인다고 해요. 즉, **입자의 직경이 넓어서 모든 빛을 산란할 수 있다**는 것이 핵심이었습니다. 앞에서 언급했지만 레일리 산란과의 차이점을 한 번 더 생각할 수 있겠죠? 레일리 산란은 입자가 작아서 짧은 파장의 빛만 산란했고, 이로 인해 하늘이 파랗게 보이는 현상이 나타났으니까요. 입자의 직경이 커서 모든 빛을 산란하는 미 산란과 다르다는 것을 확실히 알 수 있습니다.

⑥ 재진술 문장입니다. 파란 하늘은 레일리 산란, 흰 구름은 미 산란으로 확인할 수 있었죠. 그리고 '대기가 없는 달과 달리'라는 말이 붙은 것은, 태양빛이 들어올 때 대기의 입자를 통과해서 산란이 일어나기 때문입니다. 달에는 대기가 없으니까 태양빛이 통과하더라도 산란될 일이 없는 것이죠.

Q. 윗글을 바탕으로 〈보기〉의 (가), (나)의 산란 현상에 대해 탐구한 내용으로 가장 적절한 것은? [3점] ③

> ──────[보기]──────
> (가) A 도시에서 많은 비가 내린 후 하늘이 더 파랗게 보였다. 비가 오기 전 대기에서는 직경 10~20nm의 먼지 미립자들이 균질하게 분포하였는데, 비가 온 후에는 그것이 관측되지 않았다.
> (나) B 도시 지표 근처의 낮은 하늘은 뿌연 안개처럼 흰색으로 보이고 흰 구름이 낮게 떠 있었다. 그곳에 있는 초고층 건물에 올라 높은 하늘을 보니 하늘이 파랗게 보였다. 지표 근처의 대기에서는 직경이 10,000nm 정도의 에어로졸이 균질하게 분포하는 것이 관측되었다.

- (가)의 경우 하늘이 파랗게 보이는 현상을 언급하고 있으니 '레일리 산란'에 대한 내용임을 파악할 수 있습니다. 비가 오고 나서 먼지 미립자가 사라졌다면, 하늘은 더 파랗게 보이겠죠? 공기 입자보다 큰 미립자가 사라졌으므로 레일리 산란이 더 잘 일어날 것이기 때문이에요. 공기 입자보다 더 큰 입자가 있으면 보랏빛과 파란빛 이외의 다른 빛도 산란되어 파란빛이 옅어진다고 했습니다.
- (나)는 흰 구름에 대해 언급하고 있으니 '미 산란'에 대한 내용입니다. 그리고 초고층 건물에서 보이는 파란 하늘은 '레일리 산란'에

대한 내용이고요. 지표 근처의 대기에서 에어로졸이 발견되었다는 것은, 낮은 하늘에서 흰 구름이 보인다는 것과 연결되는 포인트입니다. 에어로졸은 미 산란에 필요한 입자이고, 미 산란이 일어날 때 흰 구름을 볼 수 있으니까요.

① A 도시에서 하늘이 더 파랗게 보인 것은 미 산란이 더 많이 일어났기 때문이겠군.

→ A 도시에서는 레일리 산란만이 일어났습니다. 비가 온 뒤에 하늘이 더 파랗게 보이는 것도, 레일리 산란이 잘 일어나기 때문이죠?

② A 도시에서 비가 오기 전에는 미 산란이, 비가 온 후에는 레일리 산란이 일어났겠군.

→ 비가 오기 전에는 먼지 미립자들에 의해 산란이 일어났을 것입니다. 이때 먼지 미립자의 직경은 '10~20nm'로 가시광선의 파장의 1/10보다 작습니다. 가시광선의 파장은 '390~780nm'이고, 파장의 최솟값인 390nm의 1/10인 39nm보다 작기 때문이에요. 그렇다면 비가 오기 전에는 레일리 산란이 일어났겠네요. 레일리 산란은 '입자의 직경이 파장의 1/10보다 작을 때' 일어나는 산란이니까요.

→ 한편 비가 온 후에는 하늘이 '더 파랗게' 보였다고 하니 〈보기〉 해설에서 언급한 대로 레일리 산란이 일어났을 것임을 파악할 수 있습니다.

③ B 도시에서 낮은 하늘이 뿌연 안개처럼 흰색으로 보인 것은 미 산란 때문이겠군.

→ 정답입니다. B 도시의 낮은 하늘에서 구름이 흰 색으로 보이는 이유는 미 산란 때문이었죠. 에어로졸을 통과하면서 모든 가시광선이 산란되니까요.

④ B 도시의 높은 하늘이 파랗게 보이고 구름이 희게 보인 것은 레일리 산란 때문이겠군.

→ 구름이 희게 보이는 것은 미 산란 때문입니다. 간단합니다.

⑤ A 도시의 비가 온 후의 하늘과 B 도시의 낮은 하늘에서는 모두 미 산란이 일어났겠군.

→ A 도시에는 미 산란이 일어나지 않습니다. 오히려 비 온 후 하늘은 레일리 산란이 잘 일어나는 상황이죠.

2014학년도 수능 A형

1문단

> ① 영국의 역사가 아놀드 토인비는 「역사의 연구」를 펴내며 역사 연구의 기본 단위를 국가가 아닌 문명으로 설정했다. ② 그는 예를 들어 영국이 대륙과 떨어져 있을지라도 유럽의 다른 나라들과 서로 영향을 미치며 발전해 왔으므로, 영국의 역사는 그 자체만으로는 제대로 이해할 수 없고 서유럽 문명이라는 틀 안에서 바라보아야 한다고 하였다. ③ 그는 문명 중심의 역사를 이해하기 위한 몇 가지 가설들을 세웠다. ④ 그리고 방대한 사료(史料)를 바탕으로 그 가설들을 검증하여 문명의 발생과 성장 그리고 쇠퇴 요인들을 규명하려 하였다.

① 역사 연구에 대한 토인비의 관점이 제시됩니다. 토인비는 역사를 연구할 때 기본 단위를 '문명'으로 정했다고 해요. 토인비의 주장이자, 그의 역사관을 정의해주는 것이니 확실하게 체크할 수 있어야 해요. 그리고 '국가가 아닌' 문명이라고 굳이 집어주고 있으니. 문명을 굳이 기본 단위로 정했다는 것이 중요하다는 생각도 할 수 있습니다.

② 토인비 역사관을 사례를 들어 설명하고 있습니다. 방금 정의를 체크했죠? 중요한 것은 '문명'이 기본 단위라는 점입니다. 항상 사례를 읽을 땐 관련된 원리를 생각하셔야 합니다. 아무튼, 그렇게 읽으면 내용은 아주 간단합니다. '영국'이라는 국가의 역사를 연구할 때 토인비는 기본 단위를 '유럽 문명'으로 정합니다. 같은 핵심을 친절하게 설명해주고 있어요. 결국 역사를 연구할 땐 **'문명'이 기본 단위**가 되어야 하는 것입니다. 왜 문명을 기준으로 해야 하는지 그 이유도 설명해주는데, 어렵지 않습니다. 하나의 국가가 같은 문명권 내의 다른 나라들과 영향을 주고 받았기 때문에 '단일 국가'로만 놓고 연구하기는 힘들겠네요. 간단하게 납득하고 넘어갑시다.

③ 구체적으로 토인비의 역사관을 알아보기 위해 관련된 개념을 소개하고 있습니다. 그 가설이 무엇인지 궁금해하면서 넘어가되, 이것이 '문명'을 중심으로 역사를 연구한다는 토인비의 핵심 주장을 위한 가설이라는 점은 꼭 기억합시다.

④ 구체적인 화제가 제시되고 있습니다. 토인비의 역사관을 알아볼 것인데, 관련된 가설들과 함께 '문명의 발생 – 성장 – 쇠퇴'를 중점으로 설명할 것입니다. 역시나 **토인비 역사관의 핵심이 '문명'이라는 점은 꼭 생각해야 하고**, 관련된 가설이 어떻게 문명의 역사와 관련될지 궁금해하면서 다음 문단으로 넘어 가셔야 합니다.

2문단

> ①토인비가 세운 가설들의 중심축은 '도전과 응전' 및 '창조적 소수와 대중의 모방' 개념이다. ②그에 의하면 환경의 도전에 대해 성공적으로 응전하는 인간 집단이 문명을 발생시키고 성장시킨다. ③여기서 중요한 것은 그 환경이 역경이라는 점이다. ④인간의 창의적 행동은 역경을 당해 이를 이겨 내려는 분투 과정에서 발생하기 때문이다.

① 앞에서 궁금해했던 가설에 대해 설명합니다. 가설의 중심축이 '도전과 응전', '창조적 소수와 대중의 모방' 개념이라고 해요. 이 개념들이 무엇인지 알아야 토인비의 가설을 이해할 수 있겠죠? 또, 역시나 이 내용들의 핵심은 '문명'이라는 점도 기억하셔야 합니다. 화제가 무엇인지 잊으시면 안 돼요!

② 첫 번째 개념인 '도전과 응전'에 대해서 설명합니다. 앞에서 말했듯 이번에도 핵심은 '문명'입니다. 내용은 간단해요. 환경의 '도전'에 성공적으로 '응전'해야 문명이 '발생, 성장'한다고 합니다. 쉽게 말해 **환경에 잘 적응해야 한다**는 말인 것 같네요.

③ 재진술입니다. '환경의 도전 = 역경'이라고 합니다. 그렇다면 토인비가 말하는 '응전'은 자연 재해와 같이 힘든 역경을 이겨 내는 것을 가리키겠네요. 역경을 이겨야 문명이 발생하고 성장할 것입니다.

④ 이번에도 재진술입니다. '인간의 창의적 행동'이 역경을 이겨 내는 과정에서 발생한다고 해요. 계속 말하지만 지문의 핵심은 '문명'입니다. 그렇다면 여기서 말하는 **'인간의 창의적 행동'은 '문명'을 발생시키고 성장시키는 것과 관련된 행동이겠죠?** 결국 ②번 문장부터 계속 같은 말을 반복하고 있던 것입니다. 핵심을 바탕으로 재진술을 이해하면서 내가 체감하는 정보량을 줄이셔야 합니다.

3문단

> ①토인비는 이 가설이 단순하게 도전이 강력할수록 그 도전이 주는 자극의 강도가 커지고 응전의 효력도 이에 비례한다는 식으로 해석되는 것을 막기 위해, 소위 '세 가지 상호 관계의 비교'를 제시하여 이 가설을 보완하고 있다. ②즉 도전의 강도가 지나치게 크면 응전이 성공적일 수 없게 되며, 반대로 너무 작을 경우에는 전혀 반응이 나타나지 않고, 최적의 도전에서만 성공적인 응전이 나타난다는 것이다.

① '도전과 응전'에 대한 내용이 이어지고 있습니다. 도전과 응전은 문명을 발생·성장시키는 중요한 요인이었습니다. 그 이유가 바로 자연의 도전을 이겨 내는 과정에서 문명이 발생·성장하기 때문이죠?

이 내용을 기억하면서 이 문장을 읽어주셔야 합니다. 그렇다면 여기서 말하는 내용을 자연스럽게 받아들일 수 있어요. '도전에 응전하는 것으로 문명이 발생하고 성장하면, 그 도전이 강할수록 문명이 잘 발전하지 않을까?'라는 생각이 틀렸다고 말하는 것이에요. 여기서 말하는 '응전의 효력'은 문명의 발생·성장 정도라는 점을 잘 파악하셔야 합니다. 앞의 내용을 기억하면서 와야 합니다!

아무튼, 위와 같은 생각이 틀렸다고 하면서 '세 가지 상호 관계의 비교'라는 새로운 개념을 제시합니다. 이게 무엇인지 궁금해하면서 넘어갑시다.

② '세 가지 상호 관계의 비교'라는 개념의 정의를 재진술로 제시하고 있습니다. **강도가 적당한 도전(역경)에서만** 성공적인 응전이 일어난다는 것이 핵심입니다. 여기서 중요한 것은 바로 '강도가 적당한 도전 = 최적의 도전'입니다. '**①최적의 도전(역경)=②성공적인 응전=③문명 발생·성장**'을 가리킵니다. 그래서 '세 가지' 상호 관계의 비교라는 말을 사용한 것이네요. 이처럼 문장을 정확히 이해하고, 단어의 의미도 살려주면서 읽어 줍시다. 결국 최적의 도전이 '도전과 응전'에서 핵심인 거예요.

4문단

> ①이렇게 성공적인 응전을 통해 나타난 문명이 성장하기 위해서는 그 후에도 지속적으로 나타나는 문제, 즉 새로운 도전들을 해결해야만 한다. ②토인비에 따르면 이를 해결하기 위해서는 그 사회의 창조적 인물들이 역량을 발휘해야 한다. ③그러나 이들은 소수이기 때문에 응전을 성공적으로 이끌기 위해서는 다수의 대중까지 힘을 결집해야 한다. ④이때 대중은 일종의 사회적 훈련인 '모방'을 통해 그들의 역할을 수행한다.

① 계속해서 '도전과 응전'에 대해 이야기하고 있습니다. 화제 기억나시죠? 문명이 '성장'하려면 **계속해서 '도전과 응전'이 필요하다**고 합니다. 같은 화제 속에서 내용이 전개되고 있다는 것을 느끼셔야 합니다. 흐름을 놓치면 안 돼요!

② 여기가 아주 중요한 문장입니다. 앞에서는 도전과 응전에 대해 계속 설명하다가 이제는 '창조적 소수와 대중의 모방'에 대해 설명하려고 하는 것이에요. **'창조적 인물'이라는 말을 보고 '창조적 소**

수와 대중의 모방'을 떠올릴 수 있어야 합니다. 심지어 두 개념이 연결되어 있다는 점도 중요합니다. '도전과 응전'을 잘 이루어내려면 '창조적 소수와 대중의 모방'이 필요한 것입니다.

③ 만약 ②번 문장을 보고 '창조적 소수와 대중의 모방'을 떠올리지 못했다면 여기서라도 떠올릴 수 있어야 합니다. **'창조적' 인물이 '소수'이니까 '대중'의 힘까지 합쳐야 한다**는 **똑같은 표현을 반복**하면서 대놓고 언급해주고 있기 때문이에요. 사실상 앞 문장에 대한 재진술입니다.

내용 자체는 납득하기 어렵지 않죠? 창조적 인물이 필요하긴 한데, 이들은 '소수'입니다. 그러니까 힘이 부족해요. 따라서 '다수의 대중'의 힘도 필요한 것입니다. 여기서 말하는 **'대중의 힘'은 '모방'**이라는 점을 미리 떠올릴 수 있으면 좋겠습니다.

④ 여기서도 '창조적 소수와 대중의 모방'에 대해서 설명합니다. 심지어 **'대중의 힘'이 '모방'이라는 점을 재진술**하고 있습니다. 여기까지 읽으면 머릿속에 '창조적 소수와 대중의 모방'의 정의가 들어와야 합니다. 말 그대로 '창조적 소수'와 그들을 '모방'하는 '대중'이 바로 '창조적 소수와 대중의 모방'입니다. 이들이 힘을 합쳐 자연의 도전(역경, 최적의 도전)에 성공적으로 응전할 때, 문명이 발생·성장하는 것입니다.

5문단

> ① 물론 모방은 모든 사회의 일반적인 특징으로서 문명을 발생시키지 못한 원시 사회에서도 찾아볼 수 있다. ② 여기에 대해 토인비는 모방의 유무가 중요한 것이 아니라 모방의 작용 방향이 중요하다고 설명한다. ③ 문명을 발생시키지 못한 원시 사회에서 모방은 선조들과 구세대를 향한다. ④ 그리고 죽은 선조들은 살아 있는 연장자의 배후에서 눈에 보이지 않게 그 권위를 강화해 준다. ⑤ 그리하여 이 사회는 인습이 지배하게 되고 발전적 변화가 나타나지 않는다. ⑥ 반대로 모방이 창조적 소수에게로 향하는 사회에서는 인습의 권위를 인정하지 않으므로 문명이 지속적으로 성장한다.

① 앞에서 분명 '모방'을 문명의 중요한 요소로 설명했는데 이게 '문명이 없는' 원시 사회에서도 일어난다고 합니다. 그렇다면 단순히 '모방'이 중요한 것이 아니겠군요. 모방'만' 한다고 '문명'이 일어났다면 원시 사회에서는 모방이 없어야 맞으니까요! 마치 '도전과 응전'에서 도전이 '최적의 도전'이어야 했던 것과 비슷하기도 합니다. 그렇다면 '모방'에서는 어떤 요소가 중요한지 궁금해 하면서 넘어갑시다.

② 앞에서도 말했듯이, 원시 사회에서도 '모방' 자체는 있었습니다. 하지만 중요한 것은 단순한 유무가 아니라 **'모방의 작용 방향'**입니다. 그렇다면 이 **작용 방향이 어떠한지**에 따라 문명이 발생할 수도, 발생하지 못할 수도 있겠네요. 계속해서 문명의 발생 - 성장 - 쇠퇴와 관련된 내용을 읽고 있어요. **어떤 지문을 읽든지, 이처럼 화제를 계속 인식할 수 있어야 합니다.**

③ 원시 사회의 정의를 수식된 형태로 제시하고 있습니다. 원시 시대에서도 모방은 있었지만 문명이 발생하지 않았다는 사실은 앞에서도 충분히 언급했던 내용입니다. 그래서 '모방의 유무가 아니라 작용 방향이 중요한 것이구나!'라고 생각했구요.

아무튼 원시 사회에서 모방은 '선조와 구시대'를 향합니다. 작용 방향이 '과거'인 것이에요. 이 작용 방향으로 인해 문명이 발생하지 않았겠죠? 왜 그런 것일까요?

④ 재진술입니다. '죽은 선조'는 원시 시대의 모방이 향하는 대상입니다. 바로 앞에서 본 내용이죠? 사실 내용만 봐도 왜 문명이 발생하지 않는지 충분히 이해할 수 있습니다. 당연히 옛것을 계속해서 모방하면 새로운 문명이 발전할 수 없겠죠?

⑤ 아주 친절하게 앞에서 한 생각을 정리해주고 있습니다. 모방이 선조를 향하면 당연히 대대로 내려오던 인습이 지배할 테고, 새로운 발전은 일어나지 않을 것입니다. 아예 **'창조' 자체가 없어요**. '창조적 소수와 대중의 모방'이 불가능한 사회입니다. 그러니까 당연히 문명이 발생하지 않는 것입니다. 이대로 쇠퇴할 뿐이겠죠.

⑥ 이 문장도 재진술입니다. 문명의 발생·성장을 위해서는 **'창조적 소수와 대중의 모방'이 필요하다는 포인트를 반복**하고 있습니다. 모방이 창조적 소수로 향한다는 말은 대중이 '창조적 소수'를 모방한다는 뜻입니다. 그러면 인습의 권위는 무너지겠죠. 창조적 소수의 행동을 따라하니까요. 이렇게 되면 문명이 지속적으로 성장할 수 있습니다. 과거가 아니라 창조를 지향하니까요.

Q. 윗글에 나타난 '토인비의 견해'에 대한 이해로 적절한 것은? ①

　① 문명은 최적의 도전에 대한 성공적 응전에서 나타난다.

→ '도전과 응전'의 핵심적인 개념을 묻고 있습니다. 도전이 너무 강하거나 약하면 안 되고, 딱 적당한 '최적의 도전'이어야 응전이 성공적으로 일어난다고 했어요.

② 모방의 존재 여부는 문명의 발생과 성장의 기준이
된다.

→ 모방의 존재 여부는 중요하지 않습니다. 원시 시대에서도 모방 자체는 있었으니까요. 여기서 중요한 포인트는 창조적 소수를 모방하는 것이었죠? 마지막 문단에서 의문을 갖고 잘 이해했다면 쉽게 판단할 수 있는 문제입니다.

③ 역사는 국가를 기본 단위로 연구해야 제대로 이해할
수 있다.

→ 화제 그 자체입니다. 국가가 아니라 '문명'을 기준으로 해서 역사를 연구한다는 것이 핵심입니다. 그래서 지문에서도 문명의 성장, 발전, 쇠퇴에 대해 이야기했어요. 절대 고르면 안 되는 선지입니다.

④ 환경의 도전이 강력할수록 그에 대한 응전은 더 효과
적으로 나타난다.

→ 사실상 ①번 선지랑 같은 포인트를 묻는 선지입니다. 도전이 강하기만 하면 안 돼요. 중요한 것은 '최적의 도전'입니다.

⑤ 선조에 기대어 기성세대의 권위가 강화되는 사회는
발전적 변화를 겪는다.

→ '선조에 기대어 기성세대의 권위가 강화되는 사회'는 원시 시대 같은 사회입니다. 즉, 발전 방향이 '창조적 소수'가 아니라 '과거'로 향하는 사회입니다. 여기서는 발전이 불가능합니다.

1문단

> ①우리는 컴퓨터에서 음악을 들으면서 문서를 작성할 때 두 가지 프로그램이 동시에 실행되고 있다고 생각한다. ②그러나 실제로는 아주 짧은 시간 간격으로 그 프로그램들이 번갈아 실행되고 있다. ③이는 컴퓨터 운영 체제의 일부인 CPU(중앙 처리 장치) 스케줄링 때문이다. ④어떤 프로그램이 실행될 때 컴퓨터 운영 체제는 실행할 프로그램을 주기억 장치에 저장하고 실행 대기 프로그램의 목록인 '작업큐'에 등록한다. ⑤운영 체제는 실행할 하나의 프로그램을 작업큐에서 선택하여 CPU에서 실행하고 실행이 종료되면 작업큐에서 지운다.

① 컴퓨터에서 프로그램을 실행시키는 상황에 대해서 말하고 있습니다. 어떤 식으로 컴퓨터가 프로그램을 실행하는지에 대한 설명이 나오겠어요. 그리고 **일반적인 생각이나 통념을 제시하면 이는 보통 부정된다**고 이야기했죠? 그럼 컴퓨터에서 음악을 들으면서 문서를 작성할 때는 두 프로그램이 '동시에' 실행되는 것이 아닐 가능성이 높겠습니다.

② 바로 앞에서 예측한 대로 통념이 부정되고 있습니다. 동시에 프로그램을 실행하는 원리도 언급하고 있습니다. 아주 짧은 시간을 기준으로 '번갈아 가면서' 실행한다고 해요. **동시에 실행하는 것이 아니라 번갈아 가면서 실행**하는 것이 핵심입니다.

③ CPU 스케줄링의 정의를 파악해야 합니다. 여기서 수식된 정의로 CPU 스케줄링이 컴퓨터 운영 체제의 일부라는 것을 설명해 주고는 있습니다. 하지만 여기서 CPU 스케줄링이 프로그램을 번갈아 실행시키는 것이라는 점을 꼭 생각하셔야 합니다. 이 문장에서 말하는 '이는'은 번갈아 가면서 프로그램을 실행시키는 것을 가리키고 이것이 곧 'CPU 스케줄링' 때문이라고 하니까 'CPU 스케줄링 = 프로그램을 번갈아 가며 실행시키는 것'임을 알 수 있어요. 그렇다면 CPU 스케줄링에 대한 이해가 곧 화제가 되겠죠?

④ 주기억 장치, 작업큐와 같은 단어가 등장하고, 이들의 정의가 수식된 형태로 제시됩니다. 여기서 정의를 정리하기에 급급하면 안 돼요. 주기억 장치와 작업큐가 어떤 맥락에서 나온 개념인지 생각하셔야 합니다. 우리가 화제로 잡았던 CPU 스케줄링(번갈아 가면서 실행)과 관련되어 있다는 것을 파악하셔야 합니다.

프로그램을 실행시키는 것은 곧 CPU 스케줄링의 역할과 직결되는 내용입니다. CPU 스케줄링이 여러 프로그램을 실행시키는 방식이니까요. 이 흐름을 기억한 상태로 두 단어의 정의를 이해하셔야 합니다.

여기서 '주기억 장치'는 실행할 프로그램을 저장하는 장치를 가리킵니다. 실행할 프로그램을 메인으로 '기억'해두는 장치가 바로 '주/기억' 장치인가 봅니다. 작업큐도 쉽습니다. '작업' 대기 중인 프로그램의 목록이 바로 '작업/큐'이네요. 단어의 의미를 살렸더니 어렵지 않게 이해가 되네요.

⑤ 앞에서 본 정의를 바탕으로 납득해야 하는 문장입니다. 프로그램을 '작업큐'에서 고르는 것은 너무나 당연하죠? 작업큐가 작업을 기다리는 프로그램 '목록'이었으니까요. 그리고 실행이 종료된다는 말은 작업이 종료된다는 말이니, 일종의 '대기실'인 작업큐에서 지우는 것 또한 당연합니다. 사실상 재진술처럼 읽을 수 있어야 합니다.

①한 개의 CPU는 한 번에 하나의 프로그램만을 실행할 수 있다. ② 그러면 A와 B 두 개의 프로그램이 동시에 실행되는 것처럼 보이게 하려면 어떻게 해야 할까? ③ 프로그램은 실행을 요청한 순서대로 작업큐에 등록되고 이 순서에 따라 A와 B는 차례로 실행된다. ④이때 A의 실행 시간이 길어지면 B가 기다려야 하는 '대기 시간'이 길어지므로 동시에 두 프로그램이 실행되고 있는 것처럼 보이지 않는다. ⑤ 그러나 A와 B를 일정한 시간 간격을 두고 번갈아 실행하면 두 프로그램이 동시에 실행되는 것처럼 보인다.

① 재진술입니다. CPU 스케줄링의 정의를 읽을 때 함께 생각했던 내용이죠? 컴퓨터는 동시에 프로그램을 실행하는 것이 아니라 **번갈아 가면서 프로그램을 실행**시킨다고 했어요. 즉, 한 번에 **하나씩만** 실행시킵니다.

② 다시 한번 화제를 상기시켜주는 문장입니다. 'A와 B 두 개의 프로그램이 동시에 실행되는 것처럼 보이게 하려면'이라는 말이 곧 **번갈아 가면서 실행시키되, 동시에 실행시키는 것처럼 보이도록 한다**는 뜻입니다. 그리고 이건 CPU 스케줄링이기도 하죠. 화제 기억나시죠? CPU 스케줄링에 대한 이해! 결국 CPU 스케줄링의 원리를 이해해야 한다는 생각을 하면서 넘어가시면 됩니다.

③ 또 재진술입니다. 작업큐의 정의 기억나시죠? 작업 대기 목록이었습니다. 그럼 당연히 실행을 요청한 프로그램은 순서대로 대기 목록(작업큐)에 기록되겠죠. 그리고 작업큐의 순서에 따라 차례대로 실행될 것이고요.

④ 대기 시간의 정의부터 체크합시다. 수식된 정의이니까 놓치지 않게 주의하셔야 해요. 정의는 간단합니다. 프로그램이 '대기하는

시간'이 곧 '대기/시간'입니다. 내용도 이해해 봅시다. A의 실행 시간에 B는 실행되지 않고 대기합니다. 즉, A와 B만 있을 때 'A의 실행 시간 = B의 대기 시간'인 것이죠. 이렇게 되면 B는 실행되지 않으니까, A만 실행되고 있는 것처럼 보입니다. 그렇다면 어떻게 A와 B가 동시에 실행되는 것처럼 보일 수 있을까요?

⑤ 여기서 답이 바로 나옵니다. '일정한 간격'을 두고 번갈아 실행하면 동시에 실행되는 것처럼 보인다고 해요. 즉, CPU 스케줄링의 핵심은 '**일정한 간격**'을 두고 번갈아가며 실행한다는 점입니다. 그리고 당연히 이 간격은 매우 짧아야겠죠?

①이를 위해서 CPU의 실행 시간을 여러 개의 짧은 구간으로 나누어 놓고 각각의 구간마다 하나의 프로그램이 실행되도록 한다. ② 여기서 한 구간에서 프로그램이 실행되는 것을 '구간 실행'이라 하며, 각각의 구간에서 프로그램이 실행되는 시간을 '구간 시간'이라고 하는데 구간 시간의 길이는 일정하게 정한다. ③ A와 B의 구간 실행은 원칙적으로 두 프로그램이 종료될 때까지 번갈아 반복되지만 하나의 프로그램이 먼저 종료되면 나머지 프로그램이 계속 실행된다.

① '이를'은 동시에 실행되도록 보이도록 '번갈아 가면서' 실행하는 것을 의미합니다. 지시어가 나올 땐 항상 어떤 내용을 지시하는 것인지 생각할 수 있어야 해요. 아무튼 이렇게 하기 위해서는 실행 시간을 '여러 개의 짧은 구간'으로 나누고 각각의 구간마다 번갈아 가면서 하나씩 프로그램을 실행하면 된다고 합니다. 이게 바로 CPU 스케줄링 방법이에요.

내용을 납득하기는 쉽죠? 앞에서도 생각했지만 번갈아 가면서 실행하는 것이 '동시에' 실행하는 것처럼 보이려면 매우 짧은 시간을 번갈아 가며 실행해야 합니다. 그러니까 실행 시간을 나누는 구간 자체는 여러 개로, 짧게 나누어야 합니다.

② 이번에도 CPU 스케줄링과 관련된 개념의 정의가 제시됩니다. 한 '구간'에서 프로그램이 '실행'되는 것을 '구간/실행'이라고 합니다. 그리고 각각의 '구간'에서 프로그램이 실행되는 '시간'이 '구간 시간'이고요. 단어의 의미를 살리면서 읽으면 정의는 아주 쉽게 받아들일 수 있습니다.

그리고 '구간 시간'은 일정하다고 합니다. 구간 시간이 일정해야 두 프로그램이 동시에 실행되는 것처럼 보일 수 있겠죠? 만약 A의 구간 시간이 B의 구간 시간보다 길다면, A와 B가 번갈아 가면서 실행

되는 것처럼 보일 테니까요. A가 더 많이 실행되니까 티가 날 수밖에 없겠죠. CPU 스케줄링의 목적을 바탕으로 납득할 수 있는 문장입니다. 그리고 **구간 시간은 일정하다는 점에서 고정값**입니다. 꼭 체크하고 넘어갑시다.

③ 너무나 당연한 문장입니다. 구간 실행은 당연히 종료될 때까지 번갈아 실행되겠죠. 안 그러면 동시에 실행하는 것처럼 보일 수 없을 테니까요. 그리고 둘 중 하나가 끝나면 남은 하나만 실행하는 것도 당연합니다. A가 이미 끝났는데 굳이 B와 번갈아 가면서 실행할 필요는 없을 테니까요.

4문단

> ① 한편, 어떤 프로그램의 구간 실행이 진행되는 동안, 다른 프로그램은 작업큐에서 대기한다. ② A의 구간 실행이 끝나면 A의 실행이 정지되고 다음번 구간 시간 동안 실행할 프로그램을 선택한다. ③ 이때 A가 정지한 후 B의 실행을 준비하는 데 필요한 시간을 '교체 시간'이라고 하는데 교체 시간은 구간 시간에 비해 매우 짧다. ④ 교체 시간에는 그때까지 실행된 A의 상태를 저장하고 B를 실행하기 위해 B의 이전 상태를 가져온다. ⑤ 그뿐만 아니라 같은 프로그램이 이어서 실행되더라도 운영 체제가 다음에 실행되어야 할 프로그램을 판단해야 하므로 구간 실행 사이에는 반드시 교체 시간이 필요하다.

① 또 재진술입니다. A가 실행될 때 B는 실행되지 않습니다. 그러니까 작업 대기 목록인 '작업큐'에서 대기하는 것입니다. 작업큐의 정의를 기억했다면 아주 당연한 말이 됩니다. 또 이 내용은 2문단에서 설명하기도 했어요. 같은 말을 반복한다는 느낌을 받으셔야 합니다.

② 이것도 당연하게 납득할 수 있겠죠? A의 구간 실행이 끝났으면 다음 프로그램의 구간 실행으로 바뀌어야 합니다. 그러니까 당연히 다음 프로그램을 골라야겠죠.

③ '교체 시간'의 정의를 제시합니다. A에서 B로 '교체'하는 데 필요한 '시간'이 교체/시간입니다. 단어의 의미 살리기! 자연스럽게 할 수 있어야 해요. 이렇게 교체 시간의 징의를 잘 이해했다면 뒷 내용도 쉽게 납득할 수 있습니다.

교체 시간이 구간 시간보다 훨씬 짧아야 두 프로그램을 **동시에 실행시키는 것처럼** 보일 테니까요. 구간 시간과 교체 시간이 비슷하다면 A에서 B로 넘어갈 때 딜레이가 생기겠죠? 그럼 두 프로그램이 동시에 실행되는 것처럼 보일 수가 없습니다. 'A 실행 – ⟨B로 교

체⟩ – B 실행' 이 과정이 너무나도 잘 보일 것이기 때문이에요.

④ 마찬가지로 교체 시간의 정의를 잘 읽었다면 이해할 수 있는 내용입니다. '교체 시간'은 A를 종료하고 B로 교체할 때 필요한 시간입니다. 결국 교체 시간은 A의 구간 실행을 종료하고 다음 프로그램인 B를 실행시키기 위한 시간입니다. 그러니까 당연히 A의 작업은 저장하고, B의 이전 작업 상태를 불러와야겠죠.

위의 해설이 바로 납득되지 않으면 이 해설을 추가로 읽어주세요. 만약 A를 저장하지 않으면 이때까지 작업한 A의 정보는 사라집니다. 또 B의 이전 상태를 불러오지 않으면 A와 B가 동시에 실행되는 것처럼 보일 수 없습니다. A–B–A–B 이렇게 번갈아 가면서 실행하되 동시에 실행되는 것처럼 보여야 하는데, B의 이전 정보가 날아가면 B가 사실상 실행된 적이 없는 상태이기 때문이에요. 그럼 동시에 실행되는 것처럼 보이지 않을 것입니다.

⑤ 딱 보았을 때 납득하기 어려운 문장입니다. '같은 프로그램이 이어서 실행되더라도 다음에 실행되어야 할 프로그램을 판단해야 한다'는 말을 이해하려면 일단 **번갈아 가면서 실행하는 것이 기본**이라는 점을 파악해야 합니다. 예를 들어 볼게요. A와 B를 번갈아 가면서 실행하다가 B의 작업이 먼저 끝났습니다. 그렇다면 A만 실행하면 됩니다. 그런데 이게 컴퓨터의 입장에서는 A의 구간 실행이 끝나고 '다음엔 B 차례니까 B를 실행시켜야지! 어, 그런데 B가 이미 끝났네? 그럼 A만 마저 실행시키면 되겠다'라는 식으로 판단하는 시간이 필요하다는 것이죠.

그리고 B의 작업이 끝나고 A만 있더라도, A의 작업 시간은 이미 '구간 시간'으로 쪼개진 상태입니다. 그러니까 A의 구간 실행이 끝난 후, 그 다음 A를 다시 실행하기 위해 판단을 해야 하죠. 그리고 이 판단 시간이 곧 교체 시간에 포함된다는 말입니다.

Q. 윗글의 내용과 일치하지 <u>않는</u> 것은? ②

① CPU 스케줄링은 컴퓨터 운영 체제의 일부이다.

→ CPU 스케줄링의 정의 그 자체입니다. 수식된 정의로 제시되었기 때문에 놓칠 수 있습니다.

② 프로그램 실행이 종료되면 실행 결과는 작업큐에 등록된다.

→ 당연하게 판단할 수 있어야 하는 선지입니다. 작업큐는 작업 대기 목록이었어요. 그러니까 실행이 종료되면 작업큐에서 지워지는 것이 맞습니다. 지문에서 근거를 바로 찾을 수 있지만, 해설에서도 언급했듯 작업큐의 정의를 바탕으로 당연하게 이해해야 하는 내용이었습니다.

③ 구간 실행의 교체에 소요되는 시간은 구간 시간보다 짧다.

→ 교체 시간은 구간 시간보다 당연히 짧아야 한다고 했죠? 왜 당연한지 이해하고 풀 수 있어야 합니다. 단순히 눈을 굴리는 것은 의미가 없어요.

④ CPU 한 개는 한 번에 하나의 프로그램만 실행이 가능하다.

→ 화제, CPU 스케줄링 그 자체입니다. CPU는 한 번에 하나의 프로그램만 실행할 수 있습니다. 그래서 여러 프로그램을 동시에 실행하는 것'처럼' 보일 뿐이지 사실 하나씩 '번갈아 가면서' 작업한다고 했죠. 그리고 동시에 실행되는 것처럼 보이도록 하는 원리들을 지문에서 설명했고요 .

⑤ 컴퓨터 운영 체제는 실행할 프로그램을 주기억 장치에 저장한다.

→ 주기억 장치의 정의를 그대로 물어보고 있습니다. 프로그램을 주기억 장치에 저장한다고 했습니다.

2015학년도 9월 모의평가 B형

1문단

> ① 어떤 물체가 점탄성이라는 성질을 가지고 있다고 했을 때, 점탄성이란 무엇일까? ② 점탄성을 이해하기 위해 점성을 가진 물체와 탄성을 가진 물체의 특징을 알아보자. ③ 용수철에 힘을 가하여 잡아당기면 용수철은 즉각적으로 늘어나며 용수철에 가한 힘을 제거하면 바로 원래의 형태로 되돌아가는데, 이는 용수철이 탄성을 가지고 있기 때문이다. ④ 이와 같이 용수철은 힘과 변형의 관계가 즉각적으로 형성되는 '즉각성'을 가지고 있다. ⑤ 반면 꿀을 평평한 판 위에 올려놓으면 꿀은 중력에 의해 서서히 흐르는 변형을 하게 되는데, 이는 꿀이 흐름에 저항하는 성질인 점성을 가지고 있기 때문이다. ⑥ 즉 꿀은 힘과 변형의 관계가 시간에 따라 변하는 '시간 지연성'을 가지고 있다.

❶ 물음이 등장했습니다. 대놓고 화제를 던져주고 있어요. 우리는 '점탄성'이라는 개념에 대해 알아보겠군요. **점탄성이 무엇인지 알아보는 것, 이게 화제입니다.**

❷ 점탄성에 대해 구체적으로 설명하려고 합니다. 그런데 점탄성이 '점성'과 '탄성'으로 나뉩니다. 그럼 이름부터 '점/탄/성'은 '점'성과 '탄'성을 모두 포함하는 개념이겠죠? 단어의 의미를 살리면서 읽어주셔야 합니다. 아무튼 점성과 탄성이 각각 무엇인지 이해해 봅시다.

❸ 탄성에 대해서 사례를 들어 설명해주고 있습니다. 용수철을 잡고 늘이면 바로 늘어졌다가, 용수철을 놓으면 바로 돌아가는 것이 탄성의 예시입니다. 벌써부터 탄성이 무엇인지 감이 오죠? 말 그대로 물체에 '탄력'이 있는 '성질'이 '탄/성'인가 봅니다. 사례를 이해하고 이를 바탕으로 단어의 의미를 살려서 읽어주셔야 합니다.

❹ '즉각성'의 정의를 수식된 형태로 제시합니다. 힘과 변형의 관계가 '즉각적으로' 바뀌는 성질이 바로 '즉각/성'입니다. 어렵지 않게 이해할 수 있겠죠? 그런데 여기서 끝나면 안 됩니다. 앞에서 '탄성'과 관련된 용수철의 사례를 잘 읽었다면, **즉각성 = 탄성**이라는 점을 이해할 수 있어요.

즉각성에서 말하는 '힘과 변형의 관계'는 용수철에 힘을 가했을 때 길이가 늘어나는 것과 힘을 제거했을 때 길이가 줄어드는 것을 가리킵니다. 그리고 용수철의 경우 힘이 가해지고 제거되었을 때 길이가 즉각적으로 변했어요. 이 성질이 '탄성'이었습니다. 그런데 이게 곧 즉각성 아닌가요? '힘과 변형의 관계가 즉각적'이라는 것은 용수철처럼, 늘이면 바로 늘어나고, 놓으면 바로 줄어드는 상태를 가리키기 때문이에요. 그러므로 여러분들이 이 문장을 읽고 나서는 '용수철 사례 = 탄성 = 즉각성'이 같은 말이라는 점을 꼭 파악하셔야 합니다.

⑤ 이번에는 '점성'의 정의를 제시합니다. 수식된 정의이니까 놓치지 않게 주의합시다. 그리고 꿀에 대한 내용이 바로 점성의 사례입니다. 사례까지 들어서 친절하게 설명해주니 꼭 이해하고 넘어갑시다. 화제와도 관련된 개념이니까요.

내용 자체는 간단합니다. 꿀은 점성을 갖고 있어서 '서서히' 흐르는 변형을 일으킨다고 합니다. 점성의 정의가 '흐름'에 '저항'하는 것이니까 '서서히' 흐르는 것이겠죠? 일상적인 상황에서 쓰는 점성의 의미를 떠올리셔도 좋습니다. 점성은 끈끈한 성질을 가리키는 말이에요. 그러니까 '서서히' 흐르는, '저항'하는 성질이라는 것입니다.

⑥ '시간 지연성'의 정의를 제시합니다. 수식된 정의이니까 당연히 놓치지 않도록 주의해야겠죠? 여기서도 즉각성을 이해할 때처럼 **'꿀 = 점성 = 시간 지연성'**이라는 점을 잘 잡아주셔야 합니다. '힘과 변형의 관계'가 '시간에 따라' 변한다는 것이 바로 '시간' 지연성입니다. 마치 꿀이 점성을 갖고 있어서 '서서히' 흐르던 것처럼요. 결국 '점성'과 '시간 지연성'은 같은 개념이었던 것이에요.

2문단

> ①어떤 물체가 힘과 변형의 관계에서 탄성체가 가지고 있는 '즉각성'과 점성체가 가지고 있는 '시간 지연성'을 모두 가지고 있을 때 점탄성을 가지고 있다고 하고, 그 물체를 점탄성체라 한다. ②이러한 점탄성을 잘 보여 주는 물리적 현상으로 응력 완화와 크리프를 들 수 있다. ③응력 완화는 변형된 상태가 고정되어 있을 때, 물체가 받는 힘인 응력이 시간에 따라 감소하는 현상이다. ④그리고 크리프는 응력이 고정되어 있을 때 변형이 서서히 증가하는 현상이다.

① 1문단을 어떻게 읽었는지에 따라 이해도가 달라지는 문장입니다. 우리는 이미 1문단을 읽을 때부터 '점탄성'이 '점성'과 '탄성'을 모두 포함하는 개념일 것이라고 생각했어요. 그리고 '점성 = 시간 지연성', '탄성 = 즉각성'이라는 점을 잘 파악했다면, 사실 이 문장은 재진술입니다. 얼핏 보면 점탄성의 정의를 제시하는 것 같지만, 앞에서 말한 점성과 탄성의 포인트를 요약해주고 있기 때문에요. '점탄성'을 이해하면 '점탄성체'는 아주 쉽게 이해할 수 있습니다. 말 그대로 '점/성과 탄/성'을 갖고 있는 '물체'가 점/탄성/체입니다. 계속해서 '점탄성'을 중심으로 지문을 읽어야겠다는 생각을 해주시면 됩니다. 화제는 꼭 기억하셔야 합니다!

② 점탄성을 다시 두 가지로 나누고 있습니다. '응력 완화'와 '크리프'가 그것이죠? 이 두 가지가 무엇인지 이해하는 것이 핵심이겠습니다. 참, 두 개념 모두 '점탄성'이니 '점성'과 '탄성'을 모두 갖고 있다는 점은 기억하셔야 합니다.

③ '응력 완화'의 정의입니다. 응력 완화는 변형된 상태가 '고정'되어 있을 때, 응력이라는 힘이 '시간에 따라 감소'하는 것입니다. 물체 상태가 '고정'일 때, '응력'이 '완화'되는 현상이 바로 '응력/완화'입니다. 이해하기 어렵지 않죠?

④ 이번에는 '크리프'입니다. 이번에는 물체의 상태가 아니라 '응력'이 고정되어 있을 때 '변형'이 서서히 증가하는 것입니다. 비슷하지만 묘하게 두 개념이 다릅니다. 무엇이 고정되어 있는지, 그리고 무엇이 변하는지 다르기 때문에 헷갈리지 않도록 차이점을 잘 정리하고 넘어가야 합니다.

그런데 여기까지만 읽으면 대체 왜 응력 완화와 크리프가 점탄성인지 잘 모르겠어요. 이렇게 이해하기 어려운 내용이 나온다면 핵심만 잘 잡고 넘어가셔야 합니다. 어려운 내용은 항상 사례나 재진술로 보충 설명을 해주기 때문입니다. 실제로 뒷 문단에서 두 개념의 사례가 각각 등장하죠? 정의 잘 체크하고, '사례-원리 연결'의 태도로 뒤에서 이해하면 충분합니다.

3문단

> ①응력 완화를 이해하기 위해 고무줄에 힘을 주어 특정 길이만큼 당긴 후 이 길이를 유지하는 경우를 생각해 보자. ②외부에서 힘을 주면 고무줄은 즉각적으로 늘어나게 된다. ③힘과 변형의 관계가 탄성의 특성인 '즉각성'을 보여 주는 것이다. ④그런데 이때 늘어난 고무줄의 길이를 그대로 고정해 놓으면, 시간이 지남에 따라 겉보기에는 아무 변화가 없지만 고무줄의 분자들의 배열 구조가 점차 변하며 응력이 서서히 감소하게 된다. ⑤이는 점성의 특성인 '시간 지연성'을 보여 주는 것이다. ⑥이처럼 점탄성체의 변형이 그대로 유지될 때, 응력이 시간에 따라 서서히 감소하는 현상이 응력 완화이다.

① '응력 완화를 이해하기 위해~'라며 예시를 제시하고 있습니다. 응력 완화의 정의 기억나시죠? 여기서도 '당긴 길이를 유지하는 경우'를 설명합니다. 즉, 물체의 '변형된 상태'가 유지되는 응력 완화를 설명하려는 것이에요. 이제 응력이 완화된다는 포인트를 어떻게 점탄성과 엮어서 이해할지 알아 봅시다.

② 그냥 '그래 힘을 주면 늘어나지' 라고 넘어가면 약간 아쉽습니

다. '즉각적으로' 늘어난다는 포인트를 보고 '즉각성'을 바로 떠올려야 합니다! '즉각성 = 탄성'이라고 이해했고, 이는 곧 점'탄성'이라는 화제와 직결되는 핵심 개념이었으니까요! 기억하고 있어야 합니다.

③ 만약 못했다면 이 문장을 보고서라도 이해합시다. '즉각적'으로 변하는 것이니까 '즉각성'이죠? 앞에서 충분히 설명했으니 빠르게 넘어가도록 할게요.

④ 여기도 굉장히 중요한 부분입니다. 응력 완화의 정의를 기억하면서 읽어주셔야 합니다. 늘어난 고무줄의 길이를 '그대로 고정'해 두는 것은 '변형된 상태를 고정'하는 것입니다. 정의 기억나시죠? 이 상태를 유지하면, 분자 구조가 변해서 응력이 '서서히 감소'한다고 합니다. 응력 완화 그 자체네요! 그리고 **이는 곧 '점성'과 연결되죠?** 꿀이 '서서히' 흐르는 것이 바로 '점성 = 시간 지연성'이었으니까요.

⑤ ③번 문장과 마찬가지로, 앞 문장을 읽고 점성이나 시간 지연성을 떠올리지 못했다면 여기서 파악하셔야 합니다. 분자 구조가 변해서 응력이 '서서히' 감소하는 것은 힘과 변형의 관계가 '시간에 따라' 변하는 것이니까요. 물체가 변형된 상태로 시간이 지나면 '서서히' 응력(힘)이 줄어들기 때문입니다.

⑥ 아주 친절한 문장입니다. 응력 완화의 정의를 재진술하는 포인트입니다. '점탄성체'의 변형이 유지될 때 '시간에 따라 서서히' 힘(응력)이 줄어드는 것, 그게 바로 '응력 완화'입니다. 고무줄이 즉각적으로 변형된다는 점에서 '탄성'과 '즉각성'을 확인할 수 있고, 변형된 상태를 유지할 때 '시간 지연성'이 드러난다는 점에서 '점성'까지 확인할 수 있습니다. 그래서 응력 완화가 '점탄성' 중 하나인 것입니다. 지나칠 정도로 친절하게 재진술하고 있으니 확실하게 이해할 수 있어야 해요.

> ① 이제는 고무줄에 추를 매달아 고무줄이 일정한 응력을 받도록 하는 경우를 살펴보자. ② 고무줄은 순간적으로 일정 길이만큼 늘어난다. ③ 이는 탄성체가 가지고 있는 특성을 보여 준다. ④ 그러나 이후에는 시간이 지남에 따라 점성체와 같이 분자들의 위치가 점차 변하며 고무줄이 서서히 늘어나게 되는데, 이러한 현상이 크리프이다. ⑤ 오랜 세월이 지나면 유리창 유리의 아랫부분이 두꺼워지는 것도 이와 같은 현상이다.

① 이번엔 고무줄에 추를 달아서 '일정한 응력'을 받도록 하는 경우를 설명합니다. 이번엔 응력이 고정된 상황이니 '크리프'를 설명

하겠네요. 자연스럽게 **크리프의 정의를 떠올리면서 읽어야 합니다.** 물론 맥락상 응력 완화를 설명했으니, 이제 크리프를 설명할 차례라는 것을 알 수는 있습니다만, 그래도 우리는 지문을 읽는 태도를 체화하는 연습을 하는 중이니까요.

② 네, 응력 완화를 설명했을 때도 보았던 내용이죠? 이제는 자연스럽게 '즉각성'을 떠올릴 수 있어야 합니다. 탄성, 즉각성을 갖고 있다는 것이 핵심입니다.

③ 재진술 문장입니다. '탄성체가 가지고 있는 성질 = 즉각성'이죠? 굉장히 친절한 포인트입니다. 우리가 결국 읽고 있는 이 글은 '점탄성'에 대해 설명하는 것이고 크리프 또한 '점탄성'의 현상 중 하나입니다. 그러니까 여기서 탄성에 대한 내용을 설명할 때 자연스럽게 읽을 수 있어야 합니다.

④ '점성체와 같이' 분자 위치가 변해서 '서서히' 고무줄이 늘어난다고 합니다. **응력(힘)은 고정인데 물체의 변형이 서서히 늘어나는 것**입니다. 고무줄의 길이가 서서히 늘어나는 것은 고무줄의 상태가 서서히 변형되는 것이니까요. 앞에서 본 크리프의 정의를 바탕으로 사례를 이해하셔야 합니다.

⑤ 마찬가지로 크리프의 사례를 제시합니다. '오랜 세월'이 지나 유리의 아랫부분이 두꺼워지는 것도 시간에 따라 물체의 변형이 서서히 증가하는 것이기 때문이에요. 자연스럽게 납득할 수 있어야 합니다.

> ① 점탄성체의 변형에 걸리는 시간이 물질마다 다른 것은 분자나 원자 간의 결합 및 배열된 구조가 서로 다르기 때문이다. ② 나일론과 같은 물질의 응력 완화와 크리프는 상온(常溫)에서도 인지할 수 있지만, 금속의 경우 너무 느리게 일어나므로 상온에서는 관찰이 어렵다. ③ 온도를 높이면 물질의 유동성이 증가하기 때문에, 나일론의 경우 온도를 높임에 따라 응력 완화와 크리프가 가속화되며, 금속도 고온에서는 응력 완화와 크리프를 인지할 수 있다. ④ 모든 물체는 본질적으로는 점탄성체이며 물체의 점탄성 현상이 우리가 인지할 정도로 빠르게 일어나는가 아닌가의 차이가 있을 뿐이다.

① 문장이 길지만 자연스럽게 납득할 수 있습니다. 점탄성체가 변형될 때는 분자의 배열 구조나 위치가 달라진다고 했어요. 앞에서 응력 완화와 크리프의 사례를 볼 때 나온 내용이죠? 그렇다면 분자나 원자들의 결합 및 배열 구조가 다른 경우에는 그것이 변형되는 시간도 당연히 다르겠네요.

② 분자나 원자 구조에 따라 변형에 걸리는 시간이 다르다는 포인트에 대한 사례입니다. 나일론과 금속은 다른 물질입니다. 따라서 원자나 분자의 결합, 배열 구조가 다를 것입니다. 그래서 나일론은 상온에서도 변형을 인지할 수 있지만, 금속은 '너무 느려서' 상온에서는 변형을 인지할 수 없다는 것이에요. 반대로 나일론은 상온에서 인지할 수 있을 정도의 (상대적으로) 빠른 시간안에 변형이 일어난다는 것이겠죠?

③ 계속해서 같은 사례를 설명하고 있습니다. 이번엔 온도를 높이는 것으로 설명하고 있을 뿐입니다. 천천히 볼게요. 온도를 높이면 물질의 유동성이 증가합니다. 온도를 높이면 분자나 원자의 이동성이 높아지니까 '물질의 유동성'이 증가한다는 말인 것 같습니다.

이렇게 되면 응력 완화와 크리프의 속도도 빨라지겠죠. **물질의 유동성이 증가한 만큼 분자나 원자 구조 및 배열에 변형이 잘 일어날 테니까요.** 여기까지 읽었으면 나머지는 쉽게 이해할 수 있습니다. 원래 금속은 상온에서 변형을 인지할 수 없을 정도로 느린 시간 동안 변형되었지만 온도를 높인다면 변형을 확인할 수 있게 됩니다. '물질의 유동성'이 증가하니까요!

④ 재진술입니다. 모든 물체는 점탄성체라서 변형이 일어나긴 하지만, 변형 속도의 차이만 있을 뿐이라고 합니다. 마치 금속과 나일론처럼요!

Q. 윗글을 바탕으로 〈보기〉의 (가), (나)에 대해 탐구한 내용으로 적절하지 <u>않은</u> 것은? [3점] ③

[보기]

(가) 나일론 재질의 기타 줄을 길이가 늘어나게 당긴 후 고정하여 음을 맞추고 바로 풀어 보니 원래의 길이로 돌아갔다. 이번에는 기타 줄을 길이가 늘어나게 당긴 후 고정하여 음을 맞추고 오랫동안 방치해 놓으니, 매여 있는 기타 줄의 길이는 그대로였지만 팽팽한 정도가 감소하여 음이 맞지 않았다.

(나) 무거운 책을 선반에 올려놓으니 선반이 즉각적으로 아래로 휘어졌다. 이 상태에서 선반이 서서히 휘어져 몇 달이 지난 후 살펴보니 선반의 휘어진 정도가 처음보다 더 심해져 있었다. 다른 조건이 모두 같을 때 선반이 서서히 휘는 속력은 따뜻한 여름과 추운 겨울에 따라 차이가 있었다.

– (가)와 (나)는 모두 점탄성체의 예시입니다. 하나씩 볼게요. (가)에서 기타 줄은 탄성, 즉각성을 갖고 있는 물체입니다. 탄성이 있는 기타 줄을 늘어난 상태로 고정합니다. 이후 기타줄을 오랜 시간 방치했다는 점에서 시간 지연성도 확인할 수 있습니다. 변형된 상태를 고정하고 시간 지연성도 드러난다는 점에서 '응력 완화'의 사례라는 것을 알 수 있습니다.

– (나)의 선반은 탄성을 갖고 있습니다. (가)와 마찬가지로 즉각성을 확인할 수 있어요. 그리고 책을 올린 상태에서 시간이 지남에 따라 선반이 점점 더 휘고 있습니다. 그러니까 이는 응력이 고정되고 변형이 서서히 증가하는 '크리프'의 사례입니다. 또 여름과 겨울에 따라 휘는 속력에 차이가 있다고 하는데, 이는 온도에 따른 속력 차이입니다. 온도가 높을수록 크리프가 가속화되니 여름에 더 많이 휘겠군요.

① (가)에서 기타 줄이 원래의 길이로 돌아간 것은 기타 줄이 탄성을 가지고 있기 때문이군.

➜ 〈보기〉에서 확인한 정보입니다. 기타 줄은 당겼다 바로 놓으면 즉시 원래대로 돌아갑니다. 탄성이 있어요.

② (가)에서 기타 줄의 팽팽한 정도가 달라진 것은 기타 줄에 응력 완화가 일어났기 때문이군.

➜ 이것도 〈보기〉에서 확인했죠? 변형된 상태를 고정한다는 점에서 응력 완화임을 알 수 있습니다.

③ (가)에서 나일론 재질 대신 금속 재질의 기타 줄을 사용한다면 기타 줄의 팽팽한 정도가 더 빨리 감소하겠군.

➜ <u>금속은 나일론에 비해 변형 정도가 느립니다. 그래서 상온에서 변형을 확인할 수 없다고도 했어요. 즉, 팽팽한 정도가 나일론에 비해 많이 느리겠죠. 정답입니다.</u>

④ (나)에서 선반이 책 무게 때문에 서서히 변형된 것은 선반이 크리프 현상을 보였기 때문이겠군.

➜ 〈보기〉 설명할 때 언급했죠? 물체의 상태가 서서히 변형되는 것이라는 점에서 '크리프'라고 볼 수 있어요.

⑤ (나)에서 여름과 겨울에 선반의 휘어지는 속력이 차이가 나는 것은 선반이 겨울보다 여름에 휘어지는 속력이 더 크기 때문이군.

➜ 마찬가지로 〈보기〉 설명할 때 이야기했습니다. 여름에 온도가 높으니까 변형되는 속력이 더 빠를 것입니다.

1문단

> ① 우리는 일상에서 '약자를 돕는 것은 옳다'와 같은 도덕적 판단을 한다. ② 이렇게 구체적 행위에 대한 도덕적 판단 문제를 다루는 것이 규범 윤리학이라면, 옳음의 의미 문제, 도덕적 진리의 존재 문제 등과 같이 규범 윤리학에서 사용하는 개념과 원칙에 대해 다루는 것은 메타 윤리학이다. ③ 메타 윤리학에서 도덕 실재론과 정서주의는 '옳음'과 '옳지 않음'의 의미를 이해하는 방식과 도덕적 진리의 존재 여부에 대해 상반된 주장을 펼친다.

① 도덕적 판단과 관련된 내용을 언급하고 있습니다. 이에 대한 내용이 전개될 것이라고 생각해야 합니다. 화제를 대략적으로 잡고 넘어가야 해요. '약자를 돕는 것은 옳다'가 도덕적 판단이라는 것은 당연히 납득할 수 있겠죠? '옳다', '그르다'와 같은 가치 평가를 내리고 있으니까요. 자연스럽게 받아들여야 합니다.

② 도덕적 판단과 관련된 두 가지 윤리학의 정의를 제시하고 있습니다. '규범 윤리학'은 구체적 행위에 대한 '도덕적 판단 문제' 자체를 다루는 윤리학입니다. 반면 '메타 윤리학'은 규범 윤리학에서 다루는 개념들을 다루는 윤리학입니다. 그게 '옳음의 의미'라든지, '도덕적 진리의 존재 문제'와 같은 것들이에요. 쉽게 말해 규범 윤리학은 '이것이 옳은 행위인가?'에 관심을 갖는 것이고 메타 윤리학은 '옳다는 것은 무엇인가?'에 관심을 갖는 학문입니다.

③ 여기서 두 윤리학 중 <u>메타 윤리학이 더 중요하다는 점을 파악해야 합니다.</u> 앞에서 대략적으로 잡은 화제 기억나시나요? '도덕적 판단'에 대한 내용이라고 화제를 잡았죠? 여기서 '도덕적 판단'에 대한 '메타 윤리학'에 중점을 두고 설명하겠다고 말해주고 있어요. 즉, 화제가 '메타 윤리학'으로 구체화되었습니다. 그 메타 윤리학이 바로 '도덕 실재론'과 '정서주의'입니다. 또 이 두 가지 입장은 '옳음과 옳지 않음의 의미', '도덕적 진리의 존재 여부'를 기준으로 나뉘겠습니다. 이 두 가지 기준을 통해 도덕 실재론과 정서주의를 구분해야겠다는 생각으로 다음 문단을 읽어주셔야 합니다.

2문단

> ① 도덕 실재론에서는 도덕적 판단과 도덕적 진리를 과학적 판단 및 과학적 진리와 마찬가지라고 본다. ② 즉 과학적 판단이 '참' 또는 '거짓'을 판정할 수 있는 명제를 나타내고 이때 참으로 판정된 명제를 과학적 진리라고 부르는 것처럼, 도덕적 판단도 참 또는 거짓으로 판정할 수 있는 명제를 나타내고 참으로 판정된 명제가 곧 도덕적 진리라고 규정하는 것이다. ③ 그런데 도덕 실재론에서 주장하듯, '도둑질은 옳지 않다'가 도덕적 진리라면, 그것이 참임을 판정하기 위해서는 도덕적으로 옳지 않음이라는 객관적으로 실재하는 성질을 도둑질에서 찾아낼 수 있어야 한다.

① 앞에서 본 두 가지 메타 윤리학 중 '도덕 실재론'의 정의를 제시하고 있습니다. 그런데 정의만 읽어서는 정확히 무슨 의미인지 이해하기가 힘듭니다. 이런 경우 뒤에서 사례나 재진술로 다시 설명할 확률이 높으니, 정의를 체크한 후에 뒤에서 이해하겠다는 마음으로 넘어갑시다.

사실 어휘력이 뛰어나다면, 이 문장만 읽고 '도덕 실재론'이 어떤 입장인지 파악할 수 있습니다. 인문 지문에서 '**과학적**'이라는 말은 곧 '**객관적**'이라는 말과 맥락상 동의어로 많이 쓰입니다. '과학'은 실제로 관찰된 사실을 토대로 법칙을 만들어내고 지식을 쌓아가는 학문이니까 '객관적'인 성격을 지닌다고 볼 수 있는 거예요.

그렇다면 도덕 실재론의 입장은 사실상 **도덕적 판단과 도덕적 진리를 '객관적'으로 설명**하고자 한다는 말과 같아요. 과학적 판단이나 과학적 진리는 모두 관찰을 통해서 '객관적'으로 검증된 것들인데, 이 특징을 '도덕적 판단·진리'에도 적용하는 것이니까요! 그래서 바로 뒤 문장을 보면 '과학처럼' 도덕적 판단도 참·거짓을 따질 수 있다고 보는 관점이 등장합니다. 도덕적 판단 역시 '객관적으로' 과학처럼 참·거짓을 따져볼 수 있다고 보는 것이죠.

② 문장이 길다고 겁먹으면 안 됩니다! '즉'이라는 표지와 함께 도덕 실재론의 정의를 재진술해주고 있습니다. '과학적 판단이 '참·거짓'으로 판단이 가능한 것처럼 도덕적 판단도 '참·거짓'으로 판단할 수 있고, 이때 참으로 판명된 명제가 곧 진리라는 것입니다.

여기까지 읽으면 왜 도덕 실재론이 '도덕적 판단, 도덕적 진리 = 과학적 판단, 과학적 진리'라고 하는지 이해할 수 있습니다. **참·거짓으로 판단 가능하고, 참인 명제가 진리라는 점에서 도덕적 판단·진리를 과학적 판단·진리와 같다**고 보는 것입니다.

다시, 여기까지 이해하셨으면 도덕 실재론이 왜 도덕 '실재'론인지 납득할 수 있습니다. 도덕적 진리가 '실재'한다는 점에서 '도덕/실재/론'입니다. 이들에 따르면 참으로 판명된 명제가 곧 '도덕적 진리'이니, '**도덕적 진리'라는 것이 있다**고 보는 것입니다. 이해되시죠? 재진술로 정의를 이해하고, 단어의 의미를 살리면서 다시 한번 이해하는 과정입니다.

❸ 앞에서 단어의 의미를 살려서 도덕 실재론을 이해했다면, 이 문장은 같은 말을 반복하는 것처럼 느껴집니다. 도덕 '실재'론은 도덕적 진리가 '실재'한다고 생각하는 입장입니다. 참으로 판명된 명제가 바로 도덕적 진리입니다. 그러니까 도덕적 진리라는 명제를 참으로 판명하기 위해서는, 그 도덕적 진리를 도출하기 위한 '객관적인 성질'이 실재해야 한다는 말을 하고 있는 것입니다. 도덕 '실재'론이니까요!

이 말을 사례와 함께 설명합니다. '도둑질은 옳지 않다'는 명제가 참으로 판명되어 도덕적 진리로 인정받는다면, '도둑질'이 도덕적으로 옳지 않다는 '성질'이 객관적으로 존재해야 합니다.

이것도 '과학적 = 객관적'이라는 단어의 의미를 알고 있었다면 더 쉽고 당연하게 받아들일 수 있겠죠?

3문단

①한편 정서주의에서는 어떤 도덕적 행위에 대해 도덕적으로 옳음이나 도덕적으로 옳지 않음이라는 성질은 객관적으로 존재하지 않는 것이고 도덕적 판단도 참 또는 거짓으로 판정되는 명제를 나타내지 않는다. ②따라서 정서주의에서는 '옳다' 혹은 '옳지 않다'는 도덕적 판단을 내리지만 도덕 실재론과 달리 과학적 진리와 같은 도덕적 진리는 없다는 입장을 보인다. ③그렇다면 정서주의에서는 옳음이나 옳지 않음의 의미를 무엇으로 볼까? ④도둑질과 같은 구체적인 행위에 대한 감정과 태도가 곧 옳음과 옳지 않음이라고 한다. ⑤즉 '도둑질은 옳다'는 판단은 도둑질에 대한 승인 감정을 표현한 것이고, '도둑질은 옳지 않다'는 판단은 도둑질에 대한 부인 감정을 표현한 것으로 이해한다.

❶ 이번엔 '정서주의'의 정의를 제시합니다. 정의를 읽는 순간 도덕 실재론과의 차이점을 잡아 주셔야 합니다. 정서주의는 옳음이나 옳지 않음과 같은 성질이 객관적으로 존재하지 않는다고 생각합니다. 도덕 실재론은 이것이 객관적으로 '실재'한다고 보았죠? 그리고 '도덕적 판단' 또한 참 · 거짓으로 나타내는 명제가 아니라고 해요. 이 것도 도덕 실재론과 다르네요. 도덕 실재론은 참 · 거짓으로 판단할 수 있다고 보았고 그중 참인 것이 도덕적 진리라고 주장했습니다.

조금 더 능동적으로 읽어 볼까요? '정서주의'는 도덕적 판단의 '객관성'을 부인합니다. 이를 파악하고 여러분들 머릿속에는 '객관성'이랑 반대되는 단어가 바로 떠오를 수 있으면 좋겠어요. 그게 무엇일까요? 바로 **'주관성'**입니다. 즉, 정서/주의는 이름답게 '주관적' 차원인 '정서'를 강조하니까 도덕적 판단과 관련된 성질의 '객관성'

을 부정한다고 볼 수 있어요.

❷ 재진술입니다. 앞에서 두 이론의 차이점을 잘 잡았다면 당연하게 이해할 수 있습니다. 정서주의는 '옳다', '옳지 않다'라는 성질이 객관적으로 존재하지 않는다고 보았습니다. 그러니까 당연히 이에 대한 판단을 내리더라도, 객관적으로 존재하는 것이 아니기 때문에 도덕적 '진리'는 없다고 주장합니다. 또, 도덕 실재론은 '과학적 진리 = 도덕적 진리'라고 보았는데, 정서주의는 '과학적 진리 ≠ 도덕적 진리'라고 본다는 점에서도 차이를 보이네요.

❸ 아주 중요한 포인트입니다. 정서주의에서는 '옳음'이나 '옳지 않음'을 <u>객관적이지 않은(주관적) 성질</u>로 간주합니다. 이에 도덕 실재론과 차이점이 있었죠. 그렇다면 정서주의에서는 대체 옳음이나 옳지 않음을 무엇으로 보길래, '옳다', '옳지 않다'와 같은 판단은 가능한데 이것이 존재하지 않는다고 주장하는 것일까요?

❹ 앞 문장의 물음에 대한 답을 제시하고 있습니다. 정서주의에서는 '옳음'과 '옳지 않음'이 행위에 대한 **감정과 태도**라고 해요. 그래서 '정서'주의인 것이네요. 또 정서주의의 견해를 다르게 이해하면 옳음이나 옳지 않음이 '객관적으로' 존재하는 것이 아니라는 뜻입니다. 감정이나 태도는 실재하지 않는, '주관적'인 개념이니까요. 사실상 재진술이었네요. 특히나 인문 지문에서는 이처럼 특정 사상가의 주장을 '나만의 언어'로 이해하는 작업이 정말 중요합니다. 미리 연습해둔다면 훨씬 실력이 빠르게 늘 거예요!

마지막으로 한마디 더 붙이자면, 이 문장을 어떻게 받아들이는지가 중요합니다. 이 문장의 내용을 새로운 정보가 아니라 **앞에서 이해한 내용을 반복하고 있다는 느낌**을 반드시 느껴야 합니다. 또 단어의 의미를 살리면서 읽어주는 것도 당연하고요. 앞에서 정서주의의 정의를 정확하게 체크하고, 도덕 실재론과의 차이점을 잘 잡았다면 이 문장 또한 아주 간단하게 이해할 수 있습니다.

❺ 또 재진술입니다. 정서주의가 생각하는 도덕적 판단(옳음, 옳지 않음)은 '감정이나 태도'라는 점을 사례와 함께 보충 설명을 해주고 있습니다. '도둑질'이라는 구체적인 행위에 대해 **승인 '감정'**을 표현하면 '옳음'이라고 판단한 것입니다. 반대로 '도둑질'이라는 구체적인 행위에 대해 **부인 '감정'**을 표현하면 이는 '옳지 않음'이라고 판단한 것이고요. 앞에서 본 정서주의의 핵심을 바탕으로 읽어야 하는 문장입니다.

①　이런 정서주의에서는 도덕적 판단이 윤리적 행위를 하도록 동기를 부여하는 것에 대해 도덕 실재론보다 단순하게 설명할 수 있다. ② 윤리적 행위의 동기 부여를 설명할 때 도덕적 판단이 나타내는 승인 감정 또는 부인 감정 이외에 다른 것이 필요하지 않기 때문이다. ③ 승인 감정은 어떤 행위를 좋다고 여기는 것이고 그것이 일어나길 욕망하는 것이기에 결국 그것을 해야 한다는 동기 부여까지 직접 연결된다는 것이다. ④ 부인 감정도 마찬가지로 작동한다. ⑤ 이에 비해 도덕 실재론에서는 도덕적 판단 이외에도 인간의 욕망과 감정에 관한 이해가 반드시 필요하다. ⑥ 예컨대 '약자를 돕는 것은 옳다'에 덧붙여 '사람들은 약자가 어려운 처지에 빠지지 않기를 바란다'와 같이 인간의 욕망과 감정에 대한 법칙을 추가해야 한다. ⑦ 그래야만 도덕 실재론에서는 약자를 돕는 윤리적 행위를 해야겠다는 동기 부여에 대해 설명할 수 있다. ⑧ 인간의 욕망과 감정에 대한 법칙을 쉽게 확보할 수 있는 것은 아니기에 그것 없이도 윤리적 행위의 동기 부여를 설명할 수 있는 정서주의는 도덕 실재론에 비해 높이 평가된다.

① 도덕 실재론에 비해 정서주의가 갖는 장점을 언급하고 있습니다. 윤리적 행위에 대한 동기를 '단순하게' 설명한다는 것이 핵심입니다. 왜 정서주의는 이를 단순하게 설명할 수 있을까요? 후술되는 정서주의의 특징은 '단순함'에 포인트가 맞춰지겠습니다.

② 여기서 바로 재진술로 답을 제시합니다. 그런데 내용이 전혀 새로운 것이 아니죠? <u>사실상 정서주의의 정의 그 자체</u>입니다. '감정이나 태도'로 옳음과 옳지 않음을 판단하기 때문에 윤리적 행위에 대한 동기를 단순하게 나타낼 수 있습니다. 생각해보니 간단한 것이네요. '승인 감정 = 옳음 = 한다', '부인 감정 = 옳지 않음 = 하지 않는다'와 같이 단순하게 설명할 수 있습니다.

③ 방금 한 설명을 이끌어 내지 못했다면 이 문장을 읽고 이해하셔야 합니다. 재진술이에요. 승인/감정은 좋다고 여기는 감정이 맞습니다. 그 행위를 '승인'하는 감정이니까요. 그럼 좋은 것이니 욕망할 테고, 이것이 곧 '해야 한다'는 동기로 이어집니다. 결국 <u>감정이나 태도가 도덕적 판단(윤리적 행위)에 영향을 미치는 것</u>이죠? 같은 포인트를 반복하고 있습니다.

④ 부인 감정도 마찬가지라고 합니다. 부인/감정은 싫다(부인)고 여기는 감정이고, 싫은 것이니 욕망하지 않겠죠. 그럼 '옳지 않음'이라는 도덕적 판단을 내리게 되고, 이 행위는 하지 않을 것입니다.

⑤ 이번엔 도덕 실재론에 대한 내용입니다. 도덕 실재론에는 욕망과 감정에 대한 이해가 필요하다고 해요. 왜 그런 것일지 궁금해 하면서 다음 문장으로 넘어갑시다.

⑥ 앞에서 궁금해 한 부분을 사례와 함께 설명하고 있습니다. 쉽게 말해 도덕 실재론에서는 인간의 욕망에 대한 법칙을 추가해야 한다고 해요. 즉, 욕망과 감정에 대한 '법칙'을 부여해야 하니, 그에 대한 이해가 필요한 것입니다. 그렇다면 왜 도덕 실재론에서는 이 법칙을 부여해야 할까요?

⑦ 바로 답을 제시해주고 있습니다. 이 법칙이 있어야 윤리적 행위에 대한 동기를 부여할 수 있기 때문이에요. 결국 같은 말을 반복하고 있습니다. 도덕 실재론에서는 감정이나 욕망에 대한 법칙을 추가해야 하기 때문에 이에 대한 '이해'가 필수적인 것입니다.

그럼 조금만 더 깊게 생각해봅시다. 도덕 실재론에서는 왜 인간의 감정에 대한 '법칙'이 추가로 요구될까요? 그것은 바로 도덕 실재론이 도덕적 판단 및 도덕적 진리를 마치 '과학적 판단 및 과학적 진리'처럼 이해하기 때문이에요. 과학은 관찰을 통해 객관적이고 일반화된 법칙을 찾는 학문입니다. 까마귀를 관찰하고, '모든 까마귀는 검다'라는 법칙을 찾아내듯이요. 이때 '도덕적 판단 및 진리'가 과학과 같은 성질을 가진다면 어떨까요? 무언가를 설명하려면 마치 '과학처럼' 계속해서 '법칙'을 만들어 내야 할 것입니다. 그러니까 상대적으로 번거로워지는 것이죠. 역시나 '과학적'이라는 말의 의미를 잘 살려서 도덕 실재론의 특징을 받아들인다면 훨씬 내용을 다채롭게 납득할 수 있습니다.

⑧ 정서주의가 갖는 장점을 재진술하고 있습니다. 정서주의는 단순히 '승인 감정 = 옳음 = 한다'와 같이 '단순하게' 윤리적 행위에 대한 동기를 설명할 수 있어요. <u>**새로운 법칙 따위를 추가할 필요가 없는 것입니다.**</u>

①　또한 옳음과 옳지 않음의 의미를 승인 감정과 부인 감정의 표현으로 이해하는 정서주의에 따르면 사람들 간의 도덕적 판단의 차이도 간단하게 설명할 수 있다. ② 윤리적인 문제에 대해 서로 합의하지 못하는 의견 차이에 대해서도 굳이 어느 한 쪽 의견이 틀렸기 때문이라고 말할 필요가 없이 서로 감정과 태도가 다를 뿐이라고 설명할 수 있다. ③ 이런 설명은 도덕적 판단의 차이로 인한 극단적인 대립을 피할 수 있게 해 준다는 점에서 의의가 있다.

① 다시 정서주의에 대한 내용으로 돌아오고 있습니다. 정서주의

는 '승인 감정'과 '부인 감정'으로 도덕적 판단의 차이도 **간단하게 설명**할 수 있다고 해요. 계속해서 '단순성'에 포인트를 맞춰서 정서주의의 장점을 설명하고 있다는 점을 인지해야 합니다. **글의 흐름을 파악하면서 읽어줘야 해요!**

내용 자체는 너무나 당연한 말입니다. 철수는 어떤 행위에 승인 감정을 갖고 영희는 부인 감정을 갖는다면, 같은 행위에 대해 다른 판단을 내리는 것이니까요.

❷ 방금 설명한 포인트를 반복하고 있습니다. '감정과 태도' 즉, '승인 감정'이냐 '부인 감정'이냐가 다르면 도덕적 판단 또한 다르다는 의미입니다. 이건 '틀린 것'이 아니라 '다른 것'에 불과합니다. 어떤 사건이 있을 때 그 사건에 대해 사람들이 느끼는 감정은 다를 수 있고, 이때 우리가 특정 감정은 맞고 다른 감정은 틀렸다고 말하지는 않잖아요.

그리고 '틀렸다고 말할 필요가 없다'는 것 역시 도덕 실재론과의 차이점을 드러내주는 포인트이기도 합니다. 도덕 실재론은 도덕적 판단을 '과학처럼' 참·거짓을 객관적으로 판단할 수 있는 대상이라고 보기 때문에 '옳고 그름'을 따질 수 있다고 보는 입장이에요. 즉, 도덕 실재론의 입장에서는 도덕적 판단이 '맞다/틀리다'의 대상이 됩니다.

그러나 정서주의는 어떤가요? 정서주의는 도덕적 판단을 '참·거짓'을 객관적으로 따질 수 있는 대상이 아니라고 보기 때문에 '맞다/틀리다'라고 말할 필요도 없는 것입니다.

❸ 간단한 의의입니다. 감정이 다르면 도덕적 판단도 **다르다**는 것이 정서주의의 핵심입니다. 그러니까 극단적인 대립도 피할 수 있을 것입니다. 감정이나 태도는 객관적으로 존재하는 것이 아니니 사람마다 다를 수 있기 때문이에요.

Q. 윗글을 바탕으로 〈보기〉를 이해한 내용으로 가장 적절한 것은? [3점] ④

──────[보기]──────

　　A는 정서주의자이고, B는 도덕 실재론자이다. 두 사람은 모두 '옳음'과 '옳지 않음'이 각각 '아름다움'과 '아름답지 않음'에 대응한다고 본다. 또한 다음 두 예술적 판단에 대해, A는 도덕적 판단에 대한 정서주의의 설명을 똑같이 적용할 수 있다고 보고, B는 도덕적 판단에 대한 도덕 실재론의 설명을 똑같이 적용할 수 있다고 본다.
　　(ㄱ) 예술작품 △△는 아름답다.
　　(ㄴ) 예술작품 △△는 아름답지 않다.

─ A는 정서주의자, B는 도덕 실재론자입니다. 그러면 A는 정서주의의 입장을 기준으로, B는 도덕 실재론자의 입장을 기준으로 선지를 판단하면 되겠네요. 두 이론의 차이점을 중심으로 선지를 물어볼 것 같습니다. 그리고 〈보기〉에서 도덕적 판단 = 예술적 판단이라고 잡아주었으니 자연스럽게 문제를 풀어주시면 됩니다.

　① A와 B는 모두 예술적 진리가 존재하지 않는다고 생각하겠군.

➜ 예술적 진리가 존재하지 않는다는 입장은 A만 해당합니다. B는 도덕 실재론자이니까 도덕적 진리가 존재한다고 주장할 것이기 때문이에요.

　② A는 '아름다움'이라는 성질이 객관적으로 실재한다고 생각하겠군.

➜ A가 아니라 B가 '객관적'으로 존재한다고 생각하겠죠. 도덕 '실재'론이니까요. 도덕 실재론은 옳음과 옳지 않음을 나타내는 성질이 객관적으로 존재한다고 생각합니다.

　③ A는 (ㄱ)과 (ㄴ) 중 하나는 '참'인 명제라고 생각하겠군.

➜ A는 정서론자이기 때문에 참·거짓으로 도덕적 판단을 설명하지 않습니다. 이는 도덕 실재론자인 B가 맞다고 생각하겠죠.

　④ B는 (ㄱ)과 (ㄴ) 중 하나는 '거짓'인 명제라고 생각하겠군.

➜ ③번 선지와 풀이의 포인트가 같은 선지입니다. B는 도덕 실재론자이니까 참·거짓으로 도덕적 판단을 할 것입니다. 그러니까 '아름답다' 혹은 '아름답지 않다' 최소한 둘 중 하나는 참이라고 주장하겠죠.

　⑤ B는 (ㄱ)과 (ㄴ)은 모두 예술작품 △△에 대한 감정과 태도를 표현한다고 생각하겠군.

➜ B는 도덕 실재론자입니다. 감정이나 태도를 강조하는 입장은 '정서주의'입니다. 따라서 B가 아니라 A가 맞는 말이겠죠.

2016학년도 6월 모의평가 B형

> ① 나비가 되어 자신조차 잊을 만큼 즐겁게 날아다니는 꿈을 꾸다 깨어난 장자(莊子)는 자신이 나비가 되는 꿈을 꾼 것인지 나비가 자신이 된 꿈을 꾸고 있는 것인지 의아해한다. ② 이 호접몽 이야기는 나를 잊은 상태를 묘사함으로써 '물아일체(物我一體)' 사상을 그 결론으로 제시하고 있다. ③ 이 이야기 외에도 『장자』에는 '나를 잊는다'는 구절이 나오는 일화 두 편이 있다.

① 장자의 일화가 제시됩니다. 이런 일화가 등장하면 일종의 **사례처럼** 읽어주시고. 관련된 개념이 등장한다면 그때 이해하시면 됩니다. 그럼 뒤에서는 이 일화와 관련된 내용이 등장하겠죠?

② 장자는 자신이 나비 꿈을 꾼 것인지, 나비가 자신의 꿈을 꾼 것인지 의아해하면서, '나를 잊은 상태'로 정의된 '물아일체' 사상을 그 결론으로 제시했다고 합니다. '물아일체'라는 개념에 대해서는 다들 어느 정도 알고 있을 거라고 생각해요.

③ 계속해서 물아일체와 관련된 일화를 언급합니다. 핵심은 '나를 잊는다'는 것이에요. 호접몽 이야기처럼요! 그렇다면 **'나를 잊는다'는 말의 의미를 이해해야겠습니다. 이게 곧 화제입니다.**

> ① 하나는 장자가 타인의 정원에 넘어 들어갔다는 것도 모른 채, 기이한 새의 뒤를 홀린 듯 쫓는 이야기이다. ② 여기서 장자는 바깥 사물에 마음을 통째로 빼앗겨 자신조차 잊어버리는 고도의 몰입을 대상에 사로잡혀 끌려 다니는 꼴에 불과한 것으로 보았다. ③ 이때 마음은 자신이 원하는 하나의 대상에만 과도하게 집착하여 그 어떤 것도 돌아보지 못한다. ④ 이런 마음은 맹목적 욕망일 뿐이어서 감각적 체험을 있는 그대로 받아들이지 못하고 자신에게 이롭다거나 좋다고 생각하는 것만을 과장하거나 왜곡해서 받아들이고 그렇지 않은 것들은 배격하게 된다.

① '나를 잊는다'와 관련된 일화가 등장합니다. 새에 홀려서 정신이 없는 상황이네요. 그러니까 **'나를 잊었다'는 일화**라고 할 수 있겠죠? 이 일화가 어떤 맥락에서 나온 것인지 이해하셔야 합니다.

② 일화에 대한 재진술 문장입니다. 일화에 따르면 장자는 새에 홀려서 '나를 잊은 상태'입니다. 그러니까 새에게 홀려서 남의 집 정원인지도 모르고 걸었겠죠.

③ **'나를 잊는다' 상태의 부정적인 측면**이 드러납니다. 새에게만 과도하게 집착하고 '자기 상황'을 돌아보지 못하는 것과 같은 상황이네요. 즉, '새'라는 대상만 생각하고 정작 '나'는 잊어버린 것입니다. 계속해서 일화를 바탕으로 내용을 이해하셔야 합니다. 이처럼 '사례-원리 연결' 태도를 바탕으로 독해해야 이해가 쉽게 가능합니다.

④ 앞 문장에 대한 재진술입니다. '자신이 원하는 대상에만 과도하게 집착한다 = 맹목적 욕망'입니다. 앞의 일화를 끌고 오자면, 장자는 새에게 맹목적인 욕망을 가진 것이죠. 그래서 대상을 있는 그대로 받아들이지 못하고 자신의 욕망에 따라 왜곡해서 받아들입니다. 나머지 것들은 배격하고요. 장자가 새만 바라보고 주위를 둘러보지 않은 것과 같은 상태입니다. 계속 같은 말을 반복하고 있다는 점을 느끼셔야 해요. 여기서 새로 나온 정보는 하나도 없습니다. 어쨌든, 2문단에서 설명된 '나를 잊는다'는 것의 의미는 '맹목적 욕망'에 빠진 것이라고 볼 수 있겠습니다.

> ① 다른 하나는 "스승님의 마음은 불 꺼진 재와 같습니다."라는 말을 제자에게 들은 남곽자기(南郭子綦)라는 사람이 "나는 나 자신을 잊었다."라고 대답한 이야기이다. ② 여기서 '나 자신'은 마음을 가리키며, 마음을 잊었다는 것은 불꽃처럼 마음속에 치솟던 분별 작용이 사라졌음을 뜻한다. ③ 달리 말해, 이는 텅 빈 마음이 되었다는 말이며 흔히 명경지수(明鏡止水)의 비유로 표현되는 정적(靜寂)의 상태를 뜻한다. ④ 이런 고요한 마음을 유지해야 천지만물을 있는 그대로 받아들일 수 있다.

① '나를 잊는다'와 관련된 **또 다른 일화**를 제시합니다. 앞에서는 '맹목적 욕망'으로 인해 하나의 대상에게만 집착하는 이야기였어요. 이번엔 **무엇이 다를지 궁금해 하면서 읽어야 합니다.** 화제는 계속 인식하고 계시죠? 그렇다면 3문단의 일화에서 나온 '불 꺼진 재'와 같은 마음이나 '나는 나 자신을 잊었다.'라는 말의 의미는 무엇일까요?

② 그 답을 바로 제시해 줍니다. '나 자신'은 자신의 마음을 가리키고, 여기서 마음을 잊었다는 말은 곧 '나 자신'을 잊었다는 의미입니다. '나 자신 = 마음'이니까요. 그래서 '마음을 잊었다'의 의미는 '분별 작용'이 사라졌다는 의미라고 합니다. 여기까지만 읽으면 2문단

의 일화와 무엇이 다른지 바로 이해하기 힘듭니다. 그렇다면 뒤에서 또 설명해주겠죠? '분별 작용'이 사라졌다는 핵심을 파악하고 다음 문장으로 넘어갑시다.

③ 여기서 궁금해했던 내용을 재진술해주고 있습니다. '분별 작용의 제거 = 텅 빈 마음 = 명경지수 = 정적의 상태'라고 합니다. 여기까지 읽었다면 2문단의 일화와 무엇이 다른지 파악할 수 있어요. '텅 빈 마음'은 **무언가에 집착하는 욕망마저도 사라졌다**는 의미입니다. 그럼 '불 꺼진 재'라는 말도 같은 뜻이겠죠? 욕망이 사라진 상태라는 뜻입니다.

④ 또 재진술입니다. 만약 앞에서 '무언가에 집착하는 욕망이 사라진 상태'를 떠올리지 못했다면 여기서는 체크해야 합니다. **'이런 고요한 마음'**이 앞에서 말한 **'분별 작용의 제거 = 텅 빈 마음 = 명경지수 = 정적의 상태'**를 가리키기 때문입니다.

그리고 고요한 마음은 곧 욕망이 없는 상태라고 충분히 이해할 수 있겠죠? 그리고 이렇게 고요한 마음을 가져야 천지만물을 '그대로' 받아들인다는 점도 중요합니다. 대상을 '그대로' 받아들인다는 말은, 대상을 **과장하거나 왜곡하지 않고** 받아들인다는 의미랑 같습니다. 욕망으로 인한 왜곡이 없다! 또 같은 말을 반복하고 있습니다. 이를 이해하셔야 해요. 그럼 이 일화에서는 **'나를 잊는다'의 긍정적인 측면**을 설명하고 있는 것이네요. 이렇게 읽어야 2문단의 일화에서 제시한 '나를 잊는다'와의 차이점을 파악할 수 있습니다.

① 그렇다면 첫째 이야기에서는 온전하게 회복해야 할 '참된 자아'를 잊은 것이고 둘째 이야기에서는 세상을 기웃거리면서 시비를 따지려 드는 '편협한 자아'를 잊은 것이라고 볼 수 있다. ②참된 자아를 잊은 채 대상에 탐닉하는 식으로 자아와 세계가 관계를 맺게 되면 그 대상에 꼼짝없이 종속되어 괴로움이 증폭된다고 장자는 생각한다. ③한편 편협한 자아를 잊었다는 것은 편견과 아집의 상태에서 벗어나 세계와 자유롭게 소통하는 합일의 경지에 도달할 수 있음을 의미한다.

① 아주 친절한 문장입니다. 2, 3문단의 일화가 어떻게 다른지 쉽게 설명해주고 있어요. 2문단을 읽으면서 우리가 '나를 잊는다'의 부정적인 측면을 드러낸다고 이해했죠? 그것은 온전하게 회복해야 할 '참된 자아'를 잊었기 때문입니다. 반면 3문단의 일화에서는 '나를 잊는다'는 것의 긍정적인 측면을 떠올렸는데, 그 이유가 세상을 기웃거리고 따지려는 '편협한 자아'가 사라진 것이기 때문입니다. 여기서 소소하게 '참된 자아'와 '편협한 자아'의 정의가 수식된 형태

로 제시되고 있으니 유의합시다. 내용은 간단합니다. 좋은 자아가 참된 자아, 부정적인 자아가 편협한 자아입니다.

② 또 재진술입니다. '참된 자아를 잊은 채 대상에 탐닉하는 식으로 자아와 세계가 관계'를 맺는 것은 **2문단의 일화**입니다. 이렇게 되면 대상에게 종속되고 괴로움은 증폭된다고 해요. 마치 장자가 새에게 홀린 것처럼 종속된다는 의미입니다.

③ 이번에도 재진술입니다. 편협한 자아를 잊고 '세계와 자유롭게 소통하는 합일의 경지에 도달'한 것은 **3문단의 일화**입니다. 명경지수의 고요한 마음을 통해 대상을 있는 그대로 받아들이는 것처럼요. 전혀 새로운 정보가 아닙니다. 이 문단 자체가 그냥 재진술로 범벅이 되어 있어요. 쉽게 읽고 더 자세히 이해해야 하는 문단입니다.

①장자는 이 경지를 만물의 상호 의존성으로 설명한다. ②자아와 타자는 서로의 존재를 온전히 전제할 때 자신들의 존재가 드러날 수 있다고 그는 말한다. ③예컨대, 내가 편견 없는 눈의 감각으로 꽃을 응시하면 그 꽃으로 인해 나의 존재가 성립되고 나로 인해 그 꽃 또한 존재의 의미를 획득하게 된다는 것이다. ④이런 관계가 성립되기 위해서는 끊임없이 타자를 위해 마음의 공간을 비워 두는 수행이 필요하다. ⑤장자는 이런 수행을 통해서 개체로서의 자아를 뛰어넘어 세계의 모든 존재와 일체를 이루는 자아에 도달할 수 있다고 주장한다. ⑥장자가 나비가 되어 자신조차 잊은 채 자유롭게 날 수 있었던 것은 나비를 있는 그대로 온전하게 받아들일 수 있었기 때문에 가능했다. ⑦만물과 조화롭게 합일한다는 '물아일체'로 호접몽 이야기를 끝맺는 까닭이 여기에 있다.

① '이 경지'는 편협한 자아를 잊은 상태를 가리킵니다. 지시어가 나올 때는 반드시 무엇을 가리키는지 생각하면서 읽어야 해요! '편협한 자아를 잊는 것 = 상호 의존성'이라고 하네요. 그렇다면 '상호 의존성'이 어떻게 세계와 자유롭게 소통하는 경지로 이어지는지, 그것을 이해해야겠습니다.

② 상호 의존성의 정의입니다. 서로가 온전히 전제되어 존재를 드러내는 것이 바로 '상호 의존성'이에요. 그리고 여기서 '서로의 존재를 온전히 전제할 때'라는 말은 결국 편협한 자아를 잊은 상태가 전제되어야 합니다. 참된 자아를 잊게 되면 대상에게 마음을 빼앗겨 '나'가 온전히 존재할 수 없기 때문이에요. 같은 포인트를 반복하고 있습니다.

③ '서로의 존재를 온전히 전제할 때'에 대한 사례입니다. 상호 의존성이 무엇인지 구체적으로 알려주고 있어요. 내가 '편견 없는 눈'으로 꽃을 응시하는 상황입니다. 이것은 **편협한 자아를 잊은 상태로** 꽃을 바라보는 것이죠. 그렇게 바라보면, 꽃으로 인해 나의 존재가 성립하고 동시에 나로 인해 꽃의 존재가 성립한다고 해요. 서로가 서로의 존재에 의존하고 있습니다. 이것이 '상호 의존성'이에요. 편협한 자아를 잊은 '나'가 꽃을 바라봄으로써 서로의 존재가 성립합니다.

④ 너무나도 당연하죠? 편협한 자아를 잊은 마음은 곧 '텅 빈 마음'이니까요.

⑤ '이런 수행'은 마음을 비워 두는 것을 가리킵니다. 지시어가 계속해서 나오니까 놓치지 않고 독해하셔야 해요. 텅 빈 마음을 통해 '모든 존재와 일체를 이루는 자아'에 도달할 수 있다고 합니다. 이는 **'편협한 자아'를 잊고 '참된 자아'를 회복한다는** 말이겠네요. '편협한 자아'를 잊어야 '편견과 아집의 상태에서 벗어나 세계와 자유롭게 소통하는 합일의 경지'에 이를 수 있기 때문이에요.

⑥ 호접몽 이야기입니다. 호접몽 이야기에서 장자는 '나를 잊는다'의 상태에 도달했습니다. 그리고 이때 '나를 잊는다'는 편협한 자아를 잊은 상태를 가리킵니다. 나비(대상)를 온전하게 받아들였기 때문이에요. 참된 자아를 잊으면 이렇게 대상을 온전히 받아들일 수 없습니다. 장자는 꿈에서 '텅 빈 마음', '명경지수'의 상태로 나비라는 대상을 있는 그대로 받아들입니다.

⑦ 재진술입니다. 호접몽 이야기에서 장자는 나비를 왜곡하지 않고 있는 그대로 받아들인다고 했죠? 그래서 '물아일체'입니다. 나비(대상)와 내가 온전히 존재해서, 내가 있는 그대로 나비를 받아들이는 이야기이기 때문이에요.

Q. 윗글을 읽고 추론한 내용으로 적절하지 <u>않은</u> 것은? ②

① 불 꺼진 재와 같은 마음의 소유자라면 만물과 자유롭게 소통하겠군.

→ 너무나 당연합니다. '불 꺼진 재'와 같은 마음은 편협한 자아를 잊은 마음입니다. 그럼 대상을 있는 그대로 받아들이면서 만물과 자유롭게 소통할 수 있는 것입니다.

② 참된 자아가 세계와 관계를 맺으려면 감각적 체험을 배제해야 하겠군.

→ <u>감각적 체험의 배제가 중요한 것이 아닙니다.</u> 편협한 자아를 잊고 있는 그대로 대상을 받아들이는 것이 핵심이죠. 꽃을 보는 것은 감각적 체험입니다. 하지만 이때도 꽃을 욕망에 따라 왜곡하지 않고 있는 그대로 보는 것이 중요합니다.

③ 마음을 바깥 사물에 빼앗긴다는 것은 참된 자아를 잊는다는 것과 같겠군.

→ 2문단의 일화를 잘 이해했다면 쉽게 풀 수 있습니다. 마음을 새에 빼앗긴 것은 참된 자아를 잊는 상황이었죠?

④ 편협한 자아를 잊는 것은 타자와의 상호 의존적 관계 형성을 위한 바탕이 되겠군.

→ 상호 의존성을 묻는 선지입니다. 상호 의존성을 위해서는 서로가 온전히 존재해야 합니다. 그리고 이때 '나'가 온전히 존재하기 위해서는 편견 없는 마음을 가져야 하므로 편협한 자아를 잊는 상태가 맞습니다.

⑤ 장자가 꿈속에서 나비가 되어 자신조차 잊었다는 것은 마음이 명경지수와 같은 상태였다는 말이군.

→ 마지막 문단을 잘 읽었다면 쉽게 풀 수 있는 선지입니다. 호접몽 이야기에서 장자는 나비를 있는 그대로 받아들였습니다. 즉, 편협한 자아를 잊은 상태이므로 명경지수와 같은 마음을 가졌습니다.

2016학년도 9월 모의평가 B형

1문단

> ① 기술이 급속하게 발달함에 따라 인간의 삶은 더욱 여유롭고 의미 있는 것으로 될 것인가, 아니면 더욱 바쁘고 의미 없는 것으로 전락할 것인가? ② '사색적 삶'과 '활동적 삶'을 대비하여 사회 변화를 이해하는 방식은 이런 물음의 답을 구하는 데 도움이 된다.

① 이 문장만 보고 대략적인 지문의 화제를 잡을 수 있습니다. **기술 변화에 따라 인간의 삶이 어떻게 변화할지 알아보는 것!** 이게 화제입니다. 방향도 두 가지죠? 이 글에서는 인간의 삶이 여유롭고 의미 있게 변할지, 바쁘고 의미 없게 변할지 설명할 것입니다.

② 그리고 여기서 사색적 삶과 활동적 삶이라는 단어가 등장합니다. 그런데 정의는 제시되지 않았습니다. 그래도 따옴표까지 쳐주면서 주목하라고 하니 우선 중요한 개념인 것 같아요.

물론 따옴표가 없더라도 주목할 수 있어야 합니다. 왜냐하면 이 사색적 삶과 활동적 삶을 대비해서 사회 변화를 이해하면 '이런 물음의 답'을 구하는 데에 도움이 된다고 하니까요! 이런 물음은 앞에서 나온 문장이죠? 그럼 이 개념들을 화제와 연결해서 이해해야 하겠네요.

그리고 이를 통해 '사회 변화'를 이해하는 이유도 결국 사회(시대) 변화에 따라 어떻게 '인간의 삶'이 달라지는지를 알아보기 위함이겠습니다. 화제를 중심으로 읽어 주셔야 해요.

2문단

> ① 최초로 인간의 삶을 사색적 삶과 활동적 삶으로 구분한 사람은 아리스토텔레스이다. ② 그는 진리, 즐거움, 고귀함을 추구하는 사색적 삶의 영역이 계를 위한 활동적 삶의 영역보다 상위에 있다고 보았다. ③ 이러한 인식은 근대 이전의 오랜 역사 속에서 사회 질서의 기본 원리로 자리 잡아 왔다.

① 화제와 관련된 두 개념을 구분합니다. 앞에서 정의를 주지 않았으니 여기에서 아리스토텔레스가 어떻게 두 삶을 구분했는지 생각해야겠죠? 그럼 이 내용은 뒤에서 설명해주겠네요.

② 여기서 사색적 삶과 활동적 삶의 정의를 이야기해주고 있어요. '사색적 삶'은 말 그대로 진리, 즐거움, 고귀함 따위의 '사색'을 추구

하는 것입니다. '활동적 삶'도 말 그대로 생계 '활동'과 같은 삶이네요. '활동'적 삶이니까 '활동적인 것'으로도 받아들일 수 있구요. 이번에도 단어의 의미를 살리면서 이해하셔야 해요.

그리고 아리스토텔레스는, 사색을 추구하는 것이 생계 활동을 하는 삶에 비해 더 중요하다고 판단했습니다. 두 가지 삶의 양식을 대비하고 있네요. 사색적 삶이 활동적 삶보다 '상위에 있다'는 말은 바로 이해할 수 있겠죠?

③ 그렇게 아리스토텔레스가 살던 고대부터 근대 이전까지는 사색적 삶이 활동적 삶보다 중요하던 사회였다고 하네요. 내용 자체는 간단합니다. 여기서 잠시, 우리가 무엇을 읽고 있는지 생각하고 넘어갑시다. 화제 기억나시죠? 우리는 인간의 삶이 어떻게 변했는지를 사색적 삶과 활동적 삶을 중심으로 이해하고 있어요. 그럼 뒤에는 **시대가 흘러가면서, 사회가 바뀌면서 이 삶의 양식이 변할 테고 그 중심에는 사색적 삶과 활동적 삶이 기준으로 작용할 것입**니다.

3문단

> ① 근대에 접어들어 과학 혁명과 청교도 윤리의 등장으로 활동적 삶과 사색적 삶에 대한 인식은 달라지기 시작했다. ② 16, 17세기 과학 혁명으로 실험 정신과 경험적 지식이 중시되면서 사색적 삶의 영역에 속한 과학적 탐구와 활동적 삶의 영역에 속한 기술 사이의 거리가 좁혀졌다. ③ 또한 직업을 신의 소명으로 이해하고, 근면과 검약에 의한 개인의 성공을 구원의 징표로 본 청교도 윤리는 생산 활동과 부의 축적에 대한 부정적 인식을 불식하는 계기가 되었다. ④ 이로써 활동적 삶과 사색적 삶이 대등한 위상을 갖게 된 것이다.

① 아리스토텔레스 때에서 근대로 넘어왔습니다. **근대에는 활동적 삶과 사색적 삶에 대한 인식이 어떻게 달라졌을지** 알아봐야겠어요. 또 함께 일어나는 사회 변화는 '과학 혁명과 청교도 윤리의 등장'이겠네요. 이러한 변화들이 인간의 삶에 어떻게 영향을 미쳤는지도 뒤에서 설명하겠습니다. 그리고 이 변화는 아마 활동적 삶과 사색적 삶의 우위에 대한 내용이겠죠?

② 근대의 과학 혁명이 인간의 삶에 어떤 영향을 미쳤는지 이야기해주고 있습니다. 과학 혁명으로 인해 실험 정신과 경험적 지식 같은 것이 중요해졌다고 합니다. 활동적 삶은 생계 활동 같은 것들이었죠? 정확히 어떤 점에서 연결되는지는 조금 어렵습니다만, '활동'적 삶이다 보니 실험 '활동'이나 '경험'을 통해 얻을 수 있는 지식이 중요해진 것이라고 생각할 수 있겠네요.

또 과학과 대비되는 기술이 활동적 삶의 영역에 속한다는 점도 활동적 삶을 이해하는 데 도움을 줍니다. 하나씩 살펴볼게요. 과학은 일단 학문입니다. 그리고 과학적 '탐구'라는 말에서도 이를 알 수 있겠네요. 학문이나 탐구와 같은 것들은 결국 진리를 '탐구'하고 공부하는 것으로 연결해서 생각할 수 있으니, 사색적 삶의 영역이라는 걸 이해할 수 있어요.

그런데 활동적 삶은 분명히 1문단에서 '생계 활동'과 같은 것이라고 했는데 기술도 활동적 삶이라고 하네요? 이 점이 중요합니다. 사실 이 부분은 언어적 감이 뛰어난 분들은 바로 감각적으로 이해하고 넘어갈 수 있는 부분이에요. 그렇지만 우리 대부분은 그렇지 못하니 천천히 이해해 봅시다.

기술은 실용적입니다. 그리고 앞에서 확인했던 생계 활동도 약간 실용적인 느낌이 강하죠? 그리고 경험적 지식도 우리가 직접 관찰해서 얻은 실질적인 자료로 이해할 수 있어요. 그러니까 '활동적 삶'은 단순히 생계 활동에 그치는 것이 아니라, 조금 더 나아가서 우리 삶에 실질적으로 밀접한, 경험적 지식과 같이 우리 삶과 직접적으로 맞닿아있는 삶이라는 뜻으로 이해할 수 있습니다.

이 문장을 완벽히 납득하려면, 2문단에서 사색적 삶과 활동적 삶의 정의를 읽을 때 단어의 의미를 정확히 살리면서 읽었어야 합니다. 단순히 정의를 체크하는 것에서 그치지 않고 최대한 이해하려는 습관이 필요해요.

❸ 이번에는 청교도 윤리가 미친 영향에 대해서 설명하고 있습니다. 청교도 윤리의 정의도 제시되고 있네요. 읽어 보니 '성공 = 좋은 것' 정도로 요약할 수 있습니다. 이런 청교도 윤리가 '생산 활동과 부의 축적'에 대한 부정적 인식을 없앴다고 합니다. 사실 이것도 정확히 이해하려면 꽤나 까다롭습니다.

1등급 학생들의 경우 '생산 활동과 부의 축적'이라는 말을 보고 바로 '활동적 삶'과 연관 지을 수 있을 것입니다. 다만 대부분의 학생들은 이걸 명확히 이해하기보다는 그냥 그렇구나~하고 넘기는 경우가 많을 것입니다.

사실 여기서 말하는 '생산 활동'이나 '부의 축적' 같은 것들은 '생계 활동'과도 관련이 있고 우리 삶에 실질적인 요소들이잖아요. 이를 캐치하고 활동적 삶과 연결할 수 있어야 합니다. 그럼 결국 이런 부분에 있어서 부정적 인식을 없앴다는 말은, 활동적 삶이 중요해지고 있다는 말로 이해할 수 있겠습니다. 결국에 이 문장도 인간의 삶이 변화한다는 내용을 재진술한 것에 불과한 것이죠. 정확히는 활동적 삶이 중시되고 있다는 것에 대한 예시입니다.

❹ 앞에서 어렵게 이해했던 포인트를 아주 친절하게 설명해 주는 재진술입니다. 내용 자체는 앞에서 다 설명했기 때문에 생략할게

요. 정리하겠습니다. 사색적 삶이 중요했던 이전 시대와는 달리 '과학 혁명과 청교도 윤리'의 근대 사회에서는 '사색적 삶 = 활동적 삶'이 되었습니다! **활동적 삶이 강조되고 있다**는 사실을 체크하셔야 해요. 또 화제와 관련해서 <u>'두 삶의 양식의 우위'가 달라지고 있다</u>는 점도 파악할 수 있겠죠?

①18, 19세기 산업 혁명을 계기로 활동적 삶은 사색적 삶보다 중요성이 더 커지게 되었다. ②생산 기술에 과학적 지식이 응용되고 기계의 사용이 본격화되면서 기계의 속도에 기초하여 노동 규율이 확립되었고, 인간의 삶은 시간적 규칙성을 따르도록 재조직되었다. ③나아가 시간이 관리의 대상으로 부각되면서 시간-동작 연구를 통해 가장 효율적인 작업 동선(動線)을 모색했던 테일러의 과학적 관리론은 20세기 초부터 생산 활동을 합리적으로 조직하는 중요한 원리로 자리 잡았다. ④이로써 두뇌에 의한 노동과 근육에 의한 노동이 분리되어 인간의 육체노동이 기계화되는 결과가 초래되었다. ⑤또한 과학을 기술 개발에 활용하기 위한 시스템이 요구되어 공학, 경영학 등의 실용 학문과 산업체 연구소들이 출현하였다. ⑥ 이는 전통적으로 사색적 삶의 영역에 속했던 진리 탐구마저 활동적 삶의 영역에 속하는 생산 활동의 논리에 포섭되었음을 단적으로 보여 준다.

❶ 과학 혁명이 일어났던 근대에서 이제 산업 혁명 시대로 넘어옵니다. **활동적 삶이 사색적 삶보다 중요**해졌네요. 둘의 우위가 완전히 뒤집히고, 활동적 삶의 중요성이 커지고 있습니다. 화제를 생각하셔야 해요. 시간이 흐를수록 인간의 삶은 '활동적 삶'이 중시되는 방향으로 변화하고 있습니다.

또, 이러한 변화를 사회적 변화와 함께 살펴보아야 하니까 산업 혁명과 같은 것들이 어떻게 활동적 삶의 중요성을 강조하는 데에 영향을 미쳤을지 생각하면서 다음 문장을 읽어줘야겠네요.

❷ 산업 혁명으로 인해 인간의 노동 활동이 기계화되는 상황을 설명해주고 있습니다. **노동 '활동'은 당연히 '활동적 삶'**이겠죠? 그리고 산업 혁명은 이러한 노동 활동에 큰 영향을 끼치고 있습니다. 그렇게 노동 규율이 확립되고 인간의 삶은 '시간적 규칙성'을 따르도록 변화했네요. 노동 활동이라는 활동적 삶의 변화와 함께 인간의 삶의 양식이 변하고 있습니다. 그게 시간적 규칙성을 따르는 것이고요!

❸ 테일러의 과학적 관리론의 정의가 수식된 형태로 제시되고 있

습니다. 놓치지 않고 체크하셔야 해요. 역시나 핵심은 같아요. 과학적 관리론도 인간의 노동 활동, 생산 활동과 같은 '활동적 삶'에 영향을 주고 있습니다. 시간에 맞춰서 효율적인 '작업 동선'을 모색하는 이론이기 때문이에요. 결국 과학적 관리론도 활동적 삶(노동)과 관련된 이론입니다.

그리고 그 배경은 산업 혁명으로 인해 인간의 삶이 시간적 규칙성을 따르게 되는 것이네요. 계속 산업 혁명이라는 사회 변화가 인간의 삶에 어떤 영향을 미치고 있는지 설명하고 있어요. 그리고 그 변화는 활동적 삶을 중심으로 일어나고 있다는 점도 파악해야 합니다. 계속 화제를 떠올리면서 읽으셔야 해요!

④ 과학적 관리론에 대한 재진술 문장입니다. 여기서 '두뇌에 의한 노동'이라는 건 결국 '사색적 삶'에 가까운 것이겠죠? 진리나 고귀함 같은 것들을 추구하는 게 사색적 삶이고 이는 두뇌와 관련되어 있으니까요. 그리고 '근육에 의한 노동'은 앞에서 계속 보았듯이 생계 활동이나, 생산 활동 등 말 그대로 '활동적인' 것을 뜻하는 활동적 삶과 가깝겠네요.

가장 효율적인 작업 동선을 모색하다 보니 노동을 구분하게 되었고, 이에 따라 인간의 육체노동이 '기계화'됩니다. 즉, **인간의 육체노동에 '사색적 삶'이 제거되었다**는 의미입니다. 노동이 기계화되었다는 말은, 진리나 고귀함을 추구하는 삶과 거리가 한참 멀기 때문이에요. 과학 혁명 시대부터 계속 활동적 삶이 강조되고 있는 흐름으로 전개되고 있습니다.

⑤ 이번엔 실용 학문과 산업체 연구소 같은 것들이 사례로 등장하네요. 역시나 이것도 활동적 삶이 사색적 삶에 비해 더 중요해졌다는 맥락에서 나온 것이겠죠? 정확한 내용은 다음 문장과 함께 설명할게요.

⑥ 앞 문장에 대한 재진술입니다. 여기서 보면 실용 학문이나 산업체 연구소의 출현이 '사색적 삶'이 '생산 활동의 논리에 포섭된 결과'라고 이야기합니다. 실용 '학문'이나 산업체 '연구소'에서 학문이나 연구는 진리 탐구라고 볼 수 있겠습니다. 그런데 이제는 **'과학'을 '기술을 위해서' 한다**고 해요. 과학은 '사색적 삶'의 영역에 속하는 학문인데, 이것을 '활동적 삶'의 영역인 '기술'을 위해서 이용한다고 합니다. 그래서 이와 같은 상황을 **사색적 삶이 활동적 삶에 종속된 것**이라고 간주하는 것입니다. 활동적 삶이 더 중요해졌다는 포인트를 반복하고 있어요.

①이처럼 산업 혁명 이후 기계 문명이 발달하고 그에 힘입어 자본주의 시장 메커니즘이 사회를 전면적으로 지배하게 됨에 따라 근면과 속도가 강조되었다. ②활동적 삶이 지나치게 강조된 데 대한 반작용으로, '의미 없는 부지런함'이 만연해진 세태에 대한 비판의 목소리가 나타나 성찰에 의한 사색적 삶의 중요성을 역설하기도 하였다.

① 굉장히 중요한 문장입니다. 산업 혁명 이후 사회 변화에 따라 '근면과 속도'가 강조되었다고 해요. 이때까지 읽은 내용상, '근면과 속도'가 강조되는 것은 활동적 삶이 강조되는 것으로 이해할 수 있습니다.

그런데 **여기서 화제를 떠올릴 수 있어야 해요.** 인간의 삶이 어떻게 변화하고 있나요? 네, 바쁘고 없는 것으로 변화하고 있습니다. 사색적 삶이 사라지고 있기 때문이에요! '근면과 속도'도 마찬가지입니다. 여유로움이 사라지고 있는 상황이에요. 즉, 사색적 삶이 약화되고 있다는 점을 파악할 수 있습니다. 화제를 제시하면서 던진 물음이 여기서 해결되고 있습니다.

② 만약 앞에서 이해가 잘되지 않았다면 이 문장을 보고라도 파악해주셔야 해요. 자본주의 메커니즘에 따라 활동적 삶이 지나치게 강조되었고 이런 상황은 '의미 없는 부지런함'에 불과하다고 합니다. 인간의 삶이 '더욱 바쁘고 의미 없는' 것으로 변화했어요. 여기서는 반드시 화제를 떠올리면서 읽어야 합니다. **화제에 대한 답을 제시하는 문장이에요.**

내용을 납득하는 것 자체는 어렵지 않습니다. 인간의 삶이 사색적 삶과 활동적 삶 두 가지로만 나뉘었는데 한쪽만 계속 강조되다 보니까 당연히 문제가 일어나겠죠. 그래서 이 문제를 비판하려고 사색적 삶을 강조하는 목소리도 나오게 됩니다. 간단하네요. 여기서는 화제를 중심으로 읽는 태도가 중요했습니다.

Q. 윗글을 이해한 내용으로 가장 적절한 것은? ④

① 아리스토텔레스는 생존을 위한 필요에서 비롯된 생산 활동이 사색적 삶보다 더 중요하다고 보았다.

→ 아리스토텔레스는 사색적 삶을 강조했습니다. 그리고 시대가 바뀌면서 점점 활동적 삶의 중요성이 커지고, 근대 이후에 문제가 발생했죠. 간단하네요.

② 과학 혁명의 시대에는 활동적 삶의 위상이 사색적 삶의 위상보다 높았다.

→ '활동적 삶 〉 사색적 삶'이 등장한 시대는 과학 혁명 때가 아니라 산업 혁명 때였습니다. 노동이 기계에 맞춰지고 과학을 기술에 이용하면서 둘 사이의 위상이 역전되었죠? 과학 혁명 때는 두 삶이 동등한 위상을 갖게 되었다고 했어요.

③ 청교도 윤리는 성공과 부를 추구하는 태도에 대한 부정적인 인식을 심화시켰다.

→ 16세기 근대에 대해서 물어보는 선지입니다. 부정적 인식을 심화시킨 게 아니고 불식시켰죠. '불식'과 '심화'라는 어휘에 헷갈렸다면 어휘 공부를 꼭 하셔야 합니다.

④ 시간-동작 연구는 인간의 노동이 두뇌노동과 근육노동으로 분리되는 데 영향을 주었다.

→ 테일러의 과학적 관리론에 대해 물어보는 선지입니다. 이로 인해 두뇌노동과 근육노동이 분리되었고, 육체노동이 기계화됐었죠. 지문을 읽으면서 이걸 활동적 삶을 중심으로 변화가 일어나고 있다고 생각했습니다. 적절한 선지네요.

⑤ 공학, 경영학 등의 실용 학문은 기술을 과학에 활용하기 위해 출현했다.

→ 산업 혁명 시대에 대해 물어보는 선지입니다. 실용 학문은 과학을 기술에 이용하는 것이었지, 기술을 과학에 이용하는 것이 아닙니다. '기술 = 활동적 삶', '과학 = 사색적 삶'이라는 점을 잡고, 활동적 삶이 우위로 넘어가는 상황을 잘 파악했다면 쉽게 판단할 수 있는 선지입니다.

2016학년도 9월 모의평가 AB형

1문단

① 사진은 19세기 초까지만 해도 근대 문명이 만들어 낸 기술적 도구이자 현실 재현의 수단으로 인식되었다. ② 하지만 점차 여러 사진작가들이 사진을 연출된 형태로 찍거나 제작함으로써 자기의 주관을 표현하고자 하는 시도를 하였다. ③ 이들은 빛의 처리, 원판의 합성 등의 기법으로 회화적 표현을 모방하여 예술성 있는 사진을 추구하였다. 이러한 흐름 속에서 만들어진 사진 작품들을 회화주의 사진이라고 부른다.

① 기존의 사진에 대한 인식을 드러내고 있습니다. 원래 사진은 기술적 도구나 현실 재현의 수단으로 인식되었습니다. 아무래도 사진은 눈앞에 보이는 장면을 카메라로 찍는 것이니까 도구 혹은 현실 재현에 불과했겠죠?

② 여기서부터 기존의 인식에서 벗어나는 시도가 일어납니다. 원래 사진은 현실을 '재현'하는 수단이었습니다. 그런데 여기에 사진을 '연출'하면서 '주관'을 표현하기 시작합니다. 단순히 어떤 대상을 있는 그대로 촬영해서 현실을 '재현'하는 게 아니라, 연출 기법을 통해 자기 색깔을 드러낸다는 의미입니다.

③ 재진술입니다. 빛의 처리나 원판의 합성 등의 기법은 작가의 '주관'을 드러내는 표현 방식입니다. 회화적 표현을 모방한다는 것도 이와 마찬가지입니다. 현실을 단순히 재현하지 않고 '그림을 그리는 것처럼' 사진을 찍는다는 말이에요. 그렇게 '예술성 있는 사진'을 추구합니다. 이 말은 곧 **작가의 주관을 드러낸다는 말**이죠? 마치 예술처럼요!

④ 회화주의 사진의 정의가 제시됩니다. '이러한 흐름'은 사진을 연출하여 작가의 주관을 드러내고자 하는 시도를 가리킵니다. 그럼 회화주의 사진도 같은 말이겠죠? '회화'처럼 작가의 주관을 드러내고, 그렇게 만들어진 '예술성 있는 사진'을 '회화/주의 사진'입니다. 이 정의를 잘 파악하셔야 해요. 그렇다면 이 지문에서는 회화주의 사진에 대해 설명하겠네요. 이게 화제입니다. '회화주의 사진 = 예술성 있는 사진 = 연출 = 주관' 모두 같은 말임을 파악하고 넘어갑시다.

2문단

① 스타이컨의 〈빅토르 위고와 생각하는 사람과 함께 있는 로댕〉(1902년)은 회화주의 사진을 대표하는 것으로 평가된다. ② 이 작품에서 피사체들은 조각가 '로댕'

과 그의 작품인 〈빅토르 위고〉와 〈생각하는 사람〉이다. ③ 스타이컨은 로댕을 대리석상 〈빅토르 위고〉 앞에 두고 찍은 사진과, 청동상 〈생각하는 사람〉을 찍은 사진을 합성하여 하나의 사진 작품으로 만들었다. ④ 이렇게 제작된 사진의 구도에서 어둡게 나타난 근경에는 로댕이 〈생각하는 사람〉과 서로 마주 보며 비슷한 자세로 앉아 있고, 반면 환하게 보이는 원경에는 〈빅토르 위고〉가 이들을 내려다보는 모습으로 배치되어 있다. ⑤ 단순히 근경과 원경을 합성한 것이 아니라, 두 사진의 피사체들이 작가가 의도한 바에 따라 하나의 프레임 속에서 자리 잡을 수 있도록 당시로서는 고난도인 합성 사진 기법을 동원한 것이다. ⑥ 또한 인화 과정에서는 피사체의 질감이 억제되는 감광액을 사용하였다.

① 회화주의 사진의 사례가 등장합니다. 앞에서 핵심 정리했죠? '회화주의 사진 = 예술성 있는 사진 = 연출 = 주관'. 기억하고 읽으셔야 해요. 스타이컨의 작품에서 어떤 식으로 회화주의의 특징이 드러나는지 이해하면 됩니다.

② 그렇다고 합니다. 중요한 건 이 작품의 피사체가 '어떤 식으로' 촬영되었는지입니다. **회화주의적 특징을 드러내는 방식으로** 피사체들이 촬영되었을 것이기 때문이에요!

③ 여기까지 왔다면 **'합성'에 주목해야 합니다.** 합성은 연출 기법이잖아요. 즉, 사진을 통해 자신의 '주관'을 드러내고 있는 것입니다. 회화주의의 정의 기억나죠?

④ 이번엔 사진의 구도를 설명하고 있습니다. '합성'을 통해 이러한 구도를 만들었어요. 회화주의적 특징이 드러난다는 점을 떠올리면서 읽어야 합니다.

⑤ 아주 중요한 재진술 문장입니다. 만약 **이때까지 회화주의 사진의 특징을 연결하지 못했더라도 이 문장을 읽고 나서는 꼭 연결해야 해요.** 회화주의 사진은 연출 기법을 통해 작가의 '주관'을 드러내는 사진입니다. 그러니까 여기서도 합성을 통해 사진을 연출하고, 이를 통해 **작가의 '주관'을 드러낸다고 직접적으로 말해주고 있는 것입니다.**

⑥ 이번엔 감광액에 대한 내용이 등장합니다. 이를 통해 사진의 '질감'을 억제했다고 해요. 역시나 현실을 그대로 재현하는 것이 아니라 연출 기법을 통해 작가의 주관을 드러내는 시도라고 볼 수 있습니다.

① 스타이컨은 1901년부터 거의 매주 로댕과 예술적 교류를 하며 그의 작품들을 촬영했다. ② 로댕은 사물의 외형만을 재현하려는 당시 예술계의 경향에서 벗어나 생명력과 표현성을 강조하는 조각을 하고 있었는데, 스타이컨은 이를 높이 평가하고 깊이 공감하였다. ③ 스타이컨은 사진이나 조각이 작가의 주관과 감정을 표현할 수 있으며 문학 작품처럼 해석의 대상도 될 수 있다고 생각했는데, 로댕 또한 이에 동감하여 기꺼이 사진 작품의 모델이 되어 주기도 하였다.

① 네, 그렇다고 합니다. 여기서 사진을 촬영하는 것은 일반적인 사진이 아니죠? 스타이컨 자신의 주관을 드러내는 사진일 것입니다. 화제만 계속 기억하면서 빠르게 읽고 넘어갑시다.

② 이 문장을 재진술처럼 읽어야 합니다. **만약 '스타이컨은 이를 높이 평가하고 ~'에 더 눈이 갔다면 잘못 읽은 것입니다.** 천천히 볼게요. 여기서 사물의 외형만을 재현하고자 하는 것은 회화주의 사진과 대비되는 방식입니다. 그리고 로댕은 이러한 경향을 지양하고 **'생명력과 표현성'**을 강조하는 조각을 지향합니다. 즉, 자신의 **'주관'**을 드러내고자 한 것이죠. 그래서 스타이컨은 이에 공감합니다. 이를 당연하게 받아들여야 합니다. 스타이컨은 '회화주의 사진'을 찍는 사람이니까요! 결국 '회화주의 사진'을 중심으로 '당연하게' 이해해야 하는 문장입니다. **단순히 '스타이컨이 로댕에 공감을 했구나~' 정도로 넘어가면 안 됩니다. 왜 공감을 할 수밖에 없는지, 그 내용을 자연스럽게 이해해야 합니다.**

③ 또 같은 포인트를 재진술하고 있습니다. 여기서도 마찬가지로 **'로댕 또한 ~ 하였다'를 중요하게 읽으면 안 돼요! 스타이컨의 생각을 읽고 '회화주의 사진'을 떠올릴 수 있어야 합니다.** 사진이나 조각이 작가의 '주관'이나 '감정'을 표현한다는 말은, 단순히 대상을 재현하지 않는다는 뜻입니다. 그리고 스타이컨은 회화주의 사진을 찍던 사람이죠. **이 흐름을 기억하면서 '결국 회화주의 사진의 특징을 계속 말하고 있구나'와 같은 생각으로 이해해야 합니다.**

① 이 사진에서는 피사체들의 질감이 뚜렷이 살지 않게 처리하여 모든 피사체들이 사람인 듯한 느낌을 주고자 하였다. ② 대문호 〈빅토르 위고〉가 내려다보고 있는 가운데 로댕은 〈생각하는 사람〉과 마주하여 자신도 〈생각하는 사람〉이 된 양, 같은 자세로 묵상하는 모습을 취하고 있다. ③ 원경에서 희고 밝게 빛나는 〈빅토르 위고〉

는 근경에 있는 로댕과 〈생각하는 사람〉의 어두운 모습
에 대비되어 창조의 영감을 발산하는 모습으로 나타난
다. ④ 이러한 구도는 로댕의 작품도 문학 작품과 마찬가
지로 창작의 고뇌 속에서 이루어진 것이라는 메시지를
주고 있다.

① '이 사진'은 스타이컨의 사진입니다. 회화주의 사진이라는 점을
꼭 기억하셔야 해요. 질감이 뚜렷이 살지 않게 처리하는 것도 감광
액을 사용하는 연출 기법입니다. 이를 통해 자신의 주관을 드러낸
다고 이해했어요.

② 스타이컨이 만든 사진의 구도를 드러내고 있습니다. 대상을 재
현하는 게 아니라 **자신의 주관을 표현하는 흐름**임을 파악해야 합
니다. 정확히 어떤 의도인지는 알 수 없습니다. 다만 이 예시 자체
가 회화주의 사진에 대한 내용이라는 점은 우리가 알고 있어요. 화
제이기도 하잖아요? 항상 무엇에 대한 예시인지 기억하면서 읽는
태도는 중요합니다.

③ 계속해서 스타이컨의 사진에 대해서 설명하고 있습니다. 이들
의 구도를 '연출'하여 '창조의 영감'을 발산하는 모습으로 드러냅니
다. 이것이 자신의 주관을 드러내는 방식이고, '예술성 있는 사진'을
만드는 방식입니다. 회화주의 사진! 기억나시죠?

④ 아주 친절한 재진술입니다. 스타이컨의 사진이 '회화주의 사진'
이라는 것을 직접적으로 알려 주고 있어요. 로댕의 작품도 **'창작의
고뇌'** 속에서 이루어졌다는 말은 이것이 단순히 대상을 재현한 조
각이 아니라는 점입니다. 앞에서 로댕의 생각을 읽었죠? 회화주의
사진을 통해, 그 대상인 로댕의 작품도 '창작'이라는 점을 알려주고
있습니다. 결국 **자신의 주관이나 예술성을 드러내는 흐름이라는
점**을 기억하셔야 해요.

5문단

① 이처럼 스타이컨은 명암 대비가 뚜렷이 드러나도
록 촬영하고, 원판을 합성하여 구도를 만들고, 특수한 감
광액으로 질감에 변화를 주는 등의 방식으로 사진이 회
화와 같은 방식으로 창작되고 표현될 수 있는 예술임을
보여 주고자 하였다.

① 그냥 지문 전체를 요약하고 있는 문단입니다. '명암 대비가 뚜
렷이 드러나도록 촬영하고, 원판을 합성하여 구도를 만들고, 특수
한 감광액으로 질감에 변화를 주는 등의 방식'은 전부 회화주의 사
진의 특징입니다. 이러한 연출 방식을 통해 '주관'을 드러낸다는 점

이 포인트였죠? 이렇게 자신의 주관을 드러낸다는 특징이 '회화'와
유사해서 '회화'주의 사진입니다. 이것도 1문단에서 다 파악했던 내
용입니다.

Q. 윗글에 대한 이해로 가장 적절한 것은? ①

① 로댕은 사진 작품, 조각 작품, 문학 작품 모두 해석의
대상이 된다고 여겼다.

→ 그래서 로댕 또한 스타이컨처럼 조각에서 자신의 주관을 드러내
고자 했습니다. 그리고 회화주의 사진을 지향하는 스타이컨이 이에
공감했어요.

② 빅토르 위고는 사진과 조각을 모두 해석의 대상이라
고 생각하여 그것들을 내려다보고 있었다.

→ 빅토르 위고는 애초에 작품입니다. 그리고 빅토르 위고가 생각
하는 사람을 내려다보는 모습으로 배치한 것은 스타이컨의 의도입
니다. 구도를 조정하여 표현한 것이니까요.

③ 스타이컨의 사진은 대상을 그대로 보여 준다는 점에
서 회화주의 사진의 대표적 작품으로 평가된다.

→ 대상을 있는 그대로 보여 주는 것은 기존의 사진입니다. 회화주
의 사진은 연출을 통해 작가의 주관을 드러내야 합니다.

④ 로댕과 스타이컨은 조각의 역할이 사물의 형상을 충
실히 재현하는 것으로 한정되어야 한다고 보았다.

→ 마찬가지로 두 사람 모두─ 재현에 한정된다고 보지 않습니다.
일단 로댕은 조각을 통해 생명력과 표현성을 강조할 수 있다고 생
각합니다. 그리고 스타이컨도 이에 공감했죠. 이 부분을 '회화주의
사진'을 바탕으로 이해했었죠?

⑤ 스타이컨의 작품에서 명암 효과는 합성 사진 기법으
로 구현되었고 질감 변화는 피사체의 대립적인 구도
로 실현되었다.

→ 질감 변화는 감광액을 통해 실현됩니다. 감광액 부분을 읽을 때
연출 기법이라고 생각했고 회화주의 사진의 핵심을 바탕으로 이해
했죠?

P.I.R.A.M

PROLOGUE

"공부란 '머릿속에 지식을 쑤셔넣는 행위'가 아니라

'세상의 해상도를 올리는 행위'라고 생각한다.

뉴스의 배경음악에 불과했던 코스피 평균 주가가 의미를 지닌 숫자가 되거나

외국인 관광객의 대화를 알아들을 수 있게 되거나

단순한 가로수가 '개화 시기를 맞이한 배롱나무'가 되기도 한다.

이 '해상도 업그레이드감'을 즐기는 사람은 강하다."

인터넷에서 우연히 보고 큰 감명을 받았던 글입니다.

왜 공부를 해야 하는가에 대한 막연한 의문을 꽤 구체적으로 풀어준 것만 같은 느낌이 들었습니다. 흐릿하던 세상의 모든 요소들이 점점 뚜렷하게 보이는 과정, 이것이 바로 '공부'의 진짜 목적이었습니다.

수능 국어 공부도 마찬가지라고 생각합니다. 단순한 활자의 조합으로 보였던 지문이 하나의 유기성을 가진 '글'로 보이고, 다 다른 이야기를 하는 것 같던 여러 지문들이 사실은 다 같은 원리로 이루어졌다는 것을 깨닫는 과정, 이렇게 '수능 국어의 해상도'가 업그레이드되는 과정을 즐기는 것이 진정한 국어 공부의 의의가 아닐까 하는 생각이 듭니다.

"상상력의 한계가 그 사람의 한계가 된다."라고 합니다. 어쩌면 우리는 우리가 바라볼 수 있는 세상의 해상도를 지나치게 낮은 한계 속에 가둬두고 있는지도 모르겠습니다. 이 교재는 학생들이 만나게 될 세상의 해상도를 높이는, 그를 바탕으로 학생 스스로의 상상력 한계치를 높여 주기 위한 하나의 프로젝트입니다. 수능 국어에 대해 아무것도 모른 채 지방에서 공부하는 학생도, 서울 강남에서 훌륭한 교육을 받으며 공부하는 학생도 제대로 된 공부를 할 수 있도록. 열심히 하지 않아서가 아닌, 잘 몰라서 성적이 나오지 않는 일이 일어나지 않도록. 그래서 그 학생의 상상력에 한계가 생기지 않도록. 그런 세상을 위한 작은 노력의 일부입니다.

이 교재는 하위권부터 상위권, 나아가 대치동 학원 강사까지 모두 경험하고 있는 저의 경험이 녹아 있습니다. 특정 지문, 특정 제재에서만 통하는 잡기술이 아닌, 근본적인 '생각의 힘'을 키울 수 있는 당연한 이야기들만 적혀 있습니다. 여러분은 이 교재에서 이야기하는 내용을 바탕으로, '생각'하고 '고민'하는 습관을 들여 주시면 됩니다.

'생각'하고 '고민'하는 과정은 역설적이게도 즐겁습니다. 내 사고력의 한계가 뚫리는 느낌을 받고, 처음에 어려웠던 내용이 사실 별 것 아니라는 것을 깨닫고, 내가 더 큰 상상을 할 자격이 있는 사람임을 인지하는 것은 정말로 즐거운 과정입니다. 힘들고 외로운 수험생활에서 이 '즐거움'이 작은 위로가 되었으면 좋겠습니다. 그리고 이 교재가 그 과정에 큰 도움이 되었으면 좋겠습니다. 너무나 냉정한 수능 결과에 상관없이, '올 한해 국어 공부 즐겁게 했다.'라는 생각이 앞으로의 인생을 상상할 수 있는 원동력이 되었으면 좋겠습니다.

아직 저는 많이 부족한 사람입니다. 다른 사람들의 인생에 영향을 줄 만큼 대단한 업적을 이루거나, 엄청난 깨달음을 얻은 사람도 아닙니다. 그래도 미래를 '상상'하고, 그 상상을 '현실'로 만들기 위해 노력하는 과정은 너무나 즐겁다는 건 잘 알고 있습니다. 그저 그것을 알려 드리고 싶을 뿐입니다. 여러분도 이 즐거움을 함께 느꼈으면 좋겠습니다. 이 교재와 함께, 저도 열심히 돕겠습니다.

범람하는 컨텐츠의 홍수 속에서 기꺼이 이 교재를 선택해주신 수험생 여러분께 진심으로 감사합니다. 여러분의 선택이 헛되지 않았음을 증명하겠습니다. 이 교재와 함께, 즐거운 국어 공부를 시작해봅시다.

P.I.R.A.M 국어 대표저자 김민재

CONTENTS

교재의 사용법

완벽한 국어영역 독학서, "P.I.R.A.M 국어"를 선택해주신 여러분 반갑습니다. 혜성같이 나타나 수능 국어 공부를 위한 보편적 커리큘럼의 일부가 된 이 교재. 도대체 어떻게 이용해야 최대한으로 뽑아낼 수 있을지 자세하게 알아보도록 합시다.

〈 "P.I.R.A.M 국어"는 하나의 시리즈로 여러분의 국어 공부를 완성하는 것을 목표로 합니다. 〉

학생들이 수능 국어에 대한 깨달음을 얻을 수 있도록, 나아가 글을 읽고 '생각'하는 즐거움을 만끽할 수 있도록, 가장 정석적이고 효과가 확실한 학습 방향을 제시하려고 노력했습니다. 대부분의 교재는 'Daily' 방식으로 구성되어 있으며. 자신의 학습 수준에 맞추어 유동적으로 따라가면 됩니다.

0. For 2027 "P.I.R.A.M 국어" 시리즈 표준 커리큘럼

단계	기반 닦기	A to Z	EBS 학습	고난도 독서	마지막 정리	기출문제 학습
독서	생각의 발단	생각의 전개		생각의 절정	생각의 결말	10개년 기출문제집
문학	필수 고전시가	생각 워크북	생각의 위기:기회		(전자책)	옛기출 선별집

시기	~1월 말	~4월 말	~6월 모의평가	~여름방학	~10월 말	~수능
커리큘럼	생각의 발단 + 필수 고전시가	생각의 전개 + 생각 워크북	생각의 전개 + 생각 워크북 (2회독)	10개년 기출문제집 + 옛기출 선별집 + 생각의 위기:기회	10개년 기출문제집 + 옛기출 선별집 + 생각의 절정	생각의 결말

2027학년도 수능 대비 'P.I.R.A.M 국어' 시리즈는 다음과 같은 표준 커리큘럼으로 제공됩니다. 본인의 실력, 남은 시간 등을 고려하여 나만의 효율적인 커리큘럼을 구성해보세요. 각 단계의 대략적인 소개는 다음과 같습니다.

기반 닦기

먼저 '생각의 발단'의 경우, '생각의 전개 독서편' 초반부 내용의 확장판이라고 보시면 됩니다. 독서 지문을 제대로 읽어내기 위한 기본적인 공부 태도를 설정하고, '문장→문단→지문'의 순서로 사고력을 확장시켜나가는 단계입니다. 아무 생각없이 국어를 공부하던 학생들에게 '생각'하며 글을 읽고 이해하는 것의 즐거움을 알려주는 교재입니다. 공부를 거의 처음 시작하는 노베이스라면 꼼꼼하게, 어느 정도 실력이 있다면 속도를 내면서 가볍게 정리해주시면 됩니다. 본인이 이 교재를 봐야 하는 수준인지 궁금하다면, '생각의 전개 독서편' 교재의 초반 4일차를 먼저 진행해보세요. 아무런 무리없이 이해가 되고 글이 읽힌다면 계속 '생각의 전개'를 보시면 되고, 조금 어렵고 더 많은 공부가 필요할 것 같다고 판단되시면 '생각의 발단'을 보시면 됩니다.

또한 고전시가에 대한 두려움을 가지고 있는 학생들을 위한 '필수 고전시가' 교재가 있습니다. 만약 고등학교 2학년까지 내신 대비를 열심히 했고, 따라서 대부분의 필수적인 고전시가들이 공부가 된 학생들이라면 굳이 공부하지 않아도 되는 교재입니다. 하지만 고전시가에 대해 막연한 두려움을 가지고 있거나, 제대로 고전시가를 정리해 본 경험이 없다면 꼭 먼저 공부해주세요. 가장 효율적이고 확실하게 필수적인 고전시가의 정리를 도와드릴 것입니다.

A to Z

말 그대로 수능 국어의 A부터 Z까지 모두 다루는, 'P.I.R.A.M 국어' 시리즈의 메인 커리큘럼입니다. '생각의 전개' 시리즈의 경우, 교재의 이름처럼 국어 영역을 정복하기 위해 어떤 '생각'을 '전개'해야 하는지 자세히 알려드리는 교재입니다. 테마를 정해 각 테마별로 어떤 '생각'을 해야 하는지 정립하고, 평가원 기출문제 위주로 그 태도를 연습합니다. 이 과정에서 국어 영역에 필요한 '생각의 힘'을 키우는 것은 물론이고, 주요 평가원 기출문제를 누구보다 완벽하게 정리하는 경험을 하실 수 있습니다. 'A to Z'라는 이름답게 꽤 많은 분량을 자랑하며, **이에 따라 1권/2권 두 권으로 나눠 출판됩니다. 두 교재는 내용이 연결되는 하나의 교재이니, '생각의 전개'로 공부하고자 하시는 분들은 조금 부담스럽더라도 두 권 모두 구입해 주세요.** 돈이 아깝다는 생각은 절대 하지 않으실 것이니까요.

'생각 워크북'의 경우, '생각의 전개'에서 다루지 않았던 주요 평가원 기출문제를 바탕으로 더 많은 연습을 해보는 교재입니다. 교재 이름처럼 '생각의 전개'의 워크북 역할을 하며, 교재에서 배운 내용을 더 탄탄하게 하는 데 의의가 있습니다. '생각의 전개'와 '생각 워크북'을 모두 공부하시면, 10개년 기출문제 전문항을 포함해 19개년 기출문제 주요 문항을 공부하시는 것이 됩니다. 이 정도는 해야 기출 공부를 했다고 할 수 있겠죠?

EBS 학습

문학 EBS를 가장 '수능답게' 정복하는 단계입니다. 단순한 작품 분석 · 주제 및 줄거리 정리 등이 아니라, '생각의 전개'에서 배운 내용을 문학 EBS 작품들을 통해 더 많이 연습할 수 있도록 돕는 교재입니다. 지루하게 달달 외우는 공부가 아니라, EBS 연계를 가장 실질적으로 활용할 수 있는 방법들을 제시합니다. 단순하고 지루한 EBS 지문 공부로 인해 상반기에 공들여 쌓아 놓은 '생각의 힘'에 '위기'가 찾아옵니다. 이 생각의 '위기'를, '기회'로 바꾸어 드리는 교재가 바로 '생각의 위기:기회'입니다.

고난도 독서

다시 찾아온 불독서의 시대. 우리는 그보다 높은 수준에서 준비해야 합니다. '생각의 절정' 교재는 엄선된 LEET언어이해 교재를 통해 우리의 '생각'을 '절정'으로 이끌어주는 교재입니다. 시중에서 가장 친절하고 깔끔한 LEET언어이해 해설지를 통해 압도적인 독서 실력을 만들어드립니다.

마지막 정리

파이널 기간은 새로운 것을 쌓는 기간이 아닌, 지금껏 배운 것들을 총정리하는 시간입니다. '생각의 결말' 교재는 전자책으로 무료 배포될 예정이며, 반드시 아름다울 우리 생각의 '결말'을 준비할 수 있도록 돕는 교재입니다. 당해 모의평가 해설지 / 분석서를 비롯, 최신 경향을 반영한 마지막 기출, 수능 직전 이용할 예열 자료 등이 포함될 예정입니다. 수능 당일 아침까지, 여러분의 '생각'은 피램이 에스코트합니다.

기출문제 분석

기출문제 분석은 한 번으로 끝나면 안 됩니다. 수능의 그날까지, 지겹도록 반복해야만 하죠. 그리고 이 과정을 돕기 위해 'P.I.R.A.M 국어' 시리즈는 '10개년 기출문제집'과 '옛기출 선별집'을 준비했습니다. 교재에서 제시하는 방법대로 우직하게 기출문제 분석을 하다 보면, 수능 국어 만점도 더 이상 꿈이 아닐 것입니다.

1. 누구를 위한 교재인가요?

'P.I.R.A.M 국어 생각의 발단 – 독서'는 'P.I.R.A.M 국어 생각의 전개 – 독서'나 여타 강의들처럼 기출문제를 이용한 컨텐츠를 가지고 공부하는 게 너무나 어려운, 소위 '노베이스' 학생들을 위한 교재입니다. 단어 하나부터 문장, 단문, 지문 단위로 범위를 넓혀 가며 '글'이라는 걸 읽을 때 어떤 '생각'을 해야 하는지 차근차근 설명해 드릴 것입니다.

물론 어느 정도 수능 국어에 대한 감이 있는 학생들, 공부 경험이 있는 학생들도 많은 걸 배울 수 있게끔 구성해두었습니다. 조금 속도감 있게 공부하면서 얻어갈 것만 얻어가시면 훌륭한 공부가 될 거예요.

아래의 표를 보면 조금 더 확실하게 정리가 될 거예요.

시기	성적대	사용법
무관	1등급 이상	이 교재의 내용이 너무나 쉽다는 느낌을 받으실 겁니다. **3일, 길어도 일주일 내에** 다 본다는 각오로 빠르게 공부해주세요. 해설지에서 하는 이야기와 본인의 생각이 다 비슷할 것입니다. 놓쳤던 부분, 추가적으로 새롭게 배운 부분들에 대해서만 빠르게 정리하세요.
	2~4등급	전반적으로 교재의 내용이 쉽다고 느낄 수 있지만, 평소 의식하지 못했던 많은 것들을 배울 수 있을 겁니다. **완독 기간은 2주 정도로 잡고, 겸손한 마음으로 처음부터 정독하면서 공부하세요.** 애매했던 독해가 선명해지는 느낌을 받을 수 있을 겁니다.
	5등급 이하	우리의 목표는 다음과 같습니다. 이 교재에 있는 '모든' 글자를 다 읽을 것이고, 모르는 단어가 '하나도' 없게 할 것이며, **이 교재를 공부하는 데에 한 달 정도는 투자한다 생각하고, 해설지를 비롯한 '모든' 내용을 완벽하게 이해하고 넘어가는 것을 목표로 해야합니다. 이것 하나만 생각하면서 공부하세요.** 아직 글을 읽는 것 자체가 많이 어색할 것이기에, 이 교재로 공부하는 과정이 아주 힘들게 느껴질 겁니다. 힘들어도 버텨야 합니다. 버티고 또 버텨서, 공부하는 '즐거움'을 느껴 주세요. 그 뒤론 여러분이 알아서 할 수 있을 거예요.

물론 반드시 이를 따를 필요는 없습니다. 다만 하나만 기억해 주세요. 이 교재를 가지고 공부하기로 마음 먹은 이상, 수능 국어를 처음 공부한다는 마음가짐으로 임해주셔야 합니다. 절대 자만하지도, 기죽지도 마세요. 그저 한 글자 한 글자 묵묵하게 읽고, '생각'해 주세요.

* 이 교재에 대한 강의가 오르비클래스에 무료로 공개되어 있습니다. 물론 혼자서 공부하기에도 큰 무리가 없겠지만, 강의와 함께 한다면 훨씬 더 깊게 공부할 수 있으니 참고해주세요. 인터넷에서 '오르비클래스'를 검색하셔서 피램 페이지로 들어오시면 자세한 내용을 확인하실 수 있습니다.

2. (필독)이 교재는 어떻게 구성되어 있나요? 그리고 어떻게 공부해야 하나요?

이 교재는 총 네 가지의 part로 구성되어 있습니다. 각 part별 설명은 아래와 같습니다.

Intro : 수능 국어 영역은 어떤 시험인지, 어떤 능력을 길러야 하는지 배우는 단계

Part 1 : 국어를 잘 하는 사람들은 어떤 '생각'을 하면서 문장을 읽는지 자세하게 배우는 단계

Part 2 : Part 1에서 배운 내용을 토대로 여러 문장들을 엮어서 읽는 방법을 배우는 단계

Part 3 : 하나의 지문 전체를 읽는 과정을 살피면서 수능 문제를 풀 준비를 하는 단계

'단어', '문장', '단문', '지문→선지'의 순서로 독서 지문 '읽기'를 연습할 수 있게끔 구성했습니다. 국어를 잘하는 사람들은 도대체 '단어', '문장'을 보고 어떤 생각을 하는지, 그리고 그 '생각'들을 어떻게 이어가면 길고 긴 '지문' 하나를 이해할 수 있는 것인지 배울 수 있게끔 구성했어요. 평가원·교육청·사관학교 등 다양한 출처로부터 문장/문단/지문을 뽑아왔습니다.

기본적인 공부 방법은 아래와 같습니다.

1. 교재에서 설명하는 '독해 태도'를 꼼꼼히 읽고 숙지한다.
2. 설명된 독해 태도를 떠올리면서, 교재에 수록된 연습 문장/문단/지문을 읽어본다.
3. (중요) 이 과정에서 '본인이 거쳤던 사고과정'을 교재의 빈 공간에 정리한다. 이때 사고과정은 반드시 '완성된 문장'의 형태로 작성한다.
4. (중요) 해설지를 읽어보면서, 본인의 사고과정과 해설지에 담긴 사고과정을 비교·점검한다.
5. 4번 과정을 거치며 자신이 이해하지 못했던 내용이나, 놓쳤던 독해 태도가 있다면 '반드시' 체크한다.
6. 5번 과정에서 정리했던 포인트를 중점적으로 다시 문장/문단/지문을 읽어본다.

유의사항

이 과정을 거치면서 유의해야 할 점이 있습니다. 특히 3번 과정은 어떤 문장에서 서술되는 내용을 단순히 '정리'하는 작업이 아닙니다. 교재에서 설명된 '독해 태도'를 바탕으로 해당 문장을 읽을 때 '어떤 생각'을 해야 하는지를 고민하고, 내가 문장을 이해하는 사고 과정을 정리하는 작업을 거쳐야 합니다.

예시로 함께 봅시다.

> 최소한의 금지 행위만을 법으로 정하고 이를 위반하는 경우에만 개입함으로써 시민의 자유를 최대한 보장하고자 했다. 이러한 목적이 반영된 자유주의적 법 모델은 근대법의 근간을 이루었다.

이러한 문장이 교재에 수록되어 있을 때 정리해야 하는 내용은 아래와 같습니다.

> ➜ 자유주의적 법 모델의 **정의를 제시**하네. 금지를 '최소한'으로 하고, '자유'를 최대한 '보장'하려고 하는 입장이니까 **'자유/주의적/법 모델'이구나**. 자유를 그만큼 강조하는 입장이네. 이 모델이 근대법의 근간을 이루었다고? **'근간'이라는 것은 '토대'라는 말인데**, 이 자유를 강조하는 입장이 '근대법'의 토대가 되었다는 말이구나. 전근대적 사회는 신분제도 있었던 걸 생각해 보면, **근대 사회가 훨씬 더 자유롭긴 해**. 그러니까 자유를 강조하는 입장이 '근대/법'의 근간이 됐다는 말이구나!

위의 사례를 읽어 보면, 단순히 내용을 정리하는 것이 아니라, **'정의 제시'라는 이 문장의 서술 의도**를 파악하고, **단어의 의미를 살리면서 내용을 최대한 '이해'해보려는 '사고과정'**이 적혀 있음을 알 수 있죠? 또, '자유주의적 법 모델이 근대법의 근간'이 되었다는 내용에서는 자신이 **알고 있는 지식을 총동원**해서 최대한 내용을 '이해'해 보려는 노력이 담긴 사고 과정이 드러납니다.

이처럼 한 문장을 읽고, **내용을 이해하기 위해 '거쳐야 하는 사고과정'**을 최대한 자세하게 기술하는 것이 핵심입니다.

굉장히 귀찮고 손이 아플 것처럼 느껴지더라도, 이런 식으로 공부하셔야 교재의 내용을 100% 흡수할 수 있습니다. 나아가 여러분만의 '생각의 틀'을 만들 수 있습니다. 무언가를 쓰는 행위 자체가 중요하다는 말이 아닙니다. 정말 시간이 없다면 굳이 여기서 요구하는 것처럼 쓰지 않으셔도 됩니다. 쓰는 행위 자체보다는, 그렇게 쓰면서 여러 가지 '생각'을 해야 한다는 것이 중요합니다. 어떤 '생각'을 해야 하는지는 이 교재에서 자세히 설명하겠지만요. 이와 같이 '생각'하는 과정을 거치지 않으면, 현실적으로 성적을 올리는 것은 불가능에 가깝습니다. 수능이 사고력을 요구하는 시험인 만큼, 수능 국어를 잘 풀기 위해서는 문장을 읽고 '생각하는 방식'을 꼭 내 것으로 만들어야 해요!

굳이 하루에 공부할 양을 정해드린다면, 다른 교재와 병행하는 경우 1시간 정도, 이 교재만 공부하는 경우 2시간 정도를 투자하시길 권합니다. 현재 국어 실력 및 공부 습관에 따라 같은 시간 내에 처리할 수 있는 문장의 수가 천차만별이기 때문에, 문장 개수 / 지문 개수보다는 대략적인 시간을 정해드리겠습니다. 그리 오래 걸릴 교재는 아니지만 조급하게 공부하진 마세요. 그날 배운 내용을 완벽하게 흡수하기 전에는 책을 덮지 않는 겁니다.

어떤 식으로 공부하시든, 가장 중요한 것은 '복습'입니다. 한 파트를 공부했다면, 다음 날 다음 파트를 공부하기 전에 꼭 공부했던 파트에 대한 복습을 한 후 넘어가 주세요. 개념 설명 자체가 많은 것은 아니기 때문에 복습할 내용이 많지는 않습니다. 하지만 '여러분이 그 파트를 통해 얻었던 것', '여러분이 생각하기에 정말 중요한 내용' 등 여러분 스스로의 생각을 통해 얻은 내용은 꼭 복습을 해주세요. 여러분의 소중한 무기가 될 겁니다.

3. 이 교재로 공부할 때 추가적으로 주의할 점은 없을까요?

① 수강생 카페에 대해

➡ 제 교재를 선택해주신 분들의 국어 공부를 끝까지 책임지기 위한 카페가 있습니다. 해당 카페에서는 교재 복습용 자료 제공과 질문답변 등이 이루어집니다. 카페에 가입하신 후, 교재를 구매하셨다는 것을 인증해 주시면 해당 자료 및 질문답변 서비스를 받으실 수 있습니다. 여러분의 성적 향상에 해당 카페를 적극적으로 활용하시기 바랍니다!

카페 주소 : https://cafe.naver.com/piramgukeo 

피램의 국어공작소 카페 제공 서비스
1. 교재 내용 및 평가원 기출문제 관련 질문답변
2. 생각의 발단 문학편 / 생각의 전개 언어(문법)편, 생각의 전개 화법과 작문편(파일 비밀번호 : todrkrrhdwkrth)
3. 평가원/교육청/사관학교 선별 핵심 단어장
4. EBS 연계교재 현대시 독해 연습 자료 (2024~2026)
5. 사관학교 전개년(2003~2027) 해설집
6. 수능 직전 예열 자료 (생각의 결말)
7. 그 외 피램이 만드는 모든 칼럼+자료

② 시간 제한에 대해

➡ 이 교재로 공부하실 때는 굳이 문제풀이 시간을 설정하실 필요가 없습니다. 물론 앞에서도 말씀드렸듯이, 해당 지문을 처음 공부하는 경우에는 실력 확인 및 실전력 강화를 위해 약간의 시간을 재는 것도 좋습니다. 하지만 시간을 재고 풀어본 뒤에는, 1시간이 걸려도 괜찮으니 꼭 충분한 시간을 써서 고민하겠다고 약속해 주세요. 지문을 읽을 때의, 그리고 문제를 풀 때의 사고 과정을 확실하게 정리하신 뒤에 해설지를 보며 비교해 주셔야 합니다. 문제만 빠르게 쓱 풀고 해설지를 보시면 큰 효과를 보기 힘듭니다.

③ 생각합시다!

➡ 이 교재의 핵심은, 여러분의 '생각의 힘'을 키워드리는 겁니다. 끊임없이, 머리가 터질 듯이 '능동적으로' 생각하셔야 합니다. 교재의 내용을 그냥 받아들이지 마시고, 자신이 무엇을 공부하고 있고 이게 왜 중요한지를 계속 생각하세요. 처음엔 '이걸 왜 강조하는 거지?' 싶다가도, 생각하며 따라오면 결국 교재에서 말하고자 하는 바가 온전히 이해될 겁니다. 주체성을 가지고 공부하셔야 합니다! 그래야 재밌게 공부할 수 있어요.

④ 읽기를 두려워하지 마세요.

➡ 이 교재를 집필하면서 했던 가장 큰 걱정은, '이렇게 좋은 내용을 학생들이 읽지 않아서 놓쳐 버리면 어떡하지?'였습니다. 글읽기가 익숙하지 않은 많은 학생들에게 이 교재처럼 줄글로 설명된 내용을 이해하는 건 정말 고통스러울 것이에요. 하지만 하나는 확실합니다. 그 고통의 끝에는 분명히 쾌락이 있을 것이라는 걸. Prologue에서도 언급했듯이, '생각'하는 과정은 정말로 즐겁습니다. 그 즐거움을 여러분도 꼭 느끼셨으면 해요.

최근 한국의 실질문맹(글을 읽을 줄은 아는데, 그 맥락적 의미를 파악하지 못하는 경우) 문제가 심각하다고 합니다. 동영상, 토막글 같은 자극적 매체의 발달이 그 원인이라고 하네요. 인터넷 커뮤니티에서도 '3줄 요약'이라는 것이 유행할 정도이니, 조금 신경을 써야 할 문제이기는 합니다. 만약 여러분이 읽기를 귀찮아하고, 이해하기를 게을러 한다면 국어 영역 점수뿐 아니라 인생 전체에서도 큰 불편을 안고 살아야 할 거예요. 이 교재에는 텍스트가 정말 많습니다. 그 텍스트들을 두려워하지 말고, '모든' 글자를 읽고 이해한다는 마음으로 공부하시기 바랍니다.

P . I . R . A . M

INTRO

수능 국어 독서 영역이 어떤 시험인지, 나아가 우리
는 어떻게 대비해야 하는지와 더불어
글읽기의 기본 단위인 '단어'에 대해서 다루는 파트
입니다. Intro라고 무시하지 마세요.
하나하나 꼼꼼하게 정리하면서 따라옵시다.

수능 국어 '독서' 영역에 대해

대학수학능력시험의 '국어' 영역은 '화법과 작문or언어와 매체', '독서', '문학'으로 이루어져 있으며, 각각 11문항/17문항/17문항이 출제됩니다. 이 교재에서는 이 중 17문항, 총 38점을 차지하는 '독서'의 기초에 대해서 다루게 됩니다.

'독서' 영역은 크게 아래의 6가지의 제재 중 3~4개의 제재에서 3지문이 출제됩니다. (물론 유형의 변화로 4지문이 출제될 가능성도 배제할 수는 없습니다.)

· 인문학 · 논리학
· 예술
· 법학
· 경제학
· 과학
· 기술

일반적으로 '인문학 · 논리학or예술/법학or경제학/과학or기술'의 구성으로 출제됩니다. 수능 때는 어떤 구성으로 출제될지 알 수 없으니, 모든 제재의 지문을 능숙하게 읽어낼 수 있는 실력이 필요합니다.

수능 국어 독서 지문은 약 1,200글자~2,300글자로 이루어져 있습니다. 일반적으로 짧은 인터넷 기사가 700자 정도 되니, 생각보다 긴 글을 빠르게 읽어내야 하는 것이죠. 수능 국어 독서 공부는 결국 이렇게 긴 글을 효과적으로 이해하면서 읽어내고, 선지에서 요구하는 '생각'들을 올바르게 해내는 것이 목표가 되어야 합니다. 이를 위해서 여러분에게 필요한 능력은 '어휘력', '이해력', '독해력', '추론력', '문제해결력' 등이 있어요.

'어휘력'은 말 그대로 얼마나 많은 단어를 알고 있는지에 관한 것입니다. 영어 공부를 할 때 열심히 단어를 외우듯, 국어에서도 모르는 단어가 없도록 공부하는 것은 상당히 중요합니다. 의외로 많은 학생들이 '어휘력'의 부족으로 인해 실패하는 경우가 많거든요. 이 부분은 여러분이 스스로 채우셔야 합니다. 평소 공부를 할 때는 물론, 일상생활을 하면서도 모르는 단어가 나오면 모두 찾아보는 습관을 들이셔야 해요. 뒤에서 더 자세하게 이야기하겠습니다.

'이해력'은 최근 수능 국어에서 더욱 강조되고 있는 능력이에요. 과거 쉬운 수능의 문제처럼 단순히 지문의 내용을 선지에 그대로 써 두고 정오 판단을 하게끔 하는, 일종의 '틀린 그림 찾기'식 문제는 거의 출제되지 않고 있습니다. 지문에 적힌 말의 뜻을 명확하게 '이해'하고 숨은 의미를 추출하는 능력이 중요하게끔 출제되고 있어요. 여러분이 가진 '어휘력' 및 지문의 맥락을 바탕으로 해당 문장을 자기가 가지고 있는 말로 정확하게 '이해'하는 연습을 많이 해 주셔야 합니다.

'독해력'은 이렇게 '이해'한 문장들을 엮어서 읽어내는 능력이에요. 수능 국어 독서 지문은 훌륭한 짜임새를 가지고 전개되기 때문에, 모든 문장이 유기적으로 연결될 수밖에 없습니다. 그리고 최근의 어려워진 수능에서는 이 '연결'을 학생이 '스스로' 할 수 있기를 요구하고 있어요. 문장을 '이해'하는 데서 그치는 게 아니라, 문장문장을 '연결'하며 비로소 그 문단, 그 지문이 이야기하고자 하는 바를 정확하게 끄집어낼 수 있어야 합니다.

'추론력'과 '문제해결력'은 지문 독해보다도 선지 판단에서 많이 쓰이는 능력입니다. 지문에 없는 말이라도, 지문에 있는 말과 연관짓고, 새로운 의미를 추론할 수 있어야 합니다. 나아가 새롭게 제시된 상황에서 지문에 있는 말을 적용하며 그 상황을 이해할 수 있어야 하죠.

한 가지 예를 들어 봅시다. 아래와 같은 지문이 있다고 해봅시다.

> 보통 사람들은 배가 고플 때 식사를 하고자 하는 욕망을 보인다. 이 욕구가 채워지지 않으면 에너지의 손실이 발생하고, 손실된 에너지는 그 사람의 생명을 앗아가기도 한다.

여기서 '식사', '욕망', '욕구', '손실', '앗아가다'의 정확한 의미를 아는 것이 '어휘력'입니다. 사전처럼 그 뜻을 정확히 설명하지는 못 해도, 대충 어떤 맥락에서 어떤 의미로 쓰이는 것인지 정도의 느낌은 와야 합니다.

나아가 이 '어휘력'을 바탕으로, '살기 위해선 밥을 먹어야 한다.', '배고플 때 밥을 안 먹으면 죽는다.'라는 식으로 각 문장들의 의미를 추출할 수 있어야 합니다. 이것이 '이해력'이에요. 다르게 이야기하면, 지문에 적힌 말 그대로가 아닌 본인의 언어로 '납득'할 수 있는 능력을 말하는 거예요. 글자가 아닌, 그 속에 담긴 '의미'가 머릿속에 저장되는 거죠.

여기서 '식사를 하고자 하는 욕망' = '이 욕구', '에너지의 손실' = '생명 위험'처럼 각 문장이 유기적으로 이어지게끔 독해하고, '밥을 먹어야 살 수 있다.'라는 식으로 이 지문이 이야기하고자 하는 바를 정확히 잡아낼 수 있습니다. 이를 '독해력'이라고 볼 수 있어요. '이해'한 문장들을 하나의 유기체로 만들어서, 지문 전체에 담긴 메시지를 캐치하는 능력이죠.

그리고 해당 지문에 대해 이러한 선지가 출제되었다고 가정해볼까요?

① 배가 고플 때의 욕망을 채우는 것은 생명을 유지하는 데 중요하다.

이 선지의 내용은 분명히 지문에 없는 말입니다. 하지만 '배가 고플 때의 욕망을 채우는 것=식사를 하는 것'이라고 할 수 있고, 지문에선 식사를 하지 않으면 생명이 위험하다고 했으니 거꾸로 식사를 하면 생명을 유지할 수 있으리라고 '추론'할 수 있겠죠. 따라서 이 선지는 맞는 선지라고 판단하는 능력이 바로 '추론력'입니다. 지문에 없는 말을 지문에 있는 말을 바탕으로 재구성할 수 있는 능력이죠. 추론력이 출중한 학생들은 지문을 읽으면서부터 자동으로 이런 선지의 내용을 머릿속에 떠올리며 읽어요. 그 경지까지 도달하면 정말 좋겠죠? 아래 문제도 하나 풀어볼까요?

> [보기]
> 주변 환경은 인간의 생명을 유지하는 데 있어 결정적인 역할을 한다. 적절한 기온, 산소의 양, 위협적인 적의 존재 유무 등이 삶과 죽음을 결정하기도 하는 것이다.

① 위협적인 적이 존재하지 않는 것은 인간의 에너지가 손실되는 것과 비슷한 결과를 낳는다.

여기서 '위협적인 적의 존재 유무'만 보고도 '위협적인 적이 없으면 생명 유지가 쉽구나.'와 같은 생각을 할 수 있는 것이 '이해력', '추론력'의 영역입니다. 또한 '적의 존재'라는 별개의 상황을 '에너지 손실'이라는 지문의 내용과 연결 짓고, 이로부터 선지가 이야기하는 '위협적인 적이 존재하지 않는 것'은 '생명 유지 쉬움'이라는 다른 결과를 낳을 것이라는 결론을 내면서 틀린 선지임을 파악하는 능력이 '문제해결력'이죠. 이렇게 새로운 상황이 제시되었을 때, 지문의 상황과 정확하게 대응시킬 수 있는 능력이 '문제해결력'인 겁니다.

이러한 능력들이 어우러질 때, 수능 국어 '독서' 영역에서 고득점을 받을 수가 있습니다. 조금 감이 잡히시나요? 우리는 모두 이 능력을 조금씩이라도 가지고 있지만, 수능 국어에서 만점을 받을 만큼의 능력을 가지고 있지는 않기에 국어 영역이 너무나 어려운 것이죠. 반대로 이야기하면, 이 '능력'을 키우는 공부만 제대로 해도 수능 국어 영역에서 좋은 점수를 받을 수 있다는 것이죠.

물론 이 과정은 상당히 고단합니다. 이러한 능력들을 키우기 위해서는 끊임없이 고민하고 또 고민하는 시간들이 필요하기 때문이에요. 그리고 그 시간들은 고통으로 점철되어 있기 때문이죠. 그래도 이렇게 '생각'하는 과정은, 우리에게 '즐거움'을 주기도 합니다. 처음엔 안 뚫리던 문장이 어느 순간 쉽게 느껴지고, 어떤 문장에서 요구하는 생각을 올바르게 해 내는 나의 모습을 보는 과정은 은근히 중독성 있는 일이거든요. 이렇게 '고통'과 '즐거움'을 동시에 느끼며 시간을 보내다 보면, 어느 순간 여러분의 '능력'이 눈에 띄게 좋아진 모습을 확인할 수 있을 거예요. 그 '능력'을 바탕으로, 좋은 점수를 받아 오시면 되는 것입니다.

이 교재에선 그 '능력'을 기를 수 있는 다양한 '생각의 틀'을 제시합니다. 여러분은 그 틀에 맞춰 열심히 '생각'만 해 주시면 되는 것이에요. 할 수 있겠죠? 그럼 본격적으로 우리의 '생각'을 시작해 봅시다.

어휘력의 중요성

앞서 수능 국어 독서 영역을 정복하기 위해 꼭 필요한 능력 중 하나로 '어휘력'을 언급했습니다. 이 '어휘력'은 글을 이해하는 데에 있어서 정말 큰 역할을 합니다. 아무리 뛰어난 이해력·독해력을 가진 학생이라도 영어 단어를 잘 모르면 수능 영어 영역 지문을 제대로 이해할 수 없듯이, 국어 영역에서 쓰이는 어휘를 확실하게 정리하지 않으면 결국 그 문장, 지문이 말하고자 하는 바를 정확하게 이해할 수 없을 것입니다.

수능 국어 영역에 쓰이는 어휘의 수준은 날이 갈수록 높아지고 있습니다. 당장 2022학년도 수능에 나왔던 지문만 살펴 봐도 숨막히는 느낌을 받을 수 있어요.

> 변증법의 매력은 '종합'에 있다. 종합의 범주는 두 대립적 범주 중 하나의 일방적 승리로 끝나도 안 되고, 두 범주의 고유한 본질적 규정이 소멸되는 중화 상태로 나타나도 안 된다. 종합은 양자의 본질적 규정이 유기적 조화를 이루어 질적으로 고양된 최상의 범주가 생성됨으로써 성립하는 것이다.
> 헤겔이 강조한 변증법의 탁월성도 바로 이것이다. 그러기에 변증법의 원칙에 최적화된 엄밀하고도 정합적인 학문 체계를 조탁하는 것이 바로 그의 철학적 기획이 아니었던가. 그런데 그가 내놓은 성과물들은 과연 그 기획을 어떤 흠결도 없이 완수한 것으로 평가될 수 있을까? 미학에 관한 한 '그렇다'는 답변은 쉽지 않을 것이다. 지성의 형식을 직관-표상-사유 순으로 구성하고 이에 맞춰 절대 정신을 예술-종교-철학 순으로 편성한 전략은 외관상으로는 변증법 모델에 따른 전형적 구성으로 보인다. 그러나 실질적 내용을 보면 직관으로부터 사유에 이르는 과정에서는 외면성이 점차 지워지고 내면성이 점증적으로 강화·완성되고 있음이, 예술로부터 철학에 이르는 과정에서는 객관성이 점차 지워지고 주관성이 점증적으로 강화·완성되고 있음이 확연히 드러날 뿐, 진정한 변증법적 종합은 이루어지지 않는다. 직관의 외면성 및 예술의 객관성의 본질은 무엇보다도 감각적 지각성인데, 이러한 핵심 요소가 그가 말하는 종합의 단계에서는 완전히 소거되고 만다.

벌써부터 내용을 이해할 필요는 없습니다. 여기에 쓰인 어휘 몇 가지만 확인해 봅시다.

중화 / 양자 / 고양 / 범주 / 정합적 / 조탁하다 / 편성하다 / 점증적 / 소거되다

물론 여기 있는 단어를 모두 모르지는 않을 겁니다. 일상생활에서 사용하는 어휘도 많기 때문에, '뭐 이 정도 가지고 오버야?'라는 생각을 할 수도 있어요.

하지만 이 단어들의 대략적인 의미, 사용되는 맥락 등을 어느 정도 알지 못하면 특정 문장의 의미를 '자기화'하는 데 애를 먹는 경우가 많아요. 즉 앞에서 이야기한 '이해력'을 마음껏 발휘할 수 없는 것이죠. 마치 영어 공부를 하는데 계속해서 모르는 단어가 튀어나오는 것처럼 말이죠.

이 교재로 공부하시기 전에, 딱 하나만 약속합시다. 앞으로 공부하다가, 아니 일상생활을 하다가 모르는 단어가 나오면 그 뜻과 예문 등을 꼭 찾아보기로! 결국 수능 당일에는 모르는 단어가 거의 없는 상태로 문제를 풀 수 있게끔 말이죠.

이렇게 어휘력이 충만해지면, 다음과 같은 이점을 얻을 수도 있습니다. 우리는 뒤의 '문장 단위 공부' 파트에서 '정의'를 정확히 체크하는 것을 연습할 것입니다. 그리고 우리가 가진 어휘력은 이 '정의'를 확인하는데 큰 도움을 줍니다. 정의해주는 모든 개념은 결국 '어휘' 자체거나 우리가 아는 '어휘들의 조합'인 경우가 상당히 많기 때문이죠. 지금 우리가 배울 내용은 아주 간단하지만, 매우 강력하고 중요한 도구입니다. 교재의 극초반부터 설명하는 이유가 있겠죠?

바로 '단어의 의미를 살려 읽기'입니다. 단어의 의미를 살린다는 것은, 이 단어가 어떤 어휘들의 조합으로 이루어져 있는지 살피고, 그 어휘들의 의미를 살리면서 받아들이는 것입니다. 예를 들어 봅시다. '진화고고학'은 무엇일까요? 말 그대로 '진화/고고학'이겠네요. 이 단어를 이루고 있는 어휘들의 의미를 살려 보면, '진화'를 중심으로 한 '고고학'일 것이라고 예상할 수 있습니다. 이렇게 단어의 의미만으로 그 뜻을 추측한 상태로 지문에 제시된 '정의'를 체크하면, 훨씬 더 깊게 납득한 상태로 정보를 정리할 수 있다는 것이죠.

실제 기출 지문에서 '진화고고학'은 '인간의 삶은 자연환경에 더욱 잘 적응하기 위한 선택이라고 보는 진화론에 초점을 맞추어 과거를 설명하는 고고학'이라고 정의되어 있었습니다. 이 정의 속에서 '진화론'에 초점을 맞추어 과거를 설명하는 '고고학'이라는 말을 보면, 앞에서 예측했던 단어의 의미를 바탕으로 '진화/고고학'이라는 말을 확실하게 납득할 수 있게 되는 것입니다.

혹은 지문에 제시된 정의를 먼저 확인하고, 그 정의를 통해 '아 그래서 진화/고고학이구나~'와 같은 방식으로 납득할 수도 있겠죠. 어떻게 하든, 이렇게 '생각'하면서 읽으면 '진화고고학'이라는 말은 더 이상 억지로 기억하지 않아도 되는, 너무나 당연한 내용이 된다는 것이 중요합니다. 이런 과정을 거치면서 지문을 읽다 보면, 억지로 기억해야만 하는 정보가 적어지면서 지문 전체의 이해도가 높아지는 효과가 있을 것이에요. 뒤에서 만나게 될 수백 개의 문장들을 읽으면서 계속해서 연습해 보도록 합시다. 해설지에서도 최대한 언급하겠습니다.

조금 감이 잡히시죠? 이 교재에서는 이렇게 '단어'로 시작해 '문장', '단문', '지문' 단위로 생각의 힘을 키워나갈 것입니다. '생각'의 즐거움을 느낄 준비가 되셨다면, 이제 본격적으로 국어 공부를 시작해봅시다.

P . I . R . A . M

1 PART

문장 단위 독해 연습

문장 단위에서 해야 할 '생각'들을 배우는 단계입니다.
사실상 이 교재의 전부입니다. 여기서 배운 내용을
단문/지문 단위로 확장시켜 연습해볼 거예요.
문장 하나하나 모두 완벽하게 뜯어보고 연습해 보
세요.

Part 1. 문장 단위 독해 연습

이번 챕터에서 우리는 수능 국어 지문을 독해할 때 필요한 기본적인 도구를 배워 볼 것입니다. '기본 도구'라고 하면 상당히 거창해 보이고 어려울 것 같지만, 그렇지 않습니다. 다만, 정말 중요한 도구들이라는 것만 기억하시면 됩니다. 이 파트를 여러분들이 얼마나 집중해서, 마음 깊이 받아들이고 연습하냐에 따라 앞으로 해 나갈 1년 간의 수능 국어 공부의 방향성이 결정될 것입니다. 그만큼 중요한 파트이니, 꼭 집중해서 읽고 연습하시길 바랍니다.

우리가 앞으로 배울 내용들은 다음과 같습니다.

1. 개념의 정의
2. 재진술
3. 사례 – 원리 연결
4. 고정값
5. 화제 잡기

이런 기본 도구 외에도 더 많은 스킬이나 방법론이 존재하겠지만, 그것들의 지향점은 결국 이 기본 도구들을 정확하고 효율적으로 활용하는 데 있습니다. 따라서 지금 배우는 것들만 완벽히 체화할 수 있다면, 수능 국어를 공부함에 있어서 두려울 것이 없습니다. 물론 기본 도구가 완벽히 내 머리에, 눈에, 몸에 익숙해지고 사용할 수 있게 되기까지는 수많은 노력이 필요하지만요. 이 교재는 여러분들이 올바른 방향으로 공부할 수 있도록 최대한 도울 것이니, 걱정 말고 내 눈 앞의 텍스트에만 집중해서 한 발자국씩 나아가도록 합시다.

나아가, 문장을 읽으면서 이러한 도구를 이용하는 것에만 주목하는 것은 바람직하지 않습니다. 이 교재를 통해 궁극적으로 배워야 할 것은 '문장을 읽으면서 생각이라는 걸 해야 한다.'입니다. 이때 단순히 생각하자는 이야기만 하면 공부가 지루할 수 있으니, '도구'라는 목표를 제공한 것이라고 이해해주시면 됩니다. 즉, 저러한 도구들을 통해 글을 이해하려고 하는 것은 좋지만, 이게 '목표'가 되어서는 안 된다는 것입니다. 우리의 궁극적인 목표는 저런 도구들을 바탕으로 '해야 할 생각'들을 하며 문장을 완벽하게 이해하는 것이 되어야 해요. 교재를 공부하다 보면 자연스럽게 이런 목표에 다다를 수 있을 것이니 너무 걱정하지는 마세요.

어쨌든, 이제 본격적으로 공부를 시작해 볼까요?

개념의 정의

수능 국어의 특징은 지문 내에 서술된 내용으로만 문제의 답이 도출된다는 것입니다. 기초적인 배경지식을 제외하면 여러분이 문제풀이에 사용하셔야 할 개념은 모두 지문 내에 서술되어 있다는 것이죠. 따라서 문제를 오류 없이, 정확히 풀어내기 위해서는 지문에 제시된 개념들의 '정의'를 정확히 파악해야만 합니다.

나아가 지문에서 하고자 하는 말인 '화제'를 정확히 인식하고 이해하기 위해서는, 그러한 '화제'를 구성하는 다양한 '개념'들을 정확히 정리할 필요가 있습니다. 결국 하나의 화제는 여러 가지 개념들의 관계를 바탕으로 도출되는 것이니까요.

다른 독해 태도를 올바르게 정립하더라도, 지문에 정의된 개념들을 올바르게 파악하지 못하면 여러분의 독해는 알맹이 없는 껍질이 되는 것입니다. 이렇게 중요한 '개념의 정의'를 평가원은 어떤 방식으로 제시할까요? 평가원은 크게 두 가지, '일반적인 정의'와 '수식된 정의'를 사용합니다. 먼저, 일반적인 정의는 무엇이고 어떻게 처리하면 되는지 알아봅시다.

일반적인 정의

말 그대로 아주 '일반적'으로 정의하는 방식부터 알아보도록 합시다. 간단합니다. 개념을 먼저 제시한 후에 설명을 나중에 합니다. 우리가 흔히 알고 있는 문장 형태로 표현하면, 'A란 B이다.', 'A은(는) B이다.' 등과 같은 경우를 들 수 있겠죠. 개념의 정의를 체크한다는 것은, 'A(개념)=B(정의)'라는 도식이 머릿속에 그려진다는 것과 같은 의미를 가지고 있습니다. 그런데 개념이 먼저 제시되기 때문에, 우리는 어렵지 않게 'A=B'를 만들어낼 수 있습니다. 따라서 조금만 연습하면 어렵지 않게 숙달될 수 있는 부분이기도 하죠.

이제 예시를 통해 '일반적인 정의'의 방식으로 '정의를 서술하는 문장'을 공부해 봅시다.

예를 들어 볼까요?

> '텍스트'는 특정한 의도를 가지고 소통할 목적으로 생산한 모든 인공물을 이르는 용어이다. 쇼윈도는 '소비 행위'를 목적으로 하는 일종의 공간 텍스트이다.
>
> (2007학년도 6월 모의평가)

➡ '텍스트'라는 개념에 대해 정의해 준 후 '쇼윈도'를 설명하고 있습니다. 먼저 '텍스트'의 정의부터 살펴봅시다. 'A는 B이다.'라고 서술되어 있으므로 우리는 A가 B라는 점에 집중해서 문장을 읽어줘야 합니다. 만약 정의가 길어서 파악이 힘들 경우, 주어(S)와 서술어(V)에 초점을 맞춰서 독해하면 한결 쉬워집니다. 그 후 각종 관형어나 부사어 같은 수식을 챙겨주면 되는 것이죠. '텍스트'라는 개념의 정의를 한 번에 이해하는 것이 어려웠다면, 아래 서술된 사고 과정을 따라서 이해하는 연습을 해봅시다.

➡ 텍스트(S)는 인공물이다.(V) → 어떤 인공물이지? → 여기서 인공물은 특정한 의도를 가지고 소통할 목적으로 생산된 것이구나.

➡ 아! 그러니까 텍스트(개념)는 특정한 의도를 가지고 소통할 목적으로 생산한 인공물이네(정의).

➜ 이렇게 '텍스트'라는 개념에 대해 이해했으니, 이제 '쇼윈도'가 무엇인지 이해해 봅시다. 쇼윈도는 일종의 공간 '텍스트'라고 합니다. 쇼윈도의 정의에 우리가 위에서 이해했던 '텍스트'라는 개념이 들어가 있네요? 평가원은 앞에서 정의해 줬던 개념이 등장할 경우 그 개념을 뒤에서 아무런 거리낌 없이 사용합니다. 이렇게 정보들 간의 '관계'가 만들어지고, 이것이 모이면 한 지문의 '화제'가 되기 때문에, 앞 부분에서 정의해주는 개념을 정확히 숙지해야 하는 것입니다.

➜ 우리는 '텍스트'라는 개념을 숙지했기 때문에 '쇼윈도'를 이해하는 데 문제가 없습니다. '쇼윈도'가 '공간 텍스트'라고 하는 것으로 보아, 쇼윈도는 '공간과 관련된 인공물'일 것이고, 그 '쇼윈도'라는 '텍스트'의 목적은 문장에 써 있는 '소비 행위'일 것입니다.

➜ 자 그런데 여기서, 아주 자연스럽게 '공간/텍스트'라는 식으로 단어의 의미를 살리고 있음을 느낄 수 있으면 좋겠습니다. 앞에서 배웠듯이, 단어의 의미를 살리며 개념을 받아들이는 것은 그 정의를 이해하는 데 아주 큰 도움을 줍니다. '공간/텍스트'에서 '공간'이라는 의미를 살렸다면, '쇼윈도'라는 것이 '공간'에 위치하며 '텍스트'의 역할을 한다는 식으로 정의를 훨씬 깊게 납득할 수 있게 됩니다. 어렵지 않죠?

➜ 다시 강조하지만, 평가원 지문의 개념들은 이렇게 서로 엮이고 부딪히며 한층 고차원적인 개념을 형성합니다. 그 개념들의 관계를 선지로 물어보면 어려운 내용 일치 문제가 탄생하게 되는 것이죠. 다른 문장들을 통해 더 공부해볼까요?

* 각 문장/단문 아래에는 여백이 있습니다. 앞에서도 이야기했듯이, '생각'하는 힘은 손으로 쓰는 데에서 오기도 합니다. 여러분이 해당 문장을 보면서 했던 생각, 해설지를 읽으면서 했던 생각 등을 아래 여백에 쓰면서 공부해 보세요. 물론 쓰는 데에만 매몰되면 안 돼요! 여러분의 '생각'을 글로 옮긴다는 생각으로 접근해 주세요.

1

이용의 자주성은 상황에 알맞게 디지털 매체를 적절히 활용하는 능력을 말한다.　　　　　(2007학년도 9월 모의평가)

2

삽입 정렬은 정렬된 부분에 정렬할 원소의 위치를 찾아 삽입하는 방식이다.　　　　　(2020학년도 10월 학력평가)

3

반론권은 언론의 보도로 피해를 입었다고 주장하는 당사자가 문제가 된 언론 보도 내용 중 순수한 의견이 아닌 사실적 주장(사실에 관한 보도 내용)에 대해 해당 언론사를 상대로 지면이나 방송으로 반박할 수 있는 권리이다.

(2010학년도 6월 모의평가)

4

언어 지도는 일정 지역의 언어적인 차이를 한눈에 알아보도록 지도 형식을 빌려 표시한 것으로, 시간의 흐름에 따라 변화하는 언어를 공간적으로 투영한 것이다.

(2010학년도 6월 모의평가)

5 하나의 대상이 지속적으로 존재한다는 것은 그 대상이 동일성을 유지한다는 것을 의미한다.　　(2022학년도 7월 학력평가)

6 일반적인 소리는 사람의 귀로 감지할 수 있지만 초음파는 진동수가 20,000Hz가 넘어서 사람의 귀로 들을 수 없는 소리이다.
(2008학년도 6월 모의평가)

7 실체설은 인권과 같은 사회에서 합의된 절대적 가치를 공익이라 보는 입장이다.　　(2022학년도 3월 학력평가)

8 '예술계'란 어떤 대상을 예술 작품으로 식별하기 위해 선행적으로 필요한 것으로, 당대 예술 상황을 주도하는 지식과 이론 그리고 태도 등을 포괄하는 체계를 가리킨다.
(2016학년도 3월 학력평가)

9

정의(正義)는 사회를 구성하고 유지하는 공정한 도리로 사회 구성원의 권리와 의무를 개개인에게 할당하고 이익과 부담을 분배하기 위한 기준이 된다.

(2017학년도 7월 학력평가)

10

미적 무관심성이란 대상의 아름다움을 판정할 때 요구되는 순수하게 심미적인 심리 상태를 뜻한다.

(2008학년도 9월 모의평가)

11

터널 절연체는 전류 흐름을 항상 차단하는 일반 절연체와는 다르게 일정 이상의 전압이 가해졌을 때는 전자를 통과시킨다.

(2014학년도 6월 모의평가 A형)

12

조류와 포유동물들은 주로 내온성인데, 이는 체내의 물질대사 과정에서 생성된 열에 의해 체온을 유지한다는 것을 의미한다.

(2018학년도 사관학교)

통증을 유발하는 자극은 온몸에 퍼져 있는 감각 신경의 말단에서 받아들이는데, 이 신경 말단을 통각 수용기라 한다.

(2020학년도 3월 학력평가)

국가배상이란 위법한 국가 작용으로 인해 개인에게 발생한 손해를 국가가 배상하는 제도이다. (2022학년도 사관학교)

금융의 사회적 역할, 나아가 금융의 공공성을 강조하는 새로운 관점에서 보자면, 금융은 인간다운 생활을 위해 최소한의 이용이 보장되어야 하는 보편적 권리의 대상이자, 우리 사회가 바람직한 방향으로 나아가도록 영향력을 발휘하는 수단이기도 하다.

(2008학년도 9월 모의평가)

컴퓨터 지도는 수치 지도(디지털 지도)라는 점에서 기존의 종이 지도와는 크게 다르다. 수치 지도는 기존의 지도에서 사용되던 기호 체계를 사용하되, 각종 지리 정보들을 표준 코드로 분류하여 저장한 지도이다.

(2003학년도 수능)

17

먹으로 난초를 그린 묵란화는 사군자의 하나인 난초에 관념을 투영하여 형상화한 그림으로, 여느 사군자화와 마찬가지로 군자가 마땅히 지녀야 할 품성을 담고 있다. (2015학년도 9월 모의평가 AB형 공통)

18

합리적 무지 모형이란 유권자가 정보를 습득하는 비용이 정보로부터 얻을 편익보다 클 경우 정보를 습득하지 않고 무지한 상태를 유지한다는 이론이다. (2022학년도 7월 학력평가)

19

해시 함수란 입력 데이터 x에 대응하는 하나의 결과 값을 일정한 길이의 문자열로 표시하는 수학적 함수이다. 그리고 입력 데이터 x에 대하여 해시 함수 H를 적용한 수식을 H(x)=k라 할 때, k를 해시 값이라 한다. (2016학년도 9월 모의평가 A형)

20

위법수집증거배제법칙은 적법한 절차에 따르지 않고 수집한 증거의 증거능력을 부정하는 원칙으로, 형사사법기관의 위법한 증거수집을 억제하는 데에 그 목적이 있다. (2021학년도 4월 학력평가)

21

예란 인간의 도덕적 본성을 그 사회에 맞게 규범화한 것으로 단순히 신분적 차이를 드러내거나 행동을 타율적으로 규제하는 억압 장치는 아니었다. 예는 개인의 윤리 규범이면서 사회와 국가의 질서를 바로잡는 제도였으며, 인간관계를 올바르게 형성하는 사회적 장치였다.

(2013학년도 9월 모의평가)

22

공자가 제시한 군자는 도덕적 인격을 완성하기 위해 애쓰는 사람이기도 하면서 자신의 도덕적 수양을 통해 예를 실현하는 사람이다.

(2013학년도 9월 모의평가)

23

귀납은 현대 논리학에서 연역이 아닌 모든 추론, 즉 전제가 결론을 개연적으로 뒷받침하는 모든 추론을 가리킨다. 귀납은 기존의 정보나 관찰 증거 등을 근거로 새로운 사실을 추가하는 지식 확장적 특성을 지닌다.

(2016학년도 수능 A형)

24

품질 특성값들이 그 평균에서 떨어져 흩어져 있는 정도를 산포도라고 하며, 산포도를 측정하는 척도로 표준 편차를 이용한다.

(2007학년도 6월 모의평가)

25

　　정부는 정부 조직의 규모를 확대하지 않으면서 서비스의 전문성을 강화할 수 있는 민간 위탁 제도를 도입할 수 있다. 민간 위탁이란 공익성을 유지하기 위해 서비스의 대상이나 범위에 대한 결정권과 서비스 관리의 책임을 정부가 갖되, 서비스 생산은 민간 업체에게 맡기는 것이다.

(2015학년도 수능 A형)

26

　　아미노산이 분해될 때는 아미노기가 아미노산으로부터 분리되어 암모니아로 바뀐 다음, 요소(尿素)로 합성되어 체외로 배출된다.

(2015학년도 수능 A형)

27

　　기술 영향 평가는 전문가와 이해 당사자 및 일반 시민들이 특정한 기술의 사회적 영향을 평가한 다음, 긍정적 영향은 극대화하고 부정적 영향은 최소화할 수 있도록 기술 변화의 방향과 속도를 통제하는 것을 목표로 한다. 통제의 딜레마란, 비록 기술 영향 평가를 통해 어떤 기술이 문제가 많다고 판단될지라도, 그 기술의 개발이 이미 상당히 진행되어 있는 상태라면 그것을 중단시키는 일이 거의 불가능하게 되는 상황을 말한다.

(2008학년도 9월 모의평가)

28

　　미적 무구별이란 예술 작품을 현실로부터 분리하지 않는 것을 말한다. 이와 대비되는 개념으로서의 미적 구별은 예술 작품을 외부적 맥락으로부터 독립시켜 현실과 유리된 것으로 보게 만든다.

(2025학년도 10월 학력평가)

일반적으로 사막은 연 강수량이 250mm 이하인 지역을 말하는데, 대부분 저위도와 중위도에 분포한다.

(2011학년도 6월 모의평가)

프레임(frame)은 영화와 사진 등의 시각 매체에서 화면 영역과 화면 밖의 영역을 구분하는 경계로서의 틀을 말한다. 그런데 문, 창, 기둥, 거울 등 주로 사각형이나 원형의 형태를 갖는 물체들을 이용하여 프레임 안에 또 다른 프레임을 만드는 경우가 있다. 이런 기법을 '이중 프레이밍', 그리고 안에 있는 프레임을 '이차 프레임'이라 칭한다.

(2013학년도 6월 모의평가)

동영상 압축은 막대한 크기의 동영상 데이터에서 필요한 정보만 남김으로써 화질의 차이는 거의 없이 데이터의 양을 수백 분의 일까지 줄이는 기술이다. 동영상 압축에서는 일반적으로 화면 간 중복, 화소 간 중복, 통계적 중복 등을 이용한다. 화면 간 중복은 물체가 출현, 소멸, 이동하는 영역을 제외하고는 현재 화면과 이전 화면이 비슷한 것을 말한다. 화소 간 중복은 한 화면 안에서 서로 가까이 있는 화소들끼리 화소 값의 차이가 별로 없거나 변화가 규칙적인 것을 말한다. 통계적 중복은 이들 데이터에서 몇몇 특정한 값이 나오는 빈도가 통계적으로 매우 높은 것을 말한다.

(2009학년도 수능)

우리 몸은 단백질의 합성과 분해를 끊임없이 반복한다. 단백질 합성은 아미노산을 연결하여 긴 사슬을 만드는 과정인데, 20여 가지의 아미노산이 체내 단백질 합성에 이용된다. 단백질 합성에서 아미노산들은 DNA 염기 서열에 담긴 정보에 따라 정해진 순서대로 결합된다. 단백질 분해는 아미노산 간의 결합을 끊어 개별 아미노산으로 분리하는 과정이다. 체내 단백질 분해를 통해 오래되거나 손상된 단백질이 축적되는 것을 막고, 우리 몸에 부족한 에너지 및 포도당을 보충할 수 있다.

(2015학년도 수능 A형)

가스 센서란 특정 가스를 감지하여 그것을 적당한 전기 신호로 변환하는 장치의 총칭이다. 각종 가스 센서 가운데 산화물 반도체 물질을 이용한 저항형 센서는 감지 속도가 빠르고 안정성이 높으며 휴대용 장치에 적용할 수 있도록 소형화가 용이하기 때문에 널리 사용되고 있다. (2011학년도 9월 모의평가)

신규성은 선행 발명과의 동일성 여부를 판단하고, 진보성은 선행 발명으로부터 용이하게 발명할 수 있는지 여부를 판단하는 것이다. (2023학년도 4월 학력평가)

세포자멸사는 세포가 자기 내부에 있는 효소를 활용해 자신의 DNA와 핵 등을 파괴하는 것이다. 세포가 외부적 요인으로 인해 파열되는 것인 괴사와 달리, 세포자멸사는 능동적인 죽음이라고 할 수 있다. (2024학년도 7월 학력평가)

간접 광고에서는 광고 효과를 거두기 위해 주류적 배치와 주변적 배치를 활용한다. 주류적 배치는 출연자가 상품을 사용·착용하거나 대사를 통해 상품을 언급하는 것이고, 주변적 배치는 화면 속의 배경을 통해 상품을 노출하는 것인데, 시청자들은 주변적 배치보다 주류적 배치에 더 주목하게 된다. 또 간접 광고를 통해 배치되는 상품이 자연스럽게 활용되어 프로그램의 맥락에 잘 부합하면 해당 상품에 대한 광고 효과가 커지는데 이를 맥락 효과라 한다. (2014학년도 수능 AB형 공통)

수식된 정의

본격적으로 시작하기 전에, 앞에서 봤던 예문 하나만 보고 갑시다.

> 가스 센서란 특정 가스를 감지하여 그것을 적당한 전기 신호로 변환하는 장치의 총칭이다. 각종 가스 센서 가운데 산화물 반도체 물질을 이용한 저항형 센서는 감지 속도가 빠르고 안정성이 높으며 휴대용 장치에 적용할 수 있도록 소형화가 용이하기 때문에 널리 사용되고 있다.
>
> (2011학년도 9월 모의평가)

다른 내용은 모두 앞의 해설과 같습니다. 그런데 여기서 '가스 센서 가운데 산화물 반도체 물질을 이용한'이라는 절이 '저항형 센서'라는 개념을 수식하고 있다는 것이 보이시나요? 우리 교재에서는, 이렇게 개념에 대한 설명이 먼저 제시되고 그 후에 우리가 알고자 하는 A가 제시되는 형태를 '수식된 정의'라고 부릅니다. 설명이 개념을 '수식'해준다는 것이죠. A를 개념, B를 개념에 대한 설명이라고 할 때, 'B인 A', 'B라는 것을 A라 한다.' 등의 방식으로 정의를 제시하는 것입니다. 이런 방식으로 정의가 제시될 경우, 학생들은 'A에 대해 설명했구나!'라는 생각은 하지만 정작 'B'라는 설명을 떠올리지 못합니다. 본능적으로 더 임팩트가 있는 내용인 '개념' 부분에만 주목하고, 상대적으로 임팩트가 덜한 '정의' 부분은 흘려 읽게 되는 것이죠.

'일반적인 정의'의 경우에는 A라는 개념을 먼저 말해준 뒤, B라는 설명을 해주기 때문에 학생들의 머리에 A와 B가 연결된 상태로 남아있습니다. 그러나 '수식된 정의'의 경우는 A라는 개념이 나중에 나와서 설명인 B가 기억이 나지 않기 때문에 앞에서 말한 것과 같은 문제가 발생합니다. 이런 경우 정의를 정확히 잡지 못해 내용 일치 문제 풀이에 문제가 생깁니다. 하지만 더욱 문제인 것은 글 전체를 독해해 나가는 데 있어서 정의들을 유기적으로 연결하여 내용을 쌓아가지 못하기 때문에, 지문 독해 자체가 무너지게 된다는 것입니다. 이해의 깊이가 줄어드는 것이죠.

예를 들어, 아래와 같은 두 문장이 있다고 합시다.

> 1. 영호는 잘생기고 인기가 많다. 어제도 고백을 받았다.
> 2. 잘생기고 인기가 많은 영호는 어제도 고백을 받았다.

1번 문장에서 '영호'의 정의를 잡으라고 하면, 열에 아홉은 '잘생기고 인기가 많은 사람'이라고 대답할 것입니다. 앞에서 배웠던 '일반적인 정의'의 형태니까요. 이 경우 뒤에 나온 '고백을 받았다.'는 이야기는 일종의 '예시'로 간단하게 처리하고 가면서, '잘생기고 인기가 많다.'라는 핵심 정보를 추출할 수 있습니다.

한편 2번 문장의 경우, '영호'의 정의를 잡으라고 하면 많은 학생들이 '어제도 고백을 받은 사람'이라고 대답합니다. '잘생기고 인기가 많은'이라는 수식절을 본인도 모르게 흘려 읽은 것이죠. '잘생기고 인기가 많다.'는 내용이 핵심 정보인데도 흘려 읽고, '어제도 고백을 받았다'라는 부가적인 정보에 집중하며 독해에 실패하게 되는 것입니다. 이런 경우 보통 뒤에서 '잘생기고 인기가 많은 사람은 이렇게 피곤한 삶을 산다.'라는 문장을 주는 경우가 많습니다. 그런데 이 '수식된 정의'를 잡지 못한 학생들은 '영호'가 '잘생기고 인기가 많은 사람'이라는 걸 생각하지 못하게 되고, 따라서 '영호는 피곤한 삶을 산다.'라는 선지가 제시되면 맞는 선지라는 생각을 하지 못하게 되거나, 한다고 해도 오랜 시간이 걸리게 되는 것입니다.

더 중요한 것은, '잘생기고 인기 많은 사람=영호=피곤한 삶을 사는 사람'이라는 도식을 만들어내지 못하면서, 스스로 정보량을 늘리는 결과를 낳게 된다는 것입니다. 정의를 정확히 체크해서 두 문장을 연결한 학생들에게는 하나의 정보이지만, 그렇지 않은 학생들에게는 두 개의 정보처럼 느껴지게 되니까요. 이 경우 독해의 부담이 커진다는 건 설명하지 않아도 충분히 이해할 수 있겠죠?

또한 이런 식으로 정의를 해 주게 되면, 하나의 문장에 수많은 정의를 수식하여 제시하는 것도 가능해집니다. 이렇게 되면 문장의 길이가 기하급수적으로 길어지겠죠? 학생들이 최근 평가원 지문들을 어려워하는 이유도, 이렇게 길어진 문장에서 정의 체크를 정확히 하지 못한 채 문장 내의 정보를 피상적으로 받아들이기만 하기 때문이라고 할 수 있는 것입니다.

그렇다면 어떻게 문장을 읽어야 할까요? B라는 '정의'가 A라는 '개념'을 수식하면, 다시 B로 돌아가서 '정의'가 무엇이었는지 체크하면 됩니다. 강제로 '일반적인 정의'의 꼴로 만들어 버리는 것이죠. 〈B → (A → B)〉 이런 식으로 말입니다. 처음에는 어색하기도 하고 너무 오래 걸린다는 생각이 들겠지만, 천천히 연습하고 정의를 정확하게 처리하는 훈련을 계속 하다보면 나중에는 물 흐르듯이 읽어도 한 문장의 여러 정의가 한 번에 뇌에 박히는 경험을 하게 될 것입니다. 앞으로도 계속 이야기하겠지만, 이 교재의 최종적인 목표는 '배운 내용을 버리는 것'입니다. 굳이 의식하지 않아도 이와 같은 사고를 통해 정보를 처리할 때까지, 연습하고 또 연습하여 체화하도록 합시다.

딱딱한 설명으로는 가슴 깊이 와닿지 않으니 아래의 예시들을 통해 연습해 봅시다. 실전처럼 빠르게 읽어보고, 스스로 정의를 체크해 본 후 설명을 읽어보도록 합시다.

1

산업화에 따라 사회가 분화되고 개인이 공동체적 유대로부터 벗어나게 되는 현상을 '개체화'라고 한다.

(2016학년도 6월 모의평가 B형)

2

심해저의 다양한 퇴적물 중에서 생물의 골격과 그 파편 등에 의해 생성된 것을 생물기원퇴적물이라 한다.

(2010학년도 9월 모의평가)

일정한 목적 아래 설립되어 독립된 권리와 의무를 부여받는 법적 인격체인 법인은 자신의 이름으로 권리와 의무의 주체가 되어 자산을 운용할 수 있다.

(2025학년도 10월 학력평가)

이렇게 복수의 의무가 서로 충돌하여 행위자가 하나의 의무만을 이행할 수밖에 없는 긴급 상황에서, 하나의 의무를 이행하면 다른 의무를 이행할 수 없는 상호 관계에 있는 경우를 의무 충돌이라 한다.

(2017학년도 10월 학력평가)

1908년에 아레니우스(S. Arrhenius)는 지구 밖에 있는 생명의 씨앗이 날아와 지구 생명의 기원이 되었다는 대담한 가설인 '포자설'을 처음으로 주장했다.

(2003학년도 수능)

일반적으로 사계절의 순서에 따른 완상을 담은 노래들인 사시가(四時歌)는 조선 시대에 자연을 노래한 시가에서 중요한 위치를 차지한다.

(2017학년도 4월 학력평가)

열에 대한 저항성이 큰 종류의 미생물까지 제거하기 위해서는 134℃에서 2~3초간 열처리하는 '초고온처리법'을 사용한다.

(2015학년도 6월 모의평가 A형)

맹자는 인간이라면 누구나 도덕 행위를 할 수 있는 선한 마음이 선천적으로 내면에 갖춰져 있다는 일종의 도덕 내재주의를 주장하였다.

(2015학년도 9월 모의평가 B형)

주로 종교, 법률, 교육, 행정 등과 같은 '높은 차원'의 언어적 기능을 수행하기 위해 사용되는 '상층어'는 주로 학교에서 이루어지는 정식 교육을 통해 배우게 된다. 반면 가족 간의 비격식적인 대화, 친교를 위한 일상 담화 등 '낮은 차원'의 언어적 기능을 수행하기 위해 사용되든 '하층어'는, 가정에서 모어로 습득되는 경우가 많다. (2017학년도 사관학교)

또한 가스 센서가 특정 가스를 얼마나 빨리 감지하고 반응하느냐의 척도인 응답 시간은 응답 감도 값의 50% 혹은 90% 값에 도달하는 데 걸리는 시간이다.

(2011학년도 9월 모의평가)

11

그리고 어떤 문항이 피험자의 능력에 따라 피험자를 변별하는 정도를 나타내는 변별도는 해당 문항의 답을 맞혔는지의 여부와 총점의 관계를 의미하는 지수로 나타낸다.　　　　　　　　　　　　　　　　　　　　(2021학년도 10월 학력평가)

12

사진이나 그림을 디지털 형태로 표현한 것인 디지털 이미지를 효율적으로 저장하고 전송하기 위해서는 데이터의 용량을 줄여 주는 디지털 이미지 압축 기술이 필요하다.　　　　　　　　　　　　　　　　　　　　　　(2021학년도 4월 학력평가)

13

제어 대상의 현재 물리량의 크기를 잰 측정값을 원하는 목표인 설정값에 일치시키기 위해, 출력되는 조작량을 조절하는 제어 기술에는 여러 방식이 있다.　　　　　　　　　　　　　　　　　　　　　　　　(2017학년도 10월 학력평가)

14

상상력을 철학에서 핵심적인 주제로 생각한 흄은 상상력을 신체적이며 선천적인 기능으로 바라본 기존의 관점과 달리 정신적이며 후천적인 기능으로 규정한 최초의 철학자로 평가된다.　　　　　　　　　　　　　　　　(2022학년도 7월 학력평가)

15

　　하드 디스크에서 데이터 입출력 요청을 완료하는 데 걸리는 시간을 접근 시간이라고 하며, 이는 하드 디스크의 성능을 결정하는 기준 중 하나가 된다.　(2013학년도 9월 모의평가)

16

　　대부분의 분자들은 짝수의 전자를 가지는데, 외부 에너지의 영향으로 홀수의 전자를 갖는 분자로 변화되기도 한다. 이 변화된 분자를 라디칼 분자라고 한다.　(2016학년도 9월 모의평가 A형)

17

　　폐의 혈액으로 들어온 산소는 심장을 거쳐 신체의 각 조직으로 전달되어 에너지 생성에 이용되고, 물질대사 결과 생긴 노폐물인 이산화 탄소는 혈액을 통해 심장을 거쳐 폐로 전달되어 몸 밖으로 배출된다.　(2020학년도 10월 학력평가)

18

　　결합이 성립된다면 정부는 그것이 영향을 줄 시장의 범위를 획정함으로써, 그 결합이 동일 시장 내 경쟁자 간에 이루어진 수평 결합인지, 거래 단계를 달리하는 기업 간의 수직 결합인지, 이 두 결합 형태가 아니면서 특별한 관련이 없는 기업 간의 혼합 결합인지를 규명하게 된다.　(2010학년도 수능)

경제학에서는 일할 의사와 능력이 모두 있는 사람이 일자리를 갖지 못한 상태인 실업이 증가하면 사회가 생산할 수 있는 재화나 서비스의 수량이 적어지는 등의 경제적 문제가 발생한다고 보았다.

(2020학년도 4월 학력평가)

특히 벡은 현대인들이 과학 기술의 발전뿐 아니라 그 파괴적 결과까지 인식하여 대안을 모색하는 '성찰적 근대화'의 실천 주체로서 일상생활에서의 요구를 모아 정치적으로 표출(表出)하는 등 행동에 나서야 한다고 주장한다.

(2016학년도 6월 모의평가 B형)

과학자들은 단위 시간 동안 단위 면적에 입사하는 빛에너지의 총량을 '복사 플럭스'라고 정의하였는데 이 값이 클수록 별이 더 밝게 관측된다.

(2015학년도 6월 모의평가 B형)

피상속인이 사망했을 때 그의 재산 관계가 포괄적으로 상속인에게 승계되는 상속이 일어날 경우, 자산뿐 아니라 채무까지도 이전된다.

(22024학년도 3월 학력평가)

23

조선의 왕실 의례인 종묘 제례에서 공연된 종묘 제례악은 악인이 제례 절차에 따라 연주를 하면 이에 맞춰 무인들이 춤을 추는 종합 예술이다.

(2020학년도 3월 학력평가)

24

행위의 위법성은 적극적인 행위뿐 아니라 공무원이 일정한 행위에 대한 법적 의무가 존재함에도 이를 행하지 않은 것인 부작위에 의한 것도 인정된다.

(2022학년도 사관학교)

26

어떤 프로그램이 실행될 때 컴퓨터 운영 체제는 실행할 프로그램을 주기억 장치에 저장하고 실행 대기 프로그램의 목록인 '작업큐'에 등록한다. 하나의 프로그램이 작업큐에 등록될 때부터 종료될 때까지 걸리는 시간을 '총처리 시간'이라고 하는데 이 시간은 순수하게 프로그램의 실행에만 소요된 시간인 '총실행 시간'에 작업큐에서 실행을 기다리는 '대기 시간'을 합한 것이다.

(2015학년도 9월 모의평가 A형)

26

지구에서 본 천체의 겉보기 지름을 각도로 나타낸 것을 각지름이라 하는데, 관측되는 천체까지의 거리가 가까워지면 각지름이 커진다. 예를 들어, 달과 태양의 경우 평균적인 각지름은 각각 $0.5°$ 정도이다.

(2015학년도 수능 B형)

27

　　광학 필터를 통과한 적외선은 센서 표면의 열 흡수막인 흑화막에 의해, 음전하와 양전하가 일정 거리를 유지하며 마주 보고 있는 상태인 분극이 변하는 물질인 초전체의 온도를 상승시킨다. (2018학년도 7월 학력평가)

28

　　현미경의 성능을 결정하는 주요 기준인 '분해능'은 관찰이 가능한 두 점 사이의 최소 거리를 말한다. (2017학년도 사관학교)

29

　　이는 용기의 부피 증가는 기체의 압력을 감소시키는 반면 용기의 부피 감소는 기체의 압력을 증가시킨다는 보일의 법칙과 관련되어 있다. (2018학년도 4월 학력평가)

30

　　디지털 매체의 도입 초기에는 매체 보급이 확대됨에 따라 정보격차가 곧 사라질 것으로 보는 낙관론이 우세하였다. (2007학년도 9월 모의평가)

기술 수준을 측정하는 지표로는 기업의 총 매출액 대비 연구 개발 투자액의 비율로 정의되는 '연구 개발 집약도'를 사용하며, 그 평균이 4% 이상이면 그 산업을 첨단 기술 산업으로 분류한다.

(2007학년도 수능)

한국인의 전통적 명분관은 기본적으로 신분 질서나 상하의식에 따라 각각의 분수를 지키도록 규정하여 사회적 역할을 제한하는 계층적 명분론의 성격을 지니며, 동시에 개인이나 사회가 당면하는 문제에 대응하는 판단이나 행위에 대하여 그 정당성을 부여하는 도덕적 명분론의 성격을 지니고 있다.

(1997학년도 수능)

전통적인 조성 음악이 다장조나 가단조 같은 특정 조성을 바탕으로 화음을 전개하는 것과 달리, 쇤베르크의 음악은 특정 조성에 얽매이지 않는 범조성을 지향하였다.

(2025학년도 3월 학력평가)

자동차의 에너지 효율은 연료량 대비 운행 거리의 비율인 연비로 나타내며, 이는 자동차의 성능을 평가하는 중요한 잣대이다.

(2011학년도 6월 모의평가)

　　평면도상 긴 직사각형 모양을 하고 있는 바실리카 형식은 고대 로마 제국 시대에서 비롯된 것으로 원래는 시장이나 재판소와 같은 공공 건축물에 쓰였던 것이다.　　　　　　　　　　　　　　　　　　　　　　　　　　(2013학년도 9월 모의평가)

　　반론권 제도는 세계적으로 약 30개 국가에서 시행되고 있는데, 우리나라의 반론권 제도는 의견에도 반론권을 적용하는 프랑스식 모델이 아닌 사실적 주장에 대해서만 반론권을 부여하는 독일식 모델을 따르고 있다.　　　　(2010학년도 6월 모의평가)

　　기업과 근로자 간의 이해가 상충되는 문제를 완화하기 위해 근로자가 받는 보상에 근로자의 노력이 반영되도록 하는 약속이 인센티브 계약이다.　　　　　　　　　　　　　　　　　　　　　　　　　(2015학년도 6월 모의평가 A형)

　　이 시기 미국과 소련은 각기 자국의 방어를 위한 조치를 취했다. 그러자 양국은 상대방의 조치를 위협적인 행동으로 받아들여 대응 조치를 더욱 강화함으로써 자국의 안보가 더 위태롭게 되는 이른바 안보 딜레마 상황에 빠져 있었던 것으로 보인다.　　　　　　(2014학년도 6월 모의평가 A형)

39

　혁신 발생원과 잠재적 수용자 간의 거리가 가까울수록 혁신 확산이 빠르게 이루어진다는 인접 효과에 의해 나타나는 것이 전염 확산이다. 한편 도시 규모가 클수록 혁신 확산이 잘 이루어진다는 계층 효과에 의해 나타나는 것이 계층 확산이다.

(2012학년도 6월 모의평가)

40

　압전 변환기의 핵심 부품인 압전 소자는 압력을 받으면 전기를 발생시키는데 이것을 압전 효과라고 한다. 초음파를 압전 소자에 가해 주면 압전 소자에 미치는 공기의 압력이 변하면서 압전 효과로 인해 고주파 전류가 발생한다. 역으로 높은 진동수의 교류 전압을 압전 소자에 걸어 주면 압전 소자가 주기적으로 신축하면서 초음파를 발생시키는데, 이를 역압전 효과라고 한다.

(2008학년도 6월 모의평가)

41

　화학 반응을 통해 발생하는 전류를 이용해 특정 가스를 검지하기 위한 장치인 전기 화학식 가스 센서는 유입된 가스가 센서의 전극들과 작용하여 산화 환원 반응을 하는 과정에서 생성되는 전류의 양을 측정하여 가스 누출을 검지하고 농도를 측정한다.

(2023학년도 4월 학력평가)

42

　전지를 충전할 때 리튬 금속 산화물에서 리튬 이온이 층 속에서 벗어나 따로 떨어지게 되는 탈리가 일어나고, 방전될 때는 리튬 이온이 층 속에 삽입된다.

(2024학년도 10월 학력평가)

43

　　상장 법인은 발행인 관련 사항 가운데 변동된 사항을 반영하여 기업의 현황을 일정 기간마다 공시하는 정기 공시를 해야
한다.
(2025학년도 3월 학력평가)

36

　　혈압은 심장이 혈액을 밀어낼 때 혈관 내에 생기는 압력으로, 심장이 1분 동안 혈관으로 밀어내는 혈액의 양인 심장박출량과
말초 혈관을 순환하는 혈액의 흐름이 방해받는 정도인 말초 혈관 저항의 곱에 비례한다.　　　　　(2025학년도 3월 학력평가)

이렇게 '개념의 정의' 파트 공부를 모두 끝냈습니다. '문장'을 보는 눈이 조금씩 길러지는 느낌이 들었으면 좋겠어요. 다음 파
트에서는 정말로 강력한 독해 도구인 '재진술'에 대해 배우게 될 겁니다. 이번 파트보다는 생각할 거리가 더 많아질 것이에
요. 힘들더라도 계속 '능동적'으로 생각하면서 따라오도록 합시다.

재진술

'재진술'은 수능 국어 지문을 독해하는 데 있어서 가장 근본이 되는 중요한 도구이자, 적용이 가장 어려운 도구입니다. 여러분의 능동적인 '생각'이 베이스가 되어야 하기 때문이에요.

'재진술'이란 말 그대로 '다시 서술'해 주는 것을 뜻합니다. 똑같은 말을 다른 단어/표현 등을 이용해서 다시 써주는 것을 뜻하죠. 평가원은 여러분의 이해를 돕기 위해 의도적으로 재진술을 해 줍니다. 다시 말해서, 재진술은 그만큼 중요한 정보(학생들이 반드시 이해했으면 하는 문장)를 다룰 때 사용한다는 거죠. 이렇게만 보면, '재진술'이라는 것은 그저 좋기만 한 것처럼 보입니다.

하지만 여러분이 재진술을 올바르게 다루지 못하면, 오히려 그 친절한 서술을 '과도한 정보량'으로 취급할 가능성이 높습니다. 이해를 돕기 위해 써준 문장들이 재진술이란 것을 느끼지 못한다면, 즉 사실은 다 '같은 말'임을 인지하지 못한다면 문장하나하나가 다른 정보를 이야기한다고 착각할 수밖에 없으니까요.

따라서, 여러분은 A라는 문장과 B라는 문장이 사실은 '같은 말'임을 생각할 수 있어야 합니다. 그래야 지문 내용의 조직화가 이루어지고, 여러 가지 독해 도구를 활용할 수 있게 되는 거니까요. 사실상 평가원 지문은 '재진술의 향연'이라고 봐도 무방하기 때문에, '재진술'이라는 도구를 잘 다루는 것은 아주 중요합니다. 오늘 공부의 하이라이트가 될 것이니 집중해서 공부해주세요. 이번 파트에서는 이렇게 중요한 재진술에 어떤 종류가 있는지, 어떻게 처리해야 하는지, 어떤 생각들을 하고 넘어가야 하는지 등을 다룰 예정입니다. 일단 재진술의 종류에 어떤 것이 있는지 살펴봅시다.

'재진술'도 정의 제시 방식과 마찬가지로, 쉬운 유형과 어려운 유형이 존재합니다. 더 쉽게 풀어서 설명해 드리자면, '즉', '다시 말해' 등과 같이 대놓고 여러 표지를 통해 재진술임을 알려주는 문장들도 있고, 그런 내용 없이 우리가 스스로 잡아내야 하는 문장들도 있다는 것이죠. 재진술을 나타내는 표지가 있다는 것은 앞뒤 문장이 같은 말임을 명시적으로 드러낸다는 뜻입니다. 따라서 '재진술'되었음을 인식하고 정보량을 줄이는 것이 상대적으로 수월하겠죠. 하지만 그러한 표지가 존재하지 않는다면, 앞 문장의 내용을 바탕으로 스스로 재진술을 잡아내야만 합니다. 당연히 어려워지겠죠?

이렇게 어려운 것부터 배우기 전에, 먼저 쉬운 것부터 해봐야겠죠? 평가원이 재진술되었음을 드러내는 표지들에는 다음과 같은 것들이 있습니다.

1) 즉, 곧, 다시 말해, 이는
2) ~ 하다는 것이다.
3) 예시 (예를 들어, 가령 등)
4) 인과 (따라서, 때문이다 등)

'즉', '곧', '다시 말해', '이는' 등은 해당 표지가 쓰인 문장과 그 앞 문장이 똑같은 말임을 드러내는 표지입니다. 이런 표지가 보이는 경우에는, 의식적으로 해당 문장들을 연결지어 주는 것이 중요합니다. 그 문장들이 '같은 말'임을 인지하는 순간, 많게만 느껴졌던 정보량이 확 줄어들면서 내용을 더 확실하게 이해할 수 있는 것이에요.

'~한다는 것이다.'의 경우도 마찬가지입니다. 앞의 표지들과 다르게 뒷 문장의 마지막 부분에 쓰이긴 하지만, 결국 이 표지가 쓰인 문장과 그 앞 문장이 똑같은 말임을 드러내는 역할을 합니다. 예를 들면 "피램은 처음부터 국어를 잘 하는 사람은 없다고 말한다. 열심히 생각하고 공부하는 습관을 갖춰야만 국어를 잘 할 수 있다는 것이다."라는 문장이 있을 때, '피램'이라는 사람의 주장이 결국 '처음부터 국어 잘 하는 사람 없음=열심히 생각하고 공부해야 잘 할 수 있음'이라는 걸 파악할 수 있어야 한다는 거예요. '처음부터 잘 하는 사람 없다=후천적으로 노력하면 잘 하게 된다'가 같은 말이라는 건 어렵지 않게 납득할 수 있겠죠? 이렇게 '피램'이라는 사람의 주장을 훨씬 간단하게 정리하고 이해할 수 있게 되었습니다.

다음 '예시'의 경우에는, 뒤의 '사례-원리 연결' 파트에서 더 자세하게 다룰 것입니다. 별개의 파트로 다뤄야 할 만큼 중요한 부분이지만, 결국에는 어떠한 원리와 '똑같은 말'을 이해시키기 위한 도구라는 점에서 '재진술'의 일종이라고 볼 수 있습니다. '예를 들어', '가령'과 같은 표지가 나오면, 그 예시가 결국 앞의 원리와 '같은 말'임을 인지하면서 정보량을 줄이도록 합시다.

마지막 '인과'의 경우, 엄밀하게 말하면 '재진술'이라고 하기는 어렵습니다. 똑같은 말이 아니라, '원인'과 '결과'를 나타내는 것이니까요. 하지만 결국 '원인'과 '결과'는 하나의 '원리'로 연결된다는 점에서, 실제 독해를 할 때에는 '같은 말'로 인지하고 읽어주시는 게 좋습니다. 이렇게 정보량을 줄이고 납득하는 과정에서 무엇이 원인이고 무엇이 결과인지도 자연스럽게 잡히게 되니까요.

자 정리합시다. 앞에서도 계속해서 말씀드렸지만, 수능 국어영역 독서 파트에서 대부분의 지문은 '결국 다 같은 말'로 이루어져 있습니다. 이걸 깨닫고 제대로 적용할 수만 있다면, '정보량 폭탄'으로 느껴졌던 지문이 부담없이 정리되는 마법이 일어날 겁니다. 다시 한번만 말씀드릴게요. 뭐라구요?

〈결국, 다 같은 말이다.〉

이 내용 잊지 않은 채로, 이번에도 예시 하나만 확인해보고 가도록 합시다. 지금까지 배웠던 '단어의 의미 살리기', '정의 체크' 등의 태도 역시 계속 살린 채로 갈 수 있어야 해요!

> 음악에서는 시간이 흐르면서 사라지는 음을 기억하기 위한 방법이 필요한데, 작곡가들은 그 방법의 하나로 반복을 활용했다. 즉 반복을 통해 어떤 일이 어떻게 일어났는지를 기억하여 악곡의 전체를 쉽게 파악할 수 있도록 한 것이다.   (2009학년도 수능)

→ 국어 지문을 읽을 때 가장 중요한 태도는, 최대한 모든 문장을 '납득'하려고 하는 것입니다. 문장 하나하나를 수동적으로 받아들이는 게 아니라, 능동적으로 '생각'하여 '당연하지'라는 생각이 들게끔 하는 게 중요해요! 이 태도를 갖춘 채로, 한 문장씩 정리해봅시다.

→ 시간이 흐르면 음이 사라진다고 합니다. 뭐 당연하죠? 이렇게 시간이 흐르면서 음이 사라져도 사람들이 그것을 '기억'하는 게 중요한데, 이를 위해 '반복'이라는 방법을 활용했다고 합니다. 어렵지 않게 받아들일 수 있는 정보로 보입니다. '반복'을 하면 '기억'에 남기는 데 큰 도움을 줄 수 있을 테니까요.

→ 그런데 바로 다음 문장에 '즉'이라는 표지가 보입니다. 재진술의 표지이니, 앞뒤에서 똑같은 말을 하고 있다는 거예요. 다음 문장에서는 '반복'을 통해 어떤 일이 어떻게 일어났는지를 '기억'하여 악곡의 전체를 쉽게 '파악'할 수 있도록 했다네요. '반복'을 통해 '기억'한다는 건 앞에서도 나온 정보이므로, 여기서의 '어떤 일이 어떻게 일어났는지'는 곧 '사라지기 전에 어떤 음들이 어떻게 연주되었는지' 정도로 바꾸어 이해할 수 있겠네요. 나아가 '악곡의 전체를 쉽게 파악'할 수 있도록 한다는 것은 '음들의 기억'을 바탕으로 이루어진 일이라고 정리할 수 있겠죠?

→ 결국 '반복을 통해 음들을 기억하고, 이를 통해 악곡의 전체를 파악한다.'라는 정보를 재진술한 것입니다. 여기서 어렵게 출제되면, 〈음악에서 사라지는 음을 기억해야 하는 이유는 악곡의 전체를 파악하기 위해서이다.〉와 같은 선지가 나올 수 있습니다. '악곡 전체 파악=사라지는 음 기억을 토대로 일어나는 일'이라는 재진술을 인식했는지 물어볼 수 있다는 것이죠. 어렵다고 느낄 수 있겠지만, '결국 다 같은 말'이라는 확신 속에서 읽어낸다면 충분히 해 낼 수 있는 생각이라고 볼 수 있어요.

→ 심지어 문장 마지막은 '~것이다'라는 표지로 마무리되고 있네요. '같은 말'임을 인지하며 이해하는 게 정말 중요해 보입니다. '반복을 통해 음을 기억한다.'라는 정보가 이 지문에서 아주 중요하기 때문에, 굳이 '재진술'하면서 강조한 것입니다.

→ 이런 식으로 앞 문장과 뒷 문장이 사실상 '같은 말'임을 생각하면서 읽는 실력이 되어야, 쏟아지는 정보들을 효율적으로 처리할 수 있게 됩니다. 지금 너무 어렵다고 실망하실 필요 없습니다. 앞으로 계속 같이 공부하면 되니까요. 계속 연습해볼까요? 아래 문장들부터는 여러분 스스로 독해해보시고, 해설지를 참고해 주세요. 나아가 앞에서 배운 '정의'에 대한 내용도 계속 적용하며 읽어주세요!

1

　　예술은 인간 감정의 구현체로 간주되곤 한다. 그런데 예술과 감정의 연관은 예술이 지닌 부정적 측면을 드러내는 데 쓰이기도 했다. 즉, 예술은 이성적으로 통제되지 않는 비합리적 활동, 심지어는 광기 어린 활동으로 여겨지곤 했다.

(2008학년도 6월 모의평가)

2

　　자기책임설은 국가가 공권력의 사용 권한을 공무원에게 맡긴 이상 공무원의 권력 남용에 대해서는 국가가 책임져야 한다고 본다. 즉 국가배상 책임은 공무원 개인의 책임이 아니라 국가 자신의 책임이라는 것이다.　　(2022학년도 사관학교)

3

　　노동자 측에서는 노동 시간의 양보다 질적 성과가 더 중요하다는 점을 들어 노동 시간의 단축을 강력히 주장하고 있다. 즉, 노동 시간을 단축하게 되면 늘어난 여가 시간을 통해 자기 계발의 기회를 확대할 수 있게 되고, 이를 통해 획득한 지식과 경험이 업무 수행 능력을 높임으로써 기업의 경쟁력이 제고된다는 것이다.　　(2003학년도 모의평가)

4 　현대 사회가 다원화되고 복잡해지면서 중앙 정부는 물론, 지방 자치 단체 또한 정책 결정 과정에서 능률성과 효과성을 우선시하는 경향이 커져 왔다. 이로 인해 전문적인 행정 담당자를 중심으로 한 정책 결정이 빈번해지고 있다.

(2015학년도 9월 모의평가 B형)

5 　광도는 별의 반지름의 제곱과 별의 표면 온도의 네제곱에 비례한다. 즉, 별의 실제 밝기는 별의 표면적이 클수록, 표면 온도가 높을수록 밝다.

(2015학년도 6월 모의평가 B형)

6 　자본주의 경제 체제는 이익을 추구하려는 인간의 욕구를 최대한 보장해 주고 있다. 기업 또한 이익 추구라는 목적에서 탄생하여, 생산의 주체로서 자본주의 체제의 핵심적 역할을 수행하고 있다. 곧 이익은 기업가로 하여금 사업을 시작하게 하는 동기가 된다.

(2002학년도 수능)

7 　자동분류기는 환경과의 상호 작용에 기반한 경험적인 데이터로부터 스스로 성능을 향상시킬 수 있는 학습 능력을 갖춰야 한다. 학습은 상호 작용의 정도에 따라 경험하는 데이터가 달라지고, 이러한 학습 데이터에 따라 자동분류기의 성능이 달라지게 된다. 즉, 자동분류기는 단순히 데이터를 기억하는 것이 아니라, 다양한 경험에서 새로운 정보를 추론하여 스스로 분류할 수 있는 능력을 갖춰야 한다.

(2010학년도 9월 모의평가)

8

후설은 현재 순간의 지속에 대한 미시적 직관을 강조한다. 이는 역사적 시간의 일부로서 현재를 인식하는 것이 아니라 과거와 미래를 통합하는 지금 이 순간을 직관해야 한다는 것이다. (2025학년도 3월 학력평가)

9

법 규칙은 구성 요건과 그에 따른 법률 효과의 발생이 확정적으로 규정된 법 규범이다. 즉 법 규칙은 법 규범이 정하는 요건이 사실로 발생하면 그에 대응하는 법률 효과가 반드시 발생한다. (2021학년도 10월 모의평가)

10

그런데 조선 시대 형법은 구체적이고 개별적인 사안을 하나 하나 열거하는 형식이었기 때문에 어떤 사안에 각 조항을 곧바로 적용하기에는 용이했지만 실제 발생하는 모든 사안을 열거할 수는 없었다. (2021학년도 10월 모의평가)

11

콜링우드는 예술가가 느끼는 감정들은 분화되지 않은 상태이기 때문에 표현하기 전에는 스스로도 알 수가 없다고 보았다. 마치 시인이 현실에서의 경험을 통해 느낀 모호한 감정들을 '시'라는 예술 작품을 통해 형상화함으로써 자신의 감정들이 무엇이었는지를 알게 되는 것처럼 예술가는 자신이 가진 고유한 감정이 작품에 반영되어 표현된 후에야 비로소 그 감정이 무엇인지 인식하게 된다는 것이다. (2022학년도 사관학교)

12

　　목적격 나란 한 개인이 자신에 대한 타인들의 생각과 기대를 일반화하여 형성한 자아상을 말한다. 즉 목적격 나는 사회적으로 개인에게 요구되는 자아상이다.
(2020학년도 4월 모의평가)

13

　　실용주의자 로티는 언어란 역사적 우연성의 산물로, 거기에는 어떤 고정적 의미나 초월적 진리가 담겨있을 수 없다는 다원주의적 관점을 보여 준다. 언어의 의미는 대상에 의해서 정해지는 것이 아니라 언어를 사용하는 사람들에 의해 우연하게 정해지는 것으로 시대와 환경에 따라서 얼마든지 달라질 수 있다고 본 것이다.
(2020학년도 7월 모의평가)

14

　　거센 바람이 불고 화재가 잇따르자 정(鄭)나라의 재상 자산(子産)에게 측근 인사가 하늘에 제사를 지내라고 요청했지만, 자산은 "천도(天道)는 멀고, 인도(人道)는 가깝다."라며 거절했다. 그가 보기에 인간에게 일어나는 일은 더이상 하늘의 뜻이 아니었고, 자연 변화 또한 인간의 화복(禍福)과는 거리가 멀었다. 인간이 자연 변화를 파악하면 얼마든지 재난을 대비할 수 있고, 인간사는 인간 스스로 해결할 문제라 생각한 것이다.
(2011학년도 수능)

15

　　수정주의는 기본적으로 냉전의 책임이 미국 쪽에 있고, 미국의 정책은 경제적 동기에서 비롯했다고 주장했다. 즉, 미국은 전후 세계를 자신들이 주도해 나가야 한다고 생각했고, 전쟁 중에 급증한 생산력을 유지할 수 있는 시장을 얻기 위해 세계를 개방 경제 체제로 만들고자 했다. 그러므로 미국 정책 수립의 기저에 깔린 것은 이념이 아니라는 것이다.
(2014학년도 6월 모의평가 A형)

16

　만약 자신의 고통이나 쾌락이라는 감각에 대하여 지나치게 예민한 감수성을 가진다면, 우리는 자기 자신의 개별성에 함몰되기 쉽다. 다시 말해 쾌락과 고통에 대한 지나친 감수성은 사람을 자기 중심적이고 이기적으로 만들 수 있다.

(2003학년도 모의평가)

17

　기존의 컴퓨터는 정보의 기본 단위인 비트를 사용하며, 비트는 0 또는 1이라는 확정적인 값을 갖는다. 이와 달리 양자 컴퓨터는 큐비트를 사용하며, 큐비트는 0일 확률과 1일 확률을 가진 중첩된 상태를 갖는다. 따라서 기존 컴퓨터는 확정된 값을 입력해서 한 번에 하나씩 연산하여 확정된 값을 출력하지만, 양자 컴퓨터는 중첩된 큐비트를 한 번 입력함으로써, 중첩 상태가 가질 수 있는 모든 가능한 경우에 대한 연산을 한꺼번에 수행한다.

(2022학년도 사관학교)

18

　관심의 양식이 양방향적 시선에 기반을 둔 염려나 기쁨이라면, 관음의 양식은 일방향적 시선에 기반을 둔 욕망의 표출에 가깝다. 즉 전자는 타인이 처한 상황과 타인의 감정에 주의를 기울이면서 상대방에게 공감하는 정신의 과정을 말하는 반면, 후자는 오로지 자신의 만족을 위해 타인의 상황과 마음에 주의를 기울이는 정신의 과정을 말한다.

(2020학년도 사관학교)

19

　장자는 사람들이 어떤 대상에 이름을 붙이고 이를 통해 대상을 구분할 때, 대상을 구분하는 이름은 대상이 본래부터 가지고 있던 속성에 따라 명명되는 것이 아니라 자의적으로 연결된 것에 불과하다고 보았다. 즉, 대상과 이름 사이의 관계는 특정 공동체의 관습적인 언어 사용에 의해 사람들에게 각인되고, 그 결과 대상들이 마치 실제로 구분되어있는 것처럼 여겨졌을 뿐이라고 본 것이다.

(2023학년도 7월 학력평가)

이렇게 압전 소자는 압전 변환기에서 초음파를 발생시키고, 반사되어 돌아오는 초음파를 감지하는 중요한 역할을 담당한다. 즉, 압전 변환기는 마이크와 스피커의 역할을 모두 하는 셈이다. (2008학년도 6월 모의평가)

우리가 냄새를 맡으려면 공기 중에 취기재의 분자가 충분히 많아야 한다. 다시 말해, 취기재의 농도가 어느 정도에 이르러야 냄새를 탐지할 수 있다. 이처럼 냄새를 탐지할 수 있는 최저 농도를 '탐지 역치'라 한다. (2015학년도 9월 모의평가 A형)

그레이트솔트레이크 사막은 시에라네바다 산맥이 해양에서 유입되는 습윤한 공기의 수분 이동을 차단하여 형성되었다. 이는 수분을 함유한 공기가 높은 산맥을 넘어 반대쪽에 도달할 때 수분을 잃게 되어 건조해지기 때문이다. (2011학년도 6월 모의평가)

그러나 고객 관련 정보 부족으로 인해 은행의 역할이 크게 약화될 수 있다. 고객의 상환 능력에 대한 충분한 정보를 확보하지 못한 상태에서 대출금을 회수하지 못할 위험에 늘 노출되는 것이다. (2008학년도 9월 모의평가)

24

우선 공공 부문의 수익률이 민간 부문만큼 높다면, 민간 투자가 가능한 부문에 굳이 정부가 투자할 필요가 있는가 하는 문제가 제기될 수 있다. 정부는 민간 기업이 낮은 수익률로 인해 투자하기 어려운 공공 부문을 보완해야 한다는 것이다.

(2008학년도 수능)

25

많은 성인들은 청소년 문화가 하위 문화의 특성을 띠고 있으며, 성인 문화에 비해 미숙하다고 생각하는 경향이 있다. 성인 문화가 생산적 노동 관습에 순응하고 책임감을 갖는 데 비해, 청소년 문화는 소비에 열중하고 쾌락 추구적이며 기존 가치를 거부하려는 무책임한 양상을 보인다는 것이다.

(2006학년도 6월 모의평가)

26

생명은 수많은 무생물 분자가 집합된 조직에서 나타나는 창발적 행동(emergent behavior)이라 할 수 있다. 생체 분자들이 생명을 갖기 위해서 생명력이 따로 있을 필요가 없으며 단지 생체 분자들을 정확한 방식으로 결합시키기만 하면 된다는 것이다.

(2004학년도 6월 모의평가)

27

강대국은 국가 전체의 경제력이 개발도상국보다 월등할지 모르나 특정 산업에 있어서는 그렇지 않을 수 있다는 것이다. 예컨대, 미국은 쿠바보다 힘센 나라이지만 궐련의 생산에 있어서는 쿠바보다는 떨어지고, 마찬가지로 고무의 생산에 있어서는 말레이시아에 떨어진다.

(2004학년도 6월 모의평가)

28

　양자화 구간의 개수는 부호에 사용되는 이진수의 자릿수에 의해 결정된다. 가령, 하나의 부호를 3자리의 이진수로 나타낸다면 양자화 구간의 개수는 000~111까지의 부호가 할당된 8개가 된다. 즉 가장 작은 소리부터 가장 큰 소리까지 8단계로 구분하여 나타낼 수 있다.

(2012학년도 9월 모의평가)

29

　일반적으로 영화는 구체적인 대상을 재현하는 데에는 그 어떤 예술보다 강하지만, 대사나 자막을 이용하지 않고서는 정신적인 의미를 표현하는 데 약하다. 그런데 영화의 출발이 시각 예술이라는 것을 감안하면, 언어적 요소에 의존하는 것은 영화 본연의 방식이라고 보기 어렵다. 따라서 영화가 독자적인 예술이 되기 위해서는 기본적으로 순수하게 시각적인 방식으로 추상적인 의미 표현에 이를 수 있어야 한다.

(2010학년도 6월 모의평가)

30

　사진은 하나의 고립된 이미지이다. 시간적으로 한순간이 잡히고 공간적으로 일부분이 찍힐 뿐, 연속된 시간과 이어진 공간이 그대로 찍히지 않는다. 현실이 현실 그대로 나타나지 않는 한, 사진은 결국 한 개의 이미지, 즉 영상일 뿐이다. 따라서 사진에 대한 이해는 사진이 시간적으로 분리되고 공간적으로 고립되어 현실과 따로 떨어진 곳에서 홀로 저를 주장하는 독자적 영상이라는 인식에서부터 출발해야 한다.

(2004학년도 6월 모의평가)

31

　17세기 중반 이후 조총의 신뢰성과 위력이 높아지면서 삼수 내의 무기 체계의 분포에도 변화가 시작되었다. 상대적으로 사격 기술을 익히기 어렵고 주요 재료를 구하기 어려웠던 활 대신, 조총이 차지하는 비중이 점점 증가했다.

(2010학년도 6월 모의평가)

　헤르더는 민족의 개체성을 이해하기 위해서는 민족에 대한 선입관을 버리고 민족의 시대와 역사, 민족이 처한 환경적 조건 속으로 침투해서 이것에 동화되어야 한다고 보았다. 개체성에 대한 그의 관점과 이를 이해하기 위한 그의 방법에 따르면, 보편주의적인 관점으로는 역사를 설명할 수 없게 된다.　　　　　　　　　　　　　　　　　　　　　　(2024학년도 10월 학력평가)

　아우라는 비인간화되고 사물화된 의식과 태도를 버리고, 영혼의 시선으로 대상과 교감할 때 경험할 수 있는 아름다운 향기 내지 살아 숨쉬는 듯한 생명력과 같은 것이다. 그런데 사진이나 카메라 등과 같은 기계적, 기술적 장치들이 예술의 영역에 침투하면서 예술 작품의 아우라는 파괴된다.　　　　　　　　　　　　　　　　　(2005학년도 6월 모의평가)

　헬레니즘과 로마 시대의 역사가들 중 상당수는 수사학적인 표현으로 독자의 마음을 움직이는 것을 목표로 하는 역사 서술에 몰두하였고, 이런 경향은 중세 시대에도 어느 정도 지속되었다. 이들은 이야기를 감동적이고 설득력 있게 쓰는 것이 사실을 객관적으로 기록하는 것보다 더 중요하다고 보았다.　　　　　　　　　　　　　(2013학년도 6월 모의평가)

　인간은 감각과 더불어 사고를 통해 세계를 인식한다. 사고는 감각적으로 받아들인 특수한 것들을 일반화하고 그것들의 본질적인 연관과 구조를 해명함으로써 사물이나 사태에 관한 지식을 얻고자 한다.　　　　　　　　　　　　(2008학년도 9월 모의평가)

　　고려 말에 이르기까지는 국가에서 도자의 생산과 유통을 관장하였다. 서남해안 일부 지역에 설치되었던 관요(官窯)에서는 국가의 강력한 보호와 규제 속에 상감청자 등이 만들어지고 있었다. 이 도자들은 왕실과 사원, 귀족층을 위한 제품으로 만들어졌기 때문에 그 품질이 일정했다.

(2006학년도 6월 모의평가)

　　나아가 시간이 관리의 대상으로 부각되면서 시간-동작 연구를 통해 가장 효율적인 작업 동선(動線)을 모색했던 테일러의 과학적 관리론은 20세기 초부터 생산 활동을 합리적으로 조직하는 중요한 원리로 자리 잡았다. 이로써 두뇌에 의한 노동과 근육에 의한 노동이 분리되어 인간의 육체노동이 기계화되는 결과가 초래되었다.

(2016학년도 9월 모의평가 B형)

　　볼테르는 이성과 자연, 이성과 종교·정치·사회 등의 제도가 상호 작용하면서 역사가 끊임없이 발전한다고 보았다. 이러한 관점에 따르면 역사의 발전은 이성 그 자체가 발전하면서 문화를 발전시키는 이성의 발전사인 것이었다. 그에게 있어 문화는 예술, 법, 정치, 지식, 과학, 풍속, 습관, 음식, 기술, 오락 등 인간 생활과 관련된 것들로 이성의 활동에 따라 만들어진 것이었다.

(2024학년도 10월 학력평가)

　　회화나 사진이 하나의 프레임만을 가지는 것과는 달리, 영화는 연속적으로 교체되는 많은 수의 프레임들을 가진다. 그리고 이 프레임들은 통합의 과정을 거치면서 한 편의 영화로 만들어진다. 어떤 프레임일지라도 그 시간과 동작의 원래 맥락에서 분리되지 않으며, 그 자체가 독립적으로 완결된 의미를 지니는 경우도 거의 없다. 관객은 눈앞에서 계속해서 이것에서 저것으로 바뀌며 재구성되는 프레임들을 그것의 극적이고 시간적인 맥락을 참작하여 이해하게 된다.

(2001학년도 수능)

이 과정에서 '귀의 소리'가 발생하는데 이는 청세포가 능동적으로 내는 소리이다. 과거에는 '귀의 소리'를 외부 소리에 대한 '달팽이관의 메아리'로 여겼다. 하지만 주어진 외부 자극 소리로 발생하는 메아리보다 음압이 더 큰 경우가 있기 때문에, '귀의 소리'를 단순한 메아리로 설명하기는 어렵다. 오른쪽 귀에만 외부 소리 자극을 가했는데 왼쪽 귀에서도 '귀의 소리'가 발생한다는 점 역시 마찬가지이다.

(2010학년도 6월 모의평가)

연주 시간이 한 시간 가까이 되는 제3번 교향곡 '영웅'에서 베토벤은 으뜸 화음을 펼친 하나의 평범한 소재를 모티브로 취하여 다양한 변주와 변형 기법을 통해 통일성을 유지하면서도 가락을 다채롭게 들리게 했다. 이처럼 단순한 소재에서 착상하여 이를 다양한 방식으로 가공함으로써 성취해 낸 복잡성은 후대 작곡가들이 본받을 창작 방식의 전형이 되었으며, 유례없이 늘어난 교향곡의 길이는 그들이 넘어서야 할 산이었다.

(2014학년도 수능 B형)

음악의 아름다움이란 음악의 형식을 통해 드러나는 아름다움이다. 외부에서 주어진 어떤 내용도 필요치 않고, 오직 독립적인 음들 및 그것들의 형식적 연관으로만 존재하는 그러한 아름다움이 곧 음악적 아름다움이다. 매력 넘치는 소리들의 연관, 그 연관의 조화와 대립, 이탈과 도달, 상승과 소멸 등이야말로 우리 앞에 자유로운 형식으로 나타나 만족을 주는 것들이다.

(2008학년도 6월 모의평가)

배타적, 독점적 권리라는 말은 재산을 자기 뜻대로 사용, 수익, 처분할 수 있다는 뜻이다. 이는 재산권자가 아닌 사람이 재산을 사용, 수익, 처분하려면 반드시 재산권자의 허락을 받아야 함을 말한다.

(2020학년도 사관학교)

44

산점 투시는 구도의 배치에 있어서도 더욱 많은 변화의 여지를 제공하였다. 구도의 필요에 따라 좌우와 상하의 거리 조정, 허와 실의 보완, 성김과 빽빽함의 변화 표현 등이 자유로워졌다.

(1999학년도 수능)

45

기록 강박은 노출 심리로 이어지기도 한다. 무언가 써야 한다는 압박은 손쉽게 쓸거리를 취할 수 있는 대상으로 '나'에 주목할 가능성을 높이기 때문이다.

(2020학년도 사관학교)

46

한 가지 분명한 사실은 그들에게 음악은 기예 영역이라기보다 학문적 영역이었다는 점인데, 이는 고대 그리스 음악 이론에 내재한 수학적인 사고에서 쉽게 찾아볼 수 있다.

(2011학년도 9월 모의평가)

47

열역학 제2법칙에 따르면 자연 현상은 에너지가 무산(霧散)되어 엔트로피가 증가하는 방향으로 진행된다. 도자기가 바닥에 떨어져 깨지는 것처럼, 또는 방 안에서 피어오르던 연기가 서서히 흩어지다가 창문을 열면 밖으로 더욱 퍼져 나가는 것처럼, 자연은 최대 무질서 상태를 향해서 나아간다.

(1998학년도 수능)

48

벽면에는 스테인드글라스로 구성된 커다란 창을 사람의 키보다 높게 설치하여 창을 통과한 빛이 다양한 색채로 건물 내부 공간에 풍부하게 퍼지도록 하였다. 이는 서양의 중세인들이 모든 미의 원천을 신이라고 보고 빛은 신의 속성을 상징한다고 보았던 것과 관련되어 있다.

(2013학년도 9월 모의평가)

49

우리 민법은 유언의 자유를 보장한다. 사람은 언제든지 자유롭게 유언할 수 있고 철회도 할 수 있다. 혹시 유언의 내용을 변경할 때 자녀의 동의가 있어야 한다는 문구가 유언에 들어 있다면 그 부분은 무효가 된다.

(2024학년도 3월 학력평가)

50

고대 그리스 철학자들은 음악이 주는 감정적 흥분이 인간의 도덕적 성향인 에토스(ethos)에 영향을 미쳐 인간의 영혼을 변화시킬 수 있다고 믿었기에 음악을 교육을 위한 도구로 활용하였다.

(2024학년도 7월 학력평가)

51

상장 법인은 자본시장법에 따라 합리적인 투자 판단과 상장 법인의 가치에 중대한 영향을 미칠 수 있는 정보인 '중요사항'을 시장에 공개할 공시 의무를 지닌다. 상장 법인이 중요사항을 공시하지 않으면 시장 참여자 간의 정보 불균형이 발생하며, 이는 증권 시장에 대한 투자자들의 신뢰를 떨어뜨리고 시장의 효율성을 저해하게 된다.

(2025학년도 3월 학력평가)

이렇게 재진술과 관련된 공부를 마쳤습니다. 쭉 따라오셨다면 알 수 있듯이, '재진술'을 인식하는 것은 체감되는 정보량을 상당히 줄여 주는 효과가 있습니다. 그뿐만 아니라 여러분들이 할 수 있는 '생각'의 폭을 더욱 넓게 합니다. 그러니 앞으로 만나게 될 수많은 지문들을 바탕으로 이러한 '재진술'을 인식하는 능력을 기르도록 합시다. '생각'을 하는 시간이 늘어나면 늘어날수록 '재진술'이 보이는 빈도도 늘어날 것입니다. 지문을 이해하고 처리하는 시간도 줄어들 것이고, 문제풀이 시간도 단축되겠죠. 고정 1등급이 되는 길에는 편법이 존재하지 않습니다. 그저 생각하고 또 생각하고, 효율적으로 정보를 처리하고, 목적을 가지고 문제의 선지들을 대하기 위해 가장 완벽한 루틴을 스스로에게 심는 방법밖에 없습니다.

이 책은 올바른 길을 여러분께 제시해 드릴 것입니다. 여러분은 믿음을 가지고, 스스로 생각하고 또 생각하면서 책을 따라오시면 됩니다. 그럼 다음 독해 도구도 같이 공부해 봅시다.

사례-원리 연결

친구와 대화를 하는데, 친구가 내가 하는 말을 잘 이해하지 못합니다. 그럴 때마다 우리는 이야기합니다. '아오 답답아. 예를 들어 줄게.' 이처럼 사례는 어떠한 원리를 설명하고자 할 때 이해를 돕는 역할을 합니다. 독서 지문에서도 마찬가지입니다. 무언가 어려운 내용을 설명하려 하는데, 예상 독자는 그 내용에 대해 아무것도 모르는 우리 순수한 수험생들입니다. 출제하는 교수님 입장에선 조금 답답하겠지만, 그래도 그 내용을 잘 이해시키기 위해 사례를 들어줄 수밖에 없습니다.

앞에서도 말씀드렸지만, 지금 배울 '사례-원리 연결'은 '재진술'의 일부입니다. 따라서 평가원이 굳이 여러분에게 사례를 제시하는 이유는 '재진술'을 해 주는 이유와 같습니다. 완벽한 '이해'를 바라기 때문입니다. 어떠한 원리가 화제와 직결되는 내용일 때, 추상적으로 제시되어 어렵게 느껴질 것 같다면 구체적인 사례를 제시해서 이해에 도움을 주는 것이죠. 이처럼 사례를 잘 이용하면, 추상적이고 어려운 상황을 구체적으로 이해할 수 있게 됩니다. 결국 평가원은 우리의 이해를 돕기 위해 예시를 제시해주는 것입니다. 간단한 예를 들어 볼까요?

> 정신적 사건과 물질적 사건은 구분된다고 생각하는 것이 우리의 상식이다. 이러한 상식에 따르면 인간의 정신적 사건과 육체적 사건도 구분되는 것으로 보게 된다. 하지만 정신적 사건과 육체적 사건이 서로 긴밀히 연결되어 있다고 보는 것 또한 우리의 상식이다. 위가 텅 비어 있으면 정신적인 고통을 느끼는 현상, 두려움을 느끼면 가슴이 더 빨리 뛰는 현상 등이 그런 예이다. 문제는 정신적 사건과 육체적 사건의 이질성과 관련성이라는 두 가지 상식을 조화시키기가 쉽지 않다는 것이다. 정신적 사건과 육체적 사건이 서로 다른 종류의 것이라고 주장하는 이론, 곧 심신 이원론은 그 두 종류의 사건이 관련되어 있음을 설명하기 위해 다양한 방법을 시도한다.
>
> (2014학년도 수능 B형)

이 문단에는 두 가지의 입장이 제시되어 있습니다. 하나는 정신적 사건과 물질적(=육체적) 사건이 '구분'된다고 보는 것이고, 하나는 정신적 사건과 육체적 사건이 '연결'되어 있다고 보는 것입니다. 그런데 '구분'된다고 보는 입장은 아무런 부연 설명 없이 제시되어 있지만, '연결'된다고 보는 입장은 밑줄 친 부분에서 '사례'를 제시하고 있습니다. 평가원이 보기에 '구분'된다는 입장은 어렵지 않게 이해할 수 있을 것이라 보기에 굳이 다른 설명을 곁들이지 않은 것이지만, '연결'된다는 입장은 한 번에 이해하기 까다로울 것이라 생각하니 자세히 설명을 해 주는 것이죠.

나아가 뒷 부분을 조금 더 읽어 보면, '조화시키기', '관련되어 있음을 설명하기 위함' 등의 내용을 바탕으로 '연결'된다고 보는 입장이 더욱 중요하다는 것을 알 수 있습니다. '원리'만 가지고는 이해하기 어려운데, '화제'와 직결되는 중요한 정보이니 '사례'를 활용해서 확실하게 이해를 시켜 준 것이죠!

그런데 우리는 이상하게도 예시만 나오면 그냥 흘려 읽는 경향이 있습니다. 예전부터 중심 문장 찾기 같은 걸 주로 공부해서 그런지는 몰라도, '원리' 그 자체에만 집중하고 그 원리를 설명하기 위한 '사례'에는 크게 집중하지 않습니다. 하지만 이 '사례'는 출제자가 우리에게 내려준 큰 배려라는 걸 잊지 맙시다!

사례에 원리를 연결하는 방법은 어렵지 않습니다. 사례가 나온다면, 그 사례를 통해 설명하고자 하는 원리가 반드시 있을 겁니다. 어떤 원리를 설명하는지 생각하고, 사례에 그 원리를 '일대일 대응'하면서 확실하게 이해하고 갑시다. 각각의 사례가 원리와 어떻게 대응되는지 생각해 보라는 것이에요! 예를 들어, 윗 문장에서는 인위적으로 '위가 텅 빔/가슴이 빨리 뜀=육체적 사건', '정신적인 고통을 느낌/두려움을 느낌=정신적 사건' 이런 식으로 대응시키면서, 두 사건이 '연결'된다는 말의 의미를 정확히 파악하시라는 뜻입니다.

정리해 봅시다.

1. 사례가 나오면 원리를 떠올린다.
2. 사례에 원리를 일대일 대응시키며 독해한다.

공부를 하다보면 어느 순간부터 예시를 보는 순간 관성적으로 '원리를 연결해야지!'만 생각하고 넘어가는 경우가 생깁니다. <u>원리를 실제로 연결해줘야 한다는 사실을 절대로 잊지 마시길 바랍니다.</u>

이번에도 예시를 하나 들어볼까요?

사람들은 수용자의 의견과 행동에 미치는 대중 매체의 영향력이 자신보다 다른 사람들에게서 더 크게 나타나리라고 믿는 경향이 있다는 것이다. 선거 때 어떤 후보에게 탈세 의혹이 있다는 신문 보도를 보았다고 하자. 그때 사람들은 후보를 선택하는 데에 자신보다 다른 독자들이 더 크게 영향을 받을 것이라고 여긴다.

(2007학년도 수능)

→ 설명을 보기 전에 먼저 사례를 찾고, 원리와 연결해봅시다.

→ 어떤 후보에게 탈세 의혹이 있다는 신문 보도를 보고, 사람들이 하는 여러 생각들이 '사례' 역할을 하고 있습니다. 이렇게 사례가 제시되면, 이 사례가 설명하고자 하는 원리가 무엇인지 떠올려야 합니다. '대중 매체의 영향력이 자신보다 다른 사람들에게 더 크게 나타난다고 믿는 것'이 바로 그 원리네요. 그렇다면 '신문 보도'는 대중 매체가 될 것이고, '후보의 선택에 있어서 자신보다 다른 독자들이 더 큰 영향을 받을 것'이라고 생각하는 것은 '대중 매체의 영향력이 다른 사람들에게서 더 크게 나타날 것'이라 믿는 것에 대한 사례가 되는 것입니다. 이렇게 읽으면 문장에서 설명하고자 하는 원리가 더욱 깊게 와닿는 느낌을 받을 수 있겠죠? 이런 느낌으로 계속해서 연습해봅시다.

(1)

기술이 진보한 결과 새로운 기술 영역이 출현하는 경우도 있다. 이렇게 등장한 기술 영역은 신속한 실용화의 요구 때문에 그대로 새로운 산업으로 형성되는 모습을 보이기도 한다. 예를 들어 정보 기술에서 비롯된 정보 기술 산업은 이미 핵심적인 산업으로 자리 잡았고, 바이오 기술, 나노 기술, 환경 기술 등도 미래의 유망 산업으로 부각되고 있다.

(2007학년도 수능)

(2)

많은 경제학자들은 제도의 발달이 경제 성장의 중요한 원인이라고 생각해 왔다. 예를 들어 재산권 제도가 발달하면 투자나 혁신에 대한 보상이 잘 이루어져 경제 성장에 도움이 된다는 것이다.

(2010학년도 9월 모의평가)

3

　'재정위'는 방향 기억이 헝클어진 상황에서도 장소의 기하학적 특징을 활용하여 방향을 다시 찾는 방법이다. 예를 들어, 직사각형 방에 갇힌 배고픈 흰쥐에게 특정 장소에만 먹이를 두고 찾게 하면, 긴 벽이 오른쪽에 있었는지와 같은 공간적 정보만을 활용하여 먹이를 찾는다.

(2014학년도 9월 모의평가 A형)

4

　영국의 역사가 아놀드 토인비는 「역사의 연구」를 펴내며 역사 연구의 기본 단위를 국가가 아닌 문명으로 설정했다. 그는 예를 들어 영국이 대륙과 떨어져 있을지라도 유럽의 다른 나라들과 서로 영향을 미치며 발전해 왔으므로, 영국의 역사는 그 자체만으로는 제대로 이해할 수 없고 서유럽 문명이라는 틀 안에서 바라보아야 한다고 하였다.

(2014학년도 수능 A형)

5

　보수란 보충을 해 주는 수를 의미하는 것으로, 어떤 수 a에 대한 n의 보수는 a와의 합이 n이 되는 수이다. 예를 들어 1에 대한 1의 보수는 0이고, 0에 대한 1의 보수는 1이다.

(2020학년도 3월 학력평가)

6

　장자는 합일의 경지를 만물의 상호 의존성으로 설명한다. 자아와 타자는 서로의 존재를 온전히 전제할 때 자신들의 존재가 드러날 수 있다고 그는 말한다. 예컨대, 내가 편견 없는 눈의 감각으로 꽃을 응시하면 그 꽃으로 인해 나의 존재가 성립되고 나로 인해 그 꽃 또한 존재의 의미를 획득하게 된다는 것이다.

(2016학년도 6월 모의평가 B형)

7

내재주의의 기본 입장은 믿음의 정당화가 믿음들 간의 관계에 있다는 것이다. 가령 내가 '지구는 둥글다'라고 믿을 때, 이 믿음이 정당화되기 위해서는 과학적 사실들에 대한 내 믿음과 우주에서 찍은 지구 사진에 관한 내 믿음이 바로 지구는 둥글다는 내 믿음의 이유가 되는 것이다.

(2021학년도 3월 학력평가)

8

의사설은 타인의 의무 이행 여부와 관련된 권능, 곧 합리적 이성을 가진 자가 아니면 권리자가 되지 못하는 난점이 있다. 가령 사람이 동물 보호 의무를 갖는다고 하더라도 동물이 권리를 갖는다고 보기는 어렵다. 왜냐하면 동물은 이성적 존재가 아니기 때문이다.

(2020학년도 10월 학력평가)

9

진화고고학에서는 인간의 삶은 자연환경에 더욱 잘 적응하기 위한 선택이라고 보는 진화론에 초점을 맞추어 과거를 설명한다. 진화론이 적용된 사례를 토기의 변화에 대한 연구를 통해 구체적으로 살펴보자. 이 연구에서는 서기 1세기부터 약 1천 년 동안 어느 한 지역에서 출토된 조리용 토기들의 두께와, 토기에 탄화된 채로 남아있던 식재료에 사용된 곡물의 전분 함량을 조사했다. 그 결과 후대로 갈수록 토기 두께가 상당히 얇아지고 곡물의 전분 함량은 증가한다는 사실을 발견했다. 진화고고학은 이렇게 토기 두께가 얇아진 이유를 전분이 좀 더 많은 씨앗의 출현이라는 외부 환경의 변화에 적응하였기 때문이라고 설명한다.

(2015학년도 6월 모의평가 A형)

10

어떤 모델이든지 상품의 특성에 적합한 이미지를 갖는 인물이어야 광고 효과가 제대로 나타날 수 있다. 예를 들어, 자동차, 카메라, 공기 청정기, 치약과 같은 상품의 경우에는 자체의 성능이나 효능이 중요하므로 대체로 전문성과 신뢰성을 갖춘 모델이 적합하다.

(2011학년도 6월 모의평가)

11

　　논리학에서는 어떤 추론의 전제가 참일 때 결론이 거짓일 가능성이 없으면 그 추론은 '타당하다'고 말한다. "서울은 강원도에 있다. 따라서 당신이 서울에 가면 강원도에 간 것이다."[추론 1]라는 추론은, 전제가 참이라고 할 때 결론이 거짓이 되는 경우는 전혀 생각할 수 없으므로 타당하다. 반면에 "비가 오면 길이 젖는다. 길이 젖어 있다. 따라서 비가 왔다."[추론 2]라는 추론은 전제들이 참이라고 해도 결론이 반드시 참이 되지는 않으므로 타당하지 않은 추론이다.　　　　　　　　　　　　(2011학년도 6월 모의평가)

12

　　실제 소리와 언어 표현은 차이가 있다. 예를 들어 소의 울음을 국어에서는 '음매'라고 발음하지만, 소는 그 소리대로 울지 않는다. '음매'라는 발음으로 우는 소가 있다면 그 소는 한국어를 구사하는 소라고 하겠다.　　　　　　　　　　　　(2000학년도 수능)

13

　　바로크 초반의 음악 이론가 부어마이스터는 마치 웅변에서 말의 고저나 완급, 장단 등이 호소력을 이끌어 내듯 음악에서 이에 상응하는 효과를 낳는 장치들에 주목하였다. 예를 들어, 가사의 뜻에 맞춰 가락이 올라가거나, 한동안 쉬거나, 음들이 딱딱 끊어지게 연주하는 방식 등이 이에 해당한다.　　　　　　　　　　　　(2012학년도 수능)

14

　　상형 문자는 사물의 형태를 본뜬 문자다. 그러나 눈으로 볼 수 있는 것은 형태를 본떠서 재현할 수 있지만, 눈으로 볼 수 없는 것은 재현하기 어렵다. 예를 들어 '휴식'과 같이 추상적인 개념은 상형 문자로 표현할 수 없다.　　　　　　　　　　　　(2010학년도 6월 모의평가)

15

가족 유사성은 가족 구성원들 간의 닮음을 언어에 적용한 개념으로 '서로 겹치고 교차하는 유사성들의 복잡한 그물'을 의미한다. 예컨대 '놀이'라는 말은 카드놀이, 숨바꼭질, 끝말잇기, 축구, 야구 등 다양한 대상을 지칭할 수 있는데, 이것들 전부에 공통적으로 나타나는 성질은 없고 부분들 간에 겹치고 교차하는 성질들이 있을 뿐이다.　　　　　　　　　　　(2018학년도 3월 학력평가)

16

원인과 결과의 필연성은 개별적인 사례들을 통해 일반화될 수 있다. 가령, A라는 사람이 스트레스로 병에 걸렸고, B도 스트레스로 병에 걸렸다면 이런 개별적인 사례들로부터 '스트레스가 병의 원인이다.'라는 일반적인 인과가 도출된다.　　　　　　　　　　　(2009학년도 수능)

17

하지만 어떤 설명 이론이라도 인과 개념을 도입하는 순간 원인과 결과 사이의 관계가 분명하지 않다는 철학적 문제를 해결해야 한다. 결과를 일으키는 원인은 무수히 많고 연쇄적으로 서로 얽혀 있기 때문이다. 예를 들어 소크라테스가 죽게 된 원인은 독을 마신 것이지만, 독을 마시게 된 원인은 사형 선고를 받은 것이고, 사형 선고를 받게 된 원인도 여러 가지를 떠올릴 수 있다.　　　　　　　　　　　(2016학년도 9월 모의평가 B형)

18

산업의 변화는 기술 이외에 시장 수요의 측면에서도 그 원인을 찾을 수 있다. 가령, 인구 구성과 소비 가치가 변화함에 따라서 과거의 고정 관념에 얽매이지 않는 수많은 새로운 산업이 나타나고 있다. 패션 산업, 실버산업, 레저 산업 등은 표준산업분류에 나오지 않지만 현실적으로 이미 중요한 산업으로 인식되고 있다.　　　　　　　　　　　(2007학년도 수능)

19

　수직적 인수합병은 동일한 분야에 있으나 생산 활동 단계가 다른 업종 간에 이루어지는 인수합병이다. 예를 들어 자동차의 원자재를 공급하는 기업과 자동차를 생산하는 기업이 인수합병하는 경우가 있다. (2016학년도 7월 학력평가)

20

　대부분의 민주주의 국가에서 국민은 자신의 대표자를 뽑아 국정의 운영을 맡기는 제도를 채택하고 있다. 그런데 여기에는 국민과 대표자 사이의 관계와 관련하여 근대 정치의 고전적인 딜레마가 내포되어 있다. 가령 입법안을 둘러싸고 국회의원과 소속 지역구 주민들의 생각이 다르다고 가정해 보자. 누구의 의사를 우선하는 것이 옳을까? (2013학년도 6월 모의평가)

21

　기술적 모순이란 두 개의 기술적 변수의 값이 서로 충돌하는 것이다. 가령 비행기의 속도를 높이려면 출력이 높은 엔진을 장착해야 한다. 그런데 출력을 높이려면 엔진이 커져야 하고, 그에 따라 엔진은 무거워진다. 결국 출력이 높은 엔진을 장착하면 비행기의 무게가 증가하여 속도는 떨어지게 된다. 그렇다고 가벼운 엔진을 장착하면 출력의 한계 때문에 속도를 증가시키기 어렵다. (2006학년도 6월 모의평가)

22

　어떤 경제 주체의 행위가 자신과 거래하지 않는 제3자에게 의도하지 않게 이익이나 손해를 주는 것을 '외부성'이라 한다. 과수원의 과일 생산이 인접한 양봉업자에게 벌꿀 생산과 관련한 이익을 준다든지, 공장의 제품 생산이 강물을 오염시켜 주민들에게 피해를 주는 것 등이 대표적인 사례이다. (2012학년도 수능)

23

　　SNS에서 이루어지는 다양한 활동은 계량적 지표로 활용되어 이용자를 서열화할 수 있기 때문에 이용자는 이 서열을 자신의 정체성과 결부시켜 받아들일 수 있다. 가령 더 자주 접속하여, 더 많은 게시물과 반응을 남기는 이용자는 자기 스스로 SNS 공간에서 유명 인사가 될 수 있다고 생각한다.

(2020학년도 사관학교)

24

　　양층 언어(상층어*, 하층어*) 사용 상황에 있는 구성원은 특정 상황에서 사용되는 언어를 모를 경우 불이익을 받을 수 있다. 예를 들어 정치 분야에서 사용되는 언어를 모른다면 일상생활에는 지장이 없겠지만, 투표와 같은 참정권을 행사하는 과정에서 불편을 겪게 될 가능성이 크다.

(2017학년도 사관학교)

* 상층어: 종교, 법률, 교육, 행정 등과 같은 '높은 차원'의 언어적 기능을 수행하기 위해 사용되는 언어.
* 하층어: 가족 간의 비격식적인 대화, 친교를 위한 일상 담화 등 '낮은 차원'의 언어적 기능을 수행하기 위한 언어.

25

　　국가가 개인의 재산권을 보호하고, 재산권이 배타적 권리라도 이는 절대적이고 무제한적일 수 없다. 예를 들어, 어떤 철도 회사가 자기의 철도에 대하여 가지는 재산권이 절대적이고 무제한적인 권리라면 철도 운영 과정에서 발생하는 오염 물질도 마음대로 배출할 수 있다. 이 경우 그 오염 물질로 인하여 철도 인근의 농민들이 소유한 경작지의 가치는 그만큼 감소하므로 농민들의 재산권이 침해당한 것이다.

(2020학년도 사관학교)

26

　　이 심사는 기업 결합의 성립 여부를 확인하는 것부터 시작한다. 여기서는 해당 기업 간에 단일 지배 관계가 형성되었는지가 관건이다. 예컨대 주식 취득을 통한 결합의 경우, 취득 기업이 피취득 기업을 경제적으로 지배할 정도의 지분을 확보하지 못하면, 결합의 성립이 인정되지 않고 심사도 종료된다.

(2010학년도 수능)

27

　'물질의 성질'은 물질을 구성하는 분자나 이온의 구조에 의해 나타나는 성질을 의미한다. 따라서 분자나 이온의 구조가 달라지면 물질의 성질은 변하게 된다. 예를 들어, 이산화탄소(CO_2)는 물과 결합해 탄산 이온(CO_3^{2-})을 형성하여 탄산수가 된다. 이것은 이산화탄소와 물과는 전혀 다른 성질을 가지기 때문에 이산화탄소가 물에 녹는 현상은 화학 변화라고 말할 수 있다. 반면에 설탕이 물에 녹는 경우는 설탕의 색과 모양만 변하므로 이러한 용해 현상은 물리 변화에 해당한다.　　(2003학년도 모의평가)

28

　우선, 언어 표현과 그것이 지시하는 내용 사이의 결합이 자의적이라는 점을 들 수 있다. 이는 같은 의미를 가진 말을 언어마다 달리 발음하는 사실만으로도 쉽게 확인된다. 간혹 의성어의 경우는 이 관계가 필연적이라는 이의가 제기되기도 하지만, 여기에도 필연성은 없다. 예를 들어 국어로는 개가 짖는 소리를 '멍멍'이라고 하지만 러시아어로는 '가브가브'라고 한다. 이는 우리가 지각한 소리에 대한 언어 표현이 꼭 그래야 할 필연성이 없음을 보여 준다.　　(2000학년도 수능)

29

　기업 결합이 이루어지는 경우 기업이 속한 사회에는 간혹 역기능이 나타나기도 하는데, 시장의 경쟁을 제한하거나 소비자의 이익을 침해하는 경우가 그러하다. 가령, 시장 점유율이 각각 30%와 40%인 경쟁 기업들이 결합하여 70%의 점유율을 갖게 될 경우, 경쟁이 제한되어 지위를 남용하거나 부당하게 가격을 인상할 수 있는 것이다.　　(2010학년도 수능)

30

　아리스토제누스는 '감각적 지각'이 수적 비율보다 음악을 판단하는 데에 더 근본적이라 주장하며, 이를 미적 체험의 바탕으로 삼았다. 5도를 아름답다고 들었을 때, 그것이 왜 아름답게 들리는지를 수리적 추리를 통해 이해하려고 했던 피타고라스와는 달리, 아리스토제누스는 귀로 지각된 소리를 근거로 음악의 아름다움을 판단한다.　　(2011학년도 9월 모의평가)

절차적 측면에서 보면 그린이 스키아파렐리보다 우위를 점하고 있었다. 우선 스키아파렐리는 전문 천문학자였지만 화성 관측은 이때가 처음이었다. 게다가 그는 마데이라 섬보다 대기의 청명도가 떨어지는 자신의 천문대에서 관측을 했고, 배율이 상대적으로 낮은 8인치 반사 망원경을 사용했다. 또한 그는 짧은 시간에 특징만을 스케치하고 나중에 기억에 의존해 그것을 정교화했으며, 자신만의 관측을 토대로 지도를 제작했던 것이다.

(2007학년도 수능)

배추를 경작하는 농민이 주변 여건에 따라 가격이 크게 변동하는 데서 오는 위험에 대비해 3개월 후 수확하는 배추를 채소 중개상에게 1포기당 8백 원에 팔기로 미리 계약을 맺었다고 할 때, 이와 같은 계약을 선물 계약, 8백 원을 선물 가격이라고 한다.

(2018학년도 사관학교)

즉, 법률 조문의 공백으로 인해 포섭할 수 없는 사안이 있을 때에는 유사한 다른 사안을 규율하는 법률을 찾아 이를 해당 사안에 적용하는 것이다. 예를 들어 법률 조문에 이자를 지급하라는 규정은 있으나 입법 과정에서 실수로 이자율을 명시하지 않았다면, 이자율을 규정하고 있는 다른 법률의 조항을 참조해 적정한 이자를 지급하라고 판단을 내릴 수 있다.

(2021학년도 사관학교)

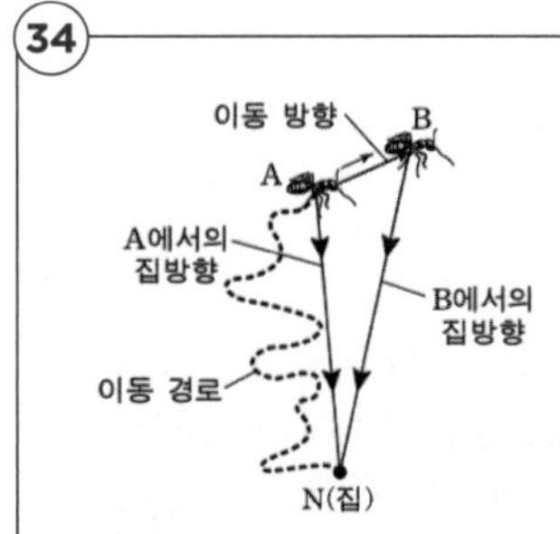

사막개미의 이러한 놀라운 집찾기는 집을 출발하여 먹이를 찾아 이동하면서 자신의 위치에서 집 방향을 계속하여 다시 계산함으로써 가능하다. 가령, 그림에서 이동 경로를 따라 A에 도달한 사막개미가 먹이를 찾았다면 그때 파악한 집 방향 $\overrightarrow{AN}$으로 집을 향해 갈 것이다. 만약 A에서 먹이를 찾지 못해 B로 한 걸음 이동했다고 가정하자. 이때 사막개미는 A에서 B로의 이동 방향과 거리에 근거하여 새로운 집 방향 $\overrightarrow{BN}$을 계산한다. 사막개미는 먹이를 찾을 때까지 이러한 과정을 반복하여 매 위치에서의 집 방향을 파악한다.

(2014학년도 9월 모의평가 A형)

➔ 읽고 아래 선지를 해결해봅시다.

⑤ 사막개미는 한 걸음씩 이동하면서 그때마다 집까지의 직선 거리를 다시 계산하겠군.

35

> [**청구항 1**] 금속, 플라스틱으로 구성된 의자
> [**청구항 2**] 제1항에 있어서, 상기 금속은 철인 의자
> [**청구항 3**] 제2항에 있어서, 목재를 포함하여 구성된 의자

위 예시의 [청구항 1]은 발명의 범위를 단독으로 나타내는 독립항이고, [청구항 2]와 [청구항 3]은 다른 항을 인용한 종속항이다. [청구항 2]는 다른 항에 기재된 발명의 구성 일부를 한정한 경우이고, [청구항 3]은 다른 항에 기재된 발명에 새로운 특징을 추가한 경우이다. 종속항은 독립항은 물론 또 다른 종속항을 인용할 수 있으며, 여러 가지 기술적 특징과 한정 사항 등의 구성 요소를 제시하기 때문에 독립항보다 좁은 보호 범위를 갖는다는 특징이 있다. (2023학년도 4월 학력평가)

36

풀러는 하트의 법 해석에 대한 접근이 개별 단어들에 지나치게 집중한다고 비판하면서 법을 해석할 때는 기본적으로 법 규칙의 맥락과 법 규칙으로 실현하고자 하는 목적이 중요하다고 주장하였다. 풀러는 아이들에게 놀이를 가르치라고 어떤 사람이 다른 사람에게 말했는데, 아이들에게 돈을 걸고 내기를 하는 주사위 노름을 가르친 상황을 예로 들어 이를 설명한다. 아이들에게 놀이를 가르치라는 발화자의 당초 목적이 구체적으로 확정되지 않더라도, 놀이가 가리키는 대상에 주사위 노름이 포함되지 않는다고 해석할 수 있는 것은 인류가 가진 보편적인 목적들을 구현하는 방향으로 해석해야 하기 때문이라는 것이다. (2023학년도 10월 학력평가)

37

현대 철학자 메야수는 사유 의존적인 대상뿐만 아니라 인간의 사유와 독립한 존재가 실재한다고 주장한다. 가령 방사성 동위 원소의 측정으로 '46억 년 전에 최초의 지구가 존재했다.'라는 것이 입증되었다. 메야수에 따르면, 이는 인간의 사유와 독립한 존재가 실재한다는 증거이다. (2024학년도 3월 학력평가)

38

낭만주의로의 이행이 진행되면서, 작곡가 자신이 느낀 주관적 감정이 음악을 통해 표현될 수 있다는 사고의 전환이 이루어졌다. 감정의 의미가 작곡가의 주관적인 감정으로 바뀌면서, 작곡가는 자신의 개성이나 독창성에 기초한 창작 활동을 할 수 있게 되었다. 또한 청자에게도 작곡가의 감정을 이해하기 위해 자신의 감정에 따라 음악을 능동적으로 수용하는 태도가 중요해졌다. (2025학년도 7월 학력평가)

　상계란 채권자와 채무자가 서로 같은 종류의 채권·채무를 가지고 있는 경우에 상계하려는 자의 일방적인 의사 표시만으로 그 채무들을 대등액에서 소멸하게 하는 것을 말한다. 가령 A는 B에 대하여 200만 원의 금전 채권을 가지고 있고 B는 A에 대하여 100만 원의 금전 채권을 가지고 있는 경우에, A 또는 B는 상대방에 대한 일방적인 의사 표시로 100만 원에 관해서 그들의 채권을 소멸시킬 수 있다.

(2024학년도 10월 학력평가)

　도로교통법이 아무나 운전하는 것을 금지하는 이유는 도로상에서의 위험을 방지하기 위함이다. 그래서 누구든 운전을 하려면 법으로 정한 요건을 충족하여 행정청으로부터 운전면허를 받아야 한다. 운전면허라는 행정행위를 통해 법적 금지를 해제할 수 있기 때문이다. 이처럼 행정청의 의사표시를 요소로 하여 법률효과가 발생하는 행정행위를 법률행위적 행정행위라고 한다.

(2025학년도 7월 학력평가)

'사례-원리 연결'과 '재진술'은 평가원에서 제시하는 '이해의 범위'이기도 합니다. 평가원이 생각하기에 적어도 이 문장/이 원리는 반드시 이해해야 한다고 생각하기에 '사례'와 '재진술'을 활용하는 거예요. 이를 인식하는 순간 확실하게 이해하고 넘어가는 습관을 들이도록 합시다. 할 수 있겠죠?

고정값

세상에서 변하지 않는 것은 거의 없습니다. 평생 변하지 않을 것 같던 부모님의 외모, 나의 성격, 집 앞 자주 가던 분식집의 간판 모양까지, 거의 모든 것은 달라집니다.

그렇기 때문에 고정된 값들은 항상 특이하고, 우리의 이목을 끕니다. 사람들이 임의로 고정시킨 각종 수치들부터 너무나 신기한 몸 속 메커니즘까지, '변하지 않는 것'들에는 주목하게 될 수밖에 없습니다. 그리고 평가원 독서에서는 이 특이한 부분들을 치사할 정도로 열심히 물어봅니다. 그렇다면 우리는 당연히 '고정된 값'에 주목하며 지문을 읽는 습관을 들여야겠네요. 특이한 부분이고, 문제에 출제될 부분이니까요. 그러니 '고정된', '변하지 않는', '고유한', '일정한' 등의 표현이 나온다면 체크하고 가는 습관을 들입시다.

또한 '모든', '항상' 등의, 상황을 고정시켜 주는 단어들이 쓰인 문장도 일종의 '고정값'이라고 할 수 있습니다. 이 '고정된 값'은 정답률이 2~30%대에 머무는 킬러 문제에서 답의 근거로 활용되는 경우도 많습니다. 킬러 문제가 아니더라도 각종 문제에서 선지로 등장하곤 하니, 웬만하면 꼭 체크하고 기억하도록 노력합시다.

'고정값'의 경우 그리 자주 나오지는 않습니다. 그렇기에 더더욱 놓치기 쉬운 부분이기도 합니다. 확실하게 눈에 익혀 두는 것이 중요하겠죠? 예시를 통해 살펴봅시다.

> 아인슈타인의 상대성 이론에 따르면 빛의 속력은 항상 일정하므로, 레이저를 이용하여 빛의 속력을 길이 표준에 이용하자는 의견이 제기되었다.   (2009학년도 6월 모의평가)

➜ 빛의 속력이 '항상' '일정'하다고 합니다. 누가 봐도 고정값임을 알 수 있죠. 나아가 이 빛의 속력을 길이 '표준'에 이용하고 있음을 볼 수 있습니다. 달라지지 않는 값이기 때문에 어떤 상황의 기준, 표준이 될 수 있겠죠. 변하는 것은 '표준'이 될 수 없으니까요.

이런 식입니다. 간단하죠? 아래 예시들도 살펴 보면서, 우리가 꼭 체크해야 할 '고정값'이 어떤 방식으로 제시되는지 확인해 봅시다.

①
> 측정은 항상 오차를 가지게 마련이므로 측정으로 표준을 정하면 값을 확정할 수 없다.   (2009학년도 6월 모의평가)

②
> 현대의 체계 이론 미학은 내용적 구속성에서 벗어난 예술을 진정한 예술로 여긴다. 이는 예술이 미적 유희를 통제하는 모든 외적 연관에서 벗어나 하나의 자기 연관적 체계로 확립되어 온 과정을 관찰하고 분석함으로써 얻은 결론이다.   (2011학년도 수능)

3

　　이 경우에 분자들이 충돌을 하게 되면 각 분자의 운동 에너지는 변할 수 있지만, 분자들이 에너지를 서로 주고받기 때문에 기체 전체의 운동 에너지는 변하지 않게 된다. (2013학년도 9월 모의평가)

4

　　어떤 단백질 합성에 필요한 각 필수아미노산의 비율은 정해져있다. (2015학년도 수능 A형)

5

　　과학자들은 지구 내부의 맨틀 깊숙이 위치한 마그마의 근원지인 열점이 거의 움직이지 않는다는 것을 알아내고, 그것을 판의 절대 속도를 구하는 기준점으로 사용하였다. (2007학년도 9월 모의평가)

6

　　고장 없이 영원히 작동하는 부품은 없기 때문에 직렬 구조의 신뢰도는 항상 가장 약한 부품의 신뢰도보다도 낮을 수밖에 없다. (2010학년도 수능)

정액 지원금은 지역 주민의 공공재 지출과 상관없이 일정 금액을 지원하는 것이다.

(2022학년도 3월 모의평가)

컴퓨터는 0 또는 1로 표시되는 비트를 최소 단위로 삼아 내부적으로 데이터를 표시한다. 컴퓨터가 한 번에 처리하는 비트 수는 정해져 있는데, 이를 워드라고 한다. 예를 들어 64비트의 컴퓨터는 64개의 비트를 1워드로 처리한다.

(2020학년도 3월 모의평가)

이 과정에서 그들은 특정한 금속의 스펙트럼에서 띄엄띄엄 떨어진 밝은 선의 위치는 그 금속이 홑원소로 존재하든 다른 원소와 결합하여 존재하든 불꽃의 온도에 상관없이 항상 같다는 결론에 도달하였다. (2014학년도 수능 A형)

홍채에는 불규칙한 무늬가 있는데, 두 사람의 홍채 무늬가 같을 확률은 대략 20억분의 1 정도로 알려져 있다.

(2016학년도 6월 모의평가 A형)

11

　청세포에서 발생하는 '귀의 소리'는 4kHz 이하의 주파수 대역에서 측정되는데, 그 소리는 개인마다 차이를 보이지만 개인별로는 일정한 패턴을 유지한다.　　　　　　　　　　　　　　　　　　　　　(2010학년도 6월 모의평가)

12

　해시 함수란 입력 데이터 x에 대응하는 하나의 결과 값을 일정한 길이의 문자열로 표시하는 수학적 함수이다. 그리고 입력 데이터 x에 대하여 해시 함수 H를 적용한 수식을 $H(x) = k$라 할 때, k를 해시 값이라 한다. 이때 해시 값은 입력 데이터의 내용에 미세한 변화만 있어도 크게 달라진다. 현재 여러 해시 함수가 이용되고 있는데, 해시 값을 표시하는 문자열의 길이는 각 해시 함수마다 다를 수 있지만 특정 해시 함수에서의 그 길이는 고정되어 있다.　　　　　　(2016학년도 9월 모의평가 A형)

➜ 읽고 아래 선지를 해결해봅시다.

　④ 입력 데이터 x, y에 대해 특정한 해시 함수 H를 적용한 $H(x)$와 $H(y)$가 도출한 해시 값의 문자열의 길이는 언제나 동일하다.

13

　ADC는 입력 전압의 값을 데이터로 변환하여 출력할 때는 일정한 수의 비트로 표현한다.　　　　　(2024학년도 3월 학력평가)

14

　한계 산소 농도란 연소가 지속적으로 유지되기 위해 필요한 최소한의 산소 농도를 의미하며, 가연물마다 고유의 값을 가진다.　　　　　　　　　　　　　　　　　　　　　　　　　(2025학년도 10월 학력평가)

이렇게 '고정값'에 대한 내용도 모두 배워봤습니다. 지문에 제시되면 선지에 등장하는 경우가 정말 많으므로, 인식하는 습관을 들이는 것이 필요합니다. 하지만, 주의해야 할 점이 있습니다. 여러분이 '고정값'을 찾는 데만 몰두하다 보면, 전체적인 지문 흐름과 정의, 재진술 등을 잡지 못할 가능성이 높아집니다. '고정값'은 어디까지나 보조적인 독해 '도구'일 뿐이라는 것을 꼭 기억하시기 바랍니다. 지문에 제시된 정의를 정확히 체크하고, 재진술을 잡아내고, 사례와 원리를 연결하고... 이렇게 '기본'이 되는 도구들에 '고정값'과 같은 스킬적인 내용이 추가되어야 빛을 발할 수 있는 것입니다. 뭔가 특별해 보이는 도구는 여러분의 베이스가 이미 마련된 상태에서 사용할 수 있다는 것을 잊지 맙시다.

P . I . R . A . M

PART 2

단문 단위 독해 연습

그동안 배운 것들을 바탕으로, 여러 문장이 이어진 '단문'을 독해하는 연습을 해봅시다.
Part 1의 내용을 심화시켜 복습한다고 보시면 됩니다. 준비되셨죠?

Part 2. 단문 단위 독해 연습

우리는 Part 1에서 '개념의 정의', '재진술', '사례-원리 연결', '고정값'이라는 아주 기본적인 독해 태도를 배웠습니다. 국어를 잘하는 사람들은 저런 도구들을 본인도 모르게 사용하기 때문에 지문을 쉽게 이해하는 것이었어요. 이제 한 문장 단위의 생각은 어느 정도 따라오실 테니, 본격적으로 그 문장들을 이어봅시다. 결국 우리가 읽어야 하는 지문은 한 문장이 아니므로, 이렇게 독해 단위를 넓혀 가는 연습은 꼭 필요하겠죠? Intro에서 언급했던 '이해력'과 '독해력'을 유감없이 발휘해 보세요!

시작하기 전에, 지금까지 배운 것들을 총정리해 볼까요?

1) 단어의 의미 살리며 개념 받아들이기
2) 1)을 바탕으로 정의 체크하기 → 이때, '수식된 정의'에 주목하기
3) 개념들의 정의를 이어가면서, '재진술'되는 내용을 바탕으로 정보량 줄여나가기
4) 사례가 나오면, 원리와 일대일로 대응하며 완벽하게 이해하기
5) 고정된 값에 주목하기

그리 많지 않죠? 여러 문장으로 연습을 거치면서, 위와 같은 태도가 나름대로 습관화되었을 것이라 생각합니다. 조금 더 단단하게 다져보도록 합시다. 이번 파트에서는 '기본-심화'의 구성으로 나누어 단계별 학습이 가능하게끔 했어요. 단문 하나하나 뚫어가는 쾌감을 느끼면서 공부해 보도록 합시다.

단문 단위 독해 연습 – 기본

1

별의 밝기는 등급으로 나타내며, 지구에서 관측되는 별의 밝기를 '겉보기 등급'이라고 한다. 절대 등급은 별이 지구로부터 10파섹(약 32.6광년)의 거리에 있다고 가정했을 때 그 별의 겉보기 등급으로 정의한다. 학자들은 별의 겉보기 등급에서 절대 등급을 뺀 값인 거리지수를 이용하여 별까지의 거리를 판단하며, 이 값이 큰 별일수록 지구에서 별까지의 거리가 멀다.

(2015학년도 6월 모의평가 B형)

2

정부는 공공의 이익을 위해 정책을 기획, 수행하여 유형 또는 무형의 생산물인 공공 서비스를 공급한다. 공공 서비스의 특성은 배제성과 경합성의 개념으로 설명할 수 있다. 배제성은 대가를 지불하여야 사용이 가능한 성질을 말하며, 경합성은 한 사람이 서비스를 사용하면 다른 사람은 사용할 수 없는 성질을 말한다. 이러한 배제성과 경합성의 정도에 따라 공공 서비스의 특성이 결정된다. 예를 들어 국방이나 치안은 사용자가 비용을 직접 지불하지 않고 여러 사람이 한꺼번에 사용할 수 있으므로 배제성과 경합성이 모두 없다. 이에 비해 배제성은 없지만, 많은 사람이 한꺼번에 사용하는 것이 불편하여 경합성이 나타나는 경우도 있다. 무료로 이용하는 공공 도서관에서 이용자가 많아 도서 열람이나 대출이 제한될 경우가 이에 해당한다.

(2015학년도 수능 A형)

3

NMR 분광계는 당시에 유일하게 배리언 사에서 제작하고 있었는데, 로버츠는 이것의 가치를 남들보다 일찍이 인식하고 1950년대부터 이 기구로 미지의 분자 구조를 밝혀내기 시작했다. 로버츠는 '선도 사용자'로서 유기 화학계에 이 기구의 유용성을 열심히 알렸다. 그는 NMR를 이용한 연구를 수행하는 한편 학생들에게 이 기구를 사용하여 연구하는 방법을 가르쳤고 그 내용을 정리하여 교재로 출판했다. 로버츠의 노력에 힘입어 이 기구를 사용하는 연구자의 수가 빠르게 늘어났다.

(2008학년도 9월 모의평가)

➜ 이 단문을 이해한 뒤, 아래 문제도 풀어봅시다.

Q. 로버츠가 수행한 '선도 사용자'로서의 역할에 대한 설명으로 가장 적절한 것은?

① NMR 분광계의 작동 원리를 파악하여 그것의 개선에 기여했다.
② NMR 분광계의 사용자를 늘리기 위해 관련 학술지를 만들었다.
③ NMR 분광계를 일찍부터 사용하고 그것의 문제점을 지적했다.
④ NMR 분광계의 장점을 관련 과학 분야에 널리 알려 그것의 보급에 기여했다.
⑤ NMR 분광계의 제작사가 원하는 것을 이해하고 그에 맞는 이론을 제공했다.

　최근 들어 도시의 경쟁력 향상을 위한 새로운 전략의 하나로 창조적 인재들이 창의성을 발휘할 수 있는 환경을 갖춘 도시인 창조 도시에 대한 논의가 활발하게 진행되고 있다. 즉 창조 도시는 인재들을 위한 문화 및 거주 환경의 창조성이 풍부하며, 혁신적이고도 유연한 경제 시스템을 구비하고 있는 도시인 것이다.

(2009학년도 수능)

　단백질 합성에 필요한 아미노산 중 체내에서 합성할 수 없어 필요량을 스스로 충족할 수 없는 것을 필수아미노산이라고 한다. 제한아미노산은 단백질 합성에 필요한 각각의 필수아미노산의 양에 비해 공급된 어떤 식품에 포함된 해당 필수아미노산의 양의 비율이 가장 낮은 필수아미노산을 말한다. 가령, 가상의 P 단백질 1몰을 합성하기 위해서는 필수아미노산 A와 B가 각각 2몰과 1몰이 필요하다고 하자. P를 2몰 합성하려고 할 때, A와 B가 각각 2몰씩 공급되었다면 A는 필요량에 비해 2몰이 부족하게 되어 P는 결국 1몰만 합성된다. 이때 A가 부족하여 합성할 수 있는 단백질의 양이 제한되기 때문에 A가 제한아미노산이 된다.

(2015학년도 수능 A형)

　현행법상 불법 행위에 대한 금전적 제재 수단에는 민사적 수단인 손해 배상, 형사적 수단인 벌금, 행정적 수단인 과징금이 있으며, 이들은 각각 피해자의 구제, 가해자의 징벌, 법 위반 상태의 시정을 목적으로 한다. 예를 들어 기업들이 담합하여 제품 가격을 인상했다가 적발된 경우, 그 기업들은 피해자에게 손해 배상 소송을 제기당하거나 법원으로부터 벌금형을 선고받을 수 있고 행정 기관으로부터 과징금도 부과 받을 수 있다. 이처럼 하나의 불법 행위에 대해 세 가지 금전적 제재가 내려질 수 있지만 제재의 목적이 서로 다르므로 중복 제재는 아니라는 것이 법원의 판단이다.

(2016학년도 6월 모의평가 AB형 공통)

7

　디지털 영상은 2차원 평면에 격자 모양으로 화소를 배열하고 각 화소의 밝기인 화솟값을 데이터로 저장한 것이다. 화솟값은 0에서 255 사이의 값으로 나타내는데 0일 때 검은색으로 가장 어둡고 255일 때 흰색으로 가장 밝다. 화소들 사이의 밝기 차이를 명암 대비라 하며 명암 대비가 강할수록 영상은 선명하게 보인다. 해상도란 디지털 영상을 구성하는 화소수를 말하며 '가로×세로'의 화소수로 나타낸다.

(2015학년도 수능 A형)

8

　민간 위탁은 주로 다음과 같은 몇 가지 방식으로 운용되고 있다. 가장 일반적인 것은 '경쟁 입찰 방식'이다. 이는 일정한 기준을 충족하는 민간 업체 간 경쟁 입찰을 거쳐 서비스 생산자를 선정, 계약하는 방식이다. 공원과 같은 공공 시설물 관리서비스가 이에 해당한다. 이 경우 정부가 직접 공공 서비스를 제공할 때보다 서비스의 생산 비용이 절감될 수 있고 정부의 재정 부담도 경감될 수 있다. 다음으로는 '면허 발급 방식'이 있다. 이는 서비스 제공을 위한 기술과 시설이 기준을 충족하는 민간 업체에게 정부가 면허를 발급하는 방식이다. 자동차 운전면허 시험, 산업 폐기물 처리 서비스 등이 이에 해당한다. 이 경우 공공 서비스가 갖춰야 할 최소한의 수준은 유지하면서도 공급을 민간의 자율에 맡겨 공공 서비스의 수요와 공급이 탄력적으로 조절되는 효과를 얻을 수 있다. 또한 '보조금 지급 방식'이 있는데, 이는 민간이 운영하는 종합 복지관과 같이 안정적인 공공 서비스 제공이 필요한 기관에 보조금을 주어 재정적으로 지원하는 것이다.

(2015학년도 수능 A형)

9

　논증은 크게 연역과 귀납으로 나뉜다. 전제가 참이면 결론이 확실히 참인 연역 논증은 결론에서 지식이 확장되는 것처럼 보이지만, 실제로는 전제에 이미 포함된 결론을 다른 방식으로 확인하는 것일 뿐이다. 반면 귀납 논증은 전제들이 모두 참이 라고 해도 결론이 확실히 참이 되는 것은 아니지만 우리의 지식을 확장해 준다는 장점이 있다. 여러 귀납 논증 중에서 가장 널리 쓰이는 것은 수많은 사례들을 관찰한 다음에 그것을 일반화하는 것이다. 우리는 수많은 까마귀를 관찰한 후에 우리가 관찰하지 않은 까마귀까지 포함하는 '모든 까마귀는 검다.'라는 새로운 지식을 얻게 되는 것이다.

(2013학년도 수능)

　　1950년 프랑스의 영화 비평계에는 작가주의라는 비평 이론이 새롭게 등장했다. 작가주의란 감독을 단순한 연출자가 아닌 '작가'로 간주하고, 작품과 감독을 동일시하는 관점을 말한다. 이 이론이 대두될 당시, 프랑스에는 유명한 문학 작품을 별다른 손질 없이 영화화하거나 화려한 의상과 세트, 인기 연극배우에 의존하는 제작 관행이 팽배해 있었다. 작가주의는 이렇듯 프랑스 영화에 만연했던 문학적, 연극적 색채에 대한 반발로 주창되었다.

(2015학년도 6월 모의평가 AB형 공통)

　　청구권은 Y가 X에게 A라는 행위를 할 법적 의무가 있다면 X는 상대방 Y에 대하여 A라는 행위를 할 것을 법적으로 청구할 수 있다는 권리이다. 호펠드는 청구가 논리적으로 언제나 의무와 대응 관계를 이룬다고 보았다. 가령 X는 폭행당하지 않을 권리를 가졌는데, Y에게 X를 폭행하지 않을 의무가 부과되지 않았다고 한다면 그 권리는 무의미하기 때문이다. 따라서 청구로서의 권리는 단순히 무언가를 주장하는 것이 아니라 의무 이행 혹은 의무 불이행에 대한 일련의 법적 조치를 포함하고 있다. 또한 의무의 내용이 달라지면 권리의 내용도 달라진다고 볼 수 있다.

(2020학년도 10월 학력평가)

　　바실리카식 성당의 평면을 살펴보면, 초기에는 동서 방향으로 긴 직사각형의 모습을 하고 있다. 서쪽 끝 부분에는 일반인 들의 출입구와 현관이 있는 나르텍스가 있다. 나르텍스를 지나면 일반 신자들이 예배에 참여하는 네이브가 있고, 네이브의 양 옆에는 복도로 활용되는 아일이 붙어 있다. 동쪽 끝 부분에는 신성한 제단이 자리한 앱스가 있는데, 이곳은 오직 성직자만이 들어갈 수 있다. 이처럼 나르텍스로부터 네이브와 아일을 거쳐 앱스에 이르는 공간은 세속에서 신의 영역에 이르기까지의 위계를 보여 준다.

(2013학년도 9월 모의평가)

디지털 이미지 압축 기술에는 무손실 압축과 손실 압축이 있다. 무손실 압축은 압축 과정에서 데이터를 손실시키는 방법을 사용하지 않고 압축이 진행되기 때문에 압축 효율은 떨어지지만, 원본과 동일한 이미지로 복원이 가능하다. 반면 손실 압축은 중복되거나 필요치 않은 데이터를 제거하여 원본과 동일한 이미지로 복원하기는 어렵지만, 무손실 압축에 비해 수 배에서 수천 배 이상의 높은 압축 효율을 얻을 수 있어 보편적인 압축 기술로 활용되고 있다. (2021학년도 4월 모의평가)

이런 문제들 때문에 소비자의 지위를 기업과 대등하게 하고 기업으로부터 입은 피해를 구제하여 소비자를 보호할 수 있는 별도의 정책이 요구되었고, 이 요구에 따라 수립된 것이 소비자 정책이다. 소비자 정책은 주로 기업들이 지켜야 할 소비자 안전 기준의 마련, 상품 정보 공개의 의무화 등의 조치와 같이 소비자 보호와 직접 관련 있는 사안을 대상으로 한다. 또한 충동구매나 유해 상품 구매 등으로 발생하는 소비자 피해를 구제하고, 소비자 교육을 실시하며, 기업과 소비자 간의 분쟁을 직접 해결해 준다는 점에서도 경쟁 정책이 갖는 한계를 보완할 수 있다. (2016학년도 9월 모의평가 A형)

20세기 후반 이후의 '후근대 사회'를 '피로 사회'로 규정하는 견해가 있다. 이에 따르면 근대 사회가 '규율 사회'였음에 비해 후근대 사회는 '성과 사회'이다. 규율 사회가 외적 강제에 따라 인간이 수동적으로 움직이는 사회라면, 성과 사회는 성공을 향한 내적 유혹에 따라 인간이 자발적으로 움직이는 사회이다. 과학 기술의 발달에 따라 결핍이 해소되고 규율 사회의 강제가 약화된다고 해서 인간이 삶의 온전한 주체가 되는 사회가 도래하는 것은 아니다. '더욱 생산적으로 되어야 한다.'는 자본주의 시스템의 근본적인 요구가 규율 사회에서 외적 강제에 의한 타자 착취를 통해 관철되었다면, 성과 사회에서 그 요구는 내적 유혹에 의한 자기 착취를 통해 관철된다. 그 결과 피로는 현대인의 만성 질환이 되었다는 것이다. (2016학년도 9월 모의평가 B형)

16

에너지가 가장 낮아 전자가 안정된 상태를 '바닥상태'라 한다. 그리고 바닥상태에 일정 이상의 에너지가 가해져 전자가 원래의 자리에서 이동하며 높은 에너지를 지니게 된 상태를 '들뜬상태'라 한다. 들뜬상태의 전자는 안정화되려는 속성이 있어 다시 바닥상태로 돌아가게 된다. 이때 전자는 들뜬상태와 바닥상태의 에너지 차이, 즉 바닥상태에서 들뜬상태가 되도록 가해졌던 에너지만큼의 에너지를 방출한다. (2020학년도 7월 모의평가)

17

타원은 두 개의 초점이 있고 두 초점으로부터의 거리를 합한 값이 일정한 점들의 집합이다. 두 초점이 가까울수록 원 모양에 가까워진다. 타원에서 두 초점을 지나는 긴지름을 가리켜 장축이라 하는데, 두 초점 사이의 거리를 장축의 길이로 나눈 값을 이심률이라 한다. 두 초점이 가까울수록 이심률은 작아진다. (2015학년도 수능 B형)

18

한편 근섬유들은 종류에 따라 수축력, 수축 속도, 피로에 대한 저항력이 다르게 나타난다. 지근섬유는 상대적으로 낮은 수축력과 느린 수축 속도, 높은 피로 저항력을 지니고 있다. 속근섬유는 세부적인 생리적 특성에 따라 다시 a형과 b형으로 나뉜다. b형 속근섬유는 지근섬유에 비해 빨리 피로해지는 속성을 가지고 있으나 신속하고 폭발적인 수축력을 발생시킨다. 반면에 a형 속근섬유는 지근섬유와 b형 속근섬유의 중간 속성을 가지고 있어 지근섬유보다 수축 속도가 빠르며, 동시에 b형 속근섬유보다 높은 피로 저항력을 가진다. 따라서 근육의 지근섬유 비율이 높은 사람은 지구력이 강해 마라톤과 같은 장거리 운동에 적합하다. 반면에 속근섬유 비율이 높은 사람은 100m 달리기와 같은 단거리 운동에 적합하다. (2012학년도 6월 모의평가)

하늘[天]과 인간 세계의 관계는 한나라 동중서(董仲舒)에 의해 체계적으로 정리되었다. 동중서는 하늘은 스스로 움직이고 만물을 주관하는 존재이며, 사람은 하늘에 근본을 두고 만들어졌다고 생각했다. 또한 하늘은 선(善)의 의지로 인간을 이롭게 하는 존재로 보았다. 천인감응설(天人感應說)은 이러한 생각을 바탕으로 한다. 즉, 하늘을 닮은 인간이 기를 매개로 하늘과 서로 호응한다는 것이다.

(2021학년도 사관학교)

성공적인 과학 이론은 '패러다임'이 되어 후속하는 과학 활동에 지대한 영향을 미친다. 과학자들은 패러다임에서 연구의 방법, 연구 주제 등을 발견한다. 이러한 '정상 과학' 활동에서 때때로 기존의 패러다임과 조화를 이룰 수 없는 과학적 발견인 '변칙 사례'들이 나타나기도 한다. 이러한 변칙 사례들이 패러다임을 당장에 '무효화'하지는 않는다. 하지만 변칙 사례가 누적되면서 위기가 도래한다. 이때 새로운 과학 이론이 등장하여 기존의 패러다임과 경쟁을 벌인다. 그러다가 어떤 이유로 새로운 이론이 과학자들에게 받아들여지면서 새로운 패러다임이 되는데, 이것이 '과학 혁명'이다.

(2008학년도 9월 모의평가)

취기재의 농도가 탐지 역치 정도의 수준에서는 냄새가 나는지 안 나는지 정도를 탐지할 수는 있지만 그 냄새가 무슨 냄새인지 인식하지 못한다. 즉 냄새의 존재 유무를 탐지할 수는 있어도 냄새를 풍기는 취기재의 정체를 인식하지는 못하는 상태가 된다. 취기재의 정체를 인식하려면 취기재의 농도가 탐지 역치보다 3배가량은 높아야 한다. 즉 취기재의 농도가 탐지 역치 수준으로 낮은 상태에서는 그 냄새가 꽃향기인지 비린내인지 알 수 없는 것이다.

(2015학년도 9월 모의평가 A형)

22

하먼은 어떤 점에서 모든 존재가 동등하다고 보았을까? 그는 이를 설명하기 위해 먼저 인간 중심주의 철학에서 바라보는 인간과 사물의 관계를 지적한다. 하먼 이전 인간 중심주의 철학은 인간이 주체로서 사물의 모든 것을 파악할 수 있다고 여겼다. 즉 인간이 사물을 어떤 기본적인 요소로 구성되어 있다고 분석하거나, 어떤 사물이 다른 사물이나 인간에게 어떤 영향을 미치는지 밝히면 그 사물의 본질을 모두 파악할 수 있다고 여겼다. 하지만 하먼은 이러한 관점들은 인간이 사물을 인간에게 필요한 도구로 바라볼 뿐 객체 그 자체로 다루지 못한다고 비판한다.

(2024학년도 5월 학력평가)

23

정보 격차 문제는 다각도로 접근해야 한다. 디지털 장비와 서비스에 대한 단순한 물리적 접근의 격차는 감소하는 반면에 새로운 유형의 격차가 증가한다. 디지털 매체에 대한 접근 격차가 해소되면서 또 다른 정보화 불평등이 나타나는 것이다. 정보 격차에 대한 현재의 논의들은 크게 이용의 자주성과 사용 여건의 공평성에 초점을 맞추고 있다.

(2007학년도 9월 모의평가)

24

일정 질량의 연료를 완전 연소시키는데 필요한 산소의 질량은 일정하다. 한편 실린더 안에서 피스톤의 이동으로 흡입될 수 있는 공기의 부피는 정해져 있으므로, 공기의 밀도가 변하지 않으면 한 주기 동안 완전 연소 가능한 연료량의 최대치는 일정하다. 즉 최대 출력을 얻을 수 있는 공기와 연료의 적정한 혼합비는 이론적으로는 일정하다. 혼합비가 적절하지 않으면 출력이 떨어지면서 유해 가스의 배출량이 늘어나는데, 적정 혼합비보다 혼합 기체에 포함된 연료의 비율이 높아지면 산소가 부족하여 일산화탄소, 탄화수소가 증가한다. 반대로 연료의 비율이 낮아지면 공기 과잉으로 질소산화물이 늘어나고 배기가스에 산소가 잔류한다.

(2011학년도 6월 모의평가)

25

　히치콕은 관객을 오인에 빠뜨린 뒤 막바지에 진실을 규명하여 충격적인 반전을 이끌어 내는 그만의 이야기 도식을 활용하였다. 또한 그는 관객의 오인을 부추기는 '맥거핀' 기법을 자신만의 이야기 법칙을 만들어 가는 데 하나의 극적 장치로 종종 활용하였다. 즉 특정 소품을 맥거핀으로 활용하여 확실한 단서처럼 보이게 한 다음 일순간 허망한 것으로 만들어 관객을 당혹스럽게 한 것이다.

(2015학년도 6월 모의평가 AB형 공통)

26

　집단 수준의 인과를 필연적인 것이 아니라 개연적인 것으로 파악해야 한다고 주장하는 사람들이 있다. 가령 '스트레스가 병의 원인이다.'라는 진술에서 스트레스는 병의 필연적인 원인이 아니라 단지 병을 발생시킬 확률을 높이는 요인일 뿐이라고 말한다. A와 B가 특정한 병에 걸렸다 하더라도 집단 수준에서는 그 병의 원인을 스트레스로 단언할 수 없다는 것이다.

(2009학년도 수능)

27

　작품의 형식과 내용이 전적으로 예술가의 주체적 선택에 달려 있다는 관점에서만 보면, 20세기 미술의 양상은 아주 낯선 것은 아니라고 할 수 있다. 르네상스 때 시작된 화가의 서명은 작품이 외부의 주문에 따라 제작되더라도 그것의 정신적 저작권만큼은 예술가에게 있음을 알리는 행위였다. 이는 창조의 자유가 예술의 필수 조건이 되는 시대를 앞당겼다. 즉 미켈란젤로가 예수를 건장한 이탈리아 남성의 모습으로 그렸던 사례에서 보듯, 르네상스 화가들은 주문된 내용도 오직 자신만의 방식으로 이미지화했다.

(2014학년도 9월 모의평가 B형)

사회 분화와 개체화는 자본주의적 산업화 이래로 지속된 현상이다. 그런데 20세기 중반 이후부터는 세계화를 계기로 개체화 현상이 과거와는 질적으로 달라진 양상을 보여 주고 있다. 교통과 통신 수단의 발달에 따라 국경을 넘나드는 자본과 노동의 이동이 가속화되었고, 개인에 대한 국가의 통제력도 현저하게 약화되고 있다. 또한 전 세계적인 노동 시장의 유연화 경향에 따라 정규직과 비정규직, 생산직과 사무직 등 다양한 형태로 분절화된 노동자들이 이제는 계급적 연대 속에서 이해관계를 공유하지 못하게 되었다. 핵가족화 추세에 더하여 일인 가구가 급속도로 늘어나는 등 가족의 해체 현상도 많이 나타나고 있다.

(2016학년도 6월 모의평가 B형)

A회사의 온라인 취업 사이트에 갑을 비롯한 수만 명의 가입자가 개인 정보를 제공하였다. 누군가 A회사의 시스템 관리가 허술한 것을 알고 링크 파일을 만들어 자신의 블로그에 올렸다. 이를 통해 많은 이들이 가입자들의 정보를 자유롭게 열람하였다. 이 사실을 알게 된 갑은 A회사에 사이트 운영의 중지와 배상을 요구하였지만, A회사는 거부하였다. 갑은 소송을 검토하였는데, 받게 될 배상액에 비해 들어갈 비용이 적지 않다는 생각에 망설였다. 갑은 온라인 카페를 통해 소송할 사람들을 모았고 마침내 100명이 넘는 가입자들이 동참하게 되었다. 갑은 이들과 함께 공동 소송을 하여 A회사에 사이트 운영의 중지와 피해의 배상을 청구하였다.

(2014학년도 9월 모의평가 AB형 공통)

미생물의 유전체는 DNA로 이루어진 많은 유전자로 구성되는데, 특정 유전자를 비교함으로써 미생물들 간의 유전적 관계를 알 수 있다. 종의 구분에는 서로 간의 차이를 잘 나타내 주는 유전자를 이용한다. 유전자 비교를 통해 미생물들이 유전적으로 얼마나 가깝고 먼지를 확인할 수 있는데, 이를 '유전 거리'라 한다. 유전 거리가 가까울수록 같은 종으로 묶일 가능성이 커진다. 하지만 유전자 비교로 확인한 유전 거리만으로는 두 미생물이 같은 종에 속하는지를 명확히 판별하기 어렵다. 특정 유전자가 해당 미생물의 전체적인 유전적 특성을 대변하지는 못하기 때문이다.

(2010학년도 수능)

31

　　회화의 내용을 포기하지 않으면서도 비판을 성공적으로 수행한 경우는 없었을까? 팝 아트는 대중문화의 산물들을 적극적으로 이용하면서 그 속에서 작가가 옳지 않다고 느끼는 것에 대한 비판을 수행하고 있다는 점에서 흥미롭다. 이는 특히 영국의 초기 팝 아트에서 두드러진다. 그들은 대중문화의 이미지를 차용하여 그것을 맥락이 다른 이미지 속에 재배치함으로써 생겨나는 새로운 의미에 주목하였다. 이를 통해 그들은 여러 분야에 대해 비판적 의도를 표출했다. 영국 미술가 해밀턴은 1964년 당시 영국의 정치가 휴 게이츠겔의 정책에 반대하는 입장을 드러내기 위해 「영화 속 괴물 휴 게이츠겔의 초상」을 제작하였다. 그는 이 정치가의 확대된 얼굴 사진을 놓고 그 일부를 공포 영화 「오페라의 유령」에 등장하는 유령의 모습처럼 바꾸어 이 정치가가 비인간적 면모를 감추고 있다는 메시지를 전하려 하였다.

(2007학년도 수능)

32

　　지역 주민의 요구를 수용하기 위해 도입한 '민간화'와 '경영화'가 대표적인 사례이다. 이 둘은 모두 행정 담당자 주도의 정책 결정을 보완하기 위해 시장 경제의 원리를 부분적으로 받아들였다는 점에서는 공통되지만, 운영 방식에는 차이가 있다. 민간화는 지방 자치 단체가 담당하는 특정 업무의 운영권을 민간 기업에 위탁하는 것으로, 기업 선정을 위한 공청회에 주민들이 참여하는 등의 방식으로 주민들의 요구를 반영하는 것이다. 하지만 민간화를 통해 수용되는 주민들의 요구는 제한적이므로 전체 주민의 이익이 반영되지 못하는 경우가 많고, 민간 기업의 특성상 공익의 추구보다는 기업의 이익을 우선한다는 한계가 있다. 경영화는 민간화와는 달리, 지방 자치 단체가 자체적으로 민간 기업의 운영 방식을 도입하는 것을 말한다. 주민들을 고객으로 대하며 주민들의 요구를 충족하고자 하는 것이다. 그러나 주민 감시나 주민자치위원회 등을 통한 외부의 적극적인 견제가 없으면 행정 담당자들이 기존의 관행에 따라 업무를 처리하는 경향이 나타나기도 한다.

(2015학년도 9월 모의평가 B형)

33

　　두께가 얇은 토기가 사용된 의미를 파악하기 위해서는 토기 두께의 변화를 초래한 원인을 찾는 것도 중요하지만 두께가 얇아진 토기가 장기간 사용된 이유에도 주목할 필요가 있다. 예컨대 전분 함량이 높은 곡물을 아기들의 이유식으로 이용한다면 여성들의 수유기가 단축됨에 따라 출산율을 높이는 데 도움이 되었을 것이라고 볼 수도 있다. 이러한 시각에서 본다면 두께가 얇은 토기가 오랫동안 사용된 원인을 자연환경에 잘 적응하기 위한 선택이 아니라 이유식을 만들기 위한 인간의 능동적 선택에서 찾는 생태학적 이론에 입각한 설명도 가능하다. 생태학적 설명은 진화론적 관점에 근거하지만 인간의 이성적 사유 능력에 따른 선택 과정에 좀 더 주목한 것이다.

(2015학년도 6월 모의평가 A형)

34

하나의 화면은 수많은 점들로 구성되는데, 이를 화소라 한다. 각각의 화소는 밝기와 색상을 나타내는 화소 값을 가진다. 화소 간 중복은 한 화면 안에서 서로 가까이 있는 화소들끼리 화소 값의 차이가 별로 없거나 변화가 규칙적인 것을 말한다. 동영상 압축에서는 원래의 화소 값들을 여러 개의 성분들로 형태를 변환한 다음, 화질에 거의 영향을 미치지 않는 성분들을 제거하고 나머지 성분들만을 저장한다. 이때 압축 전후의 화소들의 개수에는 변화가 없으나 변환된 성분들을 저장하는 개수가 줄어들기 때문에 화질의 차이가 별로 없이 데이터의 양을 크게 줄일 수 있다. 그런데 화면이 단순할수록 또 규칙적일수록 화소 간 중복이 많아서, 제거 가능한 성분들이 많아진다. 다만 이들 성분을 너무 많이 제거하면 화면이 흐려지거나 얼룩이 지는 등 동영상의 화질이 나빠진다. 이러한 과정은, 우유에서 수분을 없애 전지분유를 만들면 부피는 크게 줄어들지만 원래 우유의 맛이 거의 보존되는 것과 비슷하다.

(2009학년도 수능)

35

캄피돌리오 광장은 원이 갖는 고유의 특성이 구현된 공간이기도 하다. 원은 중심과 둘레로 이루어져 있어 중심을 향하는 집중성과 둘레를 향하는 확산성이라는 두 가지 속성을 동시에 갖고 있다. 그런데 이 광장은 확산성이 아닌 집중성을 강조한 공간이다. 광장의 실제 경계는 타원이지만, 사람들이 광장의 어느 곳에 서 있든 시선은 가운데에 있는 기마상으로 집중하게 되므로 기마상을 광장의 중심으로 인식하게 된다. 광장의 가운데에 배치된 기마상은 타원이 지닌 두 개의 초점을 사라지게 하는 효과를 나타내어 광장을 하나의 중심을 가진 원형 공간처럼 변모시킨 것이다. 타원형의 광장이 집중성을 가진 공간으로 전환되면서 광장에는 중심과 주변이라는 위계가 생기게 된다. 위계의 정점은 기마상이다. 주변을 압도하는 세계 지배자의 기마상을 올려다보는 순간 그 위계감은 한층 더 고조된다.

(2014학년도 6월 모의평가 AB형 공통)

36

그동안의 연구 결과 사람들은 주로 등위적, 배열적, 상위적, 동의적 연결 관계에 있는 단어들을 떠올리는 것으로 드러났다. 등위적 연결은 '나비 – 나방'처럼 수준이 유사한 단어들과 '왼쪽 – 오른쪽'처럼 반의 관계에 있는 단어들의 연결을 말한다. 배열적 연결은 '소금 – 물'처럼 함께 나열될 가능성이 높아 보이는 단어들의 연결을, 상위적 연결은 '나비 – 곤충'처럼 하위어와 상위어의 연결을, 동의적 연결은 '배고프다 – 굶주리다'처럼 뜻이 유사한 단어들의 연결을 말한다.

(2007학년도 6월 모의평가)

37

한 떨기 흰 장미가 우리 앞에 있다고 하자. 하나의 동일한 대상이지만 그것을 받아들이는 방식은 다양하다. 그것은 이윤을 창출하는 상품으로 보일 수도 있고, 식물학적 연구 대상으로 보일 수도 있다. 또한 어떤 경우에는 나치에 항거하다 죽어 간, 저항 조직 '백장미'의 젊은이들을 떠올리게 할 수도 있다. 그런데 이런 경우들과 달리 우리는 종종 그저 그 꽃잎의 모양과 순백의 색깔이 아름답다는 이유만으로 충분히 만족을 느끼기도 한다.

가끔씩 우리는 이렇게 평소와는 매우 다른 특별한 순간들을 맛본다. 평소에 중요하게 여겨지던 것들이 이때에는 철저히 관심 밖으로 밀려나고, 오직 대상의 내재적인 미적 형식만이 관심의 대상이 된다. 이러한 마음의 작동 방식을 가리키는 개념어가 '미적 무관심성'이다. 칸트가 이 개념의 대표적인 대변자인데, 그에 따르면 미적 무관심성이란 대상의 아름다움을 판정할 때 요구되는 순수하게 심미적인 심리 상태를 뜻한다. 즉 'X는 아름답다.'라고 판단할 때 우리의 관심은 오로지 X의 형식적 측면이 우리의 감수성에 쾌·불쾌를 주는지를 가리는 데 있으므로 '무관심적 관심'이다. 그리고 무언가를 실질적으로 얻거나 알고자 하는 모든 관심으로부터 자유로운 X의 존재 가치는 '목적 없는 합목적성'에 있다.

(2008학년도 9월 모의평가)

38

'사전' 하면 흔히 'ㄱ, ㄴ, ㄷ' 순으로 배열된 국어사전을 떠올리지만, 인간의 머릿속에도 사전이 있는 것으로 생각된다. 이를 '머릿속 사전'이라 부른다. 그런데 책으로 된 종이 사전과 머릿속 사전의 조직은 서로 다른 것으로 보인다. 종이 사전은 한글 자모 순서로 단어들을 배열하는 것이 표준이다. 머릿속 사전도 이와 동일한 방식으로 조직되어 있다면 말실수를 할 때 한글 자모 순서상 가장 근접해 있는 단어가 선택될 것이다. 가장 가까이 있으므로 그 단어를 얼른 생각해 낼 것으로 예측되기 때문이다. 예컨대 '청진기'라는 단어 대신에, 사전에서 그 다음에 배열될 것으로 예상되는 '청진선'이 선택되는 식이다.

(2007학년도 6월 모의평가)

39

혁신의 공간적 확산은 전염 확산과 계층 확산으로 설명된다. 혁신 발생원과 잠재적 수용자 간의 거리가 가까울수록 혁신 확산이 빠르게 이루어진다는 인접 효과에 의해 나타나는 것이 전염 확산이다. 발생원과 수용자 간의 거리가 가까우면 대면 접촉의 기회가 많아지게 되어, 혁신의 확산이 대중 매체보다 주로 개인 간의 의사소통에 의해 이루어진다. 한편 도시 규모가 클수록 혁신 확산이 잘 이루어진다는 계층 효과에 의해 나타나는 것이 계층 확산이다. 계층 확산에 의해 규모가 큰 도시로부터 그보다 규모가 작은 도시로 혁신이 전파된다. 그런데 실제 상황에서는 전염 확산과 계층 확산이 동시에 이루어질 수도 있다. 가령 거대 도시에서 발생한 혁신은 먼 거리의 대도시로 전파되면서 동시에 거대 도시 주변의 중소 도시에도 전파될 수 있다.

(2012학년도 6월 모의평가)

　소송에서는 요건들을 입증해야 한다. 소송에서 입증은 주장하는 사실을 법관이 의심 없이 확신하도록 만드는 일이다. 어떤 사실의 존재 여부에 대해 법관이 확신을 갖지 못하면 원고와 피고 가운데 누군가는 패소의 불이익을 당하게 된다. 이런 불이익을 받게 될 당사자는 입증의 부담을 안을 수밖에 없고, 이를 입증 책임이라 부른다.

　대체로 어떤 사실이 존재함을 증명하는 것이 존재하지 않음을 증명하는 것보다 쉽다. 이 둘 가운데 어느 한 쪽에 부담을 지워야 한다면, 쉬운 쪽에 지우는 것이 공평할 것이다. 이런 형평성을 고려하여 특정한 사실의 발생을 주장하는 이에게 그 사실의 존재에 대한 입증 책임을 지도록 하였다. 그리하여 상대방에게 불법 행위의 책임이 있다고 주장하는 피해자는 소송에서 원고가 되어, 앞의 민법 조문에서 규정하는 요건들이 이루어졌다고 입증해야 한다. (2014학년도 6월 모의평가 A형)

　수학은 본래 자연에 대한 관찰과 실생활의 경험을 통해 얻은 실용적인 사실들의 수집에서 출발했다. 그 후 고대 그리스 시대에 이르러 증명과 공리(公理)적 방법의 도입으로 확고한 체제를 갖추게 되었다. 여기에서 증명은 다른 사람을 설득하기 위한 논리적 설명이고, 공리적 방법은 증대된 수학 지식의 체계적인 정리(整理)라고 할 수 있다. 그러므로 증명이나 공리적 방법은 발견의 도구가 될 수는 없으며, 창의적 발상을 저해할 수도 있다. (1999학년도 수능)

　스톨니츠는 우리가 미적 태도로 지각하는 모든 대상은 미적 대상이 된다고 주장한다. 그가 말하는 미적 태도는 그것이 예술 작품이든 아니든, 감상자가 지각하는 대상 자체를 '무관심적'이면서 '공감적'으로 '관조'하는 태도이다. 스톨니츠가 말하는 미적 태도에서의 '무관심적'이라는 것은 대상에 대해 관심이 없는 '비관심적'과는 다르다. 무관심적이라는 것은 대상을 사용하거나 조작하여, 무엇을 취하려는 목적을 가지고 대상을 바라보지 않는다는 것이다. 다시 말해 무관심이라는 것은 대상에 대해 어떤 이해관계를 떠나, 보이고 느껴지는 대로 관심을 가지고 본다는 것이다. 예를 들어 누군가가 사과를 볼 때, 어떤 지식이나 수익을 얻으려는 관심을 가지고 보는 것이 아니라, 사과라는 대상 자체에 관심을 가지고 바라보는 것이다. (2021학년도 4월 학력평가)

43

　지식 경영론 중에는 마이클 폴라니의 '암묵지' 개념을 활용하는 경우가 많다. 폴라니는 명확하게 표현되지 않고 주체에게 체화된 암묵지 개념을 통해 모든 지식이 지적 활동의 주체인 인간과 분리될 수 없다는 것을 강조했다. 그에 따르면 우리의 일상적 지각뿐만 아니라 고도의 과학적 지식도 지적 활동의 주체가 몸담고 있는 구체적인 현실로부터 유리된 것이 아니다. 어떤 지각 활동이나 관찰, 추론 활동에도 우리의 몸이나 관찰 도구, 지적 수단이 항상 수반되고 그에 의해 이러한 활동이 암묵적으로 영향을 받기 때문이다. 요컨대 모든 지식에는 암묵적 요소들과 이들을 하나로 통합하는 '인간적 행위'가 전제되어 있다는 것이다. "우리는 우리가 말할 수 있는 것보다 훨씬 더 많이 알고 있다."라는 폴라니의 말은 모든 지식이 암묵지에 기초하고 있음을 강조한다.

(2016학년도 수능 B형)

44

　17세기에 수립된 뉴턴의 역학 체계는 3차원 공간에서 일어나는 물체의 운동을 취급하였는데 공간 좌표인 x, y, z는 모두 시간에 따라 변하는 것으로 간주하였다. 뉴턴에게 시간은 공간과 무관한 독립적이고 절대적인 것이었다. 즉, 시간은 시작도 끝도 없는 영원한 것으로, 우주가 생겨나고 사라지는 것과 아무 관계없이 항상 같은 방향으로 흘러간다. 시간은 빨라지지도 느려지지도 않는 물리량이며 모든 우주에서 동일한 빠르기로 흐르는 실체인 것이다.

(2011학년도 9월 모의평가)

45

　기계론적 관점은, 세계에는 어떤 궁극의 목적이란 존재하지 않고 오직 기계적인 법칙만이 존재한다고 보는 관점이다. 이 관점에 따르면 세계는 정교한 기계이기 때문에 이를 설명하는 데 필요한 질량, 속도 등의 역학적 개념들만으로 세계의 현상들을 설명해야 한다고 본다. 따라서 세계가 오늘날과 같이 변화한 것에 어떤 궁극적인 목적은 없고 오직 인과관계의 법칙성만이 존재한다고 본다. 이와 달리, 목적론적 관점은, 세계에는 어떤 궁극적인 목적이 전제되어 있고 세계는 이것을 향해 운동하고 있다고 보는 관점이다. 그래서 세계가 오늘날과 같이 변화한 것은 이상적인 목적을 향해 가는 과정이기 때문에 지금의 세계는 완전하지 않다고 본다.

(2016학년도 4월 학력평가)

⁴⁶

　특허권자는 특허권을 획득한 발명에 대해 독점적이고 배타적인 권리를 인정받는다. 따라서 정당한 권한이 없는 자가 자신의 특허권을 침해했다고 판단할 경우, 특허 제도를 통해 그 권리를 보호받을 수 있다. 특허권은 일반적인 사물과 달리 형체가 없어서 모방과 도용이 쉬운 반면, 침해 사실을 발견하기 어렵기 때문에 특허 제도에서는 직접 침해뿐만 아니라 앞으로의 직접 침해가 예상되는 행위 역시 간접 침해로 규정하여 특허권 침해로 보고 있다.

⁴⁷

　우선 법조문의 해석은 법문에 사용되고 있는 문자의 의미와 문장의 구조에 대한 문법적 이해를 기초로 하여 이루어져야 한다. 이러한 해석을 문리적 해석 방법이라고 한다. 어떠한 법조문이든 1차적으로는 이러한 방법으로 해석되어야 한다. 그런데 법문에 사용되고 있는 문자 또는 법률 용어의 의미는 일반적으로 사용되고 있는 의미와는 다른 경우가 많기 때문에 법을 해석할 때 주의해야 한다. 그리고 법의 의미는 그 법이 적용되는 구체적 현실과의 관련 속에서 확정되어야 하므로, 법조문에 사용되고 있는 문자의 의미는 제정 당시의 의미가 아닌 법이 적용되는 시점에서의 의미로 해석하는 것이 타당하다.

(2023학년도 7월 학력평가)

단문 단위 독해 연습 – 심화

1

D값은 어떤 미생물을 특정 온도에서 열처리할 때 그 개체 수를 1/10로 줄이는 데 걸리는 시간을 말한다. 만약 같은 온도에서 개체 수를 1/100로 줄이고자 한다면 D값의 2배의 시간으로 처리하면 된다. Z값은 특정 D값의 1/10 만의 시간에 개체 수를 1/10로 줄이는 데 추가적으로 높여야 하는 온도를 말한다. 그렇기 때문에 열에 대한 저항성이 큰 미생물일수록 특정 온도에서의 D값과 Z값이 크다. 예를 들어, 어떤 미생물 100개를 63℃에서 열처리한다고 하자. 이때 360초 후에 남아 있는 개체 수가 10개라면 D값은 360초가 된다. 만약 이 D값의 1/10인 36초 만에 미생물의 개체 수를 100개에서 10개로 줄이고자 할 때의 온도가 65℃라면 Z값은 2℃가 된다.

(2015학년도 6월 모의평가 A형)

2

루소에 의하면, 자연 상태에서 인간은 필요한 만큼의 욕구가 충족되면 그 이상 아무것도 취하지 않았으며, 타인에게 해악을 끼치지도 않았다. 심지어 타인에게 도움을 주려는 본능적인 심성까지 지니고 있었다. 그러나 인지(認知)가 깨어나면서 인간의 욕망은 필요로 하는 것 이상으로 확대되었다. 이 이기적인 욕망 때문에 사유 재산 제도가 형성되고, 그 결과 불평등한 사회가 등장하게 되었다. 즉 이기적 욕망으로 인해 인간은 타락하게 되었고, 사회는 인간 사이의 대립과 갈등으로 가득 차게 되었다. 이러한 인간과 사회의 병폐에 대한 처방을 내리기 위해 쓰여진 것이 『에밀』로서, 그 처방은 한마디로 인간에게 잃어버린 자연을 되찾아 주는 것이다. 즉 인간에게 자연 상태의 원초의 무구(無垢)함을 되돌려 주어, 선하고 자유롭고 행복하게 살 수 있는 사회를 만들게 하는 것이다.

(2000학년도 수능)

3

　정밀한 세부 묘사를 장점으로 하는 다게레오타입은 초상 사진 분야에서 큰 인기를 누렸다. 여러 곳에 사진관이 들어서서 영구적인 초상을 금속판에 남기는 일로 많은 돈을 벌어들였다. 반면에 명암의 차이가 심하고 중간색이 거의 없었던 칼로타입은 초상 사진보다는 풍경·정물 사진에 제한적으로 이용되었다. 특허에 묶여 있었던 칼로타입이 그나마 퍼질 수 있었던 곳은 프랑스였다. 프랑스의 화가와 판화가들은 칼로타입이 흑백의 대조가 두드러진다는 점에서 판화와 유사함을 발견하고 이 기법을 활용하여 작품을 만들었다.

(2007학년도 9월 모의평가)

4

　디지털 카메라에는 피사체를 선명하게 촬영하기 위해 초점을 자동으로 맞추는 자동 초점 방식이 활용되고 있다. 자동 초점 방식은 일반적으로 피사체로부터 반사되는 빛을 활용하여 초점을 맞추는데, 자동 초점 방식에는 대표적으로 대비 검출 방식이 있다. 대비 검출 방식은 촬영 렌즈를 통해 들어온 빛을 피사체의 상이 맺히는 이미지 센서로 바로 보내 이미지 센서에서 초점을 직접 검출한다. 이 방식은 피사체로부터 반사되어 들어오는 빛들의 밝기 차이인 빛의 대비를 분석하는 원리를 이용한다. 빛의 대비가 클수록 이미지 센서에 맺히는 상이 선명해져 초점이 정확하게 맞게 된다. 이런 원리를 활용해 대비 검출 방식에서는 빛의 대비가 최대치가 되는 지점을 파악하기 위해 촬영 렌즈를 앞뒤로 반복적으로 움직이면서 이미지 센서에 맺힌 상을 분석한다. 이 방식은 촬영 렌즈가 반복적으로 움직여야 하므로 초점을 맞추는 속도가 상대적으로 느려 빠르게 움직이는 피사체를 촬영할 때는 초점을 맞추기 힘들다.

(2022학년도 4월 학력평가)

5

　흔히 어떤 대상이 반드시 가져야만 하고 그것을 다른 대상과 구분해 주는 속성을 본질이라고 한다. X의 본질이 무엇인지 알고 싶으면 X에 대한 필요 충분한 속성을 찾으면 된다. 다시 말해서 모든 X에 대해 그리고 오직 X에 대해서만 해당되는 것을 찾으면 된다. 예컨대 모든 까투리가 그리고 오직 까투리만이 꿩이면서 동시에 암컷이므로, '암컷인 꿩'은 까투리의 본질이라고 생각된다. 그러나 암컷인 꿩은 애초부터 까투리의 정의라고 우리가 규정한 것이므로 그것을 본질이라고 말하기에는 허망하다. 다시 말해서 본질은 따로 존재하여 우리가 발견한 것이 아니라 까투리라는 낱말을 만들면서 사후적으로 구성된 것이다.

(2014학년도 6월 모의평가 B형)

민법에서 법률 행위는 의사 표시를 필수적 요소로 하여 법률 효과를 발생시키는 행위로 유언이나 계약 등이 이에 해당한다. 의사 표시는 일정한 법률 효과의 발생을 목적으로 하는 의사를 표시하는 것인데, 표시 행위에는 말이나 글뿐만 아니라 머리를 끄덕이거나 손을 드는 것과 같은 동작이나 침묵 등도 포함된다. 법률 행위에서 의사를 표시한 사람인 표의자의 진의와 표시된 의사가 명백하게 일치하여 이론의 여지가 없을 경우는 문제가 되지 않는다. 하지만 표의자의 의사가 불분명한 경우나 의사 표시를 받아들이는 상대방인 표시 수령자가 표의자의 의사 표시를 표의자의 진의와 다르게 받아들이게 되는 경우 등이 발생하면 법률 행위의 해석이 필요하다. 법률 행위의 해석은 법률 행위의 내용을 확정하는 것으로, 법률 행위의 성립과 유효성 여부를 판단하는 데 있어 중요한 역할을 한다.

(2021학년도 3월 모의평가)

7

우리 몸은 단백질의 합성과 분해를 끊임없이 반복한다. 단백질 합성은 아미노산을 연결하여 긴 사슬을 만드는 과정인데, 20여 가지의 아미노산이 체내 단백질 합성에 이용된다. 단백질 합성에서 아미노산들은 DNA 염기 서열에 담긴 정보에 따라 정해진 순서대로 결합된다. 단백질 분해는 아미노산 간의 결합을 끊어 개별 아미노산으로 분리하는 과정이다. 체내 단백질 분해를 통해 오래되거나 손상된 단백질이 축적되는 것을 막고, 우리 몸에 부족한 에너지 및 포도당을 보충할 수 있다.

(2015학년도 수능 A형)

8

　20세기 들어 비트겐슈타인의 철학은 예술의 본질이 무엇인지에 대한 문제에 다른 방식으로 접근하는 계기를 마련해 주었다. 비트겐슈타인은 '게임'을 예로 든다. 누군가가 게임의 본질적 속성을 '경쟁'으로 본다고 해 보자. 곧 반례가 만들어질 것이다. 예를 들어, 전쟁은 경쟁이라는 속성을 가졌지만 게임은 아니다. 한편 게임 중에도 경쟁이 아닌 것이 있다. 무료한 시간에 혼자 하는 카드놀이가 그 예가 될 수 있을 것이다. 이런 식으로 따져 가다 보면 모든 게임에 공통적인 하나의 본질을 찾는 일은 불가능해 보인다. 그런데 비트겐슈타인은 이것이 바로 게임이라는 개념에 대한 정확한 인식이라고 한다.

　비트겐슈타인에 따르면, 게임은 본질이 있어서가 아니라 게임이라 불리는 것들 사이의 유사성에 의해 성립되는 개념이다. 이러한 경우 발견되는 유사성을 '가족 유사성'이라 부르기로 해 보자. 가족의 구성원으로서 어머니와 나와 동생의 외양은 이런저런 면에서 서로 닮았다. 하지만 그렇다고 해서 셋이 공통적으로 닮은 한 가지 특징이 있다는 말은 아니다. 비슷한 예로 실을 꼬아 만든 밧줄은 그 밧줄의 처음부터 끝까지를 관통하는 하나의 실이 있어서 만들어지는 것이 아니라 짧은 실들의 연속된 연계를 통해 구성된다. 그렇게 되면 심지어 전혀 만나지 않는 실들도 같은 밧줄 속의 실일 수 있다.

(2007학년도 9월 모의평가)

9

　소쉬르는 언어가 역사적인 산물이더라도 변화 이전과 변화 이후를 구별해서 보아야 한다고 주장하였다. 언어는 구성 요소의 순간 상태 이외에는 어떤 것에 의해서도 규정될 수 없는 가치 체계이므로, 그 자체로서의 가치 체계와 변화에 따른 가치를 구별하지 않고서는 언어를 정확하게 연구할 수 없다는 것이다. 화자는 하나의 상태 앞에 있을 뿐이며, 화자에게는 시간 속에 위치한 현상의 연속성이 존재하지 않기 때문이다. 그러므로 한 시기의 언어 상태를 기술하기 위해서는 그 상태에 이르기까지의 모든 과정을 무시해야 한다고 하였다.

(2008학년도 6월 모의평가)

　　명시적 계약은 법원과 같은 제3자에 의해 강제되는 약속이므로 객관적으로 확인할 수 있는 조건에 기초해야 한다. 근로자의 노력은 객관적으로 확인할 수 없기 때문에, 노력 대신에 노력의 결과인 성과에 기초하여 근로자에게 보상하는 약속이 명시적인 인센티브 계약이다. 이 계약은 근로자로 하여금 자신의 노력을 증가시키도록 하는 매우 강력한 동기를 부여한다. 가령, 근로자에 대한 보상 체계가 '고정급$+\alpha\times$성과'$(0 \leq \alpha \leq 1)$라고 할 때, 인센티브 강도를 나타내는 α가 커질수록 근로자는 고정급에 따른 기본 노력 외에도 성과급에 따른 추가적인 노력을 더하게 될 것이다. 왜냐하면 기본 노력과 달리 추가적인 노력에 따른 성과는 α가 커질수록 더 많은 몫을 자신이 갖게 되기 때문이다. 따라서 α를 늘리면 근로자의 노력 수준이 증가함에 따라 추가적인 성과가 더욱 늘어나, 추가적인 성과 가운데 많은 몫을 근로자에게 주더라도 기업의 이윤은 늘어난다.

(2015학년도 6월 모의평가 A형)

　　시야란 시선을 한곳에 고정하고 한 번에 볼 수 있는 범위를 의미한다. 한쪽 눈의 시야는 시선을 중심으로 코 쪽으로 $60°$이고, 귀 쪽으로 $100°$이기 때문에 수평적으로 두 눈의 시야는 약 $200°$가 된다. 그러나 물체가 두 눈의 시야에 있다고 해서 뚜렷하게 볼 수 있는 것은 아니다. 시선을 중심으로 오른쪽 눈과 왼쪽 눈의 시야가 겹치는 $120°$ 범위 안에 있는 물체는 뚜렷하게 볼 수 있지만 두 눈의 시야가 겹치지 않는 양 귀 쪽 $40°$ 범위 안에 있는 물체는 그렇지 않다. 　　(2019학년도 10월 모의평가)

(12)

　남극의 표층에 쌓인 눈은 계속 내리는 눈에 덮이면서 점점 깊이 매몰되고 그에 따라 눈의 밀도는 점차 증가한다. 일정한 깊이에 이르면 상부에 쌓인 눈이 가하는 압력 때문에 하부의 눈은 얼음으로 변형된다. 이때 눈 입자들 사이에 들어 있는 공기가 얼음 속에 갇히게 되고, 얼음이 두꺼워지면서 상부의 얼음이 가하는 압력이 증가하게 되면 클라트레이트 수화물*이 형성된다. 이 속의 기포들은 당시 대기의 기체 성분을 그대로 가지게 된다. 기포가 포함된 얼음을 시추하여 녹이면 원래의 상태로 바뀌고, 이때 기체 크로마토그래피 같은 정밀 기기를 사용하여 그 속의 기체 성분을 분석한다. 이러한 과정을 통해 이산화탄소나 메탄 등 과거 지구의 대기 성분과 농도를 알아낼 수 있다.

(2009학년도 9월 모의평가)

* 클라트레이트 수화물: 고압과 저온의 조건에서 물 분자가 결합하여 생성된 빈 공간에 메탄, 이산화탄소, 질소 등 분자량이 작은 기체가 들어 있는 결정체.

(13)

　그는 '흰 말[白馬]은 말[馬]이 아니다.'라는 일반인의 상식으로는 이해하기 어려운 주장을 앞세워 논의를 폈다. 그런 주장의 근거로, 우선 그는 '말[馬]'은 형체를 부르는 데 쓰는 단어이고 '희다[白]'는 색을 부르는 데 쓰는 단어인데, 흰 말은 말에 '희다'라는 속성이 함께하는 것이므로 말과 다르다고 하였다. 또한 그는 말을 구할 때는 노란 말이든 검은 말이든 데리고 올 수 있지만 흰 말을 구할 때는 노란 말이나 검은 말을 데리고 올 수 없으니, 이를 통해 말과 흰 말이 다름을 알 수 있다고 하였다.

(2023학년도 4월 학력평가)

(14)

　쇼펜하우어는 자신의 주장을 '세계는 나의 표상이다.'라는 선언으로 집약한다. 그가 말하는 표상이란 인간이 어떤 사물을 인식할 때, 그 사물을 오감으로 지각하여 두뇌 속에 떠올린 이미지이다. 가령 '빨갛고 동그란 과일'을 보고 '사과'로 인식한 두뇌 작용이 표상이다. 이러한 표상은 인간이 어떤 사물을 표상할 때, 다른 사물과 구분하게 하는 등 현실 세계를 이해하기 위해 두뇌에 작용하는 인간 개개인의 인식 원리인 충분 근거율에 따른다. 쇼펜하우어는 이러한 충분 근거율에 입각한 표상이 현실 세계를 경험하게 하는 근거이기 때문에, 인간이 경험하는 세계는 충분 근거율에 한해서만 인식된 세계라고 말한다. 즉 우리가 경험하는 세계는 실재 세계가 아니고 충분 근거율에 입각하여 표상된 것일 뿐이며, 우리가 표상하는 세계는 단순히 두뇌 작용으로 경험하는 환영에 불과한 것이다.

(2025학년도 5월 학력평가)

15

　　데리다는 법질서의 해체와 재구축을 통해 법과 정의 사이의 간극을 좁혀 나가야 한다고 주장했다. 법질서의 해체를 통해 법의 정당성에 끊임없이 의문을 제기함으로써 법적 권위에 대한 맹목적인 믿음을 해체하고 은폐된 폭력을 드러내야 하며, 이를 기반으로 법과 정치 질서를 재구축함으로써 새로운 미래를 창출해야 한다는 것이다. 그에 의하면 정의는 언제나 불완전하기에 정의를 향한 해체는 종결되지 않는다. 즉 데리다는 법의 정당성은 정의 실현을 위한 끊임없는 해체와 재구축의 반복을 통해 도출될 수 있다고 주장했다.

(2025학년도 5월 학력평가)

16

　　19세기 들어 개인의 감정과 개성을 중시하는 낭만주의 사조가 예술의 주류를 형성하면서 낭만적 천재상이 제시되었다. 낭만주의 시대의 천재는 무의식적인 영감을 바탕으로 독창적인 작품을 창작하며, 어떤 것에도 얽매이지 않고 자신만의 감정을 자유롭게 드러내는 존재로 규정되었다. 즉 낭만주의 시대에 들어서 천재는 종교의 예속과 모방의 의무로부터 벗어나 자신의 독창성을 극대화할 수 있는 존재로 자리잡은 것이다. 이러한 천재상은 신이나 자연의 권위에서 벗어나 독자적 지위를 확보하고자 하는 인간의 욕망을 투영한 것으로, 이후 이어지는 시대의 천재상에도 지속적인 영향을 끼쳤다.　　(2025학년도 10월 학력평가)

Part 1에서 배운 내용 말고도, 중간중간 설명할 수 있는 내용들은 모두 설명했습니다. 복습이 생명이에요! 각 문장에서 얻을 수 있는 모든 내용을 확실하게 정리하며 넘어와 주세요. 이제 단어와 단어를, 문장과 문장을, 단문과 단문을 이어 하나의 지문을 읽어봅시다. 어렵지 않을 겁니다. 지금까지 했던 생각들을 모아 주기만 하시면 돼요!

P . I . R . A . M

PART 3

지문 단위 독해 연습

이제 한 지문 단위입니다.
'화제 잡기'라는 새로운 생각의 틀을 정리하고,
그동안 배운 내용들을 총동원해 봅시다.

Part 3. 지문 단위 독해 연습

우리는 지금까지 '단어' 단위의 공부와 '문장' 단위, 그리고 '단문' 단위의 공부까지 끝마쳤습니다. 모든 준비가 끝났으니, 지금까지 배운 걸 모두 적용하여 '지문'을 읽어봐야겠죠? 사실 지금까지 배운 내용만 차근차근 적용하면서 읽을 수 있다면, '지문 단위'의 독해도 어렵지 않게 해낼 수 있습니다. 결국 '지문 독해'란 문장 간의 연결을 의미하고, '재진술'이나 '사례-원리 연결' 등 문장 간의 연결은 충분히 연습했으니까요.

우리는 여기에 '문장 간의 연결'을 위해 꼭 필요한 요소 하나를 추가할 것입니다. 바로 '화제'입니다. 독서 지문은 정말로 '잘 쓴 글'입니다. 그리고 '잘 쓴 글'이라면, 글쓴이가 하고자 하는 하나의 이야기, 즉 '화제'가 명확히 제시되어야 합니다. 기본적으로 독서 지문은 하나의 '화제'가 중심이 되고, 다른 모든 정보들이 그 '화제'를 부연하는 방식으로 구성되어 있습니다. 따라서 '문장 간의 연결'은 결국 '화제와의 연결성'이라는 속성을 바탕으로 이루어질 수 있는 것이에요.

그런데 이 '화제'는 지문의 첫 문단에서 나타나는 경우가 아주 많습니다. 첫 문단에서부터 아예 대놓고 제시하는 경우도 있고, 직접적으로 제시하지는 않지만 충분히 생각해낼 수 있는 경우도 있습니다. 물론 예외는 있습니다. 첫 문단에서 바로 화제를 제시하지 않거나 도대체 무슨 말을 하고 싶은지 알기 어려운 경우도 있습니다. 그래서 첫 문단을 읽고 화제를 '맞히라고' 하지는 않는 겁니다. 틀릴 수도 있습니다. 다만 첫 문단에서 화제가 무엇인지 '생각'하는 것, 그리고 지문을 다 읽고 나서는 비로소 화제가 무엇인지 맞혀내는 것. 이것이 중요한 겁니다. '생각' 자체에 의미가 있는 것이죠. 최소한 '어떠한 개념에 대한 이야기를 하겠구나~' 정도는 생각해 주셔야 합니다. 물론 이 과정에서 지금까지 배운 도구들을 적극적으로 사용해 주셔야겠지만요.

먼저 간단하게 연습해 봅시다. 각 지문의 첫 문단인데, 화제가 무엇일지 최대한 미리 생각해 보고 해설지와 비교해 보도록 합시다. 물론 '화제'만 찾기보다는 앞에서 배운 내용을 활용하며 읽으려는 태도를 갖추는 것이 좋겠죠?

1

    선거 기간 동안 여론 조사 결과의 공표를 금지하는 것이 사회적 쟁점이 되고 있다. 조사 결과의 공표가 유권자 투표 의사에 영향을 미쳐 선거의 공정성을 훼손한다는 주장과, 공표 금지가 선거 정보에 대한 언론의 접근을 제한하여 알 권리를 침해한다는 주장이 맞서고 있기 때문이다.

(2009학년도 9월 모의평가)

2

    우리나라의 남해안 일대에서는 중생대 백악기에 살았던 공룡의 발자국 화석이 1만 개 이상 발견되었다. 이 화석들은 당시 한반도에 서식했던 공룡들의 특성을 밝히는 실마리를 제공한다. 공룡 발자국 연구에서는 발자국의 형태를 관찰하고, 발자국의 길이와 폭, 보폭 거리 등을 측정한다. 이렇게 수집한 정보를 분석하여 공룡의 종류, 크기, 보행 상태 등을 알아낸다.

(2009학년도 수능)

3

　서양 건축 예술의 역사는 성당 건축을 빼놓고는 이해할 수 없다. 여러 시대에 걸쳐 유럽의 성당은 다양한 양식으로 변화해 왔다. 하지만 그 기본은 바실리카 형식에서 크게 벗어나지 않았다. 평면도상 긴 직사각형 모양을 하고 있는 이 형식은 고대 로마 제국 시대에서 비롯된 것으로 원래는 시장이나 재판소와 같은 공공 건축물에 쓰였던 것이다. 4세기경부터 출현한 바실리카식 성당은 이후 평면 형태의 부분적 변화를 겪으면서 중세 시대에 절정을 이루었다.　　　　　　　(2013학년도 9월 모의평가)

4

　소비자의 권익을 위하여 국가가 집행하는 정책으로 경쟁 정책과 소비자 정책을 들 수 있다. 경쟁 정책은 본래 독점이나 담합 등과 같은 반경쟁적 행위를 국가가 규제함으로써 시장에서 경쟁이 활발하게 이루어지도록 하는 데 중점을 둔다. 이러한 경쟁 정책은 결과적으로 소비자에게 이익이 되므로, 소비자 권익을 보호하는 데 유효한 정책으로 인정된다. 경쟁 정책이 소비자 권익에 기여하는 모습은 생산적 효율과 배분적 효율의 두 측면에서 살펴볼 수 있다.　　　　　(2016학년도 9월 모의평가 A형)

5

　견과류와 같이 지방질을 많이 함유하고 있는 식품을 장기간 저장하다 보면 불쾌한 냄새가 나기도 한다. 이는 대개 산패로 인해 발생한다. 산패는 저장 중인 식품에서 비정상적인 맛과 냄새가 나는 현상을 말한다. 지방질이 공기에 장시간 노출되어 열, 빛 등의 영향을 받으면 산화 작용이 일어나 산패에 이르게 된다. 이러한 산패는 지방질을 구성하는 성분의 구조와 관련이 있다.　　　　　　　(2016학년도 9월 모의평가 A형)

6

　음악은 소리로 이루어진 예술이다. 예술이 아름다움을 추구한다면 음악 또한 아름다움을 추구해야 할 것이다. 그렇다면 아름다운 음악 작품은 듣기 좋은 소리만으로 만들어질 수 있는 것일까? 음악적 아름다움은 어떻게 구현되는 것일까?　　　　　　　(2017학년도 6월 모의평가)

　　전 세계 해양의 평균 수심은 4,000미터 가까이 되며, 심해저에는 태양 에너지가 도달할 수 없어서 광합성을 하는 일차 생산자가 생존할 수 없다. 심해저에 서식하는 동물은 결국 바다의 표면에서 해저로 떨어져 내리는 유기물에 의존할 수밖에 없다. 그것들은 해양 생물들이 분해되고 남은 잔존물로서 '바다의 눈(marine snow)'이라 불린다. 해양 생물이 죽게 되면 다른 생물의 먹이가 되거나 미생물에 의해 분해되어, 심해저에 도달할 때쯤이면 거의 남는 것이 없다.　　　　　　　　(2008학년도 6월 모의평가)

　　일반적으로 환율의 상승은 경상 수지를 개선하는 것으로 알려져 있다. 이를테면 국내 기업은 수출에서 벌어들인 외화를 국내로 들여와 원화로 바꾸기 때문에, 환율이 상승한 경우에는 외국에서 우리 상품의 외화 표시 가격을 다소 낮추어도 수출량이 늘어나면 수출액이 증가한다. 동시에 수입 상품의 원화 표시 가격은 상승하여 수입품을 덜 소비하므로 수입액은 감소한다. 그런데 이와 같이 환율 상승이 항상 경상 수지를 개선할 것 같지만 반드시 그런 것은 아니다.　　　　　　　　(2011학년도 9월 모의평가)

　　그럼 이제 본격적으로 지문 단위 공부를 시작해봅시다. Part 1~2에서 배웠던 내용은 물론이고, '화제 잡기'라는 새로운 포인트까지 이용하여 지문 내용을 완벽하게 이해해봅시다. 우리의 목표는 배운 것을 '찾는' 게 아니라, 배운 내용을 바탕으로 '생각'하여 지문의 내용을 '이해'하는 거예요. 이 목적을 잊지 않은 채로 공부를 이어가봅시다! 해설지의 생각과 여러분의 생각이 100% 일치했으면 좋겠어요. 해당 지문에서 출제된 문제 중 지문의 내용을 얼마나 잘 이해하고 있는지 확인할 수 있는 문제도 하나씩 포함시켰으니, 이해한 내용을 바탕으로 풀어봅시다.

도덕적 선택의 순간에 직면했을 때 상대방에게 개인적 선호(選好)를 드러내는 행동이 과연 도덕적으로 정당할까? 도덕 철학자들은 이 물음에 대해 대부분 부정적 반응을 보이며 도덕적 정당화의 조건으로 공평성(impartiality)을 제시한다. 공평주의자들의 관점에서 볼 때 특권을 가진 사람은 아무도 없다. 사람들은 인종, 성별, 연령에 관계없이 모두 신체와 생명, 복지와 행복에 있어서 동일한 가치를 지닌다. 따라서 어떤 개인에 대해 행위자의 선호를 표현하는 도덕적 선택은 결코 정당화될 수 없다. 공평주의자들은 사람들 간의 차별을 인정하지 않기 때문에 개인이 처해 있는 상황이 어떠한가에 따라 행동의 방향을 결정해야 한다고 말한다.

그런데 우리 모두는 특정 개인과 특별한 친분 관계를 유지하면서 살아간다. 상대가 가족인 경우는 개인적 인간관계의 친밀성과 중요성이 매우 강하다. 가족 관계라 하여 상대에게 특별한 개인적 선호를 표현하는 행동이 과연 도덕적으로 정당화될 수 있을까? 만약 허용된다면 어느 선까지 가능할까? 다음 두 경우를 생각해 보자.

철수는 근무 중 본부로부터 긴급한 연락을 받았다. 동해안 어떤 항구에서 혐의자 한 명이 일본으로 밀항을 기도한다는 첩보가 있으니 그를 체포하라는 것이었다. 철수가 잠복 끝에 혐의자를 체포했더니, 그는 하나밖에 없는 친형이었다. 철수는 고민 끝에 형을 놓아주고 본부에는 혐의자를 놓쳤다고 보고했다.

민수는 두 사람에게 각각 오천만 원의 빚을 지고 있었다. 한 명은 삼촌이고 다른 한 명은 사업상 알게 된 영수였다. 공교롭게도 이 두 사람이 동시에 어려운 상황에 처해서 오천만 원이 급히 필요하게 되었고, 그보다 적은 돈은 그들에게 도움이 될 수 없는 상황이었다. 이를 알게 된 민수는 노력한 끝에 오천만 원을 마련하였고, 둘 중 한 명에게 빚을 갚을 수 있게 되었다. 민수는 삼촌의 빚을 갚았다.

철수의 행동은 도덕적으로 정당화될 수 있는가? 혐의자가 자신의 형임을 알고 놓아주었으므로 그의 행동은 형에 대한 개인적 선호를 표현한 것이다. 따라서 그는 모든 사람의 복지와 행복을 동일하게 간주해야 하는 공평성의 기준을 지키지 않았다. 그의 행동은 도덕적으로 정당화되기 어려워 보인다.

그렇다면 민수의 행동은 정당화될 수 있는가? 그는 분명히 삼촌에 대한 개인적 선호를 표현했다. 민수가 공평주의자라면 삼촌과 영수의 행복이 동일하기 때문에 오직 상황을 기준으로 판단해야 한다. 만약 영수가 더 어려운 상황에 빠져 있고 삼촌이 어려운 상황이 아니었다면, 선택의 여지가 없이 영수의 빚을 갚아야 한다. 그러나 삼촌과 영수가 처한 상황이 정확하게 동일하기 때문에 민수에게는 개인적 선호가 허용된다.

강경한 공평주의자들은 이런 순간에도 주사위를 던져서 누구의 빚을 갚을지 결정해야 한다고 주장한다. 이는 개인적 선호를 완전히 배제하기 위해서이다. 반면 온건한 공평주의자들은 이러한 주장이 개인에 대한 우리의 자연스러운 선호를 반영하지 못하기 때문에 그것을 고려할 여지를 만들어 놓을 필요가 있다고 생각한다. 이러한 여지가 개인적 선호의 허용 범위라는 것이다. 그들은 상황적 조건이 동일한 경우에 한정하여 개인적 선호를 허용할 수 있다고 주장한다.

Q. 윗글을 읽은 학생이 〈보기〉의 대화를 접하고 보일 반응으로 가장 적절한 것은?

—————[보기]—————

A : 효심이 지극한 왕이 있습니다. 왕의 아버지가 사람을 죽였다면, 법의 집행관은 어떻게 해야 합니까?
B : 당연히 왕의 아버지를 잡아들여야겠지.
A : 그러면 왕이 그것을 막지 않겠습니까?
B : 왕이 사사로이 막을 수는 없지. 왕의 직분으로 판단해야 하니까.
A : 이런 상황에서 왕은 어떻게 해야 합니까?
B : 내가 그 왕이라면 왕의 직분을 버리고 아버지와 도망가겠네.

① 왕이 아버지의 체포를 허락한다면 그것은 개인적 선호가 작용한 거야.
② 집행관이 왕의 아버지를 잡아들인다면 강경한 공평주의자들의 지지를 받을 거야.
③ 왕이 사사로이 판단하더라도 지위를 버린다면 공평주의자들은 비난하지 않을 거야.
④ 강경한 공평주의자들은 왕의 신분도 지키고 아버지도 구하는 길을 찾으려고 할 거야.
⑤ 온건한 공평주의자들이 볼 때, 왕이 아버지의 체포를 금지하는 것은 '민수'의 행동과 차이가 없어.

— (해설 p.143) —

　　지식의 본성을 다루는 학문인 인식론은 흔히 지식의 유형을 나누는 데에서 이야기를 시작한다. 지식의 유형은 '안다'는 말의 다양한 용례들이 보여 주는 의미 차이를 통해서 드러나기도 한다. 예컨대 '그는 자전거를 탈 줄 안다'와 '그는 이 사과가 둥글다는 것을 안다'에서 '안다'가 바로 그런 경우이다. 전자의 '안다'는 능력의 소유를 의미하는 것으로 '절차적 지식'이라고 부르고, 후자의 '안다'는 정보의 소유를 의미하는 것으로 '표상적 지식'이라고 부른다.

　　어떤 사람이 자전거에 대해서 많은 정보를 갖고 있다고 해서 자전거를 탈 수 있게 되는 것은 아니며, 자전거를 탈 줄 알기 위해서 반드시 자전거에 대해서 많은 정보를 갖고 있어야 하는 것도 아니다. 아무 정보 없이 그저 넘어지거나 다치거나 하는 과정을 거쳐 자전거를 탈 줄 알게 될 수도 있다. '자전거가 왼쪽으로 기울면 핸들을 왼쪽으로 틀어라'와 같은 정보를 이용해서 자전거 타는 법을 배운 사람이라도 자전거를 익숙하게 타게 된 후에는 그러한 정보를 전혀 의식하지 않고서도 자전거를 잘 탈 수 있다. 자전거 타기 같은 절차적 지식을 갖기 위해서는 훈련을 통하여 몸과 마음을 특정한 방식으로 조직화해야 한다. 그러나 특정한 정보를 마음에 떠올릴 필요는 없다.

　　반면, '이 사과는 둥글다'는 것을 알기 위해서는 둥근 사과의 이미지가 되었건 '이 사과는 둥글다'는 명제가 되었건 어떤 정보를 마음속에 떠올려야 한다. '마음속에 떠올린 정보'를 표상이라고 할 수 있으므로, 이러한 지식을 표상적 지식이라고 부른다. 그런데 어떤 표상적 지식을 새로 얻게 됨으로써 이전에 할 수 없었던 어떤 것을 하게 될지는 분명하지 않다. 이런 점에서 표상적 지식은 절차적 지식과 달리 특정한 일을 수행하는 능력과 직접 연결되어 있지 않다.

　　표상적 지식은 다시 여러 가지 기준에 따라 나눌 수 있는데, 그중에서도 '경험적 지식'과 '선험적 지식'으로 나누는 방법이 대표적이다. 경험적 지식이란 감각 경험에서 얻은 증거에 의존하는 지식으로, '그는 이 사과가 둥글다는 것을 안다'가 그 예이다. 물리적 사물들의 특정한 상태, 즉 사과의 둥근 상태가 감각 경험을 통해서 우리에게 입력되고, 인지 과정을 거쳐 하나의 표상적 지식이 이루어진 것이다. 우리는 감각 경험을 통해 직접 만나는 개별적인 대상들로부터 귀납추리를 통해 일반 법칙에 도달할 수 있다. 따라서 자연 세계의 일반 법칙에 대한 지식도 경험적 지식이다.

　　한편, 같은 표상적 지식이라 할지라도 '2 + 3 = 5'를 아는 것은 '이 사과가 둥글다'를 아는 것과는 다르다. '2 + 3 = 5'라는 명제는 감각 경험의 사례들에 의해서 반박될 수 없는 진리이다. 예컨대 물 2리터에 알코올 3리터를 합한 용액이 5리터가 안 되는 것을 발견했다고 해서 이 명제가 거짓이 되지는 않는다. 이렇게 감각 경험의 증거에 의존하지 않는 지식이 선험적 지식이다. 그래서 어떤 철학자들은 인간에게 경험 이외에 지식을 산출하는 다른 인식 능력이 있다고 생각하며, 수학적 지식이 그것을 보여 주는 좋은 예가 된다고 믿는다.

Q. 밑줄 친 말이 의미하는 바가 표상적 지식에 해당하지 <u>않는</u> 것은?

① 나는 그 노래를 부른 가수의 이름을 <u>알아</u>.
② 나는 세종대왕을 <u>알아</u>. 그분은 한글을 창제한 분이시지.
③ 우리 아저씨만큼 개를 잘 다룰 줄 <u>아는</u> 사람은 아직 못 봤어.
④ 내 동생은 2를 네 번 더하면 8인 줄은 <u>아는데</u>, '2×4 = 8'은 모른단다.
⑤ 퀴즈의 답이 '피아노'인 줄 <u>알고</u> 있었는데, 너무 긴장해서 아무 말도 못했어.

— 해설 p.146 —

　테니스 선수 그라프는 1992년에 우승을 통해 거액을 벌었지만, 유독 숙적인 셀레스에게는 계속해서 패하였다. 그러나 이듬해 셀레스가 사고를 당해 더 이상 경기에 참여할 수 없게 되자, 그라프는 경기 능력에 큰 변화가 없었음에도 불구하고 이후 승률이 거의 두 배 이상 상승했다. 이에 따라 우승 상금은 물론 광고 출연 등의 부수적 이익 또한 전보다 크게 증가했다. 이런 현상은 '위치적 외부성'의 개념으로 설명된다. 한 사람의 보상이 다른 사람의 행동에 영향을 받음에도, 그에 대한 대가를 받지도 지불하지도 않는 현상을 외부성이라고 한다. 특히 자신의 상대적 위치에 따른 보상이 다른 경쟁자의 상대적 성과에 부분적으로 의존하는 것을 위치적 외부성이라고 한다. 위치적 외부성이 작용할 경우에 자신의 상대적 위치를 향상시키는 모든 수단은 반드시 다른 경쟁자의 상대적 위치를 하락시킨다. 그라프의 사례는 경쟁자의 성과에 의해 자신의 위치적 보상이 크게 상승했음을 보여 주는 좋은 예이다.

　위치적 외부성이 개입되어 있는 상황에서 사람들은 자신의 위치를 높이는 행동을 하려고 한다. 예컨대 한 경쟁자가 성과를 향상시키기 위해 지출을 늘리면, 이는 다른 경쟁자들의 위치에 영향을 미치게 되므로 다른 경쟁자들 또한 지출을 늘리게 된다. 그러나 모든 경쟁자가 동시에 자신의 위치를 향상시키기 위해 지출을 반복적으로 늘린다면, 경쟁자 간의 실질적인 위치는 변하지 않을 가능성이 크다. 그리고 다른 경쟁자의 상대적인 성과에 따른 각 경쟁자의 위치적 보상 정도가 클수록 이와 같은 투자의 유인은 커진다.

　위치적 외부성이 존재하면 사람들은 성과를 향상시키기 위하여 경쟁적으로 투자를 늘린다. 그러나 경쟁자의 위치에 따른 이익이 한정되어 있고 투자의 결과 각자의 위치에 별 효과가 없다면 소모적인 지출일 가능성이 크다. 이와 같은 투자 행태를 군비 경쟁에 비유하여 '위치적 군비 경쟁'이라고 부른다. 위치적 군비 경쟁은 사회 전체의 입장에서 볼 때 경제적 비효율성을 가져오는데, 이는 개인의 유인과 사회 전체의 유인이 다른 데서 비롯된 것이다.

　개인의 입장에서는 모든 의사 결정에 있어 자신의 이익을 사회 전체의 이익보다 우선시한다. 자본주의 사회에서 경쟁의 결과가 사회 전체에 다소간 기여할 수 있다면 모든 구성원이 개인의 이익을 위해 경쟁하는 것은 바람직한 현상이다. 하지만 경쟁이 과열되고 더 이상 사회 전체의 이익에 기여하지 못한다면, 개인의 이익만을 위한 과도한 투자는 자원 배분의 왜곡을 가져오는 비효율성을 야기한다. 더구나 개인 간에 위치적 외부성이 강하게 작용하면, 사회적 관점에서는 불필요한 경쟁으로 인해 초래되는 비효율성의 문제가 더욱 심각해진다. 사회가 이러한 심각성을 인식하는 단계에 이르면 경쟁을 자제시키는 사회적 규범이 생겨나거나 경쟁을 제약하기 위한 구속력 있는 사회적 협약이 마련되기도 한다.

Q. 윗글의 내용으로 알 수 <u>없는</u> 것은?

① 위치적 외부성은 비슷한 수준의 경쟁자 사이에서 크게 작용한다.

② 위치적 외부성이 나타나면 경쟁자의 비용 지출이 수반될 수 있다.

③ 위치적 보상은 개인의 유인과 사회 전체의 유인의 차이가 클수록 증가한다.

④ 위치적 군비 경쟁의 비효율성을 인식하면 사회적 해결 방안을 모색하게 된다.

⑤ 위치적 외부성으로 인한 경쟁의 결과가 경쟁자들 모두에게 이익이 되는 것은 아니다.

— (해설 p.149) —

인간은 감각과 더불어 사고를 통해 세계를 인식한다. 사고는 감각적으로 받아들인 특수한 것들을 일반화하고 그것들의 본질적인 연관과 구조를 해명함으로써 사물이나 사태에 관한 지식을 얻고자 한다. 그런데 이러한 사고 작용은 과연 사물이나 사태에 대한 총체적인 인식에 도달할 수 있는가?

사물은 우리의 의식 밖에 독립적으로 존재하며, 그것이 지닌 속성들은 시간의 흐름에 따라 끊임없이 변한다. 이러한 사물을 사고는 어떻게 관념적으로 모사(模寫)하는가? 관찰 행위를 통해 경험적 지식을 획득하는 과정의 간단한 사례를 들어보자. 철수가 어떤 사물을 이모저모 살펴본 후 그것이 육면체라 판단한다고 하자. 그는 특정 시점 t_1에서 그것의 특정 속성을 관찰한 자료 d_1을 획득하고, 특정 시점 t_2에서 그것의 또 다른 속성을 관찰한 자료 d_2를 더해 가는 방식으로 관찰을 계속 진행한다. 그래서 그는 최종 판단 시점 t_N에서 그때까지 그 사물의 모든 속성을 관찰하여 얻은 자료들, 즉 d_1부터 d_N까지를 토대로 '이것은 육면체이다.'라고 판단한다. 철수의 관찰 과정을 도식화하면 그림과 같다.

t_1	d_1
t_2	$d_1 + d_2$
⋮	⋮
t_N	$d_1 + d_2 + \cdots + d_N$

이 예에서 알 수 있듯이 우리가 관찰을 통해 어떤 사물에 대한 지식을 얻을 경우, 일반적으로 그러한 지식은 서로 다른 시점에서 획득한 자료들을 토대로 한다. 그러한 자료들은 관찰이 진행되면서 각각 특정 시점에서 사물의 속성들로부터 추상된 것들, 즉 의식 속에 기억으로 남아 있는 관념들에 불과한 것이다. 이러한 관념들은 시간의 제약 속에 있지 않으므로 변하지 않는다. 결과적으로 최종 판단 시점에서는 실제로 그 이전까지의 사물의 모든 속성들이 이미 변했음에도 불구하고 그 속성들의 관념은 그대로 보존되어 있으며, 우리의 사고는 바로 그러한 관념들을 종합하여 지식을 구성하게 된다.

이로부터 사고가 사물을 관념적으로 모사할 때 어떤 한계에 부딪히는지 알 수 있다. 최종 판단에 필요한 거의 모든 자료들은 어디까지나 최종 판단 시점 이전에 획득한 것들이다. 그것들은 과거의 속성들로부터 얻은 것이기에 최종 판단 시점의 사물에 대해서는 어떠한 정보도 알려 주지 않는다. 그것들이 최종 판단의 자료로 유효하려면 t_1에서 t_N까지 사물의 속성들에 아무런 변화가 없었다는 점이 전제되어야 한다. 결국 우리의 사고는 시

공 속에서 연속적으로 변화하는 현실을 추상 작용을 통해 변화하지 않는 것으로 고정시킴으로써 지식을 부분적이고 일면적인 것으로 만든다.

Q. 윗글의 주제를 함축한 말로 강의를 시작한다고 할 때, 가장 적절한 것은?

① 이 강의실이 어제의 이 강의실 맞나요?
② 오늘은 도형의 종류에 대해 알아 보겠습니다.
③ 여러분은 평소에 자료 정리를 어떻게 하나요?
④ 우리는 곧잘 우리 자신이 한 약속조차 잊곤 합니다.
⑤ 오늘은 덧셈을 잘할 수 있는 비법을 알려 드리겠습니다.

— (해설 p.152) —

　　기차 안에서처럼 두 개의 의자가 서로 마주보고 있고, 그 옆에는 스크린이 창문처럼 설치되어 있다. 관람객들이 이 의자에 앉아 대화를 나누면 대화 속의 단어들에 상응하는 이미지들이 화면 가득히 나타나 입체적 영상을 만들어 낸다. 이는 소머러와 미그노뉴의 디지털 아트 작품인 『인터넷 타기』에 대한 설명이다. 이와 같은 최근의 예술적 시도들은 ㉠작품과 수용자 사이의 경계를 넘어 작품의 생성과 전개에 수용자를 참여시킴으로써 ㉡작품과 수용자 사이의 상호 작용을 가능하게 한다.

　　이는 분명 종래의 예술관에 대한 도전이다. 종래의 예술관은 수용자의 참여를 허락하지 않았을 뿐만 아니라 예술 감상을 미적 관조로 한정하고 있었기 때문이다. 즉 예술 작품에 대한 감상은 ㉢예술 이외의 모든 관심과 욕구로부터 초연한 상태에서 가능하다는 것이다. 더구나 이러한 관조적 태도와 함께 예술 작품 자체도 모든 것에서 벗어난 순수한 객체가 됨으로써 이제 예술은 그 어떤 권위도 침해할 수 없는 자율적 영역이 된다. 이 때문에 종종 예술은 쓸모없는 것으로 평가절하되기도 하지만, 현실의 모든 긴장과 갈등으로부터 벗어날 수 있는 ㉣해방 공간으로 승화되기도 한다.

　　그렇다면 최근의 예술적 시도들이 예술을 상호 작용 공간으로 만들 경우 미적 해방 공간마저 일상적 삶의 긴장과 갈등, 그리고 예술 이외의 관심과 욕구로 얼룩지고 마는 것인가? 넓게 보자면 인간은 세상과의 상호 작용 속에서 살고 있기 때문에 인간의 경험이란 세상과의 부단한 상호 작용의 결과이다. 상호 작용이 외적 내적 요인으로 인해 긴장과 갈등을 낳을 때, 인간의 경험은 대립과 분열 속에 빠지며, 이것이 지속될 때 삶은 위기를 맞는다. 반면 각각의 상호 작용의 고유성이 보호되면서도 이것이 하나의 전체 속에서 통일될 때 인간의 삶은 극치를 이룬다. 존 듀이는 이러한 통일성에 대한 체험을 ㉤미적 체험으로 간주한다. 물론 이러한 미적 체험은 현실적 삶에서 실현되기 어렵다. 오히려 이것은 예술 작품 속에서 상이한 요소, 행동, 사건, 주체들이 고유성을 상실하지 않으면서도 하나의 통일성을 이룰 때 가능하다.

　　이런 점에서 듀이는 예술의 신성화가 아니라, 예술의 세속화를 원한다. 대립되고 분열된 일상의 수많은 상호 관계와 경험들은 이 세상 속에서 미적 체험으로 통합되어야 한다. 상호 작용을 강조하는 예술적 시도가 이러한 미적 체험을 실험하고 연습하는 장을 만든다면, 이는 예술 작품을 넘어 삶 속에서도 미적 체험을 성취하는 데 기여할 것이다.

Q. ㉠~㉤에 대한 이해로 적절하지 <u>않은</u> 것은?

① ㉠: 예술 작품을 창작하는 데 수용자의 참여를 배제함으로써 예술 작품을 예술가만의 창작 결과로 만드는 것을 말한다.

② ㉡: 수용자가 완결성을 갖는 작품을 변형하면서 이를 감상하는 것을 말한다.

③ ㉢: 실용적, 윤리적, 정치적 목적을 달성하려는 욕구 혹은 과학적 호기심 등 예술 작품 자체를 향유하려는 것 이외의 관심과 욕구를 말한다.

④ ㉣: 사람들이 삶의 긴장과 갈등으로부터 벗어나 오직 예술 작품에만 관심을 집중하는 상태를 말한다.

⑤ ㉤: 한 인간이 맺고 있는 수많은 관계가 서로 조화를 이루어 자신의 삶에 대해 아름다움을 느끼는 것을 말한다.

── (해설 p.156)

　어떤 장비의 '신뢰도'란 주어진 운용 조건하에서 의도하는 사용 기간 중에 의도한 목적에 맞게 작동할 확률을 말한다. 복잡한 장비의 신뢰도는 한 번에 분석하기가 힘든 경우가 많으므로, 장비를 분해하여 몇 개의 하부 시스템으로 나누어서 생각하는 것이 합리적인 접근 방법이다. 직렬과 병렬 구조는 하부 시스템에 자주 나타나는 구조로서, 그 결과를 통합한다면 복잡한 장비의 신뢰도를 구할 수 있다.

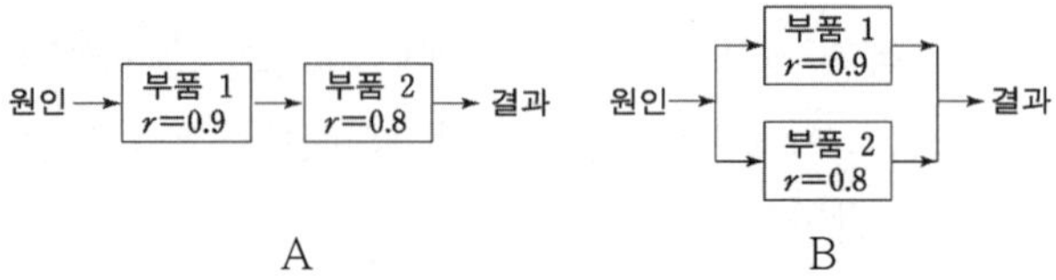

　A와 같은 직렬 구조는 원인에서 결과에 이르는 경로가 하나인 가장 간단한 신뢰도 구조이다. 직렬 구조에서 시스템이 정상 가동하기 위해서는 모든 부품이 다 정상 작동해야 한다. 어떤 하나의 부품이 고장 나면 형성된 경로가 차단되므로 시스템이 고장 나게 된다. 만약 어떤 부품의 고장이 다른 부품의 수명에 영향을 주지 않는다면 A의 신뢰도는 부품 1의 신뢰도($r=0.9$)와 부품 2의 신뢰도 ($r=0.8$)를 곱한 0.72로 계산되며, 이것은 100번 가운데 72번은 고장 없이 작동한다는 것을 의미한다. 고장 없이 영원히 작동하는 부품은 없기 때문에 직렬 구조의 신뢰도는 항상 가장 약한 부품의 신뢰도보다도 낮을 수밖에 없다.

　한편, B와 같은 병렬 구조는 원인에서 결과에 이르는 여러 개의 경로가 있고, 그중에 몇 개가 차단되어도 나머지 경로를 통해 결과에 이를 수 있는 구조이다. 병렬 구조에서는 부품이 모두 고장이어야 시스템이 고장이므로 시스템이 작동한다는 의미의 값인 1에서 두 개의 부품이 모두 고장 날 확률($0.1*×0.2=0.02$)을 빼서 얻은 0.98이 B의 신뢰도가 된다. 한 부품의 고장이 다른 부품의 신뢰도에 영향을 준다면 이 값 역시 달라진다.

　이러한 신뢰도 구조는 물리적 구조와 구분된다. 자동차의 네 바퀴는 물리적 구조상 병렬로 설치되어 있지만, 그중 하나라도 고장 나면 자동차가 정상적으로 운행될 수 없으므로 신뢰도 구조상으로 직렬 구조인 것이다.

　종종 장비의 신뢰도를 높이기 위해 중복 설계(重複設計)를 활용하기도 한다. 가령, 순간적인 과전류로부터 섬세한 전자 기구를 보호하는 회로 차단기를 설치할 때에 그 안전도를 높이기 위해 2개를 물리적 구조상 직렬로 연결해야 하는데, 이때 차단기 2개 중 1개라도 정상 작동하면 전자 기구를 보호할 수 있다. 이것은 물리적으로 직렬 구조이지만 신뢰도 구조상으로 병렬 구조인 것이다.

　신뢰도 문제에서 직렬이나 병렬의 구조로 분석할 수 없는 'n 중 k' 구조도 나타난다. 이 구조에서는 모두 n개의 부품 중에 k개만 작동하면 시스템이 정상 가동된다. n겹의 쇠줄로 움직이는 승강기에서 최대 하중을 견디는 데 k겹이 필요한 경우가 그 예이다. 이 구조에서도 부품 간의 상호 작용에 따라 신뢰도가 달라진다.

* 어떤 부품이 고장 날 확률 = 1 − (그 부품의 신뢰도)

Q. '신뢰도 구조'에 대해 추론한 내용으로 적절한 것은?

① 직렬 구조에서는 부품 수가 많아질수록 신뢰도가 높아진다.

② 부품 간의 상호 작용 유무에 관계없이 신뢰도는 동일하다.

③ $k = n$일 때, 'n 중 k' 구조의 신뢰도는 직렬 구조의 경우와 같아진다.

④ 2개의 부품이 만드는 경로의 수는 병렬 구조보다 직렬 구조에서 더 많다.

⑤ 신뢰도 0.98은 100번 작동에 98번 꼴로 고장 날 수 있음을 의미한다.

—— (해설 p.159) ——

　광고에서 소비자의 눈길을 확실하게 사로잡을 수 있는 요소는 유명인 모델이다. 일부 유명인들은 여러 상품의 광고에 중복하여 출연하고 있는데, 이는 광고계에서 관행으로 되어 있고, 소비자들도 이를 당연하게 여기고 있다. 그러나 유명인의 중복 출연은 과연 높은 광고 효과를 보장할 수 있을까? 유명인이 중복 출연하는 광고의 효과를 점검해 볼 필요가 있다.

　어떤 모델이든지 상품의 특성에 적합한 이미지를 갖는 인물이어야 광고 효과가 제대로 나타날 수 있다. 예를 들어, 자동차, 카메라, 공기 청정기, 치약과 같은 상품의 경우에는 자체의 성능이나 효능이 중요하므로 대체로 전문성과 신뢰성을 갖춘 모델이 적합하다. 이와 달리 상품이 주는 감성적인 느낌이 중요한 보석, 초콜릿, 여행 등과 같은 상품은 매력성과 친근성을 갖춘 모델이 잘 어울린다. 그런데 유명인이 그들의 이미지에 상관없이 여러 유형의 상품 광고에 출연하면 모델의 이미지와 상품의 특성이 어울리지 않는 경우가 많아 광고 효과가 나타나지 않을 수 있다.

　유명인의 중복 출연이 소비자가 모델을 상품과 연결시켜 기억하기 어렵게 한다는 점도 광고 효과에 부정적인 영향을 미친다. 유명인의 이미지가 여러 상품으로 분산되면 광고 모델과 상품 간의 결합력이 약해질 것이다. 이는 유명인 광고 모델의 긍정적인 이미지를 광고 상품에 전이하여 얻을 수 있는 광고 효과를 기대하기 어렵게 만든다.

　또한 유명인의 중복 출연 광고는 광고 메시지에 대한 신뢰를 얻기 힘들다. 유명인 광고 모델이 여러 광고에 중복하여 출연하면, 그 모델이 경제적인 이익만을 추구한다는 이미지가 소비자에게 강하게 각인된다. 그러면 소비자들은 유명인 광고 모델의 진실성을 의심하게 되어 광고 메시지가 객관성을 결여하고 있다고 생각하게 될 것이다.

　유명인 모델의 광고 효과를 높이기 위해서는 유명인이 자신과 잘 어울리는 한 상품의 광고에만 지속적으로 나오는 것이 좋다. 이렇게 할 경우 상품의 인지도가 높아지고, 상품을 기억하기 쉬워지며, 광고 메시지에 대한 신뢰도가 제고된다. 유명인의 유명세가 상품에 전이되고 소비자가 유명인이 진실하다고 믿게 되기 때문이다.

Q. 윗글의 글쓴이의 입장에 따라 〈보기〉의 유명인 모델이 등장하는 광고의 효과를 예상해 본 것으로 적절하지 <u>않은</u> 것은?

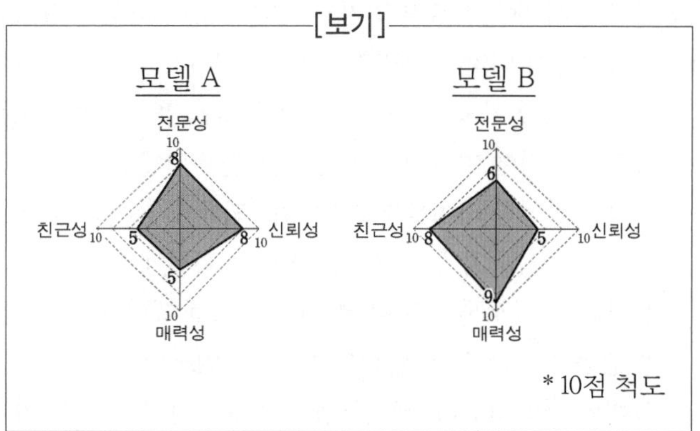

① 모델 A가 특정 카메라 광고에 계속해서 등장할 때 긍정적인 광고 효과를 기대할 수 있다.

② 모델 A가 자동차, 보석 광고 등에 중복 등장할 때 기대했던 만큼 광고 효과가 나타나지 않을 수 있다.

③ 모델 B가 치약 광고와 여행 광고에 등장할 때 두 광고 모두에서 긍정적인 광고 효과를 기대할 수 있다.

④ 초콜릿 광고의 경우 모델 A보다 모델 B가 등장할 때 더 큰 광고 효과를 기대할 수 있다.

⑤ 공기 청정기 광고의 경우 모델 B보다 모델 A가 등장할 때 더 큰 광고 효과를 기대할 수 있다.

—— (해설 p.162) ——

서양 음악에서 기악은 르네상스 말기에 탄생하였지만 바로크 시대에 이르면 악기의 발달과 함께 다양한 장르를 형성하면서 비약적인 발전을 이루게 된다. 하지만 가사가 있는 성악에 익숙해져 있던 사람들에게 기악은 내용 없는 공허한 울림에 지나지 않았다. 이러한 비난을 면하기 위해 기악은 일정한 의미를 가져야 하는 과제를 안게 되었다.

바로크 시대의 음악가들은 이러한 과제에 대한 해결의 실마리를 '정서론'과 '음형론'에서 찾으려 했다. 이 두 이론은 본래 성악 음악을 배경으로 태동하였으나 점차 기악 음악에도 적용되었다. 정서론에서는 웅변가가 청중의 마음을 움직이듯 음악가도 청자들의 정서를 움직여야 한다고 본다. 그렇게 하기 위해서는 한 곡에 하나의 정서만이 지배적이어야 한다. 그것은 연설에서 한 가지 논지가 일관되게 견지되어야 설득력이 있는 것과 같은 이유에서였다.

한편 음형론에서는 가사의 의미에 따라 그에 적합한 음형을 표현 수단으로 삼는데, 르네상스 후기 마드리갈이나 바로크 초기 오페라 등에서 그 예를 찾을 수 있다. 바로크 초반의 음악 이론가 부어마이스터는 마치 웅변에서 말의 고저나 완급, 장단 등이 호소력을 이끌어 내듯 음악에서 이에 상응하는 효과를 낳는 장치들에 주목하였다. 예를 들어, 가사의 뜻에 맞춰 가락이 올라가거나, 한동안 쉬거나, 음들이 딱딱 끊어지게 연주하는 방식 등이 이에 해당한다.

바로크 후반의 음악 이론가 마테존 역시 수사학 이론을 끌어들여 어느 정도 객관적으로 소통될 수 있는 음 언어에 대해 설명하였다. 또한 기존의 정서론을 음악 구조에까지 확장하며 당시의 음조(音調)를 특정 정서와 연결하였다. 마테존에 따르면 다장조는 기쁨을, 라단조는 경건하고 웅장함을 유발한다.

그러나 마테존의 진정한 업적은 음악을 구성적 측면에서 논의한 데 있다. 그는 성악곡인 마르첼로의 아리아를 논의하면서 그것이 마치 기악곡인 양 가사는 전혀 언급하지 않은 채, 주제 가락의 착상과 치밀한 전개 방식 등에 집중하였다. 이는 가락, 리듬, 화성과 같은 형식적 요소가 중시되는 순수 기악 음악의 도래가 멀지 않았음을 의미하는 것이었다. 실제로 한 세기 후 음악 미학자 한슬리크는 음악이 사람의 감정을 묘사하거나 표현하는 것이 아니라, 음들의 순수한 결합 그 자체로 깊은 정신세계를 보여 주는 것이라 주장하기에 이른다.

Q. 윗글의 내용과 일치하지 <u>않는</u> 것은?

① 바로크 시대의 기악은 악기가 발달하고 다양한 장르가 형성되면서 발전하였다.

② 정서론과 음형론은 성악을 배경으로 출현하였으나 점차 기악으로 확대 적용되었다.

③ 부어마이스터는 언어와 음악의 관련성을 강조하며 음형론의 실제적인 예들을 보여 주었다.

④ 마테존은 아리아를 분석하면서 가사의 의미와 악곡의 전개 방식들의 관계에 대하여 논의하였다.

⑤ 한슬리크는 음들의 결합 그 자체가 만들어 내는 형식적 원리를 강조하였다.

— 해설 p.164 —

　　프레임(frame)은 영화와 사진 등의 시각 매체에서 화면 영역과 화면 밖의 영역을 구분하는 경계로서의 틀을 말한다. 카메라로 대상을 포착하는 행위는 현실의 특정한 부분만을 떼어 내 프레임에 담는 것으로, 찍는 사람의 의도와 메시지를 내포한다. 그런데 문, 창, 기둥, 거울 등 주로 사각형이나 원형의 형태를 갖는 물체들을 이용하여 프레임 안에 또 다른 프레임을 만드는 경우가 있다. 이런 기법을 '이중 프레이밍', 그리고 안에 있는 프레임을 '이차 프레임'이라 칭한다.

　　이차 프레임의 일반적인 기능은 크게 세 가지로 구분할 수 있다. 먼저, 화면 안의 인물이나 물체에 대한 시선 유도 기능이다. 대상을 틀로 에워싸기 때문에 시각적으로 강조하는 효과가 있으며, 대상이 작거나 구도의 중심에서 벗어나 있을 때도 존재감을 부각하기가 용이하다. 또한 프레임 내 프레임이 많을수록 화면이 다층적으로 되어, 자칫 밋밋해질 수 있는 화면에 깊이감과 입체감이 부여된다. 광고의 경우, 설득력을 높이기 위해 이차 프레임 안에 상품을 위치시켜 주목을 받게 하는 사례들이 있다.

　　다음으로, 이차 프레임은 작품의 주제나 내용을 암시하기도 한다. 이차 프레임은 시각적으로 내부의 대상을 외부와 분리하는데, 이는 곧잘 심리적 단절로 이어져 구속, 소외, 고립 따위를 환기한다. 그리고 이차 프레임 내부의 대상과 외부의 대상 사이에는 정서적 거리감이 조성(造成)되기도 한다. 어떤 영화들은 작중 인물을 문이나 창을 통해 반복적으로 보여 주면서, 그가 세상으로부터 격리된 상황을 암시하거나 불안감, 소외감 같은 인물의 내면을 시각화하기도 한다.

　　마지막으로, 이차 프레임은 '이야기 속 이야기'인 액자형 서사 구조를 지시하는 기능을 하기도 한다. 일례로, 어떤 영화는 작중 인물의 현실 이야기와 그의 상상에 따른 이야기로 구성되는데, 카메라는 이차 프레임으로 사용된 창을 비추어 한 이야기의 공간에서 다른 이야기의 공간으로 들어가거나 빠져나온다.

　　그런데 현대에 이를수록 시각 매체의 작가들은 이차 프레임의 범례에서 벗어나는 시도들로 다양한 효과를 끌어내기도 한다. 가령 이차 프레임 내부 이미지의 형체를 식별하기 어렵게 함으로써 관객의 지각 행위를 방해하여, 강조의 기능을 무력한 것으로 만들거나 서사적 긴장을 유발하기도 한다. 또 문이나 창을 봉쇄함으로써 이차 프레임으로서의 기능을 상실시켜 공간이나 인물의 폐쇄성을 드러내기도 한다. 혹은 이차 프레임 내의 대상이 그 경계를 넘거나 파괴하도록 하여 호기심을 자극하고 대상의 운동성을 강조하는 효과를 낳는 사례도 있다.

Q. 윗글의 내용과 일치하지 <u>않는</u> 것은?

① 작가의 의도는 현실을 화면에 담는 촬영 행위에서도 드러난다.

② 이차 프레임 내에 또 다른 프레임을 만들 수도 있다.

③ 이차 프레임의 시각적 효과는 심리적 효과로 이어지기도 한다.

④ 이차 프레임 내부의 인물과 외부의 인물 사이에는 일체감이 형성된다.

⑤ 이차 프레임은 액자형 서사 구조의 영화에서 이야기 전환을 알리는 데 쓰이기도 한다.

— (해설 p.167) —

　상온에서 대기압 상태에 있는 1리터의 공기 안에는 수없이 많은 질소, 산소 분자들을 비롯하여 다양한 기체 분자들이 있다. 이들 중 어떤 산소 분자 하나는 짧은 시간에도 다른 분자들과 매우 많은 충돌을 하며, 충돌을 할 때마다 이 분자의 운동 방향과 속력이 변할 수 있기 때문에, 어떤 분자 하나의 정확한 운동 궤적을 아는 것은 불가능하다. 우리는 다만 어떤 구간의 속력을 가진 분자 수 비율이 얼마나 되는지를 의미하는 분자들의 속력 분포를 알 수 있을 뿐이다.

　위에서 언급한 상태에 있는 산소처럼 분자들 사이의 평균 거리가 충분히 먼 경우에, 우리는 분자들 사이의 인력을 무시할 수 있고 분자의 운동 에너지만 고려하면 된다. 이 경우에 분자들이 충돌을 하게 되면 각 분자의 운동 에너지는 변할 수 있지만, 분자들이 에너지를 서로 주고받기 때문에 기체 전체의 운동 에너지는 변하지 않게 된다.

　기체 분자들의 속력 분포는 맥스웰의 이론으로 계산할 수 있는데, 가로축을 속력, 세로축을 분자 수 비율로 할 때 종(鐘) 모양의 그래프로 그려진다. 이 속력 분포가 의미하는 것은 기체 분자들이 0에서 무한대까지 모든 속력을 가질 수 있지만 꼭짓점 부근에 해당하는 속력을 가진 분자들의 수가 가장 많다는 것이다. 기체 분자들의 속력은 온도와 기체 분자의 질량에 의해서 결정된다. 다른 조건은 그대로 두고 온도만 올리면 기체 분자의 평균 운동 에너지가 증가하므로, 그래프의 꼭짓점이 속력이 빠른 쪽으로 이동한다. 이와 동시에 그래프의 모양이 납작해지고 넓어지는데, 이는 전체 분자 수가 변하지 않았기 때문에 그래프 아래의 면적이 같아야만 하기 때문이다. 전체 분자 수와 온도는 같은데 분자의 질량이 큰 경우에는, 평균 속력이 느려져서 분포 그래프의 꼭짓점이 속력이 느린 쪽으로 이동하며, 분자 수는 같기 때문에 그래프의 모양이 뾰족해지고 좁아진다.

　그림은 맥스웰 속력 분포를 알아보기 위해서 밀러와 쿠슈가 사용했던 실험 장치를 나타낸 것이다. 가열기와 검출기 사이에 두 개의 회전 원판이 놓여 있다. 각각의 원판에는 가는 틈이 있고 두 원판은 서로 연결되어 있다. 두 원판은 일정한 속력으로 회전하면서 특정한 속력 구간을 가진 분자들을 선택적으로 통과시킬 수 있다.

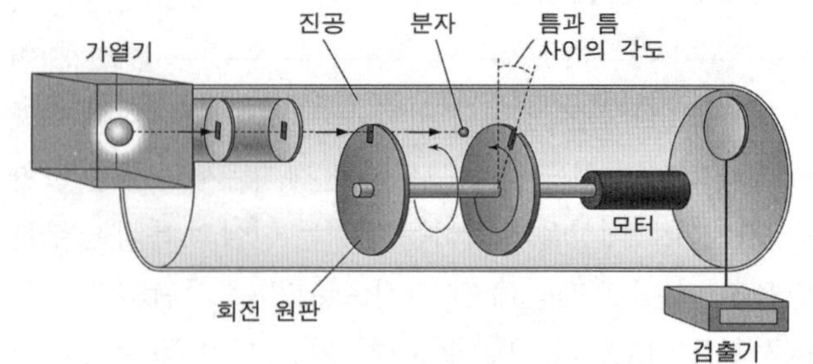

　가열기에서 나와 첫 번째 회전 원판의 가는 틈으로 입사한 기체 분자들 중 조건을 만족하는 분자들만 두 번째 회전 원판의 가는 틈을 지나 검출기에 도달할 수 있다. 첫 번째 원판의 틈을 통과하는 분자들의 속력은 다양하지만, 회전 원판의 회전 속력에 의해 결정되는 특정한 속력 구간을 가진 분자들만 두 번째 원판의 틈을 통과한다. 특정한 속력 구간보다 더 빠른 분자들은 두 번째 틈이 꼭대기에 오기 전에 원판과 부딪치며, 느린 분자들은 지나간 후에 부딪친다. 만일 첫 번째와 두 번째 틈 사이의 각도를 더 크게 만들면, 같은 회전 속력에서도 더 속력이 느린 분자들이 검출될 것이다. 이 각도를 고정하고 회전 원판의 회전 속력을 바꾸면, 새로운 조건에 대응되는 다른 속력을 가진 분자들을 검출할 수 있다. 이 실험 장치를 이용하여 어떤 온도에서 특정한 기체의 속력 분포를 알아보았더니, 그 결과는 맥스웰의 이론에 부합하였다.

Q. 윗글의 내용과 일치하지 <u>않는</u> 것은?

① 분자들의 충돌은 개별 분자의 속력을 변화시킬 수 있다.

② 대기 중 산소 분자 하나의 운동 궤적을 정확히 구할 수 없다.

③ 분자들 사이의 평균 거리가 충분히 멀다면 인력을 무시할 수 있다.

④ 분자의 충돌에 의해 기체 전체의 운동 에너지가 증가한다.

⑤ 대기 중에서 개별 기체 분자의 속력은 다양한 값을 가진다.

— (해설 p.171) —

전통적 의미에서 영화적 재현과 만화적 재현의 큰 차이점 중 하나는 움직임의 유무일 것이다. 영화는 사진에 결여되었던 사물의 운동, 즉 시간을 재현한 예술 장르이다. 반면 만화는 공간이라는 차원만을 알고 있다. 정지된 그림이 의도된 순서에 따라 공간적으로 나열된 것이 만화이기 때문이다. 만일 만화에도 시간이 존재한다면 그것은 읽기의 과정에서 독자에 의해 사후에 생성된 것이다. 독자는 정지된 이미지에서 상상을 통해 움직임을 끌어낸다. 그리고 인물이나 물체의 주변에 그어져 속도감을 암시하는 효과선은 독자의 상상을 더욱 부추긴다.

만화는 물리적 시간의 부재를 공간의 유연함으로 극복한다. 영화 화면의 테두리인 프레임과 달리, 만화의 칸은 그 크기와 모양이 다양하다. 또한 만화에는 한 칸 내부에 그림뿐 아니라, 말풍선과 인물의 심리나 작중 상황을 드러내는 언어적·비언어적 정보를 모두 담을 수 있는 자유로움이 있다. 그리고 그것이 독자의 읽기 시간에 변화를 주게 된다. 하지만 영화에서는 이미지를 영사하는 속도가 일정하여 감상의 속도가 강제된다.

영화와 만화는 그 이미지의 성격에서도 대조적이다. 영화가 촬영된 이미지라면 만화는 수작업으로 만들어진 이미지이다. 빛이 렌즈를 통과하여 필름에 착상되는 사진적 원리에 따른 영화의 이미지 생산 과정은 기술적으로 자동화되어 있다. 그렇기에 영화 이미지 내에서 감독의 체취를 발견하기란 쉽지 않다. 그에 비해 만화는 수작업의 과정에서 자연스럽게 세계에 대한 작가의 개인적인 해석을 드러내게 된다. 이것은 그림의 스타일과 터치 등으로 나타난다. 그래서 만화 이미지는 '서명된 이미지'이다.

촬영된 이미지와 수작업에 따른 이미지는 영화와 만화가 현실과 맺는 관계를 다르게 규정한다. 영화는 실제 대상과 이미지가 인과 관계로 맺어져 있어 본질적으로 사물에 대한 사실적인 기록이 된다. 이 기록의 과정에는 촬영장의 상황이나 촬영 여건과 같은 제약이 따른다. 그러나 최근에는 촬영된 이미지들을 컴퓨터상에서 합성하거나 그래픽 이미지를 활용하는 디지털 특수 효과의 도움을 받는 사례가 늘고 있는데, 이를 통해 만화에서와 마찬가지로 실재하지 않는 대상이나 장소도 만들어 낼 수 있게 되었다.

만화의 경우는 구상을 실행으로 옮기는 단계가 현실을 매개로 하지 않는다. 따라서 만화 이미지는 그 제작 단계가 작가의 통제에 포섭되어 있는 이미지이다. 이 점은 만화적 상상력의 동력으로 작용한다. 현실과 직접적으로 대면하지 않기에 작가의 상상력에 이끌려 만화적 현실로 향할 수 있는 것이다.

Q. 윗글의 내용과 일치하는 것은?

① 영화는 사물의 움직임을 재현한 예술이다.
② 만화는 물리적 시간 재현이 영화보다 충실하다.
③ 영화에서 이미지를 영사하는 속도는 일정하지 않다.
④ 만화 이미지는 사진적 원리에 따라 만들어진다.
⑤ 만화는 사물을 영화보다 더 사실적으로 기록한다.

── (해설 p.175) ──

　　연금 제도의 목적은 나이가 많아 경제 활동을 못하게 되었을 때 일정 소득을 보장하여 경제적 안정을 도모하는 것이다. 이를 위해서는 보험 회사의 사적 연금이나 국가가 세금으로 운영하는 공공 부조*를 활용할 수 있다. 그럼에도 국가가 이 제도들과 함께 공적 연금 제도를 실시하는 까닭은 무엇일까?

　　그것은 사적 연금이나 공공 부조가 낳는 부작용 때문이다. 사적 연금에는 역선택 현상이 발생한다. 안정된 노후 생활을 기대하기 어려운 사람들이 주로 가입하고 그렇지 않은 사람들은 피하므로, 납입되는 보험료 총액에 비해 지급해야 할 연금 총액이 자꾸 커지는 것이다. 이렇게 되면 보험 회사는 계속 보험료를 인상하지 않는 한 사적 연금을 유지할 수 없다. 한편 공공 부조는 도덕적 해이를 야기할 수 있다. 무상으로 부조가 이루어지므로, 젊은 시절에는 소득을 모두 써 버리고 노년에는 공공 부조에 의존하려는 경향이 생길 수 있기 때문이다. 이와 같은 부작용에 대응하기 위해 공적 연금 제도는 소득이 있는 국민들을 강제 가입시켜 보험료를 징수한 뒤, 적립된 연금 기금을 국가의 책임으로 운용하다가, 가입자가 은퇴한 후 연금으로 지급하는 방식을 취하고 있다.

　　우리나라에서 공적 연금 제도를 운영하는 과정에는 사회적 연대를 중시하는 입장과 경제적 성과를 중시하는 입장이 부딪치고 있다. 구체적으로 전자는 이 제도를 계층 간, 세대 간 소득 재분배의 수단으로 이용해야 한다고 주장한다. 소득이 적어 보험료를 적게 낸 사람에게 보험료를 많이 낸 사람과 비슷한 연금을 지급하고, 자녀 세대의 보험료로 부모 세대의 연금을 충당하는 것은 그러한 관점에서 이해될 수 있다. 하지만 후자는 이처럼 사회 구성원 일부에게 희생을 강요하는 소득 재분배는 물가 상승을 반영하여 연금의 실질 가치를 보장할 수 있을 때만 허용되어야 한다고 비판한다. 사회 내의 소득 격차가 커질수록, 자녀 세대의 보험료 부담이 커질수록, 이 비판은 더욱 강해질 수밖에 없다.

　　이 두 입장은 요사이 연금 기금의 투자 방향에 관해서도 대립하고 있다. 이에 대해서는 원래 후자의 입장에서 연금 기금을 가입자들이 노후의 소득 보장을 위해 맡긴 신탁 기금으로 보고, 안정된 금융 시장을 통해 대기업에 투자함으로써 수익률을 극대화하려는 태도가 지배적이었다. 그러나 최근에는 전자의 입장에서 연금 기금을 국민 전체가 사회 발전을 위해 조성한 투자 자금으로 보고, 이를 일자리 창출에 연계된 사회 경제적 분야에 투자해야 한다는 주장이 힘을 얻고 있다. 이는 지금까지 연금 기금을 일종의 신탁 기금으로 규정해 온 관련 법률을 개정하여, 보험료를 낼 소득자 집단을 확충하는 데이 막대한 돈을 직접 활용하자는 주장이기도 하다.

* 공공 부조 : 생활 능력이 없는 국민에게 사회적 최저 수준의 생활이 가능하도록 국가가 현금 또는 물품을 지원하거나 무료 혜택을 주는 제도.

Q. 윗글을 바탕으로 〈보기〉에 대해 분석한 내용으로 적절하지 <u>않은</u> 것은?

──────── [보기] ────────
(가) 공적 연금 보험료를 체납하는 사람들이 날로 늘어나는 가운데, 그중 상당수가 고용이 불안정한 30~40대인 것으로 밝혀졌다.
(나) 공적 연금 보험료를 체납한 고소득자도 상당히 많아 누적 체납액이 2,000억 원을 넘어섰다.

① (가)를 보니, 공적 연금 기금을 일자리 창출에 연계된 사회 경제적 분야에 투자해야 한다는 주장이 제기될 수 있겠군.
② (나)를 보니, 공적 연금 제도에서는 국가가 보험료를 징수하는 업무를 철저히 집행해야 하겠군.
③ (나)를 보니, 고의 체납으로 인해 공적 연금 제도에도 역선택과 유사한 현상이 발생할 수 있겠군.
④ (가)와 (나)를 보니, 적립될 공적 연금 기금이 고갈되는 경우에 대비할 필요가 있겠군.
⑤ (가)와 (나)를 보니, 소득이 있는 국민들을 공적 연금에 강제 가입시키는 제도를 완화해야 하겠군.

— (해설 p.179) —

태양빛은 흰색으로 보이지만 실제로는 다양한 파장의 가시광선이 혼합되어 나타난 것이다. 프리즘을 통과시키면 흰색의 가시광선은 파장에 따라 붉은빛부터 보랏빛까지의 무지갯빛으로 분해된다. 가시광선의 파장의 범위는 390~780nm* 정도인데 보랏빛이 가장 짧고 붉은빛이 가장 길다. 빛의 진동수는 파장과 반비례하므로 진동수는 보랏빛이 가장 크고 붉은빛이 가장 작다. 태양빛이 대기층에 입사하여 산소나 질소 분자와 같은 공기 입자(직경 0.1~1nm 정도), 먼지 미립자, 에어로졸*(직경 1~100,000nm 정도) 등과 부딪치면 여러 방향으로 흩어지는데 이러한 현상을 산란이라 한다. 산란은 입자의 직경과 빛의 파장에 따라 '레일리(Rayleigh) 산란'과 '미(Mie) 산란'으로 구분된다.

레일리 산란은 입자의 직경이 파장의 1/10보다 작을 경우에 일어나는 산란을 말하는데 그 세기는 파장의 네제곱에 반비례한다. 대기의 공기 입자는 직경이 매우 작아 가시광선 중 파장이 짧은 빛을 주로 산란시키며, 파장이 짧을수록 산란의 세기가 강하다. 따라서 맑은 날에는 주로 공기 입자에 의한 레일리 산란이 일어나서 보랏빛이나 파란빛이 강하게 산란되는 반면 붉은빛이나 노란빛은 약하게 산란된다. 산란되는 세기로는 보랏빛이 가장 강하겠지만 우리 눈은 보랏빛보다 파란빛을 더 잘 감지하기 때문에 하늘은 파랗게 보이는 것이다. 만약 태양빛이 공기 입자보다 큰 입자에 의해 레일리 산란이 일어나면 공기 입자만으로는 산란이 잘 되지 않던 긴 파장의 빛까지 산란되어 하늘의 파란빛은 상대적으로 옅어진다.

미 산란은 입자의 직경이 파장의 1/10보다 큰 경우에 일어나는 산란을 말하는데 주로 에어로졸이나 구름 입자 등에 의해 일어난다. 이때 산란의 세기는 파장이나 입자 크기에 따른 차이가 거의 없다. 구름이 흰색으로 보이는 것은 미 산란으로 설명된다. 구름 입자(직경 20,000nm 정도)처럼 입자의 직경이 가시광선의 파장보다 매우 큰 경우에는 모든 파장의 빛이 고루 산란된다. 이 산란된 빛이 동시에 우리 눈에 들어오면 모든 무지갯빛이 혼합되어 구름이 하얗게 보인다. 이처럼 대기가 없는 달과 달리 지구는 산란 효과에 의해 파란 하늘과 흰 구름을 볼 수 있는 것이다.

* 나노미터 : 물리학적 계량 단위. 1nm = 10^{-9}m.

* 에어로졸 : 대기에 분산되어 있는 고체 또는 액체 입자.

Q. 윗글을 바탕으로 〈보기〉의 (가), (나)의 산란 현상에 대해 탐구한 내용으로 가장 적절한 것은? [3점]

[보기]

(가) A 도시에서 많은 비가 내린 후 하늘이 더 파랗게 보였다. 비가 오기 전 대기에서는 직경 10~20nm의 먼지 미립자들이 균질하게 분포하였는데, 비가 온 후에는 그것이 관측되지 않았다.

(나) B 도시 지표 근처의 낮은 하늘은 뿌연 안개처럼 흰색으로 보이고 흰 구름이 낮게 떠 있었다. 그곳에 있는 초고층 건물에 올라 높은 하늘을 보니 하늘이 파랗게 보였다. 지표 근처의 대기에서는 직경이 10,000nm 정도의 에어로졸이 균질하게 분포하는 것이 관측되었다.

① A 도시에서 하늘이 더 파랗게 보인 것은 미 산란이 더 많이 일어났기 때문이겠군.

② A 도시에서 비가 오기 전에는 미 산란이, 비가 온 후에는 레일리 산란이 일어났겠군.

③ B 도시에서 낮은 하늘이 뿌연 안개처럼 흰색으로 보인 것은 미 산란 때문이겠군.

④ B 도시의 높은 하늘이 파랗게 보이고 구름이 희게 보인 것은 레일리 산란 때문이겠군.

⑤ A 도시의 비가 온 후의 하늘과 B 도시의 낮은 하늘에서는 모두 미 산란이 일어났겠군.

— (해설 p.182) —

　　영국의 역사가 아놀드 토인비는 「역사의 연구」를 펴내며 역사 연구의 기본 단위를 국가가 아닌 문명으로 설정했다. 그는 예를 들어 영국이 대륙과 떨어져 있을지라도 유럽의 다른 나라들과 서로 영향을 미치며 발전해 왔으므로, 영국의 역사는 그 자체만으로는 제대로 이해할 수 없고 서유럽 문명이라는 틀 안에서 바라보아야 한다고 하였다. 그는 문명 중심의 역사를 이해하기 위한 몇 가지 가설들을 세웠다. 그리고 방대한 사료(史料)를 바탕으로 그 가설들을 검증하여 문명의 발생과 성장 그리고 쇠퇴 요인들을 규명하려 하였다.

　　토인비가 세운 가설들의 중심축은 '도전과 응전' 및 '창조적 소수와 대중의 모방' 개념이다. 그에 의하면 환경의 도전에 대해 성공적으로 응전하는 인간 집단이 문명을 발생시키고 성장시킨다. 여기서 중요한 것은 그 환경이 역경이라는 점이다. 인간의 창의적 행동은 역경을 당해 이를 이겨 내려는 분투 과정에서 발생하기 때문이다.

　　토인비는 이 가설이 단순하게 도전이 강력할수록 그 도전이 주는 자극의 강도가 커지고 응전의 효력도 이에 비례한다는 식으로 해석되는 것을 막기 위해, 소위 '세 가지 상호 관계의 비교'를 제시하여 이 가설을 보완하고 있다. 즉 도전의 강도가 지나치게 크면 응전이 성공적일 수 없게 되며, 반대로 너무 작을 경우에는 전혀 반응이 나타나지 않고, 최적의 도전에서만 성공적인 응전이 나타난다는 것이다.

　　이렇게 성공적인 응전을 통해 나타난 문명이 성장하기 위해서는 그 후에도 지속적으로 나타나는 문제, 즉 새로운 도전들을 해결해야만 한다. 토인비에 따르면 이를 해결하기 위해서는 그 사회의 창조적 인물들이 역량을 발휘해야 한다. 그러나 이들은 소수이기 때문에 응전을 성공적으로 이끌기 위해서는 다수의 대중까지 힘을 결집해야 한다. 이때 대중은 일종의 사회적 훈련인 '모방'을 통해 그들의 역할을 수행한다.

　　물론 모방은 모든 사회의 일반적인 특징으로서 문명을 발생시키지 못한 원시 사회에서도 찾아볼 수 있다. 여기에 대해 토인비는 모방의 유무가 중요한 것이 아니라 모방의 작용 방향이 중요하다고 설명한다. 문명을 발생시키지 못한 원시 사회에서 모방은 선조들과 구세대를 향한다. 그리고 죽은 선조들은 살아 있는 연장자의 배후에서 눈에 보이지 않게 그 권위를 강화해 준다. 그리하여 이 사회는 인습이 지배하게 되고 발전적 변화가 나타나지 않는다. 반대로 모방이 창조적 소수에게로 향

하는 사회에서는 인습의 권위를 인정하지 않으므로 문명이 지속적으로 성장한다.

Q. 윗글에 나타난 '토인비의 견해'에 대한 이해로 적절한 것은?

① 문명은 최적의 도전에 대한 성공적 응전에서 나타난다.
② 모방의 존재 여부는 문명의 발생과 성장의 기준이 된다.
③ 역사는 국가를 기본 단위로 연구해야 제대로 이해할 수 있다.
④ 환경의 도전이 강력할수록 그에 대한 응전은 더 효과적으로 나타난다.
⑤ 선조에 기대어 기성세대의 권위가 강화되는 사회는 발전적 변화를 겪는다.

(해설 p.185)

우리는 컴퓨터에서 음악을 들으면서 문서를 작성할 때 두 가지 프로그램이 동시에 실행되고 있다고 생각한다. 그러나 실제로는 아주 짧은 시간 간격으로 그 프로그램들이 번갈아 실행되고 있다. 이는 컴퓨터 운영 체제의 일부인 CPU(중앙 처리 장치) 스케줄링 때문이다. 어떤 프로그램이 실행될 때 컴퓨터 운영 체제는 실행할 프로그램을 주기억 장치에 저장하고 실행 대기 프로그램의 목록인 '작업큐'에 등록한다. 운영 체제는 실행할 하나의 프로그램을 작업큐에서 선택하여 CPU에서 실행하고 실행이 종료되면 작업큐에서 지운다.

한 개의 CPU는 한 번에 하나의 프로그램만을 실행할 수 있다. 그러면 A와 B 두 개의 프로그램이 동시에 실행되는 것처럼 보이게 하려면 어떻게 해야 할까? 프로그램은 실행을 요청한 순서대로 작업큐에 등록되고 이 순서에 따라 A와 B는 차례로 실행된다. 이때 A의 실행 시간이 길어지면 B가 기다려야하는 '대기 시간'이 길어지므로 동시에 두 프로그램이 실행되고 있는 것처럼 보이지 않는다. 그러나 A와 B를 일정한 시간 간격을 두고 번갈아 실행하면 두 프로그램이 동시에 실행되는 것처럼 보인다.

이를 위해서 CPU의 실행 시간을 여러 개의 짧은 구간으로 나누어 놓고 각각의 구간마다 하나의 프로그램이 실행되도록 한다. 여기서 한 구간에서 프로그램이 실행되는 것을 '구간 실행'이라 하며, 각각의 구간에서 프로그램이 실행되는 시간을 '구간 시간'이라고 하는데 구간 시간의 길이는 일정하게 정한다. A와 B의 구간 실행은 원칙적으로 두 프로그램이 종료될 때까지 번갈아 반복되지만 하나의 프로그램이 먼저 종료되면 나머지 프로그램이 계속 실행된다.

한편, 어떤 프로그램의 구간 실행이 진행되는 동안, 다른 프로그램은 작업큐에서 대기한다. A의 구간 실행이 끝나면 A의 실행이 정지되고 다음번 구간 시간 동안 실행할 프로그램을 선택한다. 이때 A가 정지한 후 B의 실행을 준비하는 데 필요한 시간을 '교체 시간'이라고 하는데 교체 시간은 구간 시간에 비해 매우 짧다. 교체 시간에는 그때까지 실행된 A의 상태를 저장하고 B를 실행하기 위해 B의 이전 상태를 가져온다. 그뿐만 아니라 같은 프로그램이 이어서 실행되더라도 운영 체제가 다음에 실행되어야 할 프로그램을 판단해야 하므로 구간 실행 사이에는 반드시 교체 시간이 필요하다.

Q. 윗글의 내용과 일치하지 <u>않는</u> 것은?

① CPU 스케줄링은 컴퓨터 운영 체제의 일부이다.
② 프로그램 실행이 종료되면 실행 결과는 작업큐에 등록된다.
③ 구간 실행의 교체에 소요되는 시간은 구간 시간보다 짧다.
④ CPU 한 개는 한 번에 하나의 프로그램만 실행이 가능하다.
⑤ 컴퓨터 운영 체제는 실행할 프로그램을 주기억 장치에 저장한다.

(해설 p.188)

어떤 물체가 점탄성이라는 성질을 가지고 있다고 했을 때, 점탄성이란 무엇일까? 점탄성을 이해하기 위해 점성을 가진 물체와 탄성을 가진 물체의 특징을 알아보자. 용수철에 힘을 가하여 잡아당기면 용수철은 즉각적으로 늘어나며 용수철에 가한 힘을 제거하면 바로 원래의 형태로 되돌아가는데, 이는 용수철이 탄성을 가지고 있기 때문이다. 이와 같이 용수철은 힘과 변형의 관계가 즉각적으로 형성되는 '즉각성'을 가지고 있다. 반면 꿀을 평평한 판 위에 올려놓으면 꿀은 중력에 의해 서서히 흐르는 변형을 하게 되는데, 이는 꿀이 흐름에 저항하는 성질인 점성을 가지고 있기 때문이다. 즉 꿀은 힘과 변형의 관계가 시간에 따라 변하는 '시간 지연성'을 가지고 있다.

어떤 물체가 힘과 변형의 관계에서 탄성체가 가지고 있는 '즉각성'과 점성체가 가지고 있는 '시간 지연성'을 모두 가지고 있을 때 점탄성을 가지고 있다고 하고, 그 물체를 점탄성체라 한다. 이러한 점탄성을 잘 보여 주는 물리적 현상으로 응력 완화와 크리프를 들 수 있다. 응력 완화는 변형된 상태가 고정되어 있을 때, 물체가 받는 힘인 응력이 시간에 따라 감소하는 현상이다. 그리고 크리프는 응력이 고정되어 있을 때 변형이 서서히 증가하는 현상이다.

응력 완화를 이해하기 위해 고무줄에 힘을 주어 특정 길이만큼 당긴 후 이 길이를 유지하는 경우를 생각해 보자. 외부에서 힘을 주면 고무줄은 즉각적으로 늘어나게 된다. 힘과 변형의 관계가 탄성의 특성인 '즉각성'을 보여 주는 것이다. 그런데 이때 늘어난 고무줄의 길이를 그대로 고정해 놓으면, 시간이 지남에 따라 겉보기에는 아무 변화가 없지만 고무줄의 분자들의 배열 구조가 점차 변하며 응력이 서서히 감소하게 된다. 이는 점성의 특성인 '시간 지연성'을 보여 주는 것이다. 이처럼 점탄성체의 변형이 그대로 유지될 때, 응력이 시간에 따라 서서히 감소하는 현상이 응력 완화이다.

이제는 고무줄에 추를 매달아 고무줄이 일정한 응력을 받도록 하는 경우를 살펴보자. 고무줄은 순간적으로 일정 길이만큼 늘어난다. 이는 탄성체가 가지고 있는 특성을 보여 준다. 그러나 이후에는 시간이 지남에 따라 점성체와 같이 분자들의 위치가 점차 변하며 고무줄이 서서히 늘어나게 되는데, 이러한 현상이 크리프이다. 오랜 세월이 지나면 유리창 유리의 아랫부분이 두꺼워지는 것도 이와 같은 현상이다.

점탄성체의 변형에 걸리는 시간이 물질마다 다른 것은 분자나 원자 간의 결합 및 배열된 구조가 서로 다르기 때문이다. 나일론과 같은 물질의 응력 완화와 크리프는 상온(常溫)에서도 인지할 수 있지만, 금속의 경우 너무 느리게 일어나므로 상온에서는 관찰이 어렵다. 온도를 높이면 물질의 유동성이 증가하기 때문에, 나일론의 경우 온도를 높임에 따라 응력 완화와 크리프가 가속화되며, 금속도 고온에서는 응력 완화와 크리프를 인지할 수 있다. 모든 물체는 본질적으로는 점탄성체이며 물체의 점탄성 현상이 우리가 인지할 정도로 빠르게 일어나는가 아닌가의 차이가 있을 뿐이다.

Q. 윗글을 바탕으로 〈보기〉의 (가), (나)에 대해 탐구한 내용으로 적절하지 <u>않은</u> 것은? [3점]

[보기]

(가) 나일론 재질의 기타 줄을 길이가 늘어나게 당긴 후 고정하여 음을 맞추고 바로 풀어 보니 원래의 길이로 돌아갔다. 이번에는 기타 줄을 길이가 늘어나게 당긴 후 고정하여 음을 맞추고 오랫동안 방치해 놓으니, 매여 있는 기타 줄의 길이는 그대로였지만 팽팽한 정도가 감소하여 음이 맞지 않았다.

(나) 무거운 책을 선반에 올려놓으니 선반이 즉각적으로 아래로 휘어졌다. 이 상태에서 선반이 서서히 휘어져 몇 달이 지난 후 살펴보니 선반의 휘어진 정도가 처음보다 더 심해져 있었다. 다른 조건이 모두 같을 때 선반이 서서히 휘는 속력은 따뜻한 여름과 추운 겨울에 따라 차이가 있었다.

① (가)에서 기타 줄이 원래의 길이로 돌아간 것은 기타 줄이 탄성을 가지고 있기 때문이군.
② (가)에서 기타 줄의 팽팽한 정도가 달라진 것은 기타 줄에 응력 완화가 일어났기 때문이군.
③ (가)에서 나일론 재질 대신 금속 재질의 기타 줄을 사용한다면 기타 줄의 팽팽한 정도가 더 빨리 감소하겠군.
④ (나)에서 선반이 책 무게 때문에 서서히 변형된 것은 선반이 크리프 현상을 보였기 때문이겠군.
⑤ (나)에서 여름과 겨울에 선반의 휘어지는 속력이 차이가 나는 것은 선반이 겨울보다 여름에 휘어지는 속력이 더 크기 때문이군.

───────────── 해설 p.192

우리는 일상에서 '약자를 돕는 것은 옳다'와 같은 도덕적 판단을 한다. 이렇게 구체적 행위에 대한 도덕적 판단 문제를 다루는 것이 규범 윤리학이라면, 옳음의 의미 문제, 도덕적 진리의 존재 문제 등과 같이 규범 윤리학에서 사용하는 개념과 원칙에 대해 다루는 것은 메타 윤리학이다. 메타 윤리학에서 도덕 실재론과 정서주의는 '옳음'과 '옳지 않음'의 의미를 이해하는 방식과 도덕적 진리의 존재 여부에 대해 상반된 주장을 펼친다.

도덕 실재론에서는 도덕적 판단과 도덕적 진리를 과학적 판단 및 과학적 진리와 마찬가지라고 본다. 즉 과학적 판단이 '참' 또는 '거짓'을 판정할 수 있는 명제를 나타내고 이때 참으로 판정된 명제를 과학적 진리라고 부르는 것처럼, 도덕적 판단도 참 또는 거짓으로 판정할 수 있는 명제를 나타내고 참으로 판정된 명제가 곧 도덕적 진리라고 규정하는 것이다. 그런데 도덕 실재론에서 주장하듯, '도둑질은 옳지 않다'가 도덕적 진리라면, 그것이 참임을 판정하기 위해서는 도덕적으로 옳지 않음이라는 객관적으로 실재하는 성질을 도둑질에서 찾아낼 수 있어야 한다.

한편 정서주의에서는 어떤 도덕적 행위에 대해 도덕적으로 옳음이나 도덕적으로 옳지 않음이라는 성질은 객관적으로 존재하지 않는 것이고 도덕적 판단도 참 또는 거짓으로 판정되는 명제를 나타내지 않는다. 따라서 정서주의에서는 '옳다' 혹은 '옳지 않다'는 도덕적 판단을 내리지만 도덕 실재론과 달리 과학적 진리와 같은 도덕적 진리는 없다는 입장을 보인다. 그렇다면 정서주의에서는 옳음이나 옳지 않음의 의미를 무엇으로 볼까? 도둑질과 같은 구체적인 행위에 대한 감정과태도가 곧 옳음과 옳지 않음이라고 한다. 즉 '도둑질은 옳다'는 판단은 도둑질에 대한 승인 감정을 표현한 것이고, '도둑질은 옳지 않다'는 판단은 도둑질에 대한 부인 감정을 표현한 것으로 이해한다.

이런 정서주의에서는 도덕적 판단이 윤리적 행위를 하도록 동기를 부여하는 것에 대해 도덕 실재론보다 단순하게 설명할 수 있다. 윤리적 행위의 동기 부여를 설명할 때 도덕적 판단이 나타내는 승인 감정 또는 부인 감정 이외에 다른 것이 필요하지 않기 때문이다. 승인 감정은 어떤 행위를 좋다고 여기는 것이고 그것이 일어나길 욕망하는 것이기에 결국 그것을 해야 한다는 동기 부여까지 직접 연결된다는 것이다. 부인 감정도 마찬가지로 작동한다. 이에 비해 도덕 실재론에서는 도덕적 판

단 이외에도 인간의 욕망과 감정에 관한 이해가 반드시 필요하다. 예컨대 '약자를 돕는 것은 옳다'에 덧붙여 '사람들은 약자가 어려운 처지에 빠지지 않기를 바란다'와 같이 인간의 욕망과 감정에 대한 법칙을 추가해야 한다. 그래야만 도덕 실재론에서는 약자를 돕는 윤리적 행위를 해야겠다는 동기 부여에 대해 설명할 수 있다. 인간의 욕망과 감정에 대한 법칙을 쉽게 확보할 수 있는 것은 아니기에 그것 없이도 윤리적 행위의 동기 부여를 설명할 수 있는 정서주의는 도덕 실재론에 비해 높이 평가된다.

또한 옳음과 옳지 않음의 의미를 승인 감정과 부인 감정의 표현으로 이해하는 정서주의에 따르면 사람들 간의 도덕적 판단의 차이도 간단하게 설명할 수 있다. 윤리적인 문제에 대해 서로 합의하지 못하는 의견 차이에 대해서도 굳이 어느 한 쪽 의견이 틀렸기 때문이라고 말할 필요가 없이 서로 감정과 태도가 다를 뿐이라고 설명할 수 있다. 이런 설명은 도덕적 판단의 차이로 인한 극단적인 대립을 피할 수 있게 해 준다는 점에서 의의가 있다.

Q. 윗글을 바탕으로 〈보기〉를 이해한 내용으로 가장 적절한 것은? [3점]

─────────[보기]─────────

A는 정서주의자이고, B는 도덕 실재론자이다. 두 사람은 모두 '옳음'과 '옳지 않음'이 각각 '아름다움'과 '아름답지 않음'에 대응한다고 본다. 또한 다음 두 예술적 판단에 대해, A는 도덕적 판단에 대한 정서주의의 설명을 똑같이 적용할 수 있다고 보고, B는 도덕적 판단에 대한 도덕 실재론의 설명을 똑같이 적용할 수 있다고 본다.

(ㄱ) 예술작품 △△는 아름답다.
(ㄴ) 예술작품 △△는 아름답지 않다.

① A와 B는 모두 예술적 진리가 존재하지 않는다고 생각하겠군.
② A는 '아름다움'이라는 성질이 객관적으로 실재한다고 생각하겠군.
③ A는 (ㄱ)과 (ㄴ) 중 하나는 '참'인 명제라고 생각하겠군.
④ B는 (ㄱ)과 (ㄴ) 중 하나는 '거짓'인 명제라고 생각하겠군.
⑤ B는 (ㄱ)과 (ㄴ)은 모두 예술작품 △△에 대한 감정과 태도를 표현한다고 생각하겠군.

다음 글을 읽고 물음에 답하시오.

(해설 p.196)

　　나비가 되어 자신조차 잊을 만큼 즐겁게 날아다니는 꿈을 꾸다 깨어난 장자(莊子)는 자신이 나비가 되는 꿈을 꾼 것인지 나비가 자신이 된 꿈을 꾸고 있는 것인지 의아해한다. 이 호접몽 이야기는 나를 잊은 상태를 묘사함으로써 '물아일체(物我一體)' 사상을 그 결론으로 제시하고 있다. 이 이야기 외에도 『장자』에는 '나를 잊는다'는 구절이 나오는 일화 두 편이 있다.

　　하나는 장자가 타인의 정원에 넘어 들어갔다는 것도 모른 채, 기이한 새의 뒤를 홀린 듯 쫓는 이야기이다. 여기서 장자는 바깥 사물에 마음을 통째로 빼앗겨 자신조차 잊어버리는 고도의 몰입을 대상에 사로잡혀 끌려 다니는 꼴에 불과한 것으로 보았다. 이때 마음은 자신이 원하는 하나의 대상에만 과도하게 집착하여 그 어떤 것도 돌아보지 못한다. 이런 마음은 맹목적 욕망일 뿐이어서 감각적 체험을 있는 그대로 받아들이지 못하고 자신에게 이롭다거나 좋다고 생각하는 것만을 과장하거나 왜곡해서 받아들이고 그렇지 않은 것들은 배격하게 된다.

　　다른 하나는 "스승님의 마음은 불 꺼진 재와 같습니다."라는 말을 제자에게 들은 남곽자기(南郭子綦)라는 사람이 "나는 나 자신을 잊었다."라고 대답한 이야기이다. 여기서 '나 자신'은 마음을 가리키며, 마음을 잊었다는 것은 불꽃처럼 마음속에 치솟던 분별 작용이 사라졌음을 뜻한다. 달리 말해, 이는 텅 빈 마음이 되었다는 말이며 흔히 명경지수(明鏡止水)의 비유로 표현되는 정적(靜寂)의 상태를 뜻한다. 이런 고요한 마음을 유지해야 천지만물을 있는 그대로 받아들일 수 있다.

　　그렇다면 첫째 이야기에서는 온전하게 회복해야 할 '참된 자아'를 잊은 것이고 둘째 이야기에서는 세상을 기웃거리면서 시비를 따지려 드는 '편협한 자아'를 잊은 것이라고 볼 수 있다. 참된 자아를 잊은 채 대상에 탐닉하는 식으로 자아와 세계가 관계를 맺게 되면 그 대상에 꼼짝없이 종속되어 괴로움이 증폭된다고 장자는 생각한다. 한편 편협한 자아를 잊었다는 것은 편견과 아집의 상태에서 벗어나 세계와 자유롭게 소통하는 합일의 경지에 도달할 수 있음을 의미한다.

　　장자는 이 경지를 만물의 상호 의존성으로 설명한다. 자아와 타자는 서로의 존재를 온전히 전제할 때 자신들의 존재가 드러날 수 있다고 그는 말한다. 예컨대, 내가 편견 없는 눈의 감각으로 꽃을 응시하면 그 꽃으로 인해 나의 존재가 성립되고 나로 인해 그 꽃 또한 존재의 의미를 획득하게 된다는 것이다. 이런 관계가 성립되기 위해서는 끊임없이 타자를 위해 마음의 공간을 비워 두는 수행이 필요하다. 장자는 이런 수행을 통해서 개체로서의 자아를 뛰어넘어 세계의 모든 존재와 일체를 이루는 자아에 도달할 수 있다고 주장한다. 장자가 나비가 되어 자신조차 잊은 채 자유롭게 날 수 있었던 것은 나비를 있는 그대로 온전하게 받아들일 수 있었기 때문에 가능했다. 만물과 조화롭게 합일한다는 '물아일체'로 호접몽 이야기를 끝맺는 까닭이 여기에 있다.

Q. 윗글을 읽고 추론한 내용으로 적절하지 <u>않은</u> 것은?

① 불 꺼진 재와 같은 마음의 소유자라면 만물과 자유롭게 소통하겠군.

② 참된 자아가 세계와 관계를 맺으려면 감각적 체험을 배제해야 하겠군.

③ 마음을 바깥 사물에 빼앗긴다는 것은 참된 자아를 잊는다는 것과 같겠군.

④ 편협한 자아를 잊는 것은 타자와의 상호 의존적 관계 형성을 위한 바탕이 되겠군.

⑤ 장자가 꿈속에서 나비가 되어 자신조차 잊었다는 것은 마음이 명경지수와 같은 상태였다는 말이군.

다음 글을 읽고 물음에 답하시오.

(해설 p.199)

기술이 급속하게 발달함에 따라 인간의 삶은 더욱 여유롭고 의미 있는 것으로 될 것인가, 아니면 더욱 바쁘고 의미 없는 것으로 전락할 것인가? '사색적 삶'과 '활동적 삶'을 대비하여 사회 변화를 이해하는 방식은 이런 물음의 답을 구하는 데 도움이 된다.

최초로 인간의 삶을 사색적 삶과 활동적 삶으로 구분한 사람은 아리스토텔레스이다. 그는 진리, 즐거움, 고귀함을 추구하는 사색적 삶의 영역이 생계를 위한 활동적 삶의 영역보다 상위에 있다고 보았다. 이러한 인식은 근대 이전의 오랜 역사 속에서 사회 질서의 기본 원리로 자리 잡아 왔다.

근대에 접어들어 과학 혁명과 청교도 윤리의 등장으로 활동적 삶과 사색적 삶에 대한 인식은 달라지기 시작했다. 16, 17세기 과학 혁명으로 실험 정신과 경험적 지식이 중시되면서 사색적 삶의 영역에 속한 과학적 탐구와 활동적 삶의 영역에 속한 기술 사이의 거리가 좁혀졌다. 또한 직업을 신의 소명으로 이해하고, 근면과 검약에 의한 개인의 성공을 구원의 징표로 본 청교도 윤리는 생산 활동과 부의 축적에 대한 부정적 인식을 불식하는 계기가 되었다. 이로써 활동적 삶과 사색적 삶이 대등한 위상을 갖게 된 것이다.

18, 19세기 산업 혁명을 계기로 활동적 삶은 사색적 삶보다 중요성이 더 커지게 되었다. 생산 기술에 과학적 지식이 응용되고 기계의 사용이 본격화되면서 기계의 속도에 기초하여 노동 규율이 확립되었고, 인간의 삶은 시간적 규칙성을 따르도록 재조직되었다. 나아가 시간이 관리의 대상으로 부각되면서 시간-동작 연구를 통해 가장 효율적인 작업 동선(動線)을 모색했던 테일러의 과학적 관리론은 20세기 초부터 생산 활동을 합리적으로 조직하는 중요한 원리로 자리 잡았다. 이로써 두뇌에 의한 노동과 근육에 의한 노동이 분리되어 인간의 육체노동이 기계화되는 결과가 초래되었다. 또한 과학을 기술 개발에 활용하기 위한 시스템이 요구되어 공학, 경영학 등의 실용 학문과 산업체 연구소들이 출현하였다. 이는 전통적으로 사색적 삶의 영역에 속했던 진리 탐구마저 활동적 삶의 영역에 속하는 생산 활동의 논리에 포섭되었음을 단적으로 보여 준다.

이처럼 산업 혁명 이후 기계 문명이 발달하고 그에 힘입어 자본주의 시장 메커니즘이 사회를 전면적으로 지배하게 됨에 따라 근면과 속도가 강조되었다. 활동적 삶이 지나치게 강조된 데 대한 반작용으로, '의미 없는 부지런함'이 만연해진 세태에 대한 비판의 목소리가 나타나 성찰에 의한 사색적 삶의 중요성을 역설하기도 하였다.

Q. 윗글을 이해한 내용으로 가장 적절한 것은?

① 아리스토텔레스는 생존을 위한 필요에서 비롯된 생산 활동이 사색적 삶보다 더 중요하다고 보았다.
② 과학 혁명의 시대에는 활동적 삶의 위상이 사색적 삶의 위상보다 높았다.
③ 청교도 윤리는 성공과 부를 추구하는 태도에 대한 부정적인 인식을 심화시켰다.
④ 시간-동작 연구는 인간의 노동이 두뇌노동과 근육노동으로 분리되는 데 영향을 주었다.
⑤ 공학, 경영학 등의 실용 학문은 기술을 과학에 활용하기 위해 출현했다.

———— (해설 p.202) ————

사진은 19세기 초까지만 해도 근대 문명이 만들어 낸 기술적 도구이자 현실 재현의 수단으로 인식되었다. 하지만 점차 여러 사진작가들이 사진을 연출된 형태로 찍거나 제작함으로써 자기의 주관을 표현하고자 하는 시도를 하였다. 이들은 빛의 처리, 원판의 합성 등의 기법으로 회화적 표현을 모방하여 예술성 있는 사진을 추구하였다. 이러한 흐름 속에서 만들어진 사진 작품들을 회화주의 사진이라고 부른다.

스타이컨의 〈빅토르 위고와 생각하는 사람과 함께 있는 로댕〉(1902년)은 회화주의 사진을 대표하는 것으로 평가된다. 이 작품에서 피사체들은 조각가 '로댕'과 그의 작품인 〈빅토르 위고〉와 〈생각하는 사람〉이다. 스타이컨은 로댕을 대리석상 〈빅토르 위고〉 앞에 두고 찍은 사진과, 청동상 〈생각하는 사람〉을 찍은 사진을 합성하여 하나의 사진 작품으로 만들었다. 이렇게 제작된 사진의 구도에서 어둡게 나타난 근경에는 로댕이 〈생각하는 사람〉과 서로 마주 보며 비슷한 자세로 앉아 있고, 반면 환하게 보이는 원경에는 〈빅토르 위고〉가 이들을 내려다보는 모습으로 배치되어 있다. 단순히 근경과 원경을 합성한 것이 아니라, 두 사진의 피사체들이 작가가 의도한 바에 따라 하나의 프레임 속에서 자리 잡을 수 있도록 당시로서는 고난도인 합성 사진 기법을 동원한 것이다. 또한 인화 과정에서는 피사체의 질감이 억제되는 감광액을 사용하였다.

스타이컨은 1901년부터 거의 매주 로댕과 예술적 교류를 하며 그의 작품들을 촬영했다. 로댕은 사물의 외형만을 재현하려는 당시 예술계의 경향에서 벗어나 생명력과 표현성을 강조하는 조각을 하고 있었는데, 스타이컨은 이를 높이 평가하고 깊이 공감하였다. 스타이컨은 사진이나 조각이 작가의 주관과 감정을 표현할 수 있으며 문학 작품처럼 해석의 대상도 될 수 있다고 생각했는데, 로댕 또한 이에 동감하여 기꺼이 사진 작품의 모델이 되어 주기도 하였다.

이 사진에서는 피사체들의 질감이 뚜렷이 살지 않게 처리하여 모든 피사체들이 사람인 듯한 느낌을 주고자 하였다. 대문호 〈빅토르 위고〉가 내려다보고 있는 가운데 로댕은 〈생각하는 사람〉과 마주하여 자신도 〈생각하는 사람〉이 된 양, 같은 자세로 묵상하는 모습을 취하고 있다. 원경에서 희고 밝게 빛나는 〈빅토르 위고〉는 근경에 있는 로댕과 〈생각하는 사람〉의 어두운 모습에 대비되어 창조의 영감을 발산하는 모습으로 나타난다. 이러한 구도는 로댕의 작품도 문학 작품과 마찬가지로 창작의 고뇌 속에서 이루어진 것이라는 메시지를 주고 있다.

이처럼 스타이컨은 명암 대비가 뚜렷이 드러나도록 촬영하고, 원판을 합성하여 구도를 만들고, 특수한 감광액으로 질감에 변화를 주는 등의 방식으로 사진이 회화와 같은 방식으로 창작되고 표현될 수 있는 예술임을 보여 주고자 하였다.

Q. 윗글에 대한 이해로 가장 적절한 것은?

① 로댕은 사진 작품, 조각 작품, 문학 작품 모두 해석의 대상이 된다고 여겼다.
② 빅토르 위고는 사진과 조각을 모두 해석의 대상이라고 생각하여 그것들을 내려다보고 있었다.
③ 스타이컨의 사진은 대상을 그대로 보여 준다는 점에서 회화주의 사진의 대표적 작품으로 평가된다.
④ 로댕과 스타이컨은 조각의 역할이 사물의 형상을 충실히 재현하는 것으로 한정되어야 한다고 보았다.
⑤ 스타이컨의 작품에서 명암 효과는 합성 사진 기법으로 구현되었고 질감 변화는 피사체의 대립적인 구도로 실현되었다.

마치며...

이 교재는 독서에 대한 '기본 중의 기본'을 다루는 교재입니다. 여기서 끝이 아니라는 뜻이죠.
이제 여러분은 수능 독서 공부를 할 수 있는 아주 '기초적인 체력'을 얻었습니다.
이제 이를 바탕으로 수능 독서 공부에 나서보세요.

다음 커리큘럼은 "P.I.R.A.M 국어 생각의 전개"입니다.
'생각의 힘'을 바탕으로, 여러분의 '기초 체력'을 완벽하게 점수로 바꿔 보세요.
물론 그 전에, 이 교재의 내용에 대한 복습은 필수겠죠?

교재 한 권을 완독하는 것은 정말 쉬운 일이 아닙니다.
그 어려운 일을 해내주셔서 정말 감사합니다.
대단한 일을 해낸 여러분의 수험생활을 응원합니다.